孫常敘著作集

孫常敘古文字學論集

孫常敘 著

上海古籍出版社

1988年八十壽誕攝

《曶鼎銘文通釋》稿本

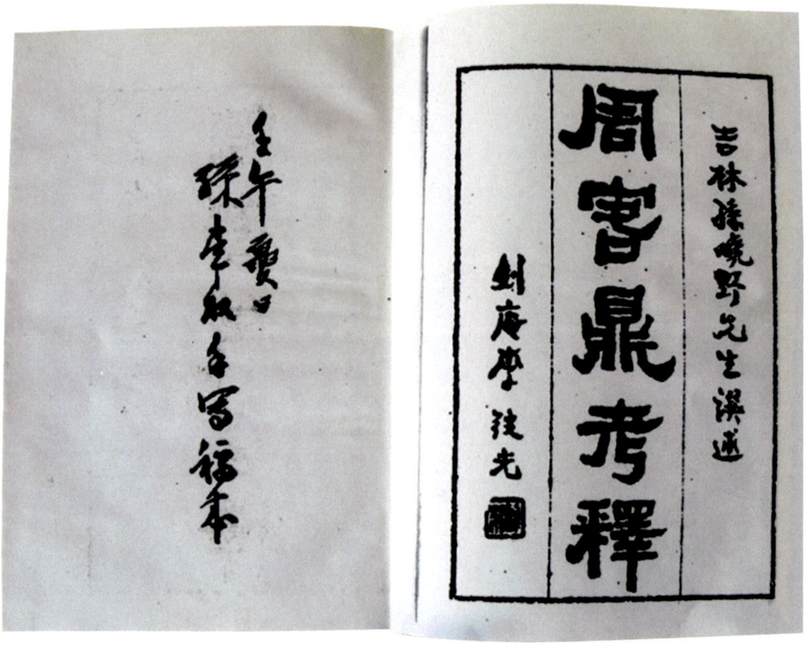

《周客鼎考釋》稿本

再版説明

孫常敘先生(一九〇八——一九九四),又名曉野,著名語言文字學家,在古文字學、詞彙學、古文獻學等領域成就卓著,廣受學界讚賞和推崇。

本論集彙輯了先生多年來古文字學研究的代表性成果,内容主要涉及殷墟甲骨文、周秦金文及語言文字學研究。其中對於甲金文的考釋,多綜合運用音韻學、語言學、文獻學以及考古學等相關領域的研究方法,並不孤立地考證字詞,而是注意上下文關係和通體結構的分析,因而往往持之有故,信而有徵,且時有創見。而其他諸如對複輔音問題,以及假借形聲和先秦文字性質的探討等,亦可見先生在古漢語音韻學和詞彙學方面深厚的功力和獨到的見地。

本論集所收論文早先或曾發表於雜誌期刊,或曾宣讀於學術會議,或曾以油印形式散發、流傳。後經整理、校訂和謄寫,於一九九八年由東北師範大學出版社結集出版。遺憾的是,初版售罄後,十餘年來未能重印。

此次由上海古籍出版社重新影印出版,基本保留了初版原貌,僅對序言、目録、編後作了排印和校訂,對個别較爲模糊的圖片作了處理,對《曶鼎銘文通釋》一文中的兩幅銘文拓本出於版面需要作了縮印,但同時另附剔字本放大單頁,以便參閱。

胡厚宣序

一九三四年，我從北京大學畢業，進入南京中央研究院歷史語言研究所，先參加安陽殷墟發掘，後在南京所裏整理研究殷墟出土之甲骨文字。一切生活工作，尚稱順利正常。

一九三七年，忽然發生「七七事變」，抗日戰爭開始，倉卒間隨機關從南京遷長沙，半年後，又從長沙經衡陽遷桂林。没有多久，又從桂林經柳州、南寧、龍州，繞道越南遷昆明。在昆明三年，當史語所由昆明再遷南溪之際，我乃應顧頡剛先生之邀，從昆明往成都，在顧先生任主任的齊魯大學國學研究所任研究員，並在大學部教課，生活纔又安定下來。

一九四三年，高晉生（亨）先生來齊魯大學，任中國文學系主任，我亦任中國歷史社會系主任，文史相投，我們聚談甚爲歡洽，正所謂「以傾蓋之新知，若班荆之舊友」。我著《甲骨學商史論叢》一書，晉生特爲製一長序，頗承嘉勉，至深感激！晉生嘗謂余言：「吉林有孫曉野（常敘）博聞强記，學問踏實。」曉野之名，聞之久矣。

一九四五年抗戰勝利，日本投降，我復員東歸，在上海復旦大學任教。一九五四年，承東北師範大學之邀，爲研究生及年輕教師講演。我自上海來長春，始與曉野先生初次見面，當時曉野先生方任東北師大中文系主任，温文爾雅，一見有如故交。又悉他早在一九二六至一九二九年間，曾在吉省立第一師範，從高晉生先生學習，又在一九三四至一九三七年間，曾向羅振玉先生問業。「幼承家訓，長從大師」，所以他纔精於語言文字和甲骨金文之學。

自後我多次前往長春，或向吉林省博物館訪問甲骨，或往吉林大學參加博士生的論文答辯，或參加中國古文字學的研討會議，或與侯外廬同志同去東北徵詢對於《中國史稿》的意見和問題。每次到長春，都能與曉野先生晤談，甚爲暢快！他每在著作出版，都承惠贈，讀了受益良多。我們《甲骨文合集》的編輯，也得到他的幫助，尤爲感激！

一九八九年歲末，師大馬如森同志駕臨寒舍，帶有曉野先生《古文字學論集》，擬送出版，並附曉野致我手書，説：「弟思平生交遊，惟吾兄最親，倘賜一序，則幸甚矣。」承曉野信任，所不敢辭。惟馬上出版，尚有困難，遂又暫時擱止。最近有信來，説即可付印，我乃提起筆來，寫此序文。

按論集共收論文二十篇，內容又分三類，一爲關於殷墟甲骨文的研究，二爲關於周秦金文的考釋，三爲關於語言文字學的研究，可以説都是很精美的著作。

我現在要特別談一談的是，關於論集《釋□□》一文，「釋□爲『冒』補證」之二，「從殷虛出土實物證□爲冒」一節，那個出青銅胄的1004 墓，正是我所發掘。

我大學畢業進入史語所，分配在考古組，首先去安陽發掘殷墟，先發掘同樂寨的小屯龍山與仰韶的三層文化，然後就在梁思永先生的領導下，去侯家莊西北岡發掘殷代的王陵，我分工就是發掘1004 墓。

1004 號大墓，從一九三四年秋到一九三五年春，幾乎發掘了將近一年，纔算完畢。大墓略呈長方形，平面佔面積約三百二十平方公尺，四個墓道，地面下十三公尺到底，已達水面。墓室已給盜掘一空，但在南墓道與墓室相接處，發現有未經擾動的大銅長方鼎一對，一牛鼎、一鹿鼎，又玉磬一組，計三件。在南墓道口邊，又發現帶木柄的銅戈一層，成捆的銅矛一層，還有一層就是銅胄，我們當時叫銅盔，一層大約有二百多個，約分六七種。釋□爲冒，以銅胄爲證，非常正確，極爲穩妥。在我讀之，不由得想起六十年前發掘時歡樂的情形來，尤其感到親切！

其他各篇，創發之處亦多，足見著者艱苦卓絶的功力，好學深思之士，幸觀覽焉！

胡厚宣　一九九三年十一月二十八日

羅繼祖序

予自勝衣就傅迄於弱冠，相與講肄之友蓋寡，總角之交惟劉蕙孫表兄，弱冠以還始得孫曉野兄，曉野曾執贄先雪堂公門下。乙酉之秋，滿洲僞政權瓦解，曉野方執教於書院，而予亦留滯長春，目擊當日兵革搶攘之狀，故予簡曉野詩有「真見摸金稱校尉，重傷複壁厄秦餘」及「一樣癡頑任人笑」諸句，後遂惘惘别去。既建國之七年，予自大連就調於長春東北人民大學歷史系，而曉野已先執教於東北師範大學中文系，兩校相距密邇，然以教務殷繁，兩人者不得數見，即見所業又弗同，惟每削稿就質，則又未嘗不顧相視而笑，予謭陋淺率，以視曉野之博涉嫥精，語不妄發，固難以道里計矣。嗣是國是屢更，風風雨雨，兩人者卒脱然無累，則以兩人皆儒素自甘，不騖聲華，人莫得而齮齕之也。及三中全會後，勞者息而鬱者伸，然吾兩人則已垂垂老矣。予先得腦血管痙攣，兩耳失聰，與人對話必藉紙筆。及戊辰之春，曉野罹腦血栓，卧病醫院者月餘。比予離休回連濱，曉野聞而扶病鳴騶訣别，若有戀戀不勝情者。别後聞曉野病間，能親董理其舊著，輒以「多逸少勞」相告誡。今年初秋，曉野忽投書以四年前與中華書局締約之《古文字及古文字學論文集》將付梓相告，且索爲序，予見其書迹與平日習見者同，色然喜，蹶然以興曰：「曉野病誠愈矣！」

是集凡爲文二十篇，皆曉野累年研幾心得，而去取綦嚴。予不識文字聲律之學，惟諗知曉野治學誠信不欺，又黽勉精進弗懈，故樂爲序之，以竊附於「知言」之末，曉野久心許之矣。予在吉大與于思泊教授同講序者卅年，思老謙抑樂善，每於予有過情之譽，以爲「多識前言」，不失爲舊家子弟。思老謝世，予作輓語，自比籍湜。竊念思老孜孜畢生，其及身成就固已炳然，而晚年多培育研究生，皆彬彬成材，教澤之緜延猶未有已也。曉野之主講師大中文系，亦越卅年，其教澤被於人者亦溥矣，顧與思老皆欿然不自滿假如此。

予與曉野俱從舊社會來，於舊社會之痛苦民生，知之夙而嫉之深，四十年來，所唱「没有共産黨就没有新中國」之歌，爲之鼓舞，乃世之别有用心者獨異是。雖然，吾輩俱老矣，此物此志將終生矢之。

己巳八月十有七日，同學弟羅繼祖序於連濱之容我齋。

目録

釋⿵冂四⿱中乚——兼釋各云、般⿵冂四

原片過大，剪貼

1535頁　10406反

1533頁　10405反

《甲骨文合集》第四册1533頁10405反，它的右半偏下刻辭是：

王固曰㞢希八日庚戌㞢
各云自東⿵冂四母昃□
㞢出虹自北飲于河

同書1535頁10406反，它的左半偏下刻辭與之同文：

王固曰㞢希八日庚戌㞢
各云自東⿵冂四母昃亦
㞢出虹自北飲于□

說起來，大家都很熟悉，因為10405反早在1914年（甲寅）《殷虛書契菁華》第四葉已經著錄。第二行昃下"亦"字尚未泐失。

大家早已熟知的卜辭，在字詞句的理解上，有些已經取得了一致的看法，有些還以不同程度存在着這樣或那樣分歧。10405反和10406反

卜辭中的⿵⌂四字便屬於後者。

⿵⌂四，《合集》拓印分明：

10405反　寫作

10406反　寫作

這兩版卜辭，文同辭，字同形。⿵⌂四字所从之⌂都是左右側直筆兩腳下垂超過它們所夾的橫筆的。可知⌂是本形，不是變體，更不是刻辭時技術上的手滑失控所造成的刀筆出鋒。

這個从⌂之字，有隸定為圁的，有隸定為圓的，有以之為面的。不拘寫作圁或寫作圓，它和釋面一樣，都是在把⌂看作五角形⌂的觀點上得出來的。置其左右側的兩筆雙垂於不顧，與契文實際不符，是難於取信的。

也有人把⌂形兩側直筆所夾的橫筆抹掉，以之為∩，釋⿵⌂四為⿵∩四，同樣失實。他們認為甲骨文⿵⌂𣏟字是⿵⌂𣏟的異體，而⿵⌂𣏟又是⿵⌂丰的繁文，遂據之以證⿵⌂四就是⿵∩四字。

這種說法也並不可信。

我們從甲骨文

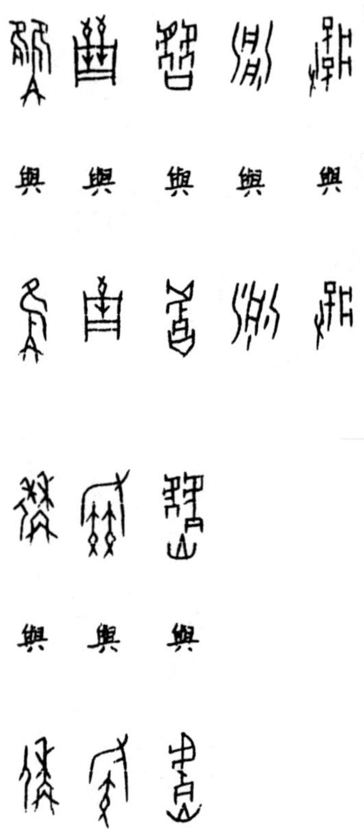

以及《說文》□篆文从魚作□，□籀文是□字，□籀文是□字，□或从虫作□，□或省作□，□或省作□來看，可以肯定□是□字的另一寫法，《甲骨文編》把它收於□字之下是有道理的。但是，□與□有別，□當是□的初文（說見本篇後文），不能據□□兩文遂定□為□字。

這段卜辭的□□兩字，管燮初、楊潛齋、陳邦懷三位先生都釋為「冒母」，分別見於《殷虛甲骨刻辭的語法研究》頁三十五和《殷代社會史料徵存》卷上葉五至六。

從「識文斷字」來說，三位先生的看法是正確的，以□為冒是可信的，但是，就這個字在這段卜辭中的各種對立統一關係來說，在解字，定詞、釋義上，也還存在着一些問題。致使有些古文字字典學家不接受這種看法，不把它作為「冒」字入錄。這反映許多學者對釋□為「冒」表示懷疑。為此，對這段卜辭的□和□□有重新識辨的必要。

本文着重說明以下兩事：一，釋□為「冒」是可信的。二，但是□□不是「娶女」而是「靄晦」。

壹，釋□為「冒」補證

隸□為冒，管先生書重在語法，未暇申其字說。陳先生《徵存》盛贊楊君「□母，應釋冒母，冒與娶古音同部，冒母即娶女也」以為「精確不刊」；而未言兩家所以釋□為冒之理。

□是古冒字。這一判斷，我們是從以下四事得出與管、陳、楊三先生相同的結論的。——但是，我們認為□不叚為「娶」，這一點，又是我們和陳楊兩先生大不相同的。

一，從字形結構上證□為冒

《說文》："⿱冃見，突前也。从見冂。"《繫傳》除此字外又有⿱冃見字。云："犯而見也。从冃从見也。"徐鍇曰："義同於冒。"《玉篇》見、冂兩部都寫作⿱冃見，其義都是"突前也。"《一切經音義》卷四六："⿱冃見死"、卷五三："⿱冃見突"，都引《說文》："⿱冃見，突前也。"田吳炤《說文二徐箋異》說小徐⿱冃見字"犯而見也"是"後人據上文⿱冃見說解增之耳。⿱冃見當即見部之⿱冃見。《玉篇》二字說同，可證即是一字。"⿱冃見⿱冃見為一字，則冂冃為一字。王筠《說文句讀》也說"竊疑冂冃蓋同字，古人作之有繁省耳。以⿱冃見⿱冃見二字推之可見。"

《說文》："冒，从冃从目。"九年衛鼎"冒"作□。以⿱冃見與⿱冃見同字例之，則其从□者作□，與□之从□从□相同。

從九年衛鼎□到秦詛楚文□，都與小篆相同，目都不在冂中。這一點並不能否定□之為□。

甲骨文字去"圖畫文字"未遠，用形象寫詞法寫詞時，重在表意，有些字所用的事物形象，見意即可，並不定位。例如：

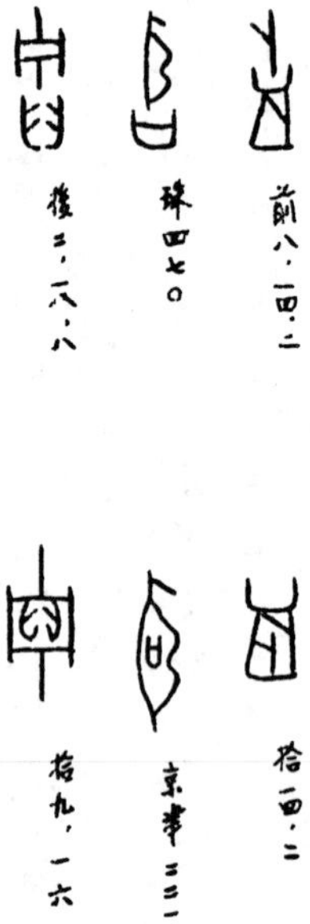

就字形所用的物象來說，兩形一上一下和兩者一方包括另一方，雖然結構安排不同，可是在寫詞上還是同一字的或體。

從這看來，冂和冃是同一字的繁簡，冂和冃是冂的古體，□和□，在冂同于冂的基礎上，與□、□、□、□一樣，是同一詞，同一寫詞方法，在位置所用物象上，產生的差異。因此說把□隸定為"冒"是合乎規律的。

二、從殷虛出土實物證□為冑

一九三四年至一九三五年，梁思永先生在發掘安陽侯家莊一〇〇四號墓時，發現大量青銅冑。這些殷代頭盔是和戈矛等武器放置在一起的。它們的形制大體近似。盔前可齊眉以護額，上可保項以護顱，左右和後部向下伸展，用以護耳護頸，頭盔頂部有向上豎立的銅管，可用之以裝置飾物。

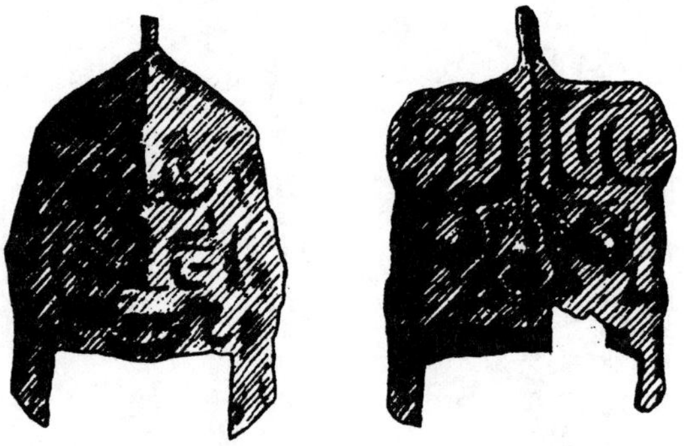

安陽殷墟出土青銅冑
據《考古學報》一九七六年
第一期圖版三選摹

殷代青銅冑的盔體正面形象與卜辭□字所从的□相同。試比較□□，可知□字所从之□是通過筆劃反映出來的實物表象輪廓，是根據表象的形象特點勾勒出來的"寫意"、"略畫"。□的上部□形是殷冑盔體用以齊眉覆額護頭部分，左右兩腳下垂的□，突出它兩側護耳的部分。從殷虛實物看殷虛文字，可知□字所从之□正是冑的盔體形像。

殷周冑字也說明這一事實。

三、殷周"冑"字所反映的盔體形像、性質和作用

《甲骨文合集》第十二册4542頁第36942片

丙午卜才（在）伎貞王其乎（呼）□

𢓊（延）執冑人方𤎼焚□□

弗每（悔）才（在）正月隹（唯）來正（征）人〔方〕

此片即《殷虚卜辭綜述》圖版貳壹哲庵藏拓選録之二——《哲庵》315。陳夢家以冑爲冑（《綜述》305頁）。冃即冃，象首鎧頭盔之形。

周金文冑作

盂鼎二

𢦚簋

豦簋

中山王嚳方壺

侯馬盟書冑作

《説文》："冑，兜鍪也，从冃由聲。"《甲骨文由字作由，古字作由，"（于省吾《甲骨文字釋林》六十九頁）殷周冑字也正是从冃由聲的。由與古有别，由聲即由聲。聲符下，用以表示所屬物類的形符冃冂冃與冃都是兜盔體之形，與冃相同。

《一切經音義》卷四六"冒死"引《國語》"戎狄冒没輕儳，"賈逵曰"冒没，猶輕觸也，"按韋昭《國語解》這句話作"夫戎狄冒没輕儳"，云"冒，抵觸也，"明是賈逵之説。可知冒與冒同。中山王器冑字冃下从𠂊，其義與《説文》冒冒同，从目，从見，从人，都作爲條件，用以説明冃的性質和作用。

四、「冑」與「兜鍪」——「兜鍪」之「鍪」古與「冒」同音

(四) 即冒，而冒與務、鍪同音。

《荀子·哀公篇》：「魯哀公問舜冠於孔子。……孔子對曰：『古之王者有務而拘領者矣。』」楊倞注：「務，讀為冒。」並引《尚書大傳》曰，「古之人衣上有冒而句領者。」鄭康成注云：「……古之人，三皇時也。冒，覆項也。句領，繞頸也。」《禮記·冠義》篇目，孔疏引《(尚書大傳)略說》「稱周公對成王云：『古人冒而句領，』注云『古人謂三皇時，以冒覆頭，句領繞頸。』」《北堂書鈔·冠》引作「周公曰，『古之人有冒皮而句領者。』」辭句雖略有出入，然而「冒」字不異。可見《荀子》「務而拘領」之「務」是以同音詞的關係借以寫「冒」的。

《淮南子·氾論訓》就用這一事情作為文章開頭，說：「古者有鍪而綣領以王天下者矣。」(《初學記》引「鍪」下有「頭」字。) 高誘注：「鍪頭著兜鍪帽。」又在以「務」寫「冒」的基礎上，以「兜鍪」之「鍪」寫「冒」了。

兜鍪之鍪是就「冑」的整體說的，是就「冒」與「冑」的音義關係立名的。冑，从由得聲，古音在幽部。幽部字多轉入侯部。冑自幽入侯是為兜字。《說文》「冑，兜鍪也。」「兜，兜鍪，首鎧也。」馬叙倫《說文解字六書疏證》卷十六云「兜、冑實一字。兜音端紐；冑音澄紐，古讀歸定。端定皆舌尖前破裂音也。聲亦侯幽相近。」《左傳·僖公二十二年》「邾人獲公冑，縣諸魚門。」杜氏注云：「冑，兜鍪。」《正義》曰：「書傳皆云『冑』，無『兜鍪』之文。言兜鍪，舉今以曉古，蓋秦漢以來語。」這個意思在《書·說命中》「惟甲冑起戎，」《費誓》「善敹乃甲冑，」《正義》裡也一再申說，說：「經傳之〔文〕無鎧與兜鍪，蓋秦漢已來始有此名。《傳》以今曉古也。」「經傳皆言甲冑，秦世已來始有鎧、兜鍪之文。」「兜鍪」是「冑」的後起之名。

這個後起之名，既與詞的發展有關，又和語音音變相連。如前所說，「冒」是與「務」同音的。「務」从「敄」聲，而「敄」是从「矛」得聲的。在古音都是幽部之字。在語音變化中，它也不例外，它倆和「冑」一樣，也都有从幽入侯的音變。例如「矛」在幽部，而从「矛」得聲之「敄」在侯部，而从「敄」得聲之字卻又分別見於幽、侯兩部：「蝥」「瞀」在幽部，而「敄」「務」「婺」「霧」「鍪」

等字在侯部。『冒而句領』被寫作『務而句領』，說明『冒』已被讀作『務』，也有自幽入侯的現像。『兜鍪』一詞，從文字所反映的語音來看，當是『胄』『冒』兩字自幽入侯之後，前者音變為『兜』，後者音變為『鍪』，以附註物類的造詞方法而造成的。『鍪』起着變了的『冒』的作用。《荀子．禮論》『薦器則冠有鍪而毋縰』楊倞注，說：『薦器，謂陳明器也。鍪，冠捲如兜鍪也。縰，韜髮者也。』《士冠禮》『緇纚廣終幅，長六尺。』謂明器之冠也，有如兜鍪加首之形，而無韜髮之縰也。鍪之言蒙也，所以冒首，莫侯反，或音冒。』是為『鍪』『冒』關係之證。

貳、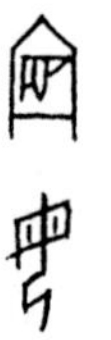

字是詞的書寫形式，詞有本義變義，字有同音假借。讀文必先識字，這是沒有疑問的。可是就我國書面語言來說，字形辨識，往往不等於定詞，明義。文字識辨是重要的，如果無視字和字所在的書面語言中的各種對立統一關係，也常是『是』而又非，得而復失的。

冒母不是婺女

釋為冒，是可信的。

在這一點上，儘管陳、楊兩先生和曾實先不同，可是他們卻又在龍統的天象觀念中，把『』之看作『女宿』之『女』，與曾氏殊途同歸，得出相似的結論。曾氏釋為宦，讀宦如貫；以為女，視為婺女之女。說：『夫女為北方之宿，則所謂「自東宦女」者，易言之，即自東方貫于北方也』潛齋則以為：『母，應釋冒母，冒與婺古音同部，冒母即婺女也。』陳君贊同楊君之說而又有所發展。他在反對因為『卜辭女母二字時見互用』而主張『冒母可讀婺女』之說的同時，卻又提出『冒母之母實有意義』之說。根據《左傳》『有星出於婺女』杜注引《星占》『婺女為既嫁之女，織女為處女』之文，說：『婺女為既嫁之女，女既嫁，生子為母，故卜辭曰冒母。』又認為『冒母昃』當以三字為句讀為『冒母側』，說：『冒母星位在北宮，故下句云「亦有出虹自北。」此又冒母即婺女之旁證也。』

「官」和「冒」是兩個根本不同的字。儘管在釋□上曾、陳兩家有這樣分歧，可是在「□」和「□」的關係上，却又都歸之於北宮婺女。這個星象觀點使兩家之說在這段卜辭中遇到了困難。

這段卜辭記事很明確，事在「八日」，其時有「昃」，其天像「有出虹自北飲于河」，它所記的乃是白晝之事，這是無可懷疑的。試想：大天白日，其時非夜，其日非蝕，而婺女之星晝見，這是一種什麼現像？

五官（《史記·天官書》作宮。依錢大昕說改）座位：東官蒼龍，南官朱鳥，西官咸池，北官玄武，四官二十八舍衆星分在黄道左右，都不是周極星，無在北者，在北者只有中官。因此，北官衆星，以斗、牽牛、婺女、虚、危、營室、東壁（隨縣出土的二十八宿圖作西縈、東縈）爲代表，南中時，都在南空。「北官」所在之處並不是以天北極爲中心的南北之「北」。這樣，不但「婺女」不能「貫于北方」，而且「亦有出虹自北」也不可能就是出于「冒母」（婺女）之「側」。如果說「冒母昃」（婺女側）豈不成了北方之側？北方的旁側，這又是何方？難道它還是北方？

釋□爲冒，無疑是正確的。但是，以「冒母」爲婺女，以北官（應作北宮）爲北方，以「亦有出虹自北」爲「冒母即婺女之旁證」則是令人難以置信的。

參、用對立統一規律解決卜辭語言疑難問題

語言，包括着書面語言，詞義和語意在服從語法規律的同時還必須服從形式與内容、部分與整體等等對立統一規律。因爲事實已經證明：同樣一組文字，同一語法結構，有的可以有不同的理解。例如：《豳風·七月》「八月剝棗」的「剝棗」，毛亨說：「剝，擊也。」則是把「剝」看作「攴」的借字。王安石則說：「剝者，剝其皮而進之。」把它看作本字本義。（《容齋續筆》卷十五《注書難》）「擊棗」「剝（ㄅㄛ）棗」，同一「剝」字，被理解的詞彙却大不相同，而它們的語法性質以及和「棗」的動賓關係又完全相同。換言之，不同的理解也會使同一組文字被人讀成不同的詞句和相同或不同的語法結構。本篇所說的□□便是其例。「貫女」說者以「□」爲「官」，假「官」爲「貫」視爲借字，

其詞組爲動賓關係。『冒母』説者則以『冒』爲『娶』的借字，而『冒母側』則是一種偏正詞組。不同的理解一般説來都合於文字、詞彙、語法規律。可是要從這些不同的看法中判斷是非，這些語言文字規律除證明它們能不能成話外，是無能爲力的。

外證必須得到本文語言文字的通過，脱離銘刻語言而求解，是不可能得到正確結論的。而語言文字規律有一定局限。可以濟文字、詞彙、語法規律之窮的是語言（包括書面語言形式——文字）的對立統一規律（説見拙稿《用對立統一規律解决語言文字疑難問題》）。

兩字應該如何辨識和理解？只能遵循這個規律，把它放在它們所在的卜辭中，從各種依存關係來探索。

就這段卜辭來説，作爲一個有内在聯系的整體，在和相互聯系相互作用相互依賴相互制約的字詞句中，以下兩層四事較爲重要：一層是『各云』『冒母』『出虹』三者的依存關係，一層是這三者和『㞢𧊒』的占驗關係。

一、各云

卜辭『各云』或作『㪔云』。這種云雖然文獻無徵，可是它所在的卜辭語言，在一定程度上，却也通過一些現像反映了一些性質。

各云，不其雨，𠬝。《甲骨文合集》V7.P2711.N21022

□采，㪔云自北，西單雷。《合集》V5.P1652.N11051

□□乙，□各云□□雨，亘。《合集》V7.P2707.N20985

□采，各云自□，征，大風自西，刜□。女□□。《合集》V7.P2710.N21011

癸亥卜，貞旬。昃，雨自東。九月辛未，大采，各云自北。雷。征，大風自西，刜云，𠈌雨。

女日：

大采，□日，各云自北，雷。□風，幺雨，不征。《合集》V7.P2711.N21021

允㞢設。明，㞢各云自□。昃，亦㞢設，㞢出虹自北，〔飲〕于河。《合集》V5.P1889.N13442正。

這些辭反映兩事：一，「各云」是和下雨、打雷、出虹有關連的，這些關連現像說明它應是屬於雨云之類的。二，「有各云自東」、「各云自北」，人們能看到它在天空中的來向，這一點表明：「各云」的云體是成塊孤立，而不是均勻成層佈滿全天的。這就使它在雨云裡，和低雲族的雨層云區別開來。直展云輪廓分明，底部幾乎水平。這一族云分為積云和積雨云兩屬。積雨云云濃而厚，雲體龐大如聳立高山，底部十分陰暗。這種雲出現時，常伴有雷電、陣雨和陣風，這些，特別是和雷、電、雨、風相伴的現象，是與卜辭「各云自北，雷、□風，幺雨」完全相應的。看來，卜辭的「各云」當是直展雲族屬下的積雨雲。

積雨雲臃腫高大，名之為「各云」，「各」取其「大」義。《爾雅·釋詁》「嘏、假，路，大也。」《方言·一》「嘏，大也。凡物之大貌曰豐，……宋魯陳衛之間謂之嘏。」又云「自關而西，秦晉之間，凡物之壯大者而愛偉之謂之夏，周鄭之間謂之假。」《詩·商頌·列祖》「鬷假無言」，《左傳·昭公二十年》引作「鬷嘏無言」。《儀禮·少牢饋食禮》「以嘏于主人」鄭注：「嘏，大也。」又云：「古文嘏為格。」「假」與「嘏」通，又並通于「格」。「格」與「路」並从「各」得聲。《詩·大雅·皇矣》「串夷載路」，《生民》「厥聲載路」，《傳》並云「路，大也。」「路車」「路馬」「路」義皆為大。卜辭「各云」當是就積雨雲的體態龐大取名的，可以「路云」讀之。

「各云」與「雷」「雨」相接，可以肯定它不是「霞云」。（卜辭的「各云」應讀作「霞雲」說，見《殷虛卜辭綜述》244頁。不具引。）

二、出虹

「昃，亦㞢出虹自北飲于河。」這句話是接着「㞢各云自東面母」之後說的。《說文》「昃，日在西方時，側也。」日在西方而「有出虹自北飲于河」，這一現像正是「蝃蝀在東」。《釋名·釋天》「虹，……又曰蝃蝀，其見每於日在西而見於東，啜飲東方之水氣也。」虹出現的方向就是水滴存在的方向。虹在東方，表明東邊大氣裡有較大的水滴存在，這與『昃』前『有各云自東』是緊相連接的。『各云』爲積雨雲。積雨雲自東方來，『各云』過處，東邊空中水氣猶存，日光照在水滴上發生折射、分光、内反射、再折射等造成了出虹現像。

『出虹』一事和『各云』有依存關係。這一事實也是『各云』爲積雨雲之一種内證。

三，『各云』和『冒母』

是古冒字，在字形辨識上，如前所説，是可以相信的。

『冒』的字形結構反映它所寫詞的詞義。作爲這個詞詞義基礎的表象形象，是一種事物從上向下蒙覆另一事物。事物關係是相對的，從被蒙覆的事物來説，也正是它自下而上頂撞或衝犯蒙蓋它的另一事物。這個詞的詞義是由互相依存的兩個方面構成的。這使它在使用中，因側重點不同，同一事態而有相反相成的所謂反訓的兩義現象：《説文》『冃，重覆也，』從上覆下，用的是前者。『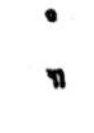，冡而前也』自下頂上，用的是後者。

《詩・邶風・日月》『日居月諸，下土是冒，』毛氏云『冒，覆也。』

這種自上向下蒙覆之義，在這段卜辭中，使『冒』和它前面『出各云自東』的『各云』——底部十分陰暗的積雨雲相互依存，取得對立統一。

下列幾組卜辭合文——

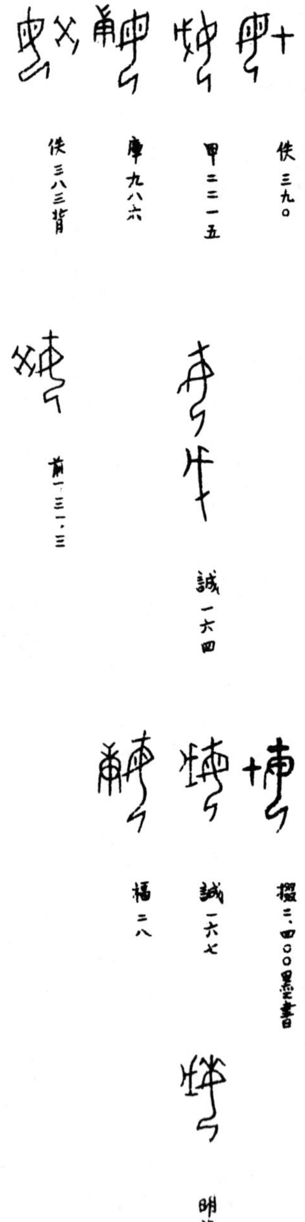

佚三九〇　掇二・四〇〇墨書

甲二二一五　誠一六四　誠一六七　明藏七・一・四

庫九八六　福二八

佚三八三背　前一・三一・三

它們告訴我們：當時是「毋」「每」通用的。

《新獲卜辭寫本》216（1.2.0146）「从相其每」董作賓《後記》云：「每作，當讀晦，與啟相對。晦陰，啟晴也。」（《安陽發掘報告》第一期200頁）

「各云」是積雨雲，其底部十分陰暗；「冒」有蒙覆之義，而「毋」「每」通用，在這幾層相互依存的條件下，「毋」用來寫「晦」，才能使它和「各云」和「冒」和這段卜辭整體取得形式與內容、部分與整體的對立統一。

在這些對立統一關係中，兩字寫的是「冒晦」。「冒」，如前所說，它是與「瞀」同音的。《大玄．玄錯》「晦也瞀。」从瞀得聲的「霿」《說文》說：「天氣下地不應曰霿。霿，晦也。从雨瞀聲。」積雨雲屬直展雲族，雲底離地高度一般在2,500米以下，雲不接地，所謂「天氣下地不應」也，其底部十分陰暗，所以為「晦」也。

四、和有希

為「霿晦」，而「霿」在《尚書．洪範》乃是一種「咎徵」。

《洪範》：「曰咎徵：曰狂，恒雨若。曰僭，恒暘若。曰豫，恒燠若。曰急，恒寒若。曰霿依《漢書》《史記》作「霧」，《宋書》《隨書》作「瞀」，今孔本作「蒙」，段玉裁《古文尚書撰異》从《大傳》作「霿」，恒風若。」桐城吳氏家塾本《寫定尚書》。

《尚書大傳》：「思心之不容，是謂不聖，厥咎霿，厥罰常風。厥極凶短折。時則有脂夜之妖。……」注云：「霿，冒也，君臣心有不明，則相蒙冒矣。」

《漢書．五行志下之上》引此《傳》，並云：「『思心者，心思慮也，……貌言視聽以心為主，四者皆失，則區霿無識，故其咎霿也。……心區霿則冥晦，故有脂夜之妖。——一曰，有脂物而夜為妖，……一曰，夜妖者，雲風並起而杳冥，故與常風同象也。』劉向治穀梁《春秋》，『數其旤福，傳以《洪範》』。《五行志》錄其說云：「釐公十五年九月，己卯晦，震夷伯之廟。劉向以為：晦，暝也。震，雷也。夷伯，世大夫。正晝雷，其廟獨冥。……成公十六年六月，甲午晦。正晝皆暝，陰為陽，臣制君

也。……』我們不管劉向之說如何荒誕，他和董仲舒、劉歆之間對此有甚麼出入，從語言上看，可以說，作為氣象之詞來說，『霿』是有晦冥之義的。

往年，郭沫若著《卜辭通纂》釋這段卜辭曾云：『諦案此辭，乃於八日前之癸丑（按：是癸卯筆誤）卜，其兆有祟。至八日後之庚戌而言其應者，則「各云」與「出蜺（今釋虹）」，殷人均視為祟矣。』今知（霿晦）屬『咎徵』，其事與『出希』正好也是占驗相應。

這樣，不僅『各云』、『冒母』（霿晦）、『出虹』三者取得對立統一，而它們又作為一方與『王固曰有希』取得了對立統一關係。

肆，『』與『雺』詞的發展和音義變化

卜辭以（冒）寫氣象之詞，雲氣自上向下冡覆也謂之『冒』，與一般具有冒覆義象（不是義項）事物同名。這表明，當時其詞尚未分化。

《左傳》文公五年，甯嬴引《商書》曰：『沈漸剛克，高明柔克，』其辭乃《洪範》之文。可知《洪範》之作必在『春秋』之前，它承襲殷人文化是比較可信的。它在『稽疑』裡說，『乃命卜筮，曰雨，曰霽，曰圛，曰雺，……』桐城吴氏家塾《寫定尚書》。《正義》云：『曰雺，兆氣蒙闇也。』矛，古與冒同音。以矛為聲而有雲氣蒙闇之義，『雺』在《洪範》出現，說明『冒』在西周已經分化。

『冒』與『矛』古音都在幽部。《詩經》時代幽部字有與侯部合韻者。《秦風·小戎》『小戎俴收，五楘梁輈，游環脅驅，』收、輈、驅以幽，幽、侯相叶是其證。因而从矛得聲之『敄』『務』『霧』旁轉入於侯部。《小雅·常棣》『兄弟鬩于牆，外禦其侮，』韓《詩》作『侮』而毛《詩》作『務』。『侮』在侯部，而『務』與之同音是其徵也。

侯與東陰陽對轉。攻吳王夫差鑑以『攻吳』為『句吳』。『句』在侯部，『攻』在東部。《小雅·六月》『四牡脩廣，其大有顒，薄伐玁狁，以奏膚公。』顒與公以侯東通叶，遂使顒入東韵。

幽部字音變入侯，遂使《洪範》『雺』有亡鉤反。段玉裁《古文尚書撰異》从侯入東，這個『雺』又有了

武工反的讀音，改寫為「蒙」。（段云：「天寶時，衛包改「雺」作「蒙」，既誤於前；開寶中李昉陳鄂改《釋文》之「雺」作「蒙」，復誤於後也。」）

《史記·宋微子世家》引《洪範》稽疑「曰雺」作「曰霧」，「霧」是侯部字，而司馬貞《索引》說「霧，音蒙。」《周禮·大卜》鄭氏注引《洪範》此文「曰雺」寫作「曰蟊」。《釋文·周禮音義》「曰蟊：音濛。劉：莫溝反，沈：音謀。」「蟊」从矛得聲，和「雺」一樣，古音也在幽部。經傳師讀相承，陸氏屬東，而劉沈屬侯。由幽入侯，由侯入東，是完全一致的。《周禮·夏官司馬下》「方相氏掌蒙熊皮，」鄭氏注「蒙，冒也。」《考工記·韗人》「凡冒鼓」，鄭氏注「冒，蒙鼓以革。」「冒鼓」，今東北方言多謂之「蒙鼓」。「冒」之為「蒙」正猶「雺」之為「蒙」，既有方言音變，也有造詞作用。

《洪範》稽疑「曰雺」，鄭玄說「雺聲近蒙。」所謂「聲近」當是「雺」的元音鼻化，有點兒像廈門把「矛」「茅」讀作[mau]似的。這應是方音變，也不影響詞義。「曰雺」，《史記·宋微子世家》寫作「曰霧」。《索隱》記「霧，音蒙。」「霧」是「霿」的異體字，其所寫詞是以「地氣發天不應」為基本內容的。在詞的音義及其書寫式上都不同於「雺」，這應是造詞音變。

《詩·風·東山》「零雨其濛。」《傳》云：「濛，雨貌。」《說文》「濛，微雨也。」王逸《七諫章句》引《詩》作「零雨其蒙。」「濛」重言之則為「濛濛」。《廣雅·釋訓》「靀靀，雨也。」「靀靀雨」，「濛濛雨」即「毛毛雨」。毛毛細雨在冷暖空氣交界的鋒面附近也常有霧產生。這霧叫作鋒面霧。鋒面霿常是夾帶着毛毛細雨的。《史記索隱》「霧，音蒙。」而「零雨其蒙（濛）」之「蒙（濛）」毛毛細雨乃鋒面霧的一種現像。可知從雲氣蒙覆之「雺」分化出來的「蒙（霧）」在《詩經》時代就早已出現了。

「蒙（霧）」細雨如霧而非霧。與「蒙」相區別，「霧」復歸侯。

雲為空中之霧，霧為地面之雲。為雲為霧，人通常總是從他所在的地面位置來區分的。接觸地面的是霧，不接觸地面的是雲。低雲族的層雲雲體均勻成層，呈灰色，很像霧，雲底很低，可是也不接觸地面。把這種低雲（不與地接之「霧」和與地相接之霧相區別，又從「霧」分化出從雨瞀聲的新詞「霿」來。在語音上，「霧」合口，而「霿」開口。在詞上，後者云（霧）下不接地，《說文》說它是「天氣下地不應。」與之相對的，說和地相接的霿是「地氣發天不應」，《說文》把它寫作「霚」。在雲氣蒙覆這一點上，「霿」和「雺」是同義的。所以《爾雅》「天氣下地不應曰雺，」與《說文》「天氣下地不應曰霿」是同一詞的不同書寫形式。《說文》說：「雺，籀文「霚」省，」是不對的。應如桂馥所說，「雺與霿同。」桂說詳《說文解字義證》不具引。王筠《說文句讀》雺字注全用桂說。實際上「霿」是「雺」的入東者。

《漢書．五行志》把《洪範》「雺，恒風若」雺，今孔本作蒙。茲從段氏依《大傳》作雺。寫作「霿，恒風若。」《五行志》解《大傳》「思心之不容，是謂不聖，厥咎霿，厥罰恒風，」說「貌言視聽㠯心為主，四者皆失，則區霿無識。」又說「心區霿則冥晦。」「區霿」疊韻連語，以《漢書》之語定《漢書》之音，可知班氏讀「霿」為侯部字。師古曰：「霿，音莫豆反。」它和「霧」同在侯部，而以開合之異別其詞的語音形式。——《廣韻》「霿」，有莫紅、莫弄兩切，與《漢書》不同。可能是以傳本《洪範》定音，而不管班書的語言實際。

伍、「般」和「鬔鬙」「逢蒙」

是「冒」。它的外廓就是《說文》訓為「重覆也」之「冂」。王筠說「冃冃蓋同字。」今以卜辭字覈之，可知它也就是「冒」的初文。

《說文》「冡，覆也。从冂豕。」許君把它列入冂部，學者說它會意。徐灝《說文解字注箋》說「冡、冒雙聲，義亦相近。故冡謂之冒，冒亦謂之冡。《周禮》「方相氏掌蒙熊皮。」鄭注「蒙，冒也」冃部曰「冒，冡而前也」」今以「冒」「矛」同音，「雺」「蝥」並从「矛」聲，都是幽部之字；而鄭玄曰「雺聲近蒙，」陸德明曰「蝥亦音蒙。」把這些現像綜合起來，可以看出：「冡」當是从豕冂聲之字，冂以幽東音變而入東韻，並不是會意字。

「甲骨文从〔字形〕之字，除〔字形〕外，還有一個〔字形〕字。這個字諸家多以為『圂』。按『圂』字从『口』，『像豕在□中』。卜辭自有『圂』字作〔字形〕〔字形〕。从〔字形〕和从□不同。釋『〔字形〕』之說是不可信的。同時，也不能把它和从〔字形〕之〔字形〕相混。因為〔字形〕和『支覆深屋』之形是不相同的。

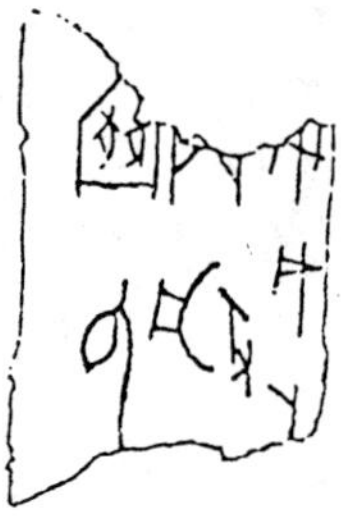

《合集》
V4
P1319
N9062

《合集》
V4
P1319
N9065正

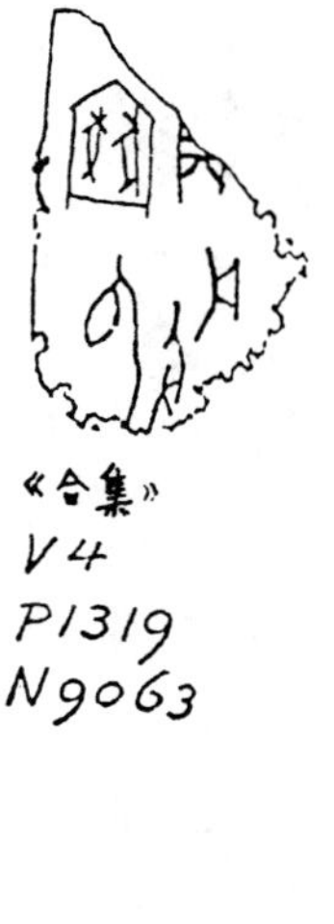

《合集》
V4
P1319
N9063

《合集》
V4
P1628
N11280

《合集》
V4
P1319
N9064

⿵冂林應該是冡的初文。

我們在研究⿵冂四字的過程中，已經知道：冃就是《說文》之冃的本形，它與『冒』『矛』同音，是幽部字；从林和从𣏟可以是同一字的繁省（本文第二葉已提出一些字例）；幽部明母字，如『雺』，可以音轉入東而讀爲『蒙』。而从冃，作爲『蒙』的聲符的『冡』也在東部。這些事實對⿵冂林字共同起作用，它們使我們不能不得出這樣的結論：⿵冂林就是《說文》冡字的初文。在字形結構上是从豩冃聲，是形聲而不是會意。甲骨文冃是它的聲符，小篆从豕是甲骨文从林之省。

知甲骨文⿵冂林爲从林冃聲之『冡』，則《甲骨文合集》第四册，第1319頁，第9062.9063.9064.9065四諸片的⿰卄又⿵冂林由於⿵冂林从冃聲，它當是與『螌蝥』同音的雙音節詞。《說文》『螌，螌蝥，毒蟲也。从虫般聲。』『蝥，螌蝥也。从虫敄聲。』『蝥』从『敄』聲，『敄』从『矛』聲；『矛』與『冃』（冒）古音同在幽部明母；而冃乃冃之初文，因知『般⿵冂林』有『螌蝥』之音。

以幽轉入東，『雺』音爲『蒙』例之，『般⿵冂林』不僅就是『般冡』，而且由於後一音節對前一音節的影響，致使『般』由元轉東，發生韵尾同化，變『般冡』爲『逢蒙』、『逢蒙』。

《孟子·離婁下》：『逢蒙學射於羿。』趙岐云：『羿，有窮后羿。逢蒙，羿之家衆也。』《春秋傳》曰，「羿將歸自田，家衆殺之。」』趙注所據，《左傳》。《左傳》襄公四年，『《夏訓》有之曰，「有窮后羿。」公曰：「后羿何如？」對曰：「……羿猶不悛，將歸自田，家衆殺而亨之，以食其子。」』孔穎達《正義》說：『《孟子》云：「逢蒙學射於后羿，盡羿之道。思天下唯羿爲愈己，於是殺羿。」則殺羿者逢蒙也。』

『逢蒙』是有夏時人，而『逢蒙』爲『般冡』音變。『般冡』卜辭作『般⿵冂林』。般田於夏。卜辭『般冡』作爲人名，非有夏之遺族，亦承其命名之遺俗也。

一九八六年六月《古文字研究》（第十五輯）發表

瞿雚一字形變說

（一九八六年九月山東長島古文字學術研究會宣讀）

殷虛卜辭，在記氣象之辭中，有兩個下部从隹之字。它們的上部，一個覆以倒寫扁口，一個覆以倒寫夫口。前者是瞿，而後者為雚。

關於後者——

『第一期甲骨文雚字習見，作□或□，舊不識。』于省吾據『雚字从A，（A）即今字的省體，』遂於《甲骨文字釋林》謂『雚即雒字。……甲骨文以从隹今聲之雚為陰晴之陰。』這是十分正確的。因為它既合於文字結體象聲借字，又合乎卜辭語言形式與內容，部分與整體的對立統一規律。但是，說『瞿與雚之所以从隹（與鳥同用），是由于某種鳥鳴預示天氣將變的緣故，』這一點，還缺少積極證據。

關於前者——

孫詒讓《契文舉例下卅六》以『□字似从隹从冃，字書未見。』認為它『或即鳳字。古从鳥从隹字多互易，如《說文．隹部》雞鷄、雛鶵之類恒見，不足異也。冃與凡亦相近，鳳从凡聲，凡古文作日，但與《說文》古文不合耳。』

葉玉森《鐵雲藏龜拾遺考釋》誤將他所著錄的七．一三殘辭『大□□』連為一語，以之與卜辭習見的『大□□』相比，認為它們『辭例並同，則瞿塙為風字，更無可疑。』

這都是以冃為日的。

陳夢家《殷虛卜辭綜述》說《天象記錄》時，認為『卜辭的瞿字，應是《說文》卷五冂部的隺字。《說文》曰「高至也，從隹上欲出冂」。』他說『隺』『字象以罩罩鳥之形，《爾雅．釋器》「籗謂之罩」，注云「捕魚籠也」，《說文》作籗。隺籗同从隹而音亦相同，古音與廓為近。』因此他把「瞿」

看作《說文》「雨止雲罷貌」的「霏」字。

這是把冃看作H的。

郭沫若《卜辭通纂攷釋》第四一六片，云：「雇字王國維釋風，謂『从隹从凡，即鳳字。卜辭假鳳為風。』《戩釋》六十。案此字从冃从隹，並非从凡。卜辭凡字作H，乃盤之初文，其它鳳字可證，此與从冃作者迥然有別。又此字有與鳳字同見於一片者，《鐵》二六〇，又《明》二一四六，二片具殘，但存二字。亦不得為風。」他從而否定了從孫詒讓以來釋雇為鳳為風之說。他的看法是：「余謂此當是冡字之異，《說文》『冡，覆也，从冃豕。』字今作蒙。冃豕為蒙，冃隹亦蒙意也。字每與風雨同見，必假為天象字無疑；余意蓋假為雺若霧。……卜辭雇字殆兩用，其言『雨雇』『風雇』者，如《詩》之『零雨其蒙』。其單見者，蓋用為霧。」

于省吾《甲骨文字釋林》認為「郭謂雇當是冡之古文，讀為霧，頗具卓識。但既謂雨雇和風雇連言，又謂雇字殆兩用則非是。」于先生的意見是：「雇與霧是古今字。甲骨文的雇字讀作霧，于文義咸符。雇是以隹為形符，以冃為聲符的形聲字。可是為什麼以隹為形符呢？這乃是形聲字形符含義的緣故。古文字的隹與鳥多無別。由于某種鳥鳴預知將霧，故从隹。這和甲骨文陰晴之陰从隹作雀（詳釋雀），也是由于某種鳥鳴預知陰雨，其例正同。」

陳說無證，而冃與H形不相通，以雇為雀，以雀為霏，難於取信。郭、于釋霧之說頗有影響。

但是，以雇為霧，這種看法也有許多難點。

為了便於說明這一事實，這裡，从《甲骨文合集》中，把第一期（包括第一期附）有雇、雀之字的卜亂，按《合集》分兩類，擇要表列於下：

第一期卜辭雇雀兩字使用情況簡表

第一期附　甲組	第一期
雇　雀	雇
1　丙辰卜：丁巳其雀？印〔抑〕允雀？　V7.P	1　甲午卜，争貞：翌乙未，用羌。用，

之日雇。 V1.P108.N456正

2. 貞：翌乙卯，酌。我□伐于宜。乙卯，允酌。明雇。 V1.P183.N721正

3. [辛]丑卜：[翌]……允雇。 V5.P1891.N13457

4. 丁酉卜，房貞：今夕亡囚？雇。 V5.P1891.N13447

5. ……囚？……雇。 V5.P1891.N13456

6. ……吉，……雇，…… V5.P1891.N13455

7. ……貞兹……雇 V5.P1891.N13453正

8. ……雇 V5.P1852.N13160

9. 王固曰：雇 V1.P154.N641反

10. ……明雇，既宜…… V6.P2222.N16057

11. ……戊……雇， V5.P1760.N12456

12. 今日其雨？至于丙辰，雇，不雨。 V5.P1891.N13451

13. ……戊，雇，不雨。 V5.P1891.N13446

14. 乙巳，酌。雇，……不雨。……其…… V5.P1892.N13459反

2570.N19780.

2. 丙辰卜：丁巳其雀？印〔抑〕允 ？ V7.P2570.N19781

3. 自入至于□門，不□，雀。十一月。 V7.P2683.N20770

4. 庚寅又雀。 V13.P5097.N40865

5. 辛丑卜，占：自今至于乙巳，日雨。乙雇，不雨。 V7.P2698.N20923

6. ……雇，不雨。 V7.P2648.N20470

7. 戊寅，雀，不□。 V7.P2683.N20771

15. ……至……[終]日霍，……雨。 V13.P5032.N40342

16. 王固曰：[隹]，□雨。壬寅，不雨。 V1.P169.N685反

17. 丁卯卜，殻：翌戊辰，帝不令雨？戊辰允霍。 V5.P2014.N14153正乙

18. 貞：庚辰不雨？庚辰霍。大采…… V5.P1751.N12424

19. □日允雨。乙巳，霍。 V5.P1891.N13448

20. 不[雨]，允霍[合文]。六月。 V5.P1891.N13458

21. 翌□雨？夕霍。 V5.P1892.N13461

22. [癸]未[卜]，爭貞：翌甲申，易日？之夕，月出食。甲，霍，不雨。 V5.P1645.N11483正

23. 貞：翌庚申，我伐，易日？庚申明，霍。王來全止[illegible]，雨小。 V3.P877.N6037正

24. 乙未卜，王：翌丁酉彡伐，易日？丁明，霍。大食……。 V5.P1891.N1345

---

8 印[抑] 明霍，不其□ V7.P2679.N20717

9. 癸酉卜，王，旬：四日丙子，（一月）雨自北？丁雨？丁日霍；庚辰…… V7.P2702.N20966

25. 辛丑卜，爭：翌壬寅，易日？壬寅翟。 V5.P1891.N13445

26. 爭貞：翌乙卯，其宜，易日？乙卯宜，允易日。昃，翟。 V5.P1870.N13312

27. 丙……貞：庚易日？庚翟。 V5.P1860.N13231

28. 辛丑卜，穷：翌壬寅啟？壬寅翟。 V5.P1891.N13449

29. 癸巳[卜]：翌甲[午]啟？甲，翟。六月 V5.P1891.N13452

30. □酉卜，王：翌……戊啟？……翟。 V5.P1891.N13454

31. 辛未卜，內：翌壬申啟？壬冬〔終〕日翟。 V5.P1850.N13140

32. 丙申卜：翌丁酉彫伐，啟？丁明，翟。大食日，啟。一月 V13.P5032.N40341

33. 乙巳卜，內：翌丙午啟？允啟。……丁……啟……翟。 V5.P1850.N13141

10. 丁未雀。戊申卜，己啟？允啟。戊申卜，己其雨？不雨，啟，少□。 V7.P2707.N20990

11. ……步，……明雀。啟…… V7.P2707.N20995

12. 戊戌卜：其雀？翌己，印〔抑〕啟不見云〔雲〕。 V7.P2707.N20988

上欄	下欄
34. ……夕啟。……霍。 V5.P1892.N13462	13. 癸卯貞，旬：甲辰雨，乙巳霍，丙午啟。 V7.P2698.N20922
35. 王固曰：……雨，卯……。明，霍。……曰大星[姓]。 V5.P1653.N11506反	
36. 翌癸卯，帝不令風？夕霍。 V1.P164	14. 甲辰卜：乙其[illegible]？……又[illegible]，中風。印[抑]小風？……祉雀。 V7.P2683.N20769
37. ……風……霍…… V5.P1800.N13382	
38. ……風……霍……十二月 V13.P5033.N40344	
39. ……王步……大[illegible]□……霍。 V5.P1892.N13463	

通觀右表，上欄三十九例一律用霍，無作雀者；下欄十四例霍雀並見，而霍少於雀。——除5、13兩例作霍外，其餘十二例都是作雀的。而其中6、7、9實爲過渡。

在反映地方生活的語言裡，常用的氣象詞，在一般情況下，總是反映當地的常見氣象的。《說文》"邶，故商邑也，自河内朝歌以北是也。"《史記·殷本紀》《集解》引《竹書紀年》曰："自盤庚遷殷至紂之滅，二百七十五年，更不徙都。"《邶風》所反映的常見氣象關係，應該是和殷虛當年基本一致的。

《邶風·谷風》：「習習谷風，以陰以雨。」

陰天，下雨，連類而及。這一點，殷虛是與各地一致的。「芃芃黍苗，陰雨膏之。」《曹風·下泉》「迨天之未陰雨，徹彼桑土。」《豳風·鴟鴞》「終其永懷，又窘陰雨。」《小雅·節南山之什·正月》都是其例。這種自然現象和語言習慣，古今相因，一直沒有變。

下霧，各地也是有的。把它和陰天下雨比起來，一般是少的。除個別地方外，是不常見的。一般說來陰雨比霧多。可是前表兩欄上下對照，如果釋翟為霧，那就出現了下霧天多於陰天，特別是上欄（第一期）只見下霧而不見陰（雀）天。這不能不說是一個反常的現象。

三千年來，殷虛這個地方是沒有發生過重大的陵谷之變的，地貌和氣象大體未變。它不象輻射霧最多的四川盆地，一年差不多有三個月的日子有霧。重慶就是一個以多霧而著稱的城市。

如前所說，于先生釋雀為陰晴之陰是正確的。

可是如果肯定翟與霧是古今字，把甲骨文的翟字讀作霧，那末，這個表（雖然它還不完全）將向我們提出一個非常重要的問題。那就是：武丁時期除風雲雷雨啓易日等等氣象變化外，只見下霧，而從來不見陰天！直到武丁晚期，那時候的人們才開始認識了「陰」的天氣。

如果肯定翟字確實讀霧，那將為中國氣象史研究提供非常重要的史料。

如果釋翟為霧是正確的話，那末，前面這個表它將向我們提供一個重要的史實：距今大約三千多年而今安陽殷虛這個地方曾是一個霧都，直到武丁晚期才發生了改變。——因為釋翟為霧，則如前表所示：武丁時期下霧與陰天之比是39：0，而武丁晚期霧與陰之比却是3：11。殷虛不是霧都。這一客觀事實，使釋翟為霧之說遇到了困難。

右表上欄37、38兩例都是風和翟同見一版的。而39例「大□」依卜辭語例應是「大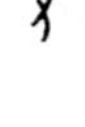風」。于先生釋為驟字。這三例雖都有缺文，可是一辭所記，其風霧時間，一般來說，並不是相去太遠的。

V5.P1880.N13382

V13.P5033.N40344

V5.P1892.N13463

陸地上最常見的是輻射霧，這種霧是空氣因輻射冷卻達到過飽和而形成的。只有在1～3米/秒的微風時，有適當強度的亂流，它既能使冷卻作用擴展至一定高度，又不影響下層空氣的充分冷卻，因而最有利於輻射霧的形成。可是風如果太大了，上層熱量大量地憑借亂流的作用而向下傳遞，大大妨礙了下層空氣的冷卻，使氣溫不易降低很多，難以達到過飽和狀態。

1～3米/秒的微風相當於一、二級風，對生活無大影響。作為徵候而記入卜辭之中的，其小風至少在三級上下，中風可能在五級上下（卜辭的小風中風前表下欄第14例便是它同見於一辭的例子）。卜辭風䍜之辭數見，特別是大風與䍜並見，若釋䍜為霧，恐有矛盾。

當然，霧並不就是這一種。殷虛去海較遠，少見海霧——平流霧。殷虛不在高緯度，不會出現北極煙霧，如果是蒸氣霧，也是比較淺薄的。即或有上坡霧、鋒面霧，在霧天和陰天的比例上，霧天也不會佔絕對優勢。

河南省豫北氣象處資料室，安陽站霧情資料：1951—1985年霧曆，年平均日數是15.9日。事實也在證明了這一推論。

安陽少霧，這是釋䍜為霧所遇到的一個難點。

從文字上說，冡和隹是兩種不同的物類。䍜為什麼會變為冡，學者們找不到它的理據和轍迹。這也是釋䍜為冡而讀之為霧的另一個難點。

總而言之，䍜字不是冡的古文，不能讀它為霧。

那麽，翟字寫的哪一個詞呢？

殷虛卜辭本身已經告訴我們：翟就是雀。它倆是一個字的形變，都是陰天的『陰』這個詞的書寫形式。

本文前部那個表，上一欄是第一期卜辭。從辭例可見，它只有从冂之翟，而沒有从A之雀。从A之雀，都在下一欄裡，與少數从冂之翟共居在一起。這些卜辭，《甲骨文合集》把它們歸到第一期附甲。附甲所錄是以貞人、、為代表的所謂𠂤組卜辭。在時代上似屬武丁晚期。

𠂤組卜辭向我們顯示：它們不但有从A之雀，而且還有从冂之翟，有从冂向A過渡之A。它充分地證明了：那個被釋為冢，而又被讀為霧的『翟』，原來是和『雀』同為一個詞的書寫形式。

我們把前表下欄所列翟雀兩字，依从冂到A的演變關係，按《合集》所錄拓本，摹寫如下：

 (1) 例5 V7. P2698. N20923

 (2) 例13 V7. P2698. N20922

 (3) 例6 V7. P2648. N20470

 (4) 例9 V7. P2702. N20966

 (5) 例7 V7. P2683. N20771

 (6) 例8 V7. P2679. N20717

 (7) 例11 V7. P2707. N20995

 (8) 例10 V7. P2707. N20990

 (9) 例12 V7. P2707. N20988

 (10) 例4 V13. P5097. N40865

 (11) 例3 V7. P2683. N20770

 (12) 例2 V7. P2570. N19781

 (13) 例1 V7. P2570. N19780

 (14) 例14 V7. P2683. N20769

 (15) V7. P2570. N19781

ᗝA形變，在甲骨文和金文中是都有其例的。例如：

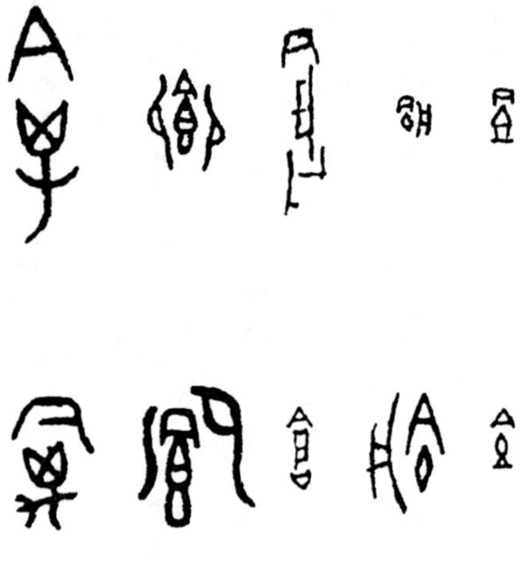

古文字所从之A，多是从倒口——ᗝ變來的。ᗝ變爲A，上部筆形从下彎弧綫∩變成兩條夾角直綫∧，是書絜作字的趨簡求便。在已經習用A形之後，有時偶然作ᗝ，由A返ᗝ，這是書絜中的一時返古。雈變作雀，是前者，是趨簡求便。

我們説雈和雀是同一字的形變，它倆共寫一詞。從書寫形式上作考查，固然十分重要；但是，它必須和它所寫的詞、詞所在的辭，以及詞語所反映客觀存在，都取得了統一，才能成立。

從卜辭辭句，就「雈」字和與之有關的已知的氣象之詞的氣象轉變關係，可以看到「雈」字寫的是一種什麼樣的天氣。

一、雈是一種變化了的天氣

甲午卜，爭貞：翌乙未，用羌？用。之日雈。　上1（前表上欄1例。以下準此，不另注。）

貞：翌乙卯，酌？我𠂤伐于宰。乙卯，允酌。明雈。　上2

丁酉卜，㱿貞：今夕亡囚？雈。　上3

在「雈」字之前，辭中未見天氣變化之詞。這表明它是在晴空萬里的好天氣的基礎上發生的，是一種氣象變化。

二、「雈」不雨」説明雈和雨有一定關係

今日其雨？至于丙辰，雈，不雨。　上12

……，戊，雈，不雨。　上13

丁卯卜，㱿：翌戊辰，帝不令雨？戊辰，允雈。　上17

「翟」這種變了的天氣，有一點很明確：它是「不雨」的。風雲變幻，很多氣象是不下雨的。「翟」而「不雨」，特書「不雨」二字，它表明「翟」和「雨」有一定關係：翟可以進而為雨，也可以只是翟，並不下雨。

□日允雨。乙巳，翟。 上19

這一條卜辭，它說明：「雨」可以轉而為「翟」。

貞：翌庚申，我伐，易日？ 庚申明，翟。王來，雨，小。 上23

這一條說明：「翟」可以轉而為「雨」。「雨」轉「翟」，「翟」轉「雨」，而「翟」也可以「不雨」。「翟」和「雨」「不雨」的轉化關係，可能透露「翟」字所寫詞的詞義。

三、「攺」字給我們的啓示

《合集》第十冊

不㱿，其雨。 P3690.N30205

此辭《戩壽堂所藏殷虛文字》三六．六著錄。王國維《考釋》說：「……諸攺字从又持户，義當為启。疑即啓之借字。《說文》「啓，雨而晝姓也。」此條攺字之上，有从日之迹，知正作晵矣。至云「不啓的其雨」，與《說文》啓字之訓正合。」㱿、㱿都是第三期卜辭文字，是由於攺字所寫詞，在辭中有「撥雲見日」之義，遂更著日形以突出之。攺和㱿、㱿是同一詞的先後出現的書寫形式。

「不㱿，其雨」，

「不雨，攺。」 下10

「雨過天晴雲破處」，開启之攺，就民間天氣用語來說，相當於「開晴」。——從漫天的雨雲中，見縫拔堆，到「攺不見雲」 下12。

和攺相對的，不僅是雨，還有翟。

丙申卜：翌丁酉彭伐，攺？丁明，翟。大食日，攺。 上32

開启的攺，和《老子》「將欲翕之，必固張之」一樣，必須有同它相對的一方，才能成立。無翕，則無以見張，無閒，也無以見啟。卜辭問「啟」，貞卜時必是未啟之天，——非陰即雨。

　　癸卯貞，旬：甲辰雨，乙巳罹，丙午啟。　下13

甲辰、乙巳、丙午這三天的天氣變化是：雨轉罹，罹轉啟。

如前所說，雨和罹都是與啟相對待的非啟　不是「開晴」氣象。那末，下13卜辭所記氣象則是：

　　第一天　甲辰　雨　（下雨）；

　　第二天　乙巳　罹　（既不下雨，又未開晴）；

　　第三天　丙午　啟　（開晴）。

　　開晴是和陰雨天相對的。這段卜辭，第一天下雨，第三天開晴。那末，它們之間的既不下雨，又未開晴的第二天，必然是陰而不雨的天氣。由此可知「乙巳罹」的「罹」，它所寫的詞，應該是和「晴」相對的，「密雲不雨」的陰天的「陰」。

　　這個結論是就前表上下欄所列，有从冃之「罹」的卜辭，看「罹」和與它同辭的一些氣象之詞，從它們在語言中的對立統一關係和所反映的天氣變化，以及與之相應的氣象變化規律中而得出來的。

　　如前表所示，从冃之罹和从A之隺，它們是共見於前表下欄第一期附甲卜辭的。于省吾先生釋隺為侌隹，「讀為陰晴之陰」，在卜辭中，是「無一不合」的。

現在既知罹的詞義也正是「密雲不雨」的陰晴之陰，而𠂤組卜辭中又有从罹到隺，冃—A—A形變的蹤迹，在字的形式和它所寫詞的內容，以及它在卜辭辭句中部分與整體的對立統一關係，可以說「罹」和「隺」是一字的變體。它倆在卜辭中，都是用來寫陰晴之陰的。𠂤組卜辭[字形]下例5、例13、例6，[字形]例9，[字形]例7，[字形]例8，[字形]例17，[字形]例4同期並見，可知它們形變的時期，和𠂤組卜辭相同，似屬於武丁的晚期。

說罹隺同詞異形是冃A之變，而非A冃之變者，除𠂤組卜辭屬武丁晚期外，還可以從下片卜辭知之：

《合集》Y6.P2458.N18347

甲骨文字从隹从鳥有時不分。這種現象延續到《說文》與之有關的某些或體。

《說文》「雂，鳥也。从隹今聲。」以許書雞鷄、雛鶵、鵰雕、鶉雗等或體字例之，知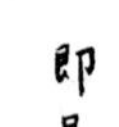即是𨾴。

如果說𨾴即雂字，則與為同一個詞在書寫形式上的或體。甲骨文以从隹今聲之𨾴為陰晴之陰，為什麼在卜辭中不用以寫氣象之詞？為什麼它不與雂互見於𠂤組以寫陰晴之陰？為什麼第一期卜辭已經有它，而不見使用這個从隹（鳥）今聲之字來記天氣？

與並見於一期，這一期卜辭，寫陰晴之陰，用的不是前者而是後者。這兩者都是武丁時期卜辭文字。在卜辭中，它們各寫一詞，而前者與氣象無關。可見屬於武丁後期的𠂤組卜辭中，同詞異體且有演變之迹的雇與𨾴，是由從冂變而从A，而不是由從A變而从冂的。

《小屯南地甲骨》：

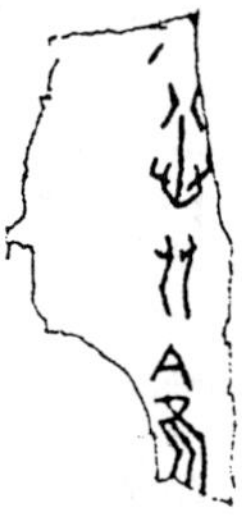

南上冊P610.2866

𨾴與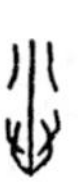同辭並見，「在此片中辭中殆人名」。此片乃武乙時期相當於《合集》第四期卜辭。它遠在𠂤組卜辭之後，其字从A而不从冂，也正是𨾴从雇變之證。

雇字从冂从隹有覆蔽之意。

卜辭以雇寫陰晴之陰。陰晴之陰，《說文》作「霒」，說它是「雲覆日也，从雲今聲。侌，古文或省。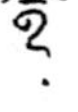，亦古文霒。」《詩．大雅．桑柔》「既之陰女」，鄭氏箋以「覆陰」說「陰」。《釋文》據之說，「（陰）鄭音蔭，覆蔭也。」《漢書．敘傳下》「陰妻之逆，至子而亡，」師古曰：「陰，謂覆蔽之也。」陰雲密佈，遮天蓋日，所以陰天之陰有覆蔽之義。《說文》「冂，重覆也。」「冡，覆也，从冂豕。」冂有覆意。

雇及其形變之𨾴，字下从隹。隹字只象鳥雀，單形難象雀噪。鳥鳴報陰之說，恐不足信。以詞的語音與字形求之，它可能是从鷹得聲。

「鷹」聲之字何以讀「陰」？

「鷹」古音在蒸部，「陰」古音在侵部。它們都是影母，雙聲而不同韵。

但從《詩經》看，古音蒸侵音近是往往合韵的。《秦風．小戎》鷹、弓、縢、興、音，相叶。《魯頌·閟宮》乘、縢、弓、綅、增、膺、懲、承相叶。（《詩·大雅·大明》、《生民》、《召旻》等七都有蒸侵合韻之詩，不一一列舉。）《易·彖辭》《臨》，臨與應叶韻；《升》，升與應叶韻。應、膺都在蒸部，而音、綅、臨都在侵部。《說文》心部應，肉部膺都从䧹得聲，而隹部䧹从瘖省聲。詩之合韻，字之諧聲，當時作者語感必然覺其同韻或同音。

《說文》「窨，地室也。从穴音聲。」朱駿聲說《詩·七月》「三之日納于凌陰」以陰為之。即《周禮》「凌人納于凌室也。」《文選》張平子《思玄賦》「經重庴乎寂寞兮」，李善引舊注云，「庴，古陰字。」

古音：音、庴、瘖、窨在侵部，影母；應、膺等从䧹（鷹）得聲之字在蒸部，影母。兩部以[-əm]鼻聲韻尾，在某些地區，因方音音近而混同。《詩經》時代，周、秦、魯詩的蒸侵合韻可以為證。《說文》鷹寫作䲰，說它是「籀文䧹，从鳥。」䧹是「鳥也，从隹，瘖省聲。」

以侵部之字說蒸部之聲，就是在這種方音基礎上出現的。

西周金文「䧹」字不从疒，而是从隹𠂆聲。（常叙按：𠂆即古膺字。余別有說，另詳。）其字有作 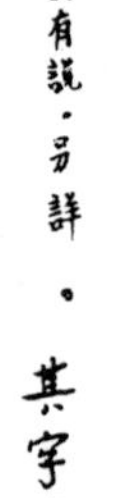 者（應公觶。） 象鷹形。以其形與隹鳥形近，容易混誤（甲骨文隹鳥兩字都有形近於鷹的，如隹中  ，鳥中   見《甲骨文編》），故於鷹形之上，更著𠂆（膺本字）以標其聲。後來从  變而為  毛公鼎  師湯父鼎。遂失其形象，失其形聲關係。或以𠂆為 ，或以𠂆為 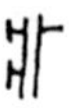 之殘。從同音詞書寫形式中去尋找它的形聲關係。《說文》「，鳥也，从隹，瘖省聲。或从人，人亦聲。」「瘖省聲」者，以𠂆厂為  之殘，而瘖與䧹（鷹）侵蒸方音鼻聲混同；「人亦聲」者，猶《說文》从矛今聲之矜，漢人隸書多寫作矝，以侵真音變（今、瘖在侵部，人、今在真部）而誤以為聲。（《說文》學者矜矝之爭，問題也出在這裏。）

話再說回來，「雇」原來是從∩ （鷹）聲之字，由於簡化，鷹隹混同，變而為「雇」，失去標音作用。遂又藉∩——∩——A之勢，把「雇」變成从隹A（今）聲之「雂」。

《天亡毁》問字疑年

《天亡毁》著錄以來考釋多家。見仁見智，各有所至。近幾年來，許多學者又爲它作了新的考證，進一步地解決了一些問題，同時也提出了一些問題。由於器銘書法較草，范損字泐，致使有些文字一時難於辨識；而可辨之字也往往受到未識之字的影響，使人得到不同的理解。因此，《天亡毁》銘文到底是記了些什麼事情？嚴格說來，到目前還沒有很好解決。

本篇試圖以古代漢語詞彙書寫形式學研究《天亡毁》。在釋文上，除多數詞句承襲了前代學者和並世通人之說以外，對某些通說也提出了一點初步的補充意見；同時也試探地辨認了幾個字。在銘文所記事情的年代上，也提出一個很不成熟的看法。

通過這一番摸索，我認爲《天亡毁》的釋文和句讀是這樣的：

> 乙亥，王又(有)大豐(封)。王凡(同)三方。王祀𠧟(于)天室。降，天亡又(右)王。衣(殷)祀𠧟(于)王——不(丕)顯考文王，事喜(饎)上帝。文王臨才(在)上。不(丕)顯王乍(作)省，不(丕)緒(肆)王乍(作)賡(續)，不(丕)克乞(訖)衣(殷)王祀！
>
> 丁丑，王卿(饗)。大宜，王降。亡助(賁)𠩺(釐)遀(饋)橐(饟)。隹(唯)朕又(有)蔑，每(敏)䚄(揚)王休𠧟(于)障(尊)白(毁)。

在釋文上完全同意某家之說的，例如：「蔑」從于省吾先生說，「乞」從孫作雲、陳夢家——實際上還是從于先生之說的，不拘問題繁簡，諸家論文具在，恕不一一列舉。所要說的，是以下幾點：

一、承諸家之説而有所補充的共有三事：

1.『大豐』是以單禮同邦國的大封，是屬於會同之禮的。

2.『凡』和『同』同音，借作會同之同。

3.『天室』是周人祀天之所；天亡則是天室之祝史，以職事稱名者。

二、承諸家之緒論而加以改正的凡有兩事：

1.『賡』與賡賞字有别。从庚凡聲，是續字的古文，而不是續的同義詞。

2.『大宜』是出師宜社的大祭。

三、試識之字有五：

1.『臨』。

2.『貝力』，从貝力聲，是賫字的或體。

3.『』，从米从午从卣，是（[illegible]）字。

4.『』，从彳从夂从（A形少泐），是饋字的古文——遺字。

5，『』，从米（X是米字殘泐）在東中，東亦聲，是古饟字。

《天亡毁》銘文所記的事情和時代是：周武王爲了結束商朝的統治，在他伐商之『師初發』前十三天，乙亥，舉行了大豐之禮，會同以周爲中心的東南西三方諸國。武王在天室舉行祭祀，武王降臨祭場時，天室的職事人天亡佑助了他。在他的顯考文王前面作了殷祀，又以酒食祭祀了上帝。隔了一天，丁丑，也就是『師初發』前十一天，周武王舉行饗禮，又舉行了宜社大祭。大祭時，武王降臨了祭場。天亡被賞給了宜社之肉，被贈給了出征的糧饟。

這件銅器銘文是有關周武王伐紂滅商的一件重要史料。它所記的事情和時間是和《逸周書·世俘》相首尾的。通過它可以看到周武王準備出兵時的部分情況。

謹將商討問題分類標目如下：

壹、問字

壹、問字

一、補義

1 大豐

《天亡殷》「王又有大豐」的大豐是什麼？各家見解是不全相同的。吳大澂用「文王遷豐之事」來說它，把豐看作地名[一]。

劉心源認爲『以大豐爲豐邑則下文不貫』。他以『古刻豐豊篆形無別』，主張『釋此爲豊，讀禮自協。』〔二〕

孫詒讓也主張讀豐爲禮。他說：『又大豐』『疑當讀爲有大禮。』〔三〕

郭沫若、聞一多、陳夢家、楊樹達、黃盛璋又都援引《麥尊》的『大豐』來說本銘。

郭老說：『余案此二字亦見於《邢侯尊》（自注：當稱爲《麥尊》）。彼銘云：「雩（粵）若翊（翌）日，在璧雝（辟雝），王乘亐（于）舟，爲大豐。王射大龏禽，侯乘亐赤旂舟從，叔咸旨（猶言『屠殺之』）。」觀此，則所謂「大豐」乃田役蒐狩之類，或係操習水戰。《周禮・春官大宗伯》：「以軍禮同邦國，大師之禮用衆也，大均之禮恤衆也，大田之禮簡衆也，大役之禮任衆也，大封之禮合衆也。」封豐本同聲字，所謂大豐當即大封。鄭注大封云：「正封疆溝塗之固，所以合聚其民，」恐不免望文爲訓矣。』〔四〕其後，在《金文韵讀補遺》中，把這個看法概括爲兩句話，說『「大豐」當即大封，《周禮》「大封之禮合衆也，」《麥尊》「王乘于舟爲大豐」。』〔五〕《兩周金文辭大系考釋》和《韵讀補遺》文意相同，也只說『「大豐，亦見《麥尊》，彼銘云：「王乘于舟爲大豐」，余意當即大封。』

聞一多不同意郭老大豐即大封之說。他認爲『大封者，告于后土，祭于宗廟，封建諸侯之禮也。邦國初建，封疆溝塗，容有錯互不正者，當合軍以治之，故又爲軍禮。因之，建國之後，境界侵削，而以兵征之，亦謂之大封。』〔六〕又說『《麥尊》言王在辟雝爲大豐，射大龍鳥，明是饗射之類，與大封不侔也。因疑《麥尊》及此器之「大豐」仍當從孫詒讓讀爲大禮。《周禮・大宗伯之職》「治其大禮，詔相王之大禮」，《小宗伯之職》「詔相祭祀之小禮，凡大禮佐大宗伯。」注皆謂群臣之禮爲小禮，則人君之禮爲大禮，可知。饗射亦大禮之一也。』〔七〕

陳夢家據《麥尊》『才璧雝，王乘于舟爲大豐，王射……』認爲『王有大豐』應從孫氏讀作『有大

注：〔一〕《愙齋集古錄釋文賸稿》下冊，二十二葉。　〔二〕《奇觚室吉金文述》卷四，十一葉。　〔三〕《古籀餘論》卷三，十二葉。

〔四〕《殷周青銅器銘文研究・卷一・大豐𣪘韵讀》一九五四年版，十七—十八葉。　〔五〕《金文叢考》一九五四年版，一三六葉。

〔六〕《聞一多全集・古典新義》六〇三—六〇四葉。　〔七〕同上，六〇四葉。

禮。」從明堂辟雍之制說「王有大禮是王有大禮于辟雍的池中，所以王凡三方是泛舟于大池中的三方。」[一]

楊樹達云：「大豐亦見《麥尊》，彼文云：『迨（會）王客葊京酌祀，雩若翊日，才（在）璧雝，王乘于舟，爲大豐，王射大韓（鴻），禽。』據彼文觀之，似大豐乃游娛之事，不關典禮也。」[二]

黄盛璋先定《麥尊》「前後都是記王封井侯于井之事。」「特别是下文記載賞賜那些東西，全是封侯授官的典禮中所必有」，而「賞錫都在『爲大豐』之後，據此可確知大豐爲一種封侯典禮」。然後說《天亡毁》「本銘之大豐既與《麥尊》大豐文字相同，行禮程序也大致相似，『王有大豐』之前也舉行祭祀，後來也有賞賜，特别是王賞給天亡的有爵和囊，而爵在周初，也是一種最隆重的賞賜，應與封侯有關，據此我們斷知本銘之『大豐』和《麥尊》中的大豐意義一樣，無論讀『禮』讀『封』，它必與封賞有關，最初應是一種封侯的典禮。」[三]

用《麥尊》銘文來通《天亡毁》的「大豐」，這個路子是對的，而且是必須走的。《麥尊》記事比較詳細一些，在理解大豐的詞義上，是具備較好的條件的。爲了推尋《天亡毁》「王有大豐」究竟是怎麼一回事情，這裡不能不插入有關《麥尊》的一部分釋文問題。——至于《麥尊》全文考釋，我們將在《康王豐宫之朝遺事考》裡來說它。

我們從以下幾個問題說「大豐」：

一，《麥尊》的大豐和大韓禽

把大豐看作「田役蒐狩之類，或操習水戰」，看作「饗射之類」的「大禮之一」，或看作「游娛之事，不關典禮」，這些意見看來很不相同，實際上却有一個共通之點，那就是都把「大韓禽」看作飛禽。郭[四]、楊以「韓」爲「鴻」，聞則直以「鶾」字隸之。《說文》「禽，走獸總名。」各家在這個問題上爲什麼捨古從今，偏以「二足而羽」之義來說它？

注：[一]《考古學報·西周銅器斷代(二)》一九五五年，第九册，一五一—一五二頁。　[二]《積微居金文說》二五八頁。　[三]《歷史研究》一九六〇年第六期八十三頁。

[四]《兩周金文辭大系考釋》上編，四十一頁：「用韓義寧侯顯考于井：韓即上『大韓禽』之韓，義其羽也。《易》漸之上九：『鴻漸于陸，其羽可用爲儀。』義古文儀。蓋王與井侯既射得大韓禽，寶貴其羽而分之，井侯用其羽爲儀，以歸寧其顯考也。」

這可能是和《麥尊》王射之地在璧廱，王射之時在舟上相關的。《詩．大雅》《靈臺》之詩是把璧廱和靈臺、靈囿、靈沼聯類並舉的。靈沼之沼訓池。陳奐引古左氏說，說「沼即璧廱。」若「立于沼上」，如《孟子．梁惠王》所說，是可以「顧鴻雁麋鹿」的。《麥尊》「在璧雝，王乘于舟」此時此地，顧而見獸是可以的，可是想馳騁田獵驅而射之，則是不可能的了。退而言之，設王在舟上，群從之士想驅麋鹿之屬擠于水濱去王舟一箭之地以供王射，也是比較困難的。因此，各家都沒有把「大龏禽」解爲大事驅獸，他們不得已才以後起之義釋禽，捨麋鹿而就鴻雁了！

按《麥尊》銘文的「大龏禽」既不是飛禽，也不是走獸，而是一個人的尊稱。它所稱的人就是和熊繹、呂級、王孫牟、燮公並事康王的禽父——魯公伯禽。[一]《漢書．律歷志》引《世經》云：「魯公伯禽推即位四十六年至康王十六年而薨。故傳曰：燮父、禽父並事康王，言晉侯燮、魯公伯禽俱事康王也」。伯禽至康王朝年事已高。周語敬老之稱爲「大龏」。「大龏」就是「太公」，「大龏禽」就是「太公禽」。

龏和公古音同屬見母，並在東部。周金文中，龏字往往从「兄」作「𪚮」。从「兄」，正表示它當初曾是被用作稱人之詞的。《方言．六》「傁、艾，長老也。東齊、魯、衛之間凡尊老謂之傁，或謂之艾。周、晉、秦、隴謂之公，或謂之翁」。《史記．齊太公世家》「吾太公望子久矣，故號之曰太公望」。西伯稱他的先君公季爲太公。按《史記》「追尊古公爲太王、公季爲王季」之說，知公季非有周之始君。可見「太公」一詞乃周人用周語以爲尊老之稱而已。文王可以用它稱公季，周人也可以用它稱時已年高的呂尚。「吾太公望子久矣」一語蓋援引當時人們對呂尚的尊稱而活用之耳。這裡並不存在崔述所說「《孟子》《春秋傳》皆稱爲大公，果如《史記》之說，則大公乃王季，豈可去『望』而以大公稱之」[二]的矛盾。相反的，果真如崔氏所說，「大公爲齊始封君，故號之曰大公，猶亶父之號爲大王也」[三]則不把被尊爲太王的古公尊爲太公，反把太王之下的王季稱爲太公卻發生了矛盾。若以太公爲

注：

[一]．《左傳》昭公十二年：「昔我先王熊繹、與呂級、王孫牟、燮父、禽父並事康王。」

[二]．《豐鎬考信錄》卷八．齊太公。

[三]．同上。

尊老之禮，這些問題就都不存在了。

《麥尊》稱伯禽爲太公禽，正猶文王之稱王季，周人之稱呂尚。以「大龏（太公）」爲尊老，這是和周人操周語之事相應的。

《麥尊》銘文句讀，在這一段上，應該是：

雩若翊日，才（在）璧雝（辟雍），王乘于舟，爲大豐。王射。大龏禽（太公禽）、侯乘于赤旂舟從。

「大龏禽、侯乘于赤旂舟從」是說太公禽和邢侯乘在赤旂舟上（在王所乘的舟後面）跟從着。這表明周康王舉行大豐之禮時，有許多侯王參加。其中邢侯和王的長輩——年長的魯公伯禽受到特別的優遇可以和周王一道乘船跟隨在後面。「大龏禽」是人而不是鳥。

《麥尊》的「大龏禽」就是太公禽。這和它的下文「唯歸，遲天子休，告亡尤，用龏義寧侯顯考于邢」的「龏義」是相應的。「龏義」這句話和《儀禮·覲禮》「天子辭于侯氏曰：「伯父無事，歸寧乃邦」」的意思相似。所不同者，《麥尊》自邢侯言之，而《覲禮》則自天子言之而已。它們所說的事情是一個。「用龏義寧侯顯考于邢」是說邢侯回國之後，轉示周王所予之榮寵，在邢國用周王旅大龏禽（太公禽）的敬公禮儀以寧他的顯考。「龏」仍是尊老之「公」。「義」則是禮儀之儀。《虢叔鐘》「旅敢启帥井皇考威義」，「威義」就是「威儀」；《詩·楚茨》「禮儀卒度」，《詩考》引《韓詩》作「禮義卒度。」郭老說《麥尊》的「義」是古文「儀」。這是對的。但是據「鴻漸于陸，其羽可用爲儀」，認爲「王與井侯既射得大龏禽，寶貴其羽而分之，井侯用其羽爲儀，以歸寧其顯考」，[一]則又由于把「大龏禽」看作飛鳥，遂將周人尊老之禮視同「鴻毛」了！

這樣看來，大豐之禮雖然有射，可是它的性質乃是禮中之射，並不是射獵之射。這事是與「田役蒐狩或操習水戰」並不相干的。

注：［一］、《兩周金文辭大系考釋》上編，四十葉「用龏義寧侯顯考于井：龏即上「大龏禽」之龏，義其羽也。《易》漸之上九：「鴻漸于陸，其羽可用爲儀」。義古文儀。蓋王與井侯既射得大龏禽，寶貴其羽而分之，井侯用其羽爲儀，以歸寧其顯考也。」

二、《麥尊》的大豐是和會同之禮相關的。

《麥尊》的大豐是在『雩若二月，侯見于宗周』，參加會同之『迨』時，康王到葊京辟雝舉行的。這就牽涉到『迨』的斷句問題。一般讀法都是把它下屬于『王客葊京』的，有不期而遇的意思。這樣讀，就等于說康王大豐之禮邢侯事先一點也不知道，這次是臨時湊巧趕上的。諸侯遇到就算，否則是無所聞知的。但是從《麥尊》看來事情卻不是這樣的。和邢侯一起乘舟從王的就有遠在東方的太公禽。就此一端也可以看它的禮數之隆和範圍之廣了。如果是把『迨』看作會同之『會』那就不再是一時的偶然巧遇了。

《天亡段》『王有大豐』之下緊接着就是『王凡三方』。『凡』是『同』的同音詞（見下文壹、一、2），借作會同之『同』，是周武王和以周為中心的三方諸國首腦相會。這和《麥尊》大豐和迨（會）的關係是一致的。《左傳》昭公四年：『楚子合諸侯于申。椒舉言於楚子曰：「……康有酆宮之朝，穆有涂山之會……」』《麥尊》『迨，王客葊京，酌祀。』葊京，如郭老所說，就是豐京。它和宗周相去很近，僅一日之程。[一] 是銘文所記，太公禽和邢侯所參與的會乃是康王『酆宮之朝』，是一次重要會同。

《天亡段》『王同三方』之後有出師宜社的『大宜』（見壹、二、5）和『賚釐饋饟』（見壹、三、7）的賞賜。這兩件事也正是和會同之禮相應的。

我們從《麥尊》和《天亡段》兩器銘文來看，可以說『大豐』是和會同有關係的。它並不是一般的饗射之禮或什麽『游娛之事』。

三、《麥尊》大豐和封侯之禮無關。

說《麥尊》的大豐必與封賞有關，最初應是一種封侯的典禮的是黃盛璋。黃先生的理由比較多：

第一，黃先生據以『確知大豐為一種封侯典禮』的證據是《麥尊》的銘文。黃先生說：『仔細審釋銘文，前後都是記王封井侯于井之事。』[二]

注：[一]、《兩周金文辭大系考釋》上編，四十—四十一葉。 [二]、《歷史研究》，一九六〇年，第六冊，八十二葉。

按《麥尊》開頭一句話是「王令（命）辟井（邢）侯出矿侯于井（邢）。」這句話可以有不同的理解。譬如：把矿看作地名，把「侯于邢」的「侯」看作第二個謂語，把「于邢」看作它的補語。這種讀法，是說周王命令我主邢侯離開矿地往邢地作侯。另一種讀法是把「矿侯」看作一個人；把「于邢」看作「出」的補語。這樣，等於說周王命令我主邢侯從邢國把矿侯趕出來（或支出來）。無論怎樣去讀，有一點是共通的，那就是《麥尊》的「辟邢侯」早在這次王命之前就已經被封為侯了。邢侯之為邢侯不是在他「見于宗周」或「王客莽京」之翌日纔始受封的。何況《麥尊》「唯天子休于麥辟侯之年」已經明言其事只是天子嘉美邢侯，給予榮寵的禮遇，而不是始封。而且照黃先生句讀，〔一〕邢侯見于宗周之後，能在莽京乘舟從王而又得好多賞賜，是逢巧趕上，是「迨」而不是事先約定。這一點也是與封侯之禮不合的。

按《麥尊》之「迨」應獨自成句，不是「王客莽京」句中的副詞，不是適會適逢之會，而是「會同」之「會」。從「王客莽京」到「大豐禽（太公禽）、侯乘于赤旂舟從」都是會同之「迨」的有關行事。太公禽和邢侯都是參加會同的人。這樣，「王乘于舟為大豐」的「大豐」也當然是有關會同之禮的一種行事。

第二，黃先生大封為封侯之說另一證據是賞品。認為《麥尊》「下文記載賞賜那些東西，全是封侯授官的典禮中所必有，如錫琱戈即授權征伐；錫二百家踝跣之臣的契券，和《宜侯夨毀》記虞侯夨被封于宜賞賜一大批臣民意思一樣；錫王所乘用的車馬，也是很隆重的賞賜；倘使不是封侯典禮，賞賜了這許多最貴重的東西即不能解釋。」〔二〕

我們可以相信，封侯同時會有一些與之相應的賞賜。可是不能由此得出一個結論，說凡是有貴重賞品時就必然是封侯。例如：黃先生提到的琱戈在周金文中是不少見的，然而它並不都是封侯之賞。這個結論的毛病不在于它是一枝琱戈或是一些什麼賞品的綜合，而在于它邏輯上的困難。封侯和賞品有關，

注：〔一〕、《歷史研究》一九六〇年，第六期，八十二頁。黃先生所錄《麥尊》銘文，如其自注，是從《兩周金文辭大系考釋》〔頁〕葉四十迻寫下來的。「迨王客莽京」的「迨」是作為一個句中或分句安排的，是「客」的副詞，有適會之義。

〔二〕、《歷史研究》一九六〇年，第大期，八十二頁。

但是它們的關係並不是本質的，不是決定性的條件。邏輯上的推理是：定立前件（如：封侯），則後件可以定立（如：賞賜）；反之，定立後件卻不可冒然定立前件。我們可以說：凡是封侯之禮必然會有一定的賞賜；可是不能說：凡有一定的賞賜就必然是封侯。

由此看來，黃先生『確知大豐為一種封侯典禮』〔一〕的說法是很可商量的。

第三，黃先生對《天亡毁》銘文所謂『爵』字特別重視。說『「王降亡勛爵」也就是文獻中所稱之「班賜宗彝」。』〔二〕認為『本銘記王賞賜亡有爵，這種賞賜絕不能認為很簡單，若非最隆重的大封典禮，必不能有班爵之事。據此可斷定銘首文「大豐」必為大封諸侯之禮。』〔三〕而且『王錫亡之物第一就是爵，而且時代又在武王時，時代特早，如果不是封侯，是不能班之以爵的。』〔四〕

這個論斷不僅在邏輯上有毛病，而且在辨識文字上也有問題。黃先生據以成說的『爵』字在《天亡毁》上是不存在的。那個字乃是从米从𠂆从攴的『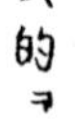』（敉）字（見壹、三、7）！

總之，『大豐』屬于會同。這不僅和《麥尊》記事相副，也是正和《天亡毁》相應的。毁文在『王有大豐』之下明言『王同三方』。

從《麥尊》看大豐，並把它和《天亡毁》結合起來，說大豐就是『大封之禮合衆也』的大封，是『以單禮同邦國』的會同之禮的一個組成部分，這是可以肯定的。因此，我們同意郭老《金文韻讀補遺》和《兩周金文辭大系考釋》的說解，但是不取他早期在《殷周青銅器銘文研究》『「大豐」乃田役蒐狩之類，或系操習水戰』的說法。

2，冃

《天亡毁》『王冃三方』的『冃』字諸家多從劉心源說以為『凡』字，〔五〕並在此基礎上以假借說

注：〔一〕、《歷史研究》一九六〇年、第六期、八十二頁。 〔二〕、《歷史研究》一九六〇年、第六期、八十四頁。 〔三〕、同上。

〔四〕、《歷史研究》一九六〇年、第六期、八十八頁。 〔五〕、《奇觚室吉金文述》卷四，十二葉。

之：或以之為「風」，〔一〕或以之為「汎」。〔二〕。孫詒讓釋「同」〔三〕而未有說。吳闓生以為「同字去口，與周作用同例。」〔四〕

從甲骨文「風」和古金文「同」往往「凡」「凡」混用來看，好像以「凡」為「凡」是沒有什麼疑問似的。但是若從古代漢語詞彙書寫形式學來觀察，却不能說是毫無問題的。

首先是「凡」不同于「凡」。

古漢字是從詞的詞義特點或語音形式出發就其一個方面或兩方兼顧，以形象寫詞法為基礎，從事寫詞的。因此，一個字（就連它被假借也在內）必然要反映它所寫詞的某一方面，或是兩方面同時有所反映。

「同」字是由凡和口兩個獨立成文的字形構成的。這一點可以肯定它不是象形字和指事字。「凡」字肯定是「凡」。在古金文中，《召鼎》《散盤》《鬲比盨》等器文都把它用作「最括」之詞。「凡」、「口」相从不能得出以「合會」〔五〕為義的「同」的詞義。某些「口」是可以相合的，可是所有的「口」就未必都能相「會」，可見「同」這一詞不能是以「凡口」之意用會意方法写成的。「凡」的古音聲屬重唇，韵在侵部。「同」則聲屬舌頭，韵在東部。兩者聲韵並異，不得同音，「凡」不能成為「同」的聲符。可見「同」字又不可能是从口「凡」聲的形聲字。象形、指事、會意、形聲俱不可通，更不論在這四者的基礎上所形成的轉注、假借兩種關係了！

古金文「同」字雖有从「凡」（凡）的，但是，這只是從應用中因類化筆誤而形成的部從變異。先秦文字一般是以寫詞為主而不拘筆劃的。同一個詞同一結構在書寫形式上的出入是常有的。我們不能根據這種現象，脫離文字寫詞關係，去作逆推，說在同一詞的不同書寫形式中，所有相應部分的出入都是同一文字的或體。譬如：「妘」字周金文或寫「」或作「」。我們不能據此遂定「貝」就是「鼎」的或體；再如：「幽」字，《說文》从山，說它是「隱也，从山中丝，丝亦聲。」甲骨文寫作「」，周金文寫作「」「」，不能說「」「」（火）字就是「山」字。這種

注：〔一〕《兩周金文辭大系考釋》上編，一葉。〔二〕《聞一多全集·古典新義》六〇四頁。〔三〕《古籀餘論》卷三·十二葉。〔四〕《吉金文錄》卷三·一葉。〔五〕、《說文解字》七下：「同，合會也。从冃，从口。」楊樹達《積微居小學述林》釋同依劉心源說，謂「同字當从凡」，「凡口為同，猶戌口為咸也。」

現象告訴我們處理這類問題時不要率然地從形式出發，應該就字詞關係，從寫詞方法和結體作用，作綜合考查。「□」和「□」在同一文字上的互用而有別，就是從這種道理中澄清出來的。

其次，「□」和「□」不同字。甲骨文「□」字或寫作「□」或寫作「□」。周金文「□」字，《𩍐侯鼎》《師兌毀》都从「□」作「□」（《𩍐侯鼎》）或「□」（《師兌毀》）。「□」，《秦公毀》作「□」，而《國差𦉜》作「□」。从同詞書寫形式的部從互換來看，好像「□」和「□」是同一詞不同書寫形式似的。因此，或疑「□」「□」同字，以「□」爲「同」字的初文。按周金文「□」字作「□」，見《師𡘇父鼎》《克鼎》《趞曹鼎》《免卣》《趩毀》等器銘文。它們從沒有一個是从「□」的。假若「□」真就是「□」字，那麼「□」必然要和「□」是一個字了，從周金文的語言關係來看，這個假設是「同」「同」兩詞所不能允許的。由此可見「□」「□」是不能相等的。它們各寫一詞，各有其音義統一關係。至于「□」「□」「□」「□」「□」「□」等字的「□」「□」互用，也只是上文所說的「□」「□」「□」「□」之類的部从變異而已！

再次，「□」和「同」同音。

「□」既不是「□」，又不是「□」。「□」字从「□」構字。它也不是用象形、指事等方法寫成的。但是它可能是會意或形聲的——其聲決不是「凡」。周金文中確有从「□」得聲的。例如《師克盨》「則隹乃先且考又□于周邦」的「□」字正是从「□」得聲的。若以「□」爲聲符例之，則「同」字可能是从「□」得聲的。若「□」从「□」得聲，則「□」字應與「□」字同音。換句話說，「□」可能是讀若「同」的。

從《天亡毁》和《師克盨》銘文來驗證，這個可能是可以肯定的。

若「冃」與「同」同音，則《天亡毁》「王冃三方」就是「王同三方」。同三方是會同從周來說的東南西三方（見後）諸國的。這是和通篇銘文相應的。「大豐」是會同之禮的相關部分，「大宜」是出師宜社之祭（見壹、二、5）「丕克訖殷王祀」是這次一系列行事的總目的。以「冃」為「同」在銘文中是密合無間的。

若「冃」是「同」的同音詞，則《師克盨》的「」字應是《書·顧命》「大保受同」的「同」，是酒器。在銘文中假借為「寵」字。

知其為酒器者：「冃」下雙手所奉之形實為爵字。《縣妃毁》字，《史獸鼎》字可證。《顧命》「乃受同〔瑁〕，王三宿三祭三咤。上宗曰：饗。大保受同。降，盥，以異同秉璋以酢。授宗人同。拜。王荅拜。大保受同，祭，嚌，宅。授宗人同，拜。王荅拜。」「咤」，《說文》作「詫」云「奠酒也」。「嚌」，《說文》云「嘗也」。「澡手以異同自酢者，不敢襲尊者之爵。文中所用之「同」明是酒器。」鄭玄以「同」為酒杯，其義近似。「」字从廾奉爵而其音為同，其為「大保受同」之「同」可以無疑。

「乃受同」傳本「同」下多一「瑁」字。昔虞翻奏「鄭玄所注《尚書》以《顧命》「康王執瑁」，古月似同，從誤作同。既不覺定，復訓為杯，謂之酒杯。」〔一〕是《顧命》本文原只作「月」並沒有「瑁」字。今文《尚書》「同」作「銅」無「瑁」字。瑁由月生。以周金文「」字从「冃」得聲衡之，則知「銅」即「同」的借字，而「同」則又「」若「」（《毛公鼎》）的借字。至于「月」字則是「同」字的簡化。漢金文「銅」字《清銅竟》作「銅」，《善銅竟四》作「鈅」，《新有善銅竟》作「鈅」，《善銅竟三》作「鈅」，《名銅竟》作「鈅」，這些

注：〔一〕、《三國志·吳志·虞翻傳》裴松之注引翻別傳。記（翻）又奏鄭玄解尚書違失事。

銅字所从之『同』作『冋』『冃』或『月』可以為證。從這些形聲、假借乃至簡化關係，不僅可證『凡』字音『同』，而且可以反證虞氏之誤了。

『』字的本義是酒器。在《師克盨》銘文裡，則用它來寫光寵的『寵』字。『同』和『龍』古同音。《方言·四》：『袴，齊魯之間謂之襱，或謂之襱。』又，『無裥之袴謂之褌。』郭注：『裥亦襱，字異耳。』蓋『龍』之古音以[十一]為聲，故許慎以為从『童』省聲，故能與『同』同音。盨文『有寵于周邦』的『寵』乃尊崇光榮之義，猶如《詩·長發》『何天之龍』，《易·師》象曰：『在師中吉，承天寵也。』《釋文》『寵，王肅作龍。』《詩·蓼蕭》『為龍為光』。『龍』『寵』並以同音詞的書寫形式借來寫『』。王國維云：『古者爵祿之爵用爵觶字。知古之授爵祿者必以爵將之；有命亦以爵將之。《祭統》：「古者，明君爵有德而祿有功，必賜爵祿于大廟，示不敢專也。」』[一]這可以作為『』有尊榮之義的參證。《彔伯𢦏毀》『繇自乃祖考有寵于周邦』只寫作『』，不从『凡』聲。當是它的本字。雙手奉爵本足以示崇敬之義，用『凡』作聲符，當是後起的形聲字。《單伯鐘》『丕顯皇祖剌考逑匹先王，寵謹大命』；《毛公鼎》『亦唯先正𡨦（襄）辥氒辟，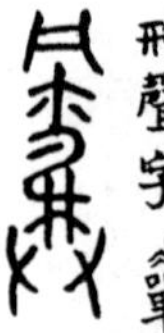堇大命』，『』用尊崇之義，『堇』則以為『謹』字。『寵謹大命』猶《書·盤庚》：『恪謹天命』之義。

從以上幾點看來，說『凡』和『同』同音不是沒有根據的。

注：[一]，《觀堂集林》卷一，《周書顧命考》十五葉。

再次，「H」字象形，「H」和「櫝」是一詞音變。「H」在古文字結構中除上述聲符之外，也見于壺、𠦪文「與」字部从。其字作——

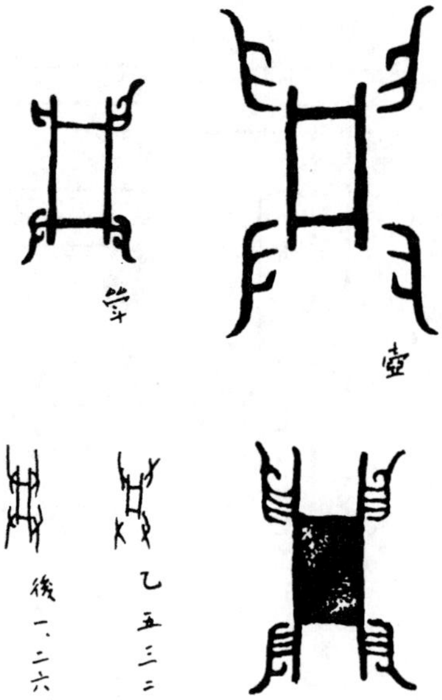

壺　壺　𠦪　乙五三二七　後一、二六、六

像二人對面各伸雙手共舁一器之形。這個器形正同「H」字。換句話說，「H」像一個可以舁舉的容器。

《說文》「襱」的或體寫作「襩」。前者从龍得聲，聲在東韵；後者从賣得聲，聲在屋韵。它們乃是同一個詞以韵尾輔音失去鼻聲而形成的陽入音變。從詞的音義兩方和它在書寫形式上所反映的特點來看，可以看出「H」字當是「櫝」或「匵」的初文。它所寫的詞是一種貯藏器物的匱子的名字。《論語·子罕》「有美玉于斯，韞匵而藏諸？」《國語·魯語下》「故分陳以肅慎氏之貢。君若使有司求諸故府，其可得也。使求，得之金櫝，如之。」又：《左傳》昭公二十九年，「衛侯來獻其乘馬曰啟服。塹而死。公將為之櫝」。《經典釋文》云：「櫝，徒木反，棺也」。从韞玉到盛馬，器有小大，它們的基本形制必然是相同的，否則不會使用一個名字。

「襱」和「⿰衤同」是一個詞，「襱」和「襩」是一詞的音變，那麼「⿰衤同」和「襩」也是一詞音變了。就此可以看出「H」和「同」同音，又以音變而和「賣」同音。

《墨子·節葬下》「故古聖王制為葬埋之法曰棺三寸足以朽體」。注家多至「曰」字斷句，因疑「棺」上當有「桐」字。〔一〕以下文「子墨子制為葬埋之法曰棺三寸足以朽骨」例之。則缺文之說不可信。按這個「曰」字當與《顧命》的「冃」是一個字，都是「同」的簡字「冃」或「冃」的誤寫。「H」

注：〔一〕，孫詒讓《墨子閒詁》「棺上當有桐字。」

櫝」是同一詞的陽入音變。「同棺」就是「桐棺」，也就是《詛楚文》「拘圉其叔父，寘者（諸）冥室櫝棺之中」的「櫝棺」。《初學記》卷十四「下不及泉，上無通臭」之下引《墨子》此語正作「桐棺」。這也可以作爲「H」字所寫的詞其音爲「同」，音變爲「櫝」，其義爲長方形容器的證據。

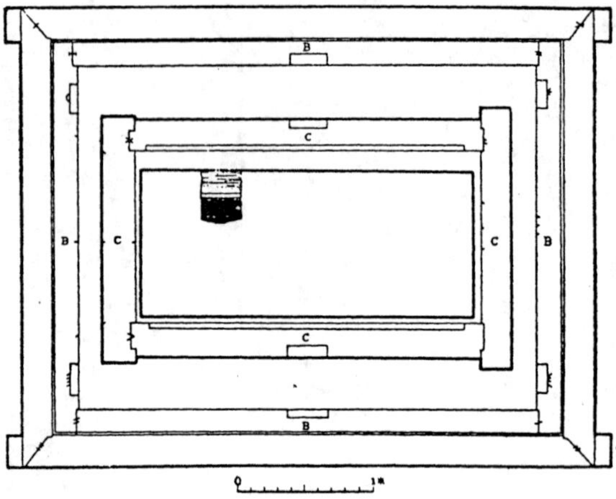
2

從實物來看，長沙戰國墓棺，如《長沙發掘報告》四〇六號墓的棺槨結構，從上口俯視，一作形，一作形。長短兩壁無論如何相掩，都和「H」字同其結構。可見「H」字並無縱橫之分，作「H」作「」，都是一樣的。這也可以證明「H」音同「同」，以及「桐棺」和「櫝棺」的關係。

和「H」同爲容器，既有關係，又有區別的是「H丨」。學者釋之爲「宁」（宁）。這是對的。古金文或寫作「工」（《攸宁父戊爵》）或寫作「」（《父辛斝》），都是在「H」上加蓋，以象韞櫝而藏之形。這個字在左右（或上下）並行的兩脚之間各夾一筆，用象櫝蓋旁出之雙耳，乃所持以事啟閉者。「H」爲器而「中」「」或「H丨」「」（外四脚與器脚重疊）爲蓋。加蓋于器遂成「H丨」或「工」「」之形。《說文》「竇，空也；「瀆，溝也」；「隤，通溝也。」从「賣」得聲之詞，其義多以槽形爲主。是櫝之一詞所概括的器物概念，不一定都是有蓋的。但是，韞藏之器必須有蓋。「H」而着蓋作「H丨」者，所以示納物于櫝加蓋而藏之的意思。「H」可以表示一切之櫝，不拘有蓋無蓋；而「H丨」則借蓋以象韞櫝而藏之事。這就是它們相關而相異的地方。「H丨」有時也標以所藏之物，如：盛者作「」（鼎文），盛戈者作「」（《父乙甗》），盛耒者作「」

(壺文)，盛貝者作「」(爵文)等等。這種寫詞方法正像甲骨文「宁」字，圖中作「」圖羊作「」一樣，都不失其為同一詞的書寫形式。「」的寫法在使用中頻率最高，遂漸地取其它諸形而代之。一變為「」，再變為「」(貯)。看來朱駿聲說「貯」與宁同」[一]是有道理的。「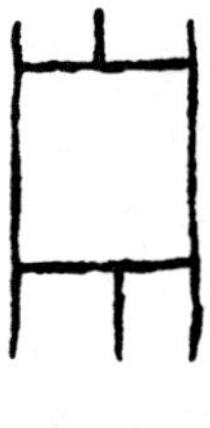」、「」古音在魚部，「凡」在東(同)或屋(櫝)部。它們兩個詞語音相去較遠；在詞義上「凡」為器，而「宁」為用，又有所分別。因此，不能因「宁」字器蓋俱全，遂謂「宁」必為櫝，而「凡」字非櫝。

《天亡毁》「不(丕)肆(肆)王作(作)賡(續)」，「賡」字从庚凡聲。「凡」音變為櫝，與「賣」同音，因此才有「賡」為古文「續」字之事，才能解許慎所承不以「賡」入貝部或庚部之故。其誤為从貝庚聲者，蓋以「凡」「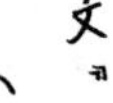」(貝的簡化)形近而誤。——見本篇壹、二、4。

至於「同」字，當是从口凡聲。它所寫的詞應是以深陷如櫝的物形為基本內容的。《說文》「竇，穴也」。以桐棺、櫝棺的關係來看，「竇」可能是「同」的一詞音變。《天亡毁》的「凡」和會同的「同」都是假借。

總之，「凡」和「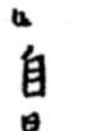」自是兩個詞的書寫形式，音義都不相同。「凡」和「同」同音，音變和「賣」聲之詞同音。《天亡毁》「王凡三方」就是王同三方。同，在這裡當如吳闓生說，用作會同之同。孫詒讓把「凡」字隸作「同」。雖然他並沒有作具體的說明，看來是可用的。

附：「王同三方」的參加者和三方。

參加《天亡毁》所記會同之禮的人應該是周武王在《牧誓》裡所說的「友邦冢君、御事、司徒、司馬、司空、亞旅、師氏、千夫長、百夫長，及庸、蜀、羌、髳、微、盧、彭、濮人」等。庸，今湖北

注：[一] 說文通訓定聲。

竹山；蜀，今陝西漢中市一帶；羌，今甘肅南部；髳，今山西南部；微，今陝西郿縣；盧，今湖北南漳東；彭，今湖北房縣、穀城間；濮，今湖北遠安附近荆山山脉之西及南方。[一]這些地方是和古本《竹書紀年》「（武）王率西夷諸侯伐殷，敗之于坶野」的西夷相合的。這些方國沒有在周北的。從商所在的方位來說，他們都是西夷；從周的本國來看，則是鄰近于他的東、南、西三方。這個形勢從顧頡剛等所作的《中國歷史地圖集·古代史部分》第四圖看得很清楚。

3，天室　天亡

附：「天位」和「空」「庄」

「天室」吳大澂、劉心源、孫詒讓都看作「大室。」孫云：「大舊釋爲昊，今審當爲大之變體。大室金文常見。若作昊室則不可通。」[二]吳、劉並以之爲太室。[三]郭老釋作「天室」。云：「『天室』亦謂天亡之室。」[四]楊樹達據《逸周書·度邑》及《史記·周本紀》推定它就是「定天保，依天室」的天室。[五]

按郭、楊釋「天室」之說是對的，而楊說更爲明確。一則《天亡毁》文字雖然寫得比較草，可是「大豐」「大宜」之「大」是和「天室」「天亡」之「天」分用不混的。文辭相應，决非信手出入。這正如《周客鼎》「」「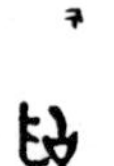」兩字一樣，並不是同一字形的任意繁簡。[六]二則除「天保」「天室」之外，《逸周書》也還有一些以祀天爲名的詞或詞組。例如：《世俘》的

注：[一]、顧頡剛等：《中國歷史地圖集·古代史部分·中國歷史地圖集地名索引》參照孫星衍：《尚書今古文注疏》卷十一；楊筠如《尚書覈詁》卷四。

[二]、《古籀餘論》卷三，十二葉。

[三]、《愙齋集古錄釋文賸稿》下冊，二十二葉。《奇觚室吉金文述》卷四，十二葉。

[四]《兩周金文辭大系》上編，一葉。

[五]、《積微居金文說》，一六二葉。

[六]、拙著：《周客鼎考釋》一九四二年，手寫油印本，第七，釋「」七—十四葉。

辛亥，萬俘殷王鼎，武王乃翼，矢珪矢憲，告天宗上帝。

武王降自車，乃俾史佚 書于天號。

若翼日辛亥，祀于（天）位，用籥于天位。

「天宗」「天號」「天位」和「天保」「天室」一樣結構，都是用「天」來說明性質的主從詞組。這種語言關係也可以證明「天室」自是「天室」而不是「大室」。

楊樹達又從《天亡毁》的「天室」疑《漢書·律歷志》所引《書·武成》「惟四月既旁生霸，粤六日庚戌，武王燎于周廟，翌日辛亥，祀于天位」的「天位」即《天亡毁》銘文之祀于天室。按「天位」疑是「天次」的字誤，「天次」乃是周王祀天時，出宫所居，位于天室附近的「行在所」。

「次」不同于「室」楊說疑非。

古金文有「」「」二字。它們在語句中的地位和作用是相同的。例如：

《農卣》：隹（維）正月甲午，王才（在）隮庅。

《長田盉》：隹（維）三月初吉，丁亥，穆王才（在）下淢庅。

《蔡毁》：隹（維）元年，既望，丁亥，王才（在）𨙻庅。旦，王各（格）廟，即立（位）。

《𠫓鼎》：王才（在）𨗍遚庅。

「庅」字从广，或从厂。

《師虎毁》：隹（維）元年，六月，既望，甲戌，王才（在）杜空，各（格）于大室。

《揚毁》王若曰：「覭，乍（作）𤔲工，官𤔲量田甸眔𤔲空，眔𤔲𦉢（芻），眔𤔲寇，眔𤔲工事。」

「庅」，「庅」或从宀作「空」。這種改換部从現象，正如《說文》「宅」古文作「庑」，「寓」或體作「庽」；周金文「厭」或寫作「寂」，「廣」或寫作「黃」一樣，它們雖然改換了偏旁部首，但是這並不影響各組文字之爲同一詞的書寫形式。

《說文》「次」字古文作「」。《汗簡》馮己蒼本寫作「」。字下「」和周金文的「」字很接近，只差托地一筆。「」可能就是古文「次」字。若「空」爲古文「次」，則《揚毁》

之「蔚宔」或者就是《周禮・天官》的「掌次」罷！

《周禮》掌次之文云：

掌次：掌王次之灋，以待張事。王大旅上帝，則張氈案，設皇邸。朝日，祀五帝，則張大次、小次，設重帟、重案。合諸侯亦如之。

師田則張幕，設重帟、重案。諸侯朝覲、會同，則張大次、小次。

次是臨時張設的帳幕式的「行在所」，設在什麼地方，就說是在什麼次。這個「次」和師之所止的「餗」是音同而字異的。隸書把它們歸而為一，都用「次」字來寫。

古文「次」从宀从立，會意。其上着「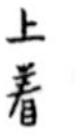」，象幕上之飾。《逸周書・王會》「成周之會，墠上張赤帟陰羽。」「」上之「」或者就是陰羽之類的東西。

「宔」或寫「㡯」。「㡯」字由于隸書「厂」「亻」形近。遂誤而成「位」。那麼《逸周書》的「天位」可能是「天㡯」，也就是「天次」之誤。《師虎毀》「王在杜宔，格于大室」正猶祀于天㡯而格于天室一樣。楊樹達謂「天位」為「天室」，不如說「天位」就是「天次（天㡯或天宔）。」

天室蓋周人固定的常設祭祀之所。其地、其物、其事、其職事之人並以「天」為名。故其「次」謂之天次（天㡯），而其人則有以天稱名者。

「天位」的語言結構和意義是和「明堂位」不同的。《禮記・明堂位》鄭《目錄》云：「名曰明堂〈位〉者，以其記諸侯朝周公于明堂之時，所陳列之位也。」它的開篇第一段以「昔者周公朝諸侯于明堂之位」（標點時應加冒號）起，領出三公以迄九采等等各個位置，然後用「此周公明堂之位也」作結。可見「明堂位」是明堂之位，是禮儀場中的位次和安排，位自是位置、位次之義。至于「天位」則不能和「明堂位」同例。一則在結構上它和天宗、天號、天保、天室一樣，都是用「天」作條件說明性質的。這和在具體場所表明所處地位的「明堂位」是有區別的。二則「武王燎于周廟，翌日辛亥，祀于天位」天位是和周廟相關的，只能是一個祭祀場所，不是「天」裡的一個固定的具體位置。何況它的主語乃武王一人，并非三公九采之屬，沒有提出位置位次的必要。

「天位」之是否就是「天次」當然還須要大家研究，但是「明堂位」卻不能成為破斥它的力量。

「天亡」在段文中是承「天室」而來的。劉心源「據文義決是作器者名。」[一]這是對的。蓋其職事為「天」而其名為「亡」。巫咸、巫賢、師曠、師乙是其例。

孫作雲以天亡為史佚。[二]按《天亡毀》所記，天亡在乙亥祀天室右王之後。丁丑又參加出師宜社之祭，被「助（賚）𢦏（釐）逭（饋）𢍰（饟）」（見壹、三、7），得到和主帥一樣的賞賜。可見他也參與東征伐紂之師了。《逸周書·克殷》在記周武王克殷之「翼日，除道修社，及商紂宮，」之後，提到「尹逸筴曰」，又提到「乃命南宮百達、史佚遷九鼎三巫」。《世俘》記武王歸周大祭時也提到「乃俾史佚繇書于天號」。王引之《春秋名字解詁》把名字關係析為五體，其中有「同訓」一類。名亡字佚（逸）或名佚字亡是合乎先秦名字習慣的。司馬彪《續漢書·天文志》說「周之史佚、萇弘……皆掌天文之官。仰占俯視，以佐時政。步變擿微，通洞密至。采禍福之原，覩成敗之勢。」天官出于史官，這也可以作為史佚就是職事于天室的天亡的一個參證。

二、訂文

4. 賡

《天亡毀》銘文第五行「不（丕）𩰫（肆）王作（作）賡」的「賡」字，銘文寫作 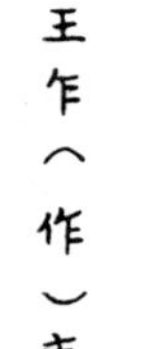 按即甲骨文   字，舊釋多以為賡字。這個看法基本上是可取的。但是必須澄清究寫的是哪一個詞。這個「賡」字不讀古行切，不是續的同義詞，而是讀作似足切，是「續」字的另一寫法——古文續字。

《說文》「賡，古文續，从庚貝」。庚貝為續，取的是什麼配搭關係？各家是有不同理解的。朱駿聲肯定許說，認為是「从庚賡省聲」，[三]而沈乾一則以許書為誤，說「賡義同續，从庚聲，與續非一字」[四]在這個問題上，段玉裁說得最好。他說：「此字果从貝庚聲，許必入之貝部或庚部矣！」[五]

注：[一]《奇觚室吉金文述》卷四，十二葉。 [二]《文物》一九六○年第五期，五十—五一頁。 [三]《說文通訓定聲》 [四]《說文解字詁林》五八○八葉。[五]《說文解字注》十三上，五至六葉

《說文》从庚从貝之賡，當是从庚冃聲的「⿸庚冃」字之譌。緣先秦文字

冃字字形又和貝之作冃作冃者相近，遂變⿸庚冃為賡。「冃」與「同」同音，古音在東部。續字所从得聲之「賣」古音在屋部，一陽一入，聲紐韻腹相同，只是韻尾以同一部位而有通鼻和閉塞之差而已。「冃」音變為「賣」，反之「賣」亦可音變為「冃」。「⿸庚冃」「續」兩字寫的是同一個詞。它們是在詞的音變基礎上出現的同詞或體。

用冃聲寫「續」，正如前面說過的用冃寫櫝一樣。冃棺即桐棺，桐棺即櫝棺，可以解此⿸庚冃字就是續字的問題。由於詞彙音變而產生的或體字，在古文字中是不少見的。其中，屬于陽入或體的，襱或从賣聲作襩，這和⿸庚冃續一樣，是東屋音變；顏从頁安聲，或从鼻㫐聲作齃，則是元月音變。

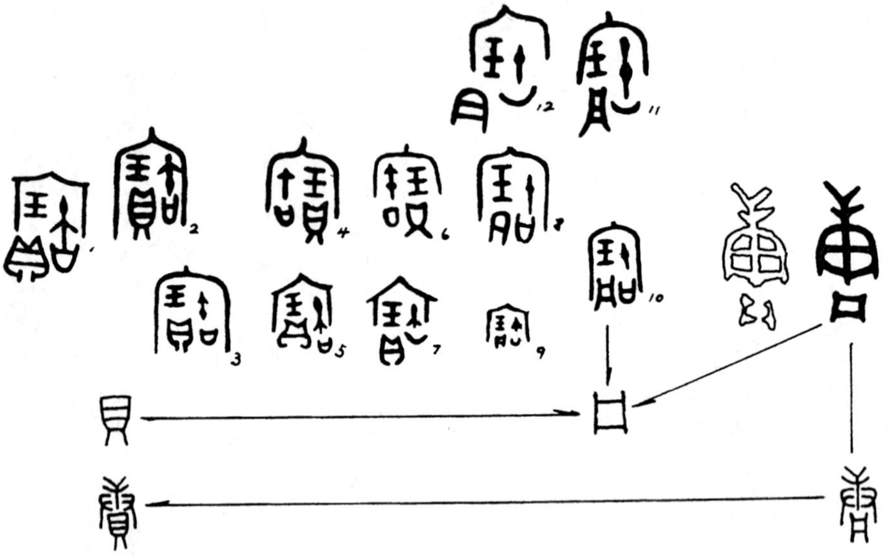

⿸庚冃誤為賡

冃貝或簡為冃，遂誤以从冃為从貝例

1. 旂鼎
2. 伯頵鼎
3. 剸弔盨
4. 鄭虢仲段
5. 輦卣
6. 番仲艾匜
7. 㭬逆冀段
8. 虘召妊段
9. 服尊
10. 11 庚姬鬲
12. 杞伯段

可見以冃聲寫續，並不是偶然的。

據此，我們可以說：《說文》賡字原形應該是⿸庚冃。它的寫詞方法是以庚爲義，以冃爲聲，是一個从庚冃聲之字。《天亡毁》"不（丕）貄（肆）王乍（作）⿸庚冃（續）"的⿸庚冃字是和《詩·斯干》"似續妣祖"的似續同義的。換句話說，也就是《良耜》"以似以續，續古之人"的續。吳大澂說"作賡猶'以似以續'之意"，[一]得其意而失其字。

《天亡毁》"文王臨才（在）上，不（丕）顯王乍（作）省，不（丕）貄（肆）王乍（作）⿸庚冃（續），不（丕）克乞（訖）衣（殷）王祀"四句，末字古音分屬陽、耕、屋、之四韵，韵不相叶。楊樹達從郭老之說，隸⿸庚冃爲⿸庚凡，誤冃爲凡（凡）。他謂"此銘大部皆有韵，此上以方王王上相爲韵，⿸庚凡讀如庚，乃古韵唐部字，正相合也。"因推定⿸庚凡字"乃以庚爲聲。"[二]以叶韵定詞，固然是從作品中審釋文字的一種方法，在一定條件下是有用的。但是它並不是主要方法，主要的還是認字定詞。假若先假定一個韵讀輪廓，然後據韵推文，往往是不可靠的。于省吾先生從《天亡毁》中澄清出"蔑"字，[三]從而打破了"唯朕有慶"的韵讀之誤，便是一個很好的例子。

甲骨文自有从貝庚聲之"賡"字。它和古續字語音不同，當是庚償字。《禮記·檀弓》"季子皐葬其妻，犯人之禾。申祥以告。曰：'請庚之'"。鄭氏注云："庚，償也。""庚償、庚續古書常以"庚"字爲之。在使用頻率上，後者高于前者，且有時假庚償之賡寫庚續之⿸庚冃，而"賡"字又以形義並與古文"續"——从庚冃聲之"⿸庚冃"相近，遂誤以"賡"爲"⿸庚冃"。

5、大宜

《天亡毁》銘文第六行"丁丑，王卿（饗），大，王降。"""字孫詒讓釋爲

注：

[一]、《愙齋集古錄釋文賸稿下冊》三十二葉。

[二]《積微居金文說》二五九頁。

[三]、《考古》一九六0年，第八期，三十六頁。

「且」字，云：「，舊釋為宜，文義難通。疑當為且之異文。……此且則當為祖之叚字。」[一]吳大澂亦釋作「祖」，云：「此言武王鄉于祖廟也。」[二]劉心源則兩說之，云：「大宜即「盤無不宜」之謂。或曰：大讀太，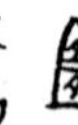為廟形，即廟字。此云王饗太廟也。文義更協。」[三]郭老初釋房俎之房，[四]後改為「宜」。說宜有三義：而以《天亡毁》本銘之「大宜」和《貉子卣》之「咸宜」為狀詞，有妥適之義。[五]聞一多認為「宜俎古同字，此當讀為王饗大俎，猶《適毁》之「王饗酒」、《大鼎》之「王饗醴」也。」[六]于省吾先生說「俎與宜雖然同字，但「宜」係由「俎」所孳乳的後起字，早期古文字中的「俎」字未有當作「宜」字用的。……此銘言「王饗、大俎」，與卜辭之「大俎于殷、亯」可以互證。銘文簡括，言大俎者當係大享合祭之類。」[七]

楊樹達斷「丁丑王鄉大且」為句，云：「謂設祭于太祖之廟。蓋后稷之廟也。」[八]黃盛璋從郭老初說而以為房字的初文，[九]並謂「正像重屋之形，……凡重屋下層基礎必大，故名曰大宜，……我們以為此大即天室所在，上層為天室，為祀天與文王之所，下層為王饗宴行禮之所。……此字即像天室之制，為後來明堂所本。」[十]

按「」字宜定為宜。《天亡毁》的「大宜」之「宜」郭老取其所列之第二義，定為妥適之義，似乎不很合適。我們從通篇銘文來看：上言會同三方，殷祀天室，祭上帝和文王，以「不（丕）克乞（訖）衣（殷）王祀」；下言「助（賚）孳（釐）追（饋）東（饌）（讓）」「孳」和「讓」對舉，乃是祭祀福胙之「釐」。那麼，這個「宜」字應該是「祭社以祈戰勝之義」，也就是取郭老所不取第三義，才比較合適一些。

古者，出師先「宜乎社」。《爾雅·釋天》：「乃立冢土，戎醜攸行。起大事，動大衆，必先有事乎

注：[一]、《古籀餘論》卷三，十二—十三葉。[二]、《窓齋集古錄釋文賸稿》下冊，二十二葉。[三]、《奇觚室吉金文述》卷四，十二葉。[四]《殷周青銅器銘文研究》卷一，北京版，二十四頁。[五]、《兩周金文辭大系考釋》上編，二葉。[六]、《聞一多全集·古典新義》六〇七頁。[七]、《考古》一九六〇年，第八期，三十三頁。[八]、《積微居金文說》卷二，二五九頁。[九]、《歷史研究》一九六〇年第六期，八四—八五頁。[十]、同上，九四頁。

社而後出，謂之宜」。《左傳》成公十三年「國之大事在祀與戎」。大事是兵事，可見宜社乃是一種有關與師動衆的兵事之祭。《天亡𣪘》的大宜在「丕克訖殷王祀」和「亡賚蠹饙饎」之間，正和出師之前有事乎社的宜社之祭相合。

周武王在爲伐商而「衣（殷）祀于王，——不（丕）顯考文王，事喜（饎）上帝」之後，舉行大宜，這也正是《禮記·王制》所說「天子將出，類乎上帝，宜乎社，造乎禰」。《周禮·春官·大祝》「大師宜于社，造于祖，設軍社，類上帝」。

「宜乎社」「宜于社」和卜辭宜于宗，宜于京的語言結構一樣，宜是動詞作謂。于厶是補語。「宜」自是殷周時代的一種祭祀。「大宜」也見于卜辭，乃是宜禮之特隆者。

宜社之禮的主要祭品之一是脤。《孔叢子·問軍禮》記天子命將出征時，說「冢宰執脤立于社之右」。《左傳》閔公二年「梁餘子養曰：「帥師者，受命于廟，受脤于社」」。」成公十三年「公及諸侯朝王，遂從劉康公、成肅公會晉侯伐秦。成子受脤于社，不敬。劉子曰：「……國之大事在祀與戎，祀有執膰，戎有受脤，神之大節也。今成子惰棄其命矣」！」《漢書·五行志中之上》「成肅公受脤于社不敬」。服虔云：「脤，祭社之肉也。盛以蜃器，故謂之脤。」顏師古云：「脤讀與蜃同。」以出師而祭社謂之宜；脤者，即宜社之肉也」。

帥師者受脤于社。天亡乃天室職事之人，是祝史而非帥師者。天亡是史佚，《逸周書·克殷》記他隨軍出征克殷誅紂之後所作的都是祝史之事。祝史不帥師而受脤，自是一時殊遇。天亡被賞賜了宜社之肉，被賞給了行軍之饟，使他感到莫大光寵。因此，他才鑄器紀念這件事情。

把這些情況綜合起來，可以看出：「大宜」之宜既不是祖，又不是廟，更不是房。它應該是「宜乎社」的「宜」，乃是出師之前的一種軍事性質的祭禮。

「宜」是祭祀。這個問題是和它的詞彙歷史有關係的。從詞彙書寫形式學看，宜和俎有區別也有關係。于省吾先生認爲「「宜」與「俎」初本同字，後以用各有當，因而分化。古韵歌、魚通諧。俎乃祀典的一種，謂列俎几陳牲以祭。」[一]這個說法基本上是正確的。但是它們倆是在什麼基礎上，用什麼方法．通過什麼途徑形成這種分化？還有待于尋繹。

爲了搞清它們同出而異名的道理和情況，下面這些現象必須注意：

一，「宜」和「且」有異文關係。《詩．大雅．假樂》「宜君宜王」，《經典釋文》作「且君且王」，云：「一本且並作宜字」。這個異文可爲□字从且，外形相同的證據。

二，「宜」和「俎」字形結構相近。《說文》「俎，禮俎也，从半肉在且上」。古□字也从肉从且，所差的只是兩肉在旁在中而已。因此才有以□爲俎的看法和宜俎同字的主張。

三，「宜」和「俎」有時同義。《爾雅．釋言》「宜，肴也。」《詩．女曰雞鳴》「與子宜之」《傳》云：「宜，肴也」。《儀禮．鄉飲酒禮》述徹俎之事云：「賓辭以俎」。注云：「俎者，肴之貴者。」是宜、俎兩詞在詞義中有一定的共同屬性。

四，「」和「且」都不像俎形。《一切經音義．五》烹俎條下引《字書》云：「俎」、肉几也」。《方言．五》「俎、几也。西南蜀漢之郊曰杫」。現在所見商周銅俎，如《殷周青銅器通論》圖版肆拾捌所錄，殷饕餮蟬紋俎正像兩足之几，而壽縣朱家集出土十字孔俎則似四脚之几。它們的俎面都是矩形版狀而微凹。側視則如王國維所說，呈「ㅠ」或「丅」形；[二]俯視則呈「口」或「口」形。無論從哪一方面觀察，都是和□、俎兩字所從的共項之且不同形的。甲骨、金文「且」字從沒有像《說文》所寫蒙「冂」而來的平頂之「且」的。可以肯定「且」字是不像俎形的。這樣，也可以肯定□、俎兩字都不是从且从肉會意的。

五，「宜」和「且」不同音。「宜」，以及从「宜」得聲之字，《廣韵》都在疑母，並以[ŋ]爲聲；而「且」以及从「且」得聲之字，除個別後起字外，一般都是以齒頭或正齒音精[ts]、清[ts']、從[dz']、邪[z]或莊[tʃ]、初[tʃ']、牀[dʒ']爲聲的。宜、且兩字聲紐的發音部位一前一後，相去較遠。宜字在《君子偕老》《緇衣》《女曰雞鳴》《裳裳者華》《鴛鴦》《棫樸》《鳧鷖》《閟宮》《玄鳥》等詩中，都是和歌韵字相叶的。不僅《閟宮》之詩「享以騂犧，是饗是宜，降福既多。周公皇祖，亦其福女」。

注：[一]《文史》第一輯，一三七頁。

[二]《觀堂集林》卷三，說俎下，十六葉。

是歌魚分叶，而且三百篇中「宜」亦從無諸魚韵字者。至于「且」以及从「且」得聲之字古音都在魚韵。可見、宜、且兩音在收韵上也是並不相同的。聲韵俱殊，自非同音之詞。

六、「宜」「俎」在先秦典籍中已判然分用，顯然是兩個詞。

以上六點可以看出「宜」「俎」兩詞以及它們的書寫形式，是既有一定關係，又有明顯區別的。

就古漢語詞彙書寫形式學來觀察，它們的關係和區別是詞的發展和分化問題。从「宜」分化出「宜」「俎」；又从「俎」分化出「俎」「胙」「䵼」。

俎、胙、䵼為一族，它們同出于「俎」。《說文》「俎，禮俎也。从半肉在且上」。又云：「且、薦也，从几，足有二横，一其下地也」。雖然說「且」之義有誤，但是它以俎為饗用或享祀時載肉而割之器則是對的。俎古音在魚部。《說文》「胙，祭福肉也，从肉乍聲」。《管子·小問》：「桓公踐位，令釁社塞禱。祝鳧祝（巳）疵獻胙」。《周禮·天官·膳夫》「凡王祭祀，賓客，則徹王之胙俎」。注云：「主人飲食之俎皆為胙俎」。胙是饗用或享祀時在俎上斮割之肉。其詞古音在鐸部。《詩·周頌·我將》「我將我享」。《曆鼎》「用夙夕䵼享」。䵼享之辭正與此詩將享相應。「䵼」古金文或作「[古文字]」，其全形為「[古文字]」，簡書作「[古文字]」。像取肉于鼎，載之于俎，以刀斮之之意。這個詞古韵在陽部。且、乍、將三聲古音都屬齒頭，而韵在魚、鐸、陽三部，有對轉關係。《說文》殂、古文从死乍聲作[古文字]，是且聲轉為乍聲之例。《夏小正》四月「取荼」，《傳》：「荼也者，以為君薦蔣也」。薦蔣即薦藉。藉从耤聲，耤从昔聲。《周禮·地官·鄉師》「大祭祀，羞牛牲，共茅葅」。鄭大夫讀葅為藉，謂祭前藉也。《易》曰：「藉用白茅，無咎」。《說文》「葅，茅藉也。禮曰：封諸侯以土，葅以白茅」。《說文》「齰」或从乍聲作齚。是且聲和乍聲將聲相轉之例。俎、胙、䵼三詞在詞義上有共同的地方，在語音上又有陰、陽、入三聲對轉的可能。把它們的關係合起來，可以看出詞的發展分化情況。

俎是饗用或享祀時載肉以割之器，胙是在俎割切之肉，䵼是取肉于鼎載之于俎操刀以割之事。這三個詞，在詞義上，是以俎用肉一事的三個方面；在詞的語音形式上，是一個詞根的三種變化——它們的聲紐、韵腹都是相同的，所不同的：只是有無韵尾和韵尾發音方法的差别。從詞的内容和形式的統一關係，從人們在實踐中得到認識和認識在實踐中的發展提高，可以說這三個詞是從一個比它們早一代的詞裡分化出來的。它們的母體是反映比較渾淪的早期認識的，是以以俎用肉一事三方面尚混而未分的概念爲詞義内容的。這個詞就是『俎』的古詞。換句話説，俎、胙、𦞦三個詞是以比較古的『俎』作詞根，以音變的分化造詞方法，隨着認識由粗到精，由淺到深的發展，逐漸形成的。

從詞的語音形式，就一般情況説，『俎』和『宜』没有什麽關係。若就古代漢語詞彙有複輔音詞來看，俎和宜也是一個同族詞。它們的行輩比俎、胙、𦞦要早出一代。

在古代漢語詞彙裡，齟齬、鉏鋙、鉏牙等雙音節詞（所謂疊韻連語），是從一個複輔音詞[*tsŋa][一]演化而成的——别見拙作《釋我》。

若按『鉏』和[*tsŋa]的語音關係，説『宜』和『俎』在更古一些時候原是一個魚部的複輔音詞。它的語音形式是[*tsŋa]。那麽這兩個字所寫的詞在音節上就有共同成分。『』、『』和『俎』都从『且』得聲。這正反映它們在分化之前原來是以[*tsŋa]爲音的形聲字。、、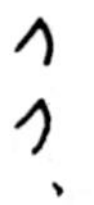、標識割切之肉，而且則記其[*tsŋa]之音。

從字形結構上看，、俎都是从肉且聲。所不同的只是『肉』形的位置在『且』中『且』外而已。甲骨文『宜』字除已有从『多』作『』者外，也常見从『仌』作『』的。可見从『仌』之『俎』是从『』分出來的。

『俎』出于『宜』，是『』字當初所寫之詞在詞義上比『俎』『宜』分化之後的概括性更大，兼有兩者之義。

在這種情形下，古『』字在分化之前，它所寫的詞詞義是比較渾淪的。它概括享用或饗祀時以俎載肉而割這一事情的各個方面，反映較早的素樸認識。這個詞義内容不僅概括着取肉載俎割而饗之，割而祀之，也包涵載肉之器，割出之肉以至取肉、載俎、操刀以割的整個行動。這個詞的語音形式是[*tsŋa]，書寫形式是从肉且聲之『』。在這個意義上，確如于先生所説『宜』與『俎』初本同字。因爲當初只是一個詞，渾淪未分。

注：[一]、古韻擬音暫从王力《漢語史稿上册》。

『人們的認識——如毛澤東主席所説——不論對于自然界方面，對于社會方面，也都是一步又一步地由低級向高級發展，即由淺入深，由片面到更多的方面。』〔一〕隨着實踐中的認識提高和生活上的交際需要，古代漢語詞彙，有好多詞是走這條由低級到高級，由渾淪到分析的分化發展道路的。從原有比較籠統的詞義中，分出新的概念，産生新詞。在這種情況下，往往以原詞音節作詞根，相應地調整或改換部分音素，形成新的語音形式和内容的統一，從而以音變的分化造詞方法造成新詞。

前面説過的『俎』、『胙』、『⿱將鼎』是這類分化造詞，比它們更早一代的『宜』和『俎』也是使用這種造詞方法造成的。『』〔*tsŋɑ〕分化出以俎載肉割以享神的祭祀之名和取肉加俎割而用之的用事之名。這兩個詞，後者保持詞根原音，説〔*tsŋɑ〕，仍屬魚部；前者則以魚歌旁轉，改換韵腹形成新的語音形式，説〔*tsŋɑ〕，韵入歌部，從而造成兩個新詞。在書寫形式上，把原來的字形留給前者；以移動部位的辦法，把『』的『』形從中間移到外左邊，造成『俎』字，作爲後者的書寫形式。之後，又以兩詞重音不同使複輔音逐漸解體、消失，『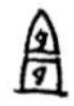』從〔*tsŋɑ〕變爲〔ŋɑ〕；『俎』從〔*tsŋɑ〕變成〔*tsɑ〕，遂逐漸地形成了聲韵都不相同的兩個詞了。從這一些情況説，于先生『後以用各有當，因而分化』的説法是有道理的。

在這次分化之後，『俎』又在這個新基礎上，再行分化，又先後地出現了『俎』、『胙』、『⿱將鼎』三詞：它們使『俎』保持演化後的語音形式，説〔*tsɑ〕，並在〔*tsɑ〕的基礎上，以增添韵尾和改換韵尾發音方法，形成〔*tsɑk〕（胙）和〔*tsɑŋ〕（⿱將鼎）。這三個詞，它們的分化發展關係大致如下：

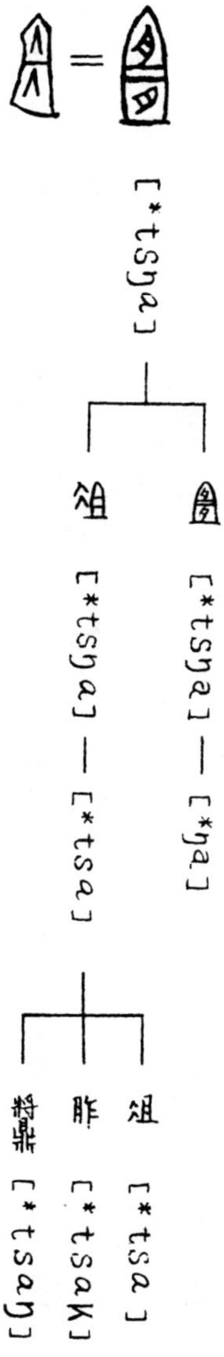

我們現在摸索到的僅僅是個梗概，但是，它可以解决前面提過的，看來是互相矛盾的，『宜』、『俎』

注：〔一〕《毛澤東選集·第一卷·實踐論》二八二頁。

之間的六種現象，從而找到它們同出而異名的道理。在這個基礎上，才能肯定于先生的說法是基本正確的。可是必須指出：這兩個詞的語音差異是音變的分化造詞結果，而不是方言性的魚歌通諧。「宜」是以俎載肉而劃的享神之祭。惟其劃肉，故有歸脤歸胙之事。「列俎陳牲以祭」的說法應稍加補充。

「宜」「俎」詞彙問題說來雖是糾纏，可是只有說清這個道理，才能肯定「宜」是一種祭禮；才能解決它們倆既非一詞，又是一詞的矛盾現象。

三、辨字

6、臨

《天亡毁》第四行第二句「文王□才（在）上」，□字殘泐較大。吳大澂把它釋作「德」字。〔一〕郭老把它看作「監」的殘文。〔二〕

按周金文「監」字寫作「」（《頌鼎》）或「」（《鄧孟壺》），像人立在鑑旁，俯身下視，窺影自照其容之形。字下从皿，像鑑中盛水，其字不可能泐成「十」字。

周金文「臨」字《盂鼎》作「」，《毛公鼎》作「」，《汗簡》引《義云章》寫作「」。「」字反寫作「」。這個形狀和《天亡毁》的「□」字很接近。從字形特點以及它在全銘的地位和作用，可以推定它是臨字的殘文。周金文中有很多是反正兩寫都不失其為同一詞的書寫形式的。例如：《大毁》的「」（器）「」（蓋）；「」（器）「」（蓋）便是

注：〔一〕《愙齋集古錄釋文賸稿》下冊，二十二葉。

〔二〕《殷周青銅器銘文研究》卷一，北京版，二十一頁。

其例。

《說文》「臨，監臨也」。「監，臨下也」「文王臨在上」文意和文王監在上相同。

7，勛孷逭橐

《天亡毁》銘文第七行前五字，在「丁丑，王卿（饗），大宜，王降」，和「隹（唯）朕又（有）蔑」兩句之間，而以天亡之「亡」為首。按上下文意和語法關係，可以推定「亡」是全句的主語。謂語、賓語應在它後面四字之中。這四個字，書法較草，器范有缺，認辨稍難。其中

第二字「勛」，孫詒讓從舊釋釋作「㝵」。〔一〕劉心源釋作「助」，〔二〕郭老釋作「賀」，〔三〕聞一多釋作「加」，〔四〕孫作雲釋作「勛」。〔五〕

第三字多從舊釋作「爵」，孫詒讓以字與爵形不類，疑當為「薦」字。〔六〕

第四字吳大澂釋作復（退），〔七〕郭老釋作「復」，〔八〕聞一多隸作「𢓜」而云不識。〔九〕

第五字吳大澂釋作「槖」，〔十〕吳式芬釋作「賴」，〔十一〕劉心源非之，而從或說以為壺字。〔十二〕郭老起初以為「饙」之古文，後改從于省吾先生說，定為「囊」字而仍讀為「饙」。〔十三〕聞一多以為「橐」字而魚陽對轉為「餳」。〔十四〕錢柏泉則以為「橐」字而假為包茅之「包」。〔十五〕

這幾個字的不同認識，在相當大的程度上，影响了全句乃至全銘的理解。

在許多不同解釋中，第三字識認辨比較重要。例如：把它看作「爵」字，則郭、聞兩家以之推論第

注：〔一〕、《古籀餘論》第三卷，十三—十四葉。〔二〕、《奇觚室吉金文述》卷四，十二葉。〔三〕、《兩周金文辭大系考釋》上編，一葉。〔四〕，《聞一多全集·古典新義》六〇七頁。〔五〕、《文物參考資料》一九五八年，第一期，三十頁。六〇年，第五期，五十二頁。〔六〕、《古籀餘論》卷三，十四葉。〔七〕、《愙齋集古錄釋文賸稿》下冊，二十二葉。〔八〕、《殷周青銅器銘文研究》卷一，北京版，二十六頁。〔九〕《聞一多全集·古典新義》六〇七頁。〔十〕，《愙齋集古錄釋文賸稿》下冊，二十二葉。〔十一〕《攈古錄金文》卷三之一，十三葉。〔十二〕、《奇觚室吉金文述》卷四，十二葉。〔十三〕、《兩周金文辭大系考釋》上編，二葉。〔十四〕《聞一多全集·古典新義》六〇七頁。〔十五〕、《文物》一九五八年，第十二期，五十七頁。

五字為「觵」為「觴」，從酒器作聯想；黃盛璋以第五字為「囊」，則因賞賜而類及。楊樹達以第二字與之相連，釋作「助爵」，而以之為爵名。把它看作「薦」字，孫詒讓則據以定第二字為「得」，兩字相連擬為「登薦」；錢柏泉則從「薦于祖廟」之義，推其上字為「助」，推第五字為「櫜」而假為包茅之「包」，以「助薦復包」為祭祀的經過。

孫作雲說「爵字像器形尤顯豁」。[一] 這句話代表多數看法。因為這個字形驟然看來，中像器腹，下像三足（實際不是三足），而其上左右兩出又近似于柱。

實際上這個看法是不對的。我們細審銘文，可以看出它並不是所謂「爵」字。在結構上，它的左上從「朩」，左下從「ς」，右半從「ㄣ」，部从分明，絕不是像器物之形的象形字。從字形結構，書寫風格，器範特點以及上下文關係，可以肯定它既不是「爵」，也不是「薦」，而是一個從「朩」從「ς」從「ㄣ」的「𢾭」字！

其所以使人迷惑，久久不得其解者，是因為字草范缺，致使「𢾭」下左面「ς」形的右彎橫筆和它右面「ㄣ」下「彐」形的左彎橫筆相連，形成了「」形；而此「」下兩直筆中間的橫筆相接部分，又正好和下一字上部殘筆「十」形相接，形成了「」，宛然是一個三足之器。再加上它的下一字既是一個後來不大常用的或體，而其上部殘筆又和下面未殘部分斷離較遠，很像上一字的組成部分。因而一時不易析辨。

這裡，且把《天亡毀》「」和古金文「𢾭」或从「𢾭」諸字對比一下，可給它一個結論說是「𢾭」字無疑。

𢾭字復原圖如下：

注：

[一]，《文物》一九六〇年，第五期，五十二頁。

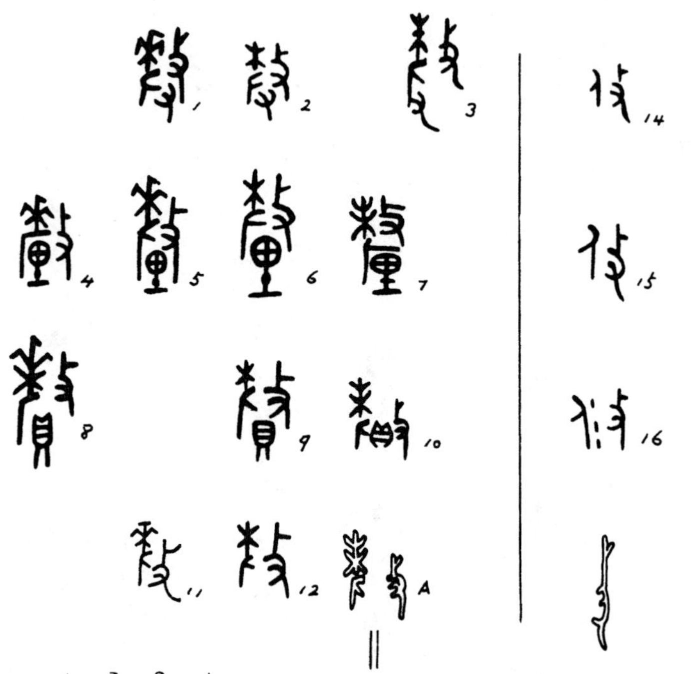

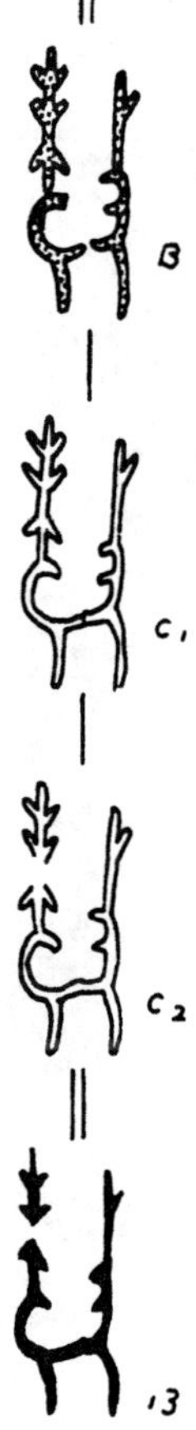

A、辛鼎□字所从之□

B、天亡毀□原形：左□，右□，兩方相對而未連。

C、變化過程：C_1 □與□，左右相對的末横筆，連結爲一，出現□形。

C_2 左上角□形，鏽掩中斷，出現□形。

1. 師□毀
2. 輔師□毀
3. □且丁卣
4. 師酉毀
5. 善夫克鼎
6. □鐘
7. 秦公毀
8. 克鼎
9. 師寰毀器文
10. 辛鼎
11. 師□鼎
12. 同9
13. 天亡毀
14. 井鼎
15. 師酉毀
16. 伊毀

「□」下一字既不是「□」，也更不是「復」。它應該是从「□」（从彳从夊）从「□」的「□」字。只是「□」字所从倒口「A」形，上插「□」字之下，而笵損殘泐，僅剩「A」的上尖「亻」形，遠離本體，孤懸「□」字之下。這樣，于「□」爲蛇足，于「□」爲脫帽，遂使人一時難于折辨。把「亻」歸于「□」上，則其字正好和《段毀》「令龔娸□大則于段」的「□」字結構相同。《汗簡》引林罕《集字》「饋」作「□」。从「□」和从「彳」同意。古金文「□」或作「□」，「追」或作「□」，「遲」或作「□」是其例。

「□」「□」兩字在《天亡毀》裡的原形和相鄰關係是這樣：

逭字復原圖

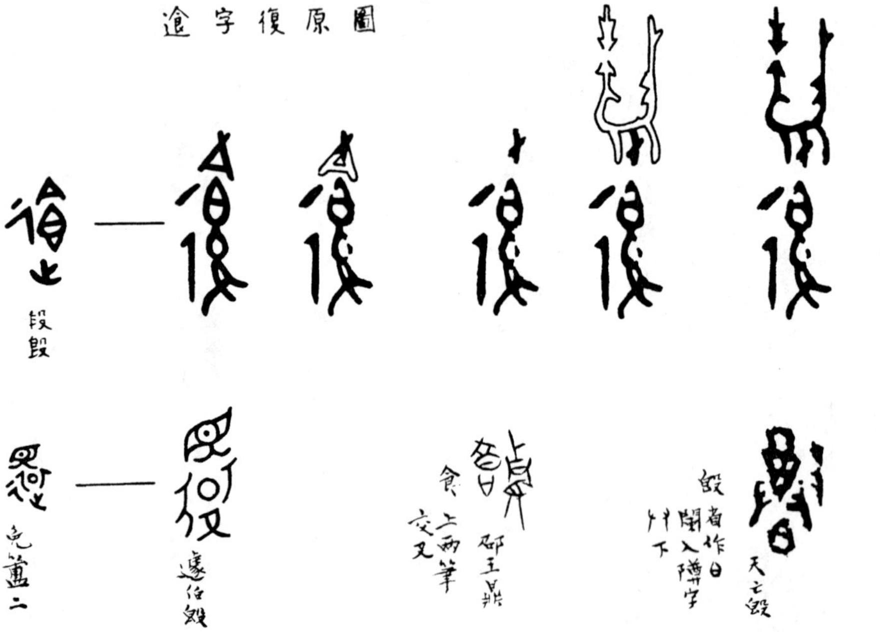

「逭」从彳廾而倒廾為夂，正猶《遽伯毀》「還」字从辵也反廾為夂一樣。

《天亡毀》第七行第五字「」，外廓作「□」而底下東口處稍有壞筆，如諸家所說，自是囊橐之形無疑。使人發生疑惑的是：「✕」在中間到底是像什麼？起什麼作用？

就兇✕字形特點——斜橫而有兩短畫左右相附，似對而稍偏——以及兇和上一字「逭」的相應關係，可以推知兇是「□」（米）字的殘筆。「□」字从「東」（橐）从米，東亦聲，當是《說文》「周人謂餉曰饟」的「饟」字初文。以囊盛米，表現所謂「自家之野」以囊橐轉致資糧的意思。蓋以筒袋盛物而束其兩端者謂之囊，因而裹物之筒袋曰囊，被此筒袋所盛之物也叫作囊，裹物于此筒袋之中的行動也叫做囊。這是古代漢語詞彙裡常見的現象。例如：閑養牛羊之圈曰牢，被圈養的牛羊也叫牢，而牢也可以作為動詞。

《經典釋文》《詩·公劉》「橐」下引《說文》云：「無底曰囊，有底曰橐」。《一切經音義》十二「苦橐」條下引《倉頡篇》說橐是「囊之無底者也」。「囊橐有底無底的不同說法，就此「□」字的詞彙文字關係，可以得到解決，確定無底為囊。

以「□」為「饟」和《天亡毀》周人以周語行

文之事相應。

『⿺辶食𣥞』就是饋饟。⿺辶食是亡的一個謂語，而饟則是它的賓語。以此推之，則𣥞上一字『⿱林户』可以不再是動詞。按它在句子裡的位置和作用，可以推知它在詞類上是和𣥞相同的，是一個接受動詞影響作爲賓語的一個名詞。

『⿱林户』在『大宜』之後，而宜社之肉曰脤。『帥師者受命于廟，受脤于社』。天亡在他右王祀于天室，祭上帝和文王之後，又參加『大宜』的祭祀。把『⿱林户』字放在這種關係中來考查，可以看出它的詞義應該是和『大宜』相應的福胙、祭餘肉或脤。《史記·屈原賈生列傳》『孝文帝方受釐』，《漢書·賈誼傳》『上方受釐』的『釐』當是承此『⿱林户』字。

『⿱林户』是宜社的祭餘肉，是一個名詞。在它和首字『亡』的中間，『⿰貝力』字當是一個動詞作謂語，而『⿱林户』字則是它的賓語。這樣，『亡⿰貝力⿱林户⿺辶食𣥞』一句有兩動詞各帶一個賓語，而『⿰貝力⿱林户』和『⿺辶食𣥞』爲對文。

『⿰貝力』从貝从力。若從詞和字形結構關係去看，則它有兩個可能：會意或形聲。詞的語義內容和跟它統一起來的語音形式及具體的字形結合起來，是推定一個字用什麽方法寫詞的一個途徑。從這條路，可以說『⿰貝力』字是一個从貝力聲的形聲字，是以『賜』『予』爲訓的『賚』的音變。『來』『力』雙聲，一在之部，一在職部。之職陰入音變。正像『來』在之部。而从『來』得聲之『麥』却在職部一樣。這樣，『⿰貝力⿱林户』就是賚釐。

在《天亡毁》通篇語言關係上，王是施事者，天亡是受事者。賚釐和饋饟的動作就天亡的『亡』來說都是被動的，是天亡被賞給了宜社之肉，被賜給了竹簞資糧。

『⿰貝力⿱林户』是『受脤』之意。天亡乃天室之祝史，非帥師者。不帥師而能同帥師者一樣的待遇，自是一時殊遇和光寵。因此才銘器而記之。

貳 疑 年

《天亡毀》銘文所記事情的時間問題

《天亡毀》是周武王時代的銅器。這一點，爭論是不多的。一般説來，這是可以肯定的結論。至于它在整個武王時代的哪一時期？學者之間是有分歧的。譬如：孫作雲主張它是『武王滅商以前銅器』，〔一〕而于省吾先生則據《逸周書·世俘》和《天亡毀》日辰行事的對照關係，認爲『主張《天亡毀》爲周人滅殷以前所作，是不合乎事實的。』〔二〕

哪一個主張是正確的呢？

這要從以下兩個方面來考查：一是《天亡毀》本銘所記的事情，二是古書所記武王伐紂滅商前後的具體行事。

先從第一方面來看。

《天亡毀》『王又（有）大豐』是有大封之禮；大封和同三方都是屬于以軍禮同邦國的會同之禮的。大封而同三方，祀天室而祭文王、上帝，這些事情有一個共同目的，那就是『不（丕）克乞（訖）衣（殷）王祀』——伐紂滅商。在有大封，同三方，祀天室的第三日，『丁丑，王鄉（饗），大宜，王降』。宜禮之用多方，用前列諸事作條件，而益以『亡助（賚）𤼷（釐）逸（饋）崬（饟）』之賞賜，可證它必是大師宜于社的宜社之祭。反之，宜社之祭也正證明大封、同三方、祀天室而祭文王、上帝，必爲會同伐商，而助𤼷爲受脤，逸崬即饋饟。都和會同、宜社相應。我們從字到詞，從詞到句，從句到通

注：〔一〕、《文物參考資料》一九五八年，第一期，三十九頁。

〔二〕，《考古》一九六〇年，第八期，三十四頁。

篇銘文；然後再反轉回來，從通篇到句，從句到詞，到字。它們的關係是整體的相互制約的統一，而不是循環的乞貸論證。

大豐和會同相應；殷祀文王，事饎上帝，和大宜，這三事正和「天子將出征，類乎上帝，宜乎社，造乎禰」相應；而「丕克訖殷王祀」則其行事之目的。從這方面說《天亡毀》銘文所記是周武王伐紂滅商以前的事情。

另一方面，應該肯定于先生從日辰、行事把《天亡毀》銘文和《逸周書·世俘》「辛亥，薦俘殷王鼎」一段互相印證，從而提出——

《世俘篇》辛亥日所記的大事，爲祭告殷罪于天宗上帝和烈祖大王、王季、文王等，而天亡簋所記的大事，爲祭祀文王和上帝。……

《世俘篇》壬子日所記的事，只有王格廟，正邦君，並未舉行祀典，而天亡簋文詞尚簡，未叙及此。

《世俘篇》記癸丑日奏庸（鏞），大享一終和大享三終。天亡簋記丁丑日「王鄉（饗），大俎」，正與世俘篇大享之義相符。[一]

這是一個重要的發現。它使我們在考慮《天亡毀》所記的史實上，得到一個新的啟示和線索。問題是：究竟是「世俘篇的辛亥、壬子、癸丑應該依據《天亡毀》銘文訂正爲乙亥、丙子、丁丑」[二]？還是彼此爲相關的兩件事，而《世俘》今本無誤？

《世俘》在這三個日辰上是沒有錯誤的。因爲《天亡毀》的乙亥、丙子、丁丑從銘文内容看，是武王伐紂師始發之前的行事，是會同誓師；而《世俘》三天行事則是獻俘告捷。它們的首尾相應，是同一行事的起結兩端，而不是一事錯成兩日。

但是，周武王這次伐商是在「越若來二月，既死霸，越五日，甲子，咸劉商王紂」的。這一天下距《世俘》辛亥一百零七天。武王回周以後，「通殷命有國」，而「成辟四方」是在四月乙未。若是從這一

注：[一]、[二]、《考古》一九六〇年，第八期，三十四頁。

天算起，去辛亥尚有十六天。爲什麼告捷之禮來得這樣晚呢？

原來周武王「咸劉商王紂」僅僅是殺了紂王，取得都城；各地殷人的主要反抗勢力還沒有清除，克商的問題還沒有完全解決。周武王爲了鞏固他的勝利，確保他的統治地位，還有許多事要作。如《逸周書·世俘》所記：

當時殷人地方勢力，就人物來說，有——

方來　靡集

霍侯　艾侯　佚侯

就方國來說，知名的就有——

越戲方　宣方

衛　磨　蜀　厲

不知名的，從「武王遂征四方，凡憝國九十有九國，……凡服國六百五十有二」看來，數目是相當多的。

周人爲此派出的將領就有——

太公望　呂他　新荒（荒新）　侯來　百弇　陳本　百韋等人。

這些人轉戰各地，直到「武王成辟」之後十天，乙巳告捷時，才基本結束。《逸周書·世俘》：

庚子，陳本命伐磨，百韋命伐宣方，荒新命伐蜀。

乙巳，陳本、新荒　蜀、磨至，告禽霍侯、俘艾侯，佚侯，小臣四十有六，禽御八百有三十兩，告以馘俘。百韋至，告以禽宣方，禽御三十兩，告以馘俘。百韋命伐厲，告以馘俘。

若乙巳告捷和庚子受命同在一個甲子之內，則爲時只有五天。在如此短促的時間裡，是不可能在不同距離的戰區，對不同實力的反抗勢力，同時取得如許戰果的。何況百韋又是先後兩次受命？若乙巳在庚子的下一甲子之內，則距甲子咸劉商王紂一百零一日，去庚子受命六十五日；在乙未武王成辟後第十天。這樣，不僅符合當時戰征情況，也更可以說明爲什麼在甲子咸劉商王紂之後九十一天周武王方始成辟，蓋各個戰場捷報的陸續到來，必先于陳本諸將之親至。武王是在確實掌握勝利情報的基礎上，才「

四方通殷命有國」而成辟的。

乙巳告捷上距成辟十天，下距辛亥之祭六天（實際上，第五天「庚戌，燎于周廟」就已經開始了）。這一情况説明了爲什麽直到克商誅紂之後三個月（九十一天），周武王才始成辟，爲什麽在成辟之後十六天才有庚戌辛亥以下獻俘語治的兩系大禮。[一]

看來，辛亥、壬子、癸丑三天不是和克商勝利太遠了，相反地，是很急迫的了。

爲什麽《世俘》所記獻俘告捷之祭偏偏以辛亥、壬子、癸丑爲中心？

這個問題若和《天亡毁》的日程行事聯繫起來，就比較容易解决了。師始發之前，以亥日祀于天室；勝利後以亥日祀于天位（次），告于天宗上帝。師初發前，以丑日大饗；勝利之後也以丑日大饗。這是一個事件在禮　上的起結相應，而不是同一事情在記載上的偶然竄誤。一起一結，是前後分明的。

大宜之祭是出征前重要行事。不能和師初發相去太遠。《漢書·律曆志》記周武王伐紂滅商之事説「師初發以殷十一月戊子。」這樣看來，《天亡毁》「丁丑，王鄉（饗）；大宜，王降」的宜社之禮是在師初發前十一天舉行的。——如果在前一甲子的丁丑，則相去兩月，便失去現實意義了。

《天亡毁》補苴了《世俘》所記武王伐紂克商一事的前段。它告訴我們在師初發之前，周武王作了哪些有關東征伐紂的主要事情。這短短七十八字，有比較重要的史料價值。它的作用不下于《逸周書》一篇！

注：

[一]《逸周書·世俘》辛亥以迄乙卯之事兩見。「告翌日辛亥，祀于（天）位」介于庚戌乙卯之間，乃以用俘爲中心的行事；「辛亥薦俘殷王鼎」則是以語治庶國「正國伯」「正邦君」爲中心的系統行事。兩類事情，故分兩系記之。固不妨其同日也。按「語治庶國」「正國伯」「正邦君」乃統一天下之後的行政工作，應在大局已定「武王成辟四方，通殷命有國」之後，而「馘戎殷于牧野」乃以克殷于牧野之事告廟，並非于牧野告之，不應據此句隨將「辛亥薦俘殷王鼎」一段劃爲武王在殷都的行事。

附　錄

周武王伐紂克商日辰行事表

周武王伐紂克商之年，諸書載記不同。日、月、晦、朔頗有出入。況生霸、死霸究在何時？百泉、牧野亦滋異議！

本表不事長術，但依《逸周書·世俘》和《漢書·律曆志》所引《世經》，以干支為次，分月排日而系之以事，以便從事情時距考見《天亡毁》銘文和《逸周書·世俘》記事的關係，從而明確這件青銅器在殷周之際史料中的重要地位。

文王十祀

《尚書序》及《史記·周本紀》都把武王伐殷師渡孟津一事系在十有一年。《史記》在《周本紀》《齊太公世家》《魯周公世家》諸篇中又都把武王至商郊牧野之事系之于十有一年。按『戊午師渡孟津』是周正的一月二十八日。以此為準，則正月以前的行事應歸文王十年。

乙亥（周十二月十五日）

周武王伐紂克商『師初發』前十三天。

《天亡毁》『乙亥，王又（有）大豐。王凡（同）三方。王祀卂（于）天室，降，天亡又（右）王；衣（殷）祀卂（于）王——不（丕）顯考文王，事喜（饎）上帝。』

丙子（周十二月十六日）

『師初發』前十二天。

丁丑（周十二月十七日）

『師初發』前十一天。

戊子（周十二月二十八日）

《天亡毀》「丁丑，王鄉（饗）。大宜，王降。亡助（賁）𠩺（釐）退（饋）橐（饟）。」

周武王「同三方」祀天室之後十三天。

「大宜」後十一天。

「周正月，辛卯朔」前三天。

《漢書·律曆志》「師初發以殷十一月戊子。」

十一祀

辛卯（周正月朔）

「師初發」後三日。

《漢書·律曆志》「（師初發以殷十一月戊子、……）後三日，得周正月辛卯朔。」

壬辰（周正月二日）

「師初發」後四日。

《漢書·律曆志》「（後三日，得周正月辛卯朔。……）明日壬辰，晨星始見。」

又引《周書·武成篇》「惟一月壬辰，旁死霸。」

癸巳（周正月三日）

「師初發」後五日。

《漢書·律曆志》「（明日壬辰，晨星始見。）癸巳，武王始發。」

又引《周書·武成篇》「（惟一月壬辰，旁死霸。）若翌日，癸巳，武王迺朝步自周，于征伐紂。」

丙午（周正月十六日）

「師初發」後十八日。

「武王始發」後十三日。

《漢書·律曆志》「（癸巳，武王始發。）丙午遝〔還〕師。」

《尚書大傳·大誓》："惟丙午，王還師，前師乃鼓，⿱付鼓譟，師乃慆。前歌後舞。"

《逸周書·世俘》："維一月丙午，旁生魄。"

丁未（周正月十七日）

"師初發"後十九日。

"武王始發"後十四日。

武王"還師"後一日。

《逸周書·世俘》："（惟一月丙午，旁生魄。）若翼日丁未，王乃步自于周，征伐商王紂。"（盧校本）

按：《世俘》所記，文與《漢·志》所引《周書·武成》相近（見前"師初發"後五日），日與《漢·志》所記還師之日相近。存參。

戊午（周正月二十八日）

"師初發"第三十一日；

"師初發"後三十日。

"武王始發"後二十五日。

武王"還師"後十二日。

《漢書·律曆志》："（癸巳，武王始發。丙午，還師）。戊午，度于孟津。"——孟津去周九百里，師行三十里，故三十一日而度。

又引《序》曰："一月戊午，師度于孟津。"

《史記·周本紀》："十一年十二月（殷正）戊午，師畢渡孟津。諸侯咸會。……武王乃作《泰誓》，告于衆庶。"

《左傳》昭公四年："周武有孟津之誓。"

己未（周正月二十九日）

"師初發"後三十一日。

『武王始發』後二十六日。

武王『還師』後十三日。

『度于孟津』後一日。

《漢書．律曆志》『（戊午度于孟津。……）明日己未，冬至。』

庚申（周二月朔）

『師初發』後三十二日。

『武王始發』後二十七日。

武王『還師』後十四日。

『度于孟津』後二日。

《漢書．律曆志》引《序》曰：『（一月戊午，師度于孟津），至庚申，二月朔日也。』

又引《武成篇》曰：『粤若來三月（應依《世俘》改為二月），既死霸，粤五日，甲子。』

癸亥（周二月四日）

『師初發』後三十五日。

『武王始發』後三十日。

武王『還師』後十七日。

『度于孟津』後五日。

《漢書．律曆志》『（《序》曰：「一月戊午，師度于孟津」，至庚申，二月朔日也。）四日，癸亥，至牧壄，夜陳。甲子昧爽而合矣。故《外傳》曰：「王以二月癸亥夜陳。」』

《國語．周語》『王以二月癸亥，夜陳未畢而雨。』

甲子（周二月五日）

『師初發』後三十六日。

『武王始發』後三十一日。

武王『還師』後十八日。

『度于孟津』後六日。

『至牧野』後一日。

《漢書·律曆志》『（四日癸亥，至牧壄，夜陳。）甲子昧爽而合矣。』

又引《武成篇》曰：『（粵若來三月，既死霸。）粵五日，甲子，咸劉商王紂。』

《逸周書·世俘》『（二月既死魄，）越五日，甲子，朝至接于商，則咸劉商王紂。執矢惡臣百人。』

又《商誓》『今在商紂，昏憂天下，弗顯上帝，昏虐百姓，棄天之命。上帝弗顯，乃命朕文考曰：「殪商之多罪紂」。肆予小子發，弗敢忘天命，朕考胥翕稷政。肆上帝曰：「必伐之」。予惟甲子，克致天之大罰。□帝之來，革紂之□，予亦無敢違大命。』

《書·牧誓》『時甲子昧爽，王朝至于商郊牧野，乃誓。王左杖黃鉞，右秉白旄以麾，曰：「逖矣西土之人！」王曰：「嗟！我友邦冢君，御事，司徒、司馬、司空、亞旅、師氏，千夫長、百夫長，及庸、蜀、羌、髳、微、盧、彭、濮人，稱爾戈，比爾干，立爾矛，予其誓」。王曰……』

《逸周書·克殷》『周車三百五十乘陳于牧野。帝辛從。武王使尚父與伯夫致師。王既誓，以虎賁戎車馳商師。商師大崩。商辛奔內，登于鹿臺之上，屏遮而自燔于火。……

又《世俘》『（上缺）商王紂于商郊。時甲子夕。商王紂取天智玉琰玉環身厚以自焚。……』

《史記·殷本紀》『周武王於是遂率諸侯伐紂。紂亦發兵距之牧野。甲子日，紂兵敗。紂走，入登鹿臺。衣其寶玉衣，赴火而死。周武王遂斬紂頭，縣之白旗。……』

又《周本紀》『二月，甲子昧爽，武王朝至于商郊牧野，乃誓。……以大卒馳帝紂師。……紂師皆倒兵以戰，以開武王。武王馳之，紂兵皆崩畔紂。紂走反入，登於鹿臺之上，蒙衣其珠玉，自燔於火而死。』

又《齊太公世家》『十一年正月甲子，誓於牧野，伐商紂。紂師敗績。紂反走，登鹿臺。遂追斬紂。』

又《魯周公世家》云：「十一年，伐紂，至牧野。周公佐武王，作《牧誓》。破殷，入商宮。已殺紂……」

乙丑（周二月六日）

既克商後一日。

《逸周書·克殷》云：「翼日，除道修社，及商紂宮。及期，……王入即位於社。……武王再拜稽首，膺受大命，革殷，受天明命。武王又再拜稽首，乃出。立王子武庚，命管叔相。乃命召公釋箕子之囚，命畢公、衛叔出百姓之囚，表商容之閭。乃命南宮忽振鹿臺之錢，散巨橋之粟。乃命南宮百達、史佚，遷九鼎三巫，乃命閎夭封比干之墓。乃命宗祝崇賓饗禱之于軍。乃班。」

《史記·周本紀》云：「其明日，除道修社，及商紂宮。及期，……於是武王再拜稽首，曰：『膺更大命，革殷，受天明命。』武王又再拜稽首乃出。封商紂子祿父殷之餘民。武王爲殷初定未集，乃使其弟管叔鮮、蔡叔度相祿父治殷。已而命召公釋箕子之囚，命畢公釋百姓之囚，表商容之閭，命南宮括散鹿臺之財，發鉅橋之粟，以振貧弱萌隸。命南宮括、史佚、展九鼎保玉，命閎夭封比干之墓，命宗祝享祠于軍，乃罷兵西歸。」

按：發令在此日，集事各有先後，班師西歸當在此後。

丁卯（周二月八日）

既克商後三日。

《逸周書·世俘》云：「太公望命御方來。丁卯，望至，告以馘俘。」

戊辰（周二月九日）

既克商後四日。

《逸周書·世俘》云：「戊辰，王遂祡，循追祀文王。時日，立政。」

壬申（周二月十三日）

既克商後八日。

《逸周書·世俘》：「呂他命伐越戲方。壬申，荒新至，告以馘俘。」

辛巳（周二月二十二日）

既克商後十七日。

《逸周書·世俘》：「侯來命伐靡集于陳。辛巳，至，告以馘俘。」

甲申（周二月二十五日）

既克商後二十日。

《逸周書·世俘》：「甲申，百弇命以虎賁誓，命伐衛。告以馘俘。」

己丑（周二月三十日）

《漢書·律曆志》：「在周二月己丑，晦。」

庚寅（周閏二月朔）

既克商後二十六日。

《漢書·律曆志》：「（在周二月己丑，晦。）明日，閏月。庚寅朔。」

庚子（周閏二月十一日）

既克商後三十六日。

《逸周書·世俘》：「庚子，陳本命伐磨。百韋命伐宣方。新荒命伐蜀。」

己未（周三月朔）

既克商後五十五日。

庚申（周三月二日）

既克商後五十六日。

《漢書·律曆志》：「三月二日，庚申，驚蟄。」

己丑（周四月朔）

既克商後八十五日。

《漢書·律曆志》：「四月己丑，朔，死霸。——死霸，朔也。」

乙未（周四月七日）

既克商後九十一日。

《逸周書．世俘》「維四月乙未日，武王成辟，四方通殷命有國。」

甲辰（周四月十六日）

既克商後一百日。

「武王成辟」後九日。

《漢書．律曆志》「（四月己丑，朔。死霸。——死霸，朔也。）生霸，望也。是月甲辰，望。」

乙巳（周四月十七日）

既克商後一百零一日。

「武王成辟」後十日。

《漢書．律曆志》「生霸．望也。是月甲辰，望。）乙巳旁之。故《武成篇》曰：「惟四月，既旁生霸。粵六日，庚戌，武王燎于周廟。」」

《逸周書．世俘》「乙巳，陳本、新荒蜀、磨至。告禽霍侯、俘艾侯，佚侯，小臣四十有六。禽御八百有三十兩。告以馘俘。百韋至，告以禽宣方，禽御三十兩，告以馘俘。百韋命伐厲，告以馘俘。」

「武王遂征四方，凡憝國九十有九國，馘曆億有七萬七千七百七十有九，俘人三億萬有二百三十。凡服國六百五十有二。」

庚戌（周四月二十二日）

既克商後一百零六日。

「武王成辟」後十五日。

《逸周書．世俘》「時四月既旁生魄，越六日庚戌。武王朝至燎于周廟，（維予冲子綏文）。武王降自車，乃俾史佚繇書于天號。武王乃廢于紂矢惡臣百人。伐右厥甲小子鼎，大師，伐厥四十夫家君鼎，師司徒、司馬初厥于郊號。武王乃夾于南門用俘，皆施佩衣，先馘入。武王在祀，大師負商王紂縣首白旂，妻二首赤旂，乃以先馘入。燎于周廟。

《漢書·律曆志》：「故《武成篇》曰：『（惟四月，既旁生霸，）粵六日庚戌，武王燎于周廟。』」

辛亥（周四月二十三日）

既克商後一百零七日。

「武王成辟」後十六日。

《逸周書·世俘》：「若翼日辛亥，祀于（天）位，用籥于天位。」

《漢書·律曆志》：「（粵六日庚戌，武王燎于周廟。）翌日辛亥，祀于天位。」

《逸周書·世俘》：「辛亥，薦俘殷王鼎。武王乃翼，矢珪矢憲，告天宗上帝。王不革服，格於廟，秉黃鉞，語治庶國。籥人九終。王烈祖自大王、大伯、王季、虞公、文王、邑考以列升。維告殷罪。籥人造。王秉黃鉞，正國伯。」

壬子（周四月二十四日）

既克商後一百零八日。

「武王成辟」後十七日。

《逸周書·世俘》：「壬子，王服袞衣矢琰格廟。籥人造。王秉黃鉞，正邦君。」

癸丑（周四月二十五日）

既克商後一百零九日。

「武王成辟」後十八日。

《逸周書·世俘》：「癸丑，薦殷俘王士百人。籥人造。王矢琰秉黃鉞執戈。王入，奏庸，大享一終，王拜手稽首。王定，奏庸。大享三終。」

甲寅（周四月二十六日）

既克商後一百一十日）

『武王成辟』後十九日。

《逸周書·世俘》：「甲寅，謁戎殷于牧野。王佩赤白旂。籥人奏武。王入，進萬。獻明明三終。」

乙卯（周四月二十七日）

既克商後一百一十一日。

『武王成辟』後二十日。

《逸周書·世俘》：「（若翼日辛亥，祀于［天］位，用籥于天位。）越五日，乙卯，武王乃以庶國馘祀于周廟。「翼予冲子」，斷牛六，斷羊二，庶國乃竟。告于周廟曰：「古朕聞文考脩商人典，以斬紂身告于天、于稷。」用小牲羊犬豕于百神水土。于社誓曰：「惟予冲子綏文考，至于冲子。」用牛于天于稷五百有四，用小牲羊犬豕于百神水土社二千七百有一。」又：「乙卯，籥人奏崇禹生開，三終，王定。」

一九六三年《吉林師大學報》第一期發表

天亡段銘文

周客鼎考釋

目録

釋□第七

一、□不從彖以之同□不可信也

二、□與豩同音

三、□之為禽似狐也

四、其音同豩其禽似狐豈䶂也與

五、□於此鼎不叚為舊

六、當叚為鑄

七、坿論□□混誤

一九三〇年八月初稿

一九四二年七月再稿油印發表

微子鼎

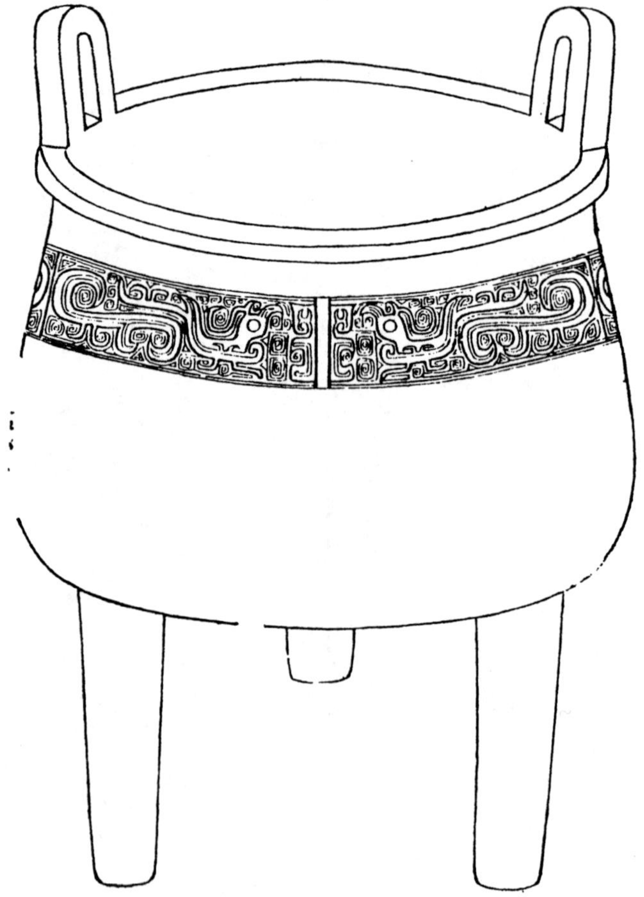

周客鼎

恒軒所見所藏吉金錄　第三葉

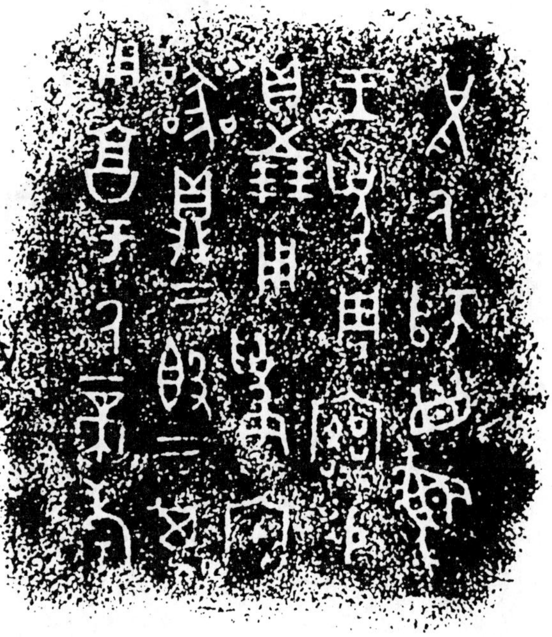

周客鼎文

周客毀文

鼎段文字異同

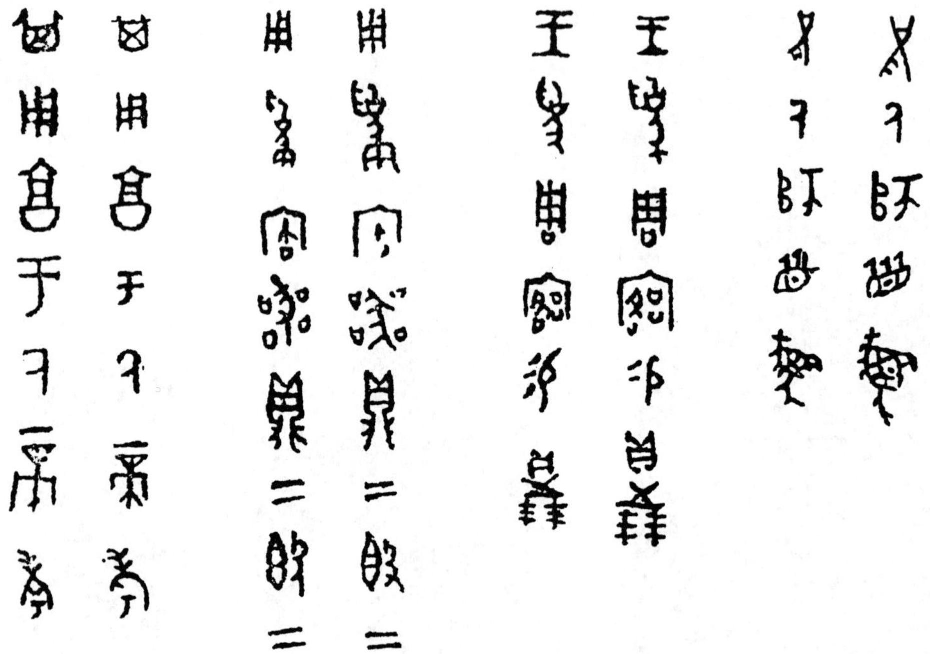

鼎　段　鼎　段　鼎　段　鼎　段

周客鼎釋文句讀

隸古

冐　氒師首隹
王爲周客易貝五朋
用貁寚器　鼎二段二
其用亯于氒帝考

今逸

衍，厥師滅□
王爲周客錫貝五朋
用鑄寶器，鼎二段二
其用亯于厥帝考

釋肙第一

一，推求肙字之兩大條件：周客與帝考

吳大澂《愙齋集古錄釋文賸稿》以爲此鼎之首一字當是人名。其言得之。至於其人維何，器文中已自有暗示：曰「王爲周客易（錫）貝五朋。」曰「用乍（作）朕（厥）帝考。」「周客與帝考限定肙之身分與其家世，實爲考證此鼎毀數器之絕好史料。

意者，必有身爲「周客」而偁父「帝考」之一人，始足以當之。

二，周客與帝考兩事唯二微共之

徵諸往籍，身爲周客而偁父帝考者，有周八百年中，唯二微共之。

周封三客，虞夏商之後也。虞夏隔代，惟商啓周。以故三客之中，得以帝子之資格而客周者，自非商人莫屬也。

《呂氏春秋·仲冬紀·當務》云：「紂之同母三人：其長曰微子啓，其次曰仲衍，其次曰受德。受德乃紂也，甚少矣。紂母之生微子啓與仲衍也，尚爲妾；已而爲妻，而生紂。紂之父，紂之母欲置微子啓以爲太子。大史據法而爭之曰：『有妻之子，而不可置妾之子。』紂故爲後。」

《史記·殷本紀》云：「帝乙立，殷益衰。帝乙長子曰微子啓，啓母賤，不得嗣。少子辛，辛母正后，辛爲嗣。帝乙崩，子辛立，是爲帝辛，天下謂之紂。」《宋微子世家》云「周公既承成王命，誅武庚，殺管叔，放蔡叔，乃命微子開代殷後，奉其先祀，作《微子之命》以申之，國于宋。微子故能仁賢，乃代武庚。故殷之餘民甚戴愛之。微子開卒，立其弟衍，是爲微仲。微仲卒，子宋公稽立。」

是知帝乙三子：啓、衍、受辛。受辛亾國，而啓、衍先後爲周客。夫虞夏越殷及周，胡公之屬，

其客周也，所謂備之而已，其考久已非帝矣。　至於宋公稽之立也，雖去殷甚近，實帝乙之孫，且其考微仲衍未嘗一日爲帝也。

惟二微昆仲得以殷帝子之資前後相繼爲周客。是備此『周客』『帝考』兩事於一身者，古今遥遥，除二微之外，無可屬者。

若然，則此鼎首一字人名之□，非微子之名，即微仲之名矣。吴大澂《字説·客字説》説『非帝之子不能尊其考爲帝考，』其言甚是，但謂『周王之客，殷帝之子，其爲微子所作無疑也，』則見啟而忘衍，又復失之。

三、以字形驗之□與啓衍俱不相類

既據此鼎文之周客與帝考兩事，以定□字必爲二微昆仲之一名，吴大澂遂釋以爲啓。其言曰：『首一字當係人名。上從口，下從亼，疑启字古文。古文启合二字相對。《説文》「亼，三合也。」「合」從亼口。此從亼口，象启口形，如器之有蓋，合則口在下，启則口在上。或古文有作□者，後人變從户，非启字本從户也。』[一]

考殷周文中，启啓兩文，均無作□若□者：

殷虚龜甲獸骨文字：　　周金文：

启作　啓作　啓作

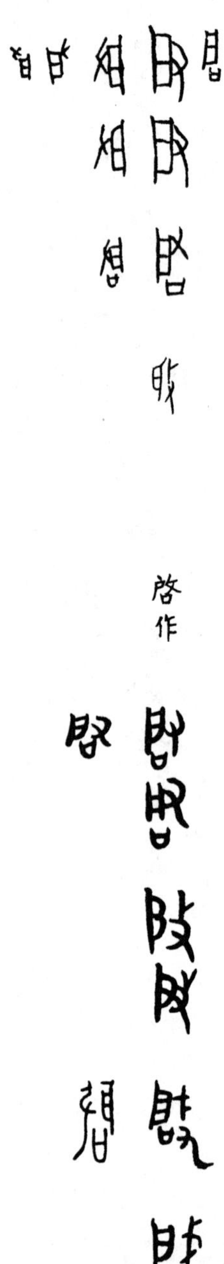

注：[一]、《釋文賸稿》上册一四葉

知吳氏之說無徵難信也。

□既非啓，其是衍與？然衍殷虛龜甲獸骨文字作：

周金文作：

亦與之形不相類。

非啓非衍，以形求□，於二微之名俱不可通矣。

四、以□之諧聲與二微之異名驗之知即微仲之名也

二微之異名

□與啓衍形俱不類，以『周客』與『帝考』兩事範圍之，又知其非二微莫屬，然則豈啓或衍之同音別字與？古人名字，常以音傳，每用叚借，一名異文，時有所見。若以□字可知之聲音，就二微之名以求之，或亦解索之佩觿耶？

《史記·宋微子世家》云：『微子開者，殷帝乙之首子，而紂之庶兄也。』《索隱》云：『按《尚書·微子之命篇》云：「命微子啓代殷後」，今此名開者，避漢景帝諱也。』《世家》又云：『微子開卒，立其弟衍，是為微仲。』《索隱》云：『《家語》「微子弟仲思，名衍，一名泄，嗣微子為宋公。」』

按宋蜀本《孔子家語·本姓解》云：『其弟曰仲思，名衍，或名泄，嗣微之後，故號微仲，生宋公稽。』文與《索隱》所引小異，而思、衍、泄三名不殊也。是微子先漢無別名，而微仲或別名『思』若『泄』也。然思若泄之結體亦均與□形不相類。

□字僅知之音讀

班毀之▢戎即奄戎從▢得聲音在談部

形不可得，反求諸聲。

自文字諸聲求之，古金文中從▢得聲之字甚多，惟結體奇詭，造次不可驟識。幸自金文著錄以來，尚有一器得以其上下文所記之史實定其音讀。其器云何？即《西清古鑑》卷十三葉十二之周毛伯彝是也。其器容庚《西清金文真僞佚存表》改名周毛伯簋，郭沫若《兩周金文辭大系》謂之班毀。

班毀之文曰：（節選）

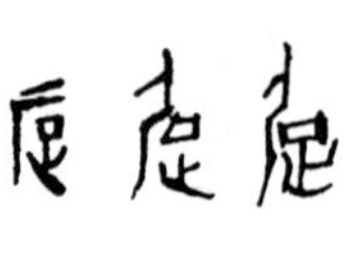

右▢君壺　左▢君壺　鄦左▢戟

其『王令（命）毛公㠯邦冢君土馭徒御戜人伐東或（國）▢戎』之▢即國差𦉜『侯氏毋瘩毋痟』之

（說見後）古陶文之

從▢蓋從▢之誤剔而譌者。以其後文『三年靜東或國』一語證之，知此東國▢戎乃《孟子》『伐奄三年討其君』（滕文公）之奄也。其地在東，所謂『蒲姑商奄吾東土也』（左氏春秋昭九年傳）故曰『東國奄戎。』踐奄，伐奄，歸自奄之文，經籍數見，而《左氏》

亦或以商奄餘呼之也。

□从爿冄聲。其文於此既是奄戎之奄，則其所从得聲之冄，亦必與奄同音、同在談部可以定矣。班毁之□，之所以呈冄形者，蓋剮字之失誤。

冄在談部更可以晉公盦顊謙一語證之

就班毁所記之史實，既知□戎為奄戎字，得冄之古音在談部。此事更可以晉公盦文中所用之習語證之。

晉公盦之文曰：（節選）

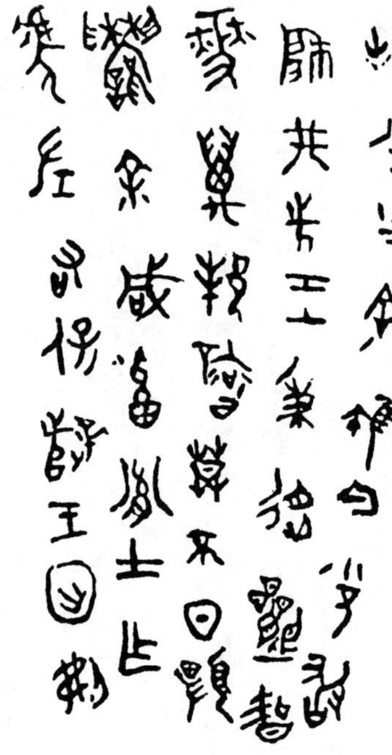

□

文凡五段，其第三段第四行第一字□，从言□聲，而□則从□冄聲，實亦冄聲之字也。

以文字之結體言：□聲之□乃會意兼形聲字。上部之□，从臼从林从人會意。以手拔木也上之象也。其下則从冄聲。

盦文顊□聯用，自是古習語。

顊《說文解字・頁部》有之，云：「傾首也。从頁卑聲。」此以奄戎之奄，从冄得聲在談例之。試將此从言□聲之□，合以談部之音，聯以顊字之誼，則明其為卑謙之謙矣。　謙在談部，頓為傾首，俛首下心正是卑謙之象。壐文以字與其上文之王方王邦彊□上□邦王邦各句合韻　從郭氏韻讀王方彊上在陽部，邦在東部，陽東合韻。在談部。談與陽亦合韻也。《詩．大雅．桑柔》以瞻與相臧腸狂合韻。《楚辭《天問》以嚴與亾饗長長合韻。《急就章》以談與陽桑讓莊合韻。竝是其例。往者，郭沫若作《晉邦壐韵讀》【一】據《說文解字．衣部》古文襄作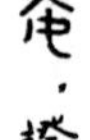，證為讓，以求入韻。　今考襄《說文解字》古文作魏三字石經作《汗簡》郭君以為似之，實即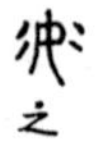之破體。即女。　襄下從女，與晉公壐謙下從者，迥不相侔也。且襄上從，兩手所掬是古非。郭君所據容或有誤。

從聲在談部於壐文為謙。从聲在談部於班毀為奄。然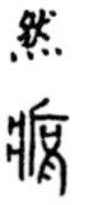於國差𦉜則以之為愆　詳後。奄與愆以談元兩部相轉，則知壐文顛謙之，其得聲之，從拔林地上而聲者自是拔取之攐。《說文》「攐，拔取也。从手寒聲。」寒古音在元部，兼在談部。　謙攐兩文以異部同聲，正猶毛伯𩛥國差𦉜之以同文異部而歧為奄愆也。

竝从得聲，在談部。今就此唯一可知之音聲試求聲之流變。

音之流轉與徵仲之異名

商奄亦曰商蓋者之音自談入月也

聲之在班毀為商奄字。

注：【一】．《殷周青銅器銘文研究》

然商奄亦曰商蓋。《墨子．耕柱》云：「古者周公旦非關叔。辭三公，東處於商蓋。人皆謂之狂。」

《韓非子．說林》云：「周公旦已勝殷，將攻商蓋。辛公甲曰：「大難攻，小易服，不如服衆小以劫大。」

乃攻九夷而商蓋服矣。」

畢沅、江聲諸氏並云：商蓋即商奄也。

謂商奄為商蓋者，以音聲流轉致異也。奄古音在談部，與蓋字所從得聲之盇、在古韵葉部者，雖以陽入而異所坿之聲隨固同其元音也。其聲隨或由雙唇移至舌頭遂入於元、月，以故盇蓋得以葉月通聲，而商奄或以談歷葉入月，遂為商蓋也。（入元者其音為衍詳後。）

《說文解字．艸部》「蓋，苫也，从艸盇聲。」又《疒部》「𤻲，跛病也，从疒盇聲，讀若脅，又讀若掩。」𤻲跋疊韵連語，連篆讀足疒剌犮行不良也，[一]與蓋同音，在月部。而𤻲又讀若掩在談，掩從奄得聲，是商奄與商蓋得以談月兩部同名之證也。

奄蓋以音轉同名，故痟戎之痟以一形，或讀為奄或讀為蓋也。商奄、商蓋自有其音聲流轉之跡，不必如段氏之聲訓，[二]不煩王氏之改字[三]也。

《春秋》昭公二十七年《左氏傳》：「吳公子掩餘」《史記．吳世家》《刺客列傳》並作蓋餘。奄蓋同名，非一見矣。

泄與蓋同部肙其微仲之名矣

班毀痟既就其本文所記之史實知為商奄商蓋字，是其所從得聲之肙韵部非談即月。即此既知之音讀就談月兩部覈以二微之名，則微仲之泄適與蓋同部。

且商蓋原聲之盇以葉入月，而此泄字所諧之世聲復以月入葉為葉。輾轉出入，往復相似，然則此鼎首字人名之肙以聲定之，自是微仲之泄矣。

注：[一]、說見拙作《狼狽考》。

[二]、《說文解字注》云：「大部曰：『奄，覆也。』《爾雅》弇，蓋也，故商奄亦呼商蓋。」

[三]、王念孫《讀書雜志．墨子第四》云：「商蓋當為商奄。蓋字古與盇通，盇奄草書相似，故奄譌作盇，又讀作蓋。」

肙爲人名聲在月部亦見於中齋鼎

肙爲人名，除此鼎外，亦見於中齋鼎。其器宋人謂之南宮中鼎一，容庚《重編王氏宋代金文著錄表》改稱周中鼎。郭氏《兩周金文辭大系》改名中齋鼎一。

中齋鼎一之文曰：

其「隹十又三月庚寅，王在寒餗次」，時與遣尊之「隹十又三月辛卯王在厈，」日長相差一日，而寒厈古音同部，一時之器也。「王在厈」，又見於睘卣。其辭云：「隹十又九年，王在厈。」是此中齋鼎亦十又九年之器也。郭沫若云：「十又九年，文王紀元之十九年，成王六年也。」〔一〕

文王十九年，即成王六年，實既克商之八年。〔二〕文武舊臣猶有存者。《書·君奭》曰「惟文王尚克修，和我有夏，亦惟有若虢叔、有若閎夭、有若散宜生、有若泰顛，有若南宮括，」又曰「武則惟茲四人，尚迪有祿，」又曰「惟茲四人，昭武王惟冒，丕單稱德。」虢叔等五人而曰四人者，鄭玄云「至武王時，虢叔等有死者，餘四人也。」〔三〕 孫星衍曰「《周書·克殷解》有泰顛、閎夭，又有南宮忽、南宮伯達，無散宜生。忽與括聲相近，蓋一人也。《史記·周本紀》武王克紂祭社時，「散宜生，太顛，閎夭皆執劍以衛。」又言「命南宮括散鹿臺之財，發鉅橋之粟。」又言「命南宮括、史佚，展九鼎保玉。」此「展九鼎」之南宮括，《周書》謂之南宮伯達。則惟虢叔未見。故鄭

注：〔一〕《大系考釋》葉十四、十五、十六

〔二〕王國維《周開國年表》

〔三〕見《書疏

疑其死也。」〔一〕是文王之重臣五人，至武王克殷時，閎夭、散宜生、泰顛、南宮括等四人依然健在。

中齋鼎一之□，中觶〔二〕記其全名曰南公□。

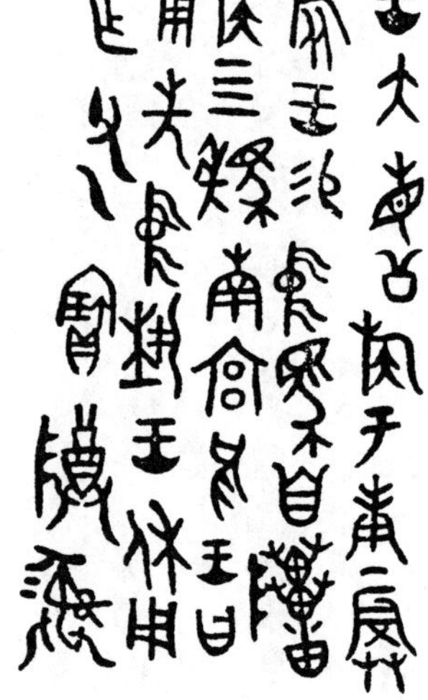

中齋鼎二、三〔三〕記其事曰：「隹王令南宮伐反虎方之年。」

知其器之南宮□自是當時之重臣宿將，足以力鎮三軍威懾敵國者。

《史記．封禪書》云：「武王克殷二年，天下未寧而崩。」是成王之元年實既克商之三年，文王紀元之十四祀。中齋鼎所記，既據遺尊、罍卣，由郭君定為文王十九祀之事，文王十九祀實成王之第六年，既克商之八年也。其時未久，克商之重臣猶多存者，不致老成凋謝蠶落殆盡也。今以器文中伐反虎方之重役，以南宮□之勢位，要以□在月部之聲音，視有周開國諸臣則惟南宮括似之。南宮同於器文，括音正在月部，而其器又在克商直後，故云。

南宮與周客同名，括與泄同名而音變，客鼎、中齋鼎兩器同在周初，知以周客之□，為微仲名泄，非偶然矣。

名□而或岐為泄、括者。洩庸之名是其例。左氏哀公二年《傳》之洩庸，《吳越春秋》

注：〔一〕《尚書今古文注疏》　〔二〕，宋人謂之召公尊　〔三〕，宋人謂之南宮中鼎二、三。容編全氏宋代金文著錄表謂之南宮中鼎一、二

作曳庸。《國語・吳語》作舌庸。左氏哀公二十六年、二十七年《傳》、《漢書・古今人表》並作后庸。《漢書・董仲舒傳》作泄庸、《文選・王褒四子講德論》作渫庸。后舌之誤。舌泄同名異文，括從舌聲，謂括泄同出，一名別記，歧為兩形，共通聲息，此其轍跡矣。

微仲思乃微仲忽之誤

既克商散財發粟之南宮括《逸周書》作南宮忽。忽在物部，括在月部，月物以同列旁轉。故孫星衍以為忽與括聲相近，蓋一人也。《家語》所記微仲亦或名思。思，蓋忽之形誤。知之者：

一、以隸書有從思與從忽為同字者。顧藹吉《隸辨》平聲上 聰或作

議郎元賓碑 有聰明叡哲之才

逢盛碑 智惠聰明

上聲 總亦作

晉鄭烈碑 揔文武之弘略

仲秋下旬碑 鎬揔□□

一、以故籍有誤忽為思者。《說文解字・風部》「颮，疾風也。」左思《三都賦・吳都賦》「翼颸風之颲颲。」劉逵注云：「颲颲，風利貌。」[一]「颸，疾風。」並引《離騷》之「溘颸風兮上征」以文班固曰「颸，疾也。」《後漢書・馬融傳・廣成頌》「靡颸風，陵迅流」，注云「颸，疾風也。」直以忽為字之聲誼求之，惟忽有疾誼，疾風應是颮字。《淮南子・覽冥訓》「縱矢躡風，追猋歸忽」，亦之。其作颸者，實颮之形誤耳。段玉裁注《說文解字》已覺此事。於颮字之下云「按古有颸字，訓疾風。」朱駿聲遂斷此事曰「颮，疾也。按字亦誤作颸。」[二]逕以思為忽之誤矣。忽之與忽，恖之與恖，忽與忽之所以誤作思者，蓋思古作恖，與恖形近，而恖之急就，或淆為忽也。

注：「一」、利各本皆作初，從胡克家《文選考異》改　「二」、《說文通訓定聲・履部》

並一間之差耳。

《說文解字》：『容也，从心囪聲。』

《說文解字》：『多遽悤悤也，从心囪，囪亦聲。』

『多遽悤悤』字，後消誤作忽忽，作匆匆，作勿勿。晉人書翰，言悤悤者，多稱勿勿。《說文解字．勿部》云：『勿，州里所建旗，象其柄有三游，雜帛幅半異，所以趣民，故遽稱勿勿。』叙案：三游之旗自有㫃字，勿實有毛色之誼，翍翼之象，[一]取形於鳥，無關建旗，趣民之事也。昔顏之推於其《顏氏家訓．勉學篇》據《說文解字》忽遽者稱為勿勿，自以為得書翰中多稱勿勿之由，蓋猶未達文字形音誼流變之跡。朱駿聲云：『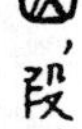，段借為悤，《說文》勿義說解云：「遽稱勿勿」，按借勿為悤，又誤勿為勿耳。』[二]

又，勿勿猶勉勉也。《禮記．禮器》：『勿勿乎其欲饗之也。』《大戴禮．曾子立事》：『君子終身守此勿勿也。』鄭注盧注皆曰：『勿勿，猶勉勉也。』《呂氏春秋．慎大覽．下賢》云：『悤悤乎其心之堅固也，空空乎其不為巧也。』空空即悾悾之消。原懿兒，故曰不巧，悤悤若以句法例之，當是堅固之誼，而高誘注：『悤悤，明兒』，讀為聰明之聰，與《呂覽》原文誼不相應也。俞樾曰：『悤悤當作勿勿，今誤作悤悤者，由俗書悤字作忽，或消作匆，與勿字相似，因而致誤耳。』[三]

匆匆誤為勿勿，勿勿誤為匆匆。忽與悤相近，悤與息相似，故聰字亦或作聰聰，揔字亦或作揔揔，疾風之䬍誤而為颸，微仲名忽遂誤為思也。

以月物旁轉，致南宮括為南宮忽。則此鼎之，以同例旁轉，致微仲泄為微仲忽，亦極自然之事也。

微仲泄初以月入物為忽，復以勿勿匆匆一間之差，誤而為悤。悤息譌誤，遂成微仲思矣。

又，《說文解字．夂部》：『[illegible]，有所吹起，从夂炎聲，讀若忽。』炎聲在談部而讀入物部若忽。是字所從得聲之除從月入物外，亦可以以談入物也。

總之，知班段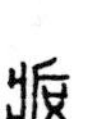字即盍即奄，而奄盍以談月入物為忽，致微仲之名為泄為思各得其解，則知以

注：[一]、詳後釋易》　[二]《說文通訓定聲．豐部》　[三]、《諸子評議》卷二十三．呂氏春秋二

此鼎周客之□爲微仲之名，或不至唐突，或不盡影附也。

郭沫若以中甗鼎之□爲南宮括之子若孫。〔一〕意思甚謹，蓋慮其年高且不得其形聲故耳。 夫有客白馬微子猶存，微子固紂之長兄也。以此例之，既克商八年之後，克商重臣南宮括既或年事稍高，尚不至遽死也。 虎方之役，南宮以老將主兵自屬可能。 其器自著錄以來，宋人即釋爲括，而苦不得其解。今得於此器並微仲之名泄名忽而證明之，誠不勝忻快之情矣。

□在月部亦見於令毁

近出之令毁文中亦有□字。（令毁銘文節選如次）

其□字適在父下，或以父兄連讀之，非是。 吳闓生云：『公尹官名，白丁父人名』〔二〕其言得之。然以段□爲既則非。

考白丁父即周器之丁公，令彝之父丁，而郭沫若以爲矢令之父〔三〕者也。 令毁云『丁公文報』『隹丁公報』上謂福蔭，下謂報祭。 且令彝復云『作冊令敢揚明公尹厥宦，用作父丁寶尊彝，敢追明公賞于父丁，用光父丁，』明記其受賞作器之時丁公、父丁、已作古人矣。

細繹銘文，白丁父之賞與姜賞令之，本爲一事。以令爲唯一之受賞人，非姜賞令而復賞白丁父，更

注：〔一〕《大系考釋》葉一六 〔二〕《雙劍誃吉金文選》上引 〔三〕《大系考釋》葉五

非姜賞令而戍貺白丁父也。　自姜賞以迄令敢䫃皇王休，句法於古金文例爲一人之辭。　若以而今文法之圖解法圖解之，則銘中之令乃是在雙賓位之次賓位上，爲接受王姜賞物之人。

其文法關繫如次：

一，全句　姜賞令貝十朋，臣十家，鬲百人；（又因）公尹白丁父□于戍，（賞令）戍冀𤔲三。

二，圖解

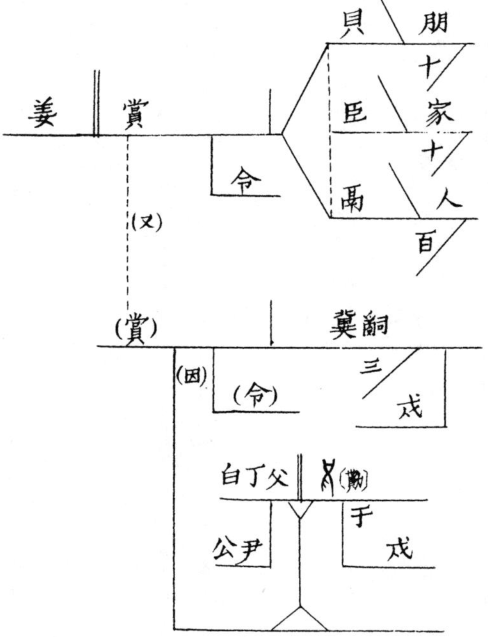

是王姜對矢令一賞四事，曰貝，曰臣，曰鬲，曰冀𤔲。　前三者，以其己功，後一者，則上襲父蔭也。公尹白丁父作名直呼，自是王姜之辭，乃夾敍其所以受於貝臣鬲三事之外，別賞令　以冀𤔲之原因副詞句也。　丁公已逝，猶戍冀𤔲三　以賞其子，蓋亦甚有餘烈者矣。

冀𤔲三，郭沫若云「古者玉之系以𤔲言。洹子孟姜壺玉二𤔲，其證也。冀，蓋段爲璣。《史記．孝武紀》「冀至殊庭」，《漢書》冀作幾。冀可通幾，亦可通璣矣。《禹貢》「玄纁璣組。」　璣組即此冀𤔲矣」。[一]

今以追念之辭，月部之音，㪇以□字之形，知□於令𣪘用以爲襘，除惡之祭也。　殷虛龜甲獸骨文字有□□兩文，各家皆釋爲祝。　考《說文解字．示部》云「祝，祭主贊詞者。从示从儿口。一曰从兌省。《易》曰「兌爲口爲巫」。其實，兄與兌並象人跪足仰面張口向上，若有所求於神者。　□與□，口上著八，此其異耳。著八與曾

注：　[一]．《大系考釋》葉四

同意，象氣之分散詞之舒也。兄為口為巫，祝之兄亦為口為巫，可以形驗之矣。祝之詞，心虛氣平弟寫其向上張口之形即足。至於兄，蓋即大祝六祈之說，所謂辭以責之者也。辭以責之，故其理直其氣壯，別著八於口上以見之。卜辭□從□。□即□若□也。□與□，□與□相較，其差在手。因知□□之形誼，除仰面張口向上以祝之外，其特點必在其伸臂探爪向下括取之狀矣。

按禮，祝而括取之事，於《周禮·太祝》有之。太祝六祈，其「三曰禬。」禬與刮同音，舊訓皆以為刮也，除也。《藝文類聚》引《說文》云「禬，除惡之祭也。」《春官》云「凡以神仕者，……以禬國之凶荒。」字在動詞正是刮除之誼。金鶚云「女祝職云「掌以時招梗禬禳之事，以除疾殃。」是禬祭主於癘疫。」今以□□之形之聲之誼與六祈之三比之，知其即古禬祭之本字，象其刮除之形也。若然，則令毁之□于戍其即禬于戍乎。意者，公尹白丁父曾為除惡之祭于戍，王姜追念遺功，賞其後人，以故今得於貝十朋臣十家鬲百人之外，更受戍冀嗣三之賞也。此亦猶彔伯㦰毁以其祖考有勞于周邦，以其先人之勞苦而蔭及後世者也。

□乃括擓之本字而冃捐之前身也

□于戍，即禬于戍，已如前述。今按會古音在月部與舌同音。《說文解字·言部》，話从言舌聲，籀文話從會聲，是其證。《釋名》云「矢其末曰栝，栝，會也，與弦會也。」會舌古聲同屬見紐。古見紐月部之文，其從手誼者多有刮播之誼。《說文解字·手部》「搳，擖也。」「擖，刮也。」「扴，刮也。」《廣雅·釋詁二》「撅，播也。」《左》襄十年《傳》「紩抉之以出門者，」注「抉，撅也。」又《說文解字》「括，絜也。」《六書故》引「結也。」字亦作擓。《廣雅·釋詁三》「擓，收也。」聲誼並相近。

今以□之形，音，誼三者合而求之，知□當是括、擓、搳、擖、扴、撅、抉諸文之初形，象人探手刮播之形。

《考工記》「刮摩之工」，故書以挖為之。刮挖以月元對轉。以此求之，《說文解字》「抉，挑也。」《史記．伍胥傳》「抉吾眼，」抉即元部之剈。《廣雅．釋詁四》「剈，剜也。」《說文解字》「剈，挑也。」與抉同訓。

肙，《說文解字》作肙，形亟似⿱凵月。故劉心源《奇觚室吉金文述》於此鼎之首字釋以為肙。其說曰「⿱凵月，《說文》作「肙」，小蟲也，从肉○聲。」據此，則○即圓字，或是圈字。段氏刪去聲字，以許書無○字也。不知部首口即○，後人篆異讀異。員下亦云○聲，可證也。篆法○甘殊形，亦有不能拘者，如倉、舍、邑、谷、㕣等篆，皆从○。亦有從甘者。考宗周鐘⿱亼⿰己甘，公違鼎⿰甘己，居彝⿱余甘，《說文》谷作⿱八谷，㕣作⿱八甘，並可證。此肙從口即○也。」

從○得聲之說，雖不可信。然以甘○兩形出入譌誤，視⿱凵月為肙，甚為近理。容庚《金文編．坿錄》將郘𨣫尹句鑃之⿰矛肙，隸定為⿰矛肙，注云「從矛從肙，《說文》無此字。」亦以⿱凵月為肙。則知劉氏之說，得其形矣。

今㝵以⿱凵月肙相誤之形，抉剈對轉之音，合以揆手刮搔之誼，知肙字實即⿱凵月之自月入元而復譌其形者。形誼已失，別構從手肙聲之捐以存其聲誼。捐棄云者其引申之誼耳。

《說文解字．肉部》「肙，小蟲也。从肉○聲。一曰空也。」曰小蟲也者，字或作蜎。《詩．東山》「蜎蜎者蠋」，傳「蠋皃。」字亦作蠉。《說文》云「蠉，蟲行也，从虫瞏聲。」《爾雅．釋魚》「蜎蠉。」郭注「井中小蛣蟩，赤蟲。一名孑孓。」轉掉句曲，與⿱凵月之揆爪刮搔，卷手內收者，同其形勢。曰空也者，實段為剈。剈，剜也，[一] 挑取也，[二] 元部之剈，月部之抉也。

至此，吾人得借此鼎之便，畧知肙字之原。

一、⿱凵月即肙之本字，其音在月部，其形誼為刮搔收取，引伸為棄除。

二、音以月入元，形以⿱凵月誤肙，其誼殘存，而形聲並失，遂別構捐字，重出手形以存其誼。

⿱凵月為刮搔收取，乃抓搯之初文。《詩．邶風．匏有苦葉》「淺則揭」傳「揭，褰衣也。」揭即搯

注：[一]、《廣雅》 [二]、《說文解字》

即□也。其誼以月入元轉而為攓。《說文解字·手部》「攓，摳衣也。从手褰聲。」《詩·鄭風》「褰裳涉溱。」以褰為之。《說文》又云「攓，拔取也，南楚語。从手寒聲。《楚辭》曰『朝攓阰之木蘭。』」晉公𥂴□所從得聲之□，形為拔取，音從□而在元，其驗也。

□為微仲之名或記為衎者衎與泄以月元對轉其音也

□聲入元古金文亦有其證

叔夜鼎餰從□得聲在元

從□得聲之字亦見於叔夜鼎，其文作□。

叔夜鼎

其末三句「㠯征㠯行，用□用□，用蘄𦹗壽無疆，」句法與陳公子子甗之中間三句，「用征用行，用□稻粱，用蘄𦹗壽萬年無疆，」相似。韵讀並在陽部。以叔夜鼎□與陳公子子甗□相比，從□完全相同。知為其形更以韻讀相覈，則從□乃其聲也。就其全體形與聲言之，則□即《說文解字·䰜部》之「五味盉羹」之鬻鬲也。

復以叔夜鼎之□與□相斠，於形則以皿易羔，於聲則以□易□。明其無肉，明其□聲也。夫鼎有二用，胾肉粢盛。馬衡《金石學》此字去肉存米，自是稻粱之事。左氏昭公七年，《傳》「故其鼎銘云，……饘於是，鬻於是，以糊余口。」宋人因之，釋此無肉□聲之□為饘。

饘古音在元，□古音在月，以月元對轉視之，可信也。

饘粥古習語。《荀子・富國》「冬日則為之饘粥。」而同書《禮論》則以餰鬻為之，曰「芻豢稻梁酒醴餰鬻。」《莊子・讓王》「顏回對曰，回有郭外之田五十畝，足以給飦粥。」以飦粥為之。饘餰、飦古同名或體字。

《說文解字・食部》「饘，糜也，从食亶聲。周謂之饘，宋謂之餰。（餰，今作餬）」又《鬻部》「[弜鬲]，[弜鬲]也，从𩰲侃聲。餰、[弜鬲]或从食衍聲。飦、[弜鬲]或从食干聲。[食建]，或从食建聲。」[弜鬲]、[食建]亦與之同名。

[𩰲皿]，从□得聲，為饘、為餰、為[弜鬲]、為飦、為[食建]。餰从食衍聲，衍字正同徵仲之名。《說文》云「在宋為餰。」然則以□為衍，其真宋人之音與？

[爿□]在國差[金詹]為愆亦屬元部

班段

[爿□]戎之[爿□]亦見於國差[金詹]。

其「毋瘳毋[爿□]。」从爿□聲。

以□之月元對轉，以叔夜鼎[𩰲皿]从□聲為餰例之，當是「毋咎毋愆」也。《書》「帝德罔愆」，「其永無愆。」《詩》「不愆不忘，」毋愆自是古習語。《說文解字・心部》「愆，過也，从心衍聲，或从寒省作𢝱，籀文作𧫧。」

[爿□]从□聲於[金詹]文為愆。愆从衍聲，斯亦徵仲名□入元記衍之又一證矣。

班段 奄戎之[爿□]，其韻在談部，而

其文云：（節選）

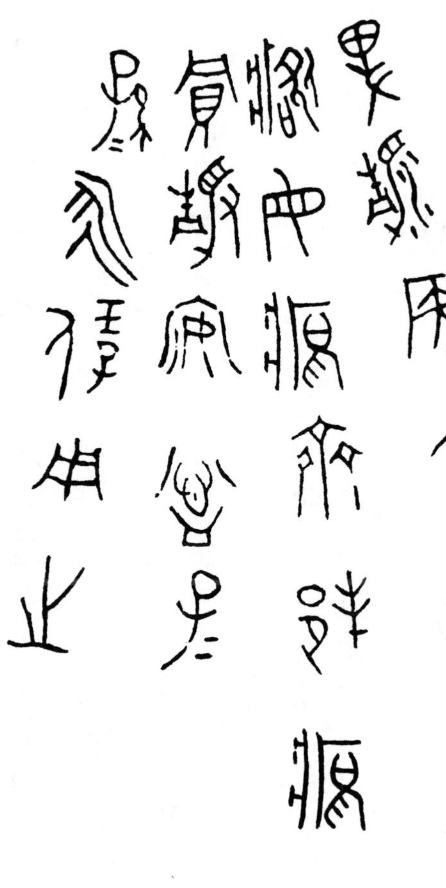

在𢍰爲從其韵入元者，晉公盦頫諫字在談部作𢍰，其所从聲之𢍰即拔取之摽反而在元，元談兩部音轉不假月部直接相通，有其徵矣。

邾醻尹句鑃[犭冃]从冃聲段以爲干亦在元部

冃聲之字，邾醻尹句鑃亦有之

其「次諸[冫干][犭冃]，備至劍兵」兩句，[冫干][犭冃]與劍兵對舉成文。[冫干]之爲文，即古文魁也。《說文解字·斗部》「魁，羹斗也。从斗鬼聲。」

段大令曰「魁頭大而柄長，《毛詩傳》曰「大斗長三尺」是也。引申之，凡物大皆曰魁。」常敘按：[冫干]之爲形也，从[冫干]从⺌，[冫干]與舅胅鼎[冫干]、秦公𣪘[冫干]同形，斗之屬也。吻脣，所謂匜似羹魁也。⺌在其中，羹汁流也。其頭甚大，故毛《傳》以大斗狀之。

魁[犭冃]與劍兵對舉，知亦是兵器。魁，盾也。《釋名》「盾，大平者曰吳魁。」《廣雅·釋器》「吳魁，盾也。吳大也。」[犭冃]从冃得聲，與魁聯用，當是盾屬。以聲求之，抑其戰耶？《說文解字·戈部》「戰，盾也，从戈旱聲。」故籍皆以干爲之。魁干所以防身，劍兵用以克敵。

若然，斯亦冃聲入元之證也。

《說文解字》銜，或作衎。干與衎同音。斯亦徵仲名冃而或記爲衎之徵也。

五、總之，冃於此鼎乃徵仲之本名。其或記衎，記泄，記思者，以古今方國，音有轉移，形有譌誤，致生差異耳綜合前揭數事，據「周客」「帝考」之史實，古金文中□字諧聲之韻部，可以推定□在周客鼎乃微子之弟微仲衍之本名也。其音在月者，記之爲泄。入物者，記之爲忽，忽復以形譌爲思。入元者，記之爲衍。蓋以古今方國之殊，致音有差異耳。

以時代論，令毁、中齍、班毁並是周成王時器，□聲於之，多在月物。國差𦉜，齊國佐之器也。晉公𥂴，晉定公之器也。鄦酪尹句鑃，叔夜鼎之年代雖不可確指，就其文辭推之，要亦春秋間器耳。□聲於之多在元部。

若然，則讀微仲□爲微仲衍者，蓋春秋以降之事。讀之爲微仲泄或微仲忽誤微仲思者其在周初與。世之説古音者多劃周秦爲一期，而謂之上古音。此上古音之日月，悠悠千載，口耳之間，不無流轉，倘有豪傑之士出，即先秦古音，依其時間空間，再加以分析整理，得其音古今方國之情，斅以卜辭金文之文，會當於古語文、古歷史有更進步發現，亦自是意中事耳。

若以方國論，則茲篇所述周初數器，多出西土之人，而春秋數器則多在東土。豈□在東土讀爲陽聲。其在西土讀爲入聲與？豈呼微仲爲衍乃東土之音，而呼之爲泄若忽乃西土之音與？

謹次其關係畧如下表：

文字	所在器	文誼	釋文及其韻部				
			月部	物部	元部	談部	葉部
□	周客鼎	微仲之名	泄	忽（思）	衍		
	中齍	南宮之名	括				
	令毁	除惡之祭	禬「祮」				
□	班簋（毛伯彝）	東國奄戎	蓋			奄	盍
	國差𦉜	過愆			愆		

□	叔夜鼎	饙粥			餰		
□	邾醋尹句鑃	魁干			干		
□	晉公𥂴	頗謙				謙	

六、殷虛卜辭中之二微

常叙既考定周客鼎首字之□，爲微仲之名，吏以之返觀殷虛卜辭之□字，知亦微仲之名也。□見於《龜甲獸骨文字》卷二第二十五葉之第六版：其「乙巳王貞啟手□曰盂方」云云。「啟」與「□」同版並見。□即□，卜辭人形諸文，其膝之屈信相通也。若以□爲□，而□又爲微仲之名，以此覈之，則此版所記，其二微之遺事與？

此事之推定與殷虛之最終年代及始終各期之作風有關。往者羅先生據貞卜文字定洹水殷虛爲武乙至帝乙之故都。證之《史記·殷本紀》及《詩地理攷》所引帝王世紀其說甚塙。

近時董作賓復依其科學發掘所新獲之卜辭證殷虛直至帝辛爲止其說無以易矣。其各期文字之作風，董君於《慶祝蔡元培先生六十五歲論文集》上册，以《甲骨文斷代研究例》發之。董君依卜辭之世系，稱謂、貞人、坑位、方國、人物、事類、文法、字形、書體等十事，畧分殷虛甲骨文爲五期：

武丁及其以前爲第一期

祖庚祖甲爲第二期

廩辛康丁爲第三期

武乙文丁爲第四期

帝乙帝辛爲第五期

蓋殷虛最後直與帝辛同亡，《竹書紀年》所謂「自盤庚徙殷至紂之滅二百七（？）十五年，更不徙都々者是也。

殷虛之始與本文無涉。不論。殷虛之終於帝辛，皆可能與二徵有關。何者？夫二徵帝辛之兄也。設殷虛卜辭迄於殷亡，則方帝辛之世，二徵之事，自有絜諸龜骨者。既知有此可能，則當進而推究此記啟與[illegible]之骨版其年代，是否果屬帝辛。若其作風寿於董君所析之第五期，則自與二徵無涉矣。

董君之文於其所析五期各舉一版爲例，其第五期之例，用其所編錄之3.2.0259版，（第三次發掘時於大連坑所得骨版之一，爲而今所知卜辭中之最長者）文曰：

丁卯王卜貞，禽巫九禽，余其比多田于多伯，征盂方伯炎，叀衣翼日步，亡𢀛自上下于𣪘示，余受有祐，不曾戋？告于茲大邑商，亡徭才猧？「王固曰：」弘吉。々在十月，遘大丁翼。

以龜甲獸骨文字卷二第二十五葉

之第六版與此第五期例版相比，除書法行款及有一貫王之王字等特徵相同外，即所記之方國盂方所用之習語不啻戋等亦彼此若出一轍，倘董君所析不誤則視此版啟□□二名為二徵𦋜仲或亦可信也。《史記·殷本紀》云：「帝乙崩，子辛立，是為帝辛，天下謂之紂。帝紂資辨捷疾，聞見甚敏，材力過人，手格猛獸，知足以拒諫，言足以飾非，矜人臣以能，高天下以聲，以為皆出己之下。」夫帝辛者，帝乙之少子也。其立也，已能事若此，則知其同母所出之啟衍二兄，方帝辛之世必已能受命任事，若史書之記載矣！

七、□非兄

□與□結體相似，其差一爪，曾疑為兄之或體。而古金文中有所謂般兄癸斝者，其□□之兄正著指揆爪，與□若□之

〔一〕

字形綦近。□為氏族或職名。《書契淵源》一帙五二，以為造器者之名。其文从又執丨在皿上。《儀禮·聘禮》：「不及百名書于方。」其書方之謂與？亦省作□〔二〕。徵之古金文，□□之或體作□〔三〕，國差𦉜□，古陶文省作□□□。殷虛卜辭□亦或作□〔四〕。□或作□，□或作□，□或作□□，知以□為兄其說似亦可信。

然通覽已經著錄之卜辭金文，其稱兄厶者甚多。若卜辭中之□

注：〔一〕、並見《三代吉金文存》卷一三葉五三〔二〕、《文存》卷二葉三三·二〔三〕史桒兄𣪕〔四〕，長日戊鼎

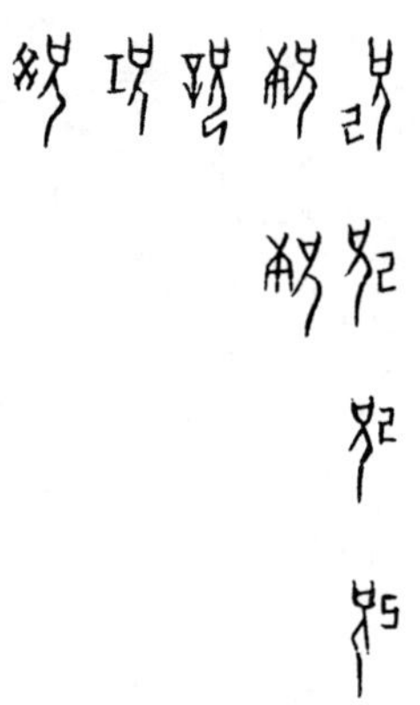

上虞羅氏所藏之商句兵（《文存》卷十九葉二十一謂之大兄日乙戈）〔一〕

以及其兄般周金文，除前所謂般兄癸斝數器外，兄字從無伸爪攫指作兄若兄者。高田忠周《學古發凡》卷六史弟六補兄丁兄癸於卜辭兄丁兄癸之後，所據亦止於般兄癸斝耳。蓋古文兄字惟此斝獨異也。筆誤與？通用與？二者必居其一也。

即以杜伯𣪘為例，『杜白作寶盨，其用享孝于皇申且考，于好倗友，用桒壽，匄永令，其萬年永寶用，』『皇申即皇神，』〔二〕『且考』即『祖考』，此乃順理成章者，不意第一組之『盡』作『皇申且考』，『器』作『皇申且孝』，出此一字之差。三組六器，惟此為異。『孝』為『考』之誤，不辨自明。

杜伯𣪘文（見下頁拓文）

注：〔一〕《三代吉金文存》卷十九葉二十一。

〔二〕《貞松堂集古遺文》卷六，葉四十二

杜伯盨文（承上頁）

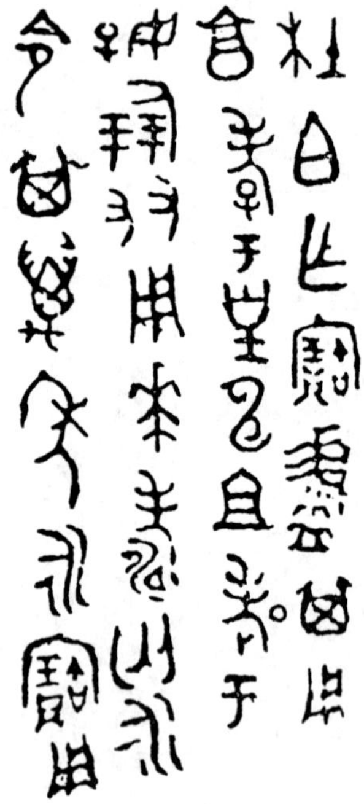

蓋之組一

器之組一

之差亦猶是耳。

釋眉第二

一 眉非眔非首非眉

周客鼎第四字眉，其結體從目上著川。川，吳大澂以為三人之巛，曰眉當釋眔。《說文》三人為巛，讀若欽，眔從巛目，訓多也。〔一〕劉心源則視川為頭上之髮，曰「眉或釋眔，非。《說文》「𦣻古文首。〔二〕巛象髮，謂之鬊，鬊即巛也。」古刻諸眉之眉。如麦鼎眉，揶卣眉，彔伯㦰敦眉，吳彝𦣻，皆與此合，是從川即巛也。」〔三〕今按吳、劉兩說均非。惟徐中舒之說較為近似。徐氏《遣敦考釋》釋文之十，以為眉字，云「眉，寑鼎作眉，羌伯敦作眉。均象眉目之形。」〔四〕然仔細籀繹，知實亦非眉，緣古金文眉

許伯毁作

遣毁作

徐氏《遣敦考釋》文中所引取之

注：

〔一〕《愙齋集古錄釋文賸稿》

〔二〕，按當作古文百

〔三〕《奇觚室吉金文述》

〔四〕，國立中央研究院歷史語言研究所集刊第三本第二分

殷虛骨刻及銅器中獸頭紋飾眉目形作

殷虛出土筒形殘器之紋飾
見傳古別錄第二集第三葉

飛燕角眉目形紋飾
見陶齋吉金續錄卷二

子𣪘形彝獸頭中之眉目形紋飾
見長安獲古編卷一

（从徐中舒𨕖𣪘考釋引取）

並象目上縣眉之形。此《說文解字》眉之所從出也。眉上之𠁥，即苜苜目上𠁥𠁥之形變者也。夫眉之毛，高縣目上，下不著眥，則知苜之爲文原不同眉，以之爲眉，不可據也。

二、苜之音讀

苜於殷虛卜辭中亦有之，其文作

苜 後下二五·七　苜 後下三一·四　苜 前六·五十·六　苜 戩十七·十七　苜 甲一·九·二　苜 前六·七·四

其或從人作苜者，猶眉字殷虛卜辭或於目下著人作眉 後下三二·一八

古金文或作

眉眉眉眉 散盤

亦猶《說文解字》百或作頁也。《說文·百部》：「百，頭也。象形。」《頁部》：「頁，頭也。從百從儿。古文䭫首如此。」朱駿聲曰：「此古文百字象形。」

蔑 殷虛卜辭蔑字從之作

蔑 前一·四九·二　蔑 前五·四九·二　蔑 前一·四九·四　蔑 前一·四九·三

古金文從之作

蔑 免卣　蔑 遹甗　蔑 𨑓尊　蔑 師遽尊

師艅毀　免盤　𢽾生毀　封毀　又卣

並從戈苜聲。苜與⿱巛目同文而苜為蔑之聲，則知⿱巛目之為文，亦音蔑也。

三、⿱巛目即說文解字䁾之本字

⿱巛目之為文，其形從目，其音同蔑，即此兩事合流以溯之，知即《說文解字·目部》䁾之本字也。《說文》「䁾，目眵也，从目蔑省聲。」段氏據玄應書，補䁾兜二字於目眵之上，作「䁾兜目眵也」。許書又云「眵，目傷眥也。从目多聲，一曰瞢兜。」

按許書《苜部》「瞢，目不明也。」《見部》「⿰兜見，目蔽垢也。」⿰兜見自是「瞢兜」，「䁾兜」之兜本字。「讀若兜」可證也。

䁾⿰兜見原是熱病，《呂氏春秋·季春紀·盡數篇》云「精不流則氣鬱，鬱處頭，則為腫為風，處耳則為挶為聾，處目則為矆為盲。」高注云「矆，眵也。」其字從目蔑聲，不省。實與《說文》從蔑省聲之䁾為同字也。《文選·風賦》云「中心慘怛，生病造熱，中脣為胗，得目為蔑。」李善注引《呂氏春秋》及其高注均以蔑為之。則畧其形而單箸其聲矣。又，《急就篇》第二十二云「瘅熱瘻痔眵矆眼。」顏本矆作䁾，從首聲。注「眵謂眇⿰兜見，目之蔽垢也。」目之蔽垢，今俚語有之，謂之「眼眵」，亦謂之「眵䁾糊」。即「眵䁾」兩誼之謹存者。

⿱巛目從目上著巛，正象目上睫毛有凝汁黏著之形，所謂目蔽垢，所謂䁾⿰兜見，即此毛上之橫點也。當是䁾之本字。

目有蔽垢，則其視茫茫。《說文解字．㝱部》：「㝱，寐而有覺也。」殷虛卜辭作㝱。丁山曰：「以蔑之偏傍變化測㝱右之夢，可斷其為夢之最初形。其左爿可斷為爿之最初形。許君言爿，倚也，人有疾病，象倚著之形。《墨子》『夢，卧而以為然也』，倚著而卧，神有所遇，恍兮惚兮，其見有物，則㝱從爿從夢，夢亦聲，形誼已著，奚用從夕哉。竊疑夢㝱古今字，㝱即㝱之初文矣。」[一]㝱從爿夢會意，字亦作㝱[二]，夢即夢也。蓋寐而有覺，彷彿若見，其模糊，茫茫之意，與眏毛著眵，脂垢蔽目，蔑兜相黏，而視茫茫之情形相似，故夢之初文遂並取夢字之形誼與聲誼也。斯亦夢苜為蔑之原字之證也。

四、說文解字部首之苜實即苜也

《說文解字》部首：「苜，目不正也，从𦫳目，讀若末。」段氏曰：「𦫳者外向之象，故為不正。」然其同部：瞢，目不明也。⿱苜火，火不明也。蔑，勞目無精也。夕部：夢，不明也，从夕，瞢省聲。㝱部：㝱，寐而有覺也，从宀从爿，夢聲。凡從苜者，皆是不明之意。且諸文於聲又皆屬明紐。而明紐之文，原有模糊不明之誼，[三]是苜之本誼，亦當是目不明也。

許書云「目不正」者，蓋不識苜字目上之巛為眏毛上著蔽垢之形誼。遂涉羊角之𦫳，因以致誤也。巛在目上，其形為苜苜，目上眏毛森然以立；∴橫著毛上，象蔑兜之形，所謂蔽目之垢也。《說文》之苜即苜字有變之苜也。

是苜苜苜三者，並是蔑之初文，而夢夢則其或體，可以定矣。知此，則明瞢亦苜

注：[一]、《中研集刊》一本二《說𡘲附錄之釋㝱》 [二]《書契菁華》 [三]、阮元《釋門》，梁啟超《從發音上研究中國文字之原》，及拙作《名史與聲誼舉例》。

也。其文從首復從目者，乃本誼已失，重著部類，以見其形誼者。猶監字本是俯察臨視，象人水監之形。及其目誤為臣，遂別為鑑覽兩字，以足其誼。〔一〕𥄕自是後起別構之首若首，非如許書所云，从首从𥄕也。　至於戴𥌓從𢦏得聲之字，更在其後矣。

總之

戴之初文為首首為首

省文為首　為首

變文為首首　為首

《說文解字》之首，即省文首之側目者。　知首為首之變者，以古金文𢦏亦或作𢦏知之也。

𥄕，即變文首之从目者。

五、首於此鼎借以為威

周客鼎「首衍乍師首首𢦏」首是方國之名。首於此文當動詞，以聲求之，其段為從火首聲之𤇾字。

𤇾即威。

《說文解字》云「𤇾，火不明也。」即《玉篇·火部》之𤇾。火不明，斯為威矣。𤇾威古音並在月部。《說文解字·火部》云「威，滅也。从火戌，火死於戌，陽氣至戌而盡。《詩》曰『赫赫宗周，褒姒威之。』」左氏昭公二十八年《傳》「鬷蔑」襄公二十年作「然明」。名蔑字然明，則直以蔑為威矣。《易》「剝牀以足蔑貞凶」，《象》曰「剝牀以足，威下也。」蔑，荀本作滅。

「衍厥師首𢦏」，首於此鼎，亦當段以為滅。勝國曰滅之之誼也。《春秋經》云「齊師滅譚」「虞師、晉師滅下陽。」厶師滅厶，自是古語例也。

𢑚殷云「𪓐東夷大反，伯懋父以殷八𠂤征東夷。」《薛氏鐘鼎法帖》穆公鼎云「命迺六𠂤殷八𠂤」云，六𠂤殷八𠂤，周初固嘗以殷人助征伐也。

——

注：〔一〕拙作《釋監》

釋第三

一，之形為鳥古方國之名也

周客鼎之　周客毀之　短頸多尾，為隹為雞，卒難定也。吳桂華釋以為鳳，似是而非。〔一〕

舊人釋文，若吳大澂，誤以鼎文文中斷筆之殘痕為睛，以為從目，而釋之為見，為覲，皆非。

近人，若日本高田忠周誤以其文上外廓為亂，釋以為亂。〔二〕亦非。

王考第四

一、王，周成王也

宋之得國在成王世

《史記．周本紀》：「武王有瘳，而後崩。太子誦代立，是為成王。成王少，周初定天下。周公恐諸侯畔，周公乃攝，行政當國。管叔蔡叔群弟疑周公，與武庚作亂，畔周。周公奉成王命，伐誅武庚、管叔，放蔡叔，以微子開殷後，國于宋。」

又，《宋微子世家》云：「武王崩，成王少。周公旦代行政當國。管、蔡疑之，乃與武庚作亂，欲襲成王、周公。周公既承成王命，誅武庚，殺管叔，放蔡叔，乃命微子開代殷後，奉其先祀。作《微子之命》

注：〔一〕：吳氏書未見，此從丁佛言《說文古籀補補附錄》第六葉引，其釋鼎文為「視人師首鳳王為周客」，謂是祝人名師首者，奉其王如周，為客，而助祭也。〔三〕《學古發凡》卷六補 秦史

以申之，國于宋。」微子故能仁賢，乃代武庚，故殷之餘民甚戴愛之。」微子開卒，立其弟衍，是為微仲。」

微仲亦先成王死

《竹書紀年》：「帝辛五十二年庚寅，周始伐殷。」（《唐書·曆志》：「武王十一年庚寅周始伐商」）啟衍並是紂兄，則彼時二微蓋已七十餘歲矣。

王國維《周開國年表》記武庚之誅，在既克商之六年，成王之四年。是則微子啟之受封代殷，至早不得在成王四年之前也。以紂亡五十二年加既克商六年，得五十八。設紂以二十歲踐祚，至此為紂年七十八。若啟、衍與辛兄弟之年差為二，則至此受封代殷之時微子之年八十二，而微仲已八十歲矣。即此概數，知頗長於成王。

成王即位於既克商之三年。《書·顧命》：「惟四月哉生魄，王不懌。乙丑，王崩。」《漢書·律歷志》：「成王三十年，四月庚戌朔，十五日甲子哉生霸，故《顧命》曰：『惟四月哉生霸，王有疾，不豫。甲子，王乃洮沫水，』作《顧命》。翌日乙丑，成王崩。」自紂踐祚至成王陟得九十一年。微仲次於啟，長於紂，若終成王世已百有餘年，故知其死，必先於成王也。

故知此器之王必是成王無疑。

周客考第五

一、⿱宀⿰各𠙵即客

吳大澂曰：「⿱宀⿰各𠙵即愙，當讀如有客之客。《說文》『愙，敬也。』《春秋傳》曰，『以陳備三愙。』今《左氏傳》作三恪，恪字也。此從宀從各，右從𠙵與心字相類。」〔一〕又曰：「古愙字，從客從𠙵，後

注：〔一〕《愙齋集古録釋文賸稿》

人孌𠙵ㄩ爲心。」又曰：「㝠當即客之異文。」〔一〕

劉心源曰：「客，從宮與從宀同意。古文之繁也。或釋㝠，非。《井侯尊》『王𡩋莽京，客亦从宮也。』」〔二〕

按師遽毁：「各新宮。」《善鼎》：「王各大師宮。」《庚嬴鼎》：「王客𡩋田王宮。」《庚嬴卣》：「王逸于庚嬴宮。」《利鼎》：「王客于般宮。」《㫚鼎》：「王各于成宮。」各山宮，王各山宮，王各于山宮，各宮自是當時常語。其誼甚古。𡩋，從各宮，會意。劉說得之。

二、周客

周客之禮爲殷而設

殷不亡於武王而亡於武庚

《史記・殷本紀》云：「周武王於是遂率諸侯伐紂，紂亦發兵，距之牧野。甲子日，紂兵敗。紂走入，登鹿臺，衣其寶玉衣赴火而死。周武王遂斬紂頭，縣之白旗，殺妲己，釋箕子之囚，封比干之墓，表商容之閭，封紂子武庚祿父，以續殷祀，令修行盤庚之政。殷民大說。於是周武王爲天子，其後世貶帝號，號爲王。而封殷後爲諸侯，屬周。周武王崩，武庚與管叔、蔡叔作亂，成王命周公誅之，而立微子於宋，以續殷後焉。」

顧炎武曰：「武王伐商殺紂，而立子武庚，宗廟不毀，社稷不遷，時殷未嘗亡也所以異乎曩日者，不朝諸侯，不有天下而已。故《書序》言『三監及淮夷叛，周公相成王將黜殷，作《大誥》』又言『成王既黜殷命，殺武庚。』是則殷之亡其天下也，在紂之自燔；而亡其國也，在武庚之見殺。蓋武庚

注：〔一〕、《説文古籀補》

〔二〕、原注，貉子卣，王格于呂，又一卣作𠙵ㄩ，此客從𠙵ㄩ本然。《奇觚室吉金文述》。

之存殷者，猶十有餘年。使武庚不畔，則殷其不黜矣。」〔一〕

周武王之隱憂與其死後之亂因

周武王既克商二年而崩。垂死之前，所引以疚心之事厥有三端：曰天下未集，曰嗣位未定，曰宅京未安也。

《逸周書·度邑》記周武王克殷後，嘗深憂家國，以至竟夜失眠。曰：「王至于周，自鹿至于丘中，具明不寢。王小子御告叔旦，叔旦亟奔即王曰：『久憂勞，問害不寢？』曰：『安，予告汝。』王曰：『嗚呼，旦，維天不享于殷，發之未生，至于今六十年，夷羊在牧，飛鴻滿野，天自幽不享殷，乃今有成。維天建殷，厥徵天民名三百六十夫，弗顧亦不賓滅，用戾于今。嗚呼，予憂茲難近，飽于卹，辰是不室，我未定天保，何寢能欲』王曰：『旦，予克致天之明命，定天保，依天室，志我其惡，卑從殷王紂。日夜勞來，定我于西土，我維顯服、及德之方明。』叔旦泣涕于常，悲不能對。」《史記·周本紀》引之云：「武王至于周，自夜不寐。周公旦即王所曰：『曷為不寐。』王曰：『告女，維天不饗殷，自發未生，於今六十年，麋鹿在牧，蜚鴻滿野。天不享殷，乃今有成。維天建殷，其登名民三百六十夫，不顯亦不賓滅，以至今。我未定天保，何暇寐。』『王曰：定天保，依天室，悉求夫惡，貶從殷王受，日夜勞來我西土，我維顯服，及德方明。』」

所謂「悉求夫惡貶從殷王受」者，欲盡天下之敵伐而誅之，如處殷王受者處之也。周武王克商，僅誅一夫紂，其他殷力依然並存，終武王之世，未能靜也。《史記·周本紀》云：「武王已克殷後二年，中略武王病，天下未集。群公懼，穆卜，周公乃祓齋，自為質，欲代武王。武王有瘳而後崩。」《史記·封禪書》云：「武王克殷二年，天下未寧而崩。」《逸周書·商誓》記周武王告殷之舊族及其百官里居獻民，亟言商民無罪，罪在一夫。若百姓弗用朕命，予則虔劉滅之。安反側，防禍亂，蓋彼時殷之世家大

注：〔一〕《日知錄》卷之二武王伐紂。

族已有蠢動之心矣。〔三〕天下未集，人心蠢動，此周武王隱憂之一也。故敬患求夫惡，貶從殷王受，

所謂『依天室』者，敬東下宅京，以鎮天下，亦所以平殷也。《逸周書·度邑》云王曰『嗚呼，旦，我圖夷茲殷，其惟依天室。其有憲命，求茲無遠。天有求繹，相我不難。自雒汭延于伊汭，居易無固，其有夏之居。我南望過于三塗，我北望過于嶽鄙，顧瞻過于有河，宛瞻延于伊雒，無遠天室，其名茲曰度邑。」』 朱右曾曰『武王時，殷之世家大族已有蠢動之心，觀《商誓篇》可見。武王以為不還終有後患。故言我敬平殷。惟使之依近天室，以習憲令，其地即于此求之勿遠，天意待人尋繹，其輔相我者不難也。故後周公卒遷殷土。』 蓋殷人遠在東土，周京僻處西陲，鞭長莫及，統馭為難。若不東下宅京，一有不靖，倉卒難至，東土非周有也。武王雖度邑河雒，然茲事體大，大需土木，廣需人夫，更多需時日，非可趙潦急就者也。 但東土事急不容日月，而宅京過晚難鎮人心，此周武王之隱憂二也。 為平殷故，宅京東鎮，易於控馭，故曰無遠天室。

所謂『定天保』者，慮後位也。 周武王克殷，春秋已高，嗣子沖幼，而昆弟甚眾，一旦不諱，嗣繼為難。《逸周書·度邑》云『王敬旦傳于後，王曰，「旦，汝維朕達弟，予有使汝，汝播食不遑暇食。矧其有乃室，今維天使予。惟二神授朕靈期，予未致于休，予近懷于朕室，汝維幼子大有知。」』又云『「乃今我兄弟相後，我筮龜其何所，即今用建庶建」。叔旦恐，泣涕共手。』 武王自有其家族，可以繼承大業者惟周公旦大有知。故用建庶之制，兄終弟繼以傳天下。以致周公旦恐懼靁涕。 此事此情，是否如後世永安宫之先主望諸葛者，〔二〕雖不可得而知之，然有周宗室之自體紛爭，端在王位之繼承，可不言以喻矣。此周武王之隱憂三也。 庾信《哀江南賦》云『嗟天保之未定，念殷憂之方始。』可借詠周武王之心矣。

《書·金縢》『武王既喪，管叔及其群弟乃流言于國曰「公將不利于孺子。」周公乃告二公曰，我

注：

〔一〕，朱右曾《逸周書集訓校釋·度邑》注云『武王時，殷之世家大族已有蠢動之心，觀商誓篇可見』

〔二〕《三國志·蜀志·諸葛亮傳》『章武三年春，先主於永安病篤，召亮於成都，屬以後事，謂亮曰，君才十倍曹丕，必能安國終定大事，若嗣子可輔輔之，如其不才，君可自取』。亮涕泣曰『臣敢竭股肱之力，効忠貞之節，繼之以死』。

之弗辟，我無以告我先王。」周公居東二年，則罪人斯得。」《逸周書·成開》云「成王元年，大開告用，周公曰「嗚呼，余夙夜之勤，今商孽競時逋播以輔，余何循，何循何慎，王其敬天命，無易天不虞。」武王既崩，周公踐祚，群弟覬覦王位，武庚招集流亡，一則聲討周公，一則陰圖恢復，相互利用，同時發難。宅東未定，東土未安，而宗室復以嗣位相疑，武王之隱憂至此畢現，粗成之大業遂搖搖欲墜矣。

周公平亂與殷民之離散

武庚之亂既平，周公乃悉得其惡，既從殷王受。於是反政成王，定天保以釋群疑。宅京雒邑，依天室以鎮東土。更編遺殷之餘民，以減殺其勢力。所以戒武庚畔亂之轍，申武王未竟之志也。其編遺殷民之策有三：一曰西遷，二曰東封，三曰周容。

西遷

西遷殷民，乃周人所得之俘虜。用其力以營築新邑成周者。

東下宅京，武王未竟之志也。武王度邑河洛，未及相宅而崩。武庚藉虛作亂，此事益形重要。周公敬念于後曰：「予畏周室之不延。俾中天下」，及將致政，乃決作大邑成周于土中。」〔一〕遂就武王度邑之所，大相東土，至于洛師，卜河朔黎水，卜澗水東，卜瀍水東西，惟洛食。乃定宅于洛。〔二〕更使太保至洛卜宅。既得卜，則經營，乃以庶殷攻位于洛汭。位成，周公至洛，則達觀于新邑營域，復用牲于郊，社于新邑。周公乃朝用書，命庶殷侯甸男邦伯。既命殷庶，庶殷丕作。〔三〕營築此新邑洛所用之人夫，自開始攻位，以至發令大作，全是殷庶。

《召誥》所記，此大作新邑之庶殷，中有侯甸男邦伯，官與民為周雜作，乃討伐武庚之亂所得之俘虜也。《逸周書·作雒》記周公臨衛政殷，「凡所征熊盈族十有七國，俘維九邑，俘殷獻民，遷于九畢。」《漢書·地理志》河南郡，雒陽，「周公遷殷民，是為成周。」《周書·多士》云「周公初于新邑洛，

注：〔一〕、《逸周書作雒》　〔二〕、《周書洛誥》　〔三〕、《周書召誥》

用告商王士。」又云「猷，告爾多士，予惟時其遷居西爾。」又云「告爾多士，昔朕來自奄，予大降爾四國民命，我乃明致天罰。移爾遐逖，比事臣我宗，多遜。」又云「告爾殷多士，今予惟不殺爾。予惟時命有申。今朕作大邑于茲洛。予惟四方罔攸賓，亦惟爾多士攸服，奔走臣我，多遜。爾乃尚有爾土，爾乃尚寧幹止，爾克敬，天惟畀矜爾；爾不克敬，爾不啻不有爾土，予亦致天之罰于爾躬。今爾惟時宅爾邑，繼爾居，爾厥有幹有年于茲洛，爾小子，乃興從爾遷。」明此西遷之殷民，乃周公東征所得，赦而不殺之俘虜，遠移至洛者也。

《史記．周本紀》「成王既遷殷遺民，周公以王命告，作《多士》、《無佚》。」而《多士》稱「周公初于新邑洛，用告商王士」，知其事當在周公相宅之後，太保以庶殷攻位之前也。

東封

武庚頑民，周公既已遷之洛汭，以築成周新邑。更封其餘民為二：一則付之東封，一則別為周客。《史記．管蔡世家》「周公旦承成王命，伐誅武庚，殺管叔而放蔡叔，遷之，與車十乘，徒七十人从。而分殷餘民為二：其一，封微子啟於宋，以續殷祀；其一，封康叔為衛君，是為衛康叔，封季載於冉，冉季康叔皆有馴行。」宋為周客，義不臣周，而東封所及，直隸有周者，故書所記，不止康叔也。左氏定公四年《傳》記子魚之言曰「昔武王克商，成王定之，選建明德，以蕃屏周。故周公相王室，以尹天下，於周為睦。

「分魯公以大路，大旂，夏后氏之璜，封父之繁弱，殷民六族，條氏、徐氏、蕭氏、索氏、長勺氏、尾勺氏，使帥其宗氏，輯其分族，將其類醜，以法則周公，用即命于周，是使之職事于魯，以昭周公之明德。分之土田陪敦，祝宗卜史，備物典策，官司彝器，因商奄之民，命以伯禽，而封於少皞之虛。

「分康叔以大路，少帛，綪茷，旃旌，大呂，殷民七族，陶氏、施氏、繁氏、錡氏、樊氏、饑氏、終葵氏，封畛土略，自武父以南，及圃田之北竟，取於有閻之土，以共王職，取於相土之東都，以會王之東蒐。聃季授土，陶叔授民，命以康誥，而封於殷虛。

「皆啟以商政，疆以周索。」雖取其統治權，而仍其舊來禮俗[一]是魯與衛同為東封遺民之國。

注：[一]《傅斯年周東封與殷遺民》歷史語言所《集刊》第四本第三分

魯、衛之外，齊亦殷之遺民。

傅斯年曰「齊民之為殷遺有二證：　一，書序「成王既踐奄，將遷其君于蒲姑。周公告召公，作將蒲姑。」《左傳·昭九》「王使詹伯辭于晉曰『蒲姑商奄，吾東土也』」又，昭二十，晏子對景公曰「昔爽鳩氏始居此地，季萴因之，有逢伯陵因之，蒲姑氏因之，而後太公因之」《漢書·地理志》云「齊地殷末有薄姑氏，至周成時，薄姑與四國共作亂，成王滅之，以封師尚父。」　二，請再以齊宗教為證。」〔一〕畧謂荀子所謂「按往舊造說謂之五行者，」乃推衍殷人貞卜之方帝，「非戰國人之創作。」又「周人逐紂將飛廉于海隅而戮之，飛廉在民間故事中曰黄飛虎，黄飛虎之祀，至今山東與玄武之祀同樣普遍，太公之祀不過偶然有之，乃文士所提倡，不與民間信仰有關。」〔二〕

周客之禮所以慰勝國之民也

《史記·宋微子世家》云「周公既承成王命，誅武庚，殺管叔，放蔡叔。乃命微子開代殷後，奉其先祀。作《微子之命》以申之，國于宋。微子故能仁賢，乃代武庚，故殷之餘民，甚戴愛之。」武庚亂後，戰士俘以西遷。大族裂以東封，微子所受，蓋其謹愨者，乃餘民之餘，誠微乎其微矣。然猶得奉其先祀。顧炎武曰「蓋自武庚誅而宋復封，於是商人曉然知武王、周公之心，而君臣上下，各止其所，無復有怨懟不平之意。」〔三〕又曰「微子之於周，蓋受國而不受爵，受國以存先王之祀，不受爵以示不為臣之節，故終身稱微子也。微子卒，立其弟衍，是為微仲。衍之繼其兄，繼宋，非繼微也。而稱微仲者何，猶微子之心也。至於衍之子稽則遠矣，於是始稱宋公。」〔四〕

微子受國，率餘民以奉其先祀，是殷祀與殷民並存，與周猶然敵體也。敵體相待，不得主奴，故二微俱不受爵，義不臣周。周人為此，乃制「周客」之禮以待之。命之曰客，相敬如賓，故示天下以周未亡殷，殷不臣周，名分上俾殷人得以自慰，實際上，則求彼此之相息相安也。至宋公稽雖正式受

注：〔一〕、文長不具引　〔二〕《周東封與殷遺民》歷史語言所《集刊》四本三分册　〔三〕《日知錄》卷之二武王伐紂　〔四〕、同上微子之命

爵，略失殷舊。然至春秋之世，宋人猶曰「我於周爲客，」〔一〕鄭人猶曰「宋先代之後也，於周爲客。」即〔二〕孔子之先宋人也，孔子固欲正名者也，而《禮記·檀弓》所記猶曰「而丘也，殷人也。」直以殷人自命。此可見周客名分之嚴。　周人政教之寬，禮治之入人深且厚矣。

周客之禮，今不可知其詳。皇武子謂天子有事膰焉，有喪拜焉。膰，《說文解字》作䄅，云「宗廟火孰肉，」天子所以饋同姓。是周客之禮極親，明非君臣之儀，義同兄弟之邦矣。《詩·有瞽》云「有瞽有瞽，在周之庭。設業設虡，崇牙樹羽。應田縣鼓，鞉磬柷圉。既備乃奏，簫管備舉。喤喤厥聲，肅雝和鳴，先祖是聽。我客戾止，永觀厥成。」《詩·有客》序云「微子來見祖廟也。」　周客之得宗廟孰肉，信然。

《有客》之詩云「有客有客，亦白其馬。有萋有且，敦琢其旅。有客宿宿，有客信信。言授之縶，以縶其馬。薄言追之，左右綏之。既有淫威，降福孔夷。」觀其縶馬留客，歸途追送。主人情重，溢於言表。禮遇之隆，必能聳動一時，有足感激人心者，可以想像及之也。

《振鷺》之詩云「振鷺于飛，于彼西雝。我客戾止，亦有斯容。在彼無惡，在此無斁。庶幾夙夜，以永終譽。」明言宋不惡周，周不厭宋，兩心相印，各無猜忌，其主客之約如此。

二微，帝胤之僅存者也。人心所繫，舉足重輕，武庚亂後，流七作集，特制周客之禮，段微子以慰藉人心，周公能於干戈之餘，段禮儀收拾天下，其慮亦良苦矣。

三客以殷爲主虞夏則聯類以及者

周封三客，宋、杞、陳。

注：

〔一〕《左傳·昭公二十五年》宋樂大心曰「我不輸粟，我於周爲客，若之使客。」

〔二〕《左傳·僖公二十四年》「宋及楚平，宋成公如楚，還，入於鄭，鄭伯將享之，問禮於皇武子，對曰，宋先代之後也，於周爲客，天子有事，膰焉，有喪，拜焉，豐厚可也。」鄭伯從之，享宋公有加禮也。」

初封，蓋以宋為主，杞與陳，則聯類而及者。

《左傳》定公四年，記祝佗述「武王克商，成王定之，選建明德，以藩屏周。」畧謂分魯公以殷民六族，分唐叔以殷民七族，「皆啟以商政，疆以周索」[一] 更謂「分唐叔以大路，密須之鼓，闕鞏，沽洗，懷姓九宗，職官五正。命以唐誥，而封於夏虛，啟以夏政，疆以戎索。」

孔子言古禮也，第曰：「夏禮吾能言之，杞不足徵也。殷禮吾能言之，宋不足徵也。」又曰：「夏后氏以松，殷人以柏，周人以栗。」曰：「周監於二代，郁郁乎文哉，吾從周。」蓋古之信史，夏殷而上，難言之矣。

夏越殷而及周，其得為周客者，蓋以殷故耳。周人立殷後，存殷祀，以慰殷人。因更即杞以存夏，聯類相及厚樹德，故示天下以寬大，乃所以為周，初不為有夏之民也。

虞則徇其私耳，所以客其壻也。

《左傳》襄公二十五年「昔虞閼父為周陶正，以服事我先王，我先王賴其利器用也，與其神明之後也，庸以元女大姬，妃胡公。而封諸陳，以備三恪。」《史記·陳世家》「陳胡公滿者，虞帝舜之後也。昔舜為庶人時，堯妻之二女，居于媯汭。其後因為氏姓，姓媯氏。舜已崩，傳禹天下，而舜子商均為封國。夏後之時，或失或續。至于周武王克殷紂，乃復求舜後，得媯滿，封之於陳，以奉帝舜祀。是為胡公。」左氏封諸陳以備三客。所謂備者，足其數耳，先有夏殷二代作客之寶，更麗以有虞若斷若續之傳說，乃段此禮以客其元女之壻，俾得膰於宗廟，得與於同姓諸侯之禮。是客陳備數，乃段名以成其私，而與客宋，客夏大異其趣者也。《史記》云「夏后之時，或失或續。」是重華之胤渺忽難凭，其忽現於周者，非若夏殷二代之顯然有序，故於虞胡公升格之事，第曰備而已矣。

《國語·魯語》「昔武王克商，……於是肅慎氏貢楛矢，石砮，其長尺有咫。……以分大姬，配虞胡公而封諸陳。」分楛矢石砮，媵之以物，而備之以客，則媵之以名位也。

武王封五帝後其說不可信

注：〔一〕文已前引。

《呂氏春秋・愼大覽》「武王勝殷，入殷，未下轝，命封黃帝之後於鑄，封帝堯之後於黎，封帝舜之後於陳，下轝，命封夏后之後於杞，立成湯之後於宋，以奉桑林。」《禮記・樂記》「武王克殷，反商。未及下車，而封黃帝之後於薊，封帝堯之後於祝，封帝舜之後於陳，下車，而封夏后氏之後於杞，投殷之後於宋。」《史記・周本紀》「武王追思先聖王，乃襃封神農之後於焦，黃帝之後於祝，帝堯之後於薊帝舜之後於陳，大禹之後於杞。」

此外，若《韓詩外傳三》亦有「既反商，未及下車，封黃帝之後……」云云，展轉相受，並是一說。設謂武王封五帝之後。蓋「五帝說」盛行以後之事。乃敷衍推度之言，不足據，不足，以擾三客也。周武王眞封五帝之後，則春秋之時，鄭子產獻捷于晉，數陳之罪，不當曰封諸陳以備三客，而當曰以備五客矣。黃帝與堯豈非先代之帝，祝與薊，豈非先代之後哉。今不曰五而曰三，知封五帝後，其說晚出也。

再就其行文，亦知非眞。崔述曰「余按此二書〔一〕所載，與《史記》國名互異。古書散佚，不可考矣。惟所云未下車而封者，於事理殊未允。古者王畿之外，莫非侯國，滅一國，始封一國。今武王始克殷王城，安所取地而封之？封國，大典也。當先尋求其後，然後備禮而命之於廟中，又豈車中所能爲者？而宋之封，在成王世，尤不得屬之克殷日也。蓋此文特作者形容之詞，正如《春秋傳》所云楚子伐宋，「屨及於窒皇，劍及於寢門之外，車及於蒲胥之市」者，但極言其速耳，非眞有此事也。」〔二〕

釋汐第六

一、易非蜥蜴

注：〔一〕《樂記》及《呂覽》 〔二〕《豐鎬考信別錄卷二周室封建彙考》。

周客鼎，周客殷作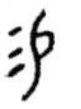。段爲錫，舊說是也。惟以其本誼爲蜥蜴，則滋疑惑。《說文解字・易部》云："，蜥易，蝘蜓，守宮也，象形。秘書說，日月爲易，象陰陽也。一曰从勿。"秘書說不足信，馬頭人爲長之倫耳。蜥易之說，段氏足之云："上象首，下象四足，尾甚微，故不象。"此特就小篆立說耳。考易

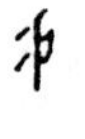

殷虛卜辭作

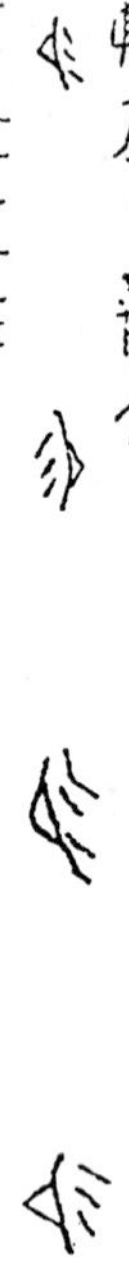

古金文作

其形總總，無一象蜥易者。伯𡨦父殷雖可勉強，實亦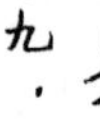之變。商承祚不以卜辭入其類編第九，或以此耶。

二、易當是古翅字象鳥伸頭張翼飛提提也

以古文偏旁考之，古文烏作

說文解字　余義鐘　魏三體石經　汗簡引碧落碑

其文今隸作於。於之左旁形與殷卜辭周金文之結體相同，並象鳥之頭若翅。

又古金文易字亦有頭中點睛者，如毛公鼎之，寺遣殷之，則又與汗簡鳥部諸文所從

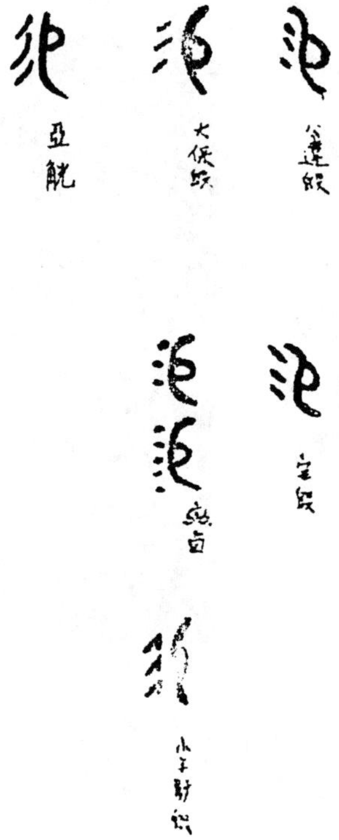

之鳥作同形。

《汗簡》鳥部、几部、厂部從鳥諸文鳥並作。若以魏三體石經鳥字作例之，則鳥之初文當作，乃之點睛者也。段玉裁注《說文解字》謂「鳥字點睛，烏則不，以純黑故不見其睛也。」得此益信。

今離析古文烏鳥左旁，則其形皆為易也。

烏

鳥

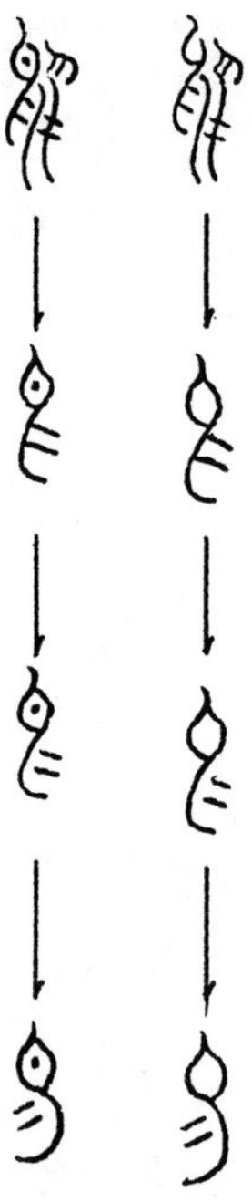

古文烏鳥字，象鳥，揬首，伸尾，張翼以飛之形。以之與相比，則知，古文易字本象鳥揬頭振翅之形，並是鳥頭，而，則均是其翼也。與毛公鼎同形，林義光以為「象飛鳥之翅，」〔一〕可與此互證。《說文解字》謂易之結體「一曰从勿，若不以「勿」為「州里所建旗」而以鳥翅視之，則許氏所述易字三說，自以此說為長也。

易當是古翅字。翅，鳥振翼以飛也。《詩·小弁》「歸飛提提。」以提為之。《周禮·翨氏》鄭司農注云「翨讀翅翼之翅。」翅即《說文解字·羽部》之翄。翨讀翅，正猶提讀翄也。提提《廣韻》五支，以「翄翄」為之，曰「飛皃」。翄古音在支部。易古音在錫部。錫部之音失其聲隨則入於支部，故易與翄可以同音也。

注：〔一〕，《文源》卷四第九葉勿

又，易與搬古聲同屬舌頭。　舌頭之音，挺舉舌頭上抵齒齦以出之。多象挺跳振舉之勢，與此鳥飛振搬之誼相應。[二]竊謂搬當以振翼爲其本誼，所謂飛提提也。

三，坿注

德所作四器：

德方鼎

德毀

德大鼎

叔德毀

[一] 詳拙作《聲誼舉例》

……德方鼎

……德大鼎

……德毀

（第一行）

（第二行）……叔德毀

一九五九年，郭沫若發表了《由周初四德器的考釋談到殷代已在進行文字簡化》。郭氏所知道的『德』器比前此多了一個德方鼎。其它『德』所作的三器，都被陳夢家在一九五五年出版的《考古學報》上發表了。〔一〕

陳夢家《西周銅器斷代（二）》曰，『一九五四年夏日在上海十三層大樓餐廳廊上見大盂鼎式的大鼎，其銘同屬于德，……德所作之三器，關係重要。由於德鼎和大盂鼎的形似，可知後者的年代不得晚于康王；由于德毀與大保毀的形似，可知兩者俱當在成、康時代。由于三器的『盇』字實際上是保存了古式的未簡化的「易」字，可知「易」字原象皿中水之溢出或傾出，故有增益，賜予之義。殷武丁卜辭的「易」字和西周初期金文相近，而在西土的成、康銅器卻居然保存了更古形式的寫作「盇」形的「易」。由此可見殷周文字的相互關係，說明了不但在武王勝殷以前殷、周兩國的銅器發展可以是平行的，即其文字的發展也是同源平行的，則其語言之屬于一系，更是當然的事了。』〔二〕

既然『武王勝殷以前殷周兩國的銅器可以是平行的，即其文字發展也是同源的』，那麼，『盇』『易』也不例外。

注：〔一〕郭沫若《由周初四德器的考釋談到殷代已在進行文字簡化》。《文物》一九五九年第七期。

〔二〕《西周銅器斷代（三）》《考古學報》第十冊、一九五五年十二月 一〇九－一二〇頁

我們已經知道至晚在殷武丁之前『』或『』已經建立。它的基本格架直到周成王、康王（事實上還要晚許多年）因襲未變。它或寫『疾齒唯易』，『疾齒弋易』〔一〕，或寫『甲戌不其易日？甲戌易日？』或寫『庚戌〔卜〕貞易多女㞢貝朋』，可以換成好幾種用法。這就是說『』或『』在武丁時已有寫詞構的一定不混的能力。

至於 前六·四三·一  甲三三三七  前六·四三·一  乙二二六六 等。我們目前還不能說它就是『益』的古字，但它的『挹注』形象很爲近似，特別是叔德毁挹注之勢更爲明顯。 德鼎  德毁 這兩個字比較靜止，沒有叔德毁那樣生動，但在鼎毁的文字制約下，明静止之器亦兼挹注之勢，統統謂之『益』。

看來殷代『易』『益』兩字各有所指，無怪乎有人說：『「易」「益」二字之義又相去懸遠了不相涉！』

此事之關鍵在文字的結體上。緣殷周文字和漢代不大一樣，因許慎的定義並不足概括它，因爲有些寫詞法，甲骨文之後，逐漸爲新法所代替，成爲過時之物。

如：『甲骨文前期羌字均作，乃獨體象形字，本象人戴羊角形，並非從羊。……上部作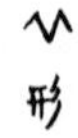形，既象人戴羊角形，同時也表示着以羊省聲爲音讀。』『甲骨文姜字作，和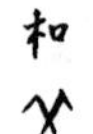字的構形相仿，均爲獨體象形字。姜字上部从，既象女人戴羊角冠，同時也表示着姜字以羊省聲爲音符。』〔二〕這種文字如于先生所舉竟有八條之多。于先生把它叫作『具有部分表音的獨體象形文字』。

根據這種古老的寫詞方法，我們還可以給它補充一條——第九條，那就是（）字詞。（）字上半部是（），下半部是（）。而兩部中又是（）共有的，這部分分不開。這是典形的『具有部分表音的獨體象形文字』。它不是可以分拆的。

這樣看來，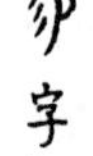字起原要比字早一些，是在的基礎上形成的。怎能說（）比

注：〔一〕、《甲文說》十一葉。

〔二〕、于省吾：《甲骨文字釋林》第四三八頁。

□早呢？

釋□第七

一、□不從象以之同□不可信也

王□用□□汋
□□用□□
□□二□二

□，吳大澂以爲□之或體，隸其《說文古籀補》第三。□字闕中。認作周窓鼎□及周客殷□之重文。〔一〕諸家釋文從之不疑。近容庚《金文編》猶然未改。

考周客鼎與周客殷兩器，銘文全同。雖結體有□ 鼎文器 □ 殷文器 之殊，行列有四五 鼎文五行殷文四行 之異，而用□與用□不混，知其必有別異也。

且通覽殷虛卜辭兩周金文，除吳容兩家書所最此鼎殷兩器或體外，爲字從無逢尾作□者。

羅先生曰：爲字古金文及石鼓文並作𤓾，從爪從象，絕不見母猴之狀。卜辭作手牽象形。知金文及石鼓從𠂎者，乃乂之變形。非訓覆手之爪字也。〔二〕夫爲，從爪從象。象尾不蓬茸，則知以此大尾之□同□，而以之爲「爲」，其翕不類，不可遽信也。

二、□與繇同音

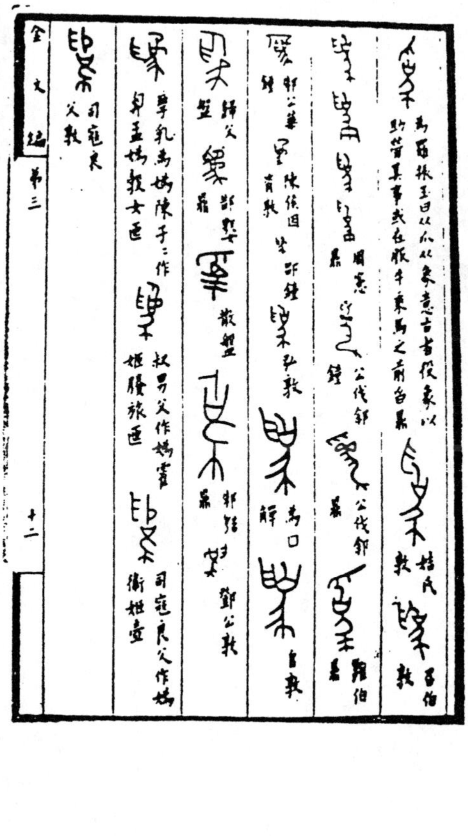

注：〔一〕初印本第十四葉，增輯本第三之第六葉。
〔二〕《殷虛書契考釋》卷中第六十葉

□之為文，從匕從□。□與散盤□同其形製。□□从匕从□，與
從匕從□，小前大後，除左右其足外，無字所從得聲之□以異也。
□□即□，而□為□之聲，是□□與□同音也。

三，□之為禽似狐也

□之為禽似狐，以古金文部從知之也。散盤□，師寰毀□□，並從□得聲。
彔伯戎毀□則從□有聲。
□，今隸作䌛。近出魏三字石經，《尚書．多士》古文以□為之。與《汗簡．辵部》
遙字，引碧落碑作□者，並从辵□聲。
□與□形在□□之間。從口同於師寰毀，從8同於彔伯戎
毀，夕則匕之變異。《汗簡》從丿8，則□之被割裂離析者也。以此例之，則知周客鼎□字乃
□之加匕者。其匕右之□為禽，當若□也。
□之形亦見於乖伯毀，其文曰『王命仲到歸乖伯貔裘。』又曰『易錫女汝貔裘。』
貔字從□、卜聲作□。
□象狐形。8其頭也。今日兒童話劇之狐面具，猶然作□，正與之同形。
（從川原久仁於狐狸學校表紙圖在下頁）

〔二〕字下𡿨形散盤文筆處稍斷作朩，頗存其勢，非作木也。細審拓本，尤其故宮拓本，自見。

（承上頁「川原久仁於狐狸學校表紙」圖）

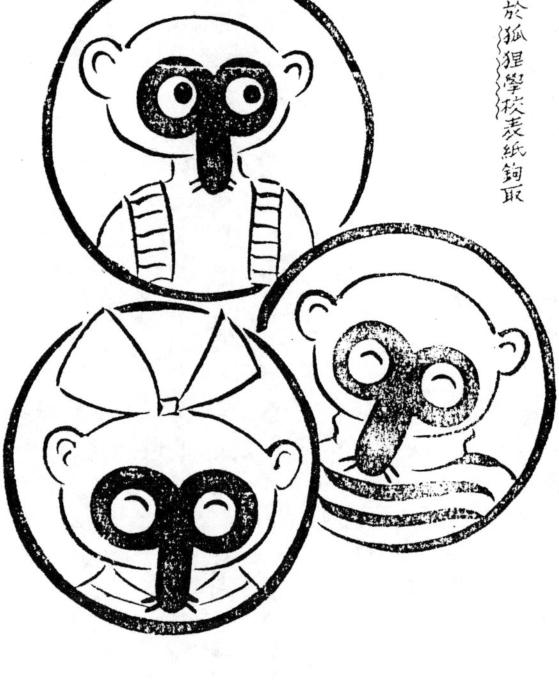

從川原久仁於狐狸學校表紙鉤取

□為狐頭，頭下□形則其軀幹及前後足，□則其大尾蓬蓬然也。《說文解字》所謂「小前大後」此其形矣。匕與辛妣殷之妣字同形，於此則以之為聲。從□，匕聲，即《詩・韓奕》「獻其貔皮」之貔本字。《釋文》「本亦作貔，音毗，即白狐也。」《爾雅・釋獸》「貔，白狐，其子豰。」是□裘即貔裘，白狐裘也。

□即是狐，則彔伯戒殷繇字所從得聲，者匕之□亦必是狐，可無疑也。推之散盤、師寰殷等，繇字之聲符亦必從狐，以結體言，以韻部言，亦必是從狐匕聲。匕與繇同在宵部。而古音宵與幽兩部音每相近，通轉。爪在幽部，則周客鼎□字從狐爪聲，可以形聲道得矣。

《史記・仲尼弟子列傳》「顏無繇，字路。」《索隱》「《家語》云，顏由，字路。」李笠曰：「案，音由，是也。《家語》正作由，古人名字相應，由字路，猶仲由字路也。」又《詩・匏有苦葉》「深則厲，淺則揭。」《爾雅・釋水》云「以衣涉水為厲；繇膝以下為揭，繇膝以上為涉，繇帶以上為厲。」《釋文》「繇，音由。」《疏》「繇，與由同；繇，由也。」此繇由相通之證。抑尤有進者，《山海經・中山經》「荊山……多橘櫾，」郭璞云，「櫾，似橘而大，皮厚味酸，」此櫾柚同音之證也。

宵幽相近，以□爪聲，則其字本在幽部。

幽部　陶。　翶。　教●　君子陽陽・二

滔○ 儦● 邀● 載驅・四
酒○ 殽● 正月・一二
䱹○ 柔○ 救● 求○ 桑扈・四
休○ 逑○ 憿● 憂○ 休○ 民勞・二
酒○ 紹● 柳・三
糾○ 趙● 蓼○ 朽○ 茂○ 良耜

宵部

皎● 僚● 糾○ 悄● 月出・一
蔞● 蜩○ 七月・四
譙● 翛○ 翹● 搖● 嘵● 鴟鴞・四
廟● 保○ 思齊・三

方言意味着民族語言不統一，就拿民族共通語來說，隨着地域的不同，聽起來或多或少，甚會完全誤解我們的語意。但也不妨礙我們正常交際，因為我們有"超音素"的交際工具——表意的音節文字。古代作品就是這樣，憑什麼來區別"幽"、"宵"呢？

皎● 僚● 糾○ 悄● 宵幽合韻
皓○ 懰○ 受○ 慅○ 幽
昭● 燎● 紹● 懆● 宵

在基本上摸索出全國各地方言情況，象那樣作，是很好的。可是限於文字，表意為主，雖有形聲，而聲又從形。總結經驗，從嚴分別，遇有"合韻"，隨時注明。

郭沫若以為"象形，刀聲，或召有聲，迺昭之古字。" 案：古金文刀字無作丿者，郭氏得其形，

失其聲。〔一〕

四、其音同繇其禽似狐豈鼬也與

其音同繇，其禽似狐，從狐爪聲之□，豈鼬也耶。《爾雅·釋獸》云「鼬鼠。」郭注曰「今鼬似鼦，赤黃色，大尾，啖鼠。江東呼為鼪。」《說文解字·鼠部》「鼬，如鼠，赤黃色、尾大，食鼠者，从鼠由聲。」如鼠，小徐本作如鼦，與《爾雅》郭注相應。按鼠尾不大，自以似鼦之文為勝。鼬之為禽，尖頭蓬尾，小前大後，頗似狐狸。考故書行文，每以狐狸，或狸狌聯類相及。狌即鼪，即鼬。狐似狸，狸似鼬，是鼬直似狐也。雖大小有差而形態不遠，故古鼬字從狐以標其類。由與爪同在幽部。

貍

狐

鼬〔二〕

鼬亦或作狖。班固《西都賦》「猨狖失木」句《後漢書·班彪傳》章懷太子注，引《蒼頡書》曰「狖似狸，音以救反」《文選·三都賦》李善注引《蒼頡篇》曰「狖似狸、與救切。」又《三國志·扶餘傳》云「大人加狐狸狖白黑貂之裘，」狖介於狐狸黑貂之間，亦其類似之徵也。

《說文解字》無狖字，然《豸部》有□字。云「鼠屬，善旋。从豸穴聲。」孫愐《唐韻》「余救切」是貁即狖也，穴狖不同音，段氏改從□以就之。敍疑□即從狐之□之殘文也。□蓋蓬尾之□而□則□之變，爪與足也。《汗簡》遥字離析為□，□□□是其類例。□是狖尾，非其聲也。□變為□，□隸為貁，貁變為狖，貁之為狖猶貍之為狸，故知狖亦鼬矣。

五、於此鼎不段為舊

注：〔一〕、《甲骨文字研究》上冊釋繇第七葉

〔二〕、《標準圖畫事典》（六）五三頁 學校美術協會版

䜌，在師寰𣪘之文曰「淮尸(夷)䜌我𧵥晦臣，今敢博氒(厥)眾段(暇)，反氒工吏，弗速蹟我東䧹(域)」，䜌與今對文，的與今甲盤「淮尸舊我𧵥晦人」同。王國維《魏石經考》附錄謂段為舊字。䜌從古文[illegible]⿰𠂤木得聲。䜌段為舊，是⿰𠂤木亦可段為舊也。往者，敍曾據此，疑周客鼎之用⿰𠂤木宝器為用舊寶器。乙亥以《西清古鑑商周文編》及此鼎考釋初稿謁羅先生時，猶持此說，以為此鼎二𣪘二當是成王以勝國舊器還賜微仲以奉其先祀者。賜舊器，豈頒武王分器之餘耶。

但，舊器新銘，不可就範，若真舊器，則其文當以刀鑿出之。

考古金文辭銘器之法有三：曰鑄成，與器同時俱出；曰刻成，文後於器，以刀鑿直成之；曰嵌成亦後於器，器成之後，別鑄銘版以嵌入之。羅先生曰「貞松堂藏三代彝器多鑄成，此簋陪侯簋款獨出刻畫，平生所見三代器作鑿款者，此簋及公無鼎耳。」〔一〕

方濬益曰「⿱𥫗⿰皀巴嬰諸器同治末陝右所出，凡十餘事，皆為清卿中所獲，其銘詞乃鑄為銅版後，嵌入諸器者。」〔二〕周客鼎之文，融渾自然，骨肉均亭，與器同出，乃無刀鑿之痕，複鈌嵌版之迹，非若陪侯簋，公無鼎之鋒芒畢露，字畫廉瘦，時見刀痕之比，更非若王子剌公之宗婦⿱𥫗⿰皀巴嬰所為宗彝將鼎彝之別鑄銘版，補綴之迹畔然猶存者比。非刻、非嵌，與器同出，名物俱新，舊器新銘之意，失之遠矣。

六，當段為鑄

⿰𠂤木之為文，形既非為，誼不同舊，然則於此周客鼎中果何是乎。

以其銘文之句法，以其本字之聲音求之，則知⿰𠂤木於鼎文當段為鑄也。

⿰𠂤木從𠂤聲，與鑄雙聲疊韻，以同音相段借。

越王鐘云「戉(越)王者旨於睗𦋛(擇)氒吉金自祝(鑄)禾(和)稟□鐘」段文以為鑄，古金文中自有其例。

注：〔一〕《集古遺文》六，第二十五葉《陪侯簋跋》。公無鼎在《金遺文》三，第九葉

七、坿論〓〓混誤

〓〓混誤其事甚古

〓似狐，〓从象。兩相別異，不可混也。考其相誤，不始吳、容。《說文解字．囗部》云：「囮，譯也。从囗化，率鳥者繫生鳥以來之，名曰囮。讀若譌。」又云：「圝，囮或从繇。」段公路《北戶錄》云：「愚按：《說文》曰『率鳥者繫生鳥以來之，名曰圝』，《字林》音由，今獵師有圝也。」潘岳《射雉賦》：「恐吾游之晏起。」徐注云：「游，雉媒名。」以游為之。唐，呂温有《由鹿賦》，則以由為之。繇，由同音，歷史甚長。迄今圝子之名尚在人口，知其本音自是同繇，來鳥之媒，不音譌也。

其作囮者，蓋以〓〓混誤來也。意者，來鳥之媒，其字從囗以象其樊，從〓以標其聲，本字作「〓」，或體作〓，而讀若繇。〓引其尾以取姿，則成為〓，與〓形近似。學者不察，誤認從狐之〓，以為爪象之〓，因此宵部之音，無端入歌，遂誤〓為〓，誤〓為〓，誤讀若繇為讀若譌。復以為與化同音，簡書作囮，猶譌言簡為訛言，《和名類聚鈔．五》引《唐韻》云：「囮，音化，網鳥者媒也。」〔一〕乃自誤形所生之誤音也。以致紙上名物遂與潘、呂等之晉唐真實口語，游、由之音相左矣。

夫〓〓相去，財一筆之差耳。形制綦近，最易混淆。究其來由，轍跡甚古。愙齋、頌齋兩書之譌，非偶然也。《韓非子．解老》云：「人希見生象也，而得死象之骨，案其圖以想其生也，故諸人之所以意想者，皆謂之『象』也。」是戰代之世，中土之人已希見生象，役象之事想亦濟忘之矣。役象之事既遠，爪象之誼浸微，不識爪象之文，遂涉從狐之誤，圝囮之誤，當與繇言譌言相先後。〔二〕

注：〔一〕王國維《唐韻佚文》　〔二〕別見拙作《譌言考》

此誤吳大澂實倡其緒。吳氏《爲字說》曰『爲字古文作□，亦作□。□從□，後人遂釋爲譌。又因□字似從糸，而轉爲絲。〔一〕此漢儒之異釋，一字孳爲兩字也。〔二〕又《愙齋集古錄釋文賸稿》於師寰簋云『□與散氏盤□字同，當讀如氏之譌言。《離騷》「謠諑」之謠，即此字變文。』〔三〕又《說文古籀補》亦云『古文□□爲一字。』吳氏深知繇譌形似之實，未審□□誤合之情，拘於小成，未更離析，財發即止，殊可惜耳。

以母猴訓爲，豈亦□□之誤耶

《說文解字·爪部》『爲，母猴也。其爲禽好爪，爪母猴象也，下腹爲母猴形。王育曰「爪象形也。」』今既據殷虛貞卜文字，經羅先生證明，知爲之初文乃從□象，不見母猴之形。然則許、王之說，果何謂也，抑其誣耶。

考《春秋左氏傳》昭公二十五年、定公元年，所記之昭公子名公爲者，即昭公二十九年傳之務人，亦即哀公十一年之公叔務人。公叔務人，《禮記·檀弓》作公叔禺人。禺與務聲之轉也。《說文解字·甶部》『禺，母猴屬，頭似鬼。』名爲字禺，是爲字古有母猴之誼，許、王兩氏之說未始無據也。

殷周古文與爲字相似者，第有一從狐之□。既知爲從爪象，不如許說，然則禺人之名，母猴之訓，其在□乎。然□之爲禽固似狐也。

爲爲母猴，誼自嬗來

段狐鼬之□，以爲猨猱之嬗，復誤從狐之□，以爲爪象之□，以故爪象之爲，遂有母猴之誼也。

注：〔一〕，謂誤□爲□，誤□爲□也。 〔二〕，《字說》第二十三葉 〔三〕，下冊二十五葉

□之爲文，其形狐，其音猱，乃貁狖之本字，今文作鼬者也。　然貁狖故籍亦段之以爲母猴。貁《類篇》引《字林》云「貁，獸名，如猴，卬鼻長尾。」狖《淮南子·覽冥訓》「猨狖顛蹶而失木枝。」高誘注云「狖，猨屬，長尾而卬鼻。」豽《楚辭·九歌·山鬼》「猨啾啾兮狖夜鳴。」亦猨狖聯用。猨狖自是古習語。《初學記》二十九，猴引《吳錄地理志》曰「果然，蝯豽之類也，色青赤，有文，居樹上。」果然《廣韻·二仙》作「猓獑，獸名，似猿，白質黑文。」其獸似猿，知《吳錄》蝯豽即蝯狖也。狖之作豽，疑有兩塗，一曰誤，二曰變。誤者，豽貁別字，音義俱殊，以形近而誤也。變者，豽貁同字，原出於□，□一變爲□，再變爲□，豽之尾猶存其初。《後漢書·鮮卑傳》「又有貂豽鼲子皮毛柔蝡。」章懷太子注云「豽，音女滑反。……貂鼲並鼠屬，豽猴屬也。」其所據字書雖未注明，然以類例相求，疑豽即貁（鼬）與貂鼲類似，曰猴屬，即猨狖字也。其音女滑切者或誤貁尾之内以爲内聲，更以内聲比坿於貀也。貁亦是母猴，知《説文解字》訓爲母猴之爲，其文當是從狐之□，而非爪象之□也。　緣形近而誤耳。

□既是小前大後蓬尾似狐之鼬，何以又成母猴。復以鼬之初文爲母猴者，段此似狐之文，以代母猴之夒也。《説文解字·夊部》「夒，貪獸也，一曰母猴，似人，从頁，已止夊，其手足。」夒，古音在幽部，與□同音。　今字作猱，柔亦在幽部。[一]

夒與柔同音，故古金文或以夒爲柔也。　殷虛卜辭中

拾十三·三

前六·十八·一

注：

[一]《説文解字》「瓇，从玉夒聲。讀若柔。」顏師古《匡繆正俗》云「或問曰：『今之戎獸，皮可爲褥者，古號何獸？何以謂之戎』答曰『按，許氏《説文解字》曰「夒，貪獸也。」』李登《聲類》『音人周反，字或作猱。』左思《吳都賦》劉逵云：『猱似猴而長尾。』驗其形狀戎即猱也。」

 前六·十八·四

 後上二二·四

 後下十四·五

 青十·十二

諸形似人而生尾。王國維曰「予曩釋爲夋，今案，當是《說文》之夒。桉：《說文．夊部》「夒，貪獸也，一曰母猴。似人，從頁，巳止夊其手足」。《毛公鼎》「找弗作先王羞」之羞作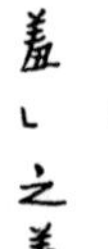《克鼎》「柔遠能𤞷」之柔作。《番生毀》作而《薛氏款識．盄和鐘》之「柔燮百邦」《晉姜鼎》之「用康柔綏懷遠廷」，柔並作，皆是字也。夒羞柔三字古音同部。故互相通假。」[一]自是母猴之夒本字，象形。夒之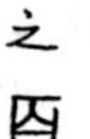，乃其身首之變。止，則其前爪之變。，則其身後尻尾之變。而則其足下之變也。一言畢之，夒即之畧加整齊者耳。

夒，故籍亦別作

猱《爾雅．釋獸》「猱，蝯，善援。」《廣雅．釋獸》「猱，狙，獮，猴也。」《初學記》引孫炎曰「猱，母猴也。」

獿《樂記》「及優侏儒，獿雜子女。」鄭氏曰「獿，獼猴也。」《釋文》「獿乃刀反，獼猴也，依字亦作猱。」

猶《說文解字》「猶，玃屬。」又云：「玃，母猴也」《史記．呂后本紀》「猶豫未決」《索崔浩云「猶，蝯類也。卬鼻長尾，性多疑。」

蜼《爾雅．釋獸》「蜼，卬鼻而長尾，時善乘嶺。」《說文解字》「蜼，如母猴卬鼻長尾。」

貁《集韻》「蜼或作貁，獸名，如猴，卬鼻長尾。余救切，音狖

注：[一]《觀堂別集補遺．殷先公先王考附注》及《古史新證》

諸文與嬃同音同誼，並是後起形聲字。
　雉從虫隹聲，古音在微部。謂雉嬃同音者，微與幽旁轉同音也。狖，本音在幽，假以爲母猴之嬃，遂成猨狖字，猨狖即猿猱也。然《淮南子·覽冥訓》「猨狖顛蹶而失木枝」，高誘注云「狖，讀中山人相遺物之遺」，讀猨猱幽之音成爲猨遺微，此嬃以幽入微與雉同音之證也。　雉即記此遺物之遺音而别製之形聲字。又《一切經音義·梵網經下卷》引「古文雉，《字林》餘繡反，江東名也；又音餘季反，建平名也。似獮猴而大，黑色，江東養之，捕鼠，爲物捷健。」　似獮猴能捕鼠，乃蒙貴也。《爾雅·釋獸》「蒙頌，猱狀。」郭注云「即蒙貴也。狀如雉而小，紫黑色，可畜，健捕鼠，勝於貓，九真、日南皆出之。猱亦獮猴之類。」　名蒙貴爲雉者，以其形似母猴之雉，遂直以雉呼之也。其禽固與猨狖别異，非母猴之雉可以捕鼠勝貓也。

總之

自文字之構成要素言：

⿱𦥑木與夒　夒音同，而形與誼俱别。

⿱𦥑木與⿱𦥑木　⿱𦥑木形近，而音與誼俱别。

自文字之通叚譌變言。

⿱𦥑木以音同叚而爲夒，從狐之文遂得母猴之誼。

⿱𦥑木以形近誤而爲⿱𦥑木，從狐之文遂同爪象之形。

⿱𦥑木以形誤叚而爲夒，爪象之形乃有母猴之誼。

　以此之故，公爲有禺人之字，而《說文解字》以禺爲母猴也。

故曰，禺爲母猴誼自嬃來。

　嬃爲母猴，在龜甲獸骨文字中，以李濟在安陽所掘得繪圖骨版爲最肖。　謹從安陽發掘報告第三期徐中舒再論小屯與仰韶文中迻錄於此，以資比照。

麥尊銘文句讀試解

麥尊，《西清古鑑》卷八第三十三葉著錄，名爲周邢侯尊。按銘文内容，如于省吾先生所説：「通篇皆係作册麥所叙紀，蓋麥受邢侯之賜以作尊。」名從主人，應如近時學者所定，稱爲麥尊。

麥尊銘文一百六十四字，内有重文兩字。它反映了西周王朝和諸侯的一些關係和制度，是「康有鄷宫之朝」的一個側面紀錄。語言也比較典型。是研究西周歷史、語言的一個值得重視的史料。

《西清古鑑》著錄此器時，是附有釋文和考證的。不過由于當時古文字學水平限制，認爲「銘詞多不可曉」，並沒有讀通這篇文字。自從劉心源《古文審》、吴闓生《吉金文錄》、郭沫若《兩周金文辭大系攷釋》、于省吾《雙劍誃吉金文選》、楊樹達《積微居金文説》諸書出，見仁見智，各有所獲。麥尊銘文到近幾十年才始基本可讀。但是，在一些重要字詞和句讀上，各家有不同的理解。有些問題還有待于進一步地深入探討。

唯物辯證法，在解決古代漢語語言文字疑難問題上也是一把金鑰匙。自己在這方面基礎差，水平低。爲了學習，結合殷周銘刻，探索古代漢語對立統一規律，試探古代漢語詞彙書寫形式學科學體系，在前輩成就的啟示下，從麥尊銘文裡也初步地看到一兩個問題。這裡只把有關文字和句讀的一些不成熟的看法寫在下面，作爲向各位師友請教的問學提綱。至于麥尊銘文所反映的歷史問題，將另爲一篇。

本篇篇目：

壹、麥尊銘文句讀

貳、和句讀有關的幾個疑難辭句試解

一、出秒侯和告亡尤

二、𦶜京、辟雍和王射

三、王射、爲大豐和𠭯咸時

四、王射和大龏禽

五，侯錫者䖵臣和僕用王乘車馬　七，其永亡終和命和奔走

六．𥂴和年

壹，麥尊銘文句讀

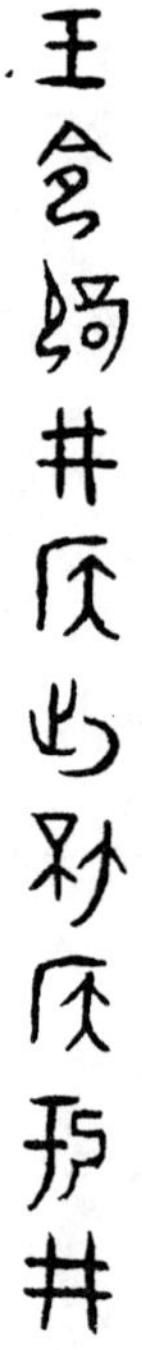

王命辟邢侯：「出矸侯于邢！」

粵若二月，侯見于宗周。亡尤。

會，王客格莽京，彤祀。粵若翌日在辟雍，王乘于舟，爲大

豐。王射，大太龏公禽、侯乘于赤旂舟從。叙，咸時。王以(與)侯內入于

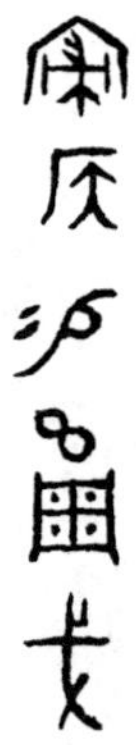

寢，侯錫調戈。

粵王在厈，已夕，侯錫諸䖵臣二百家，齎用(以)王乘車馬、金勒、

冂衣、市舄。

唯歸，進揚天子休，告亡尤。用龏公義寧侯覭考于邢。

侯作冊麥錫金于辟侯。麥揚，用作寶尊彝，用鬲

侯逆造，進揚明命。

唯天子休于麥辟侯之年鑄。

孫=子=其永亡終[命]！用造德，綏多友，享

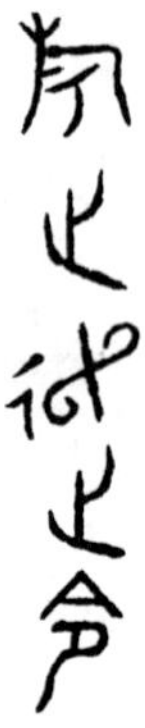

奔走。□

和句讀有關的幾個疑難辭句試解

一、『出𠂤侯』和『告亡尤』

麥尊『王命辟邢侯出𠂤侯于邢』。這句話吳闓生在𠂤字作讀；于先生則説它的大意是『言王命我君邢侯適壞（按：于先生釋𠂤爲坏，説它就是禹貢之大伾。）就國於邢也。』如果按照吳、于兩家的句讀來理解，則邢侯雖然已經受封，可是在這次王命下達之前他還沒有前往邢邑就國。

郭沫若是把這十個字作一句讀的。中間不逗。但是在《大系攷釋》裡，他並沒有明確説出他對『出𠂤侯』三字的看法．因而我們也還看不出他對這句銘文的理解。

從銘文的語言對立統一關係看來，我認爲『𠂤侯』是一個諸侯名字。『出𠂤侯于邢』的語言結構：『出』是動詞，『𠂤侯』是它的賓語——所要『出』的對象，而『于邢』則是『出』的補語。全句的語意是：王命令我主邢侯，從邢國趕出（或攴出）𠂤侯。它既不是指令邢侯取道于𠂤而前往邢邑就國，也更不是使邢侯由𠂤地出去徙封于邢。

所以這樣説，是從以下四點來攷慮的：

一、如郭沫若所説，『（麥）尊言「寧侯覲考于邢」，則知麥辟邢侯並非始封于邢者。』這個邢侯既非始封，一般説來，在他是不存在出而就國的問題的。

二、『王命辟邢侯：「出𠂤侯于邢！」』這句話和『侯見于宗周，亡尤』『唯歸，遲天子休，告亡尤，』兩個『亡尤』是互相依存的。在這種對立統一關係上，反映了這次『王命』在邢侯思想上所產生的負擔。在『侯見于宗周』之前，這個受『王命』的邢侯心裡沒有底，一心懸念的是它的後果——有尤？無尤？——由于留𠂤侯于邢而不出，會不會受到周王的斥責和懲處？因此，銘文在記邢侯覲見周王之後，特寫『亡尤』兩字，表明沒有受責罰，引爲最大的榮寵。不僅如此，在邢侯『唯歸』告返之辭中，又一次地『告亡尤』，作爲對先人的最大的告慰。

三．在『王命』和『亡尤』的依存關係中，透露了一件事：邢侯留秒侯而不出，是邢侯的一個過失。『王命辟邢侯，「出秒侯于邢。」』實際上，他已從周王的命令中受到指斥。麥尊是康王時器。古本《竹書紀年》說：『晉侯作宮而美，康王使讓之。』（《北堂書鈔》十八）『出秒侯』而以『王命』，其事重于『作宮而美』。這是邢侯到宗周覲見以前所懮心的一件大事。至于秒侯是誰？他為什麼留于邢，而周王一定要邢侯把他趕出（或交出）去？由于史有闕文，不得而知。

四，見天子歸而告亡尤，除尊銘『王命』之外，又與禮制相應。《儀禮·覲禮》所記，在覲已三享事畢之後，侯氏『乃右肉袒于廟門之東，乃入門右，北面立，告聽事。』『告聽事』是『告王以國所用為罪之事也。』（鄭注）『擯者謁諸天子。天子辭于侯氏曰：「伯父無事，歸寧乃邦。」』『伯父無事』，『言無所為得罪之事也。』（胡培翬《儀禮正義》）麥尊『侯見于宗周，亡尤。』這是邢侯已經覲見之後，『告聽事』而得的『伯父無事』。『亡尤』是與周王宣布『無事』相應的。而秒侯留邢之事正是邢侯在宗周向周王『告聽事』的內容，講他受到王命而始出秒侯于邢的『所用為罪之事』。

《禮記·曾子問》，『諸侯適天子，必告于祖，奠于禰，冕而出視朝。命祝史告于社稷、宗廟、山川，乃命國家五官而後行。道而出。告者五日而徧，過是非禮也。凡告用牲幣，反亦如之。』麥尊，『唯歸，遲天子休，告亡尤，』這正與『諸侯適天子，必告于祖，奠于禰，……反亦如之』的說法相應。而『用龏義（儀）寧侯覭考于邢』也正和《覲禮》『天子辭于侯氏曰，「伯父無事，歸寧乃邦」』之事相應。

從麥尊看《覲禮》，《覲禮》所記不完全是儒家想象之辭，它有一定的事實根據；從《覲禮》看麥尊，『王命辟邢侯，「出秒侯于邢」』當是邢侯『所用為罪之事』，是銘文一再強調『亡尤』的事因。

二．『蒿京』、『辟雍』和『王射』

麥尊「雩若翊日，在璧雝，王乘于舟，爲大豐。」璧雝即辟雍。《爾雅·釋器》：「肉倍好謂之璧。」璧是「邊大倍于孔者」邢疏。雝，是雝的簡化。雝，從皿雝聲，而雝從隹邕聲。邕，小篆形變作邕。《說文》「邕，四方有水，自邕成池者是也。」可知辟雍是一個周匝如環的圓圈形水池，中間擁着一塊圓形土地，而這塊土地的徑長是小于水寬的。《詩·大雅·靈臺詩序》，注疏引《韓詩說》：「辟廱者，天子之學，圓如璧，壅之以水，示圓言辟。」這正是毛氏在「於樂辟廱」傳所說的「水旋丘如璧曰辟廱」的環流之池的形勢。

蒼京，即豐京，郭沫若說 而宗周爲鎬京。《詩·文王有聲》，「文王受命，……作邑于豐，」「考卜維王，宅是鎬京，維龜正之，武王成之。」文王作邑于豐，武王作邑于鎬。《詩》言「鎬京辟廱」，麥尊記「王客（格）蒼（豐）京。……才璧雝。」這是豐京辟雍。

豐、鎬兩地是以水得名的，故其字也或从水。《漢書·郊祀志》：「豐、鎬有昭明，天子辟池。」《史記·封禪書》作「灃、滈有昭明，天子辟池。」《荀子·議兵》，「古者湯以薄，武王以滈。」鎬也正寫作滈。司馬貞《索隱》說，「今謂天子辟池，即周天子辟雍之地。故周文王都酆，武王都滈，既立靈臺，則亦有辟雍耳。張衡亦以辟池爲雍。」

雝（邕）、池、澤，在一定條件下是同義詞。《詩·周頌·振鷺》，「于彼西雝」，傳云「雝，澤也。」《國語·周語》，「澤，水之鍾也。」《小雅·白華》，「滮池北流」，箋「池，水之澤。」辟池即辟雍之水，而辟雍之水也或稱爲大池。

辟雍爲天子學宮。《禮記·王制》，「大學在郊，天子曰辟雍，諸侯曰頖宮。」《毛詩疏》在《靈臺詩序疏》中引《韓詩說》云：「辟雍者，天子之學，圓如璧，壅之以水。……所以教天下，春射秋饗，尊事三老五更。」

靜簋，「唯六月初吉，王在蒼京。丁卯，王令（命）靜嗣射學宮。……雩八月初吉庚寅，王以（與）吳朱、呂犅卿（合）𧇠、盞師、邦周，射于大沱（池）。」學宮在辟雍，大池即辟雍之水——辟池，那麼，簋銘所記，正如《東京賦》所說，是「合射辟雍」。在「靜學無罪」的條件下，知靜簋所記乃是學射之事。事在八月，不同于「春射」之禮。

麥尊，「二月，侯見于宗周，……王客（格）葊京，……在壁雝，王乘于舟，……王射。」把它和靜簋相比，葊京之地相同，辟雍與學宮相應。「王乘于舟」，辟雍而乘舟，必在辟池。而「辟池」「王射」又與「射于大池」相同。

靜簋，「王以（與）吳朿、呂犅卿（合）豳、盠師、邦周」是三耦合射。而麥尊則只記王、大龏（太公）禽（說見後文）、邢侯三個上射，而略其下射。「王射，大龏（太公）禽、侯（即邢侯）乘于赤旂舟從」，實際上也是三耦合射。這也是與靜簋「射于大池」的射事相應的。其時在「二月」，這又與《韓詩說》所說的「辟雍所以教天下，春射秋饗」的「春射」相應。

因此，可知麥尊的「王射」，在銘文中與「二月」「葊京」「辟雍」，以及下面要說的「爲大豐」「叔，咸時」的對立統一關係，表明它應是「春射」之禮，而不是一般的個人射獵，至于大龏（大公）禽更不是弋射的對象。

三，「王射」、「爲大豐」和「叔，咸時」

銘文所記在葊京辟雍進行的王射是射禮。「爲大豐」的「豐」是射禮中的一種射器。《儀禮·大射儀》在寫請射、納器、誓射、比耦一段時，說「射器皆入」，把「賓之弓矢與中、籌、豐皆止于西堂下。」《大射儀》記飲射爵之事說，「司射命設豐。司宮士奉豐，由西階升，北面坐，設于西楹西。」然後「勝者之弟子洗觶，升酌散」「三耦及衆射者皆升，飲射爵于西階上，」「不勝者進，北面坐，取豐上之觶，興，少退，立卒觶，進坐奠于豐下，興，揖。不勝者先降。」如《鄉射禮》所記，「有執爵者。執爵者坐取觶實之，反奠于豐上。」《大射儀》鄭注，「豐」是「可奠射爵者，」是一種可以承爵，承觶，承尊，承飲酒器的東西。它的器形若井鹿盧，近似豆，大而卑。

「豐」，從用以「飲不勝者」的主要作用來說，在射禮上，它是一種有代表性的東西。因而以這種射器為名的『大豐』在標志着射禮。『為大豐』意味着舉行射禮。

『𣦼咸時』在文字和句讀的理解上也是有爭議的。

『𣦼』《說文》說它的詞義是『殘，穿也』，說它的語音『讀若殘』。劉心源說『殘為殘破、殘毀字，非銘文所用義，此段為餐，』並以『從𣦼』相屬，說『從餐者以膳飲從王備食也。』于先生說，『𣦼，通尸。此則借為事。』郭沫若則讀為『𣦼咸之日』，把『旹』分為『之日』兩字，說『日者，與下「己夕」為對，當表時刻，疑指正午。』他認為『咸』，讀為「克滅韓宣多」之滅，《書·君奭》「咸劉厥敵」，《逸周書·世俘》「咸劉商王紂。」』

常叔按：在『在辟雍』『為大豐』『王射』的制約下，『時』應是《詩·賓之初筵》『酌彼康爵，以樂爾時』的『時』，毛氏傳『中者也。』『中』，《釋文》『張仲反。』《大戴禮·虞戴德》說『教士……履物以射，……時以數伎。時，有慶以地；不時，有讓以地。』馬瑞辰說它『以「時」為「中」，與毛傳合。』這樣看來，『咸時』也就是皆中，都射中正鵠，也就是《齊風·猗嗟》『終日射侯，不出正兮』之意。

『𣦼』，或釋「𣦼」或釋「死」。劉心源說『此字从歺从又，篆形明是𣦼。若死字則从歺从人，大相徑庭矣。』按周金文『死』作『死』，與近似而有別。在尚未發現拓本以前，只能就摹本及其在銘文中的語文對立統一關係立說。

《說文》，『𣦼：殘，穿也。讀若殘。』王筠說它是『穿壙、穿屋之穿。部中「叡」「𣦿」二字可證。吾鄉鑿井謂之穿井。』《說文》又云，『穿，通也。』『穿』有刺破、穿入、透過之義。『𣦼』，《刊謬補缺切韻》『昨干反』，齒頭音；『穿』，『昌緣反』，正齒音。古音齒頭與正齒無別，而『𣦼』『穿』古音同在元部，當是同一詞的或體字。（今音「穿」屬舌上，而發音仍或與齒頭混同。）

又按，古音齒頭之音與舌根——牙音有時相轉。如：『耕』，古莖反，牙音；而『井』，子郢反，齒頭音。『告』，古到反，牙音；『造』，七到反，齒頭音。考《廣雅·釋言》，『貫，穿也。』《易·剝》，『六五，貫魚，以宮人寵，無不利。』《釋文》，『貫，徐音官，穿也。』『貫，古丸反，』與『𣦼』同義，一在牙音，一屬齒頭，兩字當是同一詞的音變。《詩·行露》，『誰謂雀無角，何以穿我屋。」「誰謂鼠無牙，何以穿我墉。」《說文》，「毌，穿物持之也。」孳乳爲「貫」，成「錢貝之貫」，以繩穿物之貫，《詩·小雅·何人斯》「及爾如貫」箋云，「其相比次，如物之在繩索之貫也。」以矢穿侯之貫。《詩·猗嗟》「射則貫兮」。穿洞之「穿」和穿物之「貫」是用改變輔音的方法來完成的分化造詞的。在沒分化之前，原詞是混淪不分兼有兩義的。

參尊「𣦼，咸時」的「𣦼」應該如何理解？

「王射」「爲大豐」事情是射禮。射禮必有侯。《周禮·冬官》，「梓人爲侯，廣與崇方。參分其廣，而鵠居一焉。」「侯中有鵠，又有正。……正在鵠中，言鵠則正可知。」金鶚：《求古錄禮說·六·正鵠考》侯，大射則是用皮作的。《周禮·天官·司裘》鄭氏注說，「凡大射，各于其射宮。侯者，其所射也。以虎熊豹麋之皮飾其側，又方制之以爲辜，謂之鵠，著于侯中，所謂皮侯。」孫詒讓說「侯側之飾及鵠並以皮爲之。」《周禮正義·梓人疏》

射侯圖

戰國宴樂銅壺

叙事畫的紋樣　部分臨本

凡射以中爲功。「中正中鵠皆可謂中。」所謂「射不主皮」，唯在正鵠。著侯而矢在正鵠之外，在側皮，也不得爲中。《齊風·猗嗟》，「終日射侯，不出正兮，」正反映射侯求中的具體要求。中鵠，矢必然貫革穿侯；可是貫革穿侯之矢却不一定就射中正鵠。故宮博物院所藏戰國宴樂銅壺叙事畫紋樣，圍繞壺頸一欄所畫射侯圖（見插圖），三矢著侯，而有兩矢偏上偏下，未能中鵠。它正好以實例證明了這一事實。

知道這一事實之後，回到銘文，再看「𣦼」字。古音，「𣦼」與「穿」同音，與「貫」同韻。它們又都是同義詞。推其語原，「𣦼」可能是它們尚未分化爲「穿」爲「貫」的原詞。它的詞義是：刺破表面，穿進內裡，透過物體。

這個詞在銘文裡，前有「王射」「爲大豐」，後有「咸時」——皆中。在這些互相制約，互相依賴的依存關係中，「𣦼」以其內部因素（詞的音義及其書寫形式和語法功能）和語法規律，把它和有關詞句取得了形式與內容部分與整體的對立統一。因此『𠭥』在麥尊銘文中有貫革着侯射到靶上的意思。這樣，可以説『𠭥，咸時，』這句話是説『貫，皆中。』換成現代漢語則是：箭射在侯上，都完全中鵠。

麥尊銘文以著侯皆中結束它記射禮一段文字。

四、『王射』和『大龏禽』

麥尊銘文：『王客（格）葊京，……在壁雍，王乘于舟，爲大豐。王射，大龏禽、侯乘于赤旂舟從。𠭥，咸時。』在這一段以射禮爲中心的語言關係中，『大龏禽』顯然不是『王射』的對象，而是與『侯』——麥的『辟邢侯』並列，『乘赤旂舟』以從『王射』的人物。

『禽』是周公子魯公伯禽。

麥尊是康王時器。説見郭沫若《大系考釋》。

《左傳》昭公十二年，『昔我先王熊繹與呂伋、王孫牟、燮父、禽父並事康王。』禽父是周公子伯禽，《左傳》這句話説明魯公伯禽在康王時依然健在。和伯禽並事康王的王孫牟是衛康叔之子，燮父是晉唐叔之子。這反映康王時代衛、晉兩國的始封之君已經去世，與伯禽並世的姬姓諸侯有些已經是第二代。這種現象與麥尊所記邢侯從宗周歸國告返時所説的『用龏義（儀）寧侯䫉考于邢』相應。邢爲周公之胤，其始封君與伯禽爲兄弟行，這時已死。

麥尊，邢侯『唯歸』告返之辭，宣揚周天子給他的榮寵：一、『揚天子休』，誇耀周王給他的賞賜；二、『告亡尤』，慶幸他没有因朴侯在邢之事而受到懲處，相反地卻得到意外的眷顧；三，周王使他回國以後，要『用龏義（儀）——即用康王對待魯公伯禽的禮儀——寧侯䫉考于邢，』使他的先君也受到和魯公伯禽一樣的禮遇。

這個『用龏義（儀）』的『龏』是指和邢侯一同乘舟而從王射的『大龏禽』而説的。『大龏禽』的『龏』古與『共』、『恭』、『工』、『公』同音。

趙曹鼎：『隹十又五年五月既生霸壬午，龏王在周新宮。』

大克鼎：『肆克龏保氒辟龏王，諫辥王家。』

秦公簋：『嚴龔夤天命，保業氒秦，虩事蠻夏。』

陳𫢸簋：『龏𢽚䰟神，畢龔愄忌。』

邾公華鐘：『余畢龔威忌，𠷎穆不彖于氒身。』

晉公𥂴：『虔龏盟□，□㿝皇卿。』

蔡侯尊：『蔡侯龖虔共大命，上下陟祜，𢽚敬不惕。』

徐中舒先生說：『趙曹鼎之龏王即共王。盂和鐘秦公毀之「嚴龔夤天命」；嚴龔夤三字均有敬意，』認為「龔」『即恭之本字。』《陳侯四器考釋》史語集刊第三本第四分 孫詒讓說邾公華鐘『畢龔威忌』的『畢』云：『其讀當為毖，《說文》「毖，慎也。」「毖龏威忌」言其慎愨畏忌也。』《古籀拾遺·中》周公華鐘『畢龔』即「毖恭」，是亦以「龔」為「恭」之證。《說文》『龏，愨也。』同書心部『愨，謹也。』『龏』有恭謹之義，段玉裁說它『與心部恭音義同。』《說文解字注》 錢坫也認為『𠬞敬共虔共皆應作龏。』《說文解字斠詮》晉公𥂴『虔龏盟□』和蔡侯尊『虔共大命』的「龏」「共」兩字音義皆同。由此可知「龏」字是與「龔」「共」「恭」同音的。

「龏」字加「兄」作「龔」，「兄」是用以表音的。「龏」在東部，而「兄」在陽部，兩字不同部，怎能起表音作用？從《詩經》的叶韵可以得到答案。《周頌·烈文》——

烈文辟公，
錫茲祉福，惠我無疆。
子孫保之，無封靡于爾邦。
維王其崇之，念茲戎功，
繼序其皇之。

東、邦、功，三字是東部的，而疆、皇兩字在陽部，東、陽合韵，反映周人方音陽部字有些近於東部。《書·洪範》：『五事：一曰貌，二曰言，三曰視，四曰聽，五曰思。貌曰恭，言曰從，視曰明，聽曰聰，思曰容。」「容」古文誤作「睿」說見錢大昕《潛研堂文集》卷五《答問二》、王念孫《讀書雜志·漢書第五》。「恭」「從」「明」「聰」「容」五字相叶。「明」在陽部，而「恭」「從」「聰」「容」在東部。這一東陽合韵也在證明這一道理。《洪範》「明」「恭」相叶，只押其韵，而不同聲；以「兄」作「龏（恭）」之聲符，則聲韵皆同，直是同音。「⿱⿰龍兄廾」以「兄」爲聲，而與「共」「恭」同音，是不足爲怪的。

周金文，父兄之「兄」或寫作「䏶」嘉賓鐘「用樂嘉賓父兄大夫朋友」《三代》一·八。「兄」而加「㞷」，它與「⿱⿰龍兄廾」的「龏」而加「兄」一樣，同音相注，是在東陽韵近方音音變情況下，出現的正音字。前者，強調「兄」音如「㞷」，韵本在陽，而不應入東；後者，強調「龏」音如「兄」東陽合韵之兄，聲非來母，不讀爲「龍」。

「龏」「⿱⿰龍兄廾」不讀爲「龍」而與「共」「恭」同音。可是「兄」字讀音或東或陽，收韵不同，也容易發生誤讀。於是又出現禾簋「禾肇作皇母懿⿱⿰龍工廾孟姬餴彝」的「⿱⿰龍工廾」字。它在「龍」字上加寫同音字「工」，寫作《周金文存》卷三·一○九葉、《三代吉金文存》卷六·四七葉。以強調它與「工」「共」「恭」同音，東韵見母，而其韵不在陽。從而澄清了以「兄」標音作「⿱⿰龍兄廾」在語音上的迷惑。

「龏」與「工」同音，而「工」也與「公」通。《左傳》莊公二十二年，「陳公子完與顓孫奔。……（齊侯）使爲工正。」陳球碑述此事云「生公子完，適齊，爲桓公公正。」以「公」爲「工」。《詩·靈臺》「矇瞍奏公」。《楚辭·九章·懷沙》「矇瞍謂之不章」句下，王逸引此《詩》云，「矇瞍奏工」。《儀禮·鄉飲酒禮》「工四人」注「凡工瞽矇也。」賈公彥《疏》引這句《詩》，「奏公」也寫作「奏工」。

「公」「工」「共」「恭」「龏」古同音。「工」可借爲「公」，是「龏」也可以借以寫「公」。

《方言》六，「傁、艾，長老也。東齊、魯、衛之間凡尊老謂之傁，或謂之艾；周、晉、秦、隴謂之公，或謂之翁。」《史記·齊大公世家》，「周西伯獵，果遇太公於渭之陽。與語大說，曰：『自吾先君太公曰，當有聖人適周，周以興。子真是邪！吾太公望子久矣！故號之曰太公望。』」「吾太公」是「吾先君太公」之略（「太公」，文王可以用它稱他的先君公季，周人也可以用它稱年事已高的呂尚。因而這位爲「太公」所「望」之人，也可以被別人稱他爲「太公」。可見「太公」一詞乃周人用周語以為尊老之稱。

《漢書・律曆志・世經》，『魯公伯禽推即位四十六年，至康王十六年而薨。故傳曰「燮父、禽父並事康王」，言晉侯燮、魯公伯禽俱事康王也。』伯禽至康王朝年事已高。周人尊老之詞稱長老為『公』，為『太公』，在康王之世，伯禽也有被稱為『太公』的資格。而『龏』『公』同音。那麽，麥尊的『大龏禽』當是『太公禽』是可以推定的了。

《左傳》僖公二十四年，『昔周公弔二叔之不咸，故封建親戚以蕃屏周。管、蔡、郕、霍、魯、衛、毛、聃、郜、雍、曹、滕、畢、原、酆、郇，文之昭也。邘、晉、應、韓，武之穆也。凡、蔣、邢、茅、胙、祭，周公之胤也。』襄公十二年，『凡諸侯之喪，異姓臨于外，同姓于宗廟，同宗于祖廟，同族于禰廟。是故魯為諸姬，臨于周廟。為邢、凡、蔣、茅、胙、祭臨于周公之廟。』魯公伯禽和邢侯雖然都是周公之後，可是在身份和禮數上還是有所區別的。

在行輩上，周公旦是武王弟，周公子伯禽與成王為從兄弟，與康王為叔姪。所以麥尊銘文在說『王射』的同時，猶尊稱王叔魯公『大龏（太公）禽』以表示敬意。邢侯為周公之胤，其始封君與伯禽為兄弟行。所以周康王得以用待『大龏（太公）禽』的禮儀寧麥的辟邢侯的『覞考』于邢。但是，魯公伯禽的身份地位高于邢侯，所以『用龏公義（儀）寧侯覞考于邢』，對邢侯說來，是一種光寵。

《大公望墓表》引《竹書紀年》說『康王六年齊大公望卒。』也就是說在康王六年以前齊大公望還活着。那麽，『大龏（公）禽侯乘赤旂舟從』這句銘文，能不能是指太公、伯禽、邢侯三個人說的呢？

不能。因為魯公伯禽這個人，從周康王和麥的辟邢侯說來，是父輩，在一般情況下不能直斥其名。若把『太公』和『禽』分開，則稱謂和身份不能相應。其次，齊與邢沒有同姓關係，不能以待齊太公之儀寧邢侯覞考于邢。再者，射者三耦，王、太公禽、邢侯三人恰好是三個上射，不能把『大龏（公）禽』斷為『大龏』和『禽』。

五、『侯錫者埶臣』和『儕用王乘車馬』

麥尊銘文：『雩王在㾝，已夕，侯錫者⿰女凡臣二百家僭用王乘車馬、金翑、冂衣、市舄。』這句話，在『侯錫者⿰女凡臣二百家僭用王乘車馬』上，各家句讀是有所不同的。郭沫若讀『者』爲『赭』，讀「⿰女凡」爲『踝』，以『僭』爲『劑』，視爲券契，說：這句話應在『劑』字作逗，『言井侯受天子錫以赭衣踝跣之臣二百家之券契也』。吳闓生把『劑』看作獨詞句，說『「劑」「濟」同字，謂事畢。』惟于先生《吉金文選》釋字爲『僭』，而以之爲下句之首，讀作『僭用王乘車馬、金翑冂（冕）衣市舄』，而未著其說。

常叙按，在銘文下文緊接『唯歸』的語言依存關係上，這個『僭』當借作『齎』，《說文》『齎，持遺也，从貝齊声。』《周禮·天官·外府》，『凡祭祀、賓客、喪紀、會同、軍旅，共其財用之幣，齎賜予之財用。』鄭玄注，『齎，行道之財用也。』

《儀禮·覲禮》，『天子辭于侯氏曰：「伯父無事，歸寧乃邦！」』之後，『天子賜侯氏以車服。』麥尊這段文字正是麥的『辟邢侯』覲見周康王于宗周，『告聽事』，『告王以國所用爲罪之事』（留秒侯于邢之事），得到康王『伯父無事』的撫慰，事已『亡尤』；當他在㾝夕見，行將歸國，康王使他『歸寧乃邦』時，除賞『⿰女凡臣』之外，又額外齎送給他『行道之財用』——車服。邢侯于是從周歸邢。

『者』，吳、于並釋爲『諸』。按，『諸』猶『以』也。

『用』，王引之《經傳釋詞》，『用，詞之「以」也。』

六、『⿱𦥑皿』和『年』

麥尊『⿱𦥑皿』字，吳闓生釋『洎』，郭沫若認爲宄的字形與《說文》『𦥑』字之作『⿱𦥑皿』者相似，說宄『可讀爲《民勞》「戎雖小子」之戎，鄭玄云「戎猶汝也」。』而劉心源則釋爲『鑄』。他是根据邾公華鐘⿱𦥑皿和郘伯鬲⿱𦥑皿立說的。

常叙按：劉氏釋『鑄』是對的。不過由于時代的局限，他所舉的字例與麥尊『⿱𦥑皿』字的字形特點不能相應，因此没有被各家承認。許多人認爲這字的字形與『鑄』字無關，不得不從其宄方面考慮。可是無論釋「洎」釋「隮」，在字形上也都同樣地迂曲難通。

現在看，庚午簋的「鑄」字寫作□，若把它的聲符□省略掉，那麼，它的字就變成了□。這寫法和麥尊□字是非常相近的。

我們再看，王鑄觶「鑄」字，它是寫作□的。作冊大鼎「鑄」字寫作□。它們上部都從□持鬲。如果把它們這一部分剔出來倒寫，則變成了□和□。這種字形，若是它所從之「鬲」頸部筆劃略有鏽掩，可能變成□和□。庚午簋「鑄」字所從之□和麥尊□字所从□都是从□持鬲的倒形，而□是□的部分筆劃鏽掩。

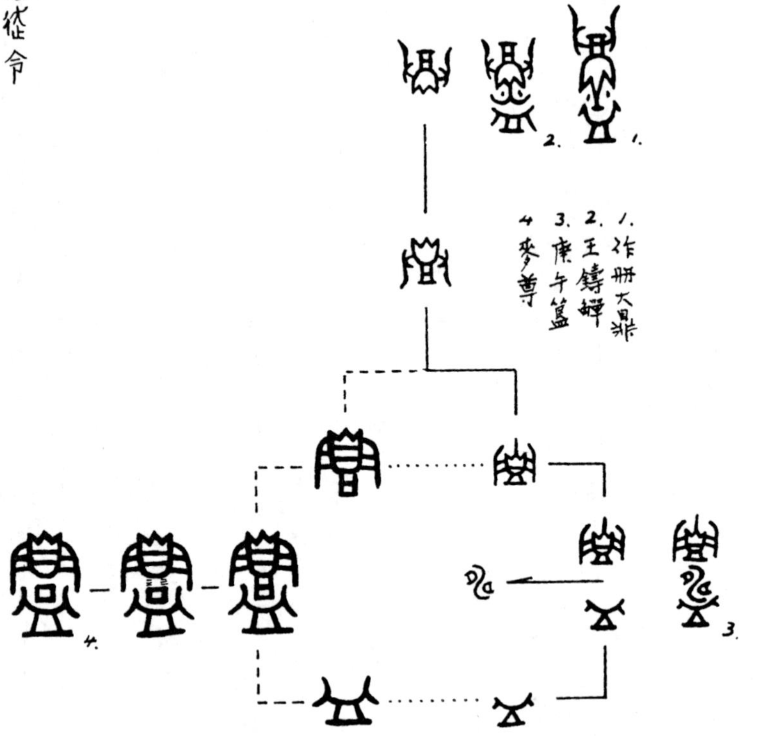

麥尊「鑄」字復原示意圖

經過這一番比較分析，證明劉心源把麥尊□字釋作「鑄」是正確可信的。在句讀上，它不應該居於「孫＝子＝」句首，而應該是在「唯天子休于麥辟侯之年」的「年」字之下，是所作的鑄器行動。是鑄造的「鑄」。

七、「其永亡終」和「命」和「奔走」

麥尊銘文最末一段，

孫＝子＝其永亡□＝用窀德妥多友亯旋徙令

應讀作——

孫＝子＝其永亡終命！用寏德，綏多友，享奔走。

所以這樣說，是因為

一，『亡終命』是西周時代的一種習語。邢侯簋『無終命于有周。』『無終命』即『亡終命』，是『終命』的否定。《書．召誥》：『天既遐終大邦殷之命，』《多士》：『勅殷命終于帝。』『終××命』和『命終』都是『無終命』這一祝願之辭的基礎。

二，『用寏德，綏多友，享奔走，』是一組三言韵語。古音『德』在職部，『友』在之部。職是之的入聲。在西周金文和三百篇詩的用韵裡，它們兩部是往往合用的。這裡只舉新出的秦公及王姬鐘鎛銘文作為一例：

公及王姬曰：余小子．余．夙夕虔敬朕祀，以受多福。克明又（有）心，盭（利）龢胤士，咸畜左右。藹＝（藹＝）允義，翼受明德，以康奠𡖊（協）朕或（國）。盜（延）百蠻（蠻）具即其服。

其中：子、祀、福、士、右、德、國、服八字相叶。子、祀、士、右四字在之部，而福、德、國、服四字在職部，之職合韵通叶。（說見拙著《秦公及王姬鐘鎛銘文考釋》）

㫃止代止，辨字斷句是有分歧的，《西清古鑑》釋為『考之神之』，上連『享』下連『命』字作讀。劉心源也連『享』『命』作讀，釋為『祈世神世命』。吳闓生取《古鑑》說，而以『神之』為『神』，連『命』字讀為『享考之神命。』于省吾把它們隸作『㫃止代止』，而未有解釋。郭沫若隸作『旋徙』，釋為『奔走』，連上下字讀為『享奔走命。』說『旋徙即奔走，摹刻有失，據麥盉及召卣文可以證知。又大盂鼎言「享奔走，畏天畏。」周公毀「克奔走上下帝無終命于有周追孝。」義與此同。』

常叙按：郭說是正確的。但是『㫃止』何以是『奔』？他並沒有說明。

我們根據下列材料，可以說『㫃止』是『奔』的或體字，从止旂聲。

《左傳》僖公五年，卜偃引童謠云，『丙之晨，龍尾伏辰，均服振振，取虢之旂。鶉之賁賁，天策焞焞，火中成軍，虢公其奔。』這首童謠通篇句句叶韵。古韵在文部。『奔』與『旂』和晨、辰、振、賁、焞、軍相押，可見『奔』和『旂』是收韵相同的。

但是『奔』『旂』兩字不是同聲的。在古音，前者爲唇音，後者爲牙音（舌根音），發音部位不同。看來，它們雖然同收一韵，可是並不同音，作爲同一詞的不同書寫形式是不可能的。這是就一般情況說的。如果考慮到古今方國語音流變，同一時代還有方音，情況就不完全是這樣的了。《說文》：『杶，从木屯聲。或从熏（聲）作櫄。』『屯』『熏』兩字古音同在文部。而聲紐不同。『屯』古聲屬舌頭端紐，而『熏』在喉音曉紐。再如，《說文》『饕』从食號聲，或从口刀聲作『叨』。『號』『刀』兩字古音同在宵部，它兩的聲紐，前者屬匣，而後者屬端。一爲喉音，一爲舌頭音，發音部位也是不相同的。

一個形聲字的讀音和它所从得聲的聲符字之間的語音差異，反映着一部分語音變化。例如『僰』。《呂氏春秋·恃君覽》『僰人野人』高注，『僰，讀如匍匐之匐。』《說文繫傳》『醅，讀若僰。』可見這個字所寫的詞，它是以唇音發聲的。然而《說文》『僰，从人棘聲。』『棘』古音聲在牙音見紐。『棘』和從『棘』得聲的『僰』古音同在職部，而聲紐有唇、牙之異。

一組或體字共同地書寫一個詞，它們之間的語音差異，也是在反映着一定的語音變易。例如『兵』，《說文》說它的古文寫作『』，『』即『庚』字。它是從人庚聲（王筠說）的字。『兵』和『庚』古韵都在陽部，而聲母有所差異；兵在唇音幫紐，而庚在牙音見紐。也是韵同而聲異。

參尊字和『奔』也是這種關係。從金文習語和字在銘文中依存關係，可以說是『奔』的或體字。是从止旂聲的字。它的聲符在參尊銘文『王射，大龏（公）禽，侯乘赤旂舟從』的子裡已經見過。它和『奔』古韵都在文部。在聲紐上，『奔』屬唇音幫紐，而『旂』則屬牙音見紐。這種音變關係，和『僰』从『棘』聲，『兵』或从『庚』得聲作『』是一樣的。

我們不僅從形聲關係所反映的語音變化說明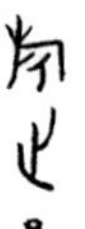是的或體，而且還可以從古書異文裡看到用『旋』字寫『奔』的痕迹。例如《禮記·內則》，說『女子……十有五年而笄，二十而嫁，有故，二十三年而嫁。聘則爲妻，奔則爲妾。』鄭注，『「奔」或爲「衒」。』《釋文》又爲鄭注作補充，說『「衒」，古「縣」字，本又作「御」。』『奔』或寫作『衒』，或寫作『御』，這兩個異文反映古本《內則》『奔』字是曾經寫作『旋』的。由于這個『奔』字或體使用頻率很低，有些人不認識，把它誤認

爲「旋」，誤寫爲「御」。

一、古本《內則》寫作「旋則爲妾」。誤「旋」爲「旋」，而字與文意不相應，遂以「旋」與「還」同音，而當時真元合韻，改「旋」爲「衘」。後人竟以衘實釋之。與上文言女嫁之年，女嫁之禮，經聘而嫁爲妻，「不以禮出」爲「奔」，不經聘而嫁則爲妾的語意不相應。實女爲妾並不是從女嫁之事立說的。「衘」和「奔」不是同義詞，這異文是可疑的。

二、「御」與「奔」，與「衘」音義都不相通。「御」更不是女嫁之事，上下文也難取得對立統一。

三、「衘」和「御」有因爲不識「旋」字而致誤的可能。禮器碑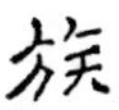字所從之「㫃」左側作，和「」很相近。因而「旋」字很有被看成「御」字的可能。禮器碑陰「御史曹孔翊」的「御」字寫作「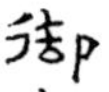」字形和「衘」很相近。

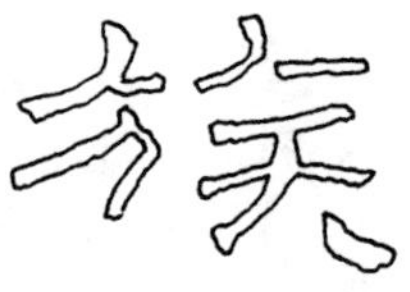

禮器碑

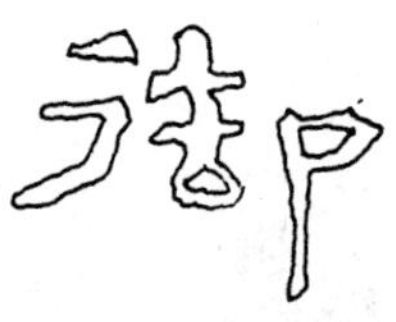

禮器碑陰

從這種形近而訛的關係，可以說《內則》「奔則爲妾」的兩個異文，反映古本《禮記》這「奔」字，有的是寫作「旋」的。「御」是它的形誤，而「衘」有兩個可能：或者誤「旋」爲「旋」，由「旋」而「衘」，或者是誤「旋」爲「御」，誤「御」爲「衘」。這些異文實際上是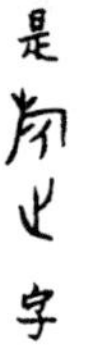字的殘餘影子。

至于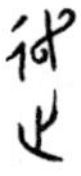之爲「走」，只是「」字下身鏽掩兩股，比較容易辨認。它並不是什麼从「申」得聲之字。

把前面所說的各種情形綜合在一起，可以說麥尊兩字確是「奔走」。

「奔走」，《詩．大雅．緜》：「予曰有疏附，予曰有

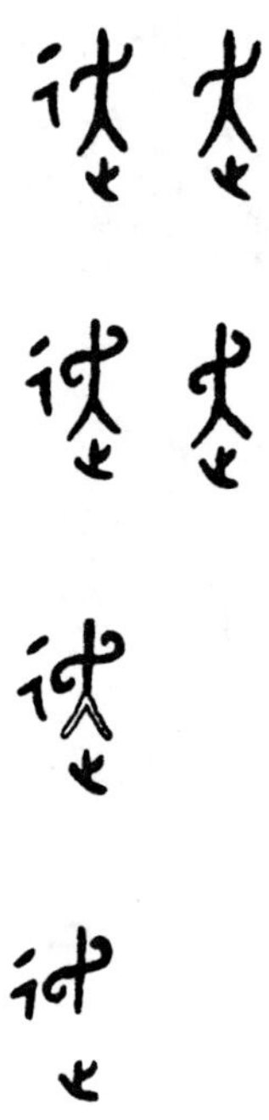

先後，予曰有奔奏，予曰有禦侮。”以“奔奏”爲之。《釋文》“奏，本又作走。”奏和走古音都在侯部。《緜》之詩把它與附、後相叶，看來是侯部韻了，可是它們卻與从“每”得聲的之部字——“侮”相押。這反映西周方音之侯兩部以音變而出現的合韻情況。

這種語音現象不是個別的。《說文》“附，附婁，小土山也。《春秋傳》曰‘附婁無松柏。’”可是《左傳》襄公二十四年，這句話寫作“部婁無松柏”。這部書又在“楄”字下引《春秋傳》“楄部薦幹”，而《左傳》昭公二十五年，寫作“唯是楄柎所以薦幹者。”《詩·魯頌·閟宮》“錫之山川，土田附庸，”《左傳》定公四年記這事則寫爲“分之土田陪敦”。

這種語音現象在西周金文裏也有反映。例如，曶鼎銘文“［乃］來歲弗償，則⿱付貝（倍）——卌秭！”“⿱付貝”即加倍的“倍”。“⿱付貝”從付聲，侯部；“倍”從咅聲，之部。拙著《曶鼎銘文通釋》可見之侯兩部合用，並非偶然的個別事例。從這種語音關係看，麥尊最末三小句“用寓德，綏多友，亯奔走，”是以“德”“友”“走”三字，按職、之、侯合韻相叶的。麥尊銘文“亯奔走”三字成句。盂鼎“亯奔走，畏天威，”金文中自有其例。

麥尊銘文“亯奔走”三字成句，而與“用寓德，綏多友，”叶成韻語，則銘文“走”字之下，也就是全銘最後一個字——“令”字，和“亯奔走”三句韻語沒有關係，是一個遊離于句外的多餘的字，而它又正是銘文末行上句“其永亡終”下所缺的“命”字。

古金文，製範造模時，銘文也有脫誤補字等現象。這一事實，學者早已發現。

麥尊銘文最末一小段，它的原文當是

孫＝子＝其永亡終命，用寓德，綏多友，享奔走。

製範造模時，“其永亡終命”的“”字造形不清，不便補製，遂于文末附注了一個“”字。《西清古鑑》銘文摹本，“”下重文可能是繡花誤摹。其空處正是原文“令”字應佔位置。

一九五九年六月初稿　一九七九年十二月在廣州古文字學術研究會上宣讀

一九八三年一、二期合刊《松遼學刊》發表

曶鼎銘文通釋

目錄

曶鼎銘文剔字本

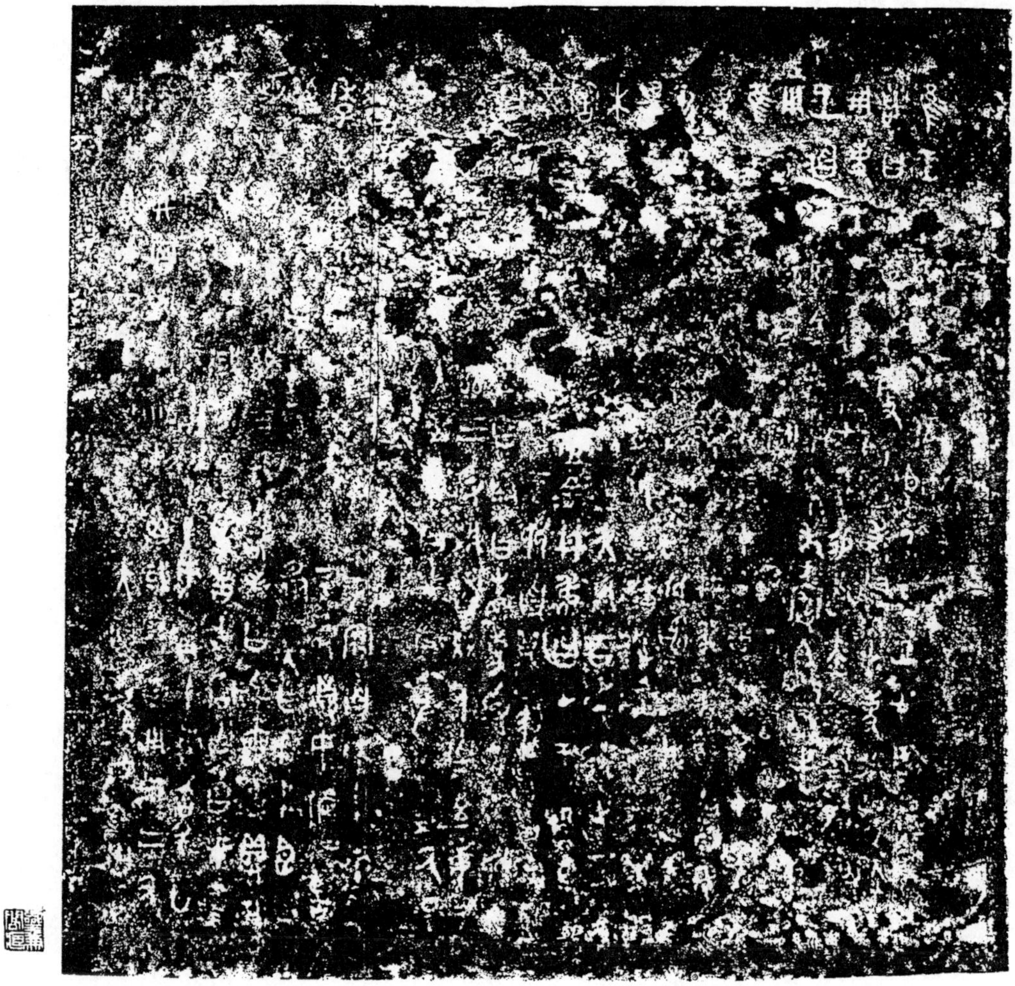

曶鼎銘文未剔本

曶鼎銘文釋文

隹(唯)王元年六月既望乙亥，王才(在)周穆王大「室」。「王」
若曰：『曶(曶)，令(命)女(汝)更賡乃且(祖)考嗣(司)卜吏(事)，易(錫)女(汝)赤⊗「市鯀」
用吏(事)。』王才(在)遷应(次)，井弔(邢叔)易(錫)曶(曶)赤金鈞(石)。曶(曶)受休「令(命)于」
王。曶(曶)用絲(茲)金乍(作)朕文孝(考)宄白(伯)䵼牛鼎。曶(曶)其萬「年」
用祀，子＝孫＝其永寶！
隹(唯)王三(四)月既眚(生)霸，辰才(在)丁酉，井弔(邢叔)才(在)異爲「理」。「曶(曶)」
吏(使)氒(厥)小子贅㠯(以)限訟于井弔(邢叔)：『我既賣(贖)女(汝)五「夫效」
父，用匹馬束絲。限詁(詢)曰：「𧶠(質)則卑(俾)我賞(償)馬，效「父則」
卑(俾)復乃*絲「束」。』贊(質)、效父迺詁(詢)贅曰：「于王參門「□□」
木枋(方)，——用遺征(徙)賣(贖)。絲(茲)五夫用百乎(鋝)。非出五夫「遺，則」
罰！」迺𧶠(質)又(有)罰眔趞金。』井弔(邢叔)曰：『才(在)王人迺賣(贖)用「遺」，
不逆付！曶(曶)母(毋)卑(俾)成于𧶠(質)！』曶(曶)則拜，稽首，受絲(茲)五「夫」，
曰陪、曰恒、曰劦、曰𩰫、曰眚。吏(使)乎(鋝)㠯(以)告𧶠(質)。迺卑(俾)「限」
㠯(貽)曶(曶)酉(酒)彶(及)羊，絲(茲)气(訖)乎(鋝)，用致(致)絲(茲)人。曶(曶)迺每(謀)于𧶠(質)「曰」：
『女(汝)其舍贅矢五束！』曰：『弋(必)尚(當)卑(俾)處氒(厥)邑，田「氒(厥)」
田！』𧶠(質)則卑(俾)「限」復令(命)曰：『若(諾)！』
昔饉歲，匡眔氒(厥)臣廿夫寇曶(曶)禾十秭。㠯(以)匡
季告東宮**。東宮迺曰：『求乃人！乃弗得，女(汝)匡罰大。』匡
迺稽首于曶(曶)，用五田，用眔一夫曰嗌(嗌)，用臣曰疐、「曰」
朏、曰奠，曰：『用絲(茲)三(四)夫。』稽首，曰：『余無卣(由)具寇足「禾」，

不「審」，鞭余！』舀曶或又㠯以匡季告東宮。舀曶曰：『弋必唯朕「是」賞償！』東宮廼曰：『賞償舀曶禾十秭，遺十秭，爲廿秭。「乃」來歲弗賞償，則貸倍。——卌秭！』廼或又即舀曶：用田二、又臣「一夫」。凡用即舀 田七田、人五夫。舀曶睍匡卌秭。

*「乃」别本作「ㄋ」。錢坫以爲别誤。

**『以匡季告東宮。東宮廼曰。』兩「東宮」，銘文以重文出之作「東＝宮＝」。

敘言

曶與忽同音。曶鼎這個器名是根據鼎的銘文，以命工鑄器的奴隸主曶的名字而命名的。曶，鼎文原寫作。它的字形和小篆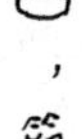，籀文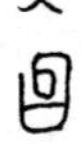很相近。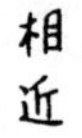字上部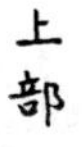形與下部右側豎筆接爲一體，可能是的連筆速寫或者是形近而誤。《說文·曰部》說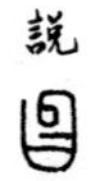就是《春秋傳》『鄭太子曶』的曶。可是這個人的名字今本《左傳》却寫作『鄭太子忽』。這同《論語》『周有八士』的『仲忽』在《漢書·古今人表》裡寫作『中曶』是一樣的。碧落文『惟恍惟忽』的忽寫作，而『倏忽』的忽寫作。同碑同詞而異文。《古文四聲韻》沒部引之。與《古老子》上下同列，並認爲忽。由於形近、是曶的篆文，曶與忽同音，而它們又都是同一人名的異文，因此錢坫把它寫作曶，釋作忽，把這個鼎名寫作『忽鼎』[一]後來許多人索性把它寫作『曶鼎』而仍讀『忽鼎』。

近幾十年來，有些人按鼎銘原字把這個奴隸主名字隸古定爲『舀』，可是也並沒有發現什麼令人信服的音義。事實上，就連主張把它寫作『舀鼎』的人，在口頭上，也還是把它叫作『忽鼎』的。

注：[一] 錢坫《〈曶鼎〉銘及釋文》

曶鼎是一件用青銅鑄造的祭器，是烹煮食物用的。它的形制，如一七八二年錢坫爲畢沅所組織的《周曶鼎聯句》而作的《銘及釋文跋語》〔一〕所說，『鼎高二尺，圍四尺，深九寸，款足作牛首形。』他認爲『《藝文類聚》引《三禮鼎器圖》云：「牛鼎容一斛」』的就是這種東西。當時所作的《周曶鼎聯句》〔二〕詩對曶鼎的形象是這樣說的：

百鈞涵牛自腹潤，　　嚴長明
半面鑄饕尤目眕，　　洪亮吉
雷雲舊制面糾結，　　洪亮吉
彩翠細文浮癮胗。　　孫星衍

饕，指饕餮（tāotiè 滔鐵），傳說中的一種貪食的猛獸。眕（zhěn 診），目有所恨。癮胗（yǐn zhěn 隱診），皮外小起。四句詩以鼎腹爲中心，既勾勒了它的主要輪廓，又描繪了它的圖案花紋。以款足爲條件，從他們的詩意看，曶鼎可能是一種分當鼎，每一饕餮各含一足。陳列時，若一足在前，則另兩足必側居在背，致使前足饕餮佔主要視閾，而後兩足饕餮則不見其面，看來好像以半面鼎腹鑄了個『有首無身』的大饕餮似的。〔三〕它瞪着一對大眼睛，在凝視着一切。在瞪目張角〔四〕裂口欲噬的饕餮獸像中，雷雲紋周匝糾結。紅斑綠鏽，從細紋中浮出小的顆粒。這種『三面爲饕餮而間之雷紋』〔五〕的圖案是西周從商代承襲來的通用紋飾。西周後期已不多見。曶鼎花紋是與它的時代相應的。

錢坫《釋文》的《跋語》說：這件青銅器是乾隆四十三年戊戌歲（公元一七七八年），畢沅在『長安』（陝西西安）得到的。到他手時，『泥沙乍脫尚斑駁』，出土未久『土花歷錄』，它能被人看到的字是很少的。經過畢氏『命工鏤剔，字蹟顯露』，銘文才基本可讀。在『鏤剔』過程中，由於鼎銘的銅

注：〔一〕、〔二〕，並見《洪北江詩文集·卷施閣詩卷四·官閣圍爐集》

〔三〕，雷紋之饕餮一般有兩種：一爲每饕餮各含一足；一爲兩足之間在鼎腹作一饕餮。前者多如鬲形，其底不平；後者則多近凹平。按曶鼎之深九寸，而銘文拓本之高長於九寸，而四周無凹褶，似適於分當之底，故暫定爲後者。

〔四〕，饕餮紋頭有雙角，或以角爲眉。

〔五〕，《博古圖錄》一·二二父己鼎。

鏽掩蝕、剔字人的主觀判斷以及技術上的一些缺欠，『篆迹頗有剔壞者』，甚至有些字顯然是被剔錯了的。這些剔壞和剔誤字，在文字識别，銘文理解上，給讀者增添了一些不應有的迷惑。

『明駝千里好移致』，畢沅把曶鼎從『長安』送到『吳郡』收藏在自己家裡。畢氏死後，一七九九年（嘉慶四年），清王朝抄了他的家。[一] 曶鼎在抄家『籍産』時，曾未入於簿錄，（没有登記入官，不知下落。）好事者懸金搜訪，究無蹤迹。』[二] 它落入畢氏手中到此二十一年，竟不知在何時何地，因何事失蹤（劉心源以爲『毁於兵火』[三]）。它只留下很少幾張拓本傳世。

『曶鼎久亡，拓本傳世稀如星鳳。……真本僅一二見。』羅雪堂説：『去歲（一九〇七年丁未）得兩罍軒所藏初出土拓本。以較積古齋所著錄及平昔所見真本，文字可辨者不及十七八，而字迹清勁圓利，神采奐發。始悟他本神味索然者乃經拙工洗剔，故字迹清朗，而神意全失也。然非見初拓善本，亦烏乎知之。』[四]

曶鼎銘文有拓本和摹本。拓本又有未剔本和剔字本兩種。俑廬所得兩罍軒所藏初出土拓本《三代吉金文存》未見入錄。靈鶼閣江氏舊藏曶鼎未剔時拓本見於《周金文存》卷二上冊第七葉。雖然可見字很少，但是它保存了剔字前的基本形迹，在識别誤剔字上有很大用處。剔字本以見於《周金文存》卷二上冊第六葉、《三代吉金文存》卷四第四十五葉、《兩周金文辭大系錄編》上卷第八十三葉的爲最好；《小校經閣金文拓本》卷三第四十五葉，稍次；而《愙齋集古錄》卷四第十七葉，則又差一些；至於《奇觚室吉金文述》先後著錄了兩本，都是翻刻，不可用。摹本見積古齋鐘鼎彝器款識卷四和《攈古錄金文》三之三，只能作參考，不能作爲研究依據。

曶鼎銘文一向是被人認爲『奧衍難讀』的。自從一七八二年（乾隆四十七年壬寅）錢坫爲它釋文以來，一百九十多年，許多『金石家』、考古工作者，對它作了不少辛勤努力，先後分别地突破了一些障碍，讀得了一些重要辭句，取得了很多成績。一匹馬一束絲換五個奴隸一事幾乎成了衆所周知的史實。

注：[一]、《清史稿》列傳一百十九《畢沅》。
[二]、陳其榮編輯《清儀閣金石題識》卷一《周曶鼎銘》。
[三]、《奇觚室吉金文述》。
[四]、《俑廬日札》羅氏甲戌重印本第一葉。

但是，由於鏽掩、剔誤，古今語言文字差異和史料的不足，也還有很多重要部分沒有搞清楚，通讀全銘也還有許多困難，致使這篇重要青銅器銘文沒能充分發揮它應有的歷史見證作用。因而在前人成就的基礎上，如何進一步解決疑難問題，把這一篇『苦難通讀』的東西基本上『通讀』下來，遂成了我們的一項工作任務。

通讀銘文必須通其語言。然而銘文語言是以錯綜複雜的對立統一關係而存在的。文字是詞的書寫形式，而詞則是文字所寫的內容。詞是思想（概念）的語音物化。詞有同音，字有假借；詞有變義，字有或體。認字、定詞、選義都不是孤立的、任意的。字和詞是在作爲同整體篇章相對立的部分辭句中，以一定條件，互相滲透、互相貫通、互相依賴（或依存）、互相聯結或互相合作，而取得形式與內容、部分與整體的對立統一的。語言辯證關係的試探，是突破銘文難關的主要途徑。不遵循這條路，孤立、靜止、片面地『解字』，必然會遇到困難。例如：釋『話』爲『許』，而『許』爲『應諾』，既與字形結構不相應，又與限的身份、使命以及他『話』的性質、『曰』的內容——退馬退絲，勒令毀約、高價強賣，『非出五夫〔遺〕〔則〕罰』等，都不相應，失掉互相制約、互相依存的對立統一關係。

本篇名爲『通釋』，只是對曶鼎銘文作一次試探性的通體解釋。『通』，只是就全篇銘文的字、詞、句、篇，從它們的形式與內容、部分與整體的，錯綜複雜的，相互依賴、相互作用、相互制約的對立統一關係，以求貫通之意。由於見聞不多，讀書很少，對兩周金文、古代文獻都不熟悉，許多問題並沒有很好解決，荒謬之處一定很多。這個初步試探很可能是『不通』的。拋磚引玉，我相信它會得到同志們的批評和幫助，會使它得到改進，使這份歷史材料得以發揮它應有的作用。

本篇是由兩個部分組成的：前篇是《曶鼎銘文簡釋》，以簡單的注解，表明我對通篇銘文的粗淺看法；後篇是《曶鼎銘文疑難詞句試解》，說明個人作《簡釋》時對銘文一些字、詞、句的理解和根據，是爲前篇服務的。

曶鼎銘文考釋論著是比較多的。常敘孤陋寡聞，所見有限，有許多是我沒有看到的。在看到的論著中，又由於本篇不是集解，不事史論，因而有些鴻文鉅作只好割愛，不能一一具引。所引用者限於以下書篇：——在一般情況下，只舉姓名，不注出處。

錢坫：《〈曶鼎〉銘及釋文》（附：跋語）見《洪北江詩文集》·《卷施閣詩》卷第四《官閣圍爐集》四至七葉《周忽鼎聯句》題後詩前

朱爲弼（代阮元作）：《積古齋鐘鼎彝器款識》卷四·三十五葉至四十一葉《曶鼎》

嚴可均：《全上古三代文》卷十三·三至四葉《曶鼎銘》

劉心源：《奇觚室吉金文述》卷二·二十一至二十八葉《曶鼎》；卷十六·二十至二十三葉《曶鼎》

孫詒讓：《古籀餘論》卷三·五十七至六十葉《曶鼎》

吳闓生：《吉金文錄》卷一·二十六至二十八葉《曶鼎》

于省吾：《雙劍誃吉金文選》卷上之二·十一至十二葉《舀鼎銘》

郭沫若：《兩周金文辭大系考釋》九十六至九十九葉《舀鼎》

楊樹達：《積微居金文說》（增訂本）五十八頁《舀鼎跋》、《舀鼎再跋》

譚戒甫：《西周「曶」器銘文綜合研究》見《中華文史論叢》第三輯·六十五至九十頁。

曶鼎銘文通釋前篇

曶鼎釋文簡注

唯王元年六月既望乙亥，王在周穆王大〔室〕，〔王〕若曰：「曶，命汝更乃祖考司卜事，錫汝赤◎〔巿〕〔䜌〕用事。」

「唯」：語首助詞。銘文作隹。

「王」：周懿王姬囏，《世本》作堅。

「既望」：西周曆法，每月按月亮的盈虧月相分作四個時期：初吉、既生霸、既望、既死霸。既望是下半月的前半，從滿月到下弦，相當於陰曆十五、六到二十二、三日，王國維說。[一] 望，滿月，銘文作朢。

「乙亥」：日辰。目前尚無可信的西周曆譜，還不能確指它是六月既望中的哪一天。

「在」：銘文作才。

「周」：指當時王城。[二]

「穆王」：周穆王姬滿。他是西周奴隸主階級王朝第五代最高統治者。穆王死，子共王立；共王死，子懿王立。穆王是懿王的祖父。

「大室」：即太室。這裡指穆王廟的中央大室。西周王朝策命群臣一般是在宗廟進行的。室，銘文繡掩，劉心源補。

「王若曰」：王如此說。這是西周王朝舉行策命儀式時，史官在向被策命者宣讀王命時，開頭的一句『公事』習語。陳夢家說。[三] 王，銘文繡掩，劉心源補。

「命汝」：銘文作令女。

「更」：通賡，賡續，繼續。朱為弼說。銘文作𠭯。

「祖考」：祖，父（已死）。祖，銘文作且。

「司」：主管。銘文作𤔲。朱為弼釋。『司卜事』，主管占卜的事。這個官職是所謂『周之卜正』，卜官之長，在《周禮》是大卜。

注：[一]、《生霸死霸考》見《觀堂集林》卷第一。 [二]、《書·召誥》『王朝步自周，則至豐。』周，馬謂鎬京。《帝王世紀》：『周懿王二年，王室大衰，自鎬徙都犬丘，生非子，因居犬丘，今槐裡是也。』（《長安志》卷十四引）。懿王元年尚未遷都。

[三]、《王若曰考》，見《尚書通論》一五九頁。

〔錫〕：賜，賞賜。銘文作易。
〔赤〕：火紅色，黃和朱（正紅）合成的間色。
〔◎〕：音雍，于省吾說。〔一〕
〔市〕：繫在腰間，懸在腿前，用熟皮製成的一種蔽膝。
『◎市』，市的一種。『赤◎市』，火紅色的『◎市』。
〔䜌〕：鑾，鑾鈴，古代車乘的馬鈴。
『市䜌』兩字銘文鏽掩，用望簋『錫汝赤◎市䜌用事』句補。〔二〕
以上是奴隸主曶記他受周懿王秉命，繼承祖、父官職，作了司卜。
按：祖孫世官是西周奴隸社會世卿世祿的一種體現。

王在⿺辶童次，邢叔錫曶赤金⿱林金鈞。曶受休〔命〕〔于〕王。曶用茲金作朕文考宄伯⿱將鼎牛鼎。曶其萬〔年〕用祀，子子孫孫其永寶！

〔⿺辶童〕：地名。

注：〔一〕《古文雜釋·釋赤◎市》，見《雙劍誃殷契駢枝三編》。又，《釋◎、◎◎兼論古韻部東冬的分合》，《吉林大學·社會科學學報》一九六二年第一期。
〔二〕《攈古錄金文》卷三之一，八十三至八十五葉，題作《望敦》。

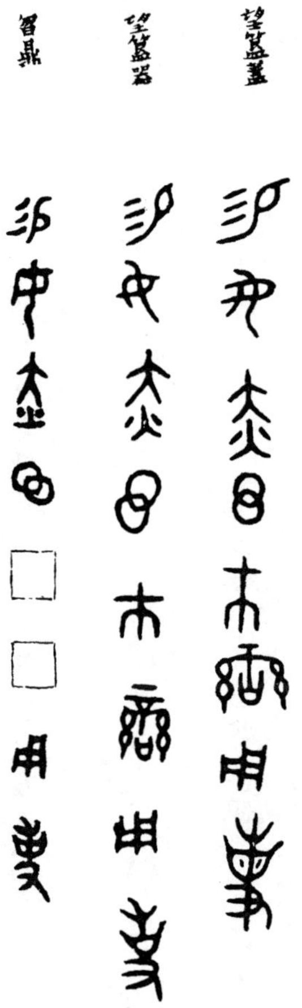

[次]：周王出宫在外的臨時行在所。銘文作应。說見拙著《天亡毁問字疑年》。[一]

[邢叔]：人名。郭沫若以爲鄭井（按：即邢字）叔康。[二]銘文作井弔。按語言關係，"邢叔"前省"命"字。

[赤金]：《說文》："銅，赤金也。"

[⿱林鈞]：（shí，石）重量單位，古書多借"石"字來寫它。四鈞爲石，一石一百二十斤。銘文作⿱林鈞，誤刷作⿱林釘，从匀（古鈞字）、厤（古柝字作厤，或體作厤，作㭙）省聲。柝、石古同音。故借"石"寫⿱林鈞。它是鈞的四進單位，故其字从匀。

[休]：借作好，賜予。楊樹達說。[三]

[命]：銘文鏽掩，吳闓生補。

"休命"，指那一百二十斤銅的賞賜。

[于]：銘文鏽掩，吳闓生補。

[兹]：此，指"赤金石"。銘文作絲。絲通兹，朱爲弼說。

[文考]：智對他父親（已死）的美稱。王引之說："文考乃贊美之稱，謂有文德之考耳。"[四]考，銘文作孝。古金文或以"考"爲"孝"，如仲殷父簋"用朝夕享孝宗室"之"孝"即以"考"字爲之。（其例數見，不列舉。"孝"爲"考"——考、老、孝三字是考的分化。說見拙稿《考老考》和《古漢語詞彙書寫形式學》。

[究伯]：智的父親的名字。銘文究作究，伯作白。

[䵼鼎]：煮，見《玉篇》。錢坫釋。銘文作䵼鼎。

[牛鼎]：鼎的一種。《三禮鼎器圖》云："牛鼎容一斛"。錢坫說。

[萬年]：銘文萬字半鏽，年字全部　掩。郭沫若補。

注：[一]、《吉林師大學報》（社會科學）一九六三年第一期。

[二]、《兩周金文辭大系》上篇八十五葉《康鼎》。

[三]、《詩對揚王休解》見《積微居小學述林》二二五頁。

[四]、《經義述聞》十六《禮記下》。

以上是曶記他在受策命之後，隨王外出在𨜓𨒌次，懿王使邢叔賞賜他一百二十斤銅。曶用這些銅爲他父親宄伯鑄了個煮肉用的『牛鼎』，作爲他奴隸主家族的傳家寶，

——以上是銘文第一段。

唯王四月既生霸，辰在丁酉，邢叔在異爲「理」。「曶」使厥小子⿱散貝以限訟于邢叔：

「四月」：懿王元年四月。這一段是曶六月鑄鼎時，由王命邢叔賞賜一百二十斤銅事，而聯想到前此因邢叔而獲得的一次勝訴。四月到六月間當有閏月。王國維說。「二」四，銘文作亖。

「既生霸」：四分月相之一。上半月後半期，相當於陰曆初七、八到十五、六日。生，銘文作眚。

「辰」：日辰。

「異」：處所名。

「理」：治獄官。銘文鏽掩。譚戒甫補。『爲理』，執行理官職務，處理獄訟事務。

「曶」：銘文鏽掩。郭沫若補。

「使」：銘文作事。郭沫若釋。

「厥」：他的。這裡指曶自己。銘文作𠂇，劉心源釋。

「小子」：官職名。曶的家臣，屬於家司馬。

「⿱散貝（*sǎn 散）」：小子的名字。在用匹馬束絲向效父換取五名奴隸的交易中，他是奴隸主曶的代表；在曶向邢叔控告效父時，他是代曶出庭起訴的原告人。銘文原寫作⿱散貝，凡三見，本句銘文誤刻作⿱𢿘貝，今正。錢坫釋⿱散貝，擬音从錢釋。

「以」：銘文作㠯。

「限」：人名，奴隸主效父的家臣。在以匹馬束絲換取五名奴隸的交易中，他是效父的代表；在賢

注：「二」、《生霸死霸考》

人出面干涉這場交易的過程中，他是往來於質人、效父和曶三方面的傳言人；在這場訴訟中，他是代表效父到案受審的被告人。

按：曶和效父兩個奴隸主，打官司時，都不親自出庭到案，而是兩造各自指派一名家臣作代表，替他們坐獄受審。這是西周奴隸社會的『周禮』給奴隸主階級貴族規定的一種特權。這就是『凡命夫命婦不躬坐獄訟』的一個具體事例。也同『刑不上大夫』是屬於一系的。

「訟于邢叔」：告到邢叔那裡。

以下是小子䙷替奴隸主曶向邢叔起訴的訟辭：

『我既贖汝五「夫」「效」父，用匹馬束絲。限誥曰：「質則俾我償馬，效「父」「則」俾復乃絲「束」」。質、效父迺誥䙷曰：「于王參門□□木方，——用遺徙贖。茲五夫用百鋝。非出五夫「遺」，「則」罰！」迺質有罰暨趞金。』

「我」：小子䙷代表曶方自稱，我們，我方。

「贖」：交換，以財物換取財物。（《說文》『贖，貿也。』『貿，易財也。』）銘文作賣，錢坫釋。說從楊樹達。

「汝」：你們，你方。䙷指被告人限所代表的效父一方。銘文作女。

「夫」：成年男子。這裡用作人的計數單位。『五夫』，指要換取的五名奴隸。夫，銘文鏽掩，劉心源補。

「效父」：人名。與曶進行交易的奴隸主。效，銘文鏽掩，劉心源補。

「用」：使用了。這裡有已經用出之意。

「東」：一束。銘文作，嚴可均釋。

『我既贖汝五夫效父，用匹馬束絲』是『我既贖汝五夫于效父，用匹馬束絲』，而省略『于』字。全句意爲：我方既已動用了一匹馬和一束絲，——同你講定——在效父那裡，換取你方五名奴隸。

在下文「質則俾我償馬，效父則俾復乃絲束」的制約下，可知講定交易之後，限即把小子贊交給他用以換取五名奴隸的匹馬束絲帶到效父那裡。

〔詢（táo 陶）〕：傳話，在兩方之間往來傳話。銘文作詓，从言缶聲。缶是古缶字。《史籀篇》匋讀與缶同，是詓乃詢的或體。

〔質〕：官名。——在交易中，他既非賣主，又非買主。更不是被告。但是他能使效父毀約，能向曶勒令加罰。語言制約關係限定他當是《周禮》的質人。質人的職務是「掌成市之貨賄：人民、牛馬、兵器、珍異」。所謂人民指的是奴婢，即奴隸。買賣奴隸須經他批准。

按：效父收到限帶來的曶方匹馬束絲，當即派限到質人那裡辦理交易五名奴隸的「成市」手續，以取得官方批準的成交執據——質劑。

質，銘文作贕、贄、䞇，繁簡並用。朱爲弼釋。

〔則〕：銘文作鼎。

〔俾〕：使。銘文作卑。嚴可均釋。

〔償〕：退還。銘文作賞。錢坫釋。

〔父則〕：兩字銘文鏽掩。郭沫若補。

〔復〕：返還，退回。銘文作偍（復），字下「止」形半爲鏽掩。

〔乃〕：你的。限指小子贊而言。銘文誤剔作乁。錢坫釋。

〔束〕：銘文鏽掩。郭沫若補。

「質則俾我償馬，效父則俾復乃絲束。」後半句「俾」「復」兩字間承前省略一個「我」字。

按：這句傳話是退還原物，聲明毀約。

效父使限向質人辦理交易奴隸的「成市」手續時，質人認爲不合「王參門□□木方」規定，要曶按規定「用遺徙贖」。在質人提示和支持下，效父感到原約吃虧，借勢向曶毀約，漲價，强賣。因此，質人和效父有了共同語言。他們你一句我一句地要限前去毁約，退還他所帶來的匹馬束絲。所以限向贅傳話時，把質人和效父一並擡出來。

「迺」：于是。

『質、效父迺謟贅曰』以下五句（至『則罰』）是贅控訴效父在使限退馬退絲單方面宣布毁約時，限向贅復述質人和效父使他傳達給贅的原話，也是訟辭的主要部分。贅控告效父倚仗質人勒令，毁約，威脅，要留方必須接受他漲價用鋝的强制硬賣。

「參門」：門名。參通三。依宋劉敞及清代戴震、焦循説，天子亦止皋、應、路三門。這裡可能指皋門外。孫詒讓説。

「木方」：木製的寫字板，古書直稱爲『方』。這裡指懸掛在門旁寫着有關交易禁令的木板。方，銘文作杤，从木丂（古方字）聲。

「遺（*huáng皇）」：包金銅貝。王毓銓説，〔一〕銘文作[金儥]，鏽蝕成[儥]。从貝，遑（往）聲。譚戒甫釋。

「徙」：改。楊樹達説。銘文作征。征，《説文》説是徙的或體。錢坫釋。

『用遺徙贖』意爲用包金銅貝改行交易。這句話是質人、效父根據的『木方』禁令關於交易奴隸的規定。

「兹」：銘文作絲。

「鋝」：當時重量單位。銘文作寽。小篆作鋝。《説文》：『鋝，十一銖二十五分銖之十三也。』『百鋝』爲三斤，用戰國秦高奴石核算，相當於現在一斤半多一些。

『兹五夫用百鋝』，意爲這五名奴隸須用一百鋝包金銅貝來交换。

「出」：銘文作㞢，錢坫釋。

「五夫遺」：指買五名奴隸的身價錢，即一百鋝包金銅貝。遺，銘文鏽掩，據本句與上下文依存

注：〔一〕《我国古代貨幣的起源和發展》第十七頁。

關係補。

「則罰」：則，銘文鏽掩。吳闓生補。罰，本段兩見，都因鏽掩誤剔。本句誤剔作 ，下句誤剔作 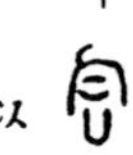。錢坫釋前一字為罰，嚴可均兩字都釋作罰。從嚴釋。

以上四句控訴質人據參門木方，勒令毀約；效父倚勢改價，強制硬賣。說：限何贅傳達質人和效父的話說，根據王參門木方禁令，須用包金銅貝改行交易。這五名奴隸得用一百鋝。不拿出五名奴隸的『現金』身價，就罰！

「有」：銘文作又。譚戒甫釋。

「暨」：與。銘文作眔。劉心源釋。[一]

「趞」：借作斂，有所治。這裡指向曶方有所追索。

『迺質有罰暨趞金』，意為於是質人就對我方行罰及催繳罰金。這是贅控訴他們由於拒絕勒令，反對毀約改價強賣而遭到的迫害。

從『我既贖汝五「夫」「效」父，用匹馬束絲』到這裡，是『「曶」使厥小子贅以限訟于邢叔』的訟辭。

邢叔曰：『在王人迺贖用「遺」。不逆付，曶毋俾成于質。』

「王人」：王室之人。郭沫若說。按：指周王的父兄子弟。人，銘文與鏽花相雜。嚴可均釋。

『在王人迺贖用「遺」』，這是邢叔對質人所據的『木方』禁令所作的解釋。他說明：這條規定是為『王人』定的。只有向王室之人交易奴隸時才『用遺徙贖』。效父不是『王人』，因而這條規定是不適用於曶的。從而否定質人、效父的依據。認為質人效父的毀約是無理的。

遺，銘文鏽掩，依上文『用遺徙贖』與本句的互相制約關係補。

注：[一]，《古文審》卷二·第三葉，曶鼎考釋：『泊字，與也。从橫目从水，與息、暨同義。』

按：質人據禁令執法，而邢叔以不見於『木方』的規定否決質人勒令。這事證實了西周法度不是全部公開一體周知的。它是由『卿大夫以序守之』的，是『議事以制』，度事而斷，〔一〕以奴隸主階級貴族的意志爲轉移的。

又按：遺在當時是一種比較貴重貨幣。五鋝可以行賞，賜遺多至廿鋝。『在王人迺贖用「遺」』，以難得之貨限制一般奴隸主從王人手中換取奴隸，防止奴隸外流，是西周王朝保護奴隸主階級最高階層（王人）利益的一種手段。這種限制是奴隸主階級內部鬭爭的一種反映。

「逆」：迎受，接受。

「付」：付别，雙方各執其半的執據。這裏指質人對曶行罰時所發下的催交罰金『通知』。

「毋」：不要。銘文作母。劉心源釋。

「成」：平，雙方一致同意而達成協議。這裏指買賣雙方一致同意成交。銘文成誤刷作[illegible]。劉心源釋。

『不逆付，曶毋成于質』，意爲：曶既不能接受質人發下的催交罰金『通知』，也不要使贅在質人那裡同意他們『茲五夫用百鋝』的勒令而與效父成交，達成協議。

以上兩句是邢叔的判辭。『不逆付』否決了質人向曶行罰和追繳罰金，肯定原定成約。『曶毋俾成于質』否決了毀約改價、強制『鋝』賣、『非出五夫「遺」「則」罰』的勒令，從而肯定原定匹馬束絲換取五名奴隸的交易，判明『直』在曶方。

曶則拜，稽首，受茲五「夫」——曰陪、曰恒、曰觧、曰[illegible]、曰眚。

「拜」：拜手。銘文作[illegible]。

「稽首」：在拜手的基礎上，頭下緩至地，是當時的敬禮。稽，銘文作頧。

注：〔一〕王引之《經義述聞》：『議讀爲儀。儀，度也；制，斷也。謂度事之輕重以斷其罪，不預設爲定法也。』

「受」：得，［二］取得。

「茲五夫」：原定成交的這五名奴隸。夫，銘文鏽掩，郭沫若補。

按西周斷獄制度以及本句同後文『用致茲人』的依存關係，知爭訟受審時雖贖和限各代其主子出庭坐獄。但是到邢叔宣判時，曶和效父都親自到案听判，並在宣判後當堂辦理結案手續。邢叔宣判，原約生效。曶獲勝訴，向邢叔『拜手稽首』叩頭致謝。效父敗訴，履行原約，當堂交出他所賣的奴隸名單，從而使曶在法庭上得到他按原約，用匹馬束絲換取的五名奴隸名字。因此，『受茲五夫』並不是當堂領人。

「陪」：奴隸名字，銘文殘泐，結構不清，不識。

「恒」：奴隸名字，錢坫釋。

「⿰角月」：奴隸名字，銘文作⿱㚘朋，不識。

「⿱令粦」：奴隸名字，不識。

「眚」：奴隸名字，銘文作⿱屮田。

使鋝以告質。

「使」：使人，派人。它的主語是邢叔，承前省略。

「鋝」：以物代事。指『用遺徙贖，茲五夫用百鋝。非出五夫「遺」「則」罰』，以要『鋝』為中心的『鋝事』。本句指關於『鋝事』一案的判決。

『鋝以』是『以鋝』介賓詞組賓語前置。

這句話是：邢叔宣判之後，使人把他給曶和效父兩家奴隸主，為交易奴隸而發生的『鋝事』一案，所作的判辭告知質人，要他按照判辭行事。

注：［一］．《廣雅．釋詁三》：「受，得也。」

迺俾「限」以曶酒及羊，兹訖𨥨，用致兹人。

「俾」：使。它的主語是『質』——質人。承上句『使𨥨以告質』省略。

「限」：銘文鏞掩，據本句結構和它同訟辭、判辭的語言制約關係補。

「以」：借作貽，送給。銘文作㠯。

「酒」：銘文作酉。劉心源釋。

「及」：銘文作彶。錢坫釋。

『迺俾「限」貽曶酒及羊』，這是質人得到邢叔通知給他的判辭之後，他就告訴效父，令效父使限向曶送酒和羊，表示賠禮謝罪。

「訖」：止，停止。銘文作三。三、古气字。甲骨、金文都以『气』爲『訖』。

『兹訖𨥨』，意爲從此停止向曶勒令『用遺徙贖，兹五夫用百𨥨，非出五夫「遺」「則」罰』的毀約逼𨥨的『𨥨』事。

按：這是質人使限向曶宣佈：他遵照邢叔判辭，收回成命，停止𨥨事。同時也是質人對原定交易成約的追認。

「用」：因。

「致」：送到。銘文作𦤺。嚴可均釋。

全句意爲：質人接到邢叔通知給他的判辭之後，他就通知效父，使限送給曶酒和羊，表示賠禮謝罪，並代他向曶宣佈：從此停止強行『𨥨』賣之事，承認當初原約，就此向曶送到這些用匹馬束絲換得的人——五名奴隸。

曶迺每于質「曰」：『汝其舍𧶘矢五束！』曰：『必當俾處厥邑，田「厥」田！』

「每」：借作謀。于省吾説。按：這裡指提出要求。
「曰」：銘文鏽掩，郭沫若補。
『曶迺謀于䝴「曰」』，這是曶在限到他那裡送酒、羊，宣布停止『鍰』事，並送到五名奴隸時，趁勢通過限向䝴人提出要求，要他回去傳話給䝴人。
「汝」：指䝴人。銘文作女，殘筆與鏽花相混。剔筆有誤。郭沫若釋。
「其」：該，命令兼期望之辭。銘文殘斷，郭沫若釋。
「舍」：借作予，給予。孫詒讓説。
「䝴」：銘文誤剔作[illegible]。
「東」：銘文誤剔作[illegible]。郭沫若釋。
『汝其舍䝴矢五東，』䝴人你應該給䝴五束箭。這是曶通過限向䝴人提出的第一個要求。
按：當時訴訟，開始時，兩造各自交上束箭，以表示自己理直。宣判時，法官向勝訴者發還原箭，作爲理直勝訴的證明。䝴所控告的是效父的代表限。䝴人雖然理屈，可是他並非被告，對他不存在沒收東矢問題，無從見其服輸。曶惱恨他勤令干涉，這時要求他五倍地向䝴交箭，使他正式向曶方表示承認自己枉法不直。
「必」：銘文誤剔作十。郭沫若釋。
「田厥田」：厥，銘文鏽掩。郭沫若補。
『必當俾處厥邑，田「厥」田』，『俾』『處』之間省略代詞『其』字。
全句意爲：必須使他們老老實實置身於他們被指定的地方，種好他們必須種好的田地。這是曶通過限向䝴人提出的第二個要求，要求他以行政力量對這些新交易來的奴隸作出應有的保證。
按：這一要求反映兩個事實：一，早已被奴隸們反抗、鬬爭烈火燒怕了的奴隸主曶，深恐這五名奴隸怠工、逃亡或起義，要求䝴人以其職權給他以應有的保證。二，奴隸主間的明爭暗鬭。當時奴隸缺少，出賣奴隸的奴隸主不僅趁機漲價，而且還對已經賣出的奴隸有時勾引回逃。

質則俾「限」復命曰：『諾！』

「限」：銘文鏽掩，據上下文依存關係補。

「復命」：回報。復，銘文作〔厂復〕。以上文『卑〔厂復〕乃絲束』對之，此从厂，有似剔誤。（從多友鼎『衣復筍人孚』之『復』字作〔宀復〕來看，其字可能作〔厂復〕，當不誤。——叙補記）

「諾」：銘文作若。錢坫釋。

這的話是說：限回去向質人轉達了曶的兩項要求之後，質人就使他再到曶那裡去回報，說：『照辦！』

至此，『「曶」使厥小子贅以限訟於邢叔』一場官司以曶取得勝利而結束。

——以上是銘文第二段。

昔饉歲，匡眔厥臣廿夫寇曶禾十秭。

「昔饉歲」：去年鬧荒年。昔，古與昨同音。昔歲，即昨年。以懿王元年而稱昔歲，則其事當在共王末年。

按：從下文看，這次曶因匡寇禾而打起來的官司是以再來年償禾三十秭而結束的。這樣，則曶鑄鼎時，按判辭償禾之事尚未完結。因此，在前一勝訴基礎上，曶把它連類而及地也鑄在鼎上。

「匡」：匡氏。當時以匡季為代表的又一奴隸主階級貴族世家。

「眔」：自由民。匡眔，匡氏的自由民。

「臣」：這裡指奴隸。

『匡眾厥臣』，匡氏的自由民和他（匡氏）的奴隸。

〔寇〕：群行攻刼。于省吾說。

〔禾〕：指連穗帶杆整棵收割下來的禾穀。

〔秭〕：禾束計算單位。禾一捆是爲一秉，二百秉爲一秭。十秭是兩千捆。

按：二十人寇禾兩千捆，平均每人掠一百捆。又，兩秭爲一秅，三秅裝一車。二十人所寇之禾共有一又三分之二車。

這句話是曶追記他又一訴訟的事因。

以匡季告東宮

〔以〕：前面省略主語曶。

〔匡季〕：人名，奴隸主匡氏的代表人物。

〔告〕：字下省于的。

〔東宮〕：人名。銘文作『東=宮=』。剔字本重文符號未剔全。正文屬本句，重文屬下句。郭沫若釋。

『以匡季告東宮』，曶把匡季告到東宮。這是他在『使厥小子贅以限訟于邢叔』的前一年的一次起訴。

東宮迺曰：『求乃人！乃弗得，汝匡罰大！』

〔東宮〕：銘文利用上句末尾『東宮』兩字，用重文符號顯出。

〔迺曰〕：于是（對匡季）說。

〔求〕：尋求，找出。銘文作，孫詒讓釋。

「乃人」：你的人。指匡季手下寇禾的人。乃，你的，銘文作，錢坫釋。

「乃弗得」：若是得不到他們。乃，若，如果，假若。

「汝匡」：你們匡氏。

這三句是東宮第一次判決。他勒令匡季交出寇禾『人犯』。但是他沒有明確如何賠償禾的問題。給匡季留下推托餘地。

匡迺稽首于曶，用五田，用眾一夫曰嗌，用臣曰𧻚、「曰」朏、曰奠，曰：『用茲四夫。』稽首，曰：『余無逌具寇足「禾」，不「審」，鞭余！』

「稽首」：叩頭謝罪。郭沫若說。

「用」：用出，交出。

「嗌」：一個自由民的名字。銘文作，嚴可均釋。

「𧻚」：一個奴隸的名字。郭沫若釋。

「朏」：一個奴隸的名字。嚴可均釋。

「奠」：一個奴隸的名字。

「逌」：通『由』，孫詒讓說。

「具寇」：如數交全搶禾『人犯』。

「足禾」：如數交足所搶之禾。銘文足字上部半爲鏽掩，朱爲弼釋。

「不「審」」：『不』下一字大部分爲鏽所掩，未剔本尚余殘迹作。從字形殘迹看結構，從語言關係看詞意，可以斷定也是『審』字。『不審』，有『欺詐非實』之義。

「鞭」：銘文革旁鏽掩，部分殘斷。誤剔作。

這兩句話大意是：在東宮制裁之下，匡季于是向曶叩頭認罪，交出五塊田、一名自由民、三名奴隸，說：『只能交出這四名「人犯」。』接着又叩頭說：『我實在無法把那些搶禾「人犯』全部抓到，把所搶之禾全數湊足。如果我的話欺詐非實，可以動鞭刑打我！』

按：匡氏寇禾，並沒有奪田。可是他卻在『用茲四夫』的情況下，交出了五田。在下文『必唯朕是償』的制約下，可見匡是想『用五田』來抵償那十秭之禾的。寧可割田，不肯償禾，在一定程度上反映了當時災情的嚴重。

曶或以匡季告東宮。曶曰：『必唯朕〔是〕償！』

〔或〕：通『又』。

〔必〕：銘文誤剔作十，劉心源釋。

〔是〕：據語言制約關係和『唯×是×』句式補。在語法功能上，它有提前並加強賓語的作用。償償還，指償還被寇之禾。『必唯朕是償』，必須償還給我！明確要禾。

這兩句大意是：曶見匡季不償禾，卻想用五田來頂十秭禾數，於是他又把匡季告到東宮。曶要求『必須賠償我（禾）！』——強調他要匡季賠償的是禾而不是田。

東宮迺曰：『償曶禾十秭，遺十秭，為廿秭。〔乃〕來歲弗償，則貸——卌秭！』

〔遺〕：加。楊樹達說。銘文作債，錢坫釋。

〔乃〕：若，如。銘文繡掩，譚戒甫補。

〔貸〕：借作倍，加倍。

〔卌〕：四十。『卌秭』，二十秭加倍為四十秭。于省吾說。

『東宮迺曰』以下兩句是東宮第二次裁決，專解決償禾問題。

東宮這次對匡季的處罰是：匡季賠償曶禾十秭，加上罰禾十秭，一共是二十秭。如果來年不如數賠償，就再加倍交給曶四十秭。

迺或即曶，用田二、又臣〔一〕〔夫〕。兂用即曶：田七田、人五夫。曶覓匡卅秭。

〔或〕：又。

〔即〕：付與。楊樹達說。

『迺或即曶』，主語『匡』省略。〔一〕

〔一夫〕：兩字銘文鏽掩，郭沫若補。

〔田七田〕：耕地七塊田。原來認交五田，這次又加上兩田，共計七田。

〔人五夫〕：『人犯』五名。原來認交自由民一人、奴隸三人，這次又加上一名奴隸，共計五人。

『兂用即曶：田七田、人五夫』是說：總計匡季拿出來交付給曶的是耕地七塊田、『人犯』五個人。

按：在『饉歲』的嚴重災情下，匡季來年賠償不出二十秭，再來年也更賠償不起四十秭。在曶再次控告，東宮二次判決的壓力下，匡季向曶商求並取得曶的同意。在再交出一名奴隸兩塊田的條件下，以田七田折合十秭，到第三年秋收時，再交齊其餘三十秭加罰禾穀。從而實現東宮罰禾四十秭的制裁。這是在執行公判的前提下，兩造私商，作了部分調整。

〔覓（*wān 彎）〕：⿰目又的或體字。銘文作，象用手抉取人眼之形。古音本在元部，是『捾』和『剜』的本字，有抉取、剜出或摳出的意思。

『曶覓匡卅秭』：曶摳出匡氏三十秭禾穀。從匡季拒不償禾到他認交三十秭，這是曶再次上告，從匡季手中硬摳出來的。所以曶用『覓』字表示勝利。

——以上是銘文第三段。

注：〔一〕、《散氏盤·跋》。見《積微居金文說》（增訂本）第三十三頁

附錄

曶鼎銘文意譯

（周懿）王元年六月既望乙亥那天，王在周（王城）穆王（廟）太室，（舉行策命儀式。史官向曶宣讀王命，他說：）『王是這樣說的：「曶！命令你接續你祖、父掌管占卜之事。賞給你火紅色的㠯市、鑾鈴、從事工作。」』

王在邍次駐地，（使）邢叔賞賜曶一百二十斤銅。曶受到從王那裡給予的賞賜。曶用這些銅鑄了個（爲祭祀）自己父親宄伯而用的煮肉大鼎。曶將萬古千秋地用它祭祀。子子孫孫該永遠寶愛！

（懿）王（元年）四月，既生霸，日辰在丁酉那天，——（這時）邢叔正在『異』（這個地方）執行法官職務。——曶使他的（家臣）小子𩵦把（效父的代表）限告到邢叔那裡。

（𩵦向邢叔控告說：）『我方已經用出了一匹馬、一束絲（和你方講定）從效父那裡，換取（你方）五名奴隸。（可是）限（帶着我方的馬、絲回去之後，卻又把它們帶了回來，向我）傳話說：「（這種交易沒有被批准）質人使我退還馬匹，效父使我退還你們的絲束。」質人、效父（使他）傳話（給我）說：「（按照）在王參門木版（上的禁令，你方必須）用包金銅貝改行價買。這五名奴隸得用一百鋝（包金銅貝）。（如果）不拿出五名奴隸的包金銅貝就（按違抗禁令）行罰！」（我方反對，）于是質人（就對我方）加罰和逼繳罰金。』

邢叔（听訟之後，宣判）說：『在「王人」（這一階層）才使用包金銅貝進行交易，（效父不是「王人」，參門木方禁令不適用于他。曶以物換物的交易不違法。曶）不能接受（質人發下的罰金通知書——）付別。曶不要使（𩵦）在質人那裡（同限按五夫百鋝）達成交易！

（宣判時，曶和效父都親自到案听判。）曶（聽到自己勝訴，向邢叔）拜手叩頭，（當堂）接過了（效父依原定交易成約交出的）五名奴隸（名單）：——陪、恒、艄、䊷、眚。

（邢叔）使人把（他對曶所控告的毀約逼錚的）『錚事』一案（判辭）告知質人。

（質人得到告知後，）于是使（效父派）限送給曶酒和羊（賠禮謝罪），（代質向曶宣佈）從此停止『錚事』（收回成命），因而（給曶）送到（按原約換取的）五名奴隸。

曶（趁着限到他那裡的機會）于是（通過限）向質人提出要求，說：『你應該交給贊五束箭，（公開承認「直」在我方，而你枉法不直！）』又說：『（你要保證這五名奴隸，）必須使他們住在他們（被指定的）地方，耕種他們（必須耕種的）田地。』

（限回去向質人轉達了曶的要求。）質人就使限（向曶）回報，說：『行！』

去年鬧災荒，匡氏的自由民和奴隸（一共）二十人，武裝搶奪了曶的禾十秭。

（曶）把匡季告到東宮（人名）那裡。

東宮于是（勒令匡季）說：『找出你們的（搶禾）人！如果不能得到他們，你們匡氏的懲罰就加大！』

匡季于是向曶叩頭（謝罪），交出五塊田；交出自由民一名，名叫嗌；交出奴隸（三人），㝵、朏、奠。（匡季）說：『（我只能）交出這四個人。』（他）叩頭，（發誓）說：『我無從找全搶禾「人犯」，找足搶奪的禾。（我的話如果）欺詐非實，（可動刑）鞭打我！』

曶（見匡季根本不賠償禾）又把匡季告到東宮。

曶說：『必須賠償我（禾）！』

東宮于是又（勒令匡季）說：『（匡）賠償曶（原失）禾十秭，加上（罰禾）十秭，（一共）是二十秭。如果來年不（如數）賠償，就加倍——四十秭！』

（在東宮二次處罰下，由于來年一次賠不起二十秭，匡季向曶懇求，取得曶的同意，在東宮判辭規定下，作了以田折禾的部分調整。匡季）于是又拿出田兩塊、奴隸一人，交給曶。總共拿出交給曶的，是田七塊、人五名。（以七塊田折合禾十秭，在來年不全數賠償的條件下）曶摳出匡季三十秭（禾）。

曶鼎銘文通釋後篇

曶鼎銘文疑難詞句試解

一、唯王元年

曶鼎「唯王元年」的王是誰？這是有爭論的。在還沒有發現更有力的證據之前，常敘以爲懿王說較爲近理。「唯王元年」是周懿王元年而「昔饉歲」是共王末年。所以這樣說，是因爲：

一、曶鼎明記兩王之事

「唯王元年」明示前王新近去世，新王紀年剛好半年。「昔饉歲」的昔通昨，昔歲即昨年亦即去年。元年而稱昔歲，明其事在新王建元之前一年，也就是前一王的最後一年。

曶和東宮都是歷事兩王的。曶在「唯王元年」受新王之命「司卜事」，而元年的前一年「昔饉歲」曶曾「以匡告東宮」。可見曶是生活于兩王之世的。東宮之名也見於效卣。效卣之銘說：「王雚于嘗。公，東宮內；饗于王。王錫公貝五十朋。公錫厥瀕子效王休貝廿朋」。效即曶鼎的效父。效父見于「唯王元年」而東宮見于「昔饉歲」。前王末年和新王元年年次相接，可見東宮也是曾事兩王的。

二、曶鼎所記之事在穆王之後

『唯王元年六月既望乙亥，王在周穆王大〔室〕』，說明當時穆王已死。它為曶鼎年代劃了一個上限，不得超過穆王。換句話說，這句話告訴我們：曶鼎是穆王以後的東西。

三，　穆王以迄夷王，只有穆、共、懿王位相承沒有重大變故

《史記·周本紀》：『穆王立五十五年崩，子共王繄扈立。……共王崩，子懿王囏立。……懿王崩，共王弟辟方立，是為孝王。孝王崩，諸侯復立懿王太子燮，是為夷王』。穆王到懿王都是父子相承，沒有重大變故。前王舊臣繼事新王，一般說來，可能性是比較大的。（參看本節附表）至于懿王到夷王，如崔述所說『懿王之崩，子若弟不得立，而立孝王。孝王之崩，子又不得立，而仍立懿王子。此必皆有其故，史失之耳』。〔一〕在王位繼承發生重大變革中，前王舊臣可能有很多不能再事新王。曶鼎人物多是歷事兩王的。這個現象和穆、共，共、懿的王位傳承比較相應。

四，　曶雖曾與共王時人同時，但不能定『唯王元年』之王必為共王

大家已經注意到『唯王元年六月既望乙亥』，在時間上，這一天正好同師虎簋『唯元年六月既望甲戌』相接。據此，說曶和師虎是同時的人，這是可信的。在師虎簋和七年趞曹鼎，師虎和趞曹都是由『邢伯入右』的。以邢伯為中介，可知師虎和趞曹同時。十五年趞曹鼎說『龔王（共王）在周新宮，王射于射廬。史趞曹錫弓矢虎盧□十殳』，明示趞曹是共王時人。那麽，與趞曹同時的師虎，與師虎同時的曶自然也都是共王時人了。

但是，王臣的政治生活不都是和王齊一的。曶鼎銘文的兩王關係說明了這一事實。因此，即使已知

注：〔一〕·《豐鎬考信錄》卷六·共王 懿王孝王。

曶在穆王之後，曾與共王時人同時，如果沒有更確切的佐證，也很難以推定這「唯王元年」的王必是共王。很顯然，它既有是共王的可能，也有是懿王的可能。在穆王已死的條件下，若元年為共，則「昔饉歲」為穆；「昔饉歲」為共，則元年為懿。可見僅僅知道曶曾與共王時人同時，還不能確定曶鼎「唯王元年」到底是哪一個王的紀元。

五、匡、效兩卣是解決曶鼎年代的鑰匙

匡卣說「唯四月初吉甲午，懿王在射廬，作象舞，匡甫象樂二」。

效卣說「唯四月初吉甲午，王雚于嘗。公、東宮內（入）。饗于王。王錫公貝五十朋，公錫厥瀕子效王休貝廿朋」。

在人物上，匡卣的匡、效卣的東宮和效，都見于曶鼎。

在時間上，兩卣都是「唯四月初吉甲午」。在人物和曶鼎相應的前提下，這個「四月初吉甲午」又正和曶鼎「唯王四月既生霸辰在丁酉」的月份、月相、日次相應。曶鼎月曆，如王國維所說，「（曶鼎）第三節之首明紀『昔饉歲』，則首、次兩節必為一歲中事。今以六月既望乙亥推之：假令既望為十七日，則是月己未朔；五月己丑朔；四月庚申朔，無丁酉。中間當有閏月，則四月當為庚寅朔，八日得丁酉」，〔一〕按四分月相，這一天正好進入既生霸中。既生霸之前是初吉。四月庚寅朔，則五日為甲午，甲午正在初吉期中。

在禮制上，效卣記的是「王雚于嘗。公、東宮內。饗于王」，雚禮帶饗。匡卣記的是「懿王在射廬，作象舞」。古人饗、射兩事往往相因。《禮記·內則》「成童舞象學射御」。射廬舞象，事在于射。饗、射相因，也在說明匡、效兩卣除以人物、時間和曶鼎取得互相證明外，在饗、射關係上也取得對立統一。

注：〔一〕《生霸死霸考》

在不失兩卣一鼎各自銘文的整體關係原則下，來研究三器時間問題，可以得出結論說：兩卣的「四月初吉甲午」和曶鼎「四月既生霸辰在丁酉」同屬曶鼎「唯王元年」。而「唯王元年」「四月初吉甲午，懿王在射廬」。那麽，這王自是周懿王無疑了。「唯王元年」爲周懿王紀元，則「昔饉歲」爲共王末年。這和曶曾與共王時人同時是相應的。

六、東宮禦敵和他曾在懿王之世相應

《漢書·匈奴傳》：「至穆王之孫懿王時，王室遂衰，戎狄交侵，暴虐中國，中國被其苦」。陖財簋「維東來攸，王命東宮追以六𠂤之年」。攸，即厲羌鐘「征秦遊齊」的遊，亦即申鼎「用征以迮」的迮。《文選》李善注引《聲類》「迮，迫也」。「來迮」和「侵」相應。東宮領兵追擊入侵之敵，和他爲懿王之臣相應。

七、「昔饉歲」和懿王二年王室大衰相應

《史記·周本紀》「懿王之時王室遂衰」。《帝王世紀》「周懿王二年，王室大衰，自鎬徙都犬邱」。爲什麽懿王二年「王室大衰」？史書没有明文記載。「二年」就「大衰」，即位不久就出現這種局面可能不是由於政治和軍事，因爲這兩者造成「王室大衰」一般是要經過一定過程的。從曶鼎看，「唯王元年」的前一年是「昔饉歲」，周懿王是在大饑饉的基礎上即位的。這個「饉歲」的嚴重程度使匡寧肯接受四十秭的重罰，也要躲開「來歲」（也就是後來的「唯王元年」）交二十秭較輕的罰禾。這種避輕就重的反常態度，説明當時灾情的嚴重和來年的無望，周王室所在地，經濟上遭受了難于恢復的破壞。「王室大衰」由于「饉歲」，「徙都犬邱」出于就食。這也是推定「昔饉歲」爲共王末年，而「唯王元年」爲懿王元年的一個佐證。

從以上七事可以説：曶、匡、東宮等人都曾先後歷事共、懿兩王。「昔饉歲」是共王末年，而「唯

王元年」是懿王元年。

附：參考表

春秋時代一臣事兩王三王表

以《春秋會要》周世系為例，自平王至敬王，十三王，執政之臣三十二，其中事一王者十八人，名不俱列。

事兩王者十一人：

1. 鄭伯寤生　平王、桓王
2. 虢公林父　桓王、莊王
3. 周公黑肩　桓王、莊王
4. 虢公醜　釐王、惠王
5. 宰孔　惠王、襄王
6. 王叔桓公　襄王、頃王
7. 毛伯衛　匡王、定王
8. 劉康公　定王、簡王
9. 單襄公　定王、簡王
10. 單靖公　靈王、景王
11. 單穆公　景王、敬王

事三王者三人：

1. 周公忌父　釐王、惠王、襄王
2. 周公閱　襄王、頃王、匡王
3. 王孫蘇　頃王、匡王、定王

二、曶

《說文》以曶為聲的字裡，有一個匫字。許慎說它是「古器也。」關於它的形制和作用，沒有說明。在古書裡，也找不到它的迹象。

隨縣曾侯乙墓出土了一些箱篋之類的容器。其中有些「漆盒」自記其名為「匫」。這個字的寫法，夏淥《釋匫》作了介紹，[一]茲轉錄如下：

如前所說，我們已知：一，《古老子》和《碧落文》都把□和□看作同詞或體，而其音爲忽。二，《說文》說它就是「鄭太子智」的「智」字，籀文作□。而智字又或寫作忽。以這兩點爲基礎，可以想到這些漆盒上的「匫」字，它可能就是《說文》的「□」。從而把它隸定爲「匫」，裘錫圭以爲：匫這個器名「顯然就是《說文·匚部》訓爲「古器」的「匫」字。由此可知清代人釋智鼎的「𦣻」爲「智」，雖然受到後人懷疑，實際上是可信的。」〔二〕

常叙按：釋「𦣻」爲「智」是可信的。但是，必須解除下一難點才能成立。因爲這幾個匫字，除以其自名之物證實它所寫詞的詞義就是這種「箱式」或「盒式」容器之外，誰也不知道這些東西叫甚麼名字，不知其詞。難定其音。由於對「𦣻」的認識有爭論，疑而未定，雖得其聲符，誰也不敢說它到底念啥。

特别是如前所舉，以「智」證「𦣻」，說它音讀若「忽」，散氏盤便是它的攔路虎。它托着一盤子「道」名，使它難以通過。

散氏盤銘文「封于艾𨕯」的「□」字，正好从「□」得聲。在銘文「封于𦸗道」，「封于原道」，「封于周道」，「封于眉道」，「封于𧮫逨道」，「封于同道」，一系列的「封于X道」的語言制約下，學者們都把它這個从𢓊□聲的□字看作那些从𢓊□聲的□的同詞或體字，——□的另一種書寫形式。𦣻和首既然都可作「道」的聲符，那麼𦣻、首、道三字當時必然同音。這是不言而喻的。首和道古音都在幽部。那麼，和它們同音的𦣻也自然是幽部的了。可是勿、忽、智古音都在物部。幽部之𦣻，它怎麼能成爲物部之智和忽呢？這是主張釋𦣻爲智的人所遇到的最關鍵性的難點。

但是，難點不等於「絶路」，問題並没有因此而結束。

侯馬盟書出土，爲這一疑團撥開了雲霧。《侯馬盟書》摹本，《委質類》，常見如下的習語：

注：〔一〕，《語言研究》一九八二年第二期。華中工學院中國語言研究所。
〔二〕，《談談隨縣曾侯乙墓的文字資料》《文物》一九七九年第七期。

1. ⿰彳夆逢之行道不之殺者　三：二六　P.260
2. 禺遇之行道而弗……　三：二五　P.260
3. ⿰彳禺遇之行道□□□者　一八五：一　P.273
4. 寓遇之行道弗殺　一五六：二〇　P.267
5. 見之行道而弗伐弗□　一五六：一九　P.266
6. 見之行道而弗殺者　一五六：二四　P.269
7. 見之行彳而□殺者　一八：五　P.262
8. □□行道而弗殺　一五六：二一　P.267
9. □□行道而弗殺　一七九：一四　P.271
10. 見之行⿺辶舀而弗□　一八：一　P.261
11. 見之行道而□□　一七九：一六　P.272
12. 見之于行道□□之□□　三：二四　P.259
13. 見之行道者不……　一五六：二六　P.269
14. 見之行道弗……　九一：五　P.265

在這十四條語例中，從文字形體結構來分，就『行×』來說，可分兩類：一，『行道』，二，『行⿺辶舀』，前者十二條；後者兩條，其中一條殘筆從『彳』可辨。在同類語言制約下，這兩條从『舀』得聲的『⿺辶舀』字無疑是『行道』之『道』的同詞或體。現在把它彙集在一起，分別排列如下，以便對照：

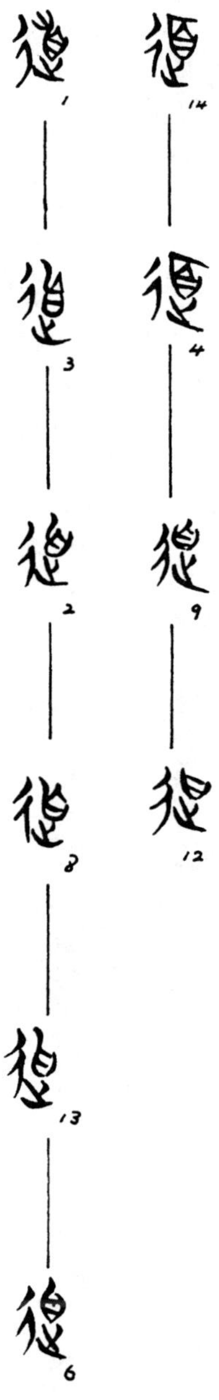

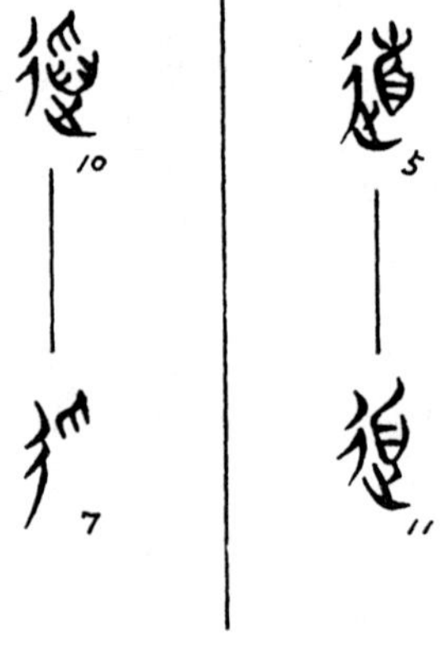

阿拉伯數字爲本文所舉《侯馬盟書》例次，「1」指此「道」字乃前舉例1「徫逢之行道不之殺者」的「道」字。以下各數類推。

「7」彳是道的殘文。見前例第7條。

《春秋》襄公五年夏，「仲孫蔑、衛孫林父，會吳于善道。」同年《左傳》說「晉人將爲之合諸侯，使魯衛先會吳，且告會期。故孟獻子、孫文子，會吳于善道。」《公羊傳》和《穀梁傳》這年這事都只寫「仲孫蔑、衛孫林父，會吳于善稻。」《穀梁》在句下自作解說，說「吳謂『善』——伊，謂『稻』——緩。」說明其地吳語謂之伊緩。「善道」而或寫爲「善稻」，也表明：「稻」這個从「舀」得聲之字是與「道」同音的，

《列子·黃帝》「呂梁懸水三十仞，流沫三十里，黿鼉魚鼈所不能游，向吾見子道之，以爲有苦而欲死者。」張湛注「道當爲蹈。」《荀子·禮論》「道及士大夫」，《史記·禮書》用其文，寫作「啗及士大夫」（今本「啗」作「函」）。司馬貞《索隱》據《大戴禮》作「導及士大夫」，說「今此爲啗者，當以導與蹈同，後足字失止，唯有口存，故使解者穿鑿也。」他認爲《史記》引用《荀子》是把「道」寫作「蹈」的。由於隸書簡化，把「蹈」寫作「踔」，後又失去足下之止，遂成爲「啗」。這也反映「道」與从「舀」得聲之「蹈」同音。

「首」和「舀」古音都在幽部。「道」與「稻」同音，而「道」與「遒」同詞而或體。就古幽部字來說，這種性質的或體字是比較多的。謹就其形符相同者略舉數例：

脩，从目攸聲。攸，幽部　目丩，脩或从丩。丩，幽部

罒包，从网包聲。包，幽部　罦，罒包或从孚。孚，幽部

這類例子很多。我們說：它們在寫詞法上是同一性質的，寫出的字卻是各式各樣的。例如：

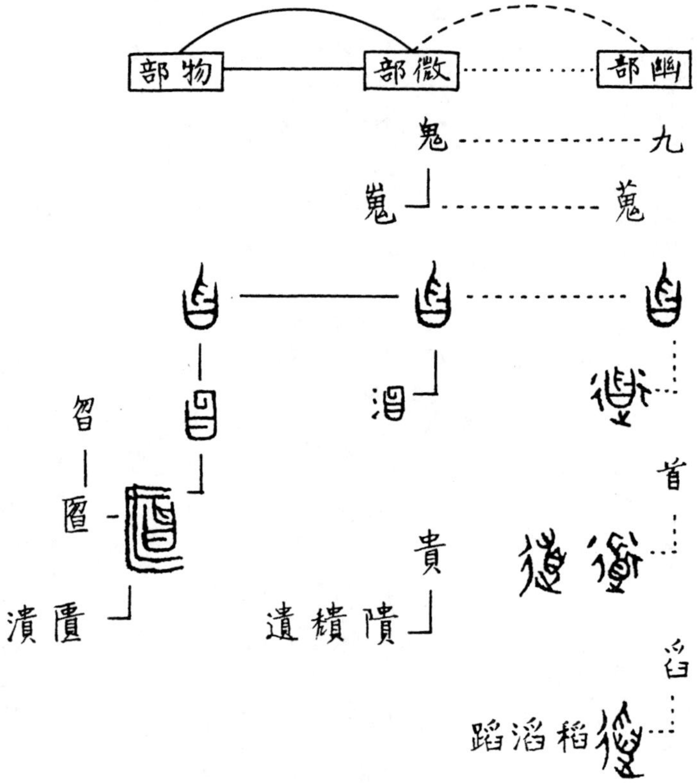

侯馬盟書
散氏盤

散氏盤和侯馬盟書「道」字同詞異體，出現三種寫法：从首、从𩠐、从舀。它們所在韵部卻是一個，都是幽部字。

再說，「九」聲字它也在幽部，《史記·殷本紀》「以西伯昌、九侯、鄂侯為三公。」可是《集解》引徐廣曰，「九侯，一作鬼侯。」九在幽部而鬼在微部。當時，必有把「九」讀作「鬼」的，從而形成了幽微通轉。

《詩經》音研究很細，這是學者們的成績。但是，它前後的，雅言與方音的區別則是不够的。還以鬼字為例，鬼在微部，而「媿」「嵬」是它的同部。可是《穀梁傳》桓公四年，「秋曰蒐」，范甯《集解》說「蒐，所由反，麋氏本又作「搜」」，音同，」是「蒐」本在幽部。本在幽部。自幽轉微，遂成為「泪」。《王一》去聲，「泪，大清。」（泪，據《廣韵》去聲十八隊改為泪。）自微轉物，即自[*-əi]轉[*-ət]，遂成為。曾侯乙墓出土二十八宿青龍白虎盒（箱）陰處刻文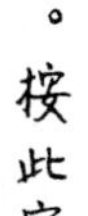，遂成物名。按此字即《說文》變形之「」，古器也。」此字寫在盒上，表明此「古器」之形制，就是當時之器名。「匱，匣也，」「匣，匱也，」「匵，匱也，」都是盒或箱一類的東西，而匱正是古音物部字——「」。

是古方音詞，其在幽部者爲『道』，其在微部者爲『湄』，其在微之入聲者爲『匫』；其分在微部者，爲『貴』『隤』『遺』爲『積』，其分在物部者爲『匱』爲『潰』。

三、庢

『庢』和『空』是同一詞在書寫形式上的或體。此字釋者多家，或以爲居吴大澂，或以爲位唐蘭，或以爲廙陳夢家。拙稿《天亡𣪘問字疑年》以之爲次。曶鼎又有此字。這裡略補數事，以足前文之意。

（一）庢的某些作用有的近似王宮

庢和大室有一定關係。周金文常見王在某宮，格大室，以行冊命之事。師虎簋『王在杜空，徣于大室，井白邢伯內右師虎即立中廷，北卿嚮。王乎內史吴曰：「冊令命虎，」』和它相似。就這一點來說，庢和宮一樣，都是可以從它直接『格于大室』的。

王在太室冊命之後，還可退而在庢。曶鼎『王在周穆王大「室，王」若曰：「曶，命汝更乃祖考𤔲卜事，錫汝赤⊗「市鑾」用事。』大室冊命之前，雖然未見『在宮』『在庢』之句；但是從它的下文『王在邅庢，井叔錫曶赤金𨥫石。曶受休「命于」王』可知：這是王在大室舉行冊命儀式之後，從大室退到邅庢的。因爲它們都是『唯王元年六月既望乙亥』這一天的事。而『曶受休命于王』這句話說明『赤金𨥫』是王命井叔賜給的。——式後退居邅次，說明王在大室冊命之前，也應是先在邅次的。

除作爲王格大室前後的居停處外，對以下諸事，庢的用場也是和宮相似的：

中觶『王錫中馬自𨸏庢三』，曶鼎『王在邅庢，井弔叔錫曶赤金𨥫石』，王在庢，可以於之行賞賜物。

不栺方鼎『王在上侯庢，𠦪𩞁，不栺錫貝十朋。』庢這個地方不但可以於之行賞賜物，而且也還可以行祭。

長甶盉"穆王在下減㡎，穆王鄉豊（饗醴），即井白（伯）、大祝射。"王在㡎，可以於之饗、射。

農卣"隹正月甲午，王在𢈪㡎。王窺（親）命白（伯）𥁕曰：「毋卑（俾）農弋（特）！事（使）氒友妻農，廼稟氒帑。

〔一〕王在㡎，可以指令其臣。

這些可以見之於宮的關係和作用，是不是說明㡎和宮是同類建築物呢？

（二），可是㡎並不同於王宮

在地域上，㡎並不都在王城。

西周金文，"㡎"總是和王的行止相關的。師旋簋"王在減㡎"、長甶盉"穆王在下減㡎"、不栺方鼎"王在上侯㡎"、曶鼎"王在䢅㡎"、師虎簋"王在杜宔"、農卣"王在𢈪㡎"，這一類都是"王在X㡎"。其不提"王在"者，如中觶"王錫中馬自𨗨㡎三"、趞鼎"王逆于楚麓。命小臣夌先省楚㡎。王至于逆㡎。"如陳夢家所說，"其前總是一地名。"〔二〕也有在"㡎"前直着"王"字者，如中甗鼎三"執王㡎，在夔㒸真山。"實際上也是與地名相關的。

從㡎的所在地看，有的在王城，有的遠在王城之外。

其在王城者：

杜宔　在王城，以師虎簋"王在杜宔，格于大室"知之。

䢅㡎　在王城，以曶鼎"王在周穆王大〔室〕"，冊命曶後，退居"䢅㡎"知之。

減㡎　在王城，以師旋簋"王在減㡎，甲寅，王格廟"知之。

下減㡎　在王城，以長甶盉的"下減㡎"和師旋簋的"減㡎"的地名關係知之。

其在王城之外者：

注：〔一〕、句讀從楊樹達《積微居金文說》一二五頁《農卣跋》〔二〕、《西周銅器斷代（五）》考古學報一九五六年第三期。

上厍应

不栺方鼎：「隹八月既望戊辰，王才在上厍应。」

上厍，地名。師艅鼎：「王女如上厍。師艅從。」啓卣：「王出獸狩南山，寏遷山谷，至于上厍浣川上。啓從征，堇勤不𤔔。」啓尊：「啓從王南征，遷山谷，在洀水上。」從王南征，出獸，遷（遷）山谷而至于上厍之地，可知這個「上厍应」是遠在王城之外的。

楚应　逆应

𡚬鼎：「正月，王才在成周。王逆于楚菉。令命小臣𡚬先眚省楚应。王至于逆应。無遣譴。小臣𡚬易錫鼎貝馬兩。」

楚应，楚菉之地為王所設之应。逆应，迎王之应。王在成周。王被楚菉所迎。王命令小臣𡚬先到那裡察看，即將前去駐在的，楚菉之地的「行在所」——楚应。王到達這個迎王之館「逆应」，（很滿意）沒有什麽可指責的。為此，小臣𡚬被王賜給貝和馬。楚应即逆应，在這個銘文之中，它們也是遠在王城之外的。

埶王应在夒𨻰貞山　埶应在曲

中齋鼎三：「隹王令命南宮伐反虎方之年，王令命中先眚省南或國貫行，埶槷王应在夒𨻰貞山。」

中甗：「王令命中先眚省南或貫行，埶槷应在曲。」

為王省南國貫行，命令中先去察看，並且在那裡為王埶槷应。一個點採在夒𨻰貞山，一個點採在曲地。在南國臨時設应，可知它必遠在王城之外。

在性質上，应是臨時測置的「行在所」。

中齋鼎三：隹唯王令命南宮伐反虎方之年，王令命中先眚省南或國貫行，埶槷王应在夒𨻰貞山。中乎歸饋生𩁹鳳于王。訊揚乎寶彝。王復齋《鐘鼎款識》二十九葉周南宮方鼎

中甗：王令命中先眚省南或國貫行，埶槷应在曲。史兒至，㠯以王令命曰：「余令命女汝事女汝史事小大邦，……

「埶王应」和「埶应在曲」的「埶」，即石鼓文埶、毛公鼎埶字。从丮持木植于土上，是樹蓺之蓺的本字。在中器齋鼎甗銘文中，用作「槷」字。《周禮·考工記》：「匠人建國，水地以縣，置槷以縣，眡以景。爲規，識日出之景與日入之景。晝參諸日中之景，夜考之極星，以正朝夕。」鄭玄說：「於四角立植，而縣以水，望其高下。高下既定，乃爲位而平地。」又說：「槷，古文臬，假借字，於所平之地中央，樹八尺之臬，以縣正之。眡之以其景，將以正四方也。」然後，再以槷爲中心而畫一圓圈，在圈上記出：日出時和日入時的「槷」影所在位置。從而分出東、西。並在此基礎上，白天參之以日中之影，夜間考之以北極星，以確定出正南正北，正東正西方向。這是在空曠之地，爲王設应時，必須先作好的方位測量工作。

「埶王应」和「埶应」的「埶」，在這兩器銘文中，都是動詞，——它包括測地平「水地以縣」和定方位「置槷以縣，眡以景」在内的一系列行事，——以測定設置「王应」的地基。

「王令命中先省有南或國囗行」，在中齋鼎三和中甗銘文裡，它是「埶王应在夒䧅真山」和「埶王应在曲」的共同事因。可知中受王命先省南國的任務之一就是：按照王的行程，在他先後駐蹕之處，分别選地測置「王应」。這一事實表明：「王应」是一種隨事隨地爲王臨時設置的「行在所」。它和固定的永久性的宗廟宫室建築在性質上是大不相同的。

附録

關於「埶于寶彝」和「中埶王休」兩個「埶」字的問題

或者有人問：中齋鼎二、三兩器同文，都是一銘兩見「埶」字。「埶王应」的埶既然説是槷字，那麼，它們的後文「埶于寶彝」和中觶「中埶王休」的埶，難道也都用作槷字？

問得有理。關於這個問題，我是這樣看的：

吳闓生《文録》把埶寫作埶。他説「埶于寶彝」的埶，「埶猶揚也。」從金文習語來説，吳氏實得其意，可是「埶」所寫詞没有「揚」義。在詞的書寫形式上也通不過。

常叙案：『埶于寶彝』的『埶』原是『□』字，以鏽掩泐蝕而變形致誤。中齋鼎三這個埶字是見於《嘯堂》和《法帖》的，可是王復齋《鐘鼎款識》却不是如此寫的。它是寫作□的。□和□□都不相似。復齋此本乃畢良史以青牋親題其目以呈秦熺者。摹本出于在盱眙榷場所得古器。原題『周南宮方鼎』青牋猶存，當是原拓。以羌鼎『羌對揚君命于彝』和周金文揚或作□例之。知此□字當是□的鏽蝕殘文。

□殘泐為□。□的⊙字大部鏽掩，只剩下底部殘弧作『一』，而與其下方丁字橫筆以泐痕相連成『工』；而丁的末筆丿，其下半被泐蝕，與◣形瘢痕相交，出現了□形。這樣，遂使□字殘文形變為□。

因此說：左□右□的□應是□的殘泐。

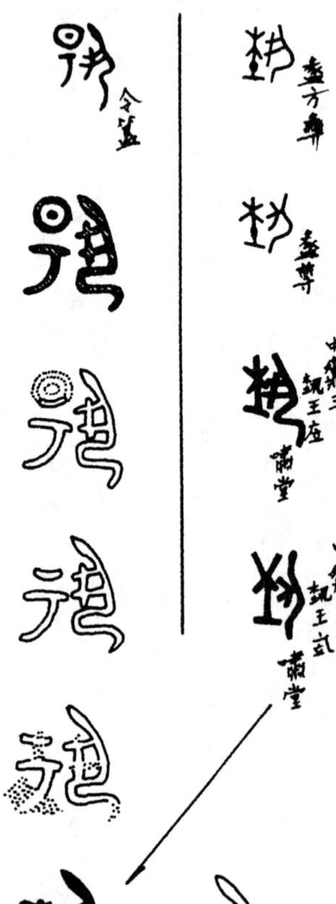

□的左上部工形和土字相似。在本銘『□王应』的□字的影響下，《嘯堂》把它摹寫成□，以其下部為瘢痕；而《法帖》則把瘢痕底部誤認為『一』的泐文，遂把它摹成□字。殘文類化，遂又使中觶的『中□王休』摹成『中□王休』，中齋二的『□于寶彝』的□變而為□。

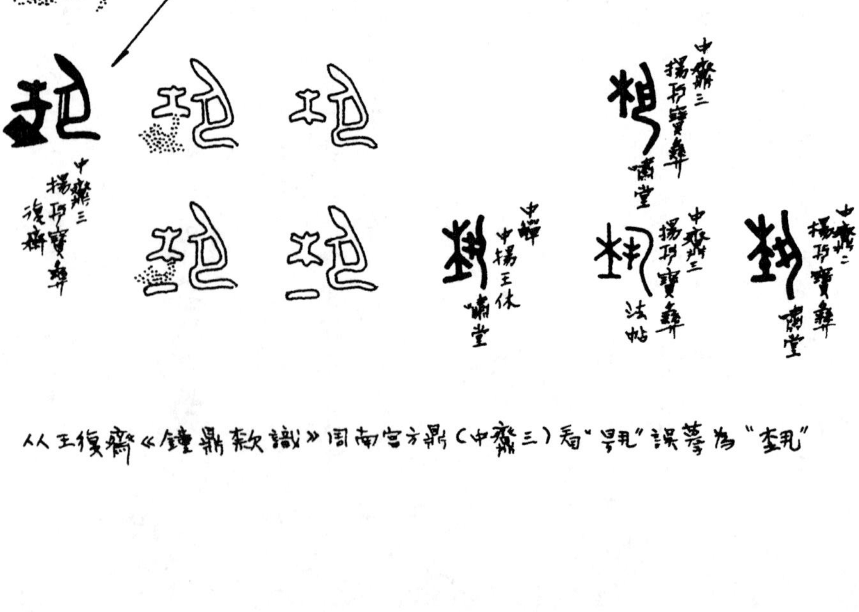

从王復齋《鐘鼎款識》周南宮方鼎（中齋三）看“□”誤摹為“□”

（三）、应和旅的依存關係和啓示

中觶：“大眚省公族于庚辰旅。王易錫中馬自䧹应三，𩦯南宫兄。王曰：「用先！」……。”“公族”，如《左傳》文公七年，“（宋）昭公將去群公子。樂豫曰：「不可。公族，公室之枝葉也。若去之，則本根無所庇陰矣！」”以群公子爲公族，這是它的一義。《左傳》成公十八年，“晉侯悼公即位于朝。……使魏相、士魴、魏頡、趙武爲卿，荀家、荀會、欒黶、韓無忌爲公族大夫，使訓卿之子弟共儉孝悌。”八年之後，襄公七年，“晉韓獻子告老，公族穆子有廢疾，將立之。辭曰：「……無忌不才，讓其可乎？請立起也。」”穆子即韓無忌。這個“公族”是公族大夫的簡稱。《晉語·九》“昔先主文子少釁於難，從姬氏於公宫，有孝德，以出在公族，……有武德，以羞爲正卿。”“出在公族”，韋氏解云“爲公族大夫”。《晉語·二》“驪姬既殺太子申生，……盡逐群公子，乃立奚齊焉。始爲令，國無公族焉。”《左傳》宣公二年，“初驪姬之亂，詛無畜群公子，自是晉無公族。”杜氏注“無公子，故廢公族之官。”孔疏引孔晁《國語》云，“公族大夫掌公族及卿大夫子弟之官。”這又是一義。

番生簋　王令𤔲𤔲公族、卿事、大史寮。

毛公鼎　命女𤔲𤔲公族雩與參有𤔲、小子、師氏、虎臣雩與朕褻褻事。

牧簋　公族𢆶入右牧立中廷

師酉簋　公族𡉚釐入右師酉立中廷

這些公族和中觶“王大眚省公族”的公族都是公族大夫。

公族成員或公族大夫，不拘哪一方面，在周王“大眚”的情况下，到場被“省”之人一定是比較多的。由此可知這個“大省”的場所一定比較大，是可以容納多人的。爲了“大省公族”，王不在宫，不在大室，也不在廟，而是在䧹应，——一個臨時行在之所。在這兩個條件的制約下，可知“庚辰旅”的“旅”和“䧹应”之“应”是相須而立的。“旅”爲“公族”所聚之處，而“应”爲王的行在。這樣看來，“旅”疑是“旅幕”之“旅”。《周禮·天官·掌次》“凡祭祀，張其旅幕。”鄭玄以“衆”

解「旅」，以「張大幕」解「張其旅幕」。「大省公族」雖然不是祭祀，可是各公族的公族大夫，或一公族的公族大夫在一起被「省」時，人多，須張大幕。「庚贏旅」即設在庚贏之地的旅幕。庢非宮，而與旅幕相對，則旅爲大次，而庢在這裡相對地成爲小次。

（四）、庢廙的音義關係和王次之次

陳夢家在《西周銅器斷代》中，對庢的音義作了很好的探索[一]。他從卜辭「羽日」或以「立」爲聲符（寫作「翊」），小盂鼎則又从日从羽从立；而《說文》「昱，明日也，从日立聲。」而這個从羽立聲的「翌日」，在《尚書》的《大誥》《召誥》《顧命》諸篇裡都寫作「翼日」，認爲它們可證「立」「異」同音。而《廣韵》職部昱、翊、廙、翼等字俱作與職切。說：「是金文之庢即《說文》之「廙，行屋也。」」

他又說：「揚毁有司庢之官，即《周禮》「幕人掌幕幄帟綬之事」，鄭衆注云「帟，平帳也」，字與廙近。」

按：「庢」是「王在」之處，「廙」爲「行屋」，都是已經完成的居處。從《周禮》的《幕人》和《掌次》來看，「凡朝覲會同、軍旅、田役、祭祀，共其帷、幕、幄、帟、綬」幕人「師田，則張幕，設重帟重案」掌次。是幕人之職：平時，只在保管帷、幕、帳、帟、綬等組建成件；在「張事」時，則向掌次供應以張「王次」的組建成件（說見後文）。帟小于幕，而組件並不等於已成的「行屋」。陳說在這一點上還有待於研究。

○ 從「立」得聲之字古語有與「次」同音之迹

「翌」「翼」古同音，而「立」「異」都有音轉入脂微的餘迹。

注：[一]、《西周銅器斷代（五）》考古學報一九五六年第三期第一二三頁。

《說文》『冀，从北異聲，』異在之部，而冀在脂部。《左傳》哀公十六年，『日日以幾』，《釋文》『以幾：音冀。本或作冀。』幾在微，冀在脂。脂微音近。這是異音轉入脂微的餘迹。

『立』西周金文與『位』同字。如毛公鼎『嚳朕立位，……余一人在立位，』以『立』爲『位』。如頌鼎『王各格大室，即立位。宰弘右頌入門，立中廷，』既以之爲『位』，又以之爲『立』。《周禮·春官》『小宗伯之職，掌建國之神位。』鄭玄注『故書「位」作「立」，鄭司農云「立，讀爲位。古者立、位同字。古文《春秋經》，公即位爲公即立。」』立在緝部，而位在微部。《詩·周頌·時邁》『明昭有周，式序在位。載戢干戈，載櫜弓矢。』位在微，而矢在脂，脂微音近而合韻。這是立音轉入脂微的踪迹。

『異』和『立』古聲母又都有齒音迹象。

《說文》『禩，祀或从異［聲］。』作册大鼎『公来鑄武王成王異鼎。』郭沫若、容庚並據《說文》以『異』爲『禩』，釋『異鼎』爲『祀鼎』。『祀』古聲爲邪母。從異和祀同音，可知異在古代有聲入齒音之迹。

《說文》『颯，从風立聲。』《後漢書·班固傳·東都賦》『鳳蓋颯灑，和鑾玲瓏。』『颯灑』雙聲連語。陳後主詩『季冬初陽始，寒氣尚蕭颯。』陳、江總《修心賦》『雨鳴林而翛颯。』『蕭颯』『翛颯』也都是雙聲連語。颯和蕭、翛都是心母，而灑爲生母，都是齒音。《儀禮·鄉射禮》『執旌負侯而俟。』《大射》『三耦俟于次北。』鄭玄並云『今文俟爲立。』古聲俟在崇母。颯从立聲而與灑、蕭、翛雙聲，俟在崇母而與立同詞異文，是立的古聲母也有聲在齒音的踪迹。

『⿸广立』爲立聲之字，像這些遺迹所示，它以齒音爲聲，以脂微爲韵，則其詞的語音形式與《掌次》之『王次』『大次』『小次』之『次』相同；與西周金文『在X師』从𠂤朿聲的『師』同音。（師和朿同聲符，古音在脂部齒音精母。）

㊁、『廙』爲『行屋』和『行屋』爲『次』

陳夢家說：『金文之⿸广立即《說文》之「廙，行屋也」，亦見殷、周之際金文后且丁尊「辛亥王才廙降令曰」。揚毀有司㡲之官，即《周禮》「幕人掌幕幄帟綬之事」，鄭衆注云「帟，平帳也」，字與㢠近。」

案：《周禮·天官》「幕人掌帷、幕、幄、帟、綬之事。」鄭玄注：「在旁曰帷，在上曰幕，——幕或在地展陳于上。帷幕皆以布爲之。四合象宫室曰幄，王所居之帷也。」又說「帟，王在幕若幄中坐上承塵。幄、帟，皆以繒爲之。凡四物　帷幕幄帟　者，以綬連繫焉。」帟僅僅是「幕若幄中坐上承塵」，和「行屋」之義並不相當。

《周禮》幕人和掌次是一事的兩官。前者掌管和供應張設「王次」的，包括帶子在内的，豫製組件。後者則把幕人提供的帷、幕、幄、帟四種豫製組件和綬（帶子），按王、侯、事的等級和性質，照規定的法度把它們組建起來，以供使用。

從《周禮》「掌次，掌王次之灋，以待張事」這段文章看，所「張」者，有「次」「幕」「帟」；所設　者，有「帟」「案」。因人，因事，張、設不同。從下到《掌次張設關係表》可以看出：「帟」是不能和「㡲」「㢠」相當的。

事	張：次	張：幕	張：帟	設：帟	設：案
王朝日祀五帝	則張大次、小次			設重帟	重案
合諸侯	〃			〃	〃
師田		則張幕		設重帟	重案
諸侯朝覲會同	則張大次、小次				
師田		則張幕			設案
孤卿有邦事		則張幕			設案
凡喪：王			則張帟三重		
凡喪：諸侯			再重		

孤卿 大夫			不重
凡祭祀	張尸次	則張其旅幕	
射	則張耦次		

《掌次》雖「掌王次之灋」，可是《周禮》並沒有寫明究所「張」之「次」是什麼形式。但是，我們把《幕人》和《掌次》聯繫起來，從所供豫製組件的使用，可以看到一些痕迹。

在《幕人》所供四物中，《掌次》「張事」有時只提一物，如「張幕」「張其旅幕」或「張帟ㄨ重」；有時一物不提，只説「張次」，如「張大次、小次」「張尸次」「張耦次」。只提一物，其它三物不在張事。不提一物者，則四物皆張，無一不用。

四物皆張，其名爲「次」。因知「王次」「大次」「小次」「尸次」「耦次」之次，都是其旁有帷，其上有幕，其中有幄，有承塵之帟的。它和只張幕、帟的簡式張設不同。由此可知以「行屋」爲義的「廙」，它不是和「帟」相近，而是與「次」相當的。

《説文》「，古文次，」象帷幕幄帟張設重覆之形。它和《幕人》《掌次》所説的張次之事相應，當是王次、大次、小次之「次」的象形字。但是，這個「古文」不見於西周金文。我們知道兩個事情：一，古鉢文「立」作，秦詔版「立」作。二，周金文「易」，由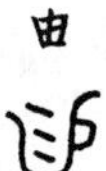德鼎簡寫作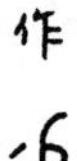史話簋，尚存半器之形。其詞之音似瓶，易在錫部，《小雅·何人斯》第六章以「易」與支部「知」「祇」陰入通叶。其字之形似鳥張翄，遂變而象鳥翅之形作毛公鼎（二）。三，《汗簡》上之二，竹部，「次」字作「」。這三事，使我們考慮到古文可能是在寫作時，以其層層相覆有似帷幕「次」張之形，遂由而，而，並於頂上着飾，變成，致使原來形聲之字轉變爲象形。

(五)，𤔲宄就是司次

揚簋：王乎內史＝失（史佚）冊令（命）䍑（揚）。王若曰：『䍑，乍（作）𤔲工！官𤔲量田甸、眔𤔲空、眔𤔲□、眔𤔲寇、眔工事。（另一器作「眔工司」）』

『空』即『庍』，从宀與从广同義。陳夢家釋『𤔲□』為『司茨』。他既說『司茨』，即《周禮》之掌次，鄭玄注云「次，幄也。」〔一〕又說『揚毀有司庍之官，即《周禮》「幕人掌「帷」幕幄帟綬之事」，鄭衆注云「帟，平帳也。」〔二〕『司空，司王之行屋，即《周禮》幕人之職。』〔三〕『茨』既爲幄，而『𤔲空』又掌幄帟，合兩官爲一官，已失揚簋銘文分『𤔲』原意。何況『□』从又从屮屮與『□』同類，字並不从『次』。

通過前面一些初步考察，我們知道：庍（空）字所寫的詞，它所概括的事物對象，有以下這些特點：一，庍是一種可以設置于王城內外乃至更遠地方的臨時建置。二，『王庍』在性質上有點兒像後世所說的『行在所』。除不能用它舉行冊命式典外，王可以用它對他的臣下令、賞賜、舉行一般性的祭禮、饗醴、合射。三，庍，爲了彼此區別，往往加以所在地名，謂之『X庍』；表示爲王而作，謂之『王庍』。四，『王庍』的建置，首先要進行選地測向以定方位。五，庍是『行屋』，而不是幕、帟。六，王庍是可以和『旅幕』相須而立的。

根據這些特點，我們感到它跟《周禮·掌次》的『次』很相似。

從古代銘刻（甲骨文、古金文）、古代典籍等書面語言中，陳夢家首證『立』『異』古同音。在這一基礎上，我們又看這對古同音詞，在古音變化中，『立』聲之字，有韻入脂微，而聲入齒音的痕迹。『立』『位』同字，而『位』入於微。脂微音近，而有齒音迹象。把這些情況，放在古書語言（包括銘刻和典籍言語）來考慮，說『庍（空）』應是『掌次』之『次』的本字。中齍三的『埶槷王庍』相當於《掌次》張『王次』之相地定向。揚簋之『𤔲空』相當於《周禮·天官》的『掌次』。

『次』與『𠂤』古同音，都是脂部齒音詞。王所止息之所，爲『庍』；師之所止，爲『師』。它們一事分化古金文因事而異其形聲。典籍簡化，它們又同借『次』字爲之。

注：〔一〕、〔三〕《西周銅器斷代（六）》考古學報一九五六年第四期一二一頁。〔二〕《西周銅器斷代（五）》考古學報一九五六年三期一三三頁，陳氏引文挩『帷』字。

四、赤金⿱𣏟⿰金勹

⿱𣏟⿰金勹，錢坫釋⿱𣏟金璑，朱爲弼釋琳，劉心源釋璞，郭沫若釋⿱𣏟⿰金勹，譚戒甫釋鬱。這些釋文都與字的結構不合，因而都没有得到它所寫的詞以及這個詞在銘文中的對立統一關係。

常叔按：⿱𣏟⿰金勹，是『四鈞爲石』的石本字，从⿰金勹𣏟聲。——⿰金勹，古鈞字，而𣏟則是古㭊（析）字，石是它的假借字。

所以這樣説，是因爲：

（一）在字形結構上，銘文⿱𣏟⿰金勹是由⿰金勹和𣏟兩字構成的。

全是古鈞字，全从金而不从玉。曶鼎本句『赤金⿱𣏟⿰金勹』的金字寫作全，它和全下所从的全結構相同，可以爲證。全从勹，既不从人，又不从勹。殷虛卜辭旬字作旬或旬。西周金文从勹之字也或从勹。筍伯盨的筍字，器文作筍而蓋文作筍，就是它的例子。曶鼎⿱𣏟⿰金勹下⿰金勹字所从的全，它的末筆右半微曲而上翹，其勢與人的末筆弧度隔鏽相接，原字當寫作全。陵子盤的鈞字作全，全勹兩形末筆相接，合爲一體，可以爲例。殷虛卜辭以勹、勹爲旬。後在勹中注⊖，遂孳乳爲旬字。从勹得聲猶从旬得聲。《説文》『古文鈞从旬』作『⿱旬金』，正同全从全勹聲是一致的。周金文旬字或从勻聲作旬子禾子釜的鈞字寫作⿱旬金也是按从金旬聲造字的。從以上幾點看來，可以説全是从金勹（旬）聲的鈞字。

𣏟是古析字之省⿱𣏟⿰金勹的上半部，拓本分明作𣏟左側之朩，上有Y角，中有側出，而下横短平左端微沾鏽花，其形乃是一倒寫的『夫』字，因鏽掩而失其一臂，它和林字是迥然有别的。自錢坫以來，多把它看作『林』字，這是不合銘文實際的。𣏟的字形應是左朩右木，而不是『二木成林」的。

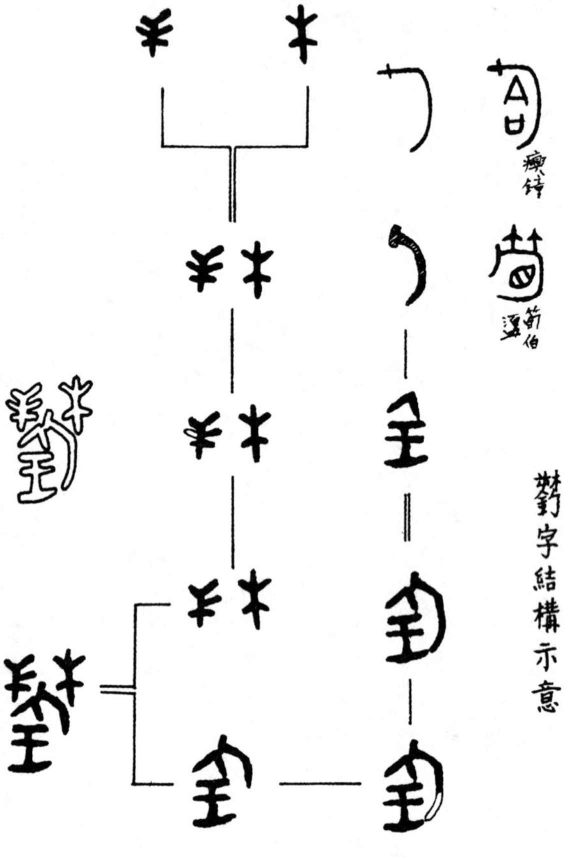

對字結構示意

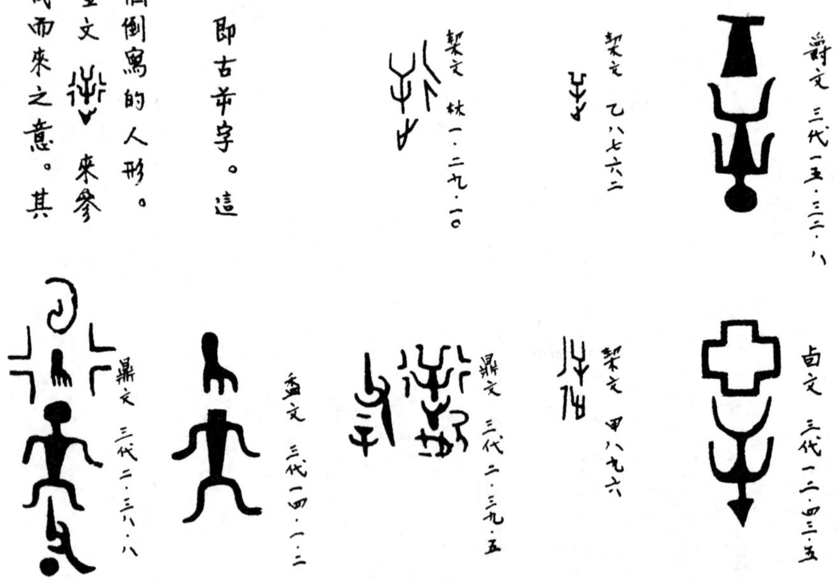

屰和屰止𢓜的形象

敘按：□左□右□是「麻」（古柝字）的省文。□即古屰字。這裡且從屰字說起：

甲骨文和古金文都有□字，它的或體作□，是一個倒寫的人形。人沒有以頭拄地而手足向天的倒植之理。以甲骨文□和古金文□來參看，□以兩腳爲其起點方位，以頭表示行進方向，有自對方向我而來之意。其頭作▼者，乃以尖端指示他逆向而來的前進趨向。

人自對方向我而來，我舉趾迎之，這一事態，殷周文字以□或□和□的相互制約關係在對立統一中，顯示了它的意象。（單用時，作□形以見意；與□對構時，重在趾向和頭向的對迎，而不拘整體的倒正）。人來，迎之于路，加 □ 形以象通衢，其字作 □，則迎人之意更是顯而易見。□ 簡化為 □，□ 經小篆整齊，變而為 □（秦嶧山刻石徐鉉摹本），在此基礎上，又隸變為逆（曹全碑）。

在字形結構上，□ 的形象如同倒寫的 □ 字。而 □ 在簡化中，為了突出它的尖端作用，或化而為 □，或簡化寫作 □。從而出現了 □ □ 同文而別體的現象。

屰字形變舉要與曶鼎□字聲符的來歷

1. 明二一八一
2. 前八·六·五
3. 乙一七八六
4. 京津三〇四五
5. 乙六九四八
6. 佚七六六
7. 後二·一一·一五
8. 京津一二八四
9. 乙八八九六
10. 甲八九六
11. 前六·四〇·五
12. 甲二〇一一
13. 師友一·一八八
14. 拾一二·一〇
15. 鬲比簋
16. 目父癸爵
17. 陪侯簋
18. 㝬鐘
19. 令簋
20. 伯□父鼎
21. 伯者父簋
22. 汗簡
23. 說文
24. 說文
25. 父丁爵
26. 欶簋
27. 十一惪鼎
28. 侯馬盟書
29. 說文
30. 說文
31. 說文
32. 古鉨
33. 師湯父鼎
34. 中山王嚳壺
35. 鄂君啓舟節
36. 繹山刻石
37. 陳逆簋
38. 曶鼎"□"字

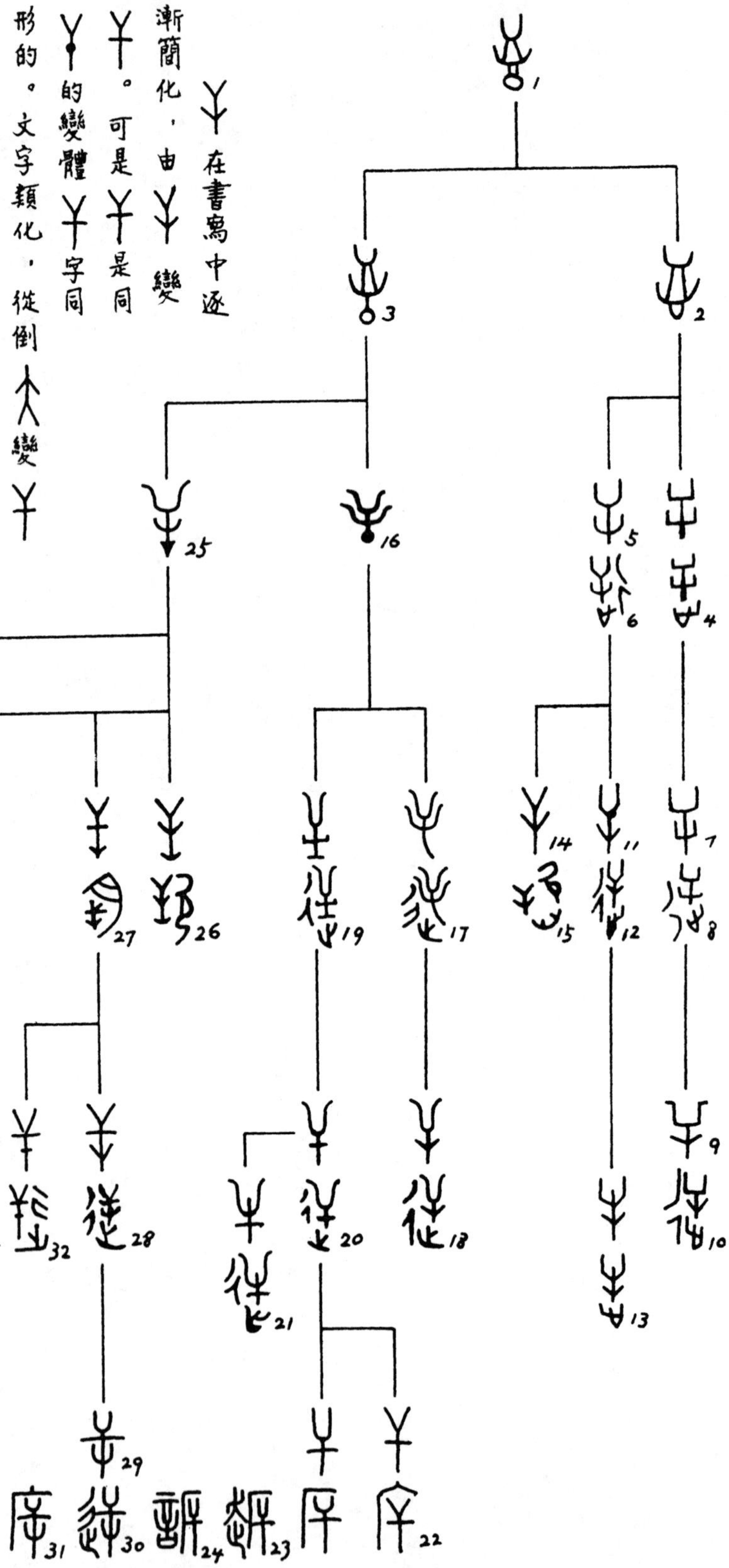

□在書寫中逐漸簡化，由□變□。可是□是同□的變體□字同形的。文字類化，從倒□變□的字，往往變而从□，失掉它原有的形義。散盤□和庚贏卣□就是其例。

从□的字，或簡寫从□，而□頭之銳者變而爲□爲□，從而與倒矢之作□者同形。□本作□。因而从□之字也或類化爲□，師湯父鼎𢆉和𢿢簋之𢆉便是其例。𢆉之變𢆉者或寫爲𢆉。在𢆉的基礎上，整齊爲小篆之𢆉。這一系的字形演變證明說𢆉、𢆉、𢆉是𢆉的原始字是可信的。

𢆉的另一形變是由𢆉而𢆉而𢆉，進而爲秦篆之𢆉。這個與倒大形同的𢆉字，秦嶧山刻石（徐鉉摹本）逆字從之，而形同倒大的𢆉字則是陳逆簠逆和曶鼎𣂍字上半𣏟的所从。逆，說文作逆，嶧山刻石作逆，而令簋作逆。可見𢆉、𢆉、𢆉三者是同一文字的變體可以無疑。斥，《說文》作㡿，可是它除𣓌、𣔹等字外，从斥得聲的字如訴、𣔹兩字却从厈而不从㡿。按：斥曹全碑作厈，魯峻碑陰作厈，而《汗簡》作厈，與訴、𣔹所从同形。它是从𢆉之變爲𢆉者由𢆉而𢆉來的，自是𢆉的別體，並不是所謂㡿的省聲。𢆉是𢆉在一定條件下的另一寫法也是可以無疑的。可見𢆉、𢆉、𢆉、𢆉四者同是𢆉在演化中的不同寫法，都是「𢆉」字的別體。這四種異體中，除𢆉外，其它三種在秦漢時代還是同時並存的。

知𢆉是𢆉的別體，則曶鼎𣂍的𣏟是𣏟，因鏽掩剔誤就比較清楚了。

（二），𣏟是𣏟的省文，而𣏟古與石同音

㡿是厈的別體。《說文》「㡿，郤屋也」。段氏注「郤屋者，謂開拓其屋使廣也」。林義光以爲「當爲㡿之古文」。《說文》「㡿，開張屋也」。桂馥說「開張屋也者，開張即㡿張」。㡿與㡿是同一詞的不同寫法。乇聲與㡿聲古同音。《易．解》「雷雨作，而百果草木皆甲坼」，甲坼，《釋文》「坼，馬陸作宅」。坼、宅同音是其證。又，《淮南子．脩務訓》「夫項託七歲爲孔子師」，《戰國策．秦策》五「夫項橐生七歲而爲孔子師」。託从乇聲，橐从石聲。是㡿也和石同音了。《一切經音義》一，「拓地」，「古文㡿、祏二形，今作拓，同。」明示㡿與石同音。

「郤屋」之㡿西周金文作厈。睘卣「王在厈」，厈字器作厈，蓋作厈。趞尊「王在厈，錫趞采曰𧻓，錫貝五朋」。麥尊「雩王在𢊁，已夕，侯錫者𦥎臣二百家，劑用王乘，車馬金勒，冂衣，市舄」。盠駒尊「王初執駒于𢊁」。𢊁从厈聲，其音同厈或厈，是王所在的處所名稱。

𣂚从𣏕聲，𣏕和屰、石的語音關係

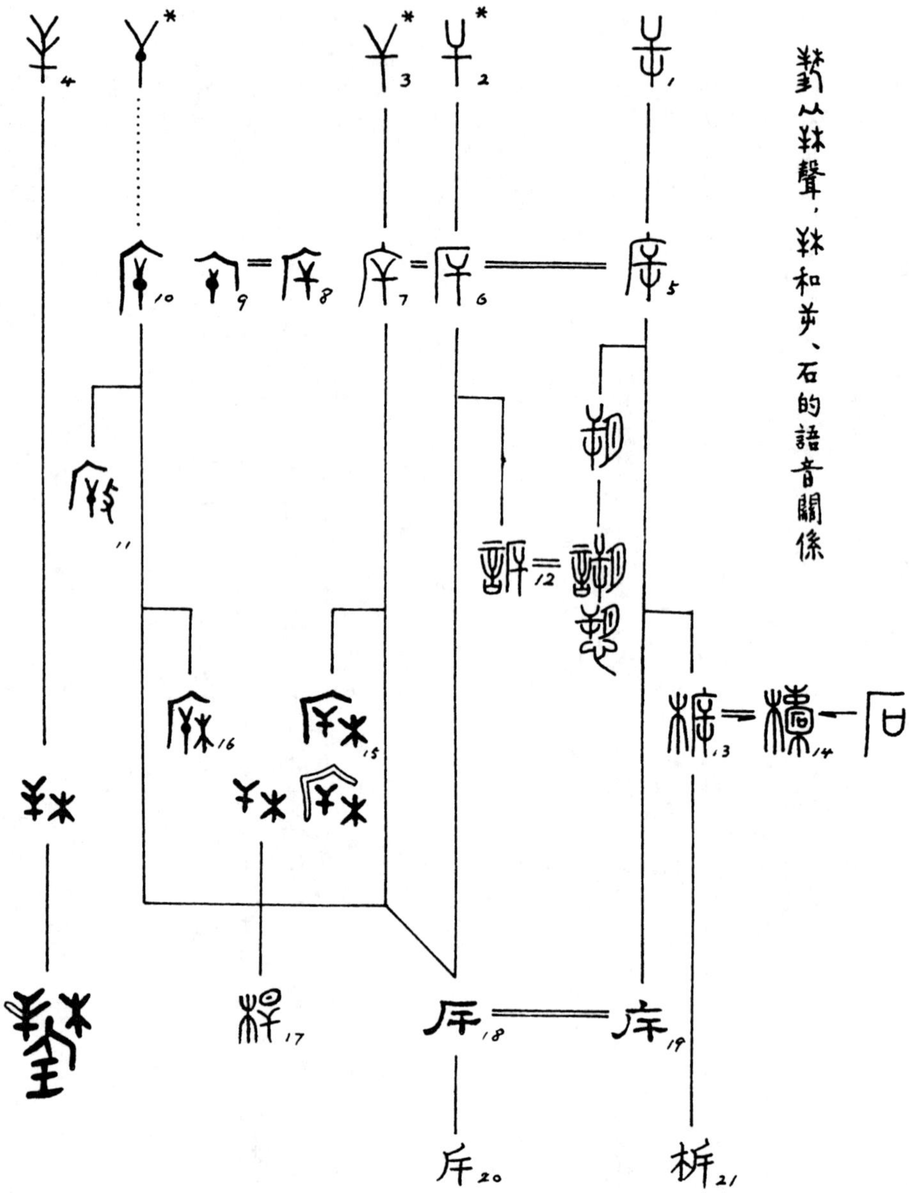

* 字與古干字同形
═ 同字或體
═ 同音通段
─ 聲符

1, 5《說文》
2, 3, 4, 字見前表
6,《說文》訴䜣兩字从之，以爲㡿之省
7,《汗簡》斥字如此作
8, 睘卣，器
9, 睘卣，蓋
10, 㡿方彝
11, 盠駒尊
12,《說文》：訴或从言朔聲，或从心朔聲
13,《說文》：易曰『重門擊㯓』
14,《說文》易曰『重門擊㯓』
15, 散盤
16, 庚嬴卣
17, 子禾子釜
18, 魯峻碑陰
19, 曹全碑
20《玉篇》㡿字亦作斥
21《玉篇》㯓字亦作柝

其地，王可以夕見，可以執駒，可以行賜。其處若以麥尊『迨王客莽京，彡祀雩。若翊日在璧雍』，『之日，王呂侯內于寢』，『雩王在□』以至『唯歸』等通篇語言制約關係來考慮，應在莽京，而與璧雍、寢宮較近。

□从攴□聲，而寄攴于广詹之下。以此例之，則庚贏卣『王蔑庚贏曆，錫貝十朋又丹一□』，□翁叔均釋之為榑，說『榑讀為橐』，[一]是對的。《詩·斯干》『椓之橐橐』，《釋文》『橐，本或作柝』。《易·繫辭》下『重門擊柝』，《說文》引用兩次，一見於『欜』，再見於『榑』。『欜，夜行所擊者』，是本字，而以『判也』為訓的『榑』則是它的借字。榑、欜通假，欜从橐聲，而橐从石聲，可見从木斥聲的古榑字是與『石』同音的。

从木斥聲的□字也見于散盤。寫作□□。按散盤以封樹名地，[二]從盤銘語言制約關係看，□从木□（庌）聲當是樹名。而銘文『登麻，降棫，二封』，麻和棫對舉，自是其證。以庚贏卣借麻為橐，而橐从石聲例之，知散盤麻字也應與石同音。從銘文所反映的，用所封之樹來叫所封之地的語言習慣和銘文語言關係，可以看出散盤是借它來寫柘桑之柘的。《說文》『柘，柘桑也』。散盤『麻隊』，說的是以柘為封樹之陵，而『剛麻』則是封在岡上的柘樹。

□，也或省作□。子禾子釜『關人築□□釜閉□』。在語言關係上，關人是主語，築、□、閉都是動詞，而□釜、□都是名詞作賓語。□與釜對舉，知它所寫的也是一種量器的名稱。□，从⊙□聲。□即□字，亦即□的省聲。周金文作為部从的⊙，往往是事物形象。如□□是『箙之古文』，是『二矢插器之象』。[三] □□象以戈衛護地域之意，而□□象張囊橐之口以量物之形。這一類的⊙形都不是象日頭之形的。它們和日月之⊙同形，只是詞在書寫形式上的偶合。子禾子釜□字作量器名稱的書寫形式，它所从的⊙形，表現手法和所起作用，是和□字上的⊙一樣的。它以張口受物之形，表示它所寫詞義在概念上是屬於量器的，是標志物類的形符。□，从木从斗，和麻字广

注：[一]、《兩罍軒彝器圖釋》卷六，葉五。

[二]、《積微居金文說》（增訂本）三三至三四頁《散氏盤跋》

[三]、楊樹達《積微居小學金石論叢·釋晉》

下𣏟形𣏟同一結構，乃是厤的省文，在⿰木⿱口干的下面標記所寫詞的語音，是聲符，指明這個詞的語音和麻相同。麻，古磿字。磿與石同音，則⿰木⿱口干的語音也與石相同。《國語·周語》下「《夏書》有之曰：『關石和鈞，王府則有』」，韋氏解「石，今之斛也」。⿰木⿱口干从口麻省聲，其音為石，而石為斛，正是和釜同類的東西。

如前所說，⿰木干、⿰木干、⿱木干同是一個字在使用中演化出來的别體。古文斥字也隨之出現了厈、厈、厈等形式。⿰木⿱口干字所从之𣏟是从厈得聲的⿰林厈字省文。同理，曶鼎⿱𣏟金字上半部所从之𣏟，以散盤厤字推之，當是古析字之作厤者的省文，其音必然同石。

(三)、曶鼎銘文語言關係限定⿱𣏟⿰金勹字是一個數量詞

西周金文「錫金」之事，往往在「金」字之下綴以數量詞。如：⿰叀丮鼎「錫金一勻（鈞）」，陵子盤「錫□□金一⿰金勹（鈞）」，守簋「𠭰賓馬兩、金十⿰金勹（鈞）」，𠫑敖簋「戎獻金于子牙父百車，而錫𧖴𠫑敖金十⿰金勹（鈞）」，幾父壺「錫幾父示𣎵六、僕四家、金十⿰金勹（鈞）」。曶鼎「王在𨖍𠂤次，邢叔錫曶赤金⿱𣏟⿰金勹」。「⿱𣏟⿰金勹」字緊附在「錫赤金」之後，按金文語例，以及銘文語文形式和內容的部分和整體的對立統一關係，⿱𣏟⿰金勹自是說明所錫的「赤金」數量，是數量詞。

(四)、⿱𣏟⿰金勹雖从⿰金勹，可是不能把它看作⿰金勹聲，不能讀為鈞字

⿱𣏟⿰金勹，如前所說，是由𣏟、⿰金勹兩部分構成的。⿰金勹是古鈞字。《說文》「鈞，三十斤也」，是一個重量單位。叙初稿時，以「德」和「𢛳」的關係為例，認為⿱𣏟⿰金勹（當時以為从林，寫作⿱林⿰金勹）从鈞聲，銘文是用它寫鈞的。「赤金鈞」雖然語言可通，但是它不合乎曶鼎實際。銘文分明說「曶用茲金作朕文考究伯將鼎牛鼎」。「茲金」指的是「赤金⿱𣏟⿰金勹」。「赤金⿱𣏟⿰金勹」加上一定比例的錫，合成鑄鼎的青銅。曶鼎之重應與以「赤金⿱𣏟⿰金勹」為基礎的合金相應。曶鼎原器已失，錢坫在為《周曶鼎聯句》而作的《銘及

釋文》之後，從跋語中說，「鼎高二尺，圍四尺，深九寸」，並且認爲《三禮鼎器圖》「牛鼎容一斛」說的就是這種東西。從錢坫的話，不難想見：曶鼎之重之大決不是以三十斤銅作基礎的合金所能鑄成的。「赤金𨥎」不是「赤金鈞」是可以肯定的。由此可見，𨥎雖然从金，可是把它看作釗聲，借作鈞字是不與實際相應的。

(五)、曶鼎重量的估計

1，從銘文和有關文獻資料推測曶鼎重量

曶鼎銘文，「王在遷次，邢叔錫曶赤金𨥎。」又說「曶用茲金作朕文考宄伯𩰫牛鼎」。𨥎，若从釗𣏟聲，釗即鈞，標其事類，𣏟爲榜有聲，記其語音。榜，古音在鐸部，與石同音。《漢書·律曆志》「十六兩爲斤，三十斤爲鈞，四鈞爲石」。石是鈞的累進單位，故其字从釗（鈞）。石，借以寫𨥎。「赤金𨥎」即「赤金石」。《說文》「銅，赤金也。」「赤金石」亦即銅一石，銅一百二十斤。《考工記》「六分其金而錫居一，謂之鐘鼎之齊（劑）」。把用來合金的銅六等分，用錫量只有銅的六分之一。曶用「茲金」，即把「赤金𨥎（石）」全部用來鑄鼎，則這一百二十斤銅是合金的投料基礎。一百二十斤的六分之一是二十斤，則它投以合金的錫是二十斤。整個合金重量是一百四十斤。（銅百分八五·七一，錫一四·二九）[一]這一百四十斤合金是西周斤數。西周斤兩等於現在多少，還不知道。僅知秦斤一斤等於二五六·二五克。（見附說）若以秦斤計算，則一百四十斤合金相當於三五八七五克，也只有三五·八七五公斤。這是一個推測。

2，從盂鼎推測曶鼎重量

現在已知盂鼎通高一〇二·一釐米，腹圍二五八釐米，腹深四九釐米，重一五三·五公斤。[二]曶鼎高工部尺二尺（六四釐米），圍四尺（一二八釐米），深九寸（二八·八釐米），不知它的重量。據

注：[一]、郭寶鈞《中國青銅時代》一二頁。

[二]、《西周銅器斷代》(三)見《考古學報》一九五六年第一期九十四頁。

已知求未知，先不管兩鼎鼎耳的高、厚、寬和鼎足的虛（款足）、實，粗、細、長、短。只假定它們倆腹壁的厚度相同，則兩鼎容器部分就有如下關係：

$$\frac{\text{曶鼎重量}}{\text{盂鼎重量}} = \frac{\text{曶鼎表面積}}{\text{盂鼎表面積}}$$

據此，可以推知

$$\text{曶鼎重量} = \frac{\text{曶鼎表面積}}{\text{盂鼎表面積}} \times 153.5\text{公斤}$$

$$= \frac{128 \times 28.8 + \left(\frac{128}{2\pi}\right)^2 \pi}{258 \times 49 + \left(\frac{258}{2\pi}\right)^2 \pi} \times 153.5$$

$$= \frac{128\left(28.8 + \frac{128}{4\pi}\right)}{258\left(49 + \frac{258}{4\pi}\right)} \times 153.5$$

$$= \frac{128\left(28.8 + \frac{128}{4 \times 3.14}\right)}{258\left(49 + \frac{258}{4 \times 3.14}\right)} \times 153.5$$

$$\doteq \frac{128 \times 40}{258 \times 70} \times 153.5$$

＝0.28×153.5

∴＝43公斤

即曶鼎重大約43公斤。這是第二個推測。

3．兩種推測的差距和對曶鼎重量的估計

我們已從曶鼎銘文和文獻資料推測曶鼎之重爲三五．八七五公斤，又從盂鼎實重推測曶鼎之重大約爲四十三公斤。兩種推測的差距是七公斤左右。

如果考慮到合金熔鑄上的損耗，考慮到曶鼎小於盂鼎，考慮到鼎耳鼎足的大小寬厚長短虛實之差，則曶鼎之重只會小於四十三公斤，而不會大於它。假如壁薄1/4，則重量就會更少——43公斤×$\frac{3}{4}$

＝32.3公斤。

這樣看來，說曶鼎的重量大約在三十八公斤上下，還是有一定根據的估計。

從以上推測，可以看出：《周忽鼎聯句》詩『百鈞涵牛自腹潤』純是詩人誇張之辭。曶鼎並沒有『百鈞』之重。相反地，參與聯句的孫星衍，他却以『荐之仍几承以黼』的句子[一]，說明這個曶鼎是可以擺設在一個『几』上陳列的。這和它『圍四尺』，徑一尺二寸七分，四○．七六釐米的寬度，三十五公斤上下的重量倒是正好相應的。

(六)、『赤金鋝』即『赤金「石」』

從以上的初步考查，可以知曶鼎『鋝』字从金桴省聲，讀爲石。它是古重量單位名稱『四鈞爲石』的石本字。『金』即『鈞』，而『秝』則古文『㮚』字之作『麻』者的省文。其字从『芈』，『芈』是『芊』的別體。

『赤金鋝』就是『赤金「石」』。『赤金』爲銅，銅一『鋝(石)』爲數四鈞，一鈞三十斤，共計一

注：[一]、仍几，孫星衍《尚書今古文注疏》注《顧命》『華玉仍几』云：『仍，因也，因其質，謂無飾也。』

百二十斤。

曶以『茲金』，即以『赤金𨥎鈞（石）』，爲他的文考宄伯鑄鼎。依鐘鼎之劑配方，須要加上錫二十斤。鑄鼎青銅當是一百四十斤。曶鼎原器已失，以盂鼎推之，它的重量大約在三十八公斤上下。

附說

本文所說『秦斤』是據一九六四年在西安市西郊秦阿房宮遺址發現的戰國時期秦高奴銅石權計算的。這個高奴石是『禾石』。秦制一百二十斤爲石。『此權重三〇·七五千克，可知秦制一斤應重二五六·二五克』。（史樹青、許青松『《秦始皇二十六年詔書及其大字詔版》，一九七三年《文物》十二期十五頁）

但它只是一個權的計算。章太炎《秦鐵權跋》云『秦鐵權二器，皆錄始皇、二世詔書。其一如覆盂，下實，上有鼻，重八斤；其一如覆盂，圜內函方爲好，上有鼻，署十斤。以今法馬斠之，重十斤者，今得三斤五兩三錢三分有奇，即居今衡三分之一也；重八斤者，今反得三斤八兩二錢，即居今衡十六分之七也。比例不同如此（下略）』。兩權實測數據不一。

五、邢叔在異爲「理」

『邢叔在異爲「X」』，『爲』下一字鏽掩，從曶鼎銘文這段語言依存關係看：『邢叔在異爲「X」』，而『「曶」使厥小子𩣴以限訟于邢叔』，說明邢叔所爲之「X」是受理訴訟案件的。『邢叔曰：「在王人迺贖用「遺」，不逆付，曶毋俾成于質」』，說明邢叔所爲之「X」有否決他的下級官吏質人所作決定的權力。『（邢叔）使鋝以告質』，而質人就立時照辦，『迺俾「限」以（貽）曶酒及羊，茲訖鋝，用致茲人』，說明邢叔所爲之「X」有絕對權威，他的決定，下級官吏質人只有唯命是聽，無條件地堅決執行。語言的形式和內容、部分和整體的對立統一關係，制約了邢叔所爲之「X」，在語義上，是受理訴訟，復審案件的高級治獄之官。

古書中，以這種語義構成的『爲「X」』詞組，一般是『爲理』（或寫作『爲李』）。《國語·晉語八》『昔隰叔子違周難於晉國，生子輿爲理，以正於朝，朝無姦官。』《管子·小匡》『弦子旗爲理。』注『理，獄官。』理或寫作李。同書《大匡》『國子爲李。』注『李，獄官也。』同書《法法》『皋陶爲李』，注：『古治獄之官作此李官』。《史記·天官書》『左角李，右角將』。司馬貞說『李即理。理，法官也』。某人爲理，在語言上是與曶鼎銘文『邢叔在異爲「X」』基本相同的。

理是治獄的法官，史實也正是如此的。《左傳》昭公十四年，『晉邢侯與雍子爭鄐田，久而無成。士景伯如楚，叔魚攝理。韓宣子命斷舊獄。』『攝理』而『斷獄』，『理』正是治獄之官。

根據以上這情況，敘以爲『邢叔在異爲「X」』應是『邢叔在異爲「理」』。

《禮記·月令》『孟秋之月，命理瞻傷，察創，視折，審斷決』。注：『理，治獄官也。有虞氏曰士，夏曰大理，周曰大司寇。』

曶和效父兩造，一個能在王朝『司卜事』作周之卜正，一個曾是『公』的『瀕子』。他們既不是諸侯，又不是庶民。而邢叔爲他們斷案時，否決了質人對曶據『王參門□□木方』而作的勒令，指出那部分禁令是『在王人』才適用的，可見他們又不是『王人』。他們是屬於卿大夫之類的。這一點和《周禮》大司寇之職『凡卿大夫之獄訟，以邦法斷之』是相應的。質人在效父毀約強行價賣上是官方的肇事者和支持者。然而在訴訟上他卻不是被告。他不到庭生獄，自不『入束矢于朝』。因而效父敗訴，質人理屈，卻受不到『入束矢』之罰。曶爲了使質人向他公開地表示認罪服輸，要求他『汝其舍贅矢五束』。這一點反映了兩造代表——贅和限在訴訟開始時都已各『入束矢』。兇和《周禮》大司寇之職『以兩造禁民訟，入束矢于朝，然後聽之』是相應的。

從《周禮》看來，『邢叔在異爲「理」』是以大司寇的官職聽訟治獄的。

譚戒甫也認爲『爲「X」』是『爲「理」』。

六　「曶」使厥小子贅以限訟于邢叔

在曶鼎銘文第二段的一場訴訟中，曶是原告，效父是被告。但是，在出庭爭訟時，曶和效父都沒有親自到場。曶使他的小子𩵦代他到庭起訴，而效父則使限代他出庭受審。

其所以如此，除這次以匹馬束絲交換五名奴隸的交易是由𩵦和限經手外，最主要的原因是西周奴隸社會的《周禮》制度。《左傳》襄公十年，「王叔陳生與伯輿爭政，……晋侯使士匄平王室。王叔與伯輿訟焉。王叔之宰與伯輿之大夫瑕禽生獄於王庭。士匄聽之」。王叔和伯輿兩造都是各使他自己家臣作代理人，替他們出庭爭訟的。這同「〔曶〕使厥小子𩵦」而效父使限一樣，所謂「凡命夫命婦不躬生獄訟」，〔一〕都是爲了維護奴隸主階級的等級地位和名份尊嚴而制定的《周禮》。

七、小子

「〔曶〕使厥小子𩵦以限訟于邢叔」。厥，是就曶而言的。它說明「小子」並非周王之官，而是屬於曶的。

在王官中，小子和師氏、虎臣同爲王的三有司。毛公鼎「王曰：父厝，……命汝𡤼𤔲公族雩參有𤔲——小子、師氏、虎臣雩朕褻事」。三有司職事，在金文，僅知師氏、虎臣曾從事征伐，如㝨鼎「以師氏眔有司後或𢦏伐腞」，師寰簋「今余肇命汝率齊帀、㠱𠭯、僰𡰥、左右虎臣征淮夷」；而「小子」一官，除曶鼎從事買賣奴隸交易和訴訟外，在王宮曾與師氏等參與射事。令鼎「王射，有司眔師氏、小子卿射」，靜簋「王命靜司射學宮，小子眔服、眔小臣、眔厥僕學射」。

郭沫若說「司射事《周官》爲射人所掌，與小子、小臣、諸僕等同隸于司馬」。〔二〕而西周金文有邦君司馬和冢司馬，邦君司馬「蓋《周官》之都司馬」。〔三〕前者見豆閉簋「王曰：閉，……司𡨦俞邦君司馬、弓矢」。後者見趞鼎「王若曰：趞，命汝作豳𠂤冢司馬」。

注：〔一〕、《周禮·小司寇》。

〔二〕、〔三〕，並見郭沫若《金文叢考》的《周官質疑》。

『「曶」使厥小子⿱㪔貝以限訟于邢叔』，曶以王臣而有他自己的『小子』。與散盤『凡散有司十夫』中的『散人小子』一樣，當是隸屬于邦君司馬或冢司馬之下的，他們是諸侯或卿大夫的『小子』。

八、⿱㪔貝

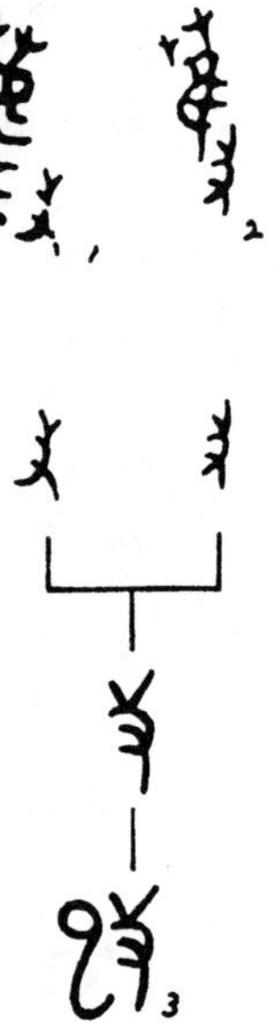

1. 鄭邢叔㪔父鬲
2. 鄭叔㪔父鬲
3. 改作乙公旅盨蓋

小子⿱㪔貝的名字在曶鼎見了三次。除第二個還基本上保持原形外，其餘兩個，分別被誤剔為□和□。

曶鼎銘文有的字是繁簡並用的，例如：□、□、□。但是，⿱㪔貝的兩類三種寫法，在从『隹』、从『冊』的差異上，顯然是形誤致異，而不是一個字的繁簡。

考其致誤之由：銘文被鏽，殘筆與鏽花相雜，是客觀條件；而剔字人基於聯想的判斷，則是造成誤剔的主觀因素。以『⿱㪔貝』字為準則來觀察，可以看出：□的左上側是□字的□。屮上半部殘筆作□，在鏽花掩映下誤剔為□。□的下部殘餘鳥爪，同字下所从之□的右肩殘筆，與鏽花相綴，誤剔成□（另一字誤剔為□字的右側又以鏽花為筆劃，誤剔作□。

□的上半部□，見於鄭邢叔㪔父鬲〔一〕和鄭叔㪔父鬲〔二〕。兩鬲的『㪔』字就是『⿱㪔貝』字所从得聲的聲符字。須要説明的是：鬲文散字所从之攴都寫作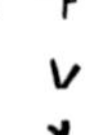，它的寫法同改匜乙公旅簋[三]的「改」字所从之是相同的，《攈古錄金文》誤摹為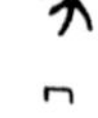[四]是錯誤的。⿱散貝从散聲是可以肯定的。但是，自錢坫以來，以「散」「⿰⿱𣏟隹攴」形近，多釋為「⿰⿱𣏟隹攴」。按《説文》「⿰⿱𣏟隹攴」，「从隹枚聲」，而「𣏟」非「艸」。「散」是「⿰⿱𣏟隹攴」的或體？還是另一個从攴雈聲之字，還有待于研究。在還沒有弄清「散」的結構之前，暫从錢釋讀「⿱散貝」為「⿰⿱𣏟隹攴」。

九、誥

曶鼎銘文兩見字。于省吾《文選》和吳闓生《文錄》都把它隸寫為「⿰言缶」。郭沫若《大系考釋》則把它隸寫為「誥」。于氏無釋。吳、郭兩家並以為「許」，容庚《金文編》從之，把它直收於「許」字之下。

常敘按：從字形來說，把字隸定為「⿰言缶」為「誥」都是對的。可是就它所在的銘文言語來說，在字與詞、詞與辭的相互依賴相互制約的關係中，它究竟是幽部「缶」聲之字還是魚部午聲之字，卻是一個值得再研究的問題。

《大系攷釋》説「誥是許字之異」，理由是它「所从午字下加口，與麥盉、刺鼎知字所从者同。」如果我們同意郭氏之説，還可以用尹氏弔鯀簠的字來補充他的證據。

字是詞的書寫形式。形式有它的相對獨立性，同字在具體書面語言中有的未必同詞；字形在書寫中的變異，有的同形也未必同字。為了更好地閱讀和理解銘文言語，在尊重學者已經提出的意見的同時，也要考慮「缶」字的另一方面，以便在銘文言語的對立統一規律中，從字與詞、詞與句、句與文的錯綜複雜的相互依賴相互制約的關係中確定它所寫之詞。

注：[一]、《三代吉金文存》五·二二　[二]、同上，五·二一　[三]、同上，一〇·三五　[四]、《攈古錄金文》二之一·一三

事實正是這樣。周金文「缶」有時或寫作「舌」。爲了便於討論，這裏用「橐」「寶」「缶」和「語」的另一種可能關係，列一簡表，以供參考，——雖然這是不言而喻眾所周知的事實。

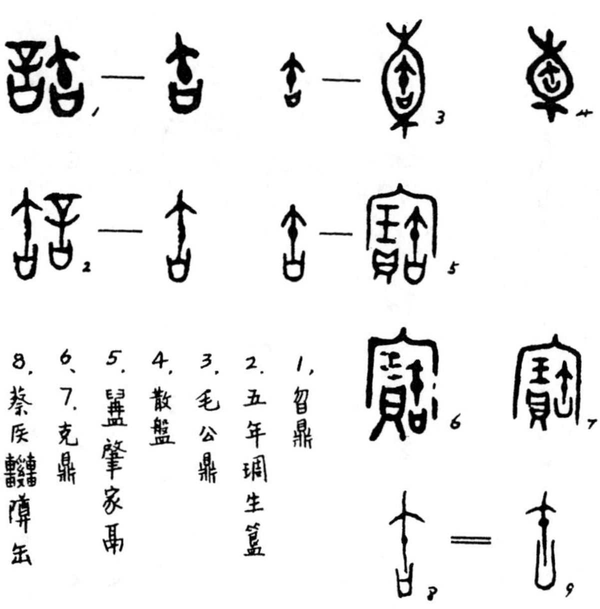

1. 曶鼎
2. 五年琱生簋
3. 毛公鼎
4. 散盤
5. 曩肇家鬲
6、7. 克鼎
8. 蔡侯𩐁𩐁尊缶
9. 蔡侯𩐁方尊缶

「寶」从「缶」得聲，而「[illegible]逨鼎」「乍匋器」，「曾父盤」「曾父乍絲女匋盤」，「邛君婦壺」「子孫=永匋用」，「雕公劍」「匋用之」等等銘文，都是以「匋」爲「寶」的。「缶」和「匋」同音，這一事實器銘證明得清楚。

《說文》「匋，瓦器也。……」案：《史篇》讀與「缶」同。段玉裁說「『讀與缶同』者，謂《史篇》以「匋」爲「缶」」。〔一〕王國維同意段氏看法，認爲「其說良是」。〔二〕「缶」「匋」通用，那麼，曶鼎的「語」當是「詢」的或體。

《說文》「詢，往來言也」。鄭知同《說文商義》說「『往來言』者，以此人之言往言於彼，復以彼人之言來言於此，而構兩人之怨」。往來於當事人兩方之間，從事學舌傳話，是這個字所寫詞的詞義。

曶鼎的「限詢曰」和「質、效父廼詢贅曰」都是限這個人在曶和效父（包括效父所倚仗的質人）兩方之間，把他所代表的效父一方的話傳給曶方的。限所說的兩段話是一件事情的總的情況和具體依據。「限詢曰：『質則俾我償馬，效〔父則〕俾復厥絲束』」，這一段話是他向贅講述效父一方的情況。說：他帶着馬和絲回到效父那裡之後，當地的質人和效父本人異口同音地叫他退物毀約，要他來宣布原物奉還，前日成文無效。下一段話，「質、效父廼詢贅曰」「曰」

注：〔一〕、《說文解字注》　〔二〕、《史籀篇疏證》

字以下這一段話，『于王參門□□木方：用遺徙贖。茲五夫用百鋝。非出五夫「遺則」罰！』是限向贅所傳的效父一方使他退物毀約的理據和要求。這是限向贅所傳的原話。

贅於是就用限向他傳話的內容，控訴效父憑借質人勒令，單方面毀約，強制價賣威逼必買的無理譎詐。

由此可知『語』字所在銘文，並沒有『許諾』之意。如果釋『語』為『許』，則使它在銘文中失掉部分與整體的依存關係。

以往來傳話為義的『諭』也見於五年琱生簋，[一]字寫作⿰缶言。簋文說『余考止公僕庸土田多諫，必伯氏从詢：「公宕其參，汝則宕其貳；公宕其貳，汝則宕其一」。』『公宕』『汝宕』四句是傳話內容。銘文說：一定要伯氏聽從傳話（口頭通知）：如果通知你『公宕其三』，那麼『汝則宕其二』；如果通知『公宕其二』，那麼『汝則宕其一』。你怎辦，是要按照彼時的傳話來定的。這個『諭』字也是从言缶聲，只是形聲位置和曶鼎左右調換了一下。如同『⿰言只』『⿰只言』，『⿰言朱』『⿰朱言』一樣，是同一字的不同寫法。把它釋作『許』是不符合簋文的語言辯證關係的。（全文解釋別詳拙著《兩周金文選讀》，這裡不再作說解。）

一〇・⿱⿰氏氏貝　⿱⿰氏氏貝　⿰氏氏

曶鼎 ⿱⿰氏氏⿰又又　⿱⿰氏氏又　⿰氏氏 三字是同一個詞在書寫形式上的繁簡。其繁體應作⿱⿰氏氏⿰貝貝，是由兩個⿱氏貝字合成的。⿱氏貝即古執（⿱執貝）字，說見拙作《君趩簋簡釋》，于此不重述。

⿱⿰氏氏⿰貝貝朱為弼釋質[一]。劉心源據⿰氏氏字作釋，說『《說文》云「所，二斤也，从二斤，闕。」……

注：[一]，《積古齋鐘鼎彝器款識》卷四第四十葉。學者引之多稱『阮氏』。按阮書乃朱為弼為之編定審釋者，釋字之功應歸朱氏。

朱駿聲以為即榰櫍之櫍，質字從之得聲。阮亦讀質。」[一]李孝定疑之，說：「□與□字不類，阮氏讀質，下亦非从貝也。」[二]。

常叔按：「氏」字令鼎作□、□與古陶文□之作□者[三]所从之□（斤）同形。「氏」犀氏會作□，弔孫氏戈作□，古泉文作□[四]，□與散盤「西宮襄父則誓」□字所从之□（斤）同形。「氏」古泉文作□作□，格伯簋□，富奠劍□所从之斤與之同形。「氏」古泉文作□作□[五]，其作□者與璽簋□所从之斤同形。從這些字例看來，□□二字在書寫中是往往相類的。

「貝」在先秦，有時簡寫成「□」。古金文「□」，古陶文「□」[六]都有其例：

□在古文字中是確有簡寫為「□」的。

先秦文字在書寫中趨簡，有時氏斤相類，貝變為□，這種現象既然是客觀事實，那麼朱為將釋□□□為質，從字形來說，是不為無據的。但是，這僅僅是□變為質一種因素。

注：[一]、《奇觚室吉金文述》卷二第二十六葉。 [二]、《金文詁林附錄》P2480（3528）。
[三]、《古陶文孴錄》 [四]、《古幣文編》 [五]、《先秦貨幣文編》頁一六二、五行。[六]、《古陶文孴錄》。

使晢變爲質的另一音素是在前一因素基礎上的「質」「哲」同音，「質」「質」形近。

「質」古音在質部，而質部之音，如《詩經》所示，常與月部合韵：《邶風·旄丘》「旄丘之葛兮，何誕之節兮，叔兮伯兮，何多日也。」葛，月部，而節、日都在質部。《小雅·正月》「心之憂矣，如或結之。今茲之正，胡然厲矣。燎之方揚，寧或滅之。赫赫宗周，褒姒威之。」結在質部，而厲、滅、威並在月部。《雨無正》「周宗既滅，靡所止戾。正大夫離居，莫知我勩。」滅、勩皆在月部，而戾在質部。合韵之字反映作者當時兩部音感相同。

「質」古音質部章母，「折」古音在月部章母。質月合韵，是這兩字所寫詞，在《詩經》時代語音基本相同。

這一古音現象，在文獻中，致使「質」字往往與「折」以及從「折」得聲之字，或與「折」同音之字相通。如：

《說文》「晣，昭晣，明也。从日折聲。《禮》曰「晣明行事。」」《儀禮·士冠禮》「擯者請期。宰告曰「質明行事。」」「晣明」即「質明」，「晣」「質」雙聲（都是照三），「質」在質，而「晣」在月部。

《楚辭》隆慶本《九嘆·怨思》「北斗爲我質中兮，太一爲余聽之。」洪興祖補注本，這兩句寫作「北斗爲我折中兮，太一爲余聽之，」注云：「折一作質。」[一]「折」古音在月部。

《左傳·僖公二十三年》「策名委質，貳乃辟也。」《國語·晉語九》「臣聞之：委質爲臣，無有二心，委質而策死，古之法也。」《吳語》「昔不穀先委制於越君，」《越語下》「上天禍於越，委制於吳。」《書·呂刑》「苗民弗用靈，制以刑。」《墨子·尚同中》引作《呂刑》之道曰：「苗民否用練，折則刑。」《論語·顏淵》「片言可以折獄者，其由也與，」《釋文》「魯讀折爲制。」古「制」與「折」同音（聲爲照三而韵在月部）。

《左傳·昭公十七年》「我高祖少皞。摯之立也，鳳鳥適至。故紀於鳥，爲鳥師而鳥名。」《漢書

注：[一]，隆慶本《九歎》第四章標目爲《怨思》，洪興祖補注本作《遠逝》。

律曆志》的《世經》在「少昊帝」之下引《考德》曰：「少昊曰清。清者，黃帝之子清陽也。是其子孫名贄，立。」《逸周書·嘗麥》「乃命少昊清司馬鳥師以正五帝之官，故名曰質。」朱右曾云「清，一名清陽，黃帝子，爲黃帝司馬。代蚩尤居少昊。其後有名質者，代軒轅氏有天下，以鳥師正五帝之官。」又云「質讀爲摯。」[一]

摯，《說文》「握持也，从手从執。」會意。古音在月部照三，與質同音。《說文》「鷙，擊殺鳥也。」《詩·大雅·常武》「如飛如翰」，毛傳「疾如飛，摯如翰，」以「摯」爲之。是「鷙」乃从鳥摯省聲之字。《莊子·馬蹄》「夫加之以衡扼，齊之月題，而馬知介倪闉扼鷙曼詭銜竊轡」，「介倪闉扼」是「過軏闉軛」的借字，有「絕其軏，止其軛」的意思[二]「鷙曼」是「折幔」的叚借[三]說的是折斷車蓋[四]摯與質同音，而从摯省聲的鷙可借以寫折。

中山王嚳大鼎「於虖哲哉」哲寫作□。《說文》「哲，从口折聲。悊，哲或从心。」侯馬盟書□與古鉨□相同，乃是古文悊（哲）字。盟書□或寫作□——《侯馬盟書》的盟誓「參語」，有

盦章自質于君所……既質之遂，而敢不…… P.267 N*156:20

綃自質君所……既質之遂，所敢不…… P.266 N*156:19

□自質君所……既質之遂，而所敢不…… P.274 N*194:11

…………既𢓊之遂，而…… P.273 N*185:3

瘂自今吕坐敢不巡笸此明質之言…… P.277 N*67:1

□自今台坐敢不從此明質之言…… P.279 N*67:20

「既質之」或寫作「既𢓊之遂」。

注：[一]、《逸周書集訓校釋》卷六《嘗麥第五十六》 [二]、于省吾《雙劍誃莊子新證》卷一 中華版《雙劍誃諸子新證》二五五頁。 [三]、朱駿聲《說文通訓定聲·泰部》三十三葉。 [四]、《說文》「幔，衣車蓋也。」

□自今呂𧺆敢不逆定此明𢓊之言…… P.277 W*67:3

□自今台造敢不逆定此明𢓊之言…… P.286 W*67:21

「明貭之言」或寫作「明𢓊之言」。

「貭」陶正剛王克林據《古鉩文字徵》釋質〔一〕，各家多从之。唐蘭認爲貭字上从𠂢，是折字。折《說文》作𣃔，金文《齊侯壺》：「𣃔于大司命」，讀如誓。𣃔省去＝卜即爲𠂢。古鉩悊常作𢜔，可證。那末貭是質字，不是質字。《廣韵》十五轄陟轄切下：「𧸘，貨也」。在這裡應讀爲誓。」〔二〕从而把「自貭于君所」讀爲「自誓于君所」。

如前所說：古音「質」自質轉月，音變爲「折」；古字「𧶠」，𠂤近於斤，形變爲「質」；「折」字从斤而音同於「質」。在這種情況下，釋貭爲質是合乎先秦語音文字的。貭悊和誓都從折聲，因而貭悊兩個同音詞的書寫形式都可借以寫誓。盟書「自誓于君所，……既誓之後，所敢不……」，「自今以往，敢不率從此盟誓之言，」無論用「貭」用「𢓊」，詞語形式與內容部分與整體完全相應，都是用來寫「誓」的。唐先生說於義爲長。這更是「𧶠」變爲「質」的一個證據。

「𧶠」（包括「𧶠」和「貾」）作爲詞的書寫形式，在曶鼎銘文第二段中，是與全段辭句，直接間接，以不同程度互相依賴互相制約的。因此，在探索它的書寫形式和詞的對立統一關係時，又須探索它在全段語言的各種依存關係。

如：「『曶』使厥小子贅以限訟于邢叔：我既𧶠汝五『夫效』父，用匹馬束絲」。這次訴訟的事因是買賣奴隸，原告是買主曶，而被告是賣主效父，先說明𧶠既非買主，又非賣主。

如：「限詢曰：『𧶠則俾我償馬，效『父』『則』俾復乃絲束』」。「償馬」「復絲」說明𧶠是在限已同贅分別代表各自奴隸主講定交易，帶着曶方的匹馬束絲向效父復命並準備向曶送交五名奴隸時，才出面的。𧶠出面後所起的作用，先是否定成約。他與效父一道，異口同聲地使限退馬，退絲，全面毀

注：〔一〕《侯馬東周盟誓遺址》——《文物》一九七二年第四期第三十頁

〔二〕《侯馬出土晉國趙嘉之盟載書新釋》——《文物》一九七二年第八期三三頁。

捋己經議定了的買賣奴隸成約。

如：『𧶠、效父迺詔贅曰：「于王參門□□木方，用遺 徙贖。茲五夫用百鋝，非出五夫「遺」「則」罰！』交易不是司法，買賣雙方誰都沒有向對方勒令強制的權力。贅非賣主，他出面而有此事，說明依法勒令，強制毀約，逼令價買，是同𧶠有關的。

如：『迺𧶠有罰眾趞金』。因曶拒不接受，而對他行罰的．只有這個身非賣主的𧶠．而效父則不能同他一道行罰。說明𧶠是一個具有執法行罰權力的人，這種人只能是有職有權的現任官吏。

如：『邢叔曰：「在王人迺贖用「遺」，不逆付，曶毋俾成于𧶠』！邢叔指出：曶不要使贅在𧶠那裡接受他所強交的付別，不要同限按照勒令達成交易。說明𧶠有權發給執據，他是主管買賣成交之事的。

如：『使鋝以告𧶠』。邢叔宣判後，使人把他關於『鋝事』的判辭通告給𧶠。說明宣判時𧶠不在場，不到庭聽判，他不是被告，是超脫于兩造之外的。然而邢叔又必須通知給他。可見用遺 徙贖。茲五夫用百鋝，非出五夫「遺」「則」罰』的『鋝事』是同𧶠相關的。

如：『（𧶠）迺俾「限」以（貽）曶酒及羊，茲訖鋝，用致茲人』。邢叔把關於『鋝事』的判辭通知給𧶠，𧶠得到通知後立即執行。說明邢叔和𧶠是上下級官吏關係。𧶠使限代他向曶宣佈『茲訖鋝』，從此停止『鋝事』，以收回成命。說明使令效父一方退馬退絲，同時據王參門木方禁令向曶勒令強行價賣而造成『鋝事』的是𧶠。

如：『曶迺每（貿）于貭曰』，『曰：「必當俾處厥邑，田「厥」田」。』『𧶠則俾「限」復命曰：「諾」！』曶要求𧶠保證他這次買到的五名奴隸必須老實地住在他們被指定的地方，種好他們必須耕種的田地。𧶠人答應『照辦』！說明𧶠在買賣奴隸的事情上，除審核交易，規定交換條件，批准成交，勒令行罰等權力外，還有對買主保證他所買奴隸絕對服從新奴隸主奴役的權力。

從『𧶠』在辭句中的地位、作用以及他所在辭句和本段銘文的各種依存與制約關係，可以看出：𧶠是主管買賣奴隸，有執法行罰權力的官吏。奴隸主買賣奴隸，必須經過他的批準，方能取得『合法』的交易。

這一事實，是同《周禮》的「質人」官職相應的。《地官》《質人》說：「質人掌成市之貨賄，人民、牛馬、兵器、珍異。凡賣儥者質劑焉。大市以質，小市以劑」。鄭玄說「人民，奴婢也。」按：奴婢，也就是奴隸。鄭氏又說：「大市，人民、馬牛之屬，用長券；小市，兵器，珍異之物，用短券」「質」「劑」就是這種長、短券。鄭衆說「質，大賈；劑，小賈。」買賣奴隸、牛馬是大的交易，是「大賈」。贅和限講好「用匹馬束絲」來「贖汝五夫」。買賣奴隸是大賈，必須在質人那裡取得「長券」「質」。這事由賣奴隸的奴隸主一方出頭，向質人辦理手續，以便買賣雙方取得證明合法成交的官方執據。曶鼎銘文第二段的一場官司就是在效父一方向質人請辦手續時，由於質人審核而發生的。

「⿱⿰止斤貝」的書寫形式和「質」相近，「質」當是「⿱⿰止斤貝」的繁體「⿱⿰止斤貝」在簡化過程中的部從改變。而「⿱⿰止斤貝」在曶鼎銘文中的基本意義、語言關係和依存作用，又同《周禮》質人官職相應。這種詞與詞的書寫形式的對立統一，詞與詞所在的篇章辭句的對立統一，都可以說明「⿱⿰止斤貝」是古「質」字的簡化，而它所寫的詞是「質人」的「質」。

附注：邢人妄鐘「克質厥德」的⿱所貝字或釋爲「質」。非是。它从貝折聲，借作「哲」。說見郭沫若《兩周金文辭大系攷釋》。

一、枋

曶鼎「于王參門□□木枋」的字，錢坫釋枝，嚴可均釋楱，劉心源以來多釋作榜。門榜之義後起，時代不相應。《說文》「榜，所以輔弓弩」。劉說不可信。

常叙按：這個字當是字因鏽剔誤。未剔本左側木旁比較清楚，右側只餘丁ㄅ形殘迹。剔字時，未注意丁ㄅ上短橫，並將鏽花闌入斷處，把它剔成，從而失掉了原來結構。甲骨、金文「方」字，未簡化者作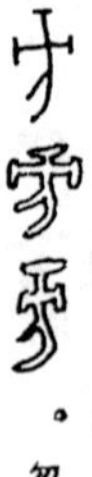。曶鼎未剔本丁ㄅ是的鏽掩，而剔字本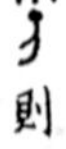則是它在去鏽時被人剔誤了的形迹。

曶鼎从木方聲，在語言文字制約關係中，它應是《儀禮·聘禮》「不及百名書於方」的「方」本字。它所寫詞的詞義是寫字用的木板。懸之於門的木方，木板面積可能比一般方策之方要大一些。「方」和「枋」，正如「朋友」之「朋」甲骨、金文都寫作「倗」，而古書則借用貝玉之「朋」來寫它一樣。《說文》「枋，木可作車，从木方聲。」它和這個寫字方板的「枋」是兩個不同義的詞在書寫形式上的偶合。既非假借，又不是變義。化學元素的「銻」从金弟聲，是新造的形聲字，可是它與《說文》「鍗銻也」的「銻」字結構全同。現行簡字「体」字和《廣韻》訓爲「麤皃」，又「劣也」，而與「笨」同音的「体」字同形。文字不是一時一人所造，這種現象是可以理解的。

《周禮》士師之職「掌國之五禁之法，以左右刑罰。一曰宮禁，二曰官禁，三曰國禁，四曰野禁，五曰軍禁，皆以木鐸徇之于朝，書而懸于門閭」。曶鼎的「于王參門□□木枋」就是書「禁令」於「木方」板上，而懸之於門閭的一個實例。

「王參門□□木枋」所書「禁令」，雖無從知其詳細內容，但是，可以肯定「用遣徙贖」一事，當是其中一條規定。至於「茲五夫用百鋝」則是依「木方」禁令而作的核算。

一二、遣

曶鼎字由於銹掩，右上部𠂤只餘數點，左下部止尚有𣥂形殘迹。遣有从彳作䢋的，如𢦏簋就是其例。但是，曶鼎分明從辵，把它寫作䢋是不合實際的。

遣的初文是𠳋（毛公鼎），後起或體字是䢋和遣（𢦏簋和趞鼎）而䢋遣兩字在䢋、遣之旁加又，則更爲後起（𢦏簋）。

殷虛卜辭往字，从止王聲作㞷㞷㞷㞷等形。㞷由王變王，㞷遂因之變㞷，變㞷。小篆變㞷，《說文》以爲它是「从出在土上」，而以「草木妄生」說之，失掉了形聲關係。往，必行路，在𡳿旁着彳爲"往"，着辵爲遑。《說文》"往，从彳𡳿聲"，古文从辵作遑。許慎也明記它們是同一詞的異體字。𡳿、𡳿、往、遑既是"往"先後異體，則"遺"的幾種不同寫法，可以說都是從"往"得聲的。譚戒甫說，"此字分明从貝往聲"是有道理的。

戠簋"取僓五鋝"，揚簋"取遺五鋝"，趞簋"取遺五鋝"，番生簋"取遺廿鋝"，𪔊簋"取徵五鋝"，"取遺五鋝"，毛公鼎"取貴卌鋝"，曶鼎"用遺徙贖"的要價是"茲五夫用百鋝"。可見遺，是以鋝來計算的。郭沫若說遺"是準貨幣的金屬名稱"。[一]按遺的从貝往聲的寫詞方法和它在語言上同"取"、"鋝"相依的依存關係，可以說郭老說法是對的。

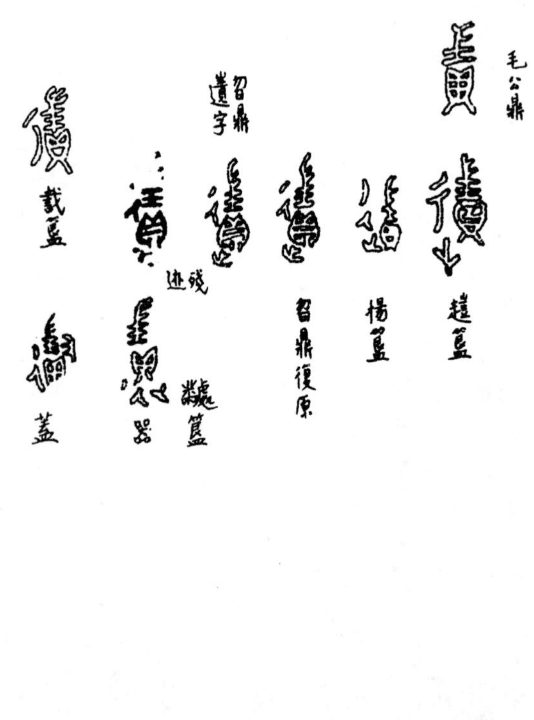

遺从貝遑聲。它的最初寫法是貴，从貝𡳿聲。形聲字形符一般是指示它所寫詞在概念上所屬物類或事類的。遺（貴）之爲物屬於貝，而貝在殷和西周是以"朋"作計算單位的。"五貝一系，二系一朋"。[二]錫貝若干是可以一五一十計數的。可是稱卣"錫貝卅鋝"，貝而論鋝，它的計算單位却與禽簋的"王錫金百鋝"相同。貝與金一樣地講重量，這反映了殷周之際的貨幣制度的變革。

分明論個，是自然貝。在儲貝較少的情況下，使用這種計算單位。至於論重量，用砝碼衡量，是仿製貝，則是在數量較多的情況下出現的。從地下發掘出來的實物看，在仿製貝中，可以和"金"相應的是銅貝和包金銅貝。

注：[一]《兩周金文辭大系攷釋》九十八葉，"價，乃金屬貨幣也。"《奴隸制時代》七三年版圖版五《曶鼎釋文》附注"價，是準貨幣的金屬名稱。"

[二]，王国維《說玨朋》見《觀堂集林》卷三

古音『王』『往』都讀如皇。〔一〕陳逆簠『以啻以孝于大宗皇祖皇妣皇考皇母』，陳逆簋『作為皇祖大宗毁』的『皇』，簠作㞷，簋作㞷。㞷在甲骨文从止土聲。土即王，而㞷是往的初文。陳逆簠、簋正是『王』『往』古音如『皇』的明證。《說文》『㞷，讀若皇』是可信的。『貴』从『㞷』聲，『僓』从『徃』聲，『遺』从『迬』聲，迬徃都是㞷的後起形聲字。可見遺是和皇同音的。『皇字金文作  上象日光放射之形』；〔二〕《爾雅·釋詁》下『暀暀，皇皇，美也。』《說文》『暀，光美也。从日往聲』，與皇、遺同音。

陳逆簠節錄

陳逆簋節錄

包金銅貝是『金』而『光美』的。如王毓銓所說，『金文中的貴（僓、遺）或許就是這種包金銅貝？這種包金銅貝在輝縣琉璃閣一周墓中，為數一千以上，成堆，與殉葬器物共同放置，確是當作財產埋葬的，和當時用貝或金屬貨幣殉葬一樣』。〔三〕

從以上各種情況看，譚戒甫的解字，王毓銓的推測，都是可信的。可以說『遺』从貝迬聲。讀如『皇』。它所寓的詞詞義是銅製假貝——一種光美的包金銅貝。

一三．罰

『非出五夫〔遺〕〔則〕罰』。

注：〔一〕、曾運乾：《喻母古讀考》〔二〕、王国維說，見刘盼遂《說文練習筆記》。〔三〕、《我国古代貨幣的起源和發展》第一七頁。

『洒貭有罰眔趞金。』前的『罰』字，剔字本作　從未剔本看，　上　形乃是网的餘迹。剔字本　上左角　，按未剔本來看，它是誤把　的左側同字旁鏽文，在鏽花掩映下，被剔字人誤作文字結構的。　的右角　形，是网的右上殘筆和　右立　的殘筆誤合為一的。後的『罰』字，未剔本全部鏽掩。剔字本作　。它是在去鏽後露出來的殘迹基礎上，由於主要筆劃和　的基本格架相近，受已剔　字的影響而剔成的。　即　的殘泐，而　雖照　剔掘，但是由於剔字人不知　形是什麼，因而更失掉了网的形象。

兩個字，一句話，　字网　兩部分的鏽損和誤認是造成誤剔的主要原因。

《周禮·地官·質人》『犯禁者舉而罰之』。質人是有權據禁令行罰的。曶鼎『非出五夫「遺」「則」罰』，『洒貭有罰眔趞金』，『罰』在銘文詞句依存關係上是同『質』字之為『質人』之『質』完全相應的。錢坫以前一字為『罰』是對的，以後一字為『君』則是不對的。嚴可均把兩字都釋作『罰』是正確的。

朱為弼釋『詞』；劉心源釋『誓』，郭沫若釋『訡』，而都以之為『誓』；譚戒甫釋『信』。既沒有得到它的形聲結構，又失掉了銘文的對立統一關係。

一四、趞

『洒貭有罰眔趞金』。

『趞』，銘文作　和趞簋　字同一結構，从走㞷聲。　和　都是　的變體。

曶鼎　，上半部鏽斷為二，成了　，下半部　浸于鏽花之中，還依稀可辨

形。郭沫若釋，以爲「⿰齒壴」字。〔一〕

叔按：《説文》無「⿺走壴」字。以語音和文意求之，應借爲「斂」。《説文》「斂，有所治也」。「有所治，謂用力於所治之事也」。〔二〕「斂金，就銘文來説，指按質人勒令向曶方派人逼繳罰金。

「迺質有罰眔⿺走壴金」這句話，説明質人向曶罰金的兩個相連而及的程序：有罰和⿺走壴金。

《周禮・地官》在質人「掌稽市之書契」等事之後説，他有權對「犯禁者舉而罰之」。同書，在質人之次是廛人。「廛人掌市〔之〕〔三〕絘布、總布、質布、罰布、廛布，而入於泉府」。鄭玄注：「質布者，質人所罰犯質劑者之泉也；罰布者，犯市令者之泉也」。質人有權據禁令行罰，而罰金則作爲「罰布」由廛人收取。

「迺質有罰」是説由於曶拒絕「用遺徙贖」，反對「五夫百鋝」勒令，而堅持原定成約，質人以爲「犯禁」，對曶行罰。

「⿺走壴金」，用力逼繳罰金。指質人使廛人根據他所定罰金數目，向曶方催討追逼。

定罰在前，逼金在後，兩事是相連而及的。

一五．王人

「王人」宜侯簋「易宜王人□□又七生」。劉心源説是「王朝之人」，並引《公羊傳》「王人者何？微者也」作證。

叔按：《春秋》僖公二十九年，「夏六月，會王人、晉人、宋人、齊人、陳人、蔡人、秦人，盟于翟泉」。《左傳》記這件事則説「夏，公會王子虎、晉狐偃、宋公孫固、齊國歸父、陳轅濤塗、秦小子慭，盟于翟泉」。可見這個「王人」是王子虎。王子虎也叫王叔文公。翟泉之盟後七年，魯文公三年，把「

注：

〔一〕．《奴隸制時代》一九七三年版，圖版五，釋文。

〔二〕．承培元《廣説文答問疏證》

〔三〕．據王念孫説補，説見《經義述聞》《周官》上「斂市絘布」條。

王子虎卒』作為當年一件大事記在《春秋》上，《左傳》對此事的說明是：『王叔文公卒，來赴。弔如同盟，禮也』。可見這種『王人』並非『微者』。

《左傳》僖公二十八年，『（周襄）王命尹氏及王子虎、內史叔興父，策命晉侯為侯伯』。《國語·周語》上記這件事則說：『襄王使太宰文公及內史興賜晉文公命』。韋氏解曰：『太宰文公，王卿士王子虎也；內史興，周內史叔興也。』作為『王人』的王子虎，這個王叔文公，他為王卿士，官居太宰，絕非『微者』。

《春秋》莊公　六年『王人子突救衛』。《左傳》對此事沒有解說，只寫了一句『王人救衛』。作為『王人』的子突，可以將兵出征，即使是『將卑師少』，〔一〕也在說明這種『王人』並非『微者』。至於『王人來告喪』，〔二〕『王人來告敗』，〔三〕這些『告喪』『告敗』的『王人』，一般說來，不能都是為王卿士，官居太宰，可能相對地是『王之微官』。然而這些『微者』畢竟也還是可以代致王命的出使官員。所謂『王人，卑者也』，無非是從奴隸主貴族等級差別來說，在身份地位上，有的是相對低微一些的。

『王人』一詞，從身份上，包括王叔、王子之類的王親；從官職上，包括着太宰乃至王之微官。『王人』可以作官，而作官的並不都是『王人』。他和一般奴主階級貴族的区別，本質屬性在於是否王叔、王子之類的王親。

在這場買賣奴隸的交易中，效父是賣主，曶是買主。強曶『用遺徙贖』，並提出『茲五夫用百鋝非出五夫「遺則」罰的是主管這種交易的官吏——質人和賣主效父。邢叔說：『在王人迺贖用「遺」。』他在肯定這條『木枋』禁令的同時，又說明了它的適用範圍：賣主必須是王人』。他這一句話明確了三個問題：一，在『王人』之外的奴隸主不能向他的買主要求用包金銅貝；二，效父也不是『王人』；三，因此，按王參門木方禁令辦事，效父沒有資格要求曶『用遺徙贖。』從而否決了質人的決定，駁斥了效父的毀約。

注：〔一〕、《公羊傳》隱公五年『將卑師少稱「人」』。〔二〕、《左傳》僖公八年。〔三〕、《左傳》成公元年。

一六、不逆付

「不逆付」，各家釋文多以「付」爲動詞，而把它的下句的首「智」字拉上來，作爲賓語，讀爲「不逆付智」。

叙按：「不逆付智」與本段語意不相應，失掉它部分與整體的對立統一關係。應該以「逆」爲動詞，以「付」作它的賓語，而「智」歸於下句。

「逆」，《説文》「迎也。」引申有迎受、接受之義。《儀禮·聘禮》「衆介皆逆命不辭」注「逆，猶受也」。

「付」，是「付別」的「付」。《周禮·秋官·士師》「凡以財獄訟者，正之以傳別約劑」。鄭衆注「傳，或爲付」。同書《天官·小宰》「聽稱責以傳別」注：「傳別，……鄭大夫（興）讀爲「付別」」。古音「付」「符」在侯部，而「傳」在魚部。戰國以迄西漢，魚、侯兩部合用已是比較普遍的現象。「傳別」是「付別」在這種音變中形成的異文。

「傳別」是「中別手書」。《周禮·士師》「正之以傳別約劑」注：「傳別，中別手書也」。它以漢代作例，説「若今時市買，爲券書以別之，各得其一，訟則案券以正之」。同書《小宰》「聽稱責以傳別」，鄭玄説：「傳別，謂爲大手書於一札，中字別之」。把對雙方起約束作用之事寫在札上，再把已寫了字的札從中間一劈兩半，每扇各有半行字，兩方各執其一，以爲日後對證的凭據。這種東西，從它的基本作法和作用來説，是與「符節」同類的。其物爲「付」，其分爲「別」。所以「傳別」或讀爲「符別」，或寫作「付別」。當是它的器物名稱。而「符」則是它的後起形聲字。它和契的區別是不以契齒而以中別手書。戰國以迄秦、漢的虎符之所以叫「符」，因爲它們具備「符」的基本特點，作爲雙方對證的根據，是從中破開各執其半的「中別手書」。當然，銅虎符的「中別」文句不是手寫的，但它的性質和作用是相同的。

曶鼎「付」就是這種可以「中别」分執，對驗取信的契劵之屬。「付别」的「别」是就兑剖符分執而說的。「别」的本字作「𠔁」，《說文》「𠔁，分也」，也正象「中别」之意。

「孔以財獄訟者，正之以傅别約劑」，「聽稱責以傅别」，說明付别這種東西的作用既是「稱責」（舉債）的凭證，又是判斷財務案件的根據。

對「犯禁者」「舉而罰之」，作處分，定「罰布」的是質人；按質人所定「罰布」而向被罰人從事追款「趞金」的則是屢人。這反映了當時的一種財經制度。質人作「付」，手書而中别之，為了避免多收少交，分發給屢人和被罰人，作為交收罰金的凭據。

「逆付」，受付，也就是接過質人給他發下的一扇「付别」——罰金字據，承認違禁，甘心受罰。質對曶的勒令是據「王參門□□木方」進行強制的：要麼，以「茲五夫用百鋝」的價格「用遺從贖」；要麼，「非出五夫〔遺〕〔則〕罰」。

邢叔的判辭是針對質人勒令的兩個強制而發的。他根據「木方」禁令的適用範圍，「在王人迺贖用〔遺〕」，否決了質人所定的「用遺從贖」，肯定了原定交易成約；又明示曶：對「迺質有罰果趞金」，「不逆付」——不接受他的罰金「付别」，從而否決了質人所作的「非出五夫〔遺〕〔則〕罰」的勒令，制止了對曶「趞金」的行動。

一七、曶則拜稽首受茲五〔夫〕

「〔曶〕使厥小子𩵦以限訟于邢叔」，既然曶和效父兩人各使其家臣替他們坐獄爭訟，而不親自到案，為什麼邢叔宣判時又出現了「曶則拜稽首」，向邢叔叩頭致謝之事呢？

既然宣判時曶已當庭「受茲五夫」，得到這五名奴隸，為什麼邢叔「使鋝以告質」之後，又有「用致茲人」——向曶送上奴隸之事呢？

兩個問題都不是自相矛盾的。這是西周聽訟斷獄制度所造成的。

這種制度到春秋時代還依然存在。如前面舉過的，《左傳》襄公十年，范宣子審判王叔陳生和伯輿爭政案件便是一個實例。『王叔陳生與伯輿爭政，王右伯輿。……晉侯使士匄（范宣子）平王室，王叔與伯輿訟焉。王叔之宰與伯輿之大夫瑕禽坐獄于王庭，士匄聽之』。士匄聽訟時，王叔之宰和伯輿之大夫各自代表其主子在王庭上對口爭訟，而王叔和伯輿都不到王庭出面受審。這一點，同『「曶」使厥小子𩵦以限訟于邢叔』，兩造各使其家臣代爲出庭坐獄，是一致的。

《左傳》在記王叔之宰和伯輿之大夫坐獄爭訟之後，寫范宣子代表晉侯從事斷獄時，說『范宣子曰：「天子所右，寡君亦右之；所左，亦左之」。使王叔氏與伯輿合要，王叔氏不能舉其契』。宣判時，兩造當庭合要，分別舉契的是王叔和伯輿，而不是他們的代理人——王叔之宰和伯輿之大夫。可見斷獄宣判結案時。兩造的主人是必須親自到庭聽判和結案的。這一點，和邢叔宣判而『曶則拜稽首』，因勝訴而向邢叔叩頭致謝，是完全相應的。所以曶和『「曶」使厥小子𩵦以限訟于邢叔』是並不矛盾的。

曶和效父同時到場聽候宣判。

邢叔宣判，否決『茲五夫用百鋝』。原約生效，效父敗訴，他只得當庭向曶支出他應換出的五名奴隸名字。曶即時得到他按原約換得的奴隸名字，從而得以在法庭上『受茲五夫』。這和邢叔『使鋝以告𧶠』，𧶠人『迺俾「限」以（貽）曶酒及羊，茲訖鋝，用致茲人』，正相呼應，並不矛盾。

一八、使鋝以告𧶠

『使鋝以告𧶠』這句話，吳闓生以爲『吏爰以告比』，說『既成訟，令吏告于比』；郭沫若以爲『使寽以告𧶠』而無說；于省吾讀作『使爰以告』，把『𧶠』字歸屬下句；嚴可均讀作『爰以告𧶠』，把『使』字歸屬上句，而以之爲『事』，與『肯』連讀爲『相事』；譚戒甫讀作『以告𧶠』把『使鋝』作爲上一句的一個詞組，説『「使寽」與上「用寽」同，因㫚已受五夫，自當立即交價。以告䣄，謂以此事告知䣄，使䣄辦理下面所記各事（按譚氏文，指『廼卑□以㫚酉彶羊，絲三寽，用致絲人』）。

不同的句讀，反映不同的理解。吳氏認爲『既成訟，令吏告于此』，既没有認識『邢叔曰』以下三句是判辭，又置『寽』字於不顧。譚氏也同樣地没有理解邢叔判辭。邢叔針對㫚方訟辭，在宣判中，已以『在王人廼贖用「遺」』否決了質人『茲五夫用百寽』的勒令，從而肯定了原定交易，用匹馬束絲換取五夫。五夫百寽的毁約價賣既已被否決，㫚怎麽會『自當立即交價』呢？

敘按：『使寽』的理解是理解這一句話的關鍵。而理解『使寽』必須把它放在全段語言的對立統一關係中看。

『使寽以告質』是承接上文邢叔宣判而説的。它的主語是『邢叔』，承前省略。

在邢叔宣判之後，『使寽以告質』之前，插入『㫚則拜稽首，受茲五夫，——曰陪、曰恒、曰[illegible]、曰[illegible]、曰眚』一句，㫚記他得到勝訴，向邢叔致謝，記他從宣判中得到按原定成約進行交易的合法權利當堂得到了用匹馬束絲換取的五名奴隸名字。這時，質人還不知宣判内容，效父還在庭未歸，質和效父還没有使限『用致茲人』不可能有『㫚已受五夫，自當立即交價』的事情。

在前後語言的相互制約的關係中，『使寽』的『使』有使令人或派遣人的意思。《左傳》莊公三十二年，『雩，講於梁氏，女公子觀之。圉人犖自牆外與之戲。子般怒，使鞭之』。『使鞭之』之前未見所使的鞭人之人，無先行詞，不是『使之鞭之』之者，而是使人鞭之之意，『使』在句中的地位和作用，相當於使人——指使人或派遣人。

『使寽』的『寽』在本句和下句都是指『用遺徙贖，茲五夫用百寽，非出五夫「遺」「則」罰』的質人勒令而説的。這『寽』是毁約强賣的中心，以物代事，遂把這事叫『寽』，所謂『寽事』。

『寽以告質』，在語法結構上，是『以寽告質』的『以寽』介賓詞組的介詞賓語前置。

『使寽以告質』，上與質人勒令『茲五夫用百寽』相應，下與質人接到邢叔通知後，使限向㫚宣佈『茲訖寽』以收回成命相應。『寽』之成爲『寽事』是被語言關係限定的。

『使寽以告質』，是邢叔宣判之後，派人把他所作的，關於『五夫百寽』——所謂『寽事』一案的判決通知給質，使他遵照執行。

一九、迺俾〔限〕

『俾』，銘文作『卑』。《書・無逸》『文王卑服，即康功田功』《釋文》『卑服，馬本作俾，使也。』《詩・小雅・菀柳》『俾予靖之』《釋文》『俾予，本作卑，使也。』

『迺俾〔ㄨ〕以曶酒及羊，茲訖鋝，用致茲人』。『俾』下一字鏽掩，吳闓生補作『徵』，譚戒甫補作『賦』。

叔按：此字應補作『限』。這句話的主要動詞是『俾』，《爾雅・釋詁》下『俾，使也。』它的主語是『質』，承上句『（邢叔）使鋝以告質』而省略。『俾』的賓語雖已鏽掩，但是可以從質交給的任務和本段訟辭和判辭的依存關係來推定：

『質迺俾〔ㄨ〕』去完成的任務有三：一，『以（貽）曶酒及羊』；二，『茲訖鋝』，宣佈收回成命；三，『用致茲人』，把效父按原約換出的五名奴隸送到曶方。為質人、效父向曶方往來傳話的，銘文中，只有一個人，他就是『限』。而這三項任務都是要去到曶方那裡才能完成的。

當初，質人勒令曶『茲五夫用百鋝，非出五夫〔遺〕〔則〕罰』，這件『鋝事』是經限『詢』贅而通知給曶的。而今，質人接到邢叔通知，按判辭以收回成命，派當初代他宣佈『鋝事』勒令的限，再去宣佈『茲訖鋝』，以撤消勒令，在事理上，是當然之事。

效父對曶毀約逼鋝，始終是通過限進行的。與小子贅匹馬束絲成交是限出面經手的。勒令毀約，對曶逼鋝價賣，是限出面傳言的。邢叔宣判，效父敗訴。質人、效父向曶派人，為毀約逼鋝而謝罪，為執行原約而送上五名奴隸，是非限莫屬的。

把這句話補為『（質）迺俾〔限〕以（貽）曶酒及羊，茲訖鋝，用致茲人』，既與本句語言結構相應。又與訟辭和判辭思想相應，使它在語言形式與內容，本段銘文部分與整體，得到對立統一。

二〇、以𨙵酒及羊

『洒俾「限」以𨙵酒及羊』。『以』或解爲『用』。用𨙵酒及羊作什麽呢？郭沫若說『𨙵獲勝訴，終得贖定五人，用羊酒及絲三鋝爲贄以招致之』。𨙵是五名奴隸的買主。奴隸是作爲馬牛一樣的『大帝』商品來交易的。奴隸主對他買到的奴隸是不可能以『贄』相迎，以『禮』招致』的。

銘文在邢叔『使鋝以告賃』，『賃洒俾「限」以𨙵酒及羊，茲訖鋝，用致茲人』之後，緊接着就是『𨙵洒每（謀）于賃曰』。可知賃『洒俾「限」』是派限去和𨙵相見的。𨙵是勝訴者，賃使限見𨙵，宣佈『茲訖鋝』，送上按原約賣出的奴隸，怎能爲此反倒用起𨙵的酒和羊呢？

叙按：『以』，銘文作『㠯』，在『以𨙵酒及羊』的句子裡，受前後語言的制約，是作爲『貽』來使用的。它有把東西贈與或送給之意。

在語言上，『以𨙵酒及羊』是同『茲訖鋝，用致茲人』一起並列的。它是『（賃）洒俾「限」』的三項任務之一，送給𨙵酒和羊。這一項任務是使限代表賃和效父向𨙵賠禮認罪。這同他們當初向𨙵毀約逼鋝以及後來邢叔判辭否決勒令恢復原約是相應的。

『貽』，《爾雅·釋言》『遺也』。郭璞注『相歸遺』，也就是鄭玄所謂『以物有所饋遺』〔一〕之『遺』的同義詞，有把東西作爲禮品贈送給別人的意思。《說文》無『貽』字，而以『詒』爲之，說『詒，一曰遺也，从言台聲』。郝懿行注《爾雅》『貽，遺也』說：『（詒）通作「台」，《釋詁》云：「台，予也」。台，即詒。

注：〔一〕、《周禮·地官》序官遺人，鄭玄注。

予即與也」。

周金文「台」與「以」(㠯)通。邾公華鐘「台作(祚)其皇祖考」，「台卹其祭祀盟祀，台樂大夫，台宴士庶子」，並以「台」爲「以(㠯)」。

「以」「台」相通，而「台」通「貽(詒)」，是「以」也可以通「貽」。詞的書寫形式通假是由字詞的在語言的對立統一關係中確定的。說「以曶酒及羊」是「貽曶酒及羊，是饋送給曶酒和羊。以「㠯(以)」爲「貽」就是根據這種關係推定的。

在語言結構上，「迺俾〔限〕以(貽)曶酒及羊，茲訖鋝，用致茲人」這句話，主語是質，承前省略。質的行動是使限。限在句子裡有兼語作用。對質的動作「俾」來說，他是使的對象，是賓語。但是，對「以曶酒及羊，茲訖鋝，用致茲人」三件事情來說，他則是「以(貽)」，「訖」、「致」——饋送、停止、送到，三個動作的主語，從而表達了質使限去到曶那裡幹些什麼事。

二一、茲訖鋝

「茲訖鋝」的「訖」各家都釋作「三」。

叙案：曶鼎銘文，末劃本上一筆半銹，下兩筆兩橫左端都是向上微翹的。劃字本也還基本上保持這種翹筆痕迹。它同三橫平直的數目字「三」是有區别的。天亡簋「不克訖殷王祀」的「訖」作，〔一〕洹子孟姜壺「洹子孟姜用乞嘉命」的「乞」一器作，也都是同「三」形近而有所區别的。洹子孟姜壺另一器作，則是小篆「乞」字的濫觴了。

「乞」是「乞」的初文，銘文借以寫「訖」。「訖」有終止之意。

「茲訖鋝」的「鋝」不是重量單位，而是「使鋝以告質」的「鋝」，指「茲五夫用百鋝，非出五夫〔一〕則〔一〕罰」的，以逼「鋝」爲中心的，毁約論遣，改價强賣的勤令之事，所謂「鋝事」。從質

注：〔一〕，拙著《天亡毁問字疑年》

來說，這是他向曶正式宣佈收回成命。

如此，則『使鋝以告貿，迺俾「限」以曶酒及羊，茲訖鋝，困致茲人』都迎刃而解。這句話的意思是：邢叔宣判後，使人把他關於『鋝事』一案的判辭告知給貿人。貿人於是又通告效父使限送曶酒和羊，表示賠禮認罪，正式向曶宣佈從此收回成命，停止『鋝事』，並按照原定交易成約，送上這五名奴隸。

這樣，不僅與前面的訟辭相應，而且還和下文『曶迺每（謀）於貿曰』相連，使語言形式與內容，部分與整體的相互依賴，相互制約的關係得到解決。

二二，矢五束

『束』，未剔本只見『朩』形痕迹。在殘筆和鏽瘢的混雜中，剔字人受『』和『』的影響把它誤剔為。因此，很多人把它釋作『朿』字。可是『矢』論『束』而不論『朿』。《詩·泮水》『束矢其搜』是其一證。

郭沫若把它釋作『束』。這是對的。

問題是『束矢』在曶鼎銘文中的語言關係。為什麼『曶迺每（謀）于貿曰：「汝其舍贅矢五束」？』曶向貿人要『矢五束』作什麼？

叙按：《周禮·秋官》大司寇之職，『以兩造禁民訟，入束矢于朝，然後聽之』。《國語·齊語》『索訟者，三禁而不可上下，坐成以束矢』。《管子·小匡》『無坐抑而訟者，正三禁之而不直，則入一束矢以罰之』。《淮南子·氾論訓》『訟而不勝者，出一束箭！』高注『不勝，猶不直也』。這三條是齊桓公一事的不同記載。它反映了《周禮》『入束矢』的訴訟制度。兩造爭執構成訴訟，兩造都要各自呈上一束矢以表示自己理直。理官宣判定案後，他當場向勝訴者發還原交束矢，以證明他確實理直；而敗訴者理屈不直，不能發矢，所交束矢沒收入公。以示罰。

曶鼎銘文第二段記的是一場訴訟。『「曶」使厥小子贅以限訟于邢叔』時，贅、限兩人都必須各自以束矢上交邢叔。邢叔宣判，直在曶方，曶方勝訴，𧶠所交的束矢得到發還。效父敗訴不直，限所交束矢被沒收。這是當時訴訟的例行制度，銘文略而不書。

邢叔宣判，否決了質人勒令。實際上等於公開宣佈質人枉法失職。效父毀約論遣，質人逼鋝「趞金」，「鋝事」一案實際是質人造成的。效父敗訴，質人理屈。邢叔「使鋝以告質」，在司法上是「公事」上的通知；在性質上也正是他對質人在「鋝事」上失職的「宣判」。事實上是宣告質人枉法，但是質非被告，他沒有坐獄爭訟，沒有入束矢之事，自然也就沒有沒收束矢之罰。

限代表質人和效父到曶那裡，向他饋送酒和羊，宣佈收回成命，從此停止逼鋝之事，並按原定交易成約，送上曶應換得 的五名奴隸。曶借着限到他那裡的機會，使限回去向質人傳話，要求質人「汝其舍𧶠矢五束」！使他向曶的小子𧶠交出五束矢，以公開地承認自己在這件「鋝事」上枉法不直，同效父一樣的理屈。

可見銘文「矢五束」不是無端而來的。它是和本段銘文互相依存的。

至於一束有多少支箭？說法不一：《詩·泮水》「束矢其搜」，毛氏《傳》以為「五十矢為束」。《國語·語》韋氏解則說「十二矢為束」。

二三，昔饉歲

「昔饉歲」是哪一年？問題在「昔」的古今義。作為「今」的反義詞，往日、昔時或以前，已成為常用詞義。在一般情況下，很少想到它和「昨」的關係。

敘按：「昔」，古與「昨」同音。「昨」从乍得聲，而从乍得聲之字或从「昔」聲，如古「醋」作「酢」，〔一〕「齰」或作「齚」。〔二〕在同音假借上，「斮」，「措」等字或寫作「作」，「

注：〔一〕，《儀禮·特牲饋食禮》：「尸以醋主人」注。〔二〕，《說文·齒部》

作」。〔一〕《孟子·公孫丑》下「昔者辭以病，今日弔，或者不可乎」？趙岐注「昔者，昨日也」。《莊子·齊物論》「是今日適越而昔至也」，《天下篇》「今日適越而昔來」。昔與今相對，在這兩句話裡，也是昨日的意思。關於這一點，楊樹達《孟子昔者說》〔二〕已有比較充分的論證。

敘按：論年也如此。「昔歲」如同日本語的「昨年」，乃是去年的意思。例如：《左傳》宣公十二年，隨武子說楚人「昔歲入陳」，「昔歲」即去年，指的是宣公十一年「楚子為陳夏氏亂故，伐陳」，討徵舒事。又，哀公八年六月「齊侯使如吳請師，將以伐我」。「秋，（魯）及齊平」。由於形勢改變，哀公九年春，「齊侯使公孟綽辭師於吳。吳子曰：『昔歲寡人聞命，今又革之，不知所從，將進受命於君』。所謂「昔歲聞命」乃指哀公八年「齊侯使如吳請師，將以伐我」之事。可見這個與「今」相對的「昔歲」也正是「昨年」。

曶鼎「昔饉歲」，只是在「昔歲」之中夾了個「饉」字，並不影響它的「昨年」去歲之意。

「昔饉歲」是曶在「唯王元年」鑄鼎時說的。「唯王元年」的「昨年」，就懿王說來，是共王的最末一年。

「昔饉歲，匡眔厥臣廿夫寇曶禾十秭」，曶當即把匡告了下來。匡在接受東宮對他判決的基礎上，同曶相商。曶同意他在交出田七田、人五夫的條件下，從宣判的「來歲」，也就是寇禾和起訴的次年（就共王末年來說，也就是懿王的「唯王元年」）開始按三十秭（四十秭，有十秭在協商中折合為田）緩期賠償。

曶鑄鼎之年，「唯王元年」正是匡開始緩期陸續償禾之年。因此，「昔饉歲」一段銘文，對曶來說也正是「唯王元年」中的一件事情。在勝訴這一點上，它雖然同銘文第二段有連類而及的聯想關係，但不是什麼遥遠的往事追憶。

時間清楚了，可明確一些史實。如：周共王末年，曾經發生饑饉；而周懿王則是在這個荒年的基礎

注：〔一〕《爾雅·釋器》「魚曰斮之」。《禮記·内則》作「魚曰作之」。《淮南子·繆稱訓》「猨狖之捷來措」，《說林訓》作「猨狖之捷來乍」。

〔二〕《積微居小學述林》卷六，一九五四年版，二三六—二三七頁。

上即位的。

二四．禾十秭

禾，這裡指連稈帶穗一起收割下來的禾穀。《周禮·秋官·掌客》鄭玄注「禾，稾實並刈者也。」秭，是收割下來的禾束計算單位。《說文》「秭，五稯為秭」。這部書又在「秅」字下說：「二秭為秅」並引《儀禮·聘禮》[一]「四秉曰筥，十筥曰稯，十稯曰秅，——四百秉為一秅」。《說文》「秉，禾束也」。「蓋穫時持禾稾盈手一握，刈而束之，是之謂秉」，[二]秉，是計算禾束的最小單位，秅是它的最大單位，而秭是僅次於秅的最大單位。[三]

一秅是兩秭，一秭是二百秉。那麼曶鼎「禾十秭」只是兩千秉連稈帶穗的禾穀。《周禮·掌客》說「車禾」的載重量是「車三秅」。《儀禮·聘禮》也有「禾三十車，車三秅」的記載。這說明，用車載禾，一車的負荷量只有三秅。也就是說六秭才能裝滿一車。如此看來，曶鼎的「禾十秭」也不過是一又三分之二車。

「匡衆厥臣廿夫寇曶禾十秭」，來歲秋收匡賠償不起二十秭，再來年也賠償不了四十秭，還得以田抵禾，延期緩交，甘認三十。這說明「昔饉歲」災情的嚴重程度，同時也反映奴隸佔有制社会在挽救和恢復上的困難。

注：[一]按：今本《說文》作「《周禮》曰：「二百四十斤為秉，四秉曰筥，十筥曰稯，十稯曰秅，四百秉為一秅」。許慎原書是引《儀禮·聘禮》之文，米數禾數先後並列以見區別。傳寫脫誤，並誤「二百四十斗」為「二百四十斤」。

[二]、孫詒讓《周禮正義·掌客》注

[三]、按：《說文》大徐本是「二秭為秅」，小徐本作「秅，秭也。」如小徐本，則秭、秅為同義詞，兹從大徐。

二五，不「審」

『余無追具寇足「禾」，不「乂」鞭余』。『不』的下一字，剔字本只存『乚』形及其上方兩塊似『𠃊𠃊』的痕迹。錢坫把它寫作『𤰔』，說是『𠂤』字；嚴可均寫作『屮』；吳闓生、于省吾釋『出』；而譚戒甫則以爲是『可』字。這個字在銘文所佔空間比較長，四種釋文，在字形上都不和它的長度相當，在詞義上也都不與銘文語意相應。

未剔本字迹

從這個字在未剔本中的殘餘形迹和結構輪廓，以及它上同『余無追具寇足「禾」』，下與『鞭余』的相互制約關係，敍以爲它應當是『審』字的殘斷餘迹。細看未剔本，在鏽花斑駁中，還可以辨認出這個字的殘筆是分明作『審』的，這個字所从之『∩』，雖影印拓本也還是清晰可見的。可是剔字人却無視它的存在，生把它作爲一般鏽紋剔平除掉。這樣，就使它在剔字本中失掉了部從關係，只剩下了『𠃊𠃊乚』形。考古學家多把它上面的『𠃊𠃊』形看作鏽瘢，不予理睬，而把注意力集中在『乚』形三筆的探索上。

『審』，《說文》說它是『宷』的篆文，从『番』。周金文『番』作

它同《說文》『番』字是同一結構的。『釆』上曲筆作∫作⌒是不拘一格的，四角斜筆作八作丷也是任意的。

敍按：未剔本『∩』中之『丷乚』當是『番』的鏽掩殘迹：上部『丷』是『米』上『小』殘筆，它被混雜在鏽花裡；中部一直『丨』是『米』的中下部分『不』形，而鏽蝕了字中一横和左右兩個斜筆。至於最下部『乚』形，則是『田』的左邊和底邊的部分殘筆。

『審』的詞义：《說文》說是『悉也，知宷諦也』。它又說：『悉，詳盡也』，《玉篇》『宷，定

也，詳也，諦也，信也，悉也，案知諟也；審，同上。」

《國語．吳語》「越王句踐乃召五大夫」而「問戰奚以而可：」他們分別提出審賞、審罰、審物、審備、審聲。最後句踐 「乃命於國曰：「國人欲告者來告，告孤不審，將為戮。不利。及五日必審之。過五日道將不行」」。這些審字 在不同的語言關係中有不同的理解，但是都不失其明確讇實的基本意義。引申之有信實不欺之意。所以韋昭解「告孤不審」說，「不審，謂欺詐非實也」。

宋刻本

別字本

五祀衛鼎

曶鼎「不審」在「余無道具寇足「禾」」和「鞭余」的前後制約下，「審」也是使用信實不欺之義。「不審」與《國語》一樣，也是「欺詐非實」。全句意為：我無法如數交出寇禾人犯，如數交出所搶禾穀。如果我的話欺詐非實，可動官刑鞭打我。

二六，鞭余

，孫詒讓疑為駿之壞字，譚戒甫以為或即驅的本字。

叔按：它是从革便聲「鞭」的壞字。銘文「革」旁殘斷，僅餘「」形。《說文》「，古文鞭」。

「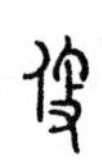」字所从的「」就是古文鞭字的原形。

「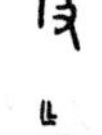」即「便」。它不僅是「鞭」字所从得聲，而且同金文有的直接用它來寫「鞭」字。一九七五年二月在陝西京當公社董家生產隊出土的𠑇匜，在它的器蓋銘文裡，[一]「我義便汝千」，「義便汝五百」，「則致乃便千」諸句，都是直用「」來寫「鞭」的。

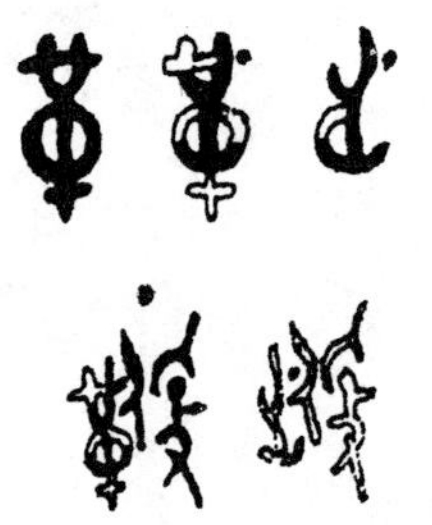

注：[一]，《文物特刊》（試刊）七。一九七五年十二月十八日。又《文物》一九七六年第五期；又七六年《文物》六期四十一頁。

「鞭」是一種官刑。《國語・魯語》上「大刑用甲兵，其次用斧鉞，中刑用刀鋸，其次用鑽笮，薄刑用鞭撲，以威民也」。韋氏解「鞭，官刑也」。《左傳》莊公八年「鞭之見血。」又三十二年「子般怒，使鞭之」、「不如殺之，是不可鞭，」《公羊傳》閔公元年「子般執而鞭之，」《左傳》僖公二十七年「鞭七人，貫三人耳。」《左傳》襄公十四年「師曹鞭之，鞭師、曹三百。」

智鼎「不審鞭余」這句話，是匡就他「余無逌具寇足「秝」」的實情說的，意在着重申明自己的話完全屬實。他說：如果我說的話「欺詐非實」——「不審」，甘願受官刑鞭我。

二七、貸

智鼎  字付下貝形半泐作 。譚戒甫隸定爲「貸」，這是對的。但是，他說這個字「疑即賦的别體」，盡管賦也有斂取或給予之義，却是與銘文語意不相符合的。

常叙按：貸與倍通。古金文府字大府簠作 ，鑄客鼎作  而少府小器作 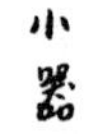（張政烺釋）它們說明府字古文原是寫作「」的。而這三個金文都是它的減筆。《說文》「府，从广付聲。」應是⿸广貸的簡化。⿸广貸从貸聲，而貸又是从付得聲的。从付得聲之字古音在侯部。

古音之部字有些是以音變入侯的。《詩・大雅・緜》「予曰有疏附，予曰有先後，予曰有奔奏，予曰有禦侮。」侮在之部，而音變與侯部字附、後、奏相叶。《說文》「（音），从丨从否，否亦聲；㰯，音或从豆从欠。」㰯，段、桂、王、朱各家都認爲是从欠豆聲。否、音兩字都在之部，而豆則屬侯部。

音聲字音變入侯，因而从付得聲之字往往與从音得聲之字通假。《說文》「附，附婁，小土山也。《春秋傳》曰：「附婁無松柏。」」《左傳》襄公二十四年，這句話寫作「部婁無松柏」。是附與部通。《左傳》昭公二十五年，「唯是楄柎所以藉幹者」，《說文》楄字引《春秋傳》曰「楄部薦榦」。楄柎即楄部，是柎與部通。《詩・魯頌・閟宮》「乃命魯侯，俾侯于東。錫之山川，土田附庸。」《左傳》定公四年，記這件事說：「是使之職事於魯，以昭周公之明德，分之土田陪敦。」孫詒讓說：「陪敦（敦）即附庸之叚借。因古文庸作𩫖，故或作敦。」[一]《經典釋文·左傳·定公上》「倍敦：本亦作陪，同。」附庸即陪敦，亦即倍敦，是附與陪、倍相通。

陪，《說文》「重土也。」朱駿聲說這個「重土」之義就是「重阜也，所謂再成丘也。」同一數量相重，因而有加倍之義。倍，《說文》「反也。」古書多借「倍」來寫「陪」字。由於使用頻率較高，加倍遂成爲倍的常用之義。《墨子·經上》「倍，爲二也。」《經說上》「倍，二尺與尺，但去一。」原數爲一，倍一爲二。晚出古文《尚書·周官》「曰唐虞稽古，建官惟百。」接着又說「夏商官倍，亦克用乂。」百的倍數是二百，所以僞孔傳說「禹湯建官二百，亦能用治。」《管子·治國》「而上徵暴急無時，則民倍貸以給上之徵矣。」

尹知章注：「倍貸，謂貸一還二也。」倍，是在原有數量的基礎上照原有數量給以增加。

曶鼎「[乃]來歲弗償則貸卌秭」，這句話是緊接上句「償曶禾十秭，遺十秭，爲廿秭」而說的。在「來歲弗償」的前提下，變「廿秭」爲「卌秭」，顯然是因違抗而加重處罰。加罰是這句話的中心思想，加倍是它處罰的具體辦法，而貸从付得聲，付聲字與「倍」相通，而倍又正有加倍的意思。

從這關係看來，曶鼎「貸」字當通作「倍」，而它所在的這句話的句讀當是：「[乃]來歲弗償，則貸（倍）！——卌秭。」它的語意是：假如來年不賠償（二十秭），那麼就加倍！（罰）四十秭。

貸與倍通的語言文字現象和翻一番兒的加倍處罰制度都不是西周以後才有的。

如前面所說《詩·大雅·緜》的第九章，侮，它以之部字而與侯部字附、後、奏三字相叶，說明它是由於音變而轉入侯韵的。這一實例證明：音聲之字以音變而與付聲之字同音，早在西周時代，是就已經存在了的。可以說：曶鼎的「貸」與「倍」通是合乎當時語言實際的。

《書·呂刑》「墨辟疑赦，其罰百鍰，閱實其罪。劓辟疑赦，其罰惟倍，閱實其罪。」五刑中，劓是比墨重一等的。《僞孔傳》：「倍百爲二百鍰。」罪重一等，則罰翻一番兒，在其罰百鍰的基礎上，

注：[一]，《古籀餘論》卷三，召伯虎敦第二器。

倍，則成為二百。可見曶鼎銘文所記：東宮罰匡季時，說如果來年不能照數償禾時，則在原定罰禾二十秭的基礎上加倍！罰禾四十秭。這不正是『其罰惟倍』嗎？以倍數進級的加重處罰，在西周也是已有其例的。所以說把『則貸』釋為『則倍』也是與曶鼎時代的處罰制度相應的。

二八、曶睍匡卅秭

『睍』，銘文作錢坫釋受，譚戒甫釋兒。于省吾、郭沫若並據《西清古鑑》毛伯彝（現在叫班簋）釋文以為覛（覓）字。

叙按：即《說文》訓為『捾目也』的『⿰目叉』字的或體。象以爪抉目之形，它所寫詞義有探手入內，从中剜出的意象。

所以這樣說，因為：

《說文》覛，衺視也。籀文作眽。《繫傳》作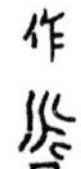（覛），《六書故》『覛，唐本覓尋也』。覓乃覛之俗體。段云，『俗有尋覓字，此篆之譌體』。徐箋，『覓蓋本作覛，今譌从爪』。朱駿聲謂覛字『亦作覓』，俗作覓』。《群經正字》『俗有覓字，即覛字之譌』。《漢書揚雄傳》『眽隆周之大寧』，師古注，『眽即覓字』，不知覓乃覛之譌。古常作覛為覓，故譌作覓。可見睍非覓字。

在詞的書寫形式上，一，从與从同義。《說文》『蚤，从䖵叉聲；叉，古爪字』。二，从見與从目同義。《說文》視，古文从目作眂，睹，古文从見作覩。三，『目』與『』通。『眔』，甲骨文作，師旂鼎作，師寰簋作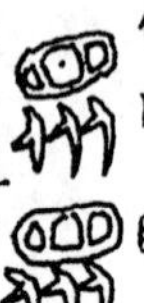，而曶鼎作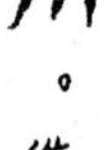。從這三個關係看，曶鼎、班簋的字就是沈子簋『』，也就是《說文》的『』字。這三個字都是以形象表意方法表現詞義特點的。盡管有从爪从叉和从見从目之差，可是以手向目抉取眼睛之意則是完全一致的。

在詞的語音形式上，⿰目叉、捾兩字都是和斡字同音的。《廣韻》入聲十三《末》，『⿰目叉』、『捾』以及从『宛』得聲的『婉』『豌』『睕』等字都和『斡』同音，烏括切。可是值得注意的是：斡从倝聲，捾从官聲，椀、腕、睕並从宛聲；而『軟』『官』『宛』古音都在元部。形聲字聲符，造字當時必取同音。軟、官、宛都在元部，則斡、捾、椀等與⿰目又同音之字古音也必在元部。

『⿰目又』古與『宛』同音，故从『⿰目又』得聲之『⿱⿰目又手』讀若『椀』（同盌），而為『捥』（同腕）的或體字。《呂氏春秋·本味》『肉之美者，猩猩之脣，……述蕩之⿱⿰目又手』，高誘注『（述蕩）獸名。⿱⿰目又手，讀如棬椀之椀』。《史記·封禪書》『而海上燕齊之間，莫不搤捥而自言有禁方能神仙矣』。《漢書·郊祀志》用這句話，卻把『搤捥』寫作『搤⿱⿰目又手』。『⿱⿰目又手』是『⿱⿰目又手』的簡化，顔師古說『⿱⿰目又手，古手腕之字也』。

『⿰目又』古與『官』同音。一九七五年底，在湖北雲夢縣睡虎地出土的秦簡中，《南郡守騰文書》『是以善作事，喜爭書，爭書因恙（佯）瞋目扼捾（腕）以視（示）力』[一]『扼捾』即『扼腕』『搤捥』亦即『搤⿱⿰目又手』。『捾』从『官』聲，『⿱⿰目又手』从『⿰目又』聲，是『⿰目又』與『官』同音之證。

在先所寫詞的詞義上，《說文》『⿰目又，捾目也』，而『捾，搯也』。『搯，捾也』。段玉裁、朱駿聲都以為『捾』就是『剜』字。[二]鄭珍也認為『捾』即『剜』的古字。他說：『捾搯者，謂抉物出之。今人猶有此語。《衆經音義》卷七引《通俗文》「捾出曰掏」，掏即搯字。』[三]可見『捾目』之『⿰目又』就是『以手抉目』用手剜眼睛或掏眼睛。

『⿰目又』及其或體『𥈠』字所表現的詞義特點，以手抉目，說明這個詞的本義是一種刑罰的名字。奴隸主階級的刑罰是極其殘酷的。名曰五刑，實際上是刑不止五的。他們慘毒之處，甚至把人剁成肉醬，叫作菹醢。抉目之刑雖不見於古代書篇，但是把這些文字所保存的形象和解放前兄弟民族的悲慘史實聯繫起來，『天下老鴰一般黑』，可以說殷周奴隸社會是存在這種酷刑的。

《史記·呂后本紀》『太后遂斷戚夫人手足，去眼，煇耳，飲瘖藥，使居厠，命曰人彘。』《闕名《秋燈錄》》記尚之信被羈於五仙門，藩下總兵李天植，因傳之信母萬福金令，召國棟入，擒之。『之信之子，

注：[一]，《睡虎地秦墓竹簡》圖版第八葉，釋文注釋第十七葉《南郡守騰文書》。文物出版社。

[二]，段說見《說文解字注》『捾』字注。朱說見《說文通訓定聲》乾部『捾』字注。

[三]，鄭說見《說文新附考》卷二，《剜》字考。

剜去其兩睛，天植與尚之節等寸割其肉投與群犬噉之。』〔一〕自漢至清，在中國封建社會的史書載記中這種來自奴隸社會的『非刑』是時有所見的。

這種事，除子胥將死說『抉吾眼置之吳東門』外，一般是外力強加于人的人身殘害。作為統治者懲處罪人的手段，它當是一種酷刑的名字。奴隸主階級以及它以後的封建地主階級刑法都是極其殘酷的。名曰『五刑』，實際上是刑不止五的。即或『九刑』理解為九種刑名（正刑五加之流、宥、鞭、扑、贖刑），而《左傳》所記宋元公『烹伊戾』，齊侯『醢（夙沙）衛於軍』，『齊人殺子亹而轘高渠彌』，烹、醢、轘等等酷刑是不在其內的。『固有常刑』，這些不屬於『常』的『非刑』是難以指數的。剜目之刑雖不載於古代書篇，但是事實證明中外都有，它並不是偶然的、個別的，而是比較普遍的。

恩格斯在談到德國封建時代，農民所受的殘酷壓迫時指出：『主人可任意把農民打死或者把農民斬首。加洛林納法典中的各章論到「割耳」，「割鼻」，「挖眼」，「斷指斷手」，「斬首」，「車裂」，「火焚」，「夾火鉗」「四馬分屍」等等，其中沒有一項沒有被這些尊貴的老爷和保護人隨一時高興就用在農民身上。』〔二〕恩格斯在這裡講的是德國的情況。處在奴隸社會的西周奴隸主階級在對待奴隸上，有很多刑法是和德國相同的。如『刵』即『割耳』，『劓』即『割鼻』，『睍』（⿰目殳）即『挖眼』，『轘』即『車裂』等等都是。

在我國，如許多兄弟民族翻身奴隸和農奴所控訴，在解放前，『奴隸主對他們可以任意買賣，槍殺，活埋，火燒，水淹，剝皮，抽脚筋，挖眼，穿手，穿骨，帶鐵鏈，穿靴』等『非刑』都是存在着的。漢族也不例外，故老傳說，直到清末，在個別事例上也還是有所反映的。

這種奴隸社會的酷刑是和周金文『』『』兩字所標誌的詞義特點相應的。從古代漢語詞彙書寫形式學來看，這兩個字都是用象事的形象寫詞法寫詞的。它把詞義中足以區別于其它詞義的形象特點，以手向目的抉取動作，勾畫出來，從而表現了詞義。詞義是人從社會實踐中得到的認識。因而這種文字形象是當時社會存在的一種反映。所以說『』『』兩字所寫的詞，它的詞義是奴隸社會的

注：〔一〕，吳曾祺編《舊小說》乙集。〔二〕，《德國農民戰爭》，《馬克思恩格斯全集》第七卷，第三九七頁。

挖目之刑，文字結構本身也在證明這一事實。

總之，從詞的書寫形式在文字結構上所反映的詞義特點，以及它和詞的音、義對立統一關係，可以說「[illegible]」是「⿰目又」的古文簡寫，而「[illegible]」是它的或體。它所寫的詞與「搯」「剜」同音，古音本在元部；它所寫的詞義，有以手抉目，探手入内，從中剜取或掘出的意思。

「曶貺匡卅秭」，「貺」字是在匡拒不償禾，而曶借東宮之力，從他手中硬掘，而使用的。在嚴重的「饉歲」灾情下，要求匡「具寇足禾」，問題的難點在償禾。匡原想以五田抵十秭，以四人抵二十夫，而根本不償一禾。這是匡在拒償。曶為此再次上告，明確叫出「必唯朕［是］償」！這是曶在逼禾。經東宮再判，寇禾十秭，罰禾十秭，一共二十秭。來年秋收一起賠償。如果來年不賠償，那就加倍，賠償四十秭。這是東宮為曶向匡所施加的強壓。灾情嚴重、恢復困難，匡來年沒有一次賠償二十秭的能力。逼於東宮勒令他必須從認交四十秭之罰來考慮。在這種情況下，以增田增人為條件，匡求得曶的同意，以七田抵十秭，變四十為三十，相對地減少了禾數。從而得到了延緩時日。在奴隸主對奴隸主的勾心鬬角中，這三十秭禾是曶在匡季拒不償禾的情況下，從他匡季手中硬掘出來的。所以銘文最後用「曶貺匡卅秭」形象地概括了他這次取得的勝訴。

附

曶鼎「[illegible]」也見於班簋。沈子簋的「[illegible]」則是它的或體。但是，這兩個簋銘並沒有使用它的本義，而是借以寫「蘊」的。

如前所說，「⿰目又」與「宛」同音，古音同在元部。元、文兩部音近，从「宛」得聲之字往往借以為「蘊」。如《詩·小雅·都人士》「我心苑結」即《檜風·素冠》「我心蘊結兮」的「蘊結」。

班簋「班非敢[illegible]」這句話是以下述依存關係存在的。它的前面是贊語，贊揚「不杯丮皇公受京宗懿釐，毓文王、王姒聖孫，登于大服，廣成厥功。文王孫無弗懷型，無克競厥烈」。它的後面則是作器和名器，說「唯作昭考爽，謚曰大政」。

叙按：「爽」當是器名。《方言》二「㦗、梗、爽，猛也。晉魏之間曰㦗，韓趙之間曰梗，齊晉曰爽」。「猛」是四方之通語，而「爽」則是「猛」的方言音變。古音「猛」「爽」兩音都在陽部，收韻相同。所不同的是聲，「爽」屬審，而「猛」屬明。以「少」「眇」兩字音例之：「少」屬審，而「眇」屬明，聲母不同，可是「眇」卻如《說文》所說，「从目，从少，少亦聲」。「爽」的音變爲「猛」，正如「少」的音變爲「眇」一樣，是同一個詞方言音變。

《說文》「皿，飯食之用器也，讀若猛」。以《方言》齊晉呼「猛」爲「爽」的音變語例來看，則班簋「唯作昭考爽」的「爽」當是「皿」的方音。《詩·秦風·權輿》「每食四簋」，簋正是飯食之器。如以「爽」爲「皿」的方音音變，可與班簋的語言依存關係，器的形制和作用完全相應。

「晛」是「䀿」的或體，「䀿」與从「宛」之字同音，而「菀」借爲「蘊」，是「晛」也可借以爲「蘊」。這種寫詞的假借同班簋語言的前後依存關係統一起來，可以說「班非敢晛」是班非敢蘊。班不敢把他的「孔皇公」的「厥功」「厥烈」蘊而不發，爲了宣揚豐功偉烈，他才作了這件飯食之器，並爲它取了名字叫「大政」。

同理，沈子簋「拜稽首，敢[illegible]，昭告朕吾考」。「[illegible]」即「䀿」，「敢」即「不敢」，語急而省。《左傳》莊公二十二年「敢辱高位，以速官謗」。杜氏注「敢，不敢也」。〔一〕沈子簋的「敢䀿」即班簋的「非敢晛」，是「不敢䀿」也就是「不敢蘊」的語急而省，由於不敢蘊而不宣，于是「昭告朕吾考」，語言關係是緊緊相依的。

一九七六年十二月油印　一九七七年第四期《吉林師大學報》

前篇發表　後篇刻字困難未發

注：〔一〕、參照顧炎武的《日知錄》卷三十二《語急》

曉野先生座右：

昨日奉到所賜 大作。拜讀之餘，無任欽佩。曶鼎出土二百多年，歷來能此通釋者鮮，至爲欽佩。

頤不學無術，尤其近十年，益形荒廢，媿無以報，謹以過去二小册子呈政。不敢云報也！

近想常與于公及家繼祖時相過從否？聞李公愚近亦老病頻加。

久未通問了！

專此肅謝，並頌

著安！

羅福頤 再拜

七七年六月三日

秦公及王姬鐘、鎛銘文考釋

秦公及王姬鐘五件、鎛三件，一九七八年一月陝西寶雞縣太公廟村出土。鐘鎛銘文相同，包括重文合文在内共一百三十五字。鎛銘各自成篇，而鐘則連綴成文：一組，合兩鐘一爲篇；一組，合四鐘爲一文而缺其一鐘。出土後，多以"秦公鐘"、"秦公鎛"稱之。宋人著錄的盄和鐘，近人或改名爲"秦公鐘"。爲避免同名混誤，暫以秦公及王姬鐘、秦公及王姬鎛來叫它們。

它們不僅使我們得據秦器以訂正《史記·秦本紀》的部分錯字、脱文，從而澄清並糾正了各家在注解上的部分混亂和錯誤，補足了部分缺略的史實；而且在考證秦器銘文上，也給我們提供了新的歷史依據：一，使我們掌握了秦公室自己説明的秦國計世起點，二，使我們發現了秦人對他們的先公，在稱述上，有兩個既相關連，又有區別的譜系——"公譜"和"世系"。這兩點，爲考定銘文年代提供了有力的依據。

從這幾點來看，可以説秦公及王姬鐘、鎛是我國考古工作者今年發現的重要青銅器之一。

壹、釋文

秦公曰：我先且（祖）受天令（命），商（賞）宅受或（國）。剌=（烈烈）邵文公、静公、憲公，不彖（墜）于上。邵（昭）合皇天，吕（以）虩事蠻（蠻）方。

公及王姬曰：余小子，余夙夕虔敬朕祀，吕（以）受多福。克明又（有）心，盭（利）龢胤士，咸畜左右。藹=（藹藹）允義，翼（翼）受明德，吕康奠

（莫）䀹（協）朕或（國）。盜（延）百緣（蠻）具即其服。乍（作）氒（厥）龢鐘，霝（靈）音鉄=雝=（鍺雍、鍺雍），㠯（以）匽（宴）皇公，㠯（以）受大福，屯（純）魯（嘏）多釐，大壽萬年。

秦公𣅀（期）畯（駿）𪛆（命）才（在）立（位），雁（膺）受大令（命），釁（眉）壽𣞤（無）彊（疆）匍（敷）有（佑）亖（四）方。𣅀（期）康寶。

貳、韵讀

秦公及王姬鐘、鎛銘文是有叶韵的文章。它與秦盄龢鐘、王孫遺者鐘等銘文的叶韵一樣，也是"之"、"職"兩部陰入合用的。這在研究漢語語音史的工作上，也是一個值得重視的材料。

第一段：

上 方 陽部

第二段：

子 祀 福 士 右 德 國 服 相叶。

其中，子、祀、士、右，古音在之部：福、德、國、服，古音在職部。之、職兩部，陰入通叶。

第三段：

疆 方 陽部

參、簡注

〔秦公〕 銘文指出子。

〔先祖〕 出子稱秦襄公。

〔賞宅受國〕　周平王封秦襄公爲諸侯，賜之岐以西之地，與之誓，封爵之。秦于是始國。

〔靜公〕　《史記・秦本紀》作竫公。

〔憲公〕　靜公之子，出子之父。《秦本紀》今本作寧公，誤。

〔虩〕　與"愬"同音，有戒懼敬慎之意。

〔公〕　秦公，出子。

〔王姬〕　出子之母。

〔余小子〕　與"公"相應，出子自謂。

〔余〕　王姬自謂。出子五歲即位，其母王姬擁之臨朝視事，祀事也是兩人同之。所以有"公及王姬曰"，又分別出"余小子"和"余"以表示他們的共同意志。

〔有心〕　相親有之心。《左傳》昭公二十年："君不獲扞外役，是不有寡君也。"杜氏注："有，相親有。"

〔盭龢〕　與《國語・周語》"人民龢利"的龢利同，說見後。

〔胤士〕　尹士。尹，官也。孫詒讓說。

〔咸畜〕　與晉邦盦"咸妥"同義。安撫。

〔左右〕　盄龢鐘"咸畜百辟胤士"，秦公簋"咸畜胤士"，晉公盦"咸妥胤士"，百辟胤士就是這"左右"之人。

〔𧽊𧽊〕　𧽊，即遏之異文。孫詒讓說。于省吾先生謂：𧽊𧽊應讀爲藹藹。"藹藹，臣盡力也"。

〔允義〕　信義。《說文》："允，信也。"

〔康奠〕　康定。

〔勰〕　協，同力。

〔盜〕　从皿次聲，借作延。"盜百蠻具即服"，與上文"虩事蠻方"相應，謂引百蠻俱就其服也，說見後。

〔靈〕　借作靈，神之附于巫者。引申有通於人神之義。靈音，謂發於人間而通於神明之音。

〔鈇鈇雝雝〕 象聲詞，鐘聲。其音為〔*tio—og〕，〔*tio—og〕，說見後。

〔皇公〕 出子、王姬指其所祀先公。從先祖襄公到文公、靜公、憲公。

〔純魯〕 即純嘏，阮元說。純，大也。受福曰嘏。嘏辭有福祚之言。

〔晙龡〕 即駿命。

肆、解字

一、〔鎰龢〕即利龢

這兩個字也見于新出的𤼈鐘、牆盤和宋人著錄的師訇簋。三器都是"鎰龢于政"。它們的"鎰"字有繁簡，而師訇簋"于"字作"雩"。在以"于政"作補語的語法條件下，知這兩個字連用在句中是作動詞的。

《說文》"鎰"，"讀若戾。"而"戾"與"利"雙聲，古音又同在脂部，是同音詞。同音詞書寫形式往往通假。古籍"戾"、"利"有時通用。《荀子·君道》："如是，則德厚者進，而佞說者止；貪利者退，而廉節者起。"《韓詩外傳·六》使用了這一段文字。可是它把"貪利者退"寫作"貪戾者退"。《禮記·大學》"一人貪戾，一國作亂。"鄭氏注："戾之言，利也。"可見"戾"和"利"是相通假的。

《易·乾·文言》："利者，義之和也。"李鼎祚《周易集解》引荀爽曰："陰陽相和，各得其宜，然後利矣。"它說明"利"有"和宜"之義。

"利"與"戾"同音通假，而"戾"以及與之同音之"鎰"都可以用來寫"和利"之"利"。

"鎰"有和義。這一點，吳闓生《吉金文錄》解師訇簋"盭龢雩政"句，也曾提出，不過，他是以反訓作解的。他說："'盭'（按：依銘文應寫作'盭'。依繁文全形應寫作'鎰'）即'戾'字。戾之與和，反正同訓，猶亂亦訓治也。《詩》'優哉游哉，亦是戾矣'，言其和也。"

無論從通假或反訓來說，這句銘文的語言對立統一關係，說明這個『盭』字其音同『戾』，其義為『和』。它是用作『龢利』之『利』的。

『龢利』見于《國語》。《周語下》：『陰陽序次，風雨時至，嘉生繁祉，人民龢利。』在這句話裡，次、至、利，三字古音同在脂部，周祖謨《詩經韵字表》它們是一段韵語。由于『利龢』這一詞組是用兩個同義詞合成的，它可以倒用而不失其語義。因此，為趁韵之故，作者把它們顛倒使用說成『龢利』。這一語例證明：『盭龢』就是『利龢』，而「龢利」又是為叶韵之故而倒用的。秦公及王姬鐘、鎛以及牆盤等銘文證明『盭龢』是它的基本形式，而《周語》這段韵文則說明『利龢』是一個修辭上的變例：

這種變例，在《詩》中是自有其例的。

《齊風·東方未明》

第一章　東方未明，顛倒衣裳。
顛之倒之，自公召之。

第二章　東方未晞，顛倒裳衣。
倒之顛之，自公令之。

『衣裳』是常用的基本形式，而『裳衣』則是為了和『晞』相叶，而『倒之顛之』的。『盭龢』和『龢利』也是這種道理。

二　〔盜〕銘文借作延

石鼓文『⿱⺮盜』字是以『盜』為其聲符的。它說明『盜』是與『⿱⺮盜』同音的。

馬叙倫《石鼓文疏記》在錢大昕以『次』為『涎』，以『⿱⺮盜』為『筵』的基礎上，認為『⿱⺮盜』是『生肉醬』——『脡』的借字。認為石鼓文『其⿱⺮盜氏鮮』是讀作『其脡至鮮』的。

《說文》『次，慕欲口液也。𣵾，次或从侃（聲），㵣（㳄）籀文次。』《經典釋文》說《爾雅·釋言》的『唌』是：『因延反。字當作次，又作涎。《字林》云：「口液」。』玄應《一切經音義》卷

二、說「生涎」的「涎」，「諸書作次，𣵽，湺三形，同詳延反。《字林》「慕欲口液也。」《三倉》作「涎」，小兒唾也。」又卷十四「涎沫」：「似延反。案：《江賦》「濆浪飛𣵽」時有本作「涎」，《說文》作「次」，或作「𣵽」「湺」二形，「慕欲口液也。」賈誼《新書》「垂𣵽相告」。束晳《餅賦》，「行人失唌于下風」。郭璞注《爾雅》云「唌」沫也。並作「唌」。」

「㳄」或作「涎」「唌」，从「延」得聲，是「㳄」與「延」同音。因此，石鼓文从「盜」得聲之「盜」可讀為「脠」。馬叙倫之說是可信的。

「盜」與「延」同音，同音字可以通假，鐘銘「盜百蠻具即其服」，正是借「盜」為「延」的。它的語意是：引百蠻俱就其服。

「延」有引進之義：《爾雅·釋詁》，「延，進也。」郝懿行《義疏》云，「延者，引之進也。《儀禮》「祝延尸」，注，「延，進也。」《曲禮》「主人延客祭」注，「延，道也。」道引，亦進也。」

秦公及王姬鐘「盜」，鎛文作「盜」，中間如一「火」形。它和「盨」或加「米」作「盨」（杜伯盨、仲自父盨）同例，是增形而不變其音的。

三、⿰金朩从朩聲，朩是粦的聲符米的簡化變體

秦公及王姬鐘和鎛，銘文相同，都有「乍氒龢鐘，霝音⿰金朩＝雝＝」兩句。這兩句的後一句寫作——

鐘　鎛　鎛

「⿰金朩＝雝＝」，它和它所在銘文辭句的「作鐘」「霝音」以及它與「雝」結成的連語語音等，相互

依賴相互制約，當是疊用的象聲詞，讀為「鍴雝、鍴雝」。「雝」就是「雝」，可是那個「鍴」字寫的又是什麼音呢？

「鍴」這個字，在鐘、鎛銘文裏，無論寫法、用法和作用，都是與宋人著録的秦公鐘相同的。這個秦公鐘，薛尚功《歷代鐘鼎彝器款識法帖》叫作盄和鐘。它的銘文有「作盄龢鐘，氒名曰朁邦，其音鍴鍴雝雝。」後一句寫作

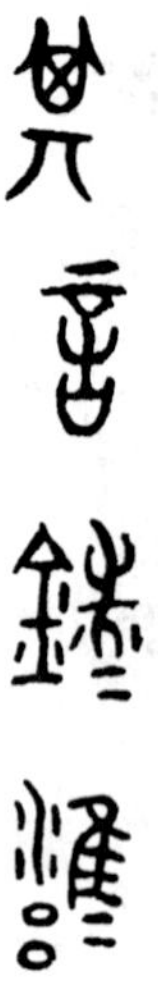

這兩件秦器的「鍴」「鍴」兩字的主要差別，只在聲符耑的中間有無橫筆。除這之外，「鐘」「音」以及「鍴」或「鍴」與「雝」連語重文疊用等，一系列語言依存關係和作用都是相同的。可以說「鍴鍴雝雝」就是「鍴鍴雝雝」。

象聲之詞，無形可象。寫話時，借用同音詞的書寫形式以記其音。字的區別律，常使之隨事物以賦形，在借以記音之字上，加注義類之形，從而成為一種「形聲」之字。在已有形聲字時，在記言中，也往往只取語音而不計其義類，借他詞形聲字以寫其音。情況雖然複雜，但總是以記音為主的。以同一借字及其加注義類的形聲記音之字為例，例如：宗周鐘「倉倉悤悤」，《詩·小雅·采芑》「八鸞瑲瑲」，《商頌·列祖》「八鸞鶬鶬」，「倉倉」「瑲瑲」「鶬鶬」作為象聲之詞，「倉」這一聲符作用最大。沇子簋「烏虖，隹考[女耳]叉，」「烏虖，乃沇子敉克蔑。」烏虖寫作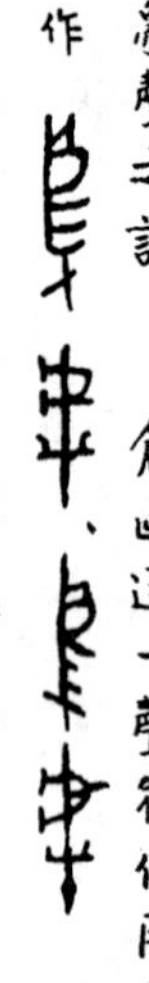。儔兒鐘（楚余義鐘、儔兒鐘）「於嘑，敬哉！」烏虖寫作，虖字从口。《書·洪範》「王乃言曰：「嗚呼，箕子！」《漢書·五行志》引作「王迺言曰：「烏嘑，箕子！」同書《息夫躬傳》引其《絕命辭》「痛入天兮嗚謼」，烏虖寫作「嗚謼」。《隸釋》仲秋下旬碑「歍歑，懷哉！」烏虖作「歍歑」。《說文》「歍，心有所惡，若吐也；一曰，口相就。」無論在借字象聲的書寫形式上著「口」著「言」著「欠」或取另一同聲符的書寫形式來記音，都不失的記音寫詞的作用。

「鍴鍴雝雝」「鍴鍴雝雝」「鍴」「鍴」因鐘聲而著「金」，加注義類；「雍雍雝雝」之「雍」則

借从隹𣎵聲之另一詞的形聲字爲之。

宗周鐘　乍宗周寶鐘倉=悤=雔=雝=

雔从隹𣎵聲。𣎵和𣎵只有右上又中一「點兒」之差。「作寶鐘」而其音「倉=悤=」，雔从𣎵聲，而與「雔」連用，成爲象聲之詞，可以說「雔=雝=」就是「鉄=雝=」和「鉄=雝=」。

一九七五年，在莒南，發現𨰈叔之中子平鐘。其三號鐘，鐘銘在「自作鑄其游鐘」之後，說「乃爲之音，𨭟=雝=，𨭟=鎗聞于𢃼東。」在「鐘」「音」「聞」的語言制約關係中，「𨭟=雝=」無疑是寫鐘音之詞。其二號鐘，與之同銘。詞有挩誤，字復草率。「乃爲」句，挩掉「之音」二字。「𨭟=雝=」，簡寫爲「𨭟=雝=」。𣎵是𣎵之省。𣎵與𣎵、𣎵與𣎵與𣎵形近，而又都與𣎵的減寫有形變關係。（見左表）「鉄雔」「雗雔」「鉄雔」「𨭟雔」「𨭟雔」同爲描寫鐘音的象聲之詞。在共同的語言條件下，它們當是同一聲符的不同寫法——是𣎵字上部𣎵的形變。

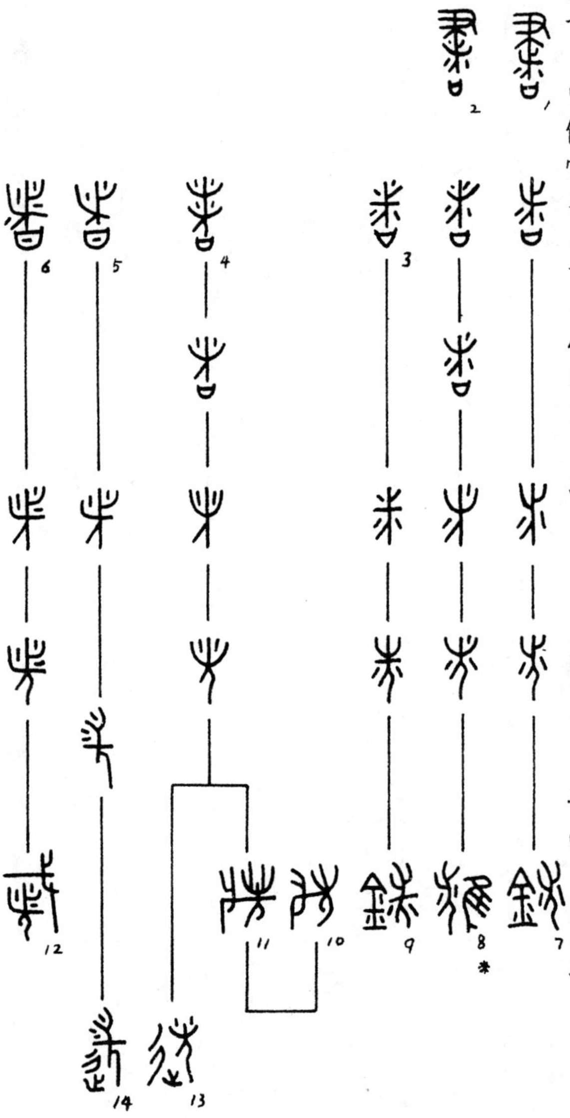

1. 書 頌簋二蓋
2. 頌簋一蓋
3. 者 戎者鼎
4. 者兒觶
5. 兮甲盤
6. 銖離 矢方彝
7. 秦公及王姬鐘
8. 周宗鐘
9. 秦公鐘
10. 𨰈叔之中子平鐘二號
11. 𨰈叔之中子平鐘三號
12. 𢦏與 叔夷鎛
13. 徒 子禾子釜
14. 𩰫鎛

這種關係，《嘯堂集古錄》為我們提供了有力的證據：

《嘯堂集古錄》周齊侯鎛鐘（叔夷鎛）、周齊侯鐘（叔夷鐘）都有『⿰者戈⿰臼者』這句話。在銘文『卑（俾）若鐘鼓，外內剴辟』之下接此兩字重文，乃借鐘鼓之音，以為譬況之詞。⿰者戈从戈者聲。以其本銘『余易女釐都⿰𩰫刂』『都』作⿰者邑，『處禹之堵』『堵』作⿱者土例之，知者是與者同音的。者，者兒觶作者。者簡化為朩，正是陼之聲符者字。陼與⿰者戈同文，則以楮鍺、猪鍺等字寫成的『鍺雝』之詞，其上一字都是从『者』聲的，可以定矣。

更有進者，子禾子釜『中刑斤𨑨，贖台（以）□鈞。□□其盍（賄），毕辟□𨑨，贖台（以）□□』。𨑨，吳大澂說它『从辵者省聲，釋作徒。』《愙齋集古錄》第二十四冊葉二》綸鎛，『余四事是台（以）：余為大攻（工）厄、大吏（使）、大𨑨、大宰，是辝可吏（使）。』郭沫若云：『叔夷鐘有⿰者戈（案銘文作⿰者戈），亦从者聲。彼讀如都，則此正當為徒。大徒者，大司徒也。』《大系攷釋》葉二一。又云：『「中形斤徙（案銘文作𨑨）」……謂徒役之刑也。』《大系攷釋》葉二二。徒从土聲，『土』與『者』古音同在魚部，都是舌頭聲，兩字同音，故从者得聲之𨑨、𨑨可藉之以寫徒也。這又是者、者、者、者、者、者、者都是者的形變，而其音同『者』的一個證據。

羅常培說：『我們既然斷定《切韻》魚韻讀-io，虞韻讀-iu，那末所謂魚、虞、模的「古讀」究竟應當怎麼樣呢？照我的意見，除去方音的差別不計，大概魚、虞兩韻的音值跟《切韻》所差並不甚遠。因為照這個假定對於魚[io]跟模[ɔ]通，虞[iu]跟侯[u]通的現象，完全可以用支[iɑ]跟歌[ɑ]通的例去解釋它，無須乎把細音一律讀成洪音然後才認為滿意。』《〈切韻〉魚虞的音值及其所據方音考》

『者』古音魚部端母，『雝（雝）』古音東部影母，則『鍺雝』一詞（包括『猪雝』『鍺雝』『陼雝』『猪雝』等寫法）它的古音可能是[*tio－oŋ]。『鍺₌雝₌』可讀作[*tio－oŋ][*tio－oŋ]。

＊猪字聲符者，《三代》本右上叉中無點，此從《大系》。無點，則猪與鍺聲符相同，亦不影響此表此論。

伍．考史

一、秦國的先公是從『賞宅受國』起算的

秦公及王姬鐘、鎛和宋人著錄的秦盄龢鐘都有『十又二公』的句子。這個數字，從宋朝起，就引起了秦國先公應從誰算起的問題。

歐陽修《集古錄跋尾》卷一，跋秦昭（按應作盄）和鐘銘時説：

> 太史公於《本紀》云：襄公始列爲諸侯，於《諸侯年表》則以秦仲爲始。今據《年表》始秦仲，則至康公爲十二公。此鐘爲共公時作也。據《本紀》自襄公始，則至桓公爲十二公，而銘鐘者當爲景公也。故並列之，以俟博識君子。

《博古圖》引楊南仲云：按秦自周孝王始邑非子于秦爲附庸，平王始封襄公爲諸侯。非子至宣爲十二世；自襄公至桓公爲十二世。莫可考知矣。

他們提出了三個計算方案：一是自非子起，二是自秦仲起，三是自襄公起。

其所以疑莫能明，是因爲找不到確定時限的起算依據。

郭沫若從器形入手，發現秦公簋和『齊之叔夷鎛鐘，除大小相異而外，其花紋形制全如出自一范也。叔夷鎛鐘作于齊靈公中年。秦景公以靈公六年即位，年代正相同；用知所謂『十又二公』實自襄公始列爲諸侯始也。』（《大系考釋》頁二四八）

這是個很重要的創見。但是，它的標準是外鑠的，而不是自身的；是相對的，而不是絕對的。因爲器物形制的時代風格不是與諸侯之某公同興廢的；它可以是前代的遺風，也可以開後世的先河。唯其有前後跨時代的可能，因而也並不是很確實的。何況秦國的先公譜系又和它臨朝世系並不完全一致。（説見後文）

今年新出土的秦公及王姬鐘、鎛，在計算秦國先公問題上，從銘文裡給我們提出了一個明確條件。那就是——

> 秦公曰：我先祖受天命，賞宅受國。

秦人自己說明他們的「先祖」是從「賞宅受國」起算的。

秦被封爲諸侯而始有國的是襄公。襄公是秦「國」的「先祖」。

《史記·秦本紀》說：「（秦襄公）七年春，周幽王用褒姒廢太子，立褒姒子爲適。數欺諸侯。諸侯叛之。西戎犬戎與申侯伐周，殺幽王酈山下。而秦襄公將兵救周，戰甚力，有功。周避犬戎難，東徙雒邑。襄公以兵送周平王。平王封襄公爲諸侯，賜之岐以西之地，曰：『戎無道，侵奪我岐豐之地。秦能攻逐戎，即有其地。』與誓，封爵之。襄公於是始國。」這就是秦「受天命，賞宅受國」的史實。

襄公是秦「始國」的「先祖」。計算秦國的世系自然是要從襄公算起。歐陽修、楊南仲等人的疑難問題，被這個新出土的秦鐘秦鎛給了個明確的回答。

二、秦竫公原作靜公，寧公是憲公錯字

鐘銘在說秦公的先祖「受天命，賞宅受國」之後，接着說——

烈烈卲文公、靜公、憲公，不墜于上。

這個先祖先公的相承譜系是和《史記·秦本紀》以及同書《秦始皇本紀》篇末所附《秦記》所記是完全相同的。

《秦記》說：

襄公立，享國十二年，初爲西畤，葬西垂。生文公。文公立，居西垂宮，五十年死，葬西垂。生靜公。靜公不享國而死。生憲公。憲公享國十二年，居西新邑，死葬衙。生武公、德公、出子。出子享國六年，居西陵，庶長弗忌、威累、參父三人率賊賊出子鄙衍，葬衙。武公立。……

它也正是從「始國」的襄公開始計世的。

襄公之後，接着是文公、靜公、憲公。憲公死，出子立。它說明這個新出土的秦公鐘是出子即位爲君。——公元前七〇三年到前六九八年之間鑄造的。

這個鐘，作爲直接史料，它糾正了《史記·秦本紀》兩個秦公的異文和錯字。『靜公』，《秦本紀》寫作『竫公』，是個異文，應按鐘銘、古鈔本和《秦記》改『竫』爲『靜』字。『憲公』，《本紀》寫作『寧公』。鐘銘證明它是錯字。由於隸書『憲』『寧』形近而訛，應據鐘銘和《秦紀》把它改爲『憲』字。

三、王姬生出子

鐘銘第二段是以『公及王姬曰』開始的。公是出子，從記載可以查出。可是『王姬』是誰？則史無明文。

《史記·秦本紀》：

寧公（按：是『憲公』之誤，下同。）生十歲立。立十二年卒。葬西山。生子三人：長男武公爲太子。武公弟德公，同母。魯姬子生出子（常叙按：這句話在文字和句讀上有問題，下面有說明。暫依通行本斷句）。

寧公卒，大庶長弗忌、威壘、三父（按：人名）廢太子而立出子爲君。出子六年，三父等復共令人賊殺出子。出子生五歲立。立六年。卒。三父等乃復立故太子武公。……三年，誅三父等，而夷三族。以其殺出子也。

『寧（憲）公生十歲立，立十二年卒。』可見出子的父親——憲公死時才二十一歲。他夫人的年齡當與之相仿佛，也是不大的。這個二十上下的寡婦是誰？《秦本紀》沒有記載。

我們從憲公『生子三人長男武公爲太子武公弟德公同母魯姬子生出子』這二十四個字看出一些問題。這一組辭句有不同的理解：張守節《正義》認爲『德公母號魯姬子。』實際上這個注文等於說武公、德公兩人都是魯姬子所生。《正義》的句讀應是『武公弟德公，同母——魯姬子。』可是這樣一來，暴露了一個難點：『魯姬子』歸於上句，則『生出子』缺少主語，沒有生出子之人。瀧川氏《史記會注考證》引林伯桐說以爲『「武公弟德公同母」爲句，「魯姬子生出子」爲句。謂兩公與出子不同母也。《

正義》乃以魯姬子爲德公母，恐未必然。

常敍按：『魯姬子』和『生出子』之間應有脫文。脫掉了一個女人的名字。而這個女人名字正是『生出子』的主語，出子的母親。

很顯然，如果唐開元時代的《史記》和今本文字全同，原文就是『武公弟德公同母魯姬子生出子』，那末，張守節是不會說『德公母號魯姬子』的。盡管那時還沒有今天的語法觀念，但是幾千年的漢語習慣和讀書時的語感，都不會使他把『魯姬子』和『生出子』的關係割斷，使『生出子』變成了『不辭』之辭。其所以突出『魯姬子』而爲之作注者，正說明她的下面還有個女人名字。而那個女人名字和『生出子』構成一句。

《史記》原文當是——

武公弟德公同母魯姬子□□生出子

在句讀上是——

武公弟德公，同母，魯姬子。□□生出子。

意思是：武公的弟弟是德公。他們是一個媽的，都是魯姬的兒子。張守節把『魯姬子』理解爲一個詞，說這三個字是一個『號』是不正確的。

新出土的鐘銘，『公及王姬曰』證實了這問題。『公』是『出子』，『出子』的母親就是『王姬』。鐘銘『公及王姬曰』補足了史的闕文。

這件青銅器是出子爲君時鑄的。可是這個『秦公』——出子，他是五歲即位，十歲被殺的。他冲齡主國，不能從政。歷朝史例證明：幼主嗣位，一般常是母后臨朝的。鐘銘『公及王姬曰』正反映了這種史實。

王姬是周王之女。她身份和當時的社會制度，決定她是秦憲公的夫人。魯姬乃是諸侯之女，至高也只能是一個『如夫人』。

王姬和出子，魯姬和武公、德公，在秦公室中的地位是不同的。可是秦憲公是以『其男武公爲太子』的。致使夫人之子非太子，而太子之母非夫人。權利之爭，在憲公死後，產生了廢太子立出子；殺出子又復立武公的醜劇。

王姬是憲公夫人，而出子之母；魯姬是武公、德公之母，而憲公之如夫人。這種夫婦母子關係，使我們看到了《史記·秦本紀》中的兩個脫文。張守節作《正義》時，他依據的《秦本紀》原本當是：（憲公）生子三人：長男武公爲太子。武公弟德公，同母，——魯姬子。王姬，生出子。

四，享國、不享國和世系、公譜

《史記》所錄《秦紀》，它從襄公到二世，依次地列敘了歷世秦公。說——

襄公立，享國十二年。……生文公。文公立，……五十年死。……生靜公。靜公不享國而死。生憲公。憲公享國十二年。……生武公、德公、出子。出子享國六年。……武公立。武公享國二十年。……德公立。德公享國二年。……生宣公、成公、繆公。……宣公享國十二年。……

其中有「享國」的，有「不享國」的，「不享國」的，除靜公之外，還有一個夷公。這兩個「不享國」的秦公，《十二諸侯年表》都沒有把他們排列進去。因爲《年表》論「爲君」的世系，而他們倆都不曾即位爲君。在君位嗣續上，是無所承繼的。

可是這件新出土的秦鐘則不然。它是從其「先祖」襄公起，依次列舉文公、靜公、憲公的。這就反映了當時一種制度，在歷數先公時，不論他是否享國，只要是在秦公室中已定爲公的，就一視同仁地依次排列。

把鐘銘和《年表》對照起來，可以看出：論「公」和論「世」是兩個體系。「先公譜」是稱「公」者必錄，「世系表」是爲「君」才能算數。

秦先公先王譜：

說明：①，據《史記·秦本紀》排次

②，數字不帶圈的標「世系」，帶圈的標「公譜」。

③，加方框的是不稱公者。

④，「不享國」據《秦記》加注。

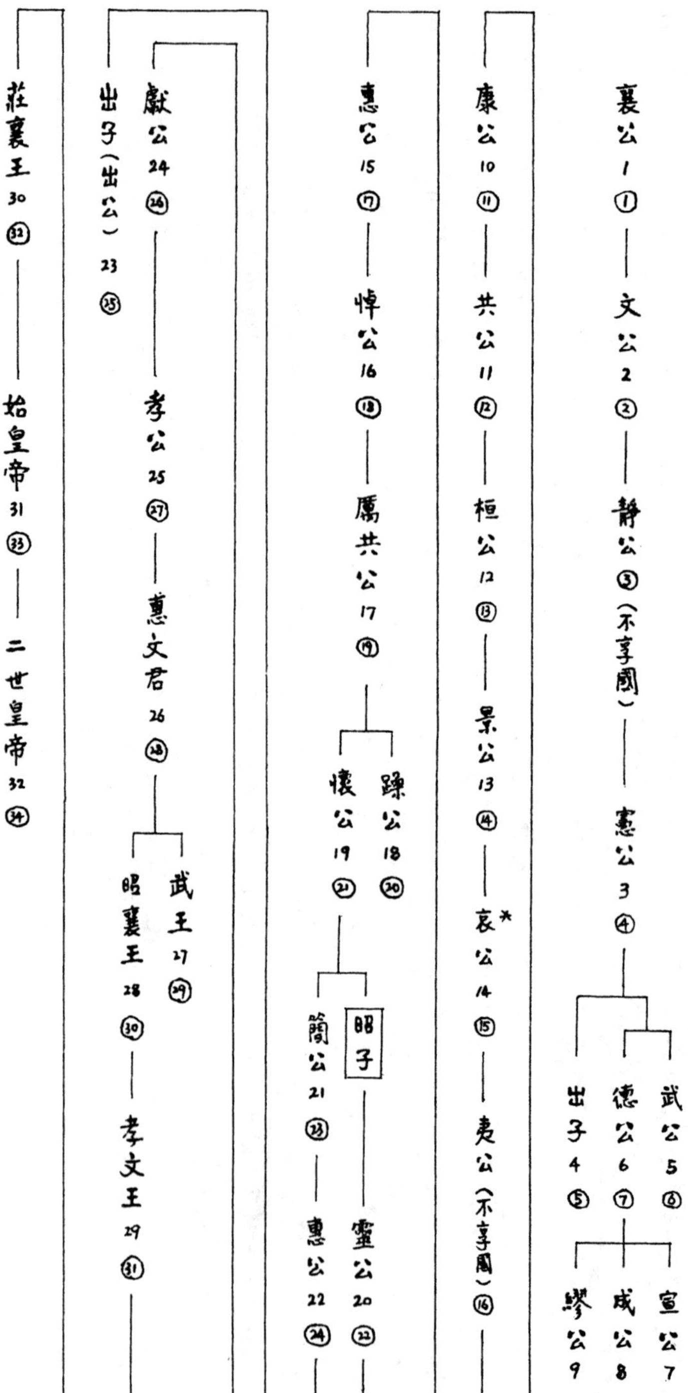

* 哀公，《秦記》作畢公。

秦公簋：「丕顯朕皇祖，受天命，鼏宅禹蹟。十又二公，在帝之坏。」

盄龢鐘：「丕顯朕皇祖，受天命，竈又下國。十又二公，不墜在上。」

它們和秦公及王姬鐘一樣，都是從先祖受國說到有公在天的。依「先祖——文公——靜公——憲公」

之例，按「公譜」，從襄公起算，包括「不享國」的靜公在內，則這「十又二公」是到共公爲止的。可知秦公簋和盄龢鐘是秦桓公所作，而不是屬於景公的。

《詛楚文》先說「昔我先君穆公及楚成王寔戮力同心，兩邦若一。絆以婚姻，袗以齊盟，曰：『葉萬子孫毋相爲不利。』親仰大沈久湫而質焉。」然後歷數楚王熊相（《史記》誤作熊槐）之多罪，說他「兼倍十八世之詛盟。」這是論「世」而不是論「公」的。

按「世系」計算，從秦穆公起算，排除「不享國」的夷公，到和楚懷王對壘的秦惠文君，正好「十八世。」（楚自成王到懷王，包括「爲王十餘日」的子比在內，也正好是「十八世。」）

可見論「公」和論「世」，「公譜」和「世系」，自是兩個標準下的兩個體系。它們既有聯繫又有區別，是不可混而爲一的。秦公及王姬鐘、鎛給我們這一點啟示，在研究殷周世系問題上，可能是一把鑰匙。

一九七八年四期《吉林師大學報》發表

居⿺走頁簋簡釋

吳闓生說：「此器筆畫奇肆，文亦難曉。」〔一〕全銘三十五字，字數不多，而理解不易。實際難字不多，只有一個「⿱人貝」字。叔以為可以「對比」之法解之，用曶鼎「⿱从㸚」字，求解本銘之「⿱人貝」。其宅像「舍余」與「⿱人貝余」、「三鑪」與「一斧」，以及「⿰韋咸」「才錫」「賚」與「赶」等，借助錯綜複雜的對立統一關係，來試解銘，或許得之。

「⿰虘又」，楊樹達據文求義，認為它「蓋即經傳歎詞之嗟字也。」〔二〕楊說甚是。除楊氏縣改毀跋、全盂鼎跋外，茲再補一例。《說文》「虘，从虍且聲，讀若⿰虘阝縣。」讀若之言，明示其字不復讀為魚部之且。許書又云，「⿱差鹵，从鹵差省聲，河內謂之⿱差鹵，沛人言若虘。」差聲之字而讀若虘，說明「差」與「虘」聲之字同音。《春秋》襄公「十年春，公會晉侯，宋公、衛侯、曹伯、莒子、邾子、滕子、薛伯、杞伯、小邾子、齊世子光會吳于柤。」柤這個地名，《水經注．淮水》「渙水，……又東逕酇縣故城南，——《春秋》襄公十年，公會諸侯及齊世子光于⿰虘阝，今其地⿰虘阝聚是也，王莽之酇治矣。」《漢書．地理志》沛郡，「酇，莽曰贊治，」應劭曰，「音嵯。」師古曰，「此縣本為⿰虘阝，應音是也，中古以來借酇字為之耳。」柤而作⿰虘阝，而音為嵯；⿱差鹵而从差得聲，而沛人言之若虘。魚歌兩部合音有以致之。

「舍」，吳榮光釋舍，云即施舍之義。孫詒讓據王引之《經義述聞》，「蓋古聲舍予相近，施舍之言賜予也，」說「施舍之訓賜予者，舍即予之楷字。《隸續》載魏三體石經《大誥》「予惟小子，」予

注：〔一〕吳闓生：《吉金文錄》卷二·二十葉。

〔二〕楊樹達：《縣改毀跋》一八。《全盂鼎跋》五九頁。

字古文作，與此彝舍字正同。是舍即予之耤字之塙證。』〔一〕于省吾云『舍即余字，「居簋」和「魏三體石經」古文余均如此作。余應讀作給予之予。凡周代典籍中的「予」字本應作余。予為後起字』。〔二〕張日昇曰：『于省吾謂舍即余字，然舍余兩字於彝器銘文中絕不相混，余為代詞，而舍為動詞，與舍同用作施予義。』〔三〕

『鏞』，字見邵鐘、邾公華鐘、曾伯霥𠤳等，《說文》不見其字，僅見『鑪』字，訓『方鑪也。』又肉部『臚』下，引『膚，籀文臚，』訓為『皮也。』字見弘尊及九年衛鼎。義亦不合。但是，从居趞簋語言整體來講，『鏞』在這裡應該是借以寫『膚』的。《說文》『膚，罌也。从甾虍聲，讀若盧同。』《漢書·趙廣漢傳》『椎破盧罌，』盧罌即𤮊罌。同類並舉，正是其證。从缶之字也从瓦。《說文》『缾，罋也。瓶，缾或从瓦，』是其例。因而罌或作甖，罌或作甖。《方言·五》『瓶、㼤、甂、㼖、甀、甇、瓺、瓮、甈甊、𤭛，甖也。靈桂之郊謂之瓶。其小者謂之㼤。……自關而西，晉之舊都，河汾之間，其大者謂之甀。其中者謂之甈甊。自關而東趙魏之郊謂之瓮，或謂之甖。……甖其通語也。』可見甀、瓮、罌是甖類容器之大者。《玉篇》『盧謂之瓮，捶當作甀，』是盧也是與甀同類的大罌。而這種大罌也叫作瓮。《說文》『瓮，罌也。』瓮，大罌也，』與《方言》所說相合。《莊子·大宗師》『皆在爐捶之間耳，』《釋文》引崔譔注云，段玉裁從『罌者缶也，缶者小口罌也，』從而推證說，『然則，瓮者罌之大者也。』〔四〕

這一段，居趞感歎地說：君給予我三『鏞』來。

『䤴』，《攈古錄金文》釋城。按：此謂開始築城。

『才在鍚』，字也見令鼎，『王大藉農于諆田，鍚，王射。』按：《周禮》大宗伯之職云，『以飲食之禮，親宗族弟兄，』又云『以賓射之禮，親故舊朋友，』是鍚可以不進

注：〔一〕．《古籀拾遺》下二十一葉，下三十二葉，《周居後彝》。

〔二〕，《考古》一九六三年第八期．四四四頁，《鄂君啟節考釋》。〔三〕．《金文詁林》七·三四〇五。〔四〕，《說文解字注》第十二篇下。

行王射。明「餳」可以單獨行之。《說文》「餯，晝食也。餳，餯或从傷，省聲。」《句讀》「吾鄉謂午飯曰餯飯，因謂正午爲正餯。」

「𤇾」，《周禮》大宗伯之職云，以「槱燎祀司中、司命、飌師、雨師。」固若金湯，風調雨順，當是築城的根本任務。

「才在餳」和「燎」是築城的兩盛典。

「貭余一斧」，同的三見。

「貭」，從文字結構來說，「□」「□」應該同時解決。一個是从貝从氏，氏亦聲；一個是「雙重」地从貝从氏，氏亦聲。它倆在語原文史上似乎有所牽連。「□」是質人的質字，我們在《曶鼎銘文通釋》裡說過，它的來源是「以其所有，易其所無」原始交易。用現代話說，有甲乙兩方，彼此有無交換。「□」从貝，貝是財物；从氏，氏亦聲，是語根。氏，甲骨文作□，象人挈物而前。物主是甲方，承受人是乙方；然而這兩方在文字裡竟然不見，所見者唯有丙方。丙方受物於甲方，挈之而前，直到交於乙方爲止，全程唯有的丙的形象。用同義詞來說，「凡物由彼而使之至此謂之致。」〔一〕《說文》「致，送詣也。」而且這個同義詞是基本同音的。

「斧」，借作釜。子禾子釜作「□」，陳純釜作「□」，《說文》作「鬴」或「釜」。《左傳》昭公三年，「齊舊四量，豆、區、釜、鍾。升四爲豆，各自其四，以登於釜，釜十則鍾。」杜氏注「四豆爲區，區斗六升，四區爲釜，釜六斗四升。登，成也。」本文以釜六斗四升爲計量單位，三次貭槀三釜：十九斗二升（一鍾九斗二升）。

這一段，居趙回憶整個過程說：開始築城時，送給我一釜米。在進行「餳」禮時，又送給我一釜米。當舉行燎祭時，再送給我一釜米。

「赶」，《說文》作「迂」。「迂，避也。」段玉裁注：「迂曲

注：〔一〕，于省吾：《雙劍誃殷栔駢枝》五九——六〇頁《釋氏》。又，《甲骨文字釋林》附錄《釋古文字中附劃因聲指事字的一例》四六〇頁。

回避，其義一也。」［一］《孫子·軍爭》：「後人發，先人至，此知迂直之計者也。」迂直相對，知迂為曲道。「赴，舍余一斧。」用賓與用舍不同，賓為送詣，舍為賞給。「賓余一斧」必須着第三者送致，而「賞與」則家裡家外一體通用。因而「舍余一斧」與「君舍余三鏞」在「賞與」上都是歸來之事。《左傳》定公元年：「城三旬而畢。」因為各個城情況個個不同，留此作參考。

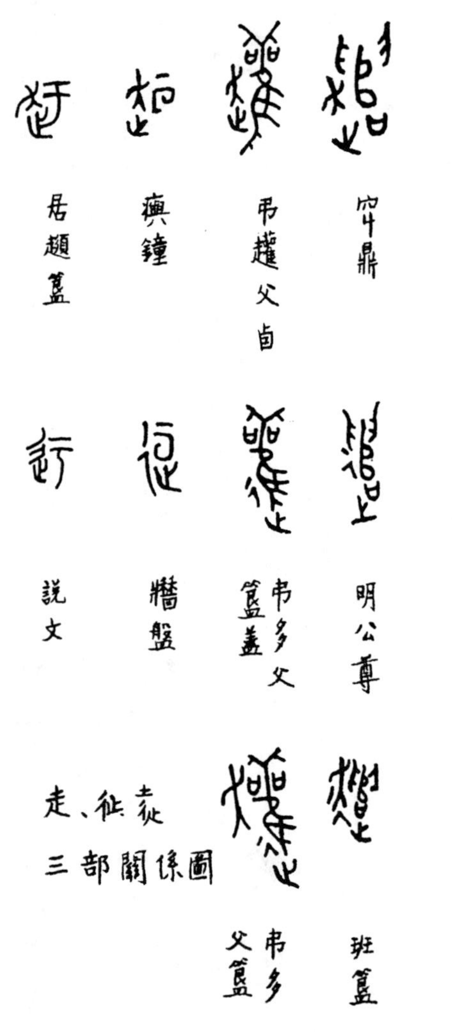

走、彳、辵三部關係圖

這一段，居趙回來說：轉回來，又賞給我一釜米。

總括起來，往返來回，君一共賞了四釜米。計開：築城、在錫、燎祭，共「賓」粟三釜（十九斗二升）；返回來，又「舍」粟一釜（六斗四升）。這些米差不多裝滿了「三鏞」。

「三鏞」是多少？這必須區別開計量單位和一般容器單位：前者，有一定的客觀標準，分是分，耗是耗，分耗不差；後者，雖然也有標準，但是，在製作中，要求並不那麼嚴格，難免出現一些差誤。豆、區、釜、鍾，這是計量單位，馬虎不得。而「鏞」則罌、甀之屬，只分「大者」「中者」「小者」，［二］這是容器單位。容物單位一般要比所容物要大一些。「一釜」之量六斗四升，「四釜」之米則二十五斗六升，這是計量單位，不能任意增減。同樣數量，換在「三鏞」三個同樣大小的容器裡，每個要稍稍鬆快一些。「一鏞」之米要比八斗五升多一點或者八斗六升，這是容器單位。「三鏞」是把「四釜」之量換裝在裡面的。

注：［一］段玉裁：《說文解字注》迂字注。

［二］「大者」、「中者」、「小者」參《方言箋疏》卷五「罃、罌」條而次序有所變更。

「𩜁兒」這兩個字，在「蘇公止之孫𪒠兒」〔一〕和「郤王止之子庚兒」〔二〕的制約下，是稱名之詞的幫襯。與此同時，它在同的子中，「飤𩜁」一詞，又成了「𪒠其吉金自作作飤𩜁」〔三〕和「自作作飤𩜁」〔四〕的稱器之詞。

「飤𩜁」它器也稱「食𩜁」，如仲義昱簋便是其例〔五〕。這也和[illegible]門簋直稱其名一樣，「食簋」〔六〕是隨其事而變換其名的。

「飤𩜁」和「食𩜁」其字从勹緐聲。从緐得聲之字，《說文》有「𩞁，泉也，从泉緐聲。讀若飯」。飯和緐古音都是並紐元韵，古同音。《論語·微子》說道「太師摯適齊，亞飯干適楚，三飯繚適蔡，四飯缺適秦，」干、繚、缺，三名都是樂官，它們所管的事却是飲食的吹奏。用同音詞來寫它，或許「飤𩜁」「食𩜁」的「𩜁」就是它作爲器名「飯」的名字，又同書食部「飯，食也，从食反聲。」

這最後一段，居趙說：我鑄了這個「𩜁兒」。——用以紀念君給了我「三膾」米：開始築城時派人送來了一釜米，「在錫」又派人送來了一釜米，到舉行「燎」祭時又派人送來了一釜米。回來，又賞給我一釜米。

來回四批四釜，每次一釜。回來把它們折入大一些的容器，正好「三膾」平均將滿。

一九八一年五月稿

注：〔一〕、〔三〕𪒠兒鼎。〔二〕、〔四〕庚兒鼎。〔五〕、仲義昱簋「」。〔六〕、[illegible]門簋 三代，七·一八·一「」

者減鐘皮難爲頗高者減爲句卑考

《者減鐘》起首一句是『隹正月初吉丁亥，工獻(句吳)王皮⿱難灬之子者減𠭯(擇)其吉金，自作鵅鐘。』這句話裡有兩個關係到吳王世系和作器時代的人名——皮⿱難灬和他的兒子者減。他們父子是誰？學者們的意見是不一致的。他們的主要依據是《史記·吳太伯世家》『周章已君吳』之後的一段譜系：

周章卒，子熊遂立；熊遂卒，子柯相立；柯相卒，子彊鳩夷立；彊鳩夷卒，子餘橋疑吾立；餘橋疑吾卒，子柯盧立；柯盧卒，子周繇立；周繇卒，子屈羽立；屈羽卒，子夷吾立；夷吾卒，子禽處立；禽處卒，子轉立；轉卒，子頗高立；頗高卒，子句卑立，是時晉獻公滅周北虞公，以開晉伐虢也。句卑卒，子去齊立；去齊卒，子壽夢立。壽夢立，而吳始益大，稱王。

王國維把『皮⿱難灬』的『⿱難灬』按鐘銘隸定爲『⿱難灬』誤認做从黄焦聲的字，並且說：『皮⿱難灬無考。以聲類求之，當即《史記·吳泰伯世家》之頗高，乃吳子壽夢之曾祖。《史記》載頗高子句卑與晉獻公同時，則皮⿱難灬王吳，當在春秋之初葉矣。』（《觀堂別集·攻吳王大差鑑跋》）

郭沫若判定王氏所釋之『⿱難灬』就是从火難聲的『⿱難灬』字。『難』是古『難』字，而『⿱難灬』是古然火字。他在批判王氏之後，根據《史記索隱》所引譙周《古史考》『轉』作『柯轉』一事，說：『「皮然」則不得爲「頗高」，然與高之音遠隔也。余謂此乃頗高之父「柯轉」。』郭老的理由在人名複音，傳寫奪落之外，主要的也還是『以聲類言之，柯轉則與皮⿱難灬爲近矣。蓋皮柯同在歌部，⿱難灬轉同在元部也。』（《殷周青銅器銘文研究》卷二《者減鐘韵讀》）

容庚《善齋彝器圖錄·考釋》第七頁者減鐘引陳夢家說，也是從語音上說『皮難』爲『頗高』的。陳說云：『難从𦰩从黄，古音與高本相通；古音𦰩、黄皆舌根破裂發聲K，而難之韵爲長音A。《詩·

竹竿》三章，左瑳與儺相叶，《隰桑》一章，阿何與難相叶，可證。難由舌根破裂聲稍變其方法而爲鼻聲，由鼻聲而漸移其地位于前，其例若南部讀牛爲舌根鼻聲，中部音讀爲舌前，北部音讀爲舌夫。（原注）更由陰聲變而陽聲，此則語言上自然之趨勢也。」

這是「皮難」問題。

鐘銘說「工𠭯王皮難之子者減」，這個「者減」是誰？在銘文語言中，他既受「皮難」的約束，同時他也在制約着「皮難」。這個對立統一關係是不容忽視的。

楊樹達說：「者減之名，經傳無所見，余以聲音求之，蓋即《史記·吳世家》之「轉」也。《吳世家》記太伯十四傳爲禽處，禽處卒，子轉立。者減之合音爲轉，故銘文作者減而《史記》作轉，此猶襄公十二年《春秋》書吳子乘卒，而《左傳》則作吳子壽夢，壽夢爲乘之合音，其例正同。」《積微居金文說》卷五，一四三頁《者減鐘跋》

這是「者減」問題。

這兩個問題，王國維注意到「皮」「頗」之間的關係，而誤以「𪏰」爲「焦」聲之字；郭老發現「𪏰」就是「𪏰」，乃古「然」字，却放下「皮」「頗」關係，而只考慮「皮𪏰」和「柯轉」的韻部。陳夢家只從音理上推論「難」和「高」的音變關係。常叙案：《史記·吳太伯世家》「禽處卒，子轉立。」司馬貞《索隱》說：「（頗高）《古史考》作頗夢。」陳氏所論，既無實據，也沒有解决「頗高」爲什麼又或寫作「頗夢」。至於楊樹達的「者減合音爲轉」之說，未明侵元兩韵之别，也不可信。

我們從《者減鐘》這兩個人名的書寫形式和它們所寫詞的音義關係，結合《史記》所記史實和相應材料，可以說：「皮𪏰」就是柯轉之子「頗高」，而「者減」則是「頗高」之子「句卑」。他們父子誰也不是「轉」或「柯轉」。

頗高之「頗」从「皮」得聲，和鐘銘「皮𪏰」之「皮」同音。王國維的意見，在這一點上，是有道理的。但是「𪏰」字並不是从焦得聲的。它當如郭老所説，是「然」字的或體。考「𪏰」从火「難」聲；而「難」又與「耎」字同音。《説文》「腝，有骨醢也，从肉耎聲；𦟝、腝或从難聲。」「耎」篆作「[illegible]」

或寫作「□」。它的字形和「高」字篆文之作「□」者，是很相近的。在以「耎」爲「難」的同音通假條件下，「皮難」有通過「皮耎」誤爲「皮高」的可能。這是說「皮難」就是「頫高」的一個理由。

《古史考》把「頫高」寫作「頫夢」。按「夢」字篆書作「□」。這個字形和「難」的或體「然」字所从得聲之「肰」有些相近。《說文》「然」的古文或寫作「□」或寫作「□」。王筠說「肰讀若然，蓋亦一字。古文作□即从火，特肉譌爲日耳。」《說文釋例》卷十一《讀若直指》 這樣看來，古□字當作□，从火□聲。「□」和「難」「耎」同音，而又和「□」字形似，因此，「皮難」不僅可以从同音通假，由「皮耎」誤爲「頫高」而且以同樣道理，在以「肰」寫「難」的情況下，通過「頫□」的形式，誤爲「頫夢」。這一可能和前一可能都統一在「皮難」之上，那就不是偶然的了。這是「皮難」即「頫高」，而「頫高」爲誤字的又一理由。

「皮難」就是《吳太伯世家》的「頫高」，那麼，「工𠭯王皮難之子者減」是誰呢？是頫高之子句卑？還是句卑的弟兄？

常叙案：《說文》「減，消也。」「朇，益也。」朇益字經傳相承以俾、裨、埤爲之。古人因名命字的習慣，如錢大昕《答問．四》所說：「古人名字必相應。若黑之字子晳，則又以相反爲義也。」《潛研堂文集》卷七葉五 王引之《春秋名字解詁敘》把「名之與字，義相比附」的「義類」定爲五體。其第二類曰對文，說「沒，字子明；偃，字子犯之屬是也。」《經義述聞·二十二》 他解「晉，閻沒字子明」說：「沒與昧，古字通，……昧訓爲暗，故字明。取相反之義。」解「晉，狐偃字子犯」說：「偃當讀爲隱，古字偃與隱通。……隱，謂不稱揚其過失也。犯顏而諫。名隱字犯，以相反爲義也。」解「楚公子黑肱字子晳，鄭公孫黑字子晳、狄黑字晳、衛公子黑背字析」說：「《說文》晳，人色白也。」晳與黑相對爲文。」（同書二十二）

從這種名字關係看，「者減」之「減」和「句卑」之「卑」有成爲名和字的可能。「減」和「卑」在以「卑」爲朇益之「朇」時，正是以「消」「益」兩義對文。黃侃《春秋名字解詁補義》在「魯公西葴，字子上」條下說：「或曰：「葴」讀爲「減」。《說文》「減，消也」；「上」者，與「尚」通，《廣雅釋詁二》「尚，加也。」名「減」，字「尚」，亦相反爲誼。」《黃侃論學雜著》四〇九頁 王引之《春秋名字解詁》解「晉趙衰字子餘」說：「《說文》『褎，減也。』褎與衰通，物減少則但存其餘矣。《玉篇》《廣韵》並云：『餘，殘也。』是減少之義也。或曰：『餘者，饒也；多也。名衰字餘，以多少相反為義。』」（《經義述聞》第二十二）也是相反為義的。可以說「者減」和「句卑」的名字關係是和名「蕆」，字「上」；名「衰」字「餘」是一類的。

「者減」之「者」猶「諸樊」之「諸」。「句卑」之「句」即「句吳」之「句」。它們都是稱名時的前綴音節，並沒有實義。

從上述幾點看來，可以說《者減鐘》「工𪴔王皮難」就是句吳王頗高，而其子「者減」則是頗高之子句卑。「句卑」之與「者減」乃是相反為義的名字關係。

一九六〇年三月稿

鵬公劍銘文復原和『脽』『鵬』字說

壹．劍銘復原

《三代吉金文存》卷二十，第四十五葉，著錄斷劍一器。銘存九字，六字完好，三字因折半缺。題為《鵬公劍》（圖一，A）。同書，同卷，第四十三葉，又著錄斷劍一器，題作《圖劍》。銘存五字，三字因折半缺（圖一，B）。容庚近出第三版《金文編》收劍一十三器。〔一〕對這兩段殘劍，只錄前

A 三代卷二十 四十五葉

B 三代卷二十 四十三葉

圖一

（《鵬公劍》拓片綴合）

注：〔一〕《金文編》器目，三一。（一四四頁）。

者，稱《雕公劍》。注云："存六字"。半殘文字三個沒有計算在內。至於所謂《圖劍》則只字未提。這不是作者對它有所懷疑，就是一時失收罷了。不拘是那一情況，把這兩段殘劍看作各不相屬的東西則是一致的。

實際上，這兩段殘劍原本是一體的，是一隻劍的折斷，並不是兩件截然無關的東西。只是不知道在什麼時候，什麼地方，由於什麼原因被折成了幾段——至少是四段。假定以四段計算，《三代吉金文存》所錄只是其中有文字的兩段劍身。有一段還略帶殘莖。從著錄情況看來，這一隻劍的兩個殘段是先後地分別進入著錄之家的。[一]而《鵙公劍》上段殘存九字可以讀之成文，不顯其缺。因此，一時沒有注意到它們的一體關係。隨到隨收，分別處理，看作兩件互不相屬的殘斷古兵。

我們按照劍銘上的字體和銘文的辭句關係，劍身的形制和折斷的痕迹，把它們綴合起來，不但即時地銘得全文，文成全字，而且斷折之處也互相斗榫密合無間。這樣，就復原了劍身的下半部分。

復原後

第一行是　　鵙公圃自

第二行是　　乍元鐵永

第三行是　　宕用之

全銘是

鵙公圃自乍（作）元鐵（劍）永宕（寶）用之

以"宕"爲"寶"周金文自有其例。"圃"、"鐵"、"永"三字寫法未見於它器，錄之可補《金文編》之遺。

復原後，全劍可仍舊叫做《鵙公劍》。至於《圖劍》之名自然取消。

《鵙公劍》復原，可給古金文研究工作增加一個綴合之例。

注：

[一]《貞松堂集古遺文》卷十二，著錄一十六劍。有《鵙公劍》而無《圖劍》。羅福頤《三代秦漢金文著錄表》卷六，也只有《鵙公劍》。同書，《权字殘劍》下注云："殘存二段，上半在《奇》，下半在《鄴》。"《三代吉金文存》卷二十，第四十三葉，把這兩段綴合在一起，以此例之，是當時並不知《鵙公劍》尚有一半也。

貳、「雁」「鴡」試考

《鴡公劍》的「鴡」字也見於《鴡戈》〔一〕（圖二）和《[門曾]丘戈》〔二〕（圖三）。

圖二　三代卷十九第二十六葉

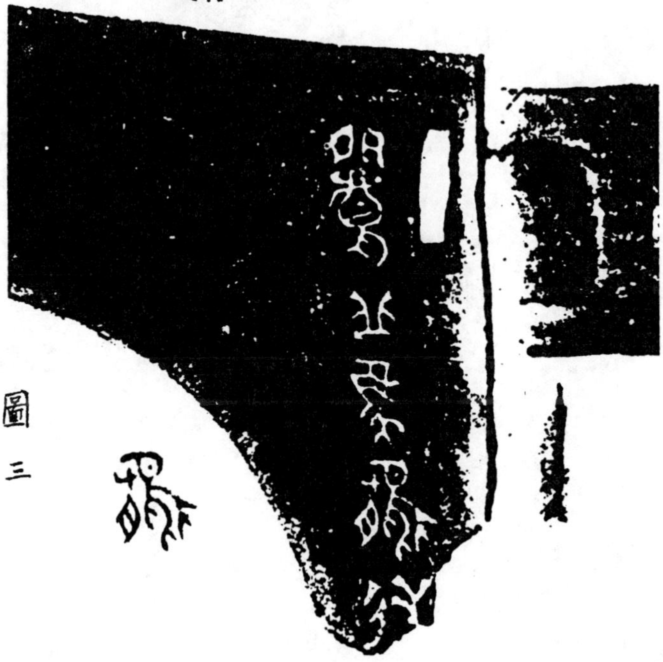

圖三　三代卷十九第三十八葉

注：〔一〕《三代吉金文存》卷十九，第二十六葉。
〔二〕同上，第三十八葉。

《闠丘戈》的銘文是：

闠丘為鵰造

「闠丘」就是《春秋》襄公二十一年「邾庶其以漆閭丘來奔」，《左傳》襄公二十五年「閭丘嬰」、哀公八年「閭丘明」、二十一年「閭丘息」的「閭丘」。〔一〕是地名或氏名。「闠」从門䝿聲，和「呂」同屬來紐魚韵，古同音。「闠」之為「閭」正如《鄘侯𣪘》以「鄘」為「莒」，《䝿大史申鼎》以「䝿」為「莒」一樣，〔二〕是同音通假簡化之前的寫法。

「為」舊釋「隹」不對。就戈文來看，分明是爪象之形。只是由於范損或銹蝕，「爪」脫落作「刀」而已。象的頭部雖稍有變化，可是足尾兩部還很清楚。从，自是獸類的足尾，和鳥類之「隹」是有很大分別的。在銘文的語言結構上，「為厶造」或「為厶造厶」是合適的。不能用漢印「中里唯」「闠陽唯」〔三〕把它類推為「闠丘隹」。

把《闠丘戈》和《鵰戈》的「鵰」同《鵰公劍》銘文聯繫起來，可以推定，「鵰公圃」的「鵰」是一個國名。

要知道「鵰」是哪一國，必先知道它寫的是哪一個詞。

鳥類的共名「鳥」和「隹」在早期金文裡還沒有嚴格的區別。後來隨着詞的分化和與之相應的詞的書寫形式改變，終於演化出「鳥」「隹」之分。在小篆裡，還有一小部分文字反映着當初渾然不清的痕迹。例如：雞、鷄，雛、鶵。

若從這種或體關係來看，「鵰」也可以隸作「雕」。容庚《金文編》把它歸到肉部，並且據高景成說定為「雕」字。〔四〕單從形式上着眼，這個安排也自有它一定的道理。但是，漢字是漢語詞的書寫形式，形式上的考查只是事情的一個部分，必須進一步探索它所寫的詞，才能得到合理的解決。

第一，同一書寫形式並不一定就是同一個詞。這裡且不談假借。只說有些後起的書寫形式在結構上不期而然地同於某一古詞或某一詞的較古寫法。例如：現行簡化漢字的「体」是用「人」「本」會意而

注：〔一〕．以「闠丘」為「閭丘」，王國維已有此說，見《觀堂集林》十八，《王子嬰次盧跋》。

〔二〕．同上。

〔三〕．《十鐘山房印舉》卷之二，官印十九。

〔四〕．《金文編》四．二〇（〇五四五），二二二頁。

成的。可是我們不能因此就把「輀車之夫，体夫」[一]讀作「體夫」。《廣韻》混韻：「体、麤皃；又劣也。」它的音節是「蒲本切」，和「笨」同音，是从人本聲的字。如果不從詞彙文字學（詞的書寫形式學）來考查文字，僅作形式上的比附，有時候是會發生錯誤的。

《說文解字》：「脽，尻也。从肉隹聲。」

畫着「鶡」也可以隸作「脽」，可是在這幾件銘文裡它所寫的詞是不是就是訓作臀尻的「脽」？也還值得考慮。

第二，《說文解字》固然相對地保存了許多古字，但是由於時代關係，它既記錄了一些分化之後的字，例如：「史」「事」「吏」，也承襲了一些譌誤之字，例如：「爲」爲「母猴」，「䠶」从矢从身，這類文字也是不一而足的。

「鶡」可以隸作「脽」，同於《說文解字》之「脽」，可是小篆「脽」是否就等於《鶡公劍》的「鶡」字？也不是不可懷疑的。

我的初步看法：「鶡」不能是脽尻的「脽」，可能是鷹鶡之「雁」。

《說文解字》尸部：「尻，𦞠也。」「𦞠」「臀」都是「尻」的或體字。[二]按照許慎所記，「脽」「尻」都是同義詞。《漢書·東方朔傳》：「臣觀其舌齒牙，樹頰胲，吐脣吻，擢項頤，結股腳，連脽尻，遺蛇其迹，步行偏旅。」「脽尻」也正連類相及。

「𦞠」徒渾切，「脽」視隹切。[三]兩個詞義同而音異。但是，《說文解字》鳥部，「鵻」或从隹一，字寫作「隼」，而一曰「鶉（鷻）」字。《史記·河渠書》，「於蜀，蜀守冰，鑿離碓；」《漢書·溝洫志》，這事則記作「於蜀，則蜀守李冰鑿離雋。」「碓」「雋」兩字如晉灼所注，都是古「堆」字。玄應《一切經音義》卷十四「尻不」條下引《說文》：「尻，𦞠也，」接着就說「𦞠，音雖。」

這些材料告訴我們一些事實：

一，从「隹」得聲的字古音在微部，从「隼」得聲的字古音在文部。

注：[一]．《通鑑》唐懿宗咸通十二年：「葬同昌公主，賜酒百斛，餅餤四十橐駝，以飼体夫。」

[二]．《說文解字》：「尻，𦞠也。從尸下丌居几。𦞠，尻或从肉隼（聲）。臀，尻或从骨殿聲。」

[三]．「𦞠」見《廣韻》魂韻；「脽」見《廣韻》脂韻。

二，从鳥隹聲的"雖"卻不在微部而在文部；

三，从月隼聲的"脽"既在文部又入微部；

四，从山隼聲的"崋"卻不屬文部而在微部。

它們的語音關係是：

隹（微部）		隼（文部）
雖	⇌	隼‖鷻
脽‖脽	⇌	脽‖臀（屍）
崋‖碓（堆）	⇌	崋

這種音變現象並不是漢代才有的。"碓"、"崋"和以後通行的"堆"都是"𠂤"的後起形聲字。[一]《七發》"踰岸出追"直以"追"字為之。而从"𠂤"得聲的"追"在《詩·大雅·棫樸》"追琢其章"的句子裡，是和《周頌·有客》"敦琢其旅"的"敦琢"有音變關係。它們是一個詞由於微、文兩部音變而成的。《詩·豳風·東山》"敦彼獨宿"的"敦"，《經典釋文》作"都迴反"，《廣韻》灰韻也作"都回切"，並引《詩》"敦彼獨宿。"它們也都反映着這種微、文對轉的音變痕迹。郭璞《爾雅注》"今江東呼地高堆者為敦。"[二]"堆"、"敦"同義。可見"隹"、"隼"微、文對轉並不是個別的偶然現象。

"脽"从"隼"聲。"隼"《說文解字》說是从隹一。這個"一"有說它象架鷹的鞲臂之形的。[三]有說它象爪芒的。[四]按古金文

《父癸鼎》

《父癸尊》

《且甲卣》《父甲卣》等器鳥形之字都有突出的爪

注：[一]、朱駿聲說。

[二]、《爾雅》釋丘。

[三]、戴侗說。

[四]、林 光說。

芒，和一般的「隹」形不同。它當是「隼」的初文。小篆「隼」字隹下之「一」可能就是這類鳥爪「」
「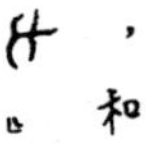」形中之「丨」。

到這裡，我們可以說：「隼」原是一個象鷹隼之形的獨體象形字。「⿰月隼」是用它作聲符的形聲字。它的古音原在文部。音變入微，變音如「雖」、如「誰」。「脽」和「⿰月隼」是同一詞由於音變而引起的書寫形式上的分化。因為有這種關係，所以「⿰月隼」可以既在文部，又在微部，「雖」可以以微入文，而「隼」又可以從文入微。

那末，《鵬公劍》的「鵬」是不是脽尻之「脽」呢？

不是。

在文字結構上它不是形聲字。既不是从肉鳥聲（或隹聲），也不是从鳥肉聲的字。這是它和「脽」的根本區別。「鵬」《闇丘戈》寫作「」，鳥前着「4月」，可見它並不是从肉鳥聲（或隹聲）的。「4月」也不是「有」。「有」从「又」聲，為了保留聲符特點，「有」只能省作「又」，不能省作「月」。《鵬戈》、《鵬公劍》「鵬」都省去了「4」。可見也不是从鳥有聲的字。〔一〕有人認為「鵬」是「脽」。我們還不知道是如何處理「月」、「4月」關係的，除非把「」、「」看作兩個詞的書寫形式。但是比較謹慎的《金文編》却把它們看作一個字。

「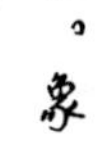」从4从月从鳥，會意。象从又持肉喂鳥之意。從文字所標舉的詞义特點來看，這個形象的音節表意文字所寫的詞可能是「鷹」。所謂「鞲須溫暖，肉不陳乾，」〔二〕喂肉是鷹區別於其他鳥雀的特點之一。鷹在它的習性之外，也還有它的形象特點。譬如：「句爪懸芒，足如枯荊，觜利吳戟，目穎明星，」〔三〕「觜同利劍，脚等荆枯，……頂平似削，頭圓如卵，臆闊頸長，筋粗脛短，翅厚羽勁，髀寬肉緩。」〔四〕這些形象即或用字形形象地表現出來，也很容易和「鳥」「隹」相混。例如：《貝隹爵》的所謂「隹」字，字寫作，很象一隻鷹。爪上無芒和「隼」有區別。當是鷹的象形字。爵文應讀作「貝．應錫」或「錫應貝」而不是「貝隹錫」。把它看作「隹」正是鷹的形象在詞的

注：〔一〕．《山海經》北山經：「其鳥多白翟白鶴。」「鶴」是「鵫」之字誤，並不是字。

〔二〕．《初學記》卷三十，隋、魏彥深《鷹賦》。

〔三〕．《藝文類聚》九十二，十一葉。引傅玄《鷹賦》。

〔四〕．同〔二〕。

書寫形式上不易突出的證明。特別是在「隼」「隹」分化之後，「隹」形近似鷹形的情形下，漢字的求別律促使鷹字出現兩種寫法：一個是象意的「□」，从又持肉表示它的特點；一個是用同音詞作聲符，構成形聲字，變成从「隹」「亻（膺）」聲的「□」。

「亻」是一個用指示象形方法寫詞的字。人的胸部是可以目見，可以確指，而又沒有足以區別於其他部位的形象特點的；不能獨立象形。為了表現它的部位，不得不借助於人體，在胸的前方着一短劃指出它的所在，從而構成了「亻」字。這和臂腋的「亦」借助「大」象人形，在兩腋各著一個短劃的寫詞方法是屬於同一類型的。「亻」和「鷹」是同音詞，从隹亻聲的「□」是古文鷹的後起形聲字，也是「[月鳥]」的或體字。

說「[月鳥]」是鷹，不單是從字形結構和它跟詞義的關係來推論的。與此同時，也把它寫詞的作用放在具體的辭句裡來考慮。

「[月鳥]」之為鷹，在周金文中也自有其證。例如：《者減鐘》：「工獻王皮難之子者減，擇其吉金，自作[系鳥]鐘」的「[系鳥]」就是一個从「[月鳥]」得聲的字。「[系鳥]」鐘文寫作「□」，于省吾先生隸作「[系於]」，从鳥「榣」省聲，此讀並。引唐蘭之說以為「榣」字。[一]郭沫若認為它是「鷂」字之別構，為瑤。瑤鐘猶它器言寶鐘。[二]他們幾位都是從「[系鳥]」的結體有些和「鷂」相近這一點上着想的。

案：「鷂」是在「䍃」的基礎上構成的形聲字。而「䍃」是「繇」的省略，「繇」又是「繇」的後起形聲字。「䍃」原是从言「系」聲的字。「系」在周金文裡是从「□（狐）」「爪」聲的。[三]它並不是从肉得聲的。後來因為爪形和獸喙相接合，構成「皿」形。「皿」以形近類化遂變成「夕」；而獸身之「□」或「□」又有些象「□」。這樣，遂把「□」形逐漸簡變成「□」。反以為从「肉」得聲。假若我們只據字形有鳥有肉，遂定為从「鷂」省聲之字，似乎是還有可以商量的地方。

《者減鐘》「自作[系鳥]鐘」的「[系鳥]」是从木「[月鳥]」聲的字。「[月鳥]」就是「□」的或體。「[系鳥]」當是《周禮》笙師：「舂牘、應、雅以教祴樂」的「應」。「應」在這句話裡是一種樂器。鄭司農注：「應

注：[一]、《双劍誃吉金文選》上一，葉八。
[二]、《殷周青銅器銘文研究》卷二，《者減鐘韵讀》。
[三]、拙著《周客鼎考釋》第七，釋「□」。——一九四二年手寫油印本。

長六尺五寸，其中有椎。」見在《者減鐘》銘文裡，則借作「應鐘」的「應」。「擇其吉金，自作應鐘」正如《遲父鐘》《井仁妄鐘》《虢叔鐘》《克鐘》等器以「龢薔鐘」「大薔鐘」「大薔龢鐘」「寶薔鐘」以十二律的「林鐘」銘器一樣。

「鷹鐘」是十二律中的「應鐘」也正是「鵬」之為「脽」的或體的一個證明。

「鵬」和「脽」是一個詞的兩個不同的書寫形式，這一現象可以幫助我們試探地解決《說文解字》隹部「䧹」字的迷惑。許慎說：「䧹，鳥也。从隹瘖省聲；或从人，人亦聲。鷹，籀文䧹，从鳥。」這條說解給人留下很多疑竇。例如王筠所說：「此其可疑凡有數端：从疒之字多矣，何由定為瘖？一可疑；字本从人，而說加或字，似篆體本作痽，不从人，而別有一字从人為其重文也，二可疑；亦有一字从兩聲者，然曰人與瘖省皆聲可矣，何必分之成騎牆之見？三可疑；形聲字亦有省者，从其義也。䧹能鳴，不可謂之瘖，安得从瘖省哉？四可疑。」〔一〕王國維也曾從語音上指出「瘖、人二聲既不同部，又均不與䧹同部」說它「亦甚可異。」〔二〕

為了解決這個問題，化費許多文字學家的勞力。由於一時找不到从人从疒之故，還沒有得到比較合理的結論。譬如：劉心源認為「其云从隹瘖省聲者，則為痽；其云或从人人亦聲者則為䧹。是今本奪痽篆也。」〔三〕容庚在劉說基礎上加以修訂，說：「其云从隹瘖省聲者當作痽，其云或从人人亦聲者當作隹。即此脽字少異。今篆文作䧹，知今本譌奪，將痽隹二篆合而為一矣。」〔四〕按古金文無从疒之痽，劉、容之說無徵；古金文脽从𠂆，其从𠂆者乃𠂆之落筆，〔五〕認為「从人人亦聲者當作隹」不合从𠂆的實際，修訂之說也不可信。王國維以為「其字从𠂆下隹。𠂆、从人从丨，亦之側視形也。……古人養䧹常在臂亦間，故从此會意。且「亦」「䧹」雙聲字，謂之「亦」亦聲亦可。」〔六〕王氏之說比劉、容兩家稍進一步，但是从「亦」之說也不可信。鞲鷹架在臂上，不能懸在腋下。至於馬

注：〔一〕，《說文釋例》卷十六，存疑（四·五篇）。〔二〕，王國維：《史籀篇疏證》。〔三〕，《奇觚室吉金文述》卷一，痽鼎考釋。

〔四〕，《金文編》四·一一（〇四八四）。〔五〕《金文編》所錄只有《應币鼎》一字。其字結構𠂆脽之間的距離較寬，似中間脫掉指示胸臆的一筆。〔六〕，《觀堂古今文考釋五種》——《毛公鼎銘考釋》。

叙倫據謝彥華之説，以爲「从隹斤聲」，把「𠂆」誤認爲「斤」，〔一〕那就更不可信了。

般、周文字，「鳥」「隹」之形不别。隨着詞的發展分化，衍成兩個詞的書寫形式之後，一部分詞在寫法上，从「鳥」从「隹」還是可以並存一時的。「鳱」可以如「雞」「鷄」之例分成「鳱」「脽」兩形，而「脽」形和尻臀之「脽」偶合。從而出現了同形異詞（不是同音詞在書寫形式上的通假）的現象。就這個現象來説，把《鳱公劍》的「鳱」字寫成「脽」也並不是不可以的。問題在於它到底寫的是哪一個詞。——是「脽尻」之「脽」還是鷹鸇之「脽」？

爲了書寫形式上的區别，鷹鸇之「脽」還是寫作「鳱」比較好些。

「鳱」是「雁」的或體。它們都早於「鷹」字。假如這一初步試探還可以成立的話，那末，《鳱公劍》《鳱戈》《闌丘戈》的「鳱」應該是《左傳》僖公二十四年：「邘、晉、應、韓，武之穆也」的「應」。「鳱」和「應」是同一國名的不同寫法。這正象「蔡」寫作「𥛚」，「祝」寫作「鑄」，「燕」寫作「匽」，「莒」寫作「䣄」「酅」，「鄧」寫作「𢍃」「䢼」，句吳」寫作「攻吳」「攻敔」「工𫊸」一樣。

一九六二年第五期《考古》發表

則、灋度量則、則誓三事試解

本篇以釋「則」爲中心，就秦王政廿六年權量詔、西周鬲攸从鼎、散氏盤、𠑇匜等青銅器銘文，從語言的對立統一關係，試論以下三事：

一，在青銅器鑄造工藝上，「則」是據以製模的器樣，先作出器樣子，然後再以它爲標準，比照器樣製模雕文，造笵鑄器。

二，在計量器製造上，「則」是標準器，用它規定並統一度量衡。

三，在爭訟判案程序上，「則誓」是敗訴人接受制裁，遵照指定他必須照說的誓辭内容，照樣復述發誓。誓成，才能結案。

這三事涉及我國古代青銅器鑄造工藝史、計量器史、訴訟法史等部分問題。一隅之見未必有當，請各位師友批評指正！

一、釋則

「則」，西周金文有兩種寫法：一種以段簋爲代表，寫作□；一種以曶鼎爲代表，寫作□。後一種又簡化爲□（鬲攸从鼎），爲□（兮甲盤）。戰國時，前一種簡變爲□（魏三字石經僖公「楚師敗績」古文以之爲敗）；後一種除繼續作□（中山王譽方壺）外，又形變爲□（楚帛書），爲□（魏三字石經書無逸）。其中，秦國文字，直到秦王政廿六年盡并兼天下諸侯立號爲皇帝時還是□□兩形並用的（見廿六年詔權、楕量）。《說文解字》：「□，等畫物也，从刀从貝，貝，古之物貨也。□，古文則；□，亦古文則；□，籀文則从鼎。」□，是楚帛書和魏三字石經所反映的六國文字□若□之類的「則」

字形變。『从刀从貝』，許慎是從已變字形立說的。朱駿聲說：『按，貞字籀亦从鼎。貝者鼎省；刀者刻畫鼎文也。』（《說文通訓定聲·頤部》）他這個見解，從古金文看，是完全符合實際的。許氏以『从刀从貝』說「則」，據簡變之字立說，是不可信的。

『等畫物』是什麼？

這裡先明『等』，次論『畫』，然後再說『物』。

『等』《說文》說它是『齊簡也。』『齊簡』之『齊』以許書語言例之，當是刀部『前：齊，斷也』之「齊」，亦即《爾雅·釋言》：『劑，翦，齊也』之『齊』。《詛楚文》：『克劑楚師』即『克翦楚師』。王厚之音釋引《爾雅》云：『翦，齊也』，正以『劑』爲『翦』字。《爾雅·釋言》郭注：『南人呼翦刀爲劑刀。』《太玄·永》：『其命劑也』，宋衷解詁云：『劑，剪也。』玄應《一切經音義》十四『以斤』下云：『《說文》「釿，劑也。」劑，音子隨反，剪刀也。』前是剪的初文，而齊是前（剪）因方言音變而借字。劑是在這個音變借字基礎上造成的後起形聲字。前（剪）古音在元部，音變爲劑。劑古音在脂部。元脂兩部音變，如：幵古音在元部，而从幵得聲之笄、枅、羿卻在脂部；獮古音在元部，而它所从得聲之璽古音卻在脂部。元脂兩部音變古有其例。『前』被借出作前後字，由於它的使用頻率較高，在當時還沒有『剪』字的情況下，爲了使它和前後之『前』相區別，借用「翦」字來寫它。那麼《說文》所說的『齊簡』就是『翦簡』，也就是『剪簡』——用剪刀來剪簡。

剪簡而使之同長，必須用已經制定的標準簡作『檝子』把它疊放在新製簡上，比而同之，剪掉它多餘的長度。這樣一簡一簡地『齊簡』，可以使新簡個個與標準簡——檝子同長，從而達到簡簡同長。這種工作叫作『齊簡』。

『齊簡』爲『等』，那麼，比照標準樣子作出同樣東西就是『等』這個詞的詞義基本內容了。

『畫』古金文寫作

小臣宅簋

頖侯鼎

番生簋

吳方彝

上官登

彔伯𢦏簋

三年師兌簋

毛公鼎

小臣宅簋是成王時器。其餘各器都比宅晚。這些字形告訴我們：畫的最早寫法是从聿从田的。田是琱字。朱芳圃說畫字所从的田田周周和縣妃簋「戈琱」、寰盤「戈琱㦸」、休盤「戈琱㦸」的「琱」字相比，可以為證。琱，从王周聲，古金文「周」或作周（獻侯鼎）、或作田（邢作父辛尊）；或作田（無叀鼎），或作田（成周戈）。田，中間虛白是琱琢凹陷之處，而筆觸實處則是它琱琢後突現之彣。《說文》「琱，治玉也。」「彫，琢文也。」這個字正象治玉琢文之形，是古琱字無疑。朱芳圃說「冓象方格从橫，刻畫文采之形，當為琱之初文。」其說近是。

琱，古音聲為端紐，而韻在幽部。畫，聲為匣紐，而韻在錫部。它們倆聲韻俱遠語音隔越，非同音詞，田之與聿田沒有形聲關係。可知聿田字从聿从田，是用象意寫詞法寫成的。

聿田，字晚於聿田。它在聿下加爻，變从聿為从聿从爻。郭沫若說聿爻是古規字。規，古音聲為見紐，發音部位與畫相近，喉牙均屬舌根。規，古韻在支部，而畫在錫部，兩部有陰入對轉關係。《國語·周語下》：「且吾聞成公之生也，其母夢神規其臀以墨，」韋氏解「規，畫也。」規、畫兩詞在一定語言條件下是同義的。

這一現象和𠂢之與𧖴（脈）有些相似。《說文》：「𠂢，水之衺流，別也。」「而从𠂢亦聲之𧖴（脈）（段玉裁、朱駿聲說）卻是「血理之分，衺行體中者。」它們也是在詞義上既有共同之處，在語音上又有以支入錫的對轉關係。（𠂢在支部，脈在錫部。）一般說來，這類現象多是分化造詞的結果。

畫，古韻在錫部；規，古韻在支部。它們在語音上，陰入對轉，與𠂢脈同類。在詞義上，以一物夫端在另一器物表面作出可見綫條，這一點，規與畫是同義的。規只能作弧作圓，畫則可直可曲，能方能圓，兩者又各不相同。正如分枝別流是𠂢𧖴兩詞共同的，而一在大地上流而不返，一在人體内循環不已，兩詞又有所不同。詞義語音同中有別，追溯詞源，規、畫兩詞應是一個詞的分化。

用一物體尖端在另一物體表面上作出綫條痕迹，無論它是否割破所擦物面，這種運動和痕迹統謂之畫。後來把用利器割畫物體表面的動作及其割畫出來的綫條狀擦痕都叫"劃"，以區别於一般的句畫。《説文·刀部》："劃，錐刀曰劃。"《説文》"劃，界也。"一綫畫出，兩側分開，畫的詞義原是涵有畫分之意的。王仁昫《刊謬補缺切韵》去聲十五卦，"畫，胡卦反，圖。"入聲十八麥，"畫，胡麥反，分。又胡卦反。""劃，錐刀刻劃。"這表明：除規、畫兩詞以陰入分化外，畫又隨着認識在實踐中的深入發展，由渾淪到分析，用變化詞的部分語音形式方法，以去入分詞，分化出畫和劃來。

分畫和錐刀刻劃的畫和劃都是入聲，與古韵畫聲調一致。可知在古詞裡畫分和刻劃都是畫的一部分詞義。在一定語言條件下，畫有刻劃之意。

物，是器物。《左傳·僖公二十二年》："戎事不邇女器。"杜注"器，物也。"《吕氏春秋·孟冬紀》："是月也，工師效功，……必功致爲上。物勒工名，以考其誠。"高誘云："物，器也，勒銘工姓名著於器，使不得詐巧，故曰'以考其誠'。"《周禮·秋官》："司隸掌五隸之灋，辨其物，而掌其政令。"鄭玄注"物，衣服兵器之屬。"賈公彦疏云："即下文云'使之皆服其邦之服，執其國之兵'是也。"服，兵皆謂之物。就"兵"説來，是物也有器的意思。器之爲物是詞義擴大，物之爲器是詞義縮小，在一定條件下，物與器是同義的。

綜合"等"、"畫"、"物"三名古義，可以説《説文》所説的"等畫物"就是比照樣子刻劃器物——照樣子作東西。

則的古義既然如此，那麼，作爲名詞使用，它是用以比照之樣，是製器的樣子或器樣。《詩·豳風·伐柯》在"伐柯如何，匪斧不克。"之後，説"伐柯伐柯，其則不遠。"毛氏傳"柯，斧柄也。""執柯以伐柯，睨而視之，"《禮記·中庸》"其則不遠。"這個則就是用作斧柯的器樣來使用的，作動詞使用，"則"是照樣子作。《詩·小雅·鹿鳴》"我有嘉賓，德音孔昭，視民不恌，君子是則是傚。"《論語·泰伯》"唯天爲大，唯堯則之。""則"有照"樣"作，倣傚，效法之意。

西周金文"則"字从兩鼎一刀，化一般爲具體，以鼎代器。上一鼎是所比照的器樣，下一鼎是比照器樣倣製出來的模型母胎。从刀，表示對它按照器樣進行整形和雕飾。把古"則"字字形結構所反映的詞義特點和《說文》所記「等畫物」的「則」字古義統一起來，可以使我們在商周青銅器鑄造工藝程序上又看到一道工序。

「則」爲器樣，在周金文和古文獻都有所反映：

「段簋」王蔑段曆，念畢中（仲）孫子，令（命）龏𡚬遺（饋）大則于段。」「遺」，容先生據《汗簡》引林罕《集字》釋「饋」。」「禮與人物曰饋」（左傳文公十六年「無不饋詒」孔疏。）古者致物於人，尊之則曰獻，通行曰饋。」（《周禮·天官·玉府》「凡王之獻金玉兵器文織良貨賄之物」疏。）《廣雅·釋詁三》「饋，遺也。」「則」，郭沫若據《周禮》鄭注「則，地未成國之名」以爲采地。（大系攷釋）

按：饋遺之事主要指物，與采地不很相應，況且采地之上著以「大」字，在語意上也似有未安。「段簋」「則」字从兩鼎一刀，正是照器樣作器之意。它所寫的詞作名詞使用有器樣或樣器之義。「大」是一種「尊」的名稱。《禮記·明堂位》「泰，有虞氏之尊也。山罍，夏后氏之尊也。著，殷尊也。犧象，周尊也。」「泰」，《釋文》作「大」，云「音泰，本又作泰。」《周禮·春官·司尊彝》「其朝踐用兩大尊，其再獻用兩山尊，皆有罍。」鄭氏注「大尊，太古之瓦尊；山尊，山罍也。」直用《明

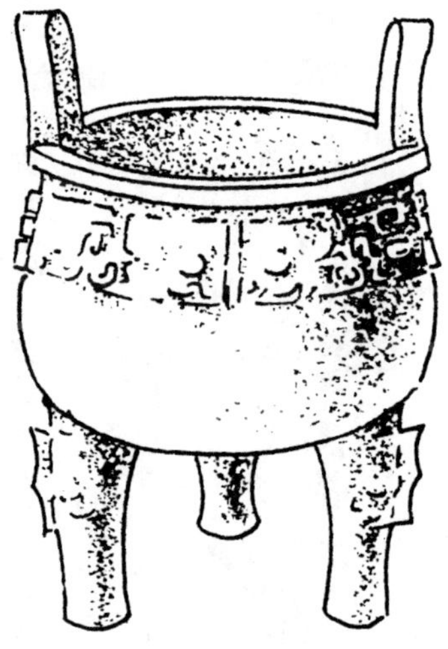

堂位》說。《釋文》「兩大（尊）」的「大」「音泰。」可見「大」是一種尊的名稱。「大」為尊名，那麼「大則」就是大尊的樣器。這在段簋銘文語言上是完全可通的。

這是「則」為器樣在周金文中證據。

《周禮》又有「受器」「賜則」之事。

《春官》大宗伯之職「以九儀之命，正邦國之位，壹命受職，再命受服，三命受位，四命受器；五命賜則，六命賜官，七命賜國；八命作牧，九命作伯。」這九命實有三類：四受為一類，職位服器只能受成，不得以自己的意志更動；三賜為一類，可以在規定的「國」土之內，按自己的意志置官治國，行使統治權力；兩作為一類，可以超出自己國土行使一定的權力。

三類性質不同，而「賜則」上與「受器」相接。「則」是製模器樣。「受器」是受成，不能自造。「賜則」則賞給器樣，可根據需要依式自鑄。三賜之命，明授權力：得以自作器，得以自置官（鄭玄謂「賜官者，使得自置其官。」）得以自治其國。

「賜則」一事，鄭衆以為「則者，法也。」鄭玄以為「則，地未成國之名，」他的根據只是「王莽時，以二十五成為則，方五十里，合今俗說子男之地。」王莽託古改制，說本劉歆。所以鄭玄說：「獨劉子駿等識古有此制焉」，這句話却透露了其中消息。《經典釋文序錄》「王莽時，劉歆為國師，始建立周官經以為周禮，」那麼，與「今俗說子男之地」相合的「以二十五成為則」的「地未成國」為「則」之說，實際上是劉歆對這段周官九命的誤解。

這是「則」為器樣在古文獻中的證據。

郭寶鈞《中國青銅器時代》說「根據殷代遺迹遺物，我們知道殷人製范須經過三步程序，即1，造型，2，翻范，3，合范。范經合成，始可進行熔鑄。造型就是打樣子的意思。想鑄什麼樣銅器，就先用泥土塑成一個什麼樣形狀，作為初胎。」

北京大學《商周考古》一書也說「同早商時期一樣，晚商時期鑄造青銅也經過製模、翻范和澆鑄等工序。在殷虛曾經發現了鼎、觚、卣、方彝、盤器的陶模殘段，確知當時在製范以前，必先製模，即用淘洗過的泥土塑成鑄件的完整模型（或叫「母型」）。再在模上貼泥片，壓緊，待其半乾，乃用刀切開，再陰乾，即成外范。』又說『從（西周）以上發現的陶范來觀察，其鑄造技術，與殷墟晚期的大體相同，由此說明西周早期直接承襲了商代的鑄銅工藝。』『從鑄造技術看，西周中期以後鑄銅的進步，就是發明了一模翻製數范的方法。』

這兩書所說的商周鑄造青銅器方法都是正確可信的。

但是，由于『𠟭』字的啟示，可知商周青銅器鑄造工藝，在程序上，造型製模應該有兩種：一種如上述兩書所說，打出的樣子本身就是母型初胎，可以直接往它身上貼泥片製成外范。另一種是先行設計，用泥土按設計作出器樣，或是選取一個已成之器作為器樣，然後再用泥土照器樣製模，作出鑄件的母型初胎。

二·釋灋度量則

《顏氏家訓·書證篇》『開皇二年五月，長安民掘得秦時鐵稱權，旁有銅塗鐫銘二所。其一所曰：

廿六年，皇帝盡并兼天下諸侯，黔首大安，立號為皇帝。乃詔丞相狀、綰：灋度量則不壹，歉疑者，皆壹明之。

廿六年詔，有印有刻有鑄，文字要求並不是十分嚴格的。一九七三年奈曼旗沙巴營子古城出土一片秦匋量，『刀刻篆字，殘留「□六年□帝并兼有天下諸侯黔首大□」十三字。此段銘文與常見的詔書不同處是：脫一「盡」字，而增一「有」字。』吉林省文物工作隊：《奈曼旗沙巴營子戰國古城發掘報告》（初稿） 可見顏氏所記不是詔文有異鈔本倒誤，而是當時刻詔人信手筆誤。

《書證篇》記其另一所詔文是：

元年，制詔丞相斯、去疾：法度量，盡始皇帝為之，皆刻辭焉。今襲號，而刻辭不稱始皇帝，其於久遠也如後嗣為之者，不稱成功盛德。刻此詔□左，使毋疑。

以匋齋所藏秦石權拓本校之，『皆刻辭焉』，拓本『皆』下有『有』字。『也』拓本作『殹』。磨滅一字，拓本作『故刻』兩字。

始皇廿六年詔「灋度量則不壹」句是有不同理解的：明顯的分歧在「則」字。

有人認爲它是實詞。例如端方，他說「灋度量則爲四器。」見本文所附陶齋秦石權拓本李葆恂跋。

有人認爲它是虛詞。主要的理由是：二世元年詔「灋度量盡始皇帝爲之」這句話「灋度量」三詞連用，而其下並無「則」字。

爲了弄清「則」字在廿六年詔中的詞義和作用，要認清詔文結構和「灋」在詔文中的詞義。

我們知道，秦王政議帝號時，採納了王綰、馮劫、李斯等人的建議，是以「命爲制，令爲詔」的。可知「乃『詔』丞相狀、綰」就是「令」丞相隗狀和王綰。它表明：在這句話以前，包括這句話在內的那些文字，都是敘事之辭，是序辭，還不是所下的「令」。只有「灋度量則不壹，歉疑者皆明壹之」這兩句話才是秦始皇帝對他們下的「令」，是這個令的本體全文——令辭。兩者既有聯繫又有區別，是不能混而爲一的。

「灋度量」三字連用，始皇詔和二世詔都有。兩詔相承，在事情上和語言上必然是一致的。如果把「灋」理解爲「法定的」，則與始皇詔「不壹」相抵觸，因爲既是秦法所定就不能不一。如果把它看作動詞，則「灋度量」動賓關係只說一事，與「盡始皇帝爲之」相矛盾。

用語言的對立統一規律來研究兩詔「令辭」，則知這個「灋」就是《管子·七法篇》「尺寸也，繩墨也，規矩也，衡石也，斗斛也，角量也，謂之法」的「法」，是指計量器說的。在這些「法」中，繩墨、規矩是自然的，而尺寸、衡石、斗斛、角量則是人爲的。尺寸爲度，斗斛、角量爲量，「度」「量」已見詔文，那麼這個「灋」就人爲者說來，只有衡石之權了。由此可知兩詔之「灋」不是法定之意，而是指衡石之權說的。這也可以說明：度量衡三者並立，爲什麼詔文明寫「灋度量」，只見「度」「量」，而不見權衡之字，爲什麼卻把它刻鑄在石權之上。

「則」在一定的依存關係中，是可以作爲虛詞的。但是，在語言上，必須有和它互相制約的條件。如果「則」字句前沒有足以見其先後事情或事態的相應關係，使它上無所承，下無所接，或旁無所比，它就失掉了它的連接作用，不能成爲虛詞。

「灋度量則不壹」，如前所說，是秦始皇帝所下令辭的首句，在它之前，並沒有可以承接，可以比並的語句。況且『灋、度、量』三名並列是名詞詞組，是物而不是事。在没有前句作條件的情況下，下面雖有『不壹』以說明事態，可是『則』字仍然不是連詞。

二世元年詔『灋度量盡始皇帝爲之。』『灋度量』下並無『則』字。這只能說明『則』不與『灋度量』同類，卻不能證明它在廿六年始皇詔中必爲虚詞。

『灋度量則不壹』的『則』是實詞。如前文釋則所說，是器樣或樣器——標準器，有標準的意思。那麼，『灋度量』就成了『則』的定語。這樣，這篇詔文，從序辭到令辭，從整體到部分各方面都取得了對立統一。

『則』是標準器。它和『灋度量』三種計量器名在概念上並不同類。端方把它們合起來稱爲『四器』。在『器』這一點上，他著了邊際。可是他没有看到『則』和『灋度量』在器物類屬上的區別，因而又似是而非了。

把『灋度量則』的『則』理解爲標準，也並不是新事。一九〇一年，辛丑，王仁俊在跋匋齋所藏秦石權拓本時就已經提出。他說：

《漢書·律曆志》：『五權之制……始於銖，兩於兩，明於斤，均於鈞，終於石。……五權謹矣。權與物鈞而生衡，衡運生規，規圜生矩，矩方生繩，繩直生準，準正 叙案：跋文脱正字，今補。則平衡而鈞權矣。是爲五則。』據班志，『則』字古誼如此。乃劉歆《鐘律書》佚說也。《考工記》嘉量銘曰：『嘉量既成，茲器維則，』亦以準字訓『則』。故《管子》曰：『準者，五量之宗也。』案：《管子·水地》作『準也者』，跋文脱『也』字。說文『「則」，等畫也。』案：跋文『畫』下脱『物』字。引而申之，凡畫一者，皆謂之『則』。《周語》：『伯禹釐改制量，比類百則』是矣。《呂覽·仲春》：『日夜分，則同度量。』《仲秋》：『日夜分，則一度量。』彼文兩『則』字正是此詔鐵證。或曰：『「日夜分」句下「則」字恐爲發耑語。』然不讀『日夜分，雷乃發聲』句乎？彼文何獨無發耑語也！

陶齋秦石權拓本及諸家題跋

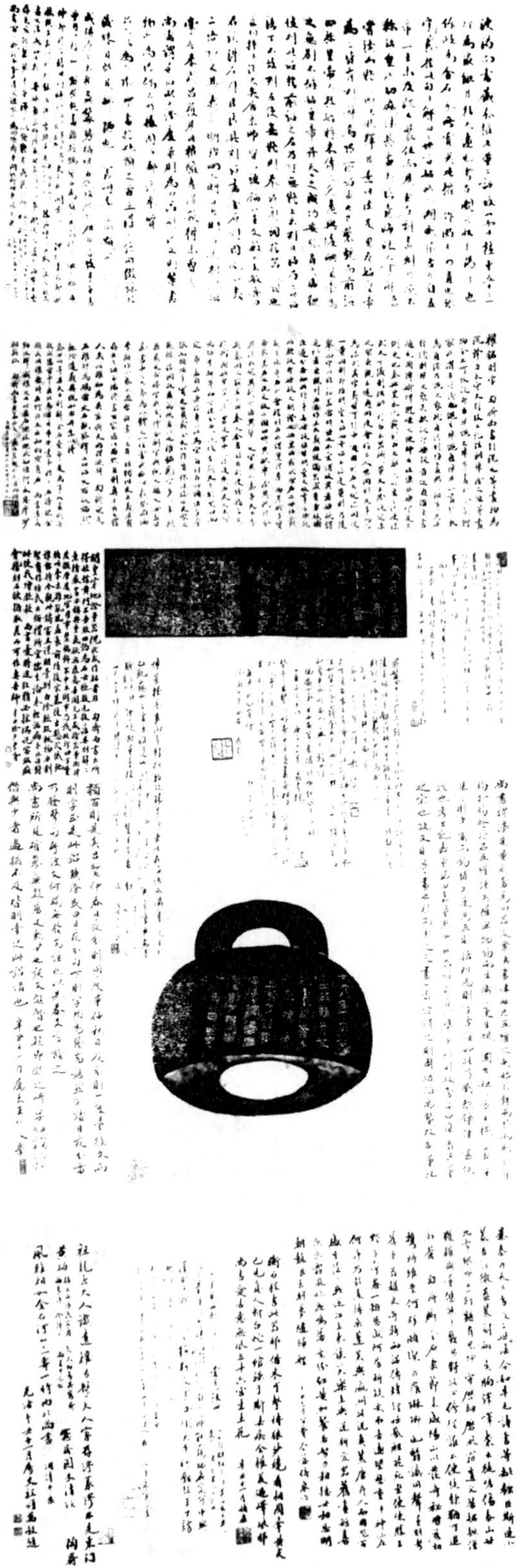

曉野讀書堂

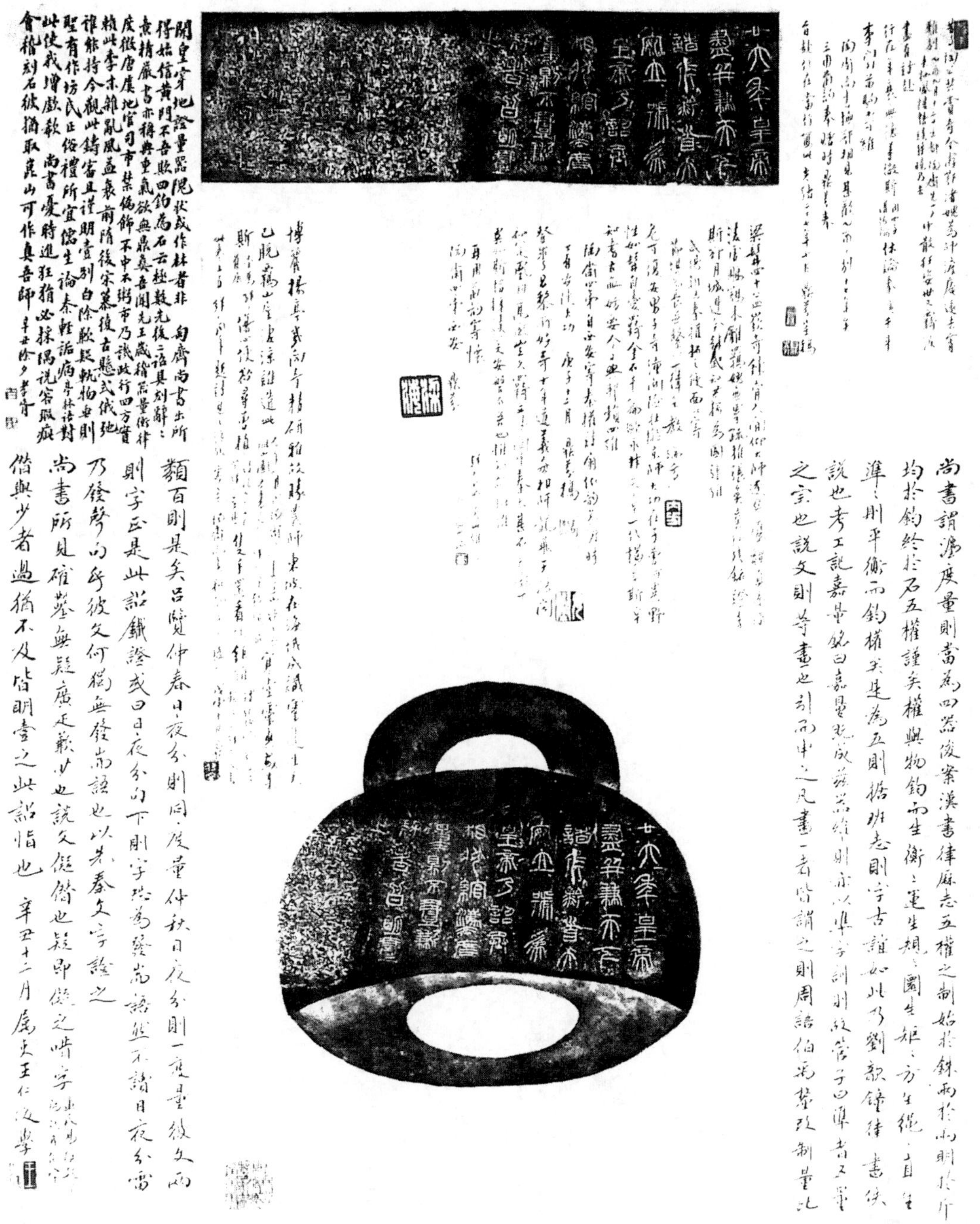

陶齋秦石權拓本王仁俊跋

王氏說『則』，基本意見是正確的。他以《考工記》、《呂氏春秋》作證，是很有說服力的。《㮚氏爲量》，其銘有曰：『嘉量既成，以觀四國。永啟厥後，茲器維則。』這個嘉量是被用作『以觀四國』『永啟厥後』的『爲量』之『則』的。這個『則』正是標準器或標準的意思。《呂氏春秋》『則同度量』『則一度量』的『則』是『同』『一』的狀語，有用標準以從事的意思。

但是，王氏以『準』訓『則』是不夠精確的。《說文》『準，平也。』王氏所引《漢志》『五權至』『五則』一段，與《管子·揆度》『何謂正名五？對曰：「權也、衡也、規也、矩也、準也，此謂正名五」』相應。『準』是五則之一，並不是五則都可以謂之『準』也。《管子》『準也者，五量之宗也。』從『權與物鈞而生衡』到『準正則平衡而鈞權矣』，這一種循環相生關係是以平爲始終的。所以說『準，平也』的『準』是五量之宗。《廣雅·釋詁三》『宗，本也。』五量之宗也並不是各量的具體之『則』。從匋齋石權跋語看，王氏把『繩直生準，準正則平衡』寫作『繩直生準＝則平衡』，在第二個『準』字下，脫掉一個『正』字。遂致『準則』連讀成爲一個詞組。這一脫誤和他『以準字訓則』有沒有關係就不得而知了。

王氏引《說文》『則，等畫也。』『畫』下脫落一個『物』字。他據脫文以『等畫』之說，說『凡畫一者，皆謂之則。』這是不合實際的。

然而，『則』在秦廿六年詔中是名詞，有標準器或標準之義，實自王氏發之。

統一計量，制定標準器——定『則』是它的關鍵。這個制度在秦漢以後一直在繼續適用。《宋史·律曆志》『（劉）承珪重加參定，而權衡之制益爲精備。其法蓋取《漢志》子穀秬黍爲「則」，廣十黍以爲寸，從其大樂之尺。』『以御書真草行三體淳化錢較定實重二銖四絫爲錢者，以二千四百得十有五斤爲一稱之「則」。其法，以積黍爲準，然後以分而推忽，爲定數之端。故自忽絲毫釐黍絫銖各定一錢之「則」。』這些『則』都是標準物或標準。

更突出的是它又明記這種標準器的製造，說：『其「則」用銅，而鏤文以識其輕重。』這個『則』不僅是規定的計量標準，而且又把它作成器物固定下來頒於各地。

一九七五年二月，湖南省湘潭縣發現北宋嘉祐元年銅則一件。它的形狀是圓頂，扁體，平底，上部有一圓形穿孔，通體刻纏枝牡丹紋。前後各有銘文一行。一面是『銅則重壹伯斤。黃字号』，一面是『嘉祐元年丙申歲造』。經實測，銅則高三〇、厚二〇釐米，重一二八市斤。周世榮：湘潭發現北宋標準權衡器——銅則。《文物》一九七七年第七期 這個實物正是『其則用銅，而鏤文以識其輕重』，與《宋史》相合的。我們說『則』是標準器，不但有文可稽，而且有物可徵。

周世榮同志說：『銅則之「則」，是準則之意。』並認為「則」是『作為標準權衡器的名稱』。這是十分正確的。

清代王筠《說文釋例》卷十六《存疑》，說『（《說文》）刀部「則」字，詳揣其義，似即今之法馬。吾鄉諺語謂法度為規則，似係「則」之本義也。』常敘案：衡量物重，固須法馬；然法馬之重，不能聽人任意為之。它必須依國家（或各國）規定之『則』用這個公認的標準器，經過驗定，而後始準，而後始能應用。

可見法馬之重，就日常應用的衡器來說，乃是被國定（或公定）之『則』所「同」所『一』的東西。它是被標準器『則』驗證之物，它必合標準，可是它本身並不是國家規定的標準器。王氏說『則，蓋今之天平法馬也。』《說文句讀》

宋嘉祐元年銅則器形示意圖（縮本）湖南省博物館藏器

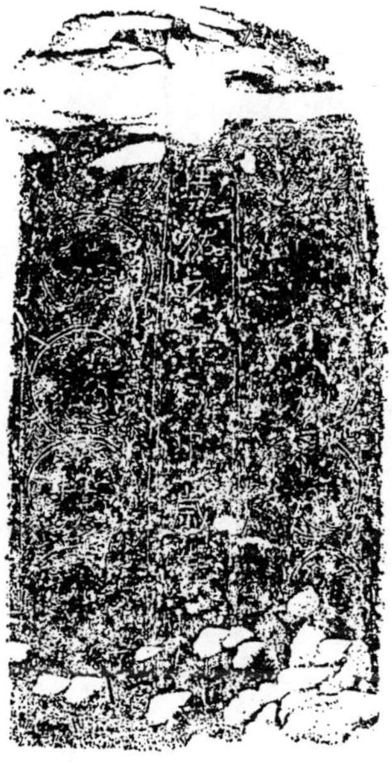

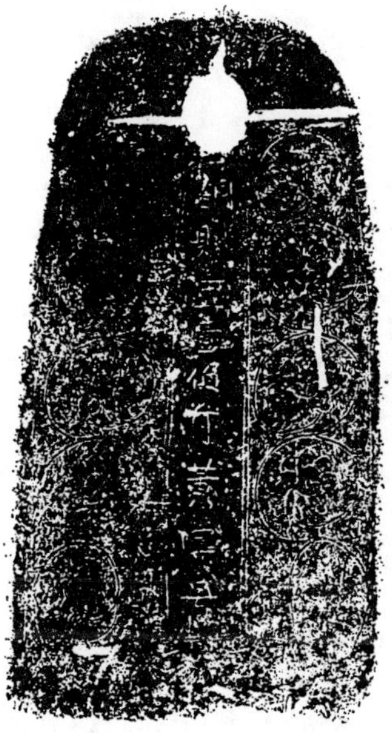

宋嘉祐元年銅則銘文（縮本）嘉祐元年丙申歲造

銅則重壹伯斤黃字号

（見《文物》一九七七年七期七十九頁）

這個說法是似是而非的。

從北宋銅則看秦廿六年權量詔文，說「灋度量則」的「則」是國定或公定的標準器或標準，是可以無疑的。

三，釋則誓

鬲攸从鼎

隹唯卅又二年三月初吉壬辰，王才在周康宮徲大室。

鬲从吕攸衛牧告于王曰：「女汝受授我田！牧弗能許鬲从。」

王令命眚史南吕即虢旅。

虢旅迺吏使攸衛牧誓曰：「我弗具付鬲从其且祖射分田邑，則殺！」

攸衛牧則誓。

散氏盤

用矢戳散邑，迺即散用田。

眉，自瀗涉吕南，至于大沽，一封。……吕西至堆莫。

眉邢邑田，自根木道ナ左，至于邢邑封道吕東，一封。……涉州剛岡，登栫柝，降棫，二封。

矢人有𤔲司眉田：鮮且、𢼸、武父、西宮襄；……凡十又五夫。

正眉矢舍散田，……凡散有𤔲司十夫。

唯王九月辰才在乙卯，矢卑俾鮮且、𠭯旅誓曰：「我旡既付散氏田器，有爽，實余有散氏心賊，則寽隱千罰千，傳棄之！」

鮮且、𢦚旅則誓。
迺卑(俾)西宮襄、武父誓曰：「我既付散氏濕田牆田，余又(有)爽
䜌(變)，爰(隱)千罰千！」
西宮襄、武父則誓。
氒受圖矢王，于豆新宮東廷。
氒ナ(左)執䋣(要)，史正中(仲)農。

𠑱匜

隹(唯)三月既死霸甲申，王才(在)莽上宮。
白(伯)𩰫(揚)父迺成贅(讞)曰：「牧牛，𠭰，乃可(何)湛(諶)！女(汝)敢以
乃師訟。女上𢓊先誓。今女(汝)亦既又𠬝誓，……亦既𠬝乃誓，女(汝)
亦既從辭(辭)從誓。弋(必)可(苛)，我義(宜)俊(鞭)女(汝)千，𪓊𪓊(黜)女(汝)。今
我赦(赦)女(汝)，義(宜)俊(鞭)女(汝)千，黜𪓊(黜)女(汝)。今大赦(赦)女(汝)，俊(鞭)
女(汝)五百，罰女(汝)三百寽(鋝)！」
白(伯)𩰫(揚)父迺或(又)吏(使)牧牛誓曰：「自今余敢（不敢）𢦒(擾)乃小
大史(事)！」——「乃師或(又)以女(汝)告，則致(致)乃俊(鞭)千，𪓊𪓊(黜)！」
牧牛則誓。
乃以告吏(史)𠨘、吏(史)曶(曶)，于會牧牛辭(辭)。
誓成，罰金。𠑱用乍(作)旅盉。

這三器銘文所記誓事，在程序上，是一致的，都是

先已　某俾（或使）某（或某某）誓曰如何如何

後說　某（或某某）則誓

在這種公式化了的辭句中，第一句的『俾』、『使』都是強制性的使令之詞，它們無論用哪一個，都是強制被使令人，要他按照發出使令人的語言意旨，確實地作成一件或幾件事情。在語法上，『俾』或『使』的賓語同時又是它後面動詞的主語。這種兼語式的語言結構，它表明『某俾（或「使」）某（或「某某」）誓曰』的『某（或某某）誓曰』不是一個獨立句子。『某』或『某某』後面的謂語都是被前面的『某俾』或『某使』控制着的。因而它的『誓曰』只是『俾』或『使』的要求，要被使令人去作的事情，而不是被使令人自己已經付之實踐的宣誓行動。

就三器銘文來說，被使令者，銘文的部分與整體的依存關係表明，他們都是爭訟中的敗訴者，是在宣判時聽候制裁的。如，鬲攸从鼎的攸衛牧、𠑇匜的牧牛、散氏盤的鮮且、𢐭旅，西宮襄、武父等人。發出『俾』『使』之令的，有的是案件的審判官，如：鬲攸从鼎的虢旅，𠑇匜的伯揚父；有的是受制裁者（敗訴人）的上司，管轄他們的長官，如：散氏盤的矢王。鮮且、𢐭旅、西宮襄、武父這兩伙人都是『矢人有𤔲』，而矢王為矢人之首。

𠑇匜『伯揚父迺或又吏使牧牛誓曰』一段銘文包括兩層語意：一層是『使』牧牛必須遵照指定給他的誓詞照樣起誓的使令之辭。這一層同鬲攸从鼎、散氏盤一樣，向敗訴人提出強制他在發誓時必須照發的誓辭內容。另一層是警告之辭。它要使敗訴人知道：在認罪發誓之後，如果違背這次誓言，如果『乃師或又以汝告』，那就要受到兩赦（赦、大赦）以前應處的重刑——『則致乃俊鞭千，𪐭𪐭黜！』這個警告之辭證明：『伯揚父迺或又吏使牧牛誓曰』一段話全是伯揚父說的，牧牛本人只是聽命，並沒有發誓。

就三器銘文來說，只有『攸衛牧則誓』、『牧牛則誓』、『鮮且、𢐭旅則誓』、『西宮襄、武父則誓』諸句，才是敗訴人的親口發誓。

銘文『某（或某某）則誓』的事情既然如此，那麼，它的『則誓』如何理解？問題的關鍵在于它是不是連詞。

這件事，𠑇匜銘文給我們作了回答。

如前所說，誓事程序三器一樣，則『則誓』語意也必然相同。『則誓』的『則』如果是虛詞中的連詞，它只能表示『某俾（或使）某（或某某）誓曰』和『某（或某某）誓』前後兩事兩句的連繫。可是觿匜卻在『伯揚父迺或（又）吏（使）牧牛誓曰：「自今余敢（不敢）夒（擾）乃小大事！」』和『牧牛則誓』兩句之間，插進了一句『乃師或（又）以女（汝）告，則致乃便（鞭）千，𪭢𪭢（黥）！』用個警告之辭把它們倆从中隔開，使它們失掉了構成複合句的相倚關係，成爲各自獨立的單句。

『某（或某某）則誓。』這句話是一個完整的單句。『則』是謂語『誓』的狀語。

『則』字所寓的詞，它的本義是器樣或樣器。先秦語言，名詞在一定的依存關係中，往往是作狀語使用的。『則』作狀語，有『照樣子地』的意思。

『則』有『照樣子地』意思，那麽，『某（或某某）則誓』，用現代漢語來說，就是『某（或某某）照樣子地發誓。』換句話說，也就是『某（或某某）遵照「某俾（或使）某（或某某）誓曰」所指定的誓辭起了誓。』這樣，『則誓』兩字在它所在的銘文里，取得了形式與內容、部分與整體的對立統一。

須要明確的是：銘文『誓』是一個動詞。它在對譯中，由於古今語言的差異，沒有與之相應的動詞，不得已譯爲『發誓』和『起了誓』。

從鬲攸从鼎、散氏盤、觿匜三器銘文，可以知道：西周宣判，有時是強制受制裁的敗訴人當場起誓的。這種誓事有兩個程序：先是『俾誓』，由宣判人向受制裁的敗訴者提出強制他必須發出的誓言內容。必要時，可同時指出，如果他違背這一誓言將會得到什麽樣的後果。然後是敗訴人接受制裁，依照宣判人給他規定的誓言，照樣子地鄭重起誓。受制裁者這一行動就是『則誓』。

北宋嘉祐銅則一事，湖南省博物館和周世榮同志都給我很大幫助。在此表示謝意！

一九八二年六月《古文字研究》發表

釋𩛙申唐說質誓

——讀《侯馬盟書》"自質于君所"獻疑

壹、問題的提出

在《侯馬盟書》中，（以下簡稱《盟書》）有些載書習語是比較常見的。除當時執筆急就，偶有挩字外，虛詞使用也或有出入，可是語意及其呼應關係不變。文字也或有異同，而同音假借的作用及其效應不變。作爲載書習語，它們的基本成分及其結構不變。這種語言文字依存關係，對考釋載書有很大作用。例如下列兩組"𩛙"字習語

第一組

盦章自𩛙于君所，所敢……。既𩛙之逘，而敢不……。 P.267 156:20

緒自𩛙君所，所敢……。既𩛙之逘，所敢不…… P.266 156:19

䏁自𩛙君所，敢……。既𩛙逘，而所敢不……。 P.274 194:11

□□□□□□，……既𩛙之逘，而[ ]……。 P.273 185:3

第二組

痣自今吕坐，敢不巡芷此明𩛙之言。 P.277 67:1

□自今台坐敢不從此明𩛙之言。 P.279 67:20

□自今吕㞷敢不從芷此明𩛙之言。 P.277 67:3

□自今台進敢不從芷　此明𩛙之言。 P.280 67:21

這兩組習語有一個共同現象：『既䞣之後』或作『既𢗹之後』，『明䞣之言』或作『明𢗹之言』，『䞣』等於『𢗹』。在同一言語，同一語句中的同詞異字，這一事實有助於我們對『䞣』的識辨。

在《盟書》出版之前，學者對『䞣』字已經作了考釋。

郭沫若就『自䞣于君所』釋䞣為質。說『「質」字在古文獻中每與『盟』字聯帶使用，茲僅舉一例以為證。《左傳》魯哀公二十年「趙孟曰：黃池之役，先主與吳王有質，曰：好惡同之。」下文趙孟家臣楚隆轉達這同一話言于吳王夫差，曰「黃池之役，君之先臣志父得承齊盟，曰：好惡同之。」「質」與「盟」顯然為同義語。杜預注「質，盟信也，」可見「盟」是就形式而言，「質」是就實質而言，雖有表裡深淺之異，其實是一回事。』〔一〕

唐蘭釋䞣為誓。他就『盦章自䞣于君所』說，『這一類誓詞，首先說某人「自誓于君所」，䞣字上从斦，是折字，折《說文》籀文作𣂔，金文《齊侯壺》：「𣂔于大司命」，讀如誓。𣂔省去二屮，即為䜣。古鉨悊常作𢗹，可證。那末貣是貨，不是質字。《廣韻》十五鎋陟鎋切下：「䞣貨也」。在這裡應讀為誓。這一類載書是自誓，不是共同的盟誓。』〔二〕

同一『䞣』字，而有兩種認識：郭釋『質』而唐釋『誓』。

但是，我們必須知道：這兩家釋文都是就156坑出土載書作出來的。如《文物》一九七二年三期四頁郭文所說，他是就『見到三件原件和摹錄（圖版叁、肆、伍）』立論的。按：該期圖版叁是156：20，肆是156：22，伍是156：19。同年《文物》第八期三十三和注⑨，唐先生也說他所據的只是『坑156出土的』載書和郭文圖版壹、叁和屯的摹本。

而載書中與『䞣』同詞異文的『䜣』，是出現於坑67和坑185的。

這就是說：郭唐兩家都是在沒有看到侯馬載書『䞣』『䜣』兩字同詞異文情況下作出判斷的。郭文

注：〔一〕，《出土文物二三事》之二，《新出侯馬盟書釋文》——《文物》一九七二年第三期，第五頁。

〔二〕，《侯馬出土晉國趙嘉之盟載書新釋》——《文物》一九七二年第八期第三十三頁。

没有考慮到「訢」和「斦」的關係和作用，是受到所見材料的局限。而唐文在没有看到「訢」字的情況下，論到了「訢」「折」、「悊」「哲」、「貭」「質」，可以説是遠見卓識。

《盟書》在「斦」字識别上同於郭説。在字的解釋上比郭説更詳細。它把載書「自斦于君所」，在釋「斦」爲「質」的基礎上，釋爲「自質于君所」。解作把自己「委質」於新君〔一〕所居之處〔二〕。認爲這句話的「質」字有兩個意思：一個是「它的本義，是指盟誓時參盟人對鬼神所奉獻的各種信物」〔三〕；另一個是它「還包括把自己「委質」於新君，自獻其身」〔四〕，而這個「「委質」，就是把自己抵押給某個主人，表示一生永不背叛的意思。」〔五〕

這樣，既説「在盟誓時，奉獻禮物以取得信任，叫質，或贄」〔六〕，主張「委質」之「質」是「贄」〔七〕；又説「要同時把自身也抵押出去，作爲質」〔八〕，則又主張它是作爲「抵押」的人質之「質」。

《盟書》全面地記録了發掘、整理情況，如實地發表了侯馬載書的真實面貌，反映了出版前關於它的主要研究成果。精密詳審，是一部很好的專著。我們從中學到很多東西，受到不少啟示。正像跟老師受業一樣，在先生誘導下，有時也會引出一些問題。如果没有把《盟書》「自質于君所」的注釋和《委質考》的主要觀點理解錯，我們會想到以下諸事：

一、在質和委質的關係上：

1，質字所寫詞有没有委質之意？

2，委質動賓詞組能不能簡縮爲質？

二、在委質和「抵押」之意上：

注：〔一〕、〔三〕、〔四〕、〔五〕並見《侯馬盟書》七二頁《「委質」考》。〔一〕見四段，〔三〕見三段，〔四〕見四段，〔五〕見一段。〔二〕、〔六〕、〔八〕並見同書三八頁《注釋》。〔七〕同書三八頁《注釋》，七二頁《委質考》第四段引《國語》《左傳》注。

1，委質是什麽？它有沒有抵押之意？

2．委質之質或寫作贄，『抵押』之質——也就是作爲人質之質，它爲什麽不能或寫爲贄？它們是一個詞還是兩個？

三，在文字上：

載書『自質于君所』和『明質之言』質字都寫作䞋。而『明䞋』兩字載書又寫作『明悊』。悊古悊（哲）字。悊質古音不同部。載書以同詞異文明示其語音形式，何以必釋爲質？

貳、『委質』和『自質』的探索

『自質』之質能不能等於委質？委質一事有沒有抵押之意？這兩者是引出問題的疑點。兩者都和委質相關，於是問題又涉及什麽是委質。因此，在研究探索中，不得不把三者連結在一起來考慮。

一、『委質爲臣』的委質是借質寫摯（或贄）的

『委質』一事，明、清以來學者已以不同程度作了比較明確的考釋［一］。《盟書》的《『委質』考》和《注釋》在提到『質』和『贄』的同時，又把這個『質』與『押抵』之『質』合而爲一。爲了便於討論這一新的提法和問題，不得不就個人管見，梳理一下前人的餘緒。

《國語·晉語九》『委質爲臣，無有二心。』《管子·四稱》『昔者有道之臣，委質爲臣，不賓事左右。』《韓非子·有度》『賢者之爲人臣，北面委質，無有二心。』『委質』之『質』學者把它讀爲

注：［一］，就《左傳》『策名委質』爲說的，如：顧炎武《左傳杜解補正》、惠棟《春秋左傳補注》、沈欽韓《春秋左氏傳補注》、劉文淇《春秋左氏傳舊注疏證》。劉書集其大成，於義爲長。從贄見說到委質的，如：楊寬《『贄見禮』新探》，見《中華文史論叢》第五輯，文又收在《古史新探》。

『贄』字（古代典籍『贄』或寫作『摯』）是有道理的。

從語音上看，『質』和『贄』古有同音假借的事實。《國語·周語上》『爲贄幣、瑞節以鎮之。』韋昭注『贄，六贄也。謂孤執皮帛，卿執羔，大夫執鴈，士執雉，庶人執鶩，工商執雞。幣，六幣也。圭以馬，璋以皮，璧以帛，琮以錦，琥以繡，璜以黼也。』《左傳》襄公十四年『贄幣不通，言語不達。』『贄幣』兩字與《周語》同。可是昭公三年『寡人願事君，朝夕不倦，將奉質幣以無失時，』昭公七年『寡君將承質幣而見于蜀，』則都用『質幣』來寫它。《孟子·滕文公下》『出疆必載質』趙岐注『質，臣所執以見君者也。』焦循《孟子正義》曰，『《音義》出「載質」云，張音贄，云「義與贄同」……贄、摯、質三字通。』又《萬章下》『庶人不傳質爲臣，不敢見於諸侯，禮也。』趙岐云『傳，執也。見君之質，執雉之屬也。』《正義》引《音義》云『質，丁讀如贄。』孫奭疏說『傳質者，所執其物以見君也。如公執桓圭，……卿執羔，大夫執鴈，士執雉，是所以爲贄也。』『質』和『摯』『贄』古音都是質部章母字，得同音通假。

從語義上看，《管子·揆度》『令諸侯之子將委質者，皆以雙虎之皮。』雙虎之皮是所委之贄，可見『委質』就是『委贄』。

從禮數上看，《周禮·大宗伯》『以禽作六摯，孤執皮帛，卿執羔，大夫執鴈，士執雉，庶人執鶩，工商執雞。』鄭玄注『皮，虎豹皮。』這也可見《管子》『令諸侯之子將爲質者，皆以雙虎之皮』的『質』確是『摯』（也就是『贄』）的借字。

從禮節上看，新臣如《儀禮·士相見禮》所記，『始見于君執摯，至下，容彌蹙。……士大夫則奠摯，再拜稽首。君荅壹拜。——若他邦之人，則使擯者還其摯，曰：「寡君使某還摯。」賓對曰：「君不有其外臣，」臣不敢辭，再拜稽首受。』其程序有三：一，執摯，二，奠摯，三，還摯。還摯之事只對外臣，本邦之人則不還。

《詩·采蘋》『于以奠之？宗室牖下。』毛傳『奠，置也。』奠有置義。奠摯就是《呂氏春秋·審分覽·執一》『今置質爲臣，其主安重』的置質。也就是《荀子·大畧》『錯質之臣不息雞豚』的錯質。錯借作措，《說文》『措，置也。』置質、錯質就是奠摯，可見質是借以爲摯的。

奠摯之後，置而不還。從初見君之臣來說，則意味着把所執之『摯』委之於地而不取。——委之而退，是爲委質（贄、摯）。在這種形勢下，『奠摯』在一定程度上有『委質』之意。高誘注《呂覽》『置質爲臣』，說『置猶委也』；楊倞注《荀子》『錯質之臣』，說『錯，置也。質，讀爲贄。……置贄謂執贄而置於君。《士相見禮》曰「士大夫奠贄於君，再拜稽首」。……或曰，「置質猶言委質也。」』

但是『若他邦之人，則使擯者還其摯』，奠而還之。在這種情況下，奠摯就不等於委質。

初見君，奠摯而不被退還，是爲委質。它表明：第一次見君，就被君明確地認可了君臣關係。於『委質』在『初見君』的條件下，遂成了被君確認爲臣的唯一的禮儀標識。『北面委質』『委質爲臣』都是從開始爲臣說起的。

《戰國策·秦四》『昔者，趙氏亦嘗強矣。……天下之士相從謀曰：「吾將還其委質，而朝邯鄲之君乎？」』『還其委質』，還他當年初見君時所委之質，而另朝邯鄲之君，從而斷絕當初已通過委質形式而確定的君臣關係。可見『委質爲臣』和『無有二心』，這種禮儀和道義的相應關係在先秦時代也並不是牢固的。

贄見禮，是各階層共用的。《禮記·曲禮下》『凡摯，天子鬯，諸侯圭，卿羔，大夫雁，士雉，庶人之摯匹，童子委摯而退。』孔疏云：『「童子委摯而退」者，童子見先生或尋朋友，既未成人，不敢與主人相授受拜伉之儀，但奠委其摯於地而自退辟之。』可見『委質』（委贄、委摯）這個動賓詞組它本身的語義只說明所『委』之物爲『贄』，而『贄』是執以相見的禮物，它自已並沒有『爲臣』的意思。

《左傳》昭公元年『鄭徐吾犯之妹美。公孫楚聘之矣，公孫黑又強委禽焉。』《儀禮》『昏禮，下達納采，用鴈。』鴈是納采所用的贄物。『委禽』也就是『委贄』（委質）。這也反映『委質』一語，如果不在『始見君』的條件下，它本身並沒有『爲臣』之意。

《左傳》僖公二十三年『策名委質，貳乃辟也。』『委質』就是『始見于君』的奠委其摯，就是『委』其所摯的摯物。劉文淇《春秋左氏傳舊注疏證》把『策名委質』直改作『策名委贄』是有道理的。

我們從『委質』『委摯』『委贄』的各方面依存關係，是可以肯定劉氏改字之意的。

從這些情況看來，『委質』之『質』自是贄見禮中贄見者所執的見面禮物。儘管可以同音假借可以寫成「質」字，但是它並没有「抵押」之義。

二、「自質」之「質」没有「委質」之意

《經籍纂詁》一書，號稱「經典之統宗，詁訓之淵藪」，它「網羅前訓，徵引群書，」是「檢一字而諸訓皆存」的。按此書「質」字收古籍古注六十八條，《補遺》二十一條，其中没有一條説「質」等於「委質」的。可見以「質」爲「委質」之事，是於古無徵的。同理，「贄」（二十六條，補遺五條），「摯」（十八條，補遺五條）兩字也都没訓解爲「委質」的。可見「自質」之質，無論是用本字或作借字，它所寫詞都是没有「委質」之意的。

載書「自質于君所」的「自質」是不是「自己委質」呢？也不是。因爲「委質」是一個動賓詞組。一旦失去它的動詞，光賸下一個賓語，那就只有「質」字在和「自」互相依賴互相制約以顯示其寫詞記言作用，從而喪失了原有詞組結構，與「委質」不再發生關係。可見不僅「質」無「委質」之義，而且「委質」也不能縮寫爲「質」。

三、「自質」之質如訓「抵押」則與「委質」之質不是一詞

載書「自質于君所」的「自質」，在語言上，和「委質」是不同的。前者的動詞是「質」，而後者的動詞是「委」。——誰「質于君所」？被「質」者是自己。這是所謂「自質」。「于君所」所「委」者何？「委」的是「質」。詞義内容、語法功能、語言結構和所表達的語意都不相同。

如果説「自質于君所」在「這裡是説，要同時把自身也抵押出去，作爲質，奉獻于君所。」[一]那麽，這個「質」就是《説文》所説的「以物相贅」的「質」了。而「委質」之「質」，如《盟書》所引

注：[一]、《侯馬盟書》三八頁注釋

《國語》《左傳》注文所説，乃是『贄也。』〔一〕是贄見時『握持』之物。質自己和委『贄品』顯是兩個不同的事情。『自質』和『委質』的『質』雖然用的是同一字形，可是所寫的詞却是兩個。如《盟書》所釋，則前者用本字，而後者爲假借。

在書面語言裡，同一句子的同一語序，一個字只寫一個詞，而這一個詞只能用一個詞義，與其他字所寫詞，直接間接，相互依賴相互制約而發生依存關係，以表達語意。如果釋訢爲質，説它在『自質于君所』句中，寫的是『委質』之質，而『委質』之質是借是以寫贄的，那麽，它就不可能同時又是另外一個詞——作『抵押』的人質之『質』（這個字絶不能或寫作贄）。在邏輯上，甲不能既是乙又不是乙。在同一時間同一關係下對同一對象所作的兩個矛盾判斷不能同時都真；但是，可以兩個都不對。

四，『把自身也抵押出去，作爲質』的『自質』〔二〕在事理上是不可能的

如果説這個『質』有『抵押』的性質，實際上是把它又看作人質的『爲質』之『質』。

『必質其母以爲信』〔三〕，『唯不信，故質其子』〔四〕，這類質字是有抵押之義的。質以取信，被質者都不是用他向對方取信的主權者自己，而是他的親屬或重臣。《左傳》——

『子良出質』（宣一二）是爲鄭伯出質於楚

『華元爲質』（宣一五）是爲宋以質於楚

『公衡爲質』（成二）是爲魯以質於楚

『子駟爲質』（成一〇）是爲鄭以質於晉

『公孫黑爲質焉』（襄一五）是爲鄭質於宋

《侯馬盟書》是春秋晚期載書。而記春秋時事的《左傳》以人『爲質』的言語有三十餘條。其中没

注：〔一〕，《侯馬盟書》七二頁第四段。

〔二〕，《侯馬盟書》三八頁『自質于君所』注釋。

〔三〕，《左傳》成公二年。

〔四〕，《左傳》昭公二十年。

有一條是被質人自己出質自己的「自質」。

「爲質」之人，是他的主權者把他送交到對方，以其生命作擔保，保證實踐諾言的「抵押品」。如果「自質于君所」的「自質」是「要把自身也抵押出去，作爲質，」〔一〕豈不是自己把自己交送對方，作爲抵押？這種自己給自己作擔保的「自質」等於没有擔保的擔保，豈不是失掉了作「質」的意義？

「委質爲臣」是「委質——爲臣」，通過委質禮儀而爲臣。爲臣也並不是以身作質。把「自⿰貝斤于君所」隸定爲「自質于君所」是可以的。但是把「自質」理解爲「把自己也抵押出去，作爲質，」看來也是有困難的。

叁、「⿰貝斤」應如唐蘭所釋——釋之爲「誓」

《盟書》嚴肅認真，作得很謹慎。但是，在「自創于君所」的「自質」考釋上，過多地注意了「自質」之質和「委質」「爲質」〔二〕之質三者書寫形式的同一，從而放過了自己已經提到的「委質」之質或寫作贄，没有進一步就爲「爲質」之質何以不能或寫爲「贄」，明確它們之間的寫詞性質（本字、借字）和詞義所反映的客觀事物的本質差異。相反地，却把兩個不同的詞、兩個不同的詞組（自質、委質）操在一起，合二爲一，使讀者感到困惑。

那麽，載書的「自⿰貝斤」應該怎麽解釋呢？

一、「⿰貝斤」从貝斮有聲，載書借爲「誓」字

侯馬出土載書，如本文開頭所舉——

注：〔一〕，《侯馬盟書》三十八頁注釋。〔二〕，此語不見《盟書》這裡是爲了便於説明作爲人質之質或「抵押」之意而用的。敘記

「既䜣之遂」或作「既訢之遂」

「明䜣之言」或作「明訢之言」

「䜣」和「訢」都是从「⿰二斤」得聲的。同音替代，所以「既䜣」可以寫成「既訢」，「明䜣」可以寫成「明訢」。這兩個字既然都从「⿰二斤」得聲，則它們所寫詞的語音形式必然與「⿰二斤」同音。

「⿰二斤」是「⿰⿱屮屮斤」的簡化。除唐先生所說，「折」，《説文》籀文作□，金文齊侯壺「⿰⿱屮屮斤于大司命」讀如誓。⿰⿱屮屮斤省去二屮，即為⿰二斤。古鉩悊常作訢，可證」外，中山王嚳鼎「於虖哲哉」的「哲」寫作□，□即古文折字。□省木為□。□與載書□□的聲符同形。《説文》「哲或从心」作「□」。載書「訢」字與唐先生所舉古鉩「□□」字同形，即从心⿰⿱屮屮斤聲的□字之省。

「折」字，殷虛卜辭作□京都三三一，□前四·八·六，虢季子白盤作□。毛公厝鼎省⿰屮屮為⿰卜卜把「折」寫作□。番生簋和井人妄鐘都有「克哲氒德」的句子。前者用「誓」寫「哲」，其字作□，聲符「折」字作□，即毛公厝鼎之□而反其「斤」；後者以从貝折省聲之「□」寫「哲」。□就是⿰卜卜的錯疊。

□和□都是从貝折聲的簡化。前者，省「□」而錯疊左半之⿰卜卜；後者，省⿰屮屮而留其中間之「□」。

古音，折及从折得聲之字，如哲、悊、訢，誓、誓，質、質、質、質等，都在月部。唐先生釋「䜣」為「誓」在載書中已得到「訢」字作證，用它來讀侯馬載書，「自䜣」為「自誓」，「既䜣」或「既訢」為「既誓」，「明䜣」或「明訢」為「盟誓」，都是文通字順，順理成章的。

侯馬載書一五六：二〇

盦章自䜣于君所，所敢……。既䜣之遂，而敢不……。

可讀為

盦章自誓于君所，所敢……。既誓之後，而敢不……。

載書一五八：三

□□□□□，……。既忻之後，而［ ］……。

可讀爲

□□□□□，……。既誓之後，而［ ］……

載書六七：一

癒自今吕坒敢不遴定此明⿰貝斤之言，

載書六七：二一

□自今台𨑡敢不𢓊定此明忻之言，

都可讀爲

厶自今以往，敢不達從此盟誓之言。

二，⿰貝斤亦或作質。形音與贄俱近，遂變而爲質

把古月部从貝斲省聲的『⿰貝斤』字隸定爲古質部『質』字是有其語言文字歷史原因的。從詞的發展來說，殷虛卜辭，以物相致，其字爲  卜五三〇 爲  續一、三七、二，或寫爲 ［ 佚二三二  甲一一六三］古音在支部。及至以 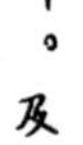 乎簋 爲姓氏之字，迭致之詞遂音轉入脂，書寫時  下加貝以別之，遂成  居趞簋 字。以物相贅，其物與所求正相當直，其事曰『贄』，又併兩  字以爲之，古音在質部，其字作 ，簡寫爲  爲  爲 ，是爲  字。［一］

從詞的語音變化來說，《詩經》時代，古質部字所寫詞，已有和月部合韵的現象。例如：《邶風·旄丘》一章，節、日與葛相叶；《小雅·正月》八章結與厲、滅、威相叶，《雨無正》二章，戾與滅、勩相叶，《賓之初筵》一章逸與設相叶；《大雅·皇矣》二章，翳與栵相叶；《桑柔》五章，毖、恤與熱相叶；《瞻卬》一章，惠、疾、屆與厲、瘵相叶。［二］這種質月合韵現象，不止一篇。它是當時地方

注：［一］，參看拙作《居趞簋銘文簡釋》和《曶鼎銘文通釋》。［二］，王力《詩經韵讀》頁168、284、288、319、341、371、385、386。

方音的反映。

氐的分化和𧶠誓同音𧶠變爲質示意圖

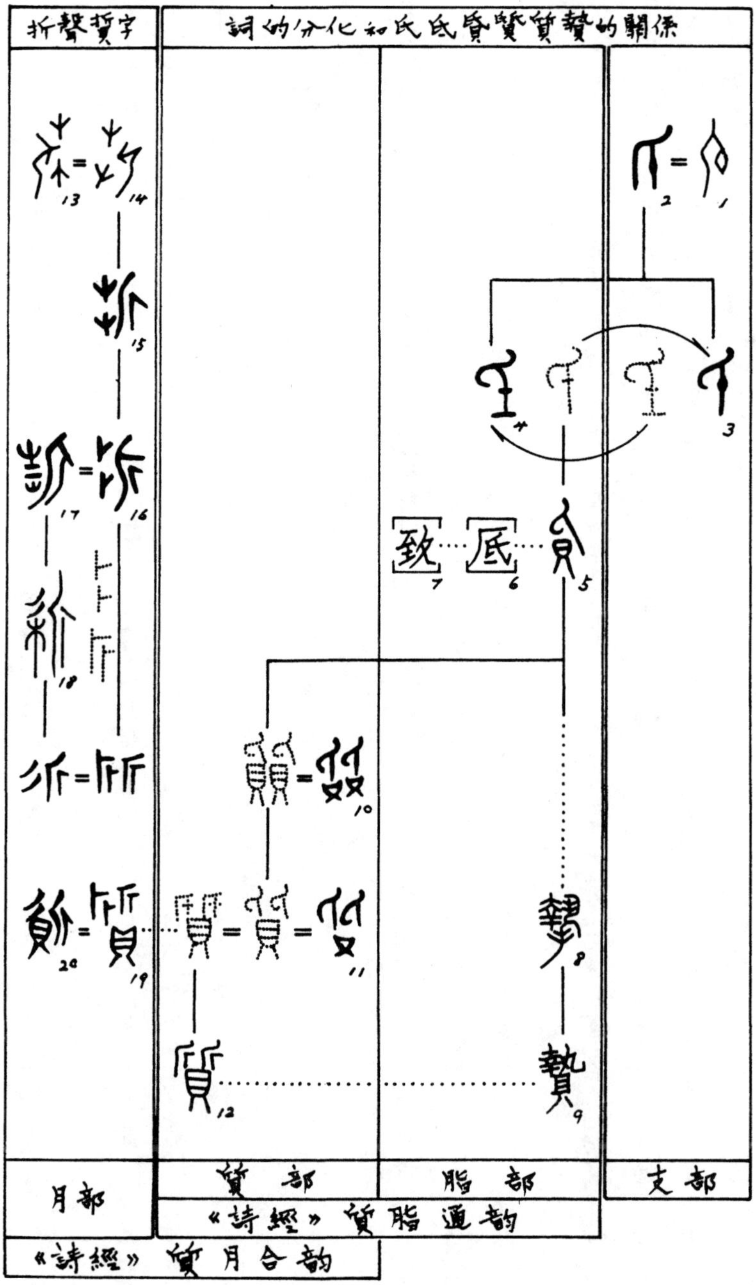

1. 乙五一三
2. 令鼎
3. 克鼎
4. 虢金氏孫盤
5. 居趩簋
6. 《爾雅·釋言》"厎，致也"。
7. 《說文》"致，送詣也"
8. 《說文》"摯，握持也"
9. 《周禮·大宰》注"各以其所貴爲摯"《釋文》本亦作贄
10. 11. 曶鼎
12. 《說文》"質，以物相贅"
13. 前四·八·六
14. 京都三一三一
15. 兮甲盤
16. 毛公厝鼎
17. 洹子孟姜壺　折借以寫誓
18. 中山王𰯌鼎　折借以寫哲
19. 井人妄鐘　質借以寫哲
20. 侯馬盟書　質借以寫誓

在這種方音裡，有些質部字是和月部無別的。《說文》"晢，昭晰，明也。从日折聲。《禮》曰："晢明行事。"" 許慎引用的這句話，《儀禮·士冠禮》作"質明行事。""質明"就是"晢明"。把月部"晢"寫成質部"質"，它表明當年鈔書人，在音感上是"質""晢"無別的。在這種情況下，可以說"質明行事"是借"質"寫"晢"的。《楚辭·九章·惜誦》"令五帝以折中兮"，劉向《九歎·怨思》"北斗爲我質中兮"用其意。王逸注云"質，正也。"[一]洪興祖補注本這句辭寫作"北斗爲我折中兮"，注云"折一作質。折中，平也。""折中"而寫作"質中"正是質月合韵音感無別的結果。[二]從這些現象看，《國語·齊語》"聰惠質仁"，韋氏解，"質，性也。"朱駿聲認爲它是"哲"的借字，[三]是有道理的。

從字的形體變化來說，古字簡化，或寫作（而孫氏戈），或寫作（尖足布拓氏半）。其形與的簡化爲（散盤斱字所从）、爲（富奠之斱鍨斱字所从）者相同。古字簡化有兩系：一系是以簡爲中心的，它把字或簡爲，或把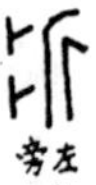（左旁）錯疊爲，從而出現从貝折聲的

注：[一]、《楚辭章句》隆慶重雕宋本。

[二]、質月合韵，兩漢時還有這種現象。見羅常培、周祖謨《漢魏晉南北朝韵部演變研究》235、236頁。

[三]、《說文通訓定聲·履部》百四十葉。

䝹質字。一系是以簡艸為中心的，它把折或簡為斦，從而出現从貝折省聲的䝹字。質兩字都是从貝折省的，是同一字由於簡化而發生的變體。質部「質」，由於𠂆變為斤，遂成為質。月部「貭」，由於折變為斦，遂成為質。質月合韵，方音同音；質質字近，變形同形，合二為一，遂成為質。又由於「折」或簡作「斦」，从貝折省聲之質，也相應地出現或體作䝹。

形聲字的形符，一般是用以標寫它所寫詞的詞義類屬的。據此可知：

質䝹或體，都是原質部以「以物相贅」為義的質，在質月合韵，形音俱變的情況下，在原有的詞的書寫形式上，演化出來的後起形聲字。

這兩個形聲或體字，原是兩個詞的書寫形式，在質月合韵同音和𣂔折簡化同形的條件下融合而生的產物。因而它可以用它合韵後的語音形式和融合後的書寫形式，適應合韵前兩韵有關之詞。例如質既可以適應原質部之質，又可以寫原月部之「哲」，（井人妄鐘「克哲氒德」以質為哲。）同理，它的或體䝹字，既可以隸定為「質」，也可以釋為「哲」（侯馬載書䝹或作䝹，𢙏即悊而悊為哲之或體），也可以用以寫「誓」（番生簋「克哲氒德」哲字作𠱫，借誓為哲。）

見下頁　折及折作聲符字兩系簡化形變表

折及折作聲符字兩系簡化形變表

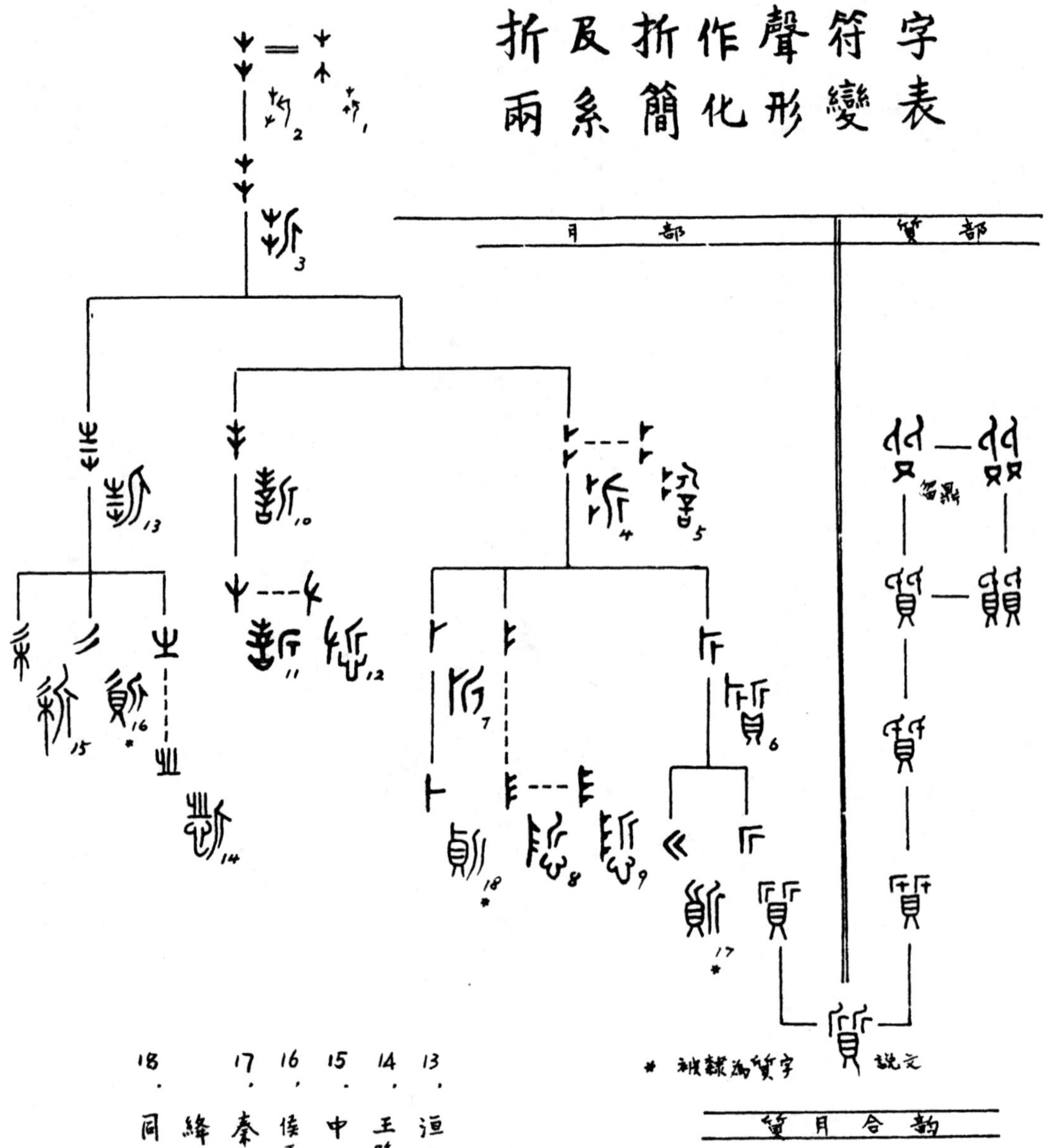

1. 京津 二七三七
2. 京都 三一三一
3. 兮甲盤
4. 毛公厝鼎
5. 番生簋 以誓寫哲
6. 井人妄鐘 以質寫哲
7. 折觥
8. 曾伯霥匿
9. 師望鼎
10. 鬲比簋
11. 散盤
12. 克鼎
13. 洹子孟姜壺 誓不从言
14. 王孫鐘
15. 中山王嚳鼎 以折寫哲
16. 侯馬盟書 以質為誓
17. 秦詛楚文 以質為誓 絳帖本
18. 同上 汝帖本

三、先秦書面語言中以「質」（斦）寫「誓」的部分遺迹

質月合韻，質與其或體䞇字融而為一，變而成質，致使它在字形上已失其「折」聲之迹。漢以後，遂以質韻之音讀「質」，以月韻之音讀「誓」，兩字又各歸其韻，各寫其詞。常用詞中，「質」「誓」有別，遂不知先秦書面語言有以「質」寫「誓」之事。於是先秦以「質」寫「誓」之文，在讀者眼中不再有假借關係，於是就「質」訓釋，失其文意。

先秦書篇不少這種遺迹，謹舉數例，試以「誓」讀「質」，可以驗證其事：

《左傳》僖公二十四年，「公子曰：「所不與舅氏同心者，有如白水！」投其璧于河。」「所不與」兩句是誓辭。《國語·晉語四》「公子曰：「所不與舅氏同心者，有如河水！」沈璧以質。」韋注「因沈璧以自誓為信。」「沈璧以質」正是「沈璧以誓」。這個「質」字應是「斦」的隸定之誤。《晉語》這個「斦」字和侯馬載書一樣，也正是以「斦」（䞇）為「誓」的。

《晉語四》「吾先君武公與晉文侯戮力一心，股肱周室，夾輔平王，平王勞而德之，而賜之盟質曰：「世相起也！」」《左傳》成公十三年，「晉侯使呂向絶秦，曰：「昔逮我獻公及穆公相好，戮力同心，申之以盟誓，」」這三句話和《晉語》很相似。我們從「戮力一心」與「戮力同心」，「賜之盟質」和「申之以盟誓」的語意關係和「質」「誓」同音關係，可知「盟質」就是「盟誓」。

上述《晉語四》「而賜之盟質曰」這句話，學者多以「盟質」連讀。今以《左傳》僖公二十六年，「昔周公、大公股肱周室，夾輔成王。成王勞之，而賜之盟，曰「世世子孫無相害也！」」斠之，可知「而賜之盟」自是一句。「質曰」乃冒下文誓語。以侯馬載書來看《晉語》，則知這個「質曰」原文當是「斦曰」。「斦曰」即「誓曰」。「質」是「斦」的隸定。

《左傳》哀公二十年，「趙孟曰：黄池之役，先主與吳王有質，曰：「好惡同之！」」杜注「質，盟信也。」《周禮·秋官·序官》「司盟」鄭氏注「盟，以約辭告神。」約辭即約信之辭。《曲禮下》「約信曰誓」。《左傳》文公十八年，「作誓命」杜注「誓，要信也。」要信即約信。「好惡同之」《

《左傳》數見。例如：成公十二年，『乙亥，盟于宋西門之外，曰：「凡晉楚無相加戎，好惡同之！……」』哀公四年，『晉楚有盟，「好惡同之！」』『好惡同之！』正是約信之辭。約辭而謂之『質』，足見『質』正是『誓』。

『趙孟曰：「黄池之役，先主與吳王有質。」』趙孟在本文是趙無恤（趙襄子），先主是趙襄子的父親趙簡子（趙鞅）。趙鞅也就是侯馬載書的『子趙孟』[一]。『有質』之質即侯馬載書『自貭』，『既貭』，『明貭』之貭的隸定，而用以寫『誓』。

《左傳》襄公九年冬，晉鄭戲之盟，『晉士莊子為載書，曰：「自今日既盟之後，鄭國而不唯晉命是聽，而或有異志者，有如此盟！」』要鄭照他擬定的誓辭宣誓（周金文把它叫作『則誓』）。鄭公子騑（子駟）不聽他們的要挾，上前宣讀自己的載書，說：『自今日既盟之後，鄭國而不唯有禮與彊可以庇民者從，而敢有異志者，亦如之！』沒有按照晉人要求『則誓』。晉荀偃要鄭國『改載書！』在兩方相峙中，晉人意識到自己以『不德』而『要人以盟』是非禮的，也只好『姑盟而退』。《周禮·秋官》『司盟』『凡邦國有疑會同，則掌其約之載』，盟是兩方或多方之事。因此盟誓之誓與單方面的誓不同，是必須共同一致的才能成立。戲之盟沒有兩方一致的誓辭，可以說是盟而無誓的。

了解這一事情之後，我們再看《左傳》襄公九年晉鄭同盟於戲之後，『楚子伐鄭，子駟將及楚平。子孔、子蟜曰：「與大國盟，口血未乾而背之，可乎？」子駟、子展曰：「吾盟固云『唯彊是從』。今楚師至，晉不我救，則楚彊矣。盟誓之言，豈敢背之？且要盟無質，神弗臨也。……明神不蠲要盟，背之可也。」』『要盟無質』的『質』杜預以『主』訓之，而服虔以『成』[二]解之。今以侯馬載書來看，這個『質』可能是『貭』字，用作『誓』。『無誓』指沒有按照晉人在『要盟』時為鄭人規定的載書『則誓』。沒有兩方一致的共同誓言，所以『神弗臨也』。

《左傳》昭公十六年，『子產對曰：「昔我先君桓公與商人皆出自周。……世有盟誓，以相信也，曰：『爾無我叛，我無強賈，毋或匄奪。爾有利市寶賄，我勿與知。』恃此質誓，故能相保以至于今。今吾

注：[一]、《侯馬盟書》《「子趙孟」考》。 [二]、《春秋左傳正義》閩本監本作「成」，王應麟《困學紀聞》引作「誠」。

子以好來辱，而謂敝邑強奪商人，是教敝邑背盟誓也，毋乃不可乎！……」用同書哀公二十年「先主與吳王有質，曰「好惡同之！」」來看，如前所說，這個「質」就是「誓」。《左傳》原文當是「恃此質（誓）」，故能相保以至于今。」讀者注「誓」於「質」下，遂成「質誓」。

《古文苑》第一卷，《秦惠文王詛楚文》：「昔我先君縣（穆）公及楚成王，是寔繆（戮）力同心，兩邦嵒（若）壺（壹），絆以㛰（婚）敃（姻），袗以齊盟，曰：「葉（葉）萬子孫，毋相為不利！」親即（王作卬）不顯大神巫，咸而質焉。」「葉萬子孫，毋相為不利！」語句與《左傳》僖公二十六年，「成王勞之，而賜之盟，曰：「世世子孫，無相害也！」載在盟府。」的載書誓辭語意相似。

《詛楚文》「質」《絳帖》本摹作，《汝帖》本摹作〔一〕上所从之，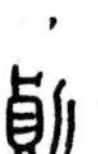上所从之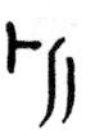，都和井人妄鐘「克哲厥德」的（哲）字聲符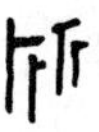有相同的演變之迹。它們都是在質月合韵的基礎上構成的「質」字或體，是「質」變為「質」的前趨。其詞為「以物相贅」的「質」（質的變形字），其音同「折」，《詛楚文》借以為「誓」。「親即不顯大神巫咸而質焉」，或可隸寫為「質」，而讀之為「誓」。它的道理和侯馬載書以「斦」為「誓」是一樣的。

一九八八年七月古文字學術研究會提文

注：〔一〕，容庚：《古石刻零拾》一，《周詛楚文》。中吳本《詛楚文》乃元人摹本，不足據。

攻吴王大差監出於晉北和楚班氏遷於晉代之間

——山西省代、原平兩縣出土句吴王器原因試探

《晉語·八》「昔吾先君唐叔射兕于徒林，殪，以爲大甲，以封于晉。」《漢書·地理志》「太原郡：晉陽——故《詩》唐國。周成王滅唐，封弟叔虞。」《史記·晉世家》「唐在河汾之東，方百里，故曰唐叔虞。……唐叔子燮，是爲晉侯。」

《史記·吴太伯世家》「太伯之犇荆蠻，自號句吴。」《漢書·地理志》「會稽郡·吴——故國，周太伯所邑。具區澤在西，揚州藪，古文以爲震澤。南江在南，東入海，揚州川。」《吴語》中胥諫吴王，説他「高高下下，以罷民於姑蘇。」又記「越王句踐乃率中軍泝江（江，韋氏解，吴江）以襲吴，入其郛，焚其姑蘇。」最後，記越之滅吴，則説「吴師大北，……三戰三北，乃至於吴。越師遂入吴國，圍王臺。」韋氏解：「王臺，姑蘇。」《越語下》寫此事，説「范蠡不報於王，擊鼓興師以隨使者，至於姑蘇之宫，……遂滅吴。」可見直到夫差亡國自殺，吴的都城是在江南的。

句吴與晉，一在江之南，一在河之北。兩地隔越，相去甚遠。可是山西省却在古晉國的北部先後出土了兩件句吴王器。

一件是吴王夫差鑑，鑑的銘文是「攻吴王大差睪毕吉金自乍御監。」清同治年間出土，光緒《山西通志》已著錄。《通志》考攻吴即句吴，大差即夫差，其説甚確。[一] 它的出土地點是山西代州蒙王村。郭沫若説「地在夏屋山之陽。」[二]

另一件是吴王光劍，劍銘文是「攻敔王光自乍用鐱。」戴遵德《原平峙峪出土的東周銅器》説它是

注：[一]、《山西通志·金石記》。

[二]、《兩周金文辭大系·下編》書眉。

一九六四年九月出土的。『攻敔王光』就是『攻敔王光』。『吾』即『吾』字。古音『吾』與『吳』同，都是魚部疑母的。所以說它不但是句吳王器，而且是夫差之父——公子光——吳王闔廬之器。

代州，作爲府州行政區域，它的轄境相當於現在山西的原平、代縣、繁峙，五臺四縣之地。代州是它的州治所在，一九一二年改名爲代縣。原平，隋以後名爲崞（guō）縣，一九五八年復改用漢代的名字。這兩地都在雁門關南滹沱河上游，南北相去約四十公里。是比較近的。原平既屬代州之地，那麼，這句吳王父子兩器，從廣義來說，也可以說都是出於代州的。

句吳之器，出於山西者，除這代州兩器外，目前所知，還有一件王子于戈，它是一九六一年，在山西萬榮縣廟前村后土廟附近，賈家崖被黄河水冲塌時出土的。〔一〕廟前村后土廟一帶是我國歷史上著名的汾陰脽上。從漢迄今，這個地方先後出土了好多銅器。從地理位置上看，它和代州句吳之器，南北相去遥遥千里。

出土地的地理位置，兩地的毗鄰關係和距離，以及同一地帶先後出土器物所反映的蘊藏量、蘊藏量所反映的物主身份和事情等，都在向我們説明：代州（代縣、原平兩地）所出一鑑一劍爲一類，而后土廟的王子于戈當是一類。它們雖然都是句吳之器，可是一南一北，一多一少，它們的物主居處不同，社會地位不同。這樣，它們就進一步地告訴我們：這三件句吳器的入晉，而且是分别進入晉的該地，其人物，事由，也當然是有所不同的。

本文是説代州兩器，句吳王夫差鑑和吳王光劍何以會出土於雁門關外滹沱河上？

關於這個問題，學者曾作了一些探索：

郭沫若認爲吳王夫差鑑之所以在代州出土，『乃吳亡後器物易主使然。』〔二〕

——何時易主？

——爲何易主？

注：〔一〕，《文物》一九六二年，四—五合期。〔二〕，《兩周金文辭大系·下編》一五六葉。

——何以易到當年晉北滹沱河上？

郭老的論斷，引起一些具體問題。學者多持直接入晉之說。說其所以入晉，有兩種可能：

一種可能是由於晉吳兩國銅器交流。

張頷先生認爲：『晉、吳兩國銅器交流的可能性很大。……吳國是晉國爲了在南方對付楚國而扶植起來的國家。』并以巫臣申公由晉使吳，帶兵車，戰卒，教吳國乘兵車學戰陣。申公把自己的兒子作吳國的『行人』（使者）。晉平公十四年吳季子曾聘使於晉國。晉定公時，與吳王夫差有過『黄池之會』等事爲例，說：『在這些頻繁的接觸中，銅器相互交流的情況是會有的。』[一]

戴遵德也有這種看法。他在張先生所舉晉、吳交往諸事之外，又補充了晉平公八年，吳王諸樊十一年『晉將嫁女於吳』，晉平公十六年『吳子使屈狐庸聘於晉』兩例，說：『可見當時晉、吳之間通過盟會、聘使，媵女等方式，採取贈送，賄賂等手段，晉、吳銅器互相傳入是很可能的。』[二]

另一種可能是吳季子宗族帶其宗器入晉。

張先生在提出銅器交流之說的同時，又考慮到『春秋末年，晉國趙襄子謀臣中有延陵玉，戰國時趙孝成王臣中有延陵鈞。西漢時，代郡有延陵縣。據《通志·氏族略》載，因吳季子居延陵，其後因以爲氏。』推測『吳國被越國滅亡之後，延陵季子的宗族逃亡在三晉地區爲仕者大有人在，故很可能把吳國的宗器帶到今天的山西地區。』[三]

按，清時　的代州就是現在的代縣。其地秦漢時爲廣武縣。《漢書·地理志》：『太原郡，秦置。』宅屬縣『廣武，河主，賈屋山在北。』王念孫：『按「河主」當爲「句注」。』[四]《呂氏春秋·孝行覽·長攻》：『趙簡子病，召太子而告之曰：「我死，已葬，服衰而上夏屋之山以望。」……簡子死，已葬，服衰，……襄子上於夏屋以望代俗，其樂甚美。於是襄子曰：「先君必以此教之也。」及歸，慮所

注：[一]、《文物》一九六二年四—五期合期，張頷：《萬榮出土錯金鳥書戈銘文考釋》　[二]、戴遵德：《原平峙峪出土的東周銅器》一九七二年《文物》第四期。　[三]、同[一]。　[四]、王念孫：《讀書雜誌·漢書》。

以取代。」夏屋即賈屋。夏屋的注實晉趙氏之北境，而代在（襄子以前）并不屬於晉。

當時晉國六卿雖强，可是尚奉晉君。在這種形勢下，句吳王夫差自作的「御監」，作為晉吳兩國國君交流之物，不入于晉宮；不出於新絳、曲沃，而遠出於晉北趙氏所轄之北境廣武。這是晉吳兩國銅器交流之說的一個難點。

《左傳》哀公二十年，晉定公三十七年，趙襄子元年（公元前四七五年），「十一月，越圍吳、趙孟降於喪食。」哀公二十二年，「冬十一月丁卯，越滅吳。」

《史記．六國年表》（趙）「襄子元年，未除服，登夏屋。誘代王，以金斗殺代王。封伯魯子周為代成君。」

如果吳亡而延陵季子宗族念昔日季子「適晉，說（悅）趙文子、韓宣子、魏獻子，」并且說過「晉國其萃于三族乎」的話，而遠投於趙；則以下兩事也有困難：

一、《春秋》襄公二十九年，「吳子使季札來聘。」《公羊傳》云：「闔廬曰：『先君之所以不與子國，而與弟者，凡為季子故也。』……於是使專諸刺僚，而致國乎季子。季子不受。……去之延陵，終身不入吳國。」

《左傳》昭公二十七年（公元前五一五年）吳公子光使鱄設諸刺殺王僚。《史記．吳太伯世家》「（專諸）遂弒王僚，公子光竟代立為王，是為吳王闔廬。」闔廬之立「十九年夏，吳伐越，……傷吳王闔廬指。……吳王病傷而死。闔廬使立太子夫差。」

句吳王夫差之立，延陵季子之「不入吳」已十有九年。延陵宗族何來吳王夫差之「御鑑」？

二、延陵季子宗族奔趙，何以安其家族於趙新取之代？句吳王器出於的注賈屋之南，何以代郡延陵不見延陵家器和句吳之器？

看來，說句吳王器是越滅吳之後由吳季子家族北上至晉而帶來的，這也有一定困難。

以上兩種直接入晉之說各有難點。問題有再研究的必要。

根據下列史料及其關係，我們可以說攻吳王夫差鑑和攻敔王光劍不是直接從吳入晉，而是間接展轉以入於晉北的。這個看法是從下列史實及其關係得來的：

一．越滅吳、楚滅越、秦滅楚，一個吞一個的歷史。

公元前四七三年．越滅吳。

公元前三〇六年．楚懷王二十三年，楚滅越，設江東郡。

公元前二七九年，楚頃襄王二十年．秦將白起『攻楚拔鄢、鄧五城。其明年，攻楚拔郢，燒夷陵，遂東至竟陵。楚王亡，去郢，東走徙陳。秦以郢為南郡。』〔一〕楚頃襄王『東北保於陳城』〔二〕之後三十七年，公元前二四一年，楚考烈王二十二年，『與諸侯共伐秦，不利而去，楚東徙都壽春。』〔三〕

公元前二二三年，楚王負芻五年，『秦將王翦，蒙武遂破楚國，虜楚王負芻，滅楚。』〔四〕

這就是越滅吳，楚滅越，秦滅楚，一個吃掉一個的歷史。

二．越滅吳，楚滅吳，吳、越王器被俘入楚，一部分入於楚貴族之手。

從出土銅器，就兵器來說，吳、越王之器多有出於楚者。例如：

吳王夫差劍　出於襄陽蔡坡十二號墓。其南約五、五公里處為鄧城遺址。〔五〕

吳王夫差矛　出於距江陵縣城二十一公里的馬山公社。〔六〕

越王的賤劍　出土於江陵紀南城馬山區望山一號墓。〔七〕

越王州的劍　江陵藤店一號墓出土。〔八〕

紀南城在湖北省江陵縣境內，是春秋戰國時代楚國郢都的故址。藤縣一號墓東南距紀南城約九公里，馬山區望山一號墓東南距紀南城約七公里。它們都是楚國郢中貴人之墓。

越王州句劍不僅在江陵發現，在湖南也有出土：一九七七年，益陽縣赫山廟一帶楚墓77、M42發現一柄越王州的劍。〔九〕據《長沙古物聞見記》，長沙小吳門外楚墓也出土了一件越王州句矛。

注：〔一〕、《史記·白起傳》。〔二〕、〔三〕、〔四〕、《史記·楚世家》。〔五〕、《文物》一九七六年十一期。〔六〕《光明日報》一九八四年一月八日第二版，《稀世文物「吳王夫差矛」在湖北江陵出土》。〔七〕、《文物》《湖北江陵三座楚墓出土大批重要文物》一九六六年五期《文物》。〔八〕、《湖北江陵藤店一號墓發掘簡報》一九七三年九期。〔九〕、《文物》八〇·十期《楚人在湖南的活動遺迹概述》

越王矛　　也是長沙出土的。[一]

這些吳越王兵器散出於楚之南北都邑，不是偶然的。它們反映越滅吳、吳器入越，楚滅越，吳、越王器一併作爲戰利品而入於楚人之手，被掠至楚。它們入楚並不是都集中於楚王的，而是分屬於征越將士及其有關人員的。有的且以之殉葬。而出吳、越王兵器的鄧、郢、長沙等地墓主，他們又都是死於白起拔鄢、鄧，拔郢之前的。

其未死者，則攜其器隨楚王東徙。

三、秦滅楚，"出其人"，器隨人出至於遷徙之地。

楚懷王二十三年（公元前三〇六年），楚滅越。過了八十三年，楚王負芻五年（公元前二二三年），"秦將王翦、蒙武遂破楚國，虜楚王負芻，滅楚，"楚又被秦所滅。

秦伐國取地，是往往"出其人"而移秦民以實之的。

秦滅六國，不可能盡出其人。乃出其在政治上經濟上對社會有影響的家族以治之。《華陽國志．蜀志》："秦惠文、始皇，克定六國，輒徙其豪俠於蜀。"[二]如："秦破趙，遷卓氏，"[三]而"程鄭，山東之遷虜也。"[四]這是遷豪俠之族。

《御覽．六十六》引《蜀記》："秦滅楚，徙楚嚴王之族於嚴道。"《新唐書．七十五．宰相世系表》："權氏出自子姓，商武丁之裔孫封於權。楚武王滅權，遷於邢處，其孫因以爲氏。秦滅楚，遷大姓於隴西，因居天水。"這是遷楚王族、大姓。

《漢書．地理志》："趙地……西有太原、定襄、五原、上黨。"而"定襄、雲中、五原本戎狄地，頗有趙、齊、衛、楚之徒。"楚和趙、齊、衛一樣，也有被徙於晉北之外的。

《漢書．敘傳》："班氏之先與楚同姓，令尹子文之後也。子文初生，棄於瞢中，而虎乳之。楚人謂乳穀，謂虎於檡，故名穀於檡，字子文。楚人謂虎班，其子以爲號。秦之滅楚，遷晉代之間，因氏焉。"這是楚大姓之被遷於晉代之間者。

注：[一]、《楚文物圖錄》四二頁七八圖。長沙出土。　[二]、《華陽國志》卷三。　[三]、[四]、《史記．貨殖列傳》

所謂『晉代之間』，其晉地必接於代，與代相接之晉，三晉之中實爲趙氏。如前所說：趙襄子『北登夏屋』以『望代』這一史實可以説明這種『晉代』關係。

趙代之所以稱爲晉代，是歷史的積習。

韓趙魏三家分晉，是爲三晉。三家都可稱晉。《戰國策·秦二》『秦王明而熟於計，穰侯智而習於事，必不益趙甲四萬人以伐齊。是何也？夫三晉相結，秦之深讎也。……今破齊以肥趙；趙、秦之深讎，不利於秦，一也。秦之謀者必曰：「破齊弊晉，而後制晉楚之勝」』趙爲三晉之一，趙可以稱之爲晉。可見《漢書·禮樂志》『有趙代秦楚之謳』，《地理志》『上谷至遼東……俗與趙代相類。』『趙代』就是『晉代』。其地，就『晉』『趙』來說，實爲晉北，亦即三晉中趙之北部。

攻吳王夫差鑑出土於趙襄子登以望代的夏屋山南，清之代州而今之代縣之地；而攻吳王光劍則又出於今代縣之南不及四十公里的鄰縣原平。這兩縣都是晉北，戰國時趙之北部，隔句注夏屋而與代相接的。《鹽鐵論·險固》：大夫曰，『趙結飛狐，句注，孟門以存陘（荊）代』，也正說到句注與趙代的關係。可見兩件吳王器出土之地正是秦滅楚，楚班氏被遷往的『晉代之間』也就是『趙代之間』的趙地。

與之相應的是夏屋，句注之北，與晉北趙地隔山相望的代地又恰有『班氏』。《漢書·地理志》『代郡，秦置。縣十八。』其六曰『班氏。秦地圖書班氏，莽曰班副』。故城在今大同市東南。

秦漢太原郡的廣武、原平和代郡班氏毗連。這正是秦滅楚，把令尹子文之後遷於『晉代之間』的『晉』『代』地方。也就是說班氏宗族有的被徙於賈屋山南晉北趙地，有的被徙於山北代郡。

以上這些史實：越滅吳，吳王之器入越；楚滅越，越王器及其所得吳王器又一併被掠，入楚人之手。入楚的吳、越王器不都集中於楚王，而是有分在征越將士及其有關人員手中的。郢及其南北各地楚墓也確有以吳、越王兵器相殉的。它們有力地證實了此事；班氏乃楚令尹子文之後，楚亡，秦國把他們的家族作爲『遷人』的對象而『遷』之於晉代之間。這說明他的家族在楚國是有重要地位和影響的。

班氏被『遷於晉代之間』。而這一片『晉代之間』的土地上，代地有以『班氏』名縣的地方；而晉北與代夾夏屋句注而相鄰的廣武（今代縣）、原平又有吳王夫差鑑和吳王光劍出土。

這一系列的事實，說明吳王夫差鑑和吳王光劍之所以出土於晉北，很可能是楚班氏，在楚亡後，被秦人逼遷到『晉北之間』，落戶於晉北那一部分人帶來的。他們家族，在楚亡於秦之前八十三年（楚懷王二十三年，公元前三〇六年），曾有參加征越之戰者。楚滅越，掠得了一些越王器和越王咸吳所得的一些吳王之器。

有些事情，雖然史有闕文，但是這些已知的客觀事實及其關係，却反映這兩件出於晉北的句吳王器是幾經輾轉才落到與代爲鄰的句注山南。這樣看，似乎比直接入晉之說可能更好理解一些。

一九八〇年

詛楚文古義新説

目録

第一

壹、絳帖本和汝帖本的剪貼和互補

秦《詛楚文》最先見於《古文苑》一書，然是書是否為唐人所編，歷代學者多有爭議。北宋歐陽修《秦祀巫咸神文》、蘇軾《鳳翔八觀詩》，均談及《詛楚文》刻石，足見該刻石於北宋年間實有其物。其出土時間當在歐、蘇二氏之前。但史書對該石無有記載，該石又因戰亂失於南宋年間，而今只有宋拓「汝帖」、「絳帖」及元人摹拓「中吳本」傳世，故歷代學者對其真僞看法不一。今試考「絳帖」、「汝帖」之文，揣其詞的、文義，互為比較，得新意如下。

一．汝帖本剪貼

巫咸、久湫《詛楚文》以久湫為主

又秦嗣王，□用吉玉宣璧，使其宗祝邵鼛布□告于不顯「大神巫咸（及）」大沈久湫，□□□□□□□□□。

昔我先君穆公及楚成王□繆力同心，兩邦以壹，□□□□，□□□□，曰「葉萬子孫毋相為不利。」親卬「□□大神□□」大沈久湫而質焉。

今楚王熊相康回無道，淫□□□，□奓競從，□□□□。□□：□□□「刑」「刺」不辜，「刑」「刺」二字剪誤，應分屬下列兩句。刑□□□，□刺□□，□□□□，□□□□□□□。外之：則冒改久心，不畏皇天上帝及「□□□□巫咸」大沈久湫之光列威神，而兼倍十八世之詛盟，衛者□之兵以臨加我，悒 欲 剗伐我社稷，伐威我百姓，求蔑□□□□□□「□□□□□□」□□□□□卹，祠之□圭玉羲牲，□取倍邊城新郢□鄔長□，倍不敢曰可。

今又悉興其眾，張阾 矜 悥怒，飾甲底兵，奮士盛師，以偪□邊競，將欲復其䟣速。唯是秦邦之羸眾敝賦，鞈輸棧輿，禮使介老將之以自救□，□□□□□□□□「□□□□□□」□□□□□幾靈德賜，□劑楚師，□□□□□。

□□□□□□□□□□，□□，□□□□□□□□。

(一)．「今又」．「有」通「又」、久湫，亞駝本作「又」。

(二)「吕偪□邊競」，王本作「俉」，云：久湫（亞駝本「偪」，字當作「偪」。

(三)「克劑楚師」，「劑」王本作「制」，古「制」字。久湫（亞駝）作「劑」。

(四)「楚師」，王本作「楚楚」，云：下字，久湫，亞駝本作「師」，字當作「師」。

(五)「刑刺不辜」，疑是「□□□不辜，刑□□□，□刺□□」之誤。

二，絳帖本

巫咸、久湫《詛楚文》兩本相較，完滅字適相互補

又秦嗣王，敢用吉玉宣（瑄）辟，使其宗祝邵鼛布愍（？）告于不（丕）顯〔大神巫咸（及）〕大沈久（厥）湫，以底楚王熊相之多辠。

昔我先君穆公及楚成王是（寔）繆（戮）力同心，兩邦以壹（壹），絆以婚姻，袗以齊盟，曰「葉（世）萬子孫毋相為不利」，親卬〔不（丕）顯大神巫咸〕大沈久（厥）湫而質焉。

今楚王熊相康回無道，淫失（泆）甚（湛）亂，宣奓（侈）競從（縱），變輸（渝）盟制。內之：則虣（暴）虐不辜，刑戮□（孕）婦，幽刺敄（親）戚（戚），拘圉其叔父，寘者（諸）冥室櫝棺之中。外之：則冒改久（厥）心，不畏皇天上帝及〔不（丕）顯大神巫咸〕大沈久（厥）湫之光列（烈）威神，而兼倍十八世之詛盟，衛（率）者（諸）侯之兵以臨加我。□（欲）剗伐我社稷，伐威（滅）我百姓，求蔑灋（廢）皇天上帝及〔不（丕）顯大神巫咸〕大沈久（厥）湫之卹，祠之以圭玉羲（犧）牲，述取俉（吾）邊城新郢及鄔長敎，俉（吾）不敢曰可。

今又悉興其眾，張矜（矜）意怒，飾甲底兵，奮士盛師，以偪俉（吾）邊競（境），將欲復其貺（兇）速（迹）。唯是秦邦之羸眾敝賦，鞈輸棧輿，禮使介老將之以自救殹（也）。亦應受皇天上帝及〔不（丕）顯大神巫咸〕大沈久（厥）湫之幾靈德賜，克劑楚師，且復略我邊城。

敢數楚王熊相之倍盟犯詛，箸石，章以盟大神之威神。

貳，《詛楚文》「今楚王熊相」與「今又悉興其眾」的「今」和「今又」——「吾復得吾商方之地」與《華陽國志》之關係

一，從於商得名説起

周顯王二十九年，秦孝公二十二年，也就是楚宣王三十年，「衛鞅擊魏，虜魏公子卬。封鞅爲列侯，號商君。」［一］《史記·商君列傳》「衛鞅既破魏還，秦封之於商十五邑，號爲商君。」《水經注》「又東北過下博縣之西」注引《竹書紀年》云「梁惠成王三十年，秦封衛鞅于鄔，改名曰商。」陳逢衡《竹書紀年集證》卷四七云，「《商君列傳》謂：「鞅既破魏，封之於商十五邑，」於讀爲烏，當即鄔也。舊名止鄔，今改曰商，故謂之商於。」

「於」古同詞或體字或作「烏」。古書或作地名，其字或作「鄔」「䣕」。亦猶「奠」「寺」作「鄭」「邿」，相對地晚期之字。

䣕長即於商，亦即商於。

《詛楚文》「述取倍（吾）邊城新郢及䣕、長、「敍」，倍（吾）不敢曰可。」在這幾個地名中，釋「䣕、長」爲「於、商」頗有道理。「䣕」與「於」不必重述，這裡要說的是「長」與「商」，兩字同音。般甗「王商作冊般貝，」借  來寫賞。爲了在書寫形式上的區別，遂又出現了从貝商聲的 、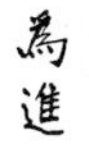，爲進一步簡化，又出現了 、 字。𩣡羌鐘「賞于韓宗，」从貝尚聲，作 。——這個字出現早於𩣡羌鐘，乜从貝宀聲，𤔲鼎「𤔲禾十秭」。

這兩者，从商，从尚，聲韵皆通。

我們以「尚」爲準，知「長」與「尚」亦或相通。例如：《論語·公冶長》：「子曰：「吾未見剛者。」或對曰：「申棖」。」《史記·仲尼弟子列傳》引此作「申黨字周。」《索隱》引鄭玄云：「「申棖魯人，弟子也」。蓋申堂是棖不疑，以棖、堂聲相近。」瀧川氏《考證》說：「申黨，《論語》所謂申

注：［一］·《史記·秦本紀》

棖。棖、黨、堂聲相通。」《詩·豐》「俟我乎堂兮。」鄭《箋》云，「堂當爲棖，棖門梱上木，近邊者。」改字與不雖有爭論，〔一〕然「棖」字之音同於「堂」確得到證明。《史記·蘇秦列傳》「西有宜陽、商阪之塞，」《戰國策·韓一》作「西有宜陽、常阪之塞。」商阪亦作常阪。

知黨、堂與棖，賞、賞與𧶠、𧶠，常與商同音，則知棖與賞同音，與商同音矣。

二、商於本在楚國之北

商於之地本在楚北，從《商君列傳》早已知之。《戰國策·韓二》「司馬康三反之郢矣，甘茂與昭獻遇於境，其言曰收璽，其實猶有約也。」這段文字，《史記·韓世家》引之，作「司馬庚三反於郢，甘茂與昭魚遇於商於，其言收璽，實類有約也。」「遇於境，」作「遇於商於」。司馬遷别有所本。言楚昭獻、與秦甘茂相遇於境——相遇商於。此商於原來位於楚國北部地方。

在楚北的具體方位，《史記·越王句踐世家》「則方城之外不南，淮泗之間不東，商、於、析、酈、宗、胡之地，夏路以左不足以備秦，江南泗上不足以待越矣。」商、於、析、酈，《史記正義》「酈、音擽。《括地志》云，「南洛縣則古商國城也。」《荆州圖副》云，「鄧州内鄉縣東七里於村，即於中地也，」《括地志》又云，「鄧州内鄉縣楚邑也。」故酈縣在鄧新城縣西北三十里。按商、於、析、酈，在商鄧二州界縣邑也。」

三、誘發此次戰爭實在楚國西南

注：〔一〕《毛詩傳箋通釋》第八·一八

周顯王廿九年（公元前三四〇年），「衛鞅既破魏還，秦封之於商十五邑，」「於商」或稱「商於」。

周顯王三十八年（公元前三三一年），楚「使將軍莊蹻，循江上，略巴——黔中以西。」[一]前此西南無「商於」之名。

周慎王五年（公元前三一六年），「冬十月，」秦「遂伐蜀滅之。（張）儀貪巴、苴之富，因取巴，執王以歸。」明年，「司馬錯自巴涪水取楚商於地為黔中郡。」[二]前此西南無「商於」之爭。

自周顯王三十八年至周慎王五年（公元前三三一至公元前三一六年），巴、蜀世戰爭，「無暇南顧。遂使」「循江上」自枳南下者，得以自商於而且蘭，而夜郎，而滇池。比及「蹻至滇池，……以兵威定屬楚，欲歸報，會秦擊奪楚巴黔中郡，道塞不通，因還以其眾王滇，變服從其俗以長之。」終於在周慎王六年，（公元前三一五年），秦「司馬錯自巴涪水取楚商於地為黔中郡，」經營並發展了的商於之地，從枳至商於落入了秦人手中——自枳至魚復、朐忍亦在手裡。

四、《戰國策》漏記黔中商於

《戰國策·秦二》說此事，曰：「齊助楚攻秦，取曲沃。其後，秦欲伐齊，齊、楚之交善，惠王患之。」而說到「商於」之地時，只提「臣請使秦王獻商於之地，方六百里，」可是沒有說清楚：這片土地在秦和楚是一種什麼的關係。而《史記·楚世家》則不然，他說：「十六年，秦欲伐齊，而楚與齊從親，秦惠王患之，」「王為（張）儀閉關而絕齊，今使使者從儀西取故秦所分楚商於之地，方六百里，」「（楚）懷王大悅，乃置相璽於張儀，日與置酒，宣言吾復得吾商於之地。」

很清楚，「吾復得吾商於之地，」其地非它，原來就是我的。很清楚，「今使使者從儀西取故秦所分楚商於之地，」其地非他，原來就是楚商於之地，所不同的，是它已變成了秦國的土地了。

假定真地照秦國意見辦，秦國就真撒手。楚國就會「吾復得吾商於之地，」可派人西去「西取故秦

注：[一]、《史記·西南夷列傳》，　[二]、《華陽國志·巴志》。

所分楚商於之地。』若真是這樣，用《秦策二》的話說，楚王『不穀不煩一兵，不傷一人，而得商於之地六百里，寡人自以爲智矣！』

我們可以說：周慎王五年（公元前三一六年）『冬十月，蜀平，』司馬錯因籌備取苴與巴。第二年（公元前三一五年），『司馬錯自巴涪水取楚商於地爲黔中郡，』楚丢了商於。第三年（公元前三一四年），周赧王元年，『屈原爲楚東使於齊，以結强黨，』這是爲了收復楚商於，進行反攻，進行積極外交活動。第四年（公元前三一三年），赧王二年，楚懷王耳軟，聽信了張儀，反齊向秦，自以爲得計，靠恩賜『吾復得吾商於之地。』到齊真反楚，張儀功成，才露出真正的猙獰面目，説我自己只有『六里』。這已將是年末了。第五年春，赧王三年（公元前三一二年），楚懷王十七年春天，遂展開丹陽大戰。

《華陽國志》所記商於之事，不見於《戰國策》《史記》。然《戰國策》：『中書餘卷，錯亂相糅莒，』〔二〕古書殘泐，不問可知。

五、楚人常用舊地之名來稱新地

《路史．國名紀．丙》：『楚，子爵，羋姓後。熊繹初封丹陽，今之秭縣，本曰西楚，武徙枝江，亦曰丹陽，是爲南楚。』羅苹注，『佑云，「自丹陽徙枝江，亦曰丹陽」。』《史記．楚世家》楚文王熊貲『始都郢』；考烈王二十二年，『楚東徙都壽春，命曰郢』。用舊有地名來叫這新定之地，在楚國自有其例的。

這種事情正象秦國爲了占領她，移民南下，這些從秦地遷來入蜀之人，他們直以其故鄉秦川涇水之名，來名　他們新居所在之水一樣，是拓地移民對他們所得新地的一種命名方法。《太平寰宇記》卷七四羅目縣秦水説：『秦水在縣西一百二十里。昔秦惠王伐蜀，移秦人萬家以實蜀中。秦思秦之涇水，呼此水爲涇水。唐天寶六年改爲秦水。』

注：〔一〕，劉向《戰國策書録》

歷史上的僑郡，不用說。就是遠征拓地，據而有之，征服者往往以其故國的地名來叫他。這種事在世界上也是不乏其例的。例如非洲：「要是仔細看一下南非洲地圖，就會驚異地看到歐洲的許多地方都搬到這裡來了。在這兒可找到漢諾威，也可以找到韋斯敏斯德；此外，阿卑亞丁也從蘇格蘭移到南非來了。一個没有經驗的巴黎郵局職員揀航空信件時，忽然看見馬賽底下有「南非」字樣，一定會迷惑不解。可是甚至連巴黎本身也已搬到了南非，就跟柏林、利戈門、海得爾堡，阿姆斯特丹，法藍克福和紐卡斯爾一樣。甚至連西西里的墨西拿也遷到這裡。南非甚至還有一個伯利恒呢。」[一]

六、西南商於始於楚威王時

「始楚威王時，使將軍莊蹻將兵，循江上，略巴、「蜀」、黔中以西。」[二]從「循江上，略巴、「蜀」、黔中以西。」這就是逆江水而上，到枳，轉入黔江，沿黔江而上，隨着形勢發展，先後建立了「從枳南入析、丹，涪水本與楚商於之地接」[三]的黔中商於之地。這是從楚威王後期，直到周慎王五年（公元前三一六年）的基本形勢。

七、周慎王五年隨着蜀、巴新的形勢開始了新的變化

「蜀王别封弟葭萌於漢中，號苴侯。命其邑曰葭萌焉。苴侯與巴王為好。巴與蜀仇，故蜀王怒，伐苴侯。苴侯奔巴。求救於秦，秦惠王方欲謀楚，群臣議曰：「夫蜀西僻之國，戎、狄為鄰，不如伐楚。」司馬錯、中尉田真黄曰：「蜀有桀、紂之亂，其國富饒，得布帛金銀，足給軍用，水通於楚，有巴之勁卒，浮大舶船東向楚，楚地可得。得蜀則得楚，楚亡則天下，并矣。」惠王曰：「善！」」——這是秦

注：[一]、杰·漢澤爾卡與米·庫克蒙德：《非洲——夢想與現實》。辛華譯，一九五八年三聯書店本，三九八頁。

[二]、《史記·西南夷列傳》，「蜀」從王念孫說刪。 [三]、《史記集解》「徐廣曰：「巴郡有枳縣」。」

楚在中國的轉折點。〔一〕

八、楚商於之地的地理形勢

『始楚威王時，使將軍莊蹻將兵循江上，略巴、「蜀」、黔以西。』數年之後，感到巴人無力南來遂放手南侵。始在鞏固楚『商』『於』『析』『丹』，〔二〕繼則深入於『沅』〔三〕，漸入且蘭、夜郎，直入於滇。

前面明明提到『循江上』，怎麽會突然轉到『湘、資、沅、澧』的沅江來呢？

請看地理形勢：武陵山脈基本上是縱貫南北，從酉陽，經梵淨，香爐山，雲霧山。嶺西：從沿河、思南、塘頭、合傘洞、岩坑場、清水江、烏江等地，水皆西東流，自清水江漸轉向北，自思南至沿河，龔灘全向北流。嶺東：酉水、武水、辰水、撫水、清水江等水，以次會入沅水。所謂『嶺東有沅江水，嶺西有巴水，一名涪陵水是也。』〔四〕此水宋時名巴江水。

水系既已分開，則《漢書·地理志》：『鄨，不狼山鄨水所出，東入沅。』《華陽國志·南中志》『鄨縣，故犍爲郡城也。不狼山出鄨水，入沅。』〔五〕這兩條記載，實際上證實了一條事實：嶺西也叫『沅』的。這種現象不是個别的，就以這條水爲例，遵義坿近不也還有『湘江』『清水江』嗎？戰國時代，我國成集團進入楚地商於的，自長江西轉向涪陵（今彭水），溯水路、西上南。這條水以清代名稱來計，『蓋經二省八府二十餘州縣，凡十數易其名。』初無定名。清猶然如此，戰國時代更可想象。當初即以『沅』呼之，不辨其是否同原也。況『秦時常頞略通五尺道』時，地理不甚熟悉。

注：〔一〕、《戰國策·秦一》『司馬錯與張儀爭論於秦惠王前』章亦記此事。不過《國策》所記乃張儀與司馬錯之爭論，此則就『群臣議曰』，作群衆性的總結。　〔二〕、《華陽國志·巴志·涪陵郡》　〔三〕、《史記·西南夷列傳》《華陽國志·南中志》　〔四〕、如顧頡剛·章巽《中國歷史地圖集·古代史部分·戰國時代圖》特别是《戰國時代越人的分佈都把楚的向外拓土，畫在從洞庭（五渚）裡面，沿沅江上前頭，明注約二七七。　※〔五〕、（移下頁）

知『沅』沅二水，同名異體，則《史記·西南夷列傳》：『始楚威王時，使將軍莊蹻將兵，循江上，略巴、「蜀」、黔中以西，』與《華陽國志·南中志》：『周之季世，楚威王遣將軍莊蹻，泝「沅」水，出且蘭，伐夜郎，植牂柯繫船於是。』兩相對照，不再矛盾，而與《漢書·地理志》：『不狼山、鄨水所出，東入「沅」，』若合符節。洪亮吉云：『今考《遵義府志》及《圖經》，湘江水——不是湖南的湘江——出遵義府治遵義縣北境，桐梓縣南境之龍巖山，流逕湘山南，與桃溪水合，迂回五百餘里，入烏江。』〔一〕龍巖山即不狼山也。不狼山正在牂柯北境。

至此，『王遣將軍莊蹻，泝「沅」水，出且蘭以伐夜郎：……且蘭既克，夜郎又降，』〔二〕『蹻至滇池，地方三百里、旁平地肥饒數千里。』〔三〕這是莊蹻在秦人沒有介入楚商於之地時的基本情況。

九、周慎王五年（公元前三一六年）楚商於戰爭之前的情況。

『周慎王五年，蜀王伐苴侯，苴侯奔巴。巴為求救於秦。秦惠文王遣張儀、司馬錯救苴。巴遂伐蜀……』〔四〕『周慎王五年，秋，秦大夫張儀、司馬錯、都尉墨等，從石牛道伐蜀。蜀王自於葭萌拒之，敗績。王遯走，至武陽，為秦軍所害。其相傅及太子退至逢鄉，死於白鹿山，開明氏遂亡，凡王蜀十二世。』〔五〕

『冬，十月，蜀平，司馬錯等因取苴與巴。』〔六〕

這是司馬錯方面由伐蜀，到取苴與巴的情況。

十、楚失商於、莊蹻獨立、楚分為三

注：※〔五〕（承上頁）：《鄨水考》『今本《漢書》鄨縣下，鄨水東入「延」，「延」字誤作「沅」。（《華陽國志》亦同。）當屬傳寫之誤。』——常敘按不誤，洪說非是。

〔一〕、《鄨水考》、《卷施閣文·甲集·卷第五》　〔二〕、《華陽國志·南中志》

〔三〕、《史記·西南夷列傳》　〔四〕、〔六〕、《華陽國志·巴志》　〔五〕、《華陽國志·蜀志》

『涪陵郡，巴之南鄙。從枳南入析、丹，涪水本與楚商於之地接，秦將司馬錯由之，取楚商於地爲黔中郡也。』〔一〕《水經》：又江水東至枳縣西，延江水從牂柯郡北流西屈注之。』《水經注》『昔司馬錯泝舟此水，取楚黔中地。』司馬錯自巴涪水取楚商於地爲黔中郡。』〔三〕司馬錯率巴、蜀衆十萬，大舶船萬艘，米六百萬斛，浮江伐楚，取商於之地爲黔中郡。』〔四〕

這時，『蹻至滇池，地方三百里，旁平地肥饒數千里，以兵威定屬楚。』〔五〕這裡邊包括着且蘭、夜郎等地的工作，和滇池一帶的踏查和了解。到決定『以兵威定屬楚，』這需要漫長的時間。

到『欲歸報，』想回報一個好消息，可是已經晚了，秦軍早已從巴入枳，『擊奪楚巴、黔中郡，道塞不通。』〔六〕——『司馬錯自巴涪水取楚商於地爲黔中郡。』〔七〕

至此，楚軍留守部隊被消滅，被阻隔部分，只好窩回去，『因還以其衆王滇，變服，從其俗以長之。』〔八〕從此，如《荀子》所説『莊蹻起，分而爲三，』〔九〕一份是司馬錯取楚商於之地歸秦，一份是莊蹻被阻困而獨立王滇，一份是楚師坐視中原而莫可如何！

『楚得枳而國亡。』〔十〕『亡徵者，非曰必亡，言其可亡也。夫兩堯不能相王，兩桀不能相亡，亡王之機，必其治亂、其强弱相踦者也！』〔十一〕

這是第一次雙方爲爭奪而戰的結果。

這是周慎王六年，楚懷王十四年，秦惠文王後元十年的事。

一一、楚懷王力謀恢復

秦楚商於一戰，掐斷了自枳至涪陵的去路，楚懷王白白地丟掉了兩個地方：秦攻佔了楚商於，同時

注：〔一〕《華陽國志·巴志》

〔二〕、《水經》《水經注》卷三十三。　〔三〕、〔七〕、《華陽國志·巴志》〔五〕、〔六〕、〔八〕、《史記·西南夷列傳》

〔四〕、《華陽國志·蜀志》　〔九〕、《荀子·議兵》——借前半句，後半句留待後用。〔十〕《戰國策·燕一》〔十一〕、《韓非子·亡徵》

迫使莊蹻脫離了楚國而獨立。

然而懷王絕不甘心，銳意恢復。懷王使『屈原爲楚東使於齊，以結强黨，秦國患之。』〔一〕『（懷王）十六年，秦欲伐齊，而楚與齊從親，秦惠王患之，乃宣言張儀免相，使張儀南見楚王。……王爲儀閉關而絕齊，今使使者從儀西取故秦所分楚商於之地方六百里。……懷王大悅，乃置相璽於張儀，日與置酒，宣言吾復得吾商於之地。』〔二〕『西取故秦所分楚商於之地，』『吾復得吾商於之地。』這兩句話非常重要。它反映楚懷王自我失之，又想自我得之的急切心情。

一二、商於未復又失漢中

『張儀至秦，佯醉墜車，稱病不出三月。』直至秦齊交合，『張儀乃起朝，謂楚將軍曰：「子何不受地？從某至某廣袤六里。」楚將軍曰：「臣之所以見命者六百里，不聞六里！」即以歸報懷王；懷王大怒，興師將伐秦。』〔三〕

『（懷王）十七年春，與秦戰丹陽，秦大敗我軍，斬甲士八萬，虜我大將軍屈匄、裨將軍逢侯丑等七十餘人，遂取漢中之郡。』〔四〕——樗里子『助魏章攻楚，敗楚將屈丐，取漢中地。秦封樗里子，號爲嚴君。』〔五〕

至此，『莊蹻起，楚分而爲「四」，』爲了『西取故秦所分楚商於之地，』爲了『吾復得吾商於之地，』一再受騙上當，損兵折將，寸土未復，反倒失去了漢中！實際上，這是二次商於之戰。爲了雪恥復仇，所不同的，戰場不再是當年的西南楚商於，而是楚國

注：〔一〕，《新序·節士》　〔二〕、〔三〕，《史記·楚世家》　〔四〕，《史記·楚世家》　〔五〕，《樗里子甘茂列傳》

北邊的析、丹陽、與漢中。

這一次又從楚國的西北面丟掉了漢中。

一三，當年秋，復戰於藍田，敗績

在楚懷王十七年的春天，丹陽大敗，又失漢中。懷王大怒，準備襲秦。首先利用巫風，爭取收復漢中。『屈原為楚東使於齊，以結強黨，秦國患之。』〔一〕既受秦人之欺，召之作《九歌》。歌辭十一章：《東皇太一》《雲中君》兩章為迎神之辭，《東皇太一》為迎神作準備，《雲中君》為雲神與東皇太一共臨壽宮。《湘君》《湘夫人》《大司命》《少司命》《東君》《河伯》和《山鬼》為娛神之辭。大意說：湘君和漢水女神——湘夫人，因漢中淪陷，一水難通（湘漢本通），湘君北上，阻於北渚。大司命與少司命奉命而下，解人間『離居』之苦。少司命親臨北渚，示以方案，『與女遊兮九河。』河伯乃偕湘君，（自北渚順漢而下，東涉滄海，經）九河，上崑崙，望極浦，至貝闕朱宮，得與夫人相見，交手東行，（走舊路，回到楚國。）來時黎明，歸時夜晚，東君記此時光。淒風苦雨，『采三秀』於『於山』：誓復漢中，不敢忘情於商於。慰靈之辭一章，國殤慰死國之靈。收場之辭一章，禮成會鼓。〔二〕

這一年秋天，『乃悉國兵，復襲秦，戰於藍田，大敗楚軍。韓魏聞楚之困，乃南襲楚，至於鄧。楚聞，乃引兵歸。』〔三〕

自從司馬錯攻奪楚商於之地之後，楚對秦的軍事外交只有一個中心，『西取故秦所分楚商於之地』然而就這條原則，永遠達不到『吾復得吾商於之地！』

一四，『今』和『今又』

注：〔一〕，《新序·節士》　〔二〕，見後附　〔三〕《史記·楚世家》

話再回到《詛楚文》。

「今」這一詞，它的詞義是比較寬的。《說文》說：「今，是時也。」段玉裁說：「今者，對古之偁。古不一其時，今亦不一其時也。云『是時』者，如言目前。則『目前』爲今，『目前』已上皆古。……班固作《古今人表》漢人不與焉。而謂之古今人者，謂近乎漢者爲今人，遠乎漢者爲古人也。」至於時王，則在世謂之「今」人。

《詛楚文》涉及時王，無論秦楚，於文皆稱爲今。

今楚王熊相，康回無道，淫失甚亂，宣奓競從，變輸盟制。

內之，則虣虐不辜，刑戮孕婦，幽剌敹戚，拘圉其叔父，寘者冥室櫝棺之中。

外之，則冒改厥心，不畏皇天上帝，及丕顯大神巫咸之光列威神，而兼倍十八世之詛盟，率者侯之兵以臨加我，⿰谷巴「欲」剗伐我社稷，伐威我百姓。求蔑灋皇天上帝及丕顯大神巫咸之卹，祠之以圭玉羲牲，述取⿰彳吾邊城新郢及於長「穀」⿰彳吾不敢曰可。

今又悉興其衆，張矜意怒，飾甲底兵，奮士盛師，以偪⿰彳吾邊競，將欲復其賍速。

在這幾段文字中，「今」包括「內之」和「外之」。「外之」的中，包涵兩件對外事情：一，不畏皇天上帝及丕顯大神巫咸之光列，率諸侯之兵以臨加我；二，求蔑灋皇天上帝及丕顯大神之卹祠之以圭璧羲牲，述取吾邊城新郢及鄔、長、「穀」。這兩件事，我方斷然反對，「⿰彳吾不敢曰可！」

在當時的語言條件下，這兩件事情統謂之「今」。這種「今」，按其萌生或發展，依自然順序排列。排列到最後，加「又」字以突出最新事情。於是「今又」兩字成爲最新事件標誌。於是「今」「今又」，在這時期裡，成爲相對的嚴格的時限區别。

明乎此，請看《詛楚文》「今」和「今又」的關係：

（見下頁表示）

公元前	318	317	316	315	314	313
各國紀年 周	慎王 3	4	5	6	赧王 1	2
各國紀年 楚	懷王 11	12	13	14	15	16
各國紀年 秦	惠文王後元 7	8	9	10	11	12
史實	·十一年，山東六國共攻秦，楚懷王為從長。秦出兵擊六國，六國引兵歸。		·秋，秦大夫張儀、司馬錯、都尉墨等伐蜀。·冬，十月，蜀平。司馬錯等因取苴與巴。	·秦司馬錯自巴涪水取楚商於地為黔中郡。楚失楚商於地。	·屈原為楚東使於齊，以結強黨。反秦。	·秦宣言張儀免相。·張儀南至楚，以"今使使者從儀西取故秦所分楚商於之地方六百里"欺楚。楚懷王信之。
《詛楚文》	·今楚王熊相：內之，則——，外之，則——，率者侯之兵以臨加我。			祠之以圭璧羲牲，逑取倍邊城新郢及鄔、長、「𢼸」，倍不敢曰可。		

				·齊楚交絶，張儀曰：『子何不受地，從某至某廣袤六里。』 ·楚懷王大怒，興師將伐秦。	今又悉興其衆，飾甲底兵……
312	3	17	13	·十七年春，與秦戰丹陽。秦大敗我軍，遂取漢中之郡。 ·楚懷王大怒，乃悉國兵，當年秋，復襲秦，戰於藍田。大敗楚軍。	

一五、這就劃清了界限，『今又悉興其衆，飾甲底兵，』才是『現在』從《詛楚文》來看，『今又悉興其衆，飾甲底兵，』是張儀在時機已經成熟，突然宣佈『廣袤六里』，致使懷王大怒，興師將伐秦』時作的。

這是這篇文章中的『現在』。把『祠之以圭玉羲牲，遂取倍邊城新郢及鄀、長、〔殺〕，倍不敢曰可，』都打進入了『過去』，和『今又悉興其衆，張矜意怒，飾甲底兵，奮士盛師，以偪倍邊競，將欲復其賍速』的『現在』是對立的。

王順伯說：『懷王忿張儀之詐，發兵攻秦，文又曰「今又悉興其衆，以偪我（倍）邊境」是也。』這是對的。但是，『又曰「遂取我（倍）邊城新郢及鄀、長、〔親〕我（倍）不敢曰可」』〔二〕則是不對的。

『「懷王十一年（秦惠文王後元七年），蘇秦（原注，《戰國策》作李兌）約從山東六國共攻秦，

注：〔二〕、《古文苑》卷一

楚懷王爲從長，至函谷關，秦出兵擊之，皆引而歸，齊獨後。」今文曰，熊相「率諸侯之兵，以加臨我，是也。』「一」這一段引文是對的。

至於『後五年，秦使張儀以商於之地六百里，欺楚，使絕齊。懷王信之。既與齊絕，使一將軍西受封地，秦倍約，不與。文又曰：「述取我（倍）邊城新郢及鄔、長、「親（倍）」」，我（倍）不敢曰可」是也。』「二」這一段與史實相出入。

第一，《詛楚文》『今又悉興其衆，……以偪倍邊境。』文在『述取倍邊城新郢及鄔、長、「毅」，倍不敢曰可』之後。先『述取』，而後『今又』。可見『今又』當時並沒有觸及丹陽，又從何涉及丹、析、商、於？

第二，『求蔑廢』某某的『憂恤』，而『祠之以圭玉羲牲』，以『述取倍邊城新郢及鄔、長、「毅」』這種辦法，和《管子·形勢解》相似。《形勢解》：

明主之動靜得理義，號令順民心，誅殺當其罪，賞賜當其功，故雖不用犧牲珪璧禱於鬼神，鬼神助之，天地與之，舉事而有福。亂主之動作失義理，號令逆民心，誅殺不當其罪，賞賜不當其功。故雖用犧牲珪璧禱於鬼神，鬼神不助，天地不與，舉事而有禍。故曰：犧牲珪璧不足以享鬼神。

『圭璧羲牲』原來是『足以享鬼神』的。由此可見，『祠之以圭璧犧牲』是『述取倍邊城新郢及鄔、長、「毅」』的手段。而這種手段，『倍不敢曰可，』我認爲是不行的。

這種行徑，都是在『今又悉興其衆，張矜意怒』之前，就是說在決定丹陽之戰以前。那時候楚懷王正『宣言吾復得吾商於之地』，顯然『述取倍邊城新郢及鄔、長、「毅」，』不是指這次說的。

第三，若把《詛楚文》和《華陽國志》有關楚地商於，《史記·西南夷列傳》和《華陽國志》有關莊蹻的行動，連繫起來，則知這次行動實際是指司馬錯『取楚商於之地』而說的。一則，它們敘於『今又』之前；二則，屬於『六國攻秦』之後；三則，事和『述取倍邊城新郢及鄔、長、「毅」，』相關，而『鄔、長』正是『於、商』的別寫！

注：「一」、「二」，《古文苑》卷一

「後附」

《楚辭九歌系解》

首編　九歌關係圖

前編　史事考證

一．屈原作品中楚神話九歌的性質、作用和楚辭九歌（一九八一年．東北師大學報．哲社版．第四期）

二．東皇太一考

——東皇太一的性質和作用

三．莊蹻起楚分而爲三四和楚辭九歌（一九八〇年，吉林師大學報．哲社版．第一、二期）

附考：(一)．莊蹻時代考（待發）(二)．莊蹻暴郢考（待發）(三)．華陽國志蜀志司馬錯伐楚取商於之地繫年刊誤（古籍整理研究學刊．一九八六年三期）

四．楚辭九歌史事年表（待發）

五．哈雷慧星和楚辭九歌（一九八三年．北方論叢．第二期）

六．楚辭九歌各章情節的地理關係（待發）

七．楚辭九歌各章稱謂之詞的通體關係（一九七八年．社會科學戰綫．第二期）

八．楚辭九歌各章情節的通體關係（一九七八年．社會科學戰綫．第一期）

九．楚辭九歌的戲劇性質（待發）

十．楚辭九歌本事失傳的原因（東北師大學報．一九八六年第五期）

附考：商君書去強爲經說民弱民爲說說（吉林師大社會科學叢書第二輯《中國文學論集》）

後編　歌辭系解

一．迎神之辭　東皇太一　雲中君

二．愉神之辭　湘君　湘夫人　大司命　少司命　東君　河伯　山鬼

三．慰靈之辭　國殤

四，收場之辭　禮魂

叁　《詛楚文》秦、楚都是十八世

從《秦詛楚文》本文看它的寫作時代，有兩事是具有指示性的：

一是從秦穆公和楚成王"絆以婚姻，袗以齋盟，"到"葉倍十八世之詛盟"。

考《史記．秦本紀》，秦繆公卒，太子罃代立，是爲康公。康公立十二年卒，子共公立。共公立五年卒，子桓公立。桓公立二十七年卒，子景公立。景公立四十年卒，子哀公立。哀公立三十六年卒，太子夷公蚤死，立夷公子是爲惠公。惠公立十年卒，子悼公立。悼公立十四年卒，子厲共公立。三十四年，厲共公卒，子躁公立。十四年，躁公卒，立其弟懷公。四年，懷公自殺，太子昭子蚤死，立昭子之子是爲靈公。十三年，靈公卒，立靈公季父悼子是爲簡公。十六年卒，子惠公立。惠公卒，出子立。（六國年表作出公）出子二年，庶長改迎靈公之子獻公而立之。二十四年，獻公卒，子孝公立。二十四年，孝公卒，子惠文君立。（六國年表作秦惠文王）自秦穆公至惠文君十八世。

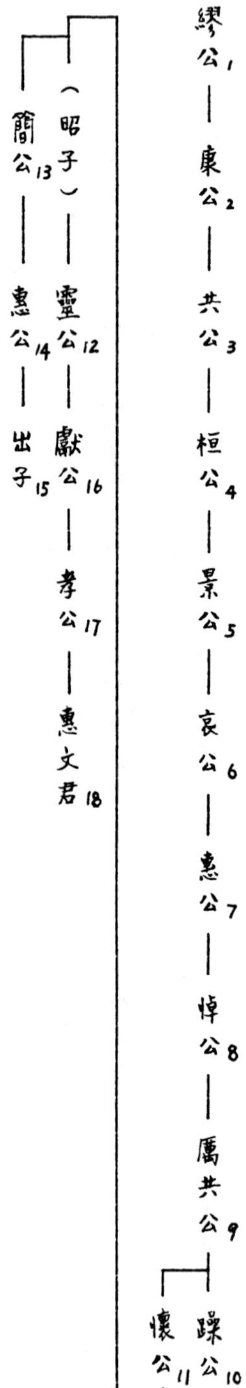

《楚世家》楚成王四十六年，商臣以宮衛兵圍成王。成王自絞殺，商臣代立，是爲穆王。穆王十二年卒，子莊王侶立。二十三年，莊王卒，子共王審立。三十一年，共王卒，子康王招立。康王立十五年卒，子員立，是爲郟敖。四年，康王弟公子圍立，是爲靈王。十二年，弃疾作亂立公子比爲王，是爲初王。子比爲王十餘日，自殺，弃疾即位爲王，是爲平王。十三年，平王卒，乃立太子珍，是爲昭王。二十七年，昭王卒於軍中，迎越女之子章立之，是爲惠王。五十七年惠王卒，子簡王中立。二十四年，簡王卒，子聲王立。六年，盜殺聲王，子悼王熊疑立。二十一年，悼王卒，子肅王臧立。十一年，肅王卒，立其弟熊良夫，是爲宣王。三十年，宣王卒，子威王熊商立。十一年，威王卒，子懷王熊槐立。從楚成王至楚懷王，也正是一十八世。

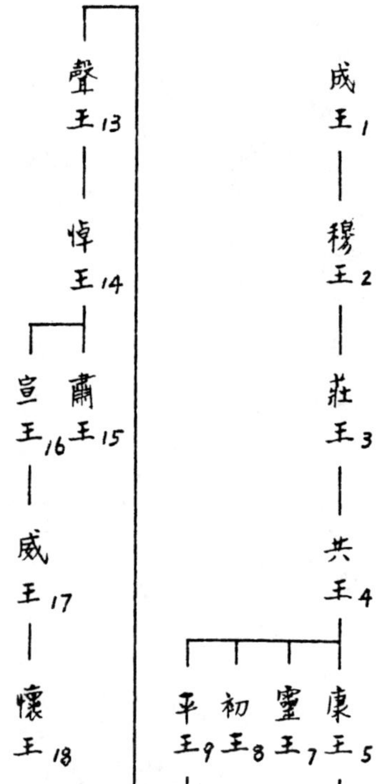

王厚之説：「以《史記．世家》《年表》考之，秦自穆公十八世至惠文王，與楚懷王同時從横爭霸，此詛爲懷王也。」他的計算是對的。

按：《史記．十二諸侯年表》楚靈王十二年只記「弃疾作亂自立，靈王自殺，」而不及初王。遂謂「初王」事不甚重要，以楚靈王十二年事，直接過渡到平王，一帶而過，而不知其中確有「初王十餘日」。

按：楚靈王確實終於十二年。然即此最後一年間，「夏五月癸丑，王死申亥家。」在此前後，十餘日中，發生了政變。而在政變之中，在靈王之後，平王之前，確曾有過初王。〔一〕

注：〔一〕，（新）辭海《中國歷史紀年表》爲代表。

初王之立，史書稱王。

一則曰，『遂入殺靈王太子祿，立子比爲王，公子子晳爲令尹，弃疾爲司馬。』

再則曰，『是時楚國雖已立比爲王，畏靈王復來，又不聞靈王死，故觀從謂初王比曰：「不殺弃疾，雖得國猶受禍。」王曰：「余不忍。」從曰：「人將忍王。」王不聽，乃去。』

三則曰，『又使曼成然告初王比及令尹子晳曰：「王至矣，國人將殺君，司馬，將至矣！君蚤自圖無取辱焉。衆怒如水火，不可救也。」初王及子晳遂自殺。丙辰，弃疾即位爲王。改名熊居，是爲平王。平王以詐弑兩王而自立。』

《史記·楚世家》『初共王有寵子五人，無適立。……召五公子，齋而入，康王跨之，靈王肘加之，子比、子晳皆遠之，平王幼，抱而入，再拜壓紐。故康王以長立，至其子失之。圍爲靈王，及身而弑。子比爲王十餘日。子晳不得立，又俱誅。四子皆絕無後。唯獨弃疾後立，爲平王。』

『平王以詐弑兩王而自立，』『兩王，謂靈王及子比也，』《正義》之說是對的。『子比爲王十餘日。』《史記》自記，子比是稱王的。加上子比，亦正是十八世。

第二

肆，新發現的《詛楚文》例證

孫屏 補撰

對《詛楚文》持僞作之說者，一般認爲《詛楚文》文字可疑，并有失戰國秦國文字特色。持此之見者多以『中吳本』爲據。按，該帖爲三種帖本中出現時代最晚，乃摹誤之尤者，最不足據。所以論《詛楚文》之真僞，其文字是否有失戰國秦國古文字風貌，當以『汝帖』、『絳帖』爲可靠文字依據，並以今日所見戰國秦國器物銘文爲佐證。對此謹發如下異議。

一、從大良造鞅方量看《詛楚文》

對《詛楚文》在文字上是否有失戰國秦國文字風貌而較有爭議的是『爲』字。『爲』字『汝帖』寫作。『絳帖』寫作。此二帖的『爲』在字形上除上部分的爫有所不同外，其下部形體基本相同，只是『汝帖』的『爲』字下部分略有剝蝕而已。

『汝帖』的『爲』字上端寫作『爫』，推其先河，當來自大良造鞅方量。大良造鞅方量（即商鞅量）銘文有：『冬十二月乙酉，大良造鞅爰積十六尊（寸）五分尊（寸）一爲升』句。此的中『爲』字寫作『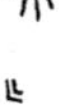』，其上端的爫寫作爫形。這一寫法正與『汝帖』的『爲』字寫法相同。大良造鞅方量製作時代，據郭沫若考證當製於秦孝公十八年，周顯王二十五年（公元前三四四年），『距秦并天下尚百二十年』。而《詛楚文》就其内容看作於秦楚商於之戰前，其時間當爲公元前三一三年。兩物相隔三十一年，當是《詛楚文》的『爲』字寫法先例。換句話説，三十一年前，『爲』字寫法已經如此了。

二、從秦封宗邑瓦書看《詛楚文》

在戰國秦國、秦封宗邑瓦書銘文中，有『爲』、『奎』、『十』和『』等字與《詛楚文》文字相關。

1、關於『爲』字。秦封宗邑瓦書銘文第三行的『爲』字寫作，該『爲』字的上端寫成爫狀，横出頭之筆勢，正與《詛楚文》相類似。郭子直先生在《戰國秦封宗邑瓦書銘文新釋》中説《瓦書》的『字體是秦國篆書，風格與此後秦權上所附的始皇詔、二世詔一脈相承，却更爲流動多變，受工具影響，轉變多方折，結構絶屬篆書』〔二〕戰國秦瓦書據考作於秦惠文王四年（公元前三三四年），比《詛楚文》（公元前三一三年）早二十二年。『汝帖』的『爲』字，當屬瓦書的『爲』字在筆劃上斷開而成，不可

注：〔一〕、見《古文字研究》第十四輯。

與隸書相比擬。而『絳帖』的『爲』字，同石鼓文的『爲』在形體上略無區別。所以《詛楚文》的『爲』字，當不失戰國秦國文字特點。

2，關於『壹』字。《詛楚文》：『是繆力同心，兩邦若壹』。句中的『壹』字，三種帖本作『壺』字，而此一假『壺』爲『壹』的用字法，除《詛楚文》之外，我們又見於戰國秦封宗邑瓦書，其書寫字形又極相似。如『絳帖』  『瓦書』壺。郭子直先生在《戰國秦封宗邑瓦書銘文新釋》中指出『甲文金文的「壺」字都象壺形，又作器名，未見假借用例，西周晚期金文的壺，有作壺師望、壺師望壺等形的。戰國陶文有作壺的『孴錄 漢金文有作壺平陽子家壺的，則與瓦書寫法極近，但仍是名詞。借「壺」爲「壹」似屬秦文的習慣，本銘之外，見於篆書的《詛楚文》：「兩邦若壹」」。[一]

陳直云：瓦書『一九四八年鄠縣出土，藏西安段氏。』同《詛楚文》相比則晚出土千年之久。如若《詛楚文》爲後人仿作，那麼千年前的仿作者在無任何文字依據的條件下，何以知戰國秦人有假『壺』爲『壹』的用字習慣？

3，關於『失』字。『汝帖』此字脫，『絳帖』作 ，『中吳』作 ，二字差距較大。以秦篆校之，與秦會稽刻石（複刻本）『防隔內外，禁止淫泆，男女潔誠』句中的『泆』  字右旁相似

郭子直先生在《戰國秦封宗邑瓦書銘文新釋》後記[二]引孫常叙先生言：瓦書『銘文云「司御心志是霾封。」於「志」與「識」通。志封之的謂行文以記此次封地之事。末句既已概括寫文記事，則釋「史羈手」之手爲手書之手，而譯爲「寫」，似與下句「志」文意複出。考《史記．六國表》秦孝公十三年「初爲縣，有秩史。」秩史是掌秩之史。古文字點有變劃者。失可能是失。《說文》「秩，積也。从禾失聲。」若然，則「史羈失」當爲「史羈失」，失借爲秩。言此次封地時史羈爲之定封地秩積之數。以此縣有司秩之史。』及郭先生『取原器細看，始見此一圓點確爲原刻，畫內塗朱，並非駁蝕所致。』以此

注：[一]、[二]，見《古文字研究》第十四輯。

而論，「失」當為「佚」「泆」的通假字，亦為戰國秦國用字習慣。

4．關於「十」字。「十」「汝帖」作  為豎長橫短之形。一般認為「十」字，甲文作直畫，金文在其中間加肥厚，或加圓點，只有小篆把圓點變成「一」橫而成「十」。然「汝帖」之「十」并非小篆，此一寫法亦非始於《詛楚文》，在大良造鞅方量 在秦封宗邑瓦書中有兩處「十」字均為此形，即豎中加一短橫。這一寫法正好說明了小篆的「十」字，源於戰國秦國古文字，而《詛楚文》的「十」，正是這秦國古文字之一。

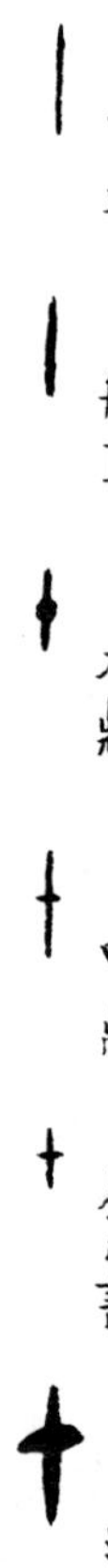

三．從甲文金文看《詛楚文》

關於「巫」字。《詛楚文》三個帖本的「巫」字均寫作  。巫的這一寫法，在《說文》、《古文四聲韻》、《鐘鼎字源》等早期字書中均未見收入。除《詛楚文》之外，我們只見於近百年出土的甲文、金文，如：齊巫姜簋等，其所發現時間遠遠晚於《詛楚文》。

《說文》：「巫，祝也，女能事無形，以舞降神者也。象人兩褎舞形，與工同意，古者巫咸初作巫。」李孝定先生在《金文詁林讀後記》中說巫時云：「巫字何以作此形，殊難索解。」試問《詛楚文》如為偽作，那麼千年前的偽作者在未見甲文、金文的條件下，何以知戰國秦國有巫之字？

四，從會稽刻石、繹山刻石看《詛楚文》

關於「亂」字。「絳帖」寫作  。「亂」的這一寫法，是否因漢人不識而誤「ㄋ」為「乚」，并讀為動亂之亂，其字是否造於漢代，或僅見於《詛楚文》？ 字的寫法、用法非始於漢代，亦不僅見於《詛楚文》。例如秦《會稽刻石》：「亂賊滅亡」句，《繹山刻石》：「追念亂世」句中之亂，

均寫作□，其義亦爲搗亂、混亂之義。二刻石雖爲複刻，但足以證秦代已有此字，而追其源，當承《詛楚文》等戰國秦國古文字而來，非李斯所創，亦非造於漢代。

五、從古鉢文看《詛楚文》

關於熊相。楚自成王十八世傳到懷王。懷王《史記》説他名叫「熊槐」，而《詛楚文》却寫作「楚王熊相」。郭沫若説：「此槐與相之異，余以爲乃一字一名。」[一]

按相字古鉢文，「孟相如」的「相」字寫作□。丁佛言説「□爲目之變，或釋栖，非。周秦間文字多變更古體。不能以形似求之。[二]封泥中，《塤室》著錄一塊封泥有「中坊之□」印文，相字亦作□。[三]古鉢文字「公孫相如鉢」作「公孫□□鉢」[四]□□加重文符號「丨」、「一」。

又，《孟子·公孫丑上》：「相與輔相之，」阮元《校刊記》云，這句話「各本同」。只是《音義》出「輔相」，云丁本作「押」，義與「夾」同。按丁公著本「相」作「押」，音甲。引《廣雅》「押，輔也。」「相」之作「押」，亦「相」古文或作「押」之證，蓋古文「相」字作「□」，近於「押」。此爲旁證。

歐陽修在他的《真蹟跋尾》中説：「（秦）惠文王時與楚懷王熊槐屢相攻伐，則秦所詛者是懷王也。但《史記》以爲熊槐者失之爾。「槐」、「相」二字相近，蓋傳寫之誤，當從詛文石刻，以「相」爲正。」這個意見是對的。

從上述諸字可知《詛楚文》在文字上不失戰國秦國文字風貌，特别是「爲」、「□」的寫法、假「壺」爲「壹」的用字方式，以及熊相即熊槐，槐乃相之誤，均是后世仿作者在無任何文字依據的條件下

注：[一]、郭沫若云：按此「乃是一名一字。《周官·朝士》「面三槐，三公位焉」，三公是論道經邦的相位，故名相可字槐。」

[二]、丁佛言《説文古籀補補》卷四。

[三]、裘錫圭《戰國文字的「市」字》，一九八〇年第三期《考古學報》。

[四]、《古鉢彙編》三九二四，「相」下加「一」。常叙。

難以仿作的。這一點恰好說明《詛楚文》在歷史上的可靠地位，而非後世之僞作。

伍．周金文給予的啓示

孫屏

對《詛楚文》持疑義的人還認爲其語句可疑。如《詛楚文》『昔我先君穆公及楚成王，是繆力同心，兩邦以壹，絆以婚姻，袗以齋盟』句，酷似《左傳．呂相絶秦》『昔逮我獻公及穆公相好，戮力同心，申之以盟誓，重之以昏姻』句，并以此疑《詛楚文》爲後人仿托之作。

我國歷史上假前人之名而爲書者確實不乏其例，并常引發人們種種考證。《詛楚文》同《呂相絶秦》的語句略似，於此暫當不論，我們可先看一些今日所見先秦金石銘文，然後再談《詛楚文》之真僞。

首先從人所熟知的《石鼓文》談起，在《石鼓文》的詩句中，我們不難發現一些詩句同《詩經》中的某些詩句略似，如表Ⅰ所示。

表Ⅰ

石鼓文	詩經
吾車既工，吾馬既同。	我車既工，我馬既同。（車攻．一章）
吾車既好，吾馬既駜。（吾車）	田車既好，四牡孔阜。（車攻．二章）
爲卅（三十）里。（作原）	于三十里。（六月）
亞箬其華。（作原）	猗儺其華。（隰有萇楚）

如果認爲《石鼓文》也存有真僞之論，那麽我們再看兩周金文。在出土的大量金文之中，我們時常見到一些語句相似的銘文。例如表Ⅱ所示。表Ⅱ所列『頌鼎』銘文幾乎在『此鼎』、『寰盤』、『豆閉簋』、『𩰫簋』、『格伯簋』、『膳夫山鼎』、『伊簋』、『元年師兑簋』、『師趛鼎』、『虢姜簋』、『諶鼎』等銘文中一一

見到。那麽『頌鼎』銘文是否有仿作之疑？

表Ⅱ

頌鼎	此鼎 寰盤 豆閉簋 𧽊簋 格伯簋 膳夫山鼎 伊簋 元年師兌簋 師𧽊鼎 虢姜簋 諶鼎
隹三年五月既死霸甲戌 王才周康卲宮 旦 王各大室 即立 宰弘右頌入門 立中廷	隹十又七年十又二月既生霸乙卯 王才周康宮徲宮 旦 王各大室 即立 𤔲土毛弔（叔）右此入門 立中廷 此鼎
尹氏受王令（命）書	史𦖞受王令（命）書 寰盤
王乎史虢生 冊令（命）頌	王乎內史 冊命豆閉 豆閉簋
王曰 頌 令女（汝）官𤔲成周	王曰 𧽊 命女（汝）𤔲成周 𧽊簋
貯廿家	〔毕貯卅田〕
監𤔲新寤	〔　〕
貯用宮御	〔　〕

易錫女汝玄衣黹屯純 赤市朱黄 緣旂攸勒 用事 頌拜䭫首 受令命冊 佩吕出 反入堇章 頌敢對揚天子不丕顯魯休 用乍作朕皇考龔弔叔皇母龔始姒寶隮鼎 用追孝 蘄匄康虢屯右 通彔永令 年豐須眉壽 㽙臣天子 霝冬 子=子=寶用	
易錫女汝玄衣黹屯 赤市朱黄 緣旂 山拜䭫首 受冊 佩吕出 反入堇章瑾璋	膳夫山鼎
易錫女汝赤市幽黄 緣旂攸勒 用事	伊簋
𠈇拜䭫首敢對揚天子不丕顯魯休	元年師𠈇簋
師趛乍作文孝聖公文母聖姬隮彝	師趛鼎
用禪追孝于皇考叀中 蘄匄康虢屯右 通彔永令	龏姜簋
此其萬年無彊 㽙臣天子 霝冬 子=孫=永寶用	此鼎
諶其萬年實眉壽	諶鼎

又如表Ⅲ所示『秦公及王姬鐘（鎛）』同『秦公𣪘』、『秦公鐘』的銘文相比較，其銘文在語句上也幾乎句句略似。那麼能否也認其爲仿作，并判定某真某僞呢！實在是不可能，因三個器物是出自兩個

不同的秦公時代，所製時間當然不一。

表Ⅲ

秦公及王姬鐘（鎛）

秦公曰
我先且祖受天令命
商賞宅受或國
剌＝ 卲昭文公静公憲公
不㒸墜于上
卲合皇天
以虩事蠻方
公及王姬曰
余小子
余夙夕虔敬朕祀
以受多福

秦公𣪘

秦公曰
不丕顯朕皇且祖受天命
鼏宅禹賚
十又二公
才在帝之矿
嚴龏夤天命
保業氒秦
虩事蠻夏
余雖小子
穆＝帥秉明德

秦公鐘

秦公曰
不丕顯朕皇且祖受天命
竈又下國
十又二公
不㒸墜才在上
嚴龏夤天命
保業氒秦
虩事蠻夏
曰
余雖小子
穆＝帥秉明德
睿專明井
虔敬朕祀
以受多福
𠁁龢萬民
唬𡖊夙夕

克明又心
盭龢胤士
咸畜左右
⿱林皿〓允義
龔受明德
以康奠⿱⿰兲兲⿰火火朕或 國
盜百䜌具即其服

作氒龢鐘
⿱霝心音鍺〓雝〓
以匽皇公
以受大福
屯魯多釐
大壽萬年

剌〓⿺走亘〓
邁民是敕
咸畜胤士
⿱林皿〓文武
⿰金夬静不廷
虔敬朕祀
作⿱乑加宗彝
以卲皇且 祖
嬰嚴⿺辶⿰𠂤夊各
以受屯魯多釐

剌〓⿺走亘〓
萬生是敕
咸畜百辟胤士
⿱林皿〓文武
⿰金夬静不廷
⿺辶⿱虍夏燮百邦
于秦執事
作盄龢「鐘」
氒名曰⿱⿰夫夫日邦
其音鍺〓雝〓孔⿱火皇
以卲⿱雨各孝亯
以受屯魯多釐

秦公䝨畯𩔃才在立位 雁受大令命 釁壽無疆 匍有三方 [其丮]康寶	釁壽無疆 畯疐才在天 高弘又慶 竈囿三方 宜	釁壽無疆 畯疐才在立位 高弘又慶 匍又三方 永寶 宜

從上述三表所示看，在上古時代（先秦）金石銘文中出現語句略似的現象，當爲常見之事。而這一相似的語句也正反映了那一時代的語言特點。人們知道，在我國歷史上每一個時代都有反映那一時代特徵的語句——成語、慣用語、固定句式。又因上古時代，文學語言并不發達，所以常有套用語句的現象產生。因而我們并不能以此而判定某爲仿某之作，某爲真某爲僞。至于《詛楚文》同《呂相絕秦》亦爲如此。人們知道戰國時代，七國征伐，諸子百家雲起，這一烽火戰亂，諸子游説的時代，對中原文化的進一步統一、發展起了促進作用。反映在語言上，則時代的通用語、固定句式，成語等，均爲列國文人謀士所用。所以出現《詛楚文》、《呂相絕秦》之類文章并不爲奇，而恰好證明其時代真實性，故不當以仿作論之。

注：本文肆、伍兩節由孫屏補作。

一九三九年四月稿　一九四一年再稿，四三年《楚辭九歌解詁》摘要發表　一九八八年改寫

『㱿虎』攷釋

鳳翔秦公大墓出土編磬，王輝、郭子直兩先生據『龔趄是嗣』磬銘及另一殘磬『隹四年八月初吉甲申』之語，考定這組編磬是秦景公四年之物是很精確的。編磬銘文已有專家作全面細緻深入的研究。這里只就『龔趄是嗣』磬銘中的陽韻五句，從「㱿」和『㱿虎』的關係，談一談個人對『㱿虎』的看法。

這五句是：

此磬銘文兩行。自[illegible]至[illegible][illegible]為第一行，[illegible]為第二行首字。二行[illegible]下十七字節略。

這陽韻五句是編磬銘文的一小段，它是就「樂」立言的。從這段的字與詞、詞與句、句與段，語言形式與語意內容等相互依賴相互制約的對立統一關係中，可知[illegible]乃从湯得聲之字。[illegible]與小篆[illegible]、[illegible]上部形近。从爵省湯聲。當是鬺字。王輝同志釋作灪是對的。在本段銘文中用為形容之詞，可釋為『湯湯』。

『湯湯』即『洋洋』。《論語・泰伯》『子曰：『師摯之始，關雎之亂，洋洋乎盈耳哉！』何晏《集解》引鄭曰：『洋洋盈耳，聽而美之。』『洋洋』與『湯湯』古同音，都是陽部舌音。《呂氏春秋・

孝行覽·本味》『鍾子期又曰：「善哉乎鼓琴！湯湯乎若流水。」』《韓詩外傳》卷九記此事說：『鍾子期曰：「善哉鼓琴！洋洋乎若江河。」』《說苑·尊賢》也引用此事，寫作『鍾子期復曰「善哉乎鼓琴，湯湯乎若流水。」』與《呂覽》作「湯湯」相同。

从湯得聲。在磬銘『百樂咸奏』的制約下，即湯湯，湯湯即洋洋。磬銘用它來比擬通過樂器演奏的樂曲音響：它的旋律，使人在音感上得到美的享受——流音如水，起伏蕩漾。

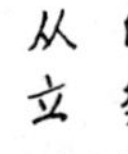从立聲。以幾父壺「幾」字作例之，ㄅ大都象人形，在字形結構中，可以起同樣作用。如甲骨文之與，古金文之與可知『幾』字乃从戈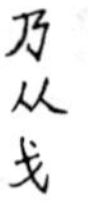聲，而不是如《說文》的『从丝从戍』。从聲，字與幾同音。在這段寫音之辭，它當是『𧯷』的借字。

《說文》：『𧯷，訖事之樂也。从豈幾聲。』桂馥《說文義證》說：『「訖事之樂也」者。《釋詁》「訖，止也。」』段玉裁說：『「終事之樂，……如賓出奏《陔》，公入奏《驁》是也。』——朱駿聲《說文通訓定聲》引或說云：『訖事，猶言樂成也。』磬銘『又有娛饗兼』在陽韻敘樂五句之末，而上與『湯湯乎商』相呼應，它的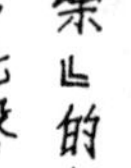字正有『訖事之樂』的意思。字形、詞義、文意俱合，因此說：此磬銘文，从嬔為𧯷。

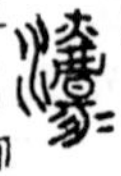和兩事如此，然後說『𣪕虎』。磬銘『𣪕虎饗入』的字也見於䖒文公子𣪕鼎。鼎文𣪕字寫作

三代卷三 四十八葉 前半葉

三代卷三 四十八葉 後半葉

鼎的銘文是：

虢文公子𣪘　第一行
乍弔妃鼎其　第二行
萬年無疆子＝　第三行
孫＝永寶用亯　第四行

『虢文公子𣪘乍弔妃鼎』這句銘文裏『𣪘』下有『乍』，而『乍弔妃鼎』的動賓關係，可以確定『𣪘』雖从乍聲，但非『作』字。它應是『虢文公』之『子』的名字。

《說文》『齰，从齒㫺聲。齚，齰或从乍（聲）。』『矠，从矛㫺聲，讀若笮。』从乍得聲與从㫺得聲之字同音。从『𣪘』為名之人，古書未見；然以與『𣪘』同音之『㫺』為聲之名，在先秦古籍中却時有所見。如『石碏』見於隱公三、四年《左傳》，周懿王子叔繡字錯（見《漢書·地理志》沛郡公丘。說見《經義述聞·二十三·春秋名字解詁下》）。昔與乍同音。『虢文公子𣪘』的𣪘字，作為人名，當與衛石碏，周王子錯之碏或錯為同類，其讀音與从昔得聲之字相同。

昔，殷周文字寫作

它的結構是从日𡿧聲。𡿧，古文虞。《左傳·隱公》『仲子生而有文在其手，曰為魯夫人。』孔穎達疏云：『石經古文虞作𡿧，魯作农。』昔，是鐸部齒音字；虞，是魚部牙音疑母字；而𡿧又為齟齬芊嶽之形。从形象寫詞法建成的古文字體系，字的形象反映詞義的形象特點，而它所寫詞又是一個音義對立統一體。在這些歷史關係中，可以窺測到作為昔的聲符，虞的古文的𡿧字原是一個以齒音和牙音疑母構成的複輔音詞的書寫形式。它的古音可能是［*zŋa］魚部，用王力《詩經韻讀》擬音。分化為單音節詞後，變作齒牙、鉏牙齟齬、齰齖、厏厊、柞鄂之類的雙音節詞。作為單音節詞，昔、乍都以齒音為輔音，而虞（古文作𡿧）的輔音則是疑母。石經𡿧字是它們分化後，在詞的書寫形式上殘存的唯一聯系。

《說文》『㫺，乾肉也。从殘肉，日以晞之，與俎同意。腊，籀文从肉。』

按：當是从日从𡿧，𡿧亦聲。日晞肉乾，褶皺齰齖，故謂之𡿧，其形不同於俎，更無關『洪水之巛』葉玉森說，見《說契》也。

乍與昔同音，从作聲。从持孔，孔當即車蚤字所从之  車蚤 綠遺209.1 亦即且辛觚的。一種刀鋸連體的兩用工具。以手持之，杜形象寫詞法中，一般是動詞，其詞為何？不得而知。僅知其語音形式是與乍、昔相同的。 且辛觚 三代卷十四二十八葉七

𣪊字雖有作動詞屬性，但杜『𣪊虎㲋入』句中，虎並非它的賓語。杜磬銘『□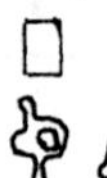□□□前磬末句，湯湯孚商。百樂咸奏，允樂孔煌。』和『又有嬟鐖㲋羕』而鐖為『訖事之樂』的前後制約下，這個『𣪊虎』應該是『入樂發聲』，致使那正在演奏的『訖事之樂』戛然而止（餘音在漾）的『所以止樂』之器——『敔』。

《釋名·釋樂器》『敔狀如伏虎。』《呂氏春秋·仲夏紀》『飭鍾磬柷敔』，高誘注云：『敔，木虎。脊上有鉏鋙。以杖櫟之，以止樂，樂以和成。』乍、昔同音，昔从仌聲，有鉏鋙之義；而磬銘右側又有孔帶鉏鋙之形；那麽『𣪊虎』是不是敔的別名——意為有鉏鋙之虎呢？

不是。

一、文獻上不見敔別稱木虎之名。

二、語言上「𩜓虎」和乍厝、齟齬、鉏牙、鉏鋙等由[*zŋa]複輔音詞分化而成的單輔音雙音節詞有同源關係。

虎，推其詞的語原，與从仌為古文的虞一樣，也是从古複輔音詞[*zŋa]發展變化而來的。它們是同源字。

虎，甲骨文作，周金文作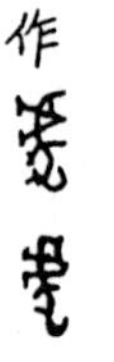。甲骨文，周金文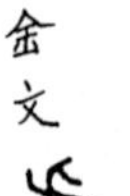 秦公鎛  虘爵  班簋 諸字上部所从形都是張口呲牙豎耳的虎頭，是虎之省。《說文》說『虍，虎文也。象形。』這是不對的。王筠已經說到這事《說文釋例》卷三，雖然他還沒有看到甲骨文字。

處，《說文》『処，止也。得几而止，从几从夂。處或从虍聲。』周金文作 井人妄鐘  曶鼎 處从虎省聲，是它與虎同聲。《呂氏春秋·仲秋紀·愛士》『陽城胥渠處，廣門之官夜款門而謁曰：「主君之臣胥渠有疾。」』高誘說『處，猶病也。』朱駿聲認為這個處『叚借為癙，實為鼠。』《說文通訓定

聲類部》《爾雅·釋詁上》「瘋，病也。」處與杵同音，《切三》並昌與切。鼠、癙都是舒莒切。古音處與杵同是魚部昌母字，鼠是魚部書母字。這反映从虎得聲之字有塞擦音、或擦音。這是一個值得注意的迹象。

鬳，《說文》說它是「鬲屬。从鬲虍聲。」甲骨文和古金文鬳戈象其物形，而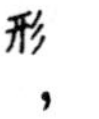甲2008見甗王孫壽甗則从虎省聲。《說文》「甗，甑也。从瓦鬳聲，讀若言。」言、鬳、甗都是疑母字。从虎得聲，而其輔音乃在疑母，這又是「虎」音值得注意的迹象。者減鐘

甲骨文有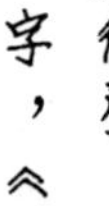字，《杼》《前》兩見《殷虛卜辭綜類》頁二四一上，卜辭殘斷，難定其詞。然其字也見於周金文。者減鐘「工鬳王」即句吳王。齊鎛「保鬳兄弟」「保鬳子姓」即保吾兄弟、保吾子姓。沇兒鐘「⿰鬳攴呂匽呂喜」即吾以匽以喜。古魚、吾、吳同音，王國維說「古魚吾同音，故往往假鬳、⿰鬳攴為吾」《觀堂集林卷十三·鬼方昆夷玁狁考》郭沫若說「金文虞，字每作吳，而吳越之吳則作攻⿰鬳攴 攻吳若攻敔」《兩周金文辭大系攷釋·吳尨父毀》。蓋以「魚」為「吾」，易誤為魚鱉之魚；以句吳之「吳」與北吳之「吳」混而難分。《漢書·地理志》「大伯初奔荊蠻，荊蠻歸之，號曰句吳。大伯卒，仲雍立。至曾孫周章，而武王克殷，因而封之。又封周章弟中於河北，是為北吳。」遂以同音互足，各着「虎」而省之以為聲，從而以「鬳」區別於「魚」，以「虞」區別於「吳」。「虍」與「吾」「吳」「魚」「虞」同音，這也是「虎」的古音輔音為疑母的另一迹象。

齊鎛

沇兒鐘

虞司寇壺

从虎得聲之「處」與「杵」同音，昌與切，正齒穿母。而「虎」古音疑母。以从虍得聲之「虞」古文作，有芈嶽齟齬之象。

李方桂在他的《泰語中的幾個古漢語借詞》中，注意到漢語的地支「午」在泰語的詞，象 Ahom 的 shi-nga, Lü 的 sa-ŋa, Dioi 的 sa_3，他說：這里，shi-nga, sa-ŋa 和 sa 的音，都指出原來不是一個單獨的舌根鼻音而是一個複聲母，有點像 zŋ-(不是 sŋ-) 李文見《哈佛亞洲學報》第8卷。本段用周達甫《語文零譯一》——《語言學論叢》第一輯211~212頁

午	魚	疑
吾	魚	疑
魚	魚	疑

古音

杵	魚	昌 穿三
胥	魚	心
穌	魚	心

理的。

牙　魚　疑　　邪　魚　邪

這一類例子，不止這四組語關係。這里不能一一列舉。何以用「午」「吾」「魚」「牙」等疑母字為聲符諸字，如「杵」「魯」「穌」「邪」等而有擦音。若不是古有複輔音[zŋ-]是很難說明它的音理的。

古代漢語複輔音詞轉化為單輔音詞並不是都出一轍的。有的只用其中之一；有的隨着詞孳乳分化，兩個輔音分別並見；有的依其原來順序化為一個雙音節詞，前一輔音在第一音節，後一輔音在第二音節，分別作為兩個音節的輔音。以[zŋ-]為例，其雙音節詞，前音節輔音為擦音，而後音節輔音為舌根鼻音。

「虎」古音是以舌根鼻音—疑為輔音，而从虎得聲之「處」，其輔音為擦音，這是前面所說的第二種。

「虞」疑母，古文作仌，象鉏鋙之形，反映它是由複輔音[*zŋa]轉化為疑母的。這是前面所說的第一種。

《說文》「虞，騶虞也。白虎黑文，尾長於身。……从虍吳聲。《詩》曰：『于嗟乎騶虞』。」

《山海經·海內北經》「林氏國有珍獸，大若虎，五采畢具，尾長于身，名曰騶吾，乘之日行千里。」

《逸周書·王會》「央林以酋耳。酋耳者，身若虎豹，尾長參其身，食虎豹。」按：「酋耳」是「酋牙」字誤。《呂氏春秋·審應覽·淫辭》「公孫龍言藏之三牙甚辯。」《孔叢子·公孫龍》作「公孫龍言臧之三耳甚辯析」，是「耳」「牙」形近致誤之證。

《史記·滑稽列傳》褚先生所附《故事滑稽之語》「遠方當來歸義，而騶牙先見。」

古音幽侯音近，酋、騶都是齒音。虞、吾、牙古同音，疑母。是騶虞、騶吾、騶牙、酋牙乃同一詞的不同書寫形式。其語音前一節為擦音而後一節為舌根鼻音疑母，是古複輔音詞[*zŋa]化為雙音節詞的結果。這是前面所說的第三種。

魚、侯音近，到西漢時期魚、侯合為一部，羅常培周祖謨《漢魏晉南北朝韻部演變研究》十三至二十二頁。騶虞即鉏鋙的同音詞。

騶、鉏輔音都是齒音。

騶虞是虎形之獸，而以虎為聲之字，又有擦音和舌根鼻音疑母之迹。虞之為獸其形如虎，而有騶虞之名；虞古文作仌，又有與鉏鋙詞義相應之形。

推其詞其語源[*zŋa]拖為雙音節詞，則演變為騶虞、鉏鋙等等，隨詞義之義象或義類而賦形。凝為單音節詞，側重擦音者，如昔、如作；側重舌根鼻音，如吾、如牙、如虎。在分化造詞中，有些分化詞各取其一。在書寫形式上有的以一字而重音為其過渡，虡的古文㐺反映了這一事實。

磬銘（虎，疑母）从語言來説，是與鉏鋙、騶吾為一類的雙音節詞。

鉏鋙就物象來説，是有鋸齒形象的。《説文》「業，大版也，所以飾縣鐘鼓，捷業如鋸齒，以白畫之，象其鉏鋙相承也。」刻木作鉏鋙，捷業如鋸齒，以物擽之，所以止樂，這應是「𣪘虎」之器最初物象。是按其詞義所概括的形象特點，也就是按其鉏鋙捷業之狀而命名的。𣪘虎與鉏鋙古同音。從語言變化來考察，這個詞及其書寫形式是比較早的，磬銘是沿用古已有之的名字和寫法。

「虎」在西周，已由舌根鼻音轉為舌根擦音——由疑轉曉（ŋ-x），為了區别召評之「乎」與歎詞之「呼」，周金文已經出現「須鼎」與「虖」的差别。例如：

師遽簋「王乎呼師朕易師遽貝十朋」呼作。

克鐘「王乎呼士智召克」呼寫作

效卣「烏虖，效不敢不萬年夙夜奔徙䫉公休」，鳴呼之呼寫作。

鳴呼之呼，毛公鼎作，寡子卣作，番鼎作，沈子簋作。

「乎」「虖」同音（古音魚部曉母），而作為歎息之辭者，却加「虍」以别之。顯見這時「虎」的語音已由舌根鼻音轉為舌根擦音，自疑入曉。

由於這種止樂之器以「𣪘虎」寫其器名「鉏鋙」之音。由於這個雙音詞的後一音節與「虎」同音，在書寫形式上直用虎字，遂以「虎」形美化其器形，從而改造成為「狀如伏虎」，「背上有二十七鉏鋙刻」，「以物擽之，所以止樂」的用以止樂之器。《書·益稷》「合止柷敔」鄭注，《爾雅·釋樂》。

由於「𣪘虎」的「虎」字由疑母變為曉母，與「鉏鋙」之音不合，遂又以「敔」字來寫它。「敔」《説文》「禁也。一曰樂器椌、楬也。形如木虎。从攴吾聲。」「吾」上古音與「魚」「午」等字同音，也有擦音遺迹。鉏鋙、騶吾等詞是它從[ZJa]演化而成的雙音節詞。其側重在舌根鼻音的，由帶輕擦而到無擦。其帶輕擦音者，與「鉏鋙」「𣪘虎」極近，因而「𣪘虎」也可以稱之爲「敔」。擦音消失，成爲魚部疑母之「敔」，變成了單音節詞。

〔按〕先生此文初作於一九八六年，同年九月提交山東長島中國古文字學術研討會。本論文集初稿交付中華書局時，秦公一號大墓發掘報告及有關材料尚未發表，故未將此文收入。此次出版，謹據先生當年油印稿校覈，補入文集。秦公大墓石磬銘文詳細攷釋見王輝、焦南鋒、馬振智《秦公大墓石磬殘銘考釋》，載臺北史語所集刊第六十七本、第二分册。——編者

以齒音和牙音疑母構成的複輔音初步探索

——［sŋ-］複輔音和古文字

漢語詞彙的語音形式，在上古，有一部分詞的音節是以複輔音作聲母的。這個說法，同漢語史中某些問題一樣，學術界意見是並不一致的。

由於詞是語音形式和詞義內容的對立統一體，而古文字是古漢語詞的書寫形式，複輔音的問題對詞源、字源以及它們的分化、孳乳、演變都有一定關係。在漢語史研究中，承認它曾經存在，是一種情況，反之，則是另一種情況。為了如實地反映歷史實際，這個問題在漢語史研究中是很重要的。

我不懂古音，對古複輔音問題更是瞢無所知。在學習和驗證中，初步地接觸了一些現象。它使我想：在以塞音和邊音構成的 pl-（bl-）、tl-（dl-）、kl-（gl-）等複輔音之外，是不是還有以齒音和牙音疑母構成的，以 sŋ-（zŋ-）、tsŋ-（dzŋ-）為代表的一類複輔音呢？

為了便於求教，謹把自己初步摸索到的一些迹象和看法寫在這裡，請各位師友指正。

第一部分

一群以齒音和牙音疑母分別作前後兩音節聲母而詞義相同或相近的疊韻連語

在古漢語文學語言裡，有一群雙音節詞，它們在音義兩方都有共同之處。在語音形式上，從韻來說，都是疊韻連語；從聲來看，它們都是前音節以齒音爲聲，後音節以牙音疑母爲聲的。在詞義內容上，它們不是相同，便是相近，彼此都有齟齬不平的意象。在詞彙數量上，是比較多的。從詞源學來推尋，它們年代、行輩雖有不同，却都是同族。

爲了通過現象看本質，這裡擇錄一部分詞來作例，以便觀察和思索：

崰　嶷

崰　莊持切　莊之開二　　嶷　魚其切　疑之開三

《文選·魯靈光殿賦》：「崱屴嶬𡾊，岑崟崰嶷，駢龍從兮。」李善注：「皆峻嶮之貌。……崰、音菑，嶷，音疑。」

《集韻·之韻》：「崰，莊持切；崰嶷，不齊皃。」「嶷，魚其切。」

崱　嶷

崱　士力切　牀職開二　　嶷　魚力切　疑職開三

《楚辭·九辯》：「枝煩挐而交横。」王逸注：「柯條糾錯而崱嶷也。」

慧林《音義》八十二：嶷然下云：「凝棘反，《韻英》云：崱嶷，山峻皃也。」

㟧　嵎

㟧　子于切　精虞合四　　嵎　遇俱切　疑虞合三

《玉篇(零卷)》山部，㟧字下云：「《埤蒼》：㟧嵎，高厓也；《字指》：㟧嵎，木石相向也。」《玉篇·山部》：「㟧，㟧嵎，高崖也，山石相向。」

《廣部·虞韻》：「㟧，㟧嵎。」

陬　隅

陬　子于切　精虞合四　　隅　遇俱切　疑虞合三

《廣韻·虞韻》：「陬，陬隅。」

《說文·山部》：「岊，陬隅，高山之節。」按：《詩·節彼南山》《傳》云：「節，高峻貌。」

齱　齵

齱　側鳩切　莊尤開二　　齵　五婁切　疑侯開一

《廣韵．尤韵》：「齱、齱齵，齒偏。」又，侯韵：「齵，齱齵。」

《說文．齒部》：「齱，齵也。」又，「齵，齒不正也。」

丵　嶽

丵　士角切　牀覺開二　　嶽　五角切　疑覺開二

《說文．丵部》：「丵．叢生艸也．象丵嶽相並出也。」

鉏　䥏　　鉏　鋙

鉏　牀呂切　牀語開二　　䥏　魚巨切　疑語開三

《廣韵．語韵》：「鉏．鉏鋙，不相當也。」又，「鋙，鉏鋙，不相當也。䥏，上同。」

《說文．金部》：「䥏，鉏䥏也，从金御聲。鋙，䥏或从吾。」又：「錡，鉏䥏也。」

《楚辭．九辯》：「圜鑿而方枘兮，吾固知其鉏鋙而難入。」《文選．五臣注》．濟曰：「鉏鋙，相距貌。」洪興祖《補注》曰：「鉏．狀所．牀舉、二切，鋙，音語，不相當也。」

岨　峿

岨　*壯所切　牀語開二　　峿　*偶舉切　疑語開三

《文選．文賦》：「或岨峿而不安。」李善注：「岨峿，不安貌。《楚辭》曰：「圜鑿而方枘兮，吾固知其鉏鋙而難入。」岨，助舉切，峿，魚呂切。」

《集韻．語韻》：「岨，岨峿，山形，壯所切」；「峿、岨峿，山貌。偶舉切。

齟　齬

齟　牀呂切　牀語開二　　齬　魚巨切　疑語開三

《廣韻．語韻》：「齟，齟齬。」又，「齬，齟齬，不相當也。或作鉏鋙，《說文》曰：齬，齒不相值也。」

《太玄．親》：「初一，親非其膚，其志齟齬。」《集注》王曰：非其肌膚之親，而或親之，則其志齟齬不相入矣。」

《淮南子．俶真訓》：「夫挾依於跂躍之術，」注：「跂躍猶齟齬，不正之道也。」

齟　齬

齟　側魚切　莊魚開二　　齬　語居切　疑魚開三

《廣韻．魚韻》：「齟，齒不齊皃。」又：「齬，齒不相值。」

《說文．齒部》：「齟，齬齒也。」又：「齬，齒不相值也。」

齟　齖

齟　側加切　莊麻開二　鉏加切　牀麻開二　　齖　五加切　疑麻開二

《廣韻．麻韻》：「齟，齟齖。」又：「齖，齟齖，齒不平正。」

《玉篇．齒部》：「齖，五加切，齟齖，齒不平。」

樝　牙

樝　側加切　莊麻開二　　牙　五加切　疑麻開二

《釋名．釋形體》：「牙，樝牙也，隨形言之也。」

謯　訝

謯　側下切　莊馬開二　　訝　吾駕切　疑禡開二

《廣韻．馬韻》：「謯，謯訝，訶皃。」

鉏　牙

鉏　士魚切　牀魚開二　　牙　五加切　疑麻開二

《周禮．考工記．玉人》：「牙璋、中璋七寸，射二寸，厚寸，以起軍旅，以治兵守。」鄭氏注：「二璋皆有鉏牙之飾於琰側。先言牙璋，有文飾也。」孫詒讓《正義》云：「鉏牙，謂就剡處刻之，若鋙齒然不平正。」

齰　齖

齰　鋤駕切　牀禡開二　　齖　吾駕切　疑禡開二

《廣韻·禡韻》：「齰，齰齖。」又，「齖，齰齖，不相得也。」

厏　厊

厏　側下切　莊馬開二　士下切　牀馬開二　厊　五下切　疑馬開二

《廣韻·馬韻》：「厏，側下切，厏厊，不合。」又，「厏，士下切，厏厊。」「厊，五下切，厏厊，不合。」

杈　枒

杈　初牙切　初麻開二　枒　五加切　疑麻開二

《廣韻·麻韻》：「枒，杈枒。」

《文選·魯靈光殿賦》：「枝掌杈枒而斜據。」李善注：「杈枒，參差之皃。」

叉　牙

叉　初牙切　初麻開二　牙　五加切　疑麻開二

柳宗元，《辯文子》：「其意緒文辭，叉牙相抵而不合。」

柞　鄂　柞　㮩　柞　剻

柞　在各切　從鐸開一　鄂　五各切　疑鐸開一

《周禮·秋官·雍氏》：「春令爲阱擭　溝瀆之利於民者。」鄭注：「擭，柞鄂也。堅地阱淺，則設柞鄂於其中。」賈疏云：「柞鄂者，或以爲豎柞于中，向上鄂鄂然所以載禽獸，使足不至也，不得躍而出，謂之柞鄂也。」

《書·費誓》：「杜乃擭。」鄭注：「擭，柞剻也。」

《禮·中庸》：「罟擭。」孔疏：「擭，謂柞㮩也。」

作　鄂　作　咢　作　噩

作　則落切　精鐸開一　鄂　五各切　疑鐸開一

《史記·天官書》：「作鄂歲，歲陰在酉。」

《晉書·劉曜載記》：「咢者，歲之次名作咢也。」

《爾雅·釋歲陰》："太歲在酉曰作噩。"注："作噩，皆物芒枝起之貌。"

作　詻

作　則落切　精鐸開一　詻　五陌切　疑陌開二

《漢書·天文志》："太歲在酉曰作詻。"注："爾雅作噩。"

岝　㟧　岝　崿

岝　在各切　從鐸開一　㟧　五各切　疑鐸開一

《廣韻·鐸韻》："岝，岝㟧，山高。"

《文選》左思《吴都賦》："雖有石林之岝崿，請攘臂而靡之。"

又，嵇康《琴賦》："互嶺巉巖，岞崿嶇崟。"李善注："皆山石崖巘嶮峻之勢。"

岝　峉　岝　㟯

岝　鋤陌切　牀陌開二　峉　五陌切　疑陌開二

《廣韻·陌韻》："岝，岝峉，山皃。"又，"峉，岝峉，或作㟯。"

《文選·琴賦》："岞崿嶇崟，"五臣本岞崿作岞峈。

《南都賦》："岝峉嶵嵬，"李善注："埤蒼曰：岝峉，山不齊也。"

岝　額　岝　嶺

岝　鋤陌切　牀陌開二　額　五陌切　疑陌開二

楊泉《五湖賦》："岝額崔巍，穹窿紆曲。"

《文選·海賦》："啟龍門之岝嶺。"李善注："岝嶺，高貌。"

柞　格

柞　在各切　從鐸開一　格　五各切[一]　疑鐸開一

注：[一]，格，《廣韻》古伯切，見陌開二。今按，《魯語》及韋注，知即"阱擭"之"作鄂"，而从各得聲之詻、峉、額、㟯、嶺都讀疑母，因據改。

《國語·魯語》：「鳥獸成，設阱鄂。」韋注：「鄂，柞格，所以誤獸也。」

崔嵬

崔　昨回切　從灰合一　嵬　五灰切　疑灰合一

《廣韻·灰韻》：「崔，崔嵬」；又，「嵬，崔嵬。」

《說文·山部》：「崔，大高也。」又，嵬部：「嵬，高不平也。」

《詩·卷耳》：「陟彼崔嵬，」傳：「崔嵬，土山之戴石者。」又，《谷風》：「維山崔嵬，」傳：「崔嵬，山顛也。」

《楚辭·涉江》：「冠切雲之崔嵬。」注：「崔嵬，高貌也。」

《文選·魏都賦》：「蔚若崇山，崫起以崔嵬。」

崔巍

崔　昨回切　從灰合一　巍　語韋切　疑微合三

《楚辭》東方朔《七諫·初放》：「高山崔巍兮，」王注：「崔巍，高貌。」

𡾰隗

𡾰　徂賄切　從賄合一　隗　五罪切　疑賄合一

《漢書·揚雄傳·甘泉賦》：「駢交錯而曼衍兮，綏𡾰隗虖其相嬰。」師古注曰：「𡾰隗猶崔巍也。」

《文選·甘泉賦》李注：「《埤蒼》曰：𡾰隗，高貌。」

㠑嵬

㠑　徂賄切　從賄合一　嵬　五罪切　疑賄合一

《文選·魯靈光殿賦》：「瞻彼靈光之為狀也，則嵯峨㠑嵬，峞巍㠥㟪。」李善注：「皆高峻之貌。」

又，《南都賦》：「岝峉㠑嵬。」李善注：「《說文》曰：「㠑嵬，山石崔嵬高而不平也。」」

嶵嵬

《古文苑·蜀都賦》：「爾乃蒼山隱天，岭崟迴叢，增嶃重崒，𡶶石巀崔，岋嵷嶵嵬，霜雪終夏，叩巖岭嶙。」《抱朴子·微旨》：「絕險緬邈，投嵷嶵嵬。」

嶵巍

嶵　徂賄切　從賄合一　巍　語韋切　疑微合三

《春秋繁露·山川頌》：「山則巃嵸壘崔，嶊嵬嶵巍，久不崩阤。」《古文苑·山川頌》：「山則巃嵸藟嶉，嵬嶉嶵巍。」注：「嶵，才賄反；巍，嵬字同聲。並高峻崇積貌。」

《世說新語·言語》：其山嶵巍以嵯峨。」

嵳峩　嵯峨　嵳峨　嵯峩

嵳　昨何切　從歌開一　峩　五何切　疑歌開一

《廣韻·歌韻》：「嵳，嵳峩。」又，「峩，嵳峩。」

《說文·山部》：「嵯，山皃。」又，「峨，嵯峨也。」

《楚辭·招隱士》：「山氣巃嵸兮石嵯峨。」王逸注：「嵯峨，𡾰嶭，峻蔽日也。」

《文選·上林賦》：「嵯峨嶕嶫，刻削崢嶸。」又，《甘泉賦》：「增宮參差，駢嵯峨兮。」又，《魯靈光殿賦》：「瞻彼靈光之為狀也，則嵯峨嶵嵬，峞巍㠥𡸣。」

《水經注·漾水》：「所謂積石嵯峨，嶔岑隱阿者也。」

厜㕒

厜　姊規切　精支開四　㕒　魚為切　疑支合四

《廣韻·支韻》：「厜，厜㕒，山顛狀。」又「㕒，厜㕒。」

《說文·厂部》：「厜，厜㕒，山顛也，从厂垂聲；」又，「㕒，厜㕒也，从厂義聲。」

《爾雅·釋山》：「山頂冢，崒者厜㕒。」郭注：「謂山峰巉巖。」郝懿行曰：「《說文》云：崒，危高也。厜㕒，山顛也，通作崔嵬。鄭箋《十月之交》云：崒者崔巍；《漸漸之石》云：卒者崔嵬，謂山顛之末也。俱本《爾雅》。卒崒字通，崔嵬厜㕒字異義同。」

齹䶖

齹　士佳切　牀佳開二　䶖　五佳切　疑佳開二

《廣韻·佳韻》：「齹，齹䶖，齒不正也。」又，「䶖，齹䶖。」

巀嶭　巀巕

巀　才割切　從曷開一　昨結切　從屑開四

嶭　五割切　疑曷開一　五結切　疑屑開四

《廣韻·屑韻》：「巀，巀嶭，山名。」又，「嶭，巀嶭。」《曷韻》：「巀，巀嶭，山名，在右扶風。」

《說文·山部》：「巀，巀嶭山在馮翊池陽。」又，「嶭，巀嶭山也。」

《漢書·地理志·左馮翊·池陽》：「巀嶭山在北。」應劭曰：「在池水之陽。」顏師古曰：「巀嶭即今俗所呼嵳峩山是也。」

《文選·長楊賦》：「椓巀嶭而為弋，紆南山以為罝。」顏師古曰：「巀嶭即今謂嵳峩也。」又《上林賦》：「九嵕巀嶭，南山峩峩。」郭璞注：「巀嶭，高峻貌也。」又，《南都賦》：「坂坻巀巕而成甗。」李善注引郭璞上林賦注：「巀巕，高峻也。」

𪗴齗

𪗴　士板切　牀潸開二　齗　五板切　疑潸合二

《廣韻·潸韻》：「𪗴，𪗴齗，齒不正。」

棧齴

棧　士免切　牀獮合二　齴　魚蹇切　疑獮開三

《文選·西京賦》：「坻崿鱗眴，棧齴巉嶮。」李善注：「棧、嶮，皆高峻貌。」向注：「皆殿階高峻之貌。」

巑岏

巑　在丸切　從桓合一　岏　五丸切　疑桓合一

《廣韻·桓韻》：「巑，巑岏，小山貌。」又，「岏，巑岏。」

《玉篇·山部》：「巑，在丸切，巑岏，銳上也；高也。」又，「岏，牛丸切，巑岏。」

《楚辭·劉向九歎·憂苦》：「登巑岏以長企兮，望南郢而闚之。」王逸注：「巑岏，銳山也。」《文選·宋玉高唐賦》：「盤岸巑岏，裖陳磑磑。」李善注：「王逸楚辭注曰：巑岏，山銳貌。」

磼　礏

磼　徂合切　從合開一　　礏　五合切　疑合開一

《廣韻·合韻》：「磼，磼礏，山高。」又，「礏，磼礏。」

𡼲　嵒

𡼲　昨淫切　從侵開四　　嵒　五咸切　疑咸開二

《廣韻·侵韻》：「𡼲，𡼲嵒。」

《說文繫傳·山部》：「𡼲嵒，不齊也。」

岑　巖

岑　崟

岑　鋤針切　牀侵開二　　巖　五銜切　疑銜開二　　崟　魚金切　疑侵開三

《廣韻·侵韻》：「岑，山小而高。」

《管子·宙合》：「山陵岑巖，淵泉閎流。」

《史記·司馬相如傳·子虛賦》：「其山則盤紆岪鬱，隆崇嵂崒，岑巖參差，日月蔽虧。」《文選》岑巖作岑崟。——崟，《廣韻·侵韻》：「魚金切。」

岑　嵓

岑　鋤針切　牀侵開二　　嵓　五咸切　疑咸開二

《文選·琴賦》：「崔巍岑嵓。」李善注：「岑嵓，危險之形。《字林》曰：山巖也。」

𢱢　業

𢱢　疾葉切　從葉開四　　業　魚怯切　疑業開三

《說文·丵部》：「業，大版也，所以飾縣鍾鼓，𢱢業如鋸齒，以白畫之，象其鉏鋙相承也。」

𡸣　嶫

𡸣　疾葉切　從葉開四　　嶫　魚怯切　疑業開三

《文選·西京賦》：「嵯峩𡸣嶫，罔識所則。」薛綜注：「𡸣嶫，形勢也。」

嶄　巖

嶄　巖

嶃　鋤銜切　牀銜開二　　巖　五銜切　疑銜開二

《淮南子・泰族訓》：「故舜深藏黃金於嶄巖之山。所以塞貪鄙之心也。」

《楚辭・招隱士》：「谿谷嶄巖兮水曾波，」注：「崎嶇間寫，嶮阻傜也。」五臣云：「嶄巖，險峻貌。」

又，《九歎・思古》：「山參差以嶄巖兮，阜杳杳以蔽日。」注：「山阜高峻，樹木蔽日，望之無人，但見鳥獸也。」

《文選・西京賦》：「上林岑以壘嶵，下嶄巖以嵒齬。」銑注：「林岑壘嶵，嶄巖嵒齬，言上下皆險峻不齊。」

《史記・司馬相如傳・上林賦》：「嶄巖參嵳，」顏云：「嶄巖，尖銳貌。」郭璞曰：「皆峰嶺之貌也。」

磛礹　磛礹　磛礹　磛巖

磛　慈染切　從琰開四　　礹　魚掩切　疑儼開三

《廣韻・琰韻》：「磛，磛礹。」又，儼韻：「礹，磛礹。」

《說文・石部》：「磛礹，石也。」又，「礹，石山也。」

《玉篇・石部》：「磛，任咸切，磛礹，山皃。」又，「礹，五咸切，磛礹。」

《淮南子・覽冥訓》：「熊羆匍匐，丘山磛巖。」

嶃嵒　磛嵒

嶃　鋤銜切　牀銜開二　　嵒　五咸切　疑咸開二

《廣韻・銜韻》：「嶃，嶃嵒，山皃。」又，咸韻：「嵒，巖也；又，嶃嵒，山高皃。」

蔡邕《隸勢》：「嶄嵒崔嵯，高下屬連。」

《說文・石部》：「嵒，磛嵒也，从石品。周書曰：『畏于民嵒』，讀與巖同。」

巉嵒

巉　鋤銜切　牀銜開二　　嵒　五咸切　疑咸開二

《廣韻·銜韻》：「巉，險也。」咸韻：「嵒，巖也。」又，「嶃嵒，山高皃。」

《文選·謝朓·郡內登望》：「威紆距遥甸，巉嵒帶遠天。」李善注引《廣雅》曰：「巉嵒，高也。」

按：今本《廣雅》作巉巗。

巉　巖

巉　鋤銜切　牀銜開二　　巖　五銜切　疑銜開二

《廣韻·銜韻》：「巉，險也。」又，「巖，峯也，險也，峻廊也。」

《廣雅·釋詁》：「巉巗，高也。」

《文選，高唐賦》：「登巉巖而下望兮，臨大阺之稸水。」李善注：「巉巖石勢，不生草木。」

《琴賦》：「互嶺巉巖，岞崿嶇崟。」李善注：「皆山石崖巇嶮峻之勢。」

儳　巖

儳　士咸切　牀咸開二　　巖　五銜切　疑銜開二

《左傳·僖公二十二年》：「鼓儳。」杜注：「儳巖，未整陣。」

巉　嶮

巉　仕檻切　牀檻開二　　嶮　魚檢切　疑琰開三

《廣韻·檻韻》：「巉，峻巉皃。」又，琰韻：「嶮，嵰嶮，山不平。」

《文選·西京賦》：「坻崿鱗眴，棧齴巉嶮。」薛綜注：「棧，嶮，皆高峻貌。」

上面列舉的，都是用兩個音節構成的詞。它們都是不能按字分拆割裂爲兩個部分來理解的。它們是一種聯綿字——疊韻連語。

這些雙音節詞，從切語上字可以看出：它們的前後音節，在輔音的發音部位和排列順序上，是有其共同特點的。其中

有一類是——

以精疑爲聲的，

以從疑為聲的，

𡸼嵎　陬隅　作鄂　作咢　作噩　作詻　厜㕒

柞鄂　柞㮙　柞𠜑　岝㟧　岝崿　柞格　崔嵬　崔巍　嵲隗　嶵嵬

嶵巍　嵳峩　嵳峩　嵯峨　嵳峨　嵯峩　巀嶭　巀嶭　巑岏　磼礏

嶜嵒　捷嶫　磛礹　磛礹　磛礹　磛巖

有一類是

以莊照＝疑為聲的，

嵫嶷　齱齵　齇齬　齇齖　樝牙　謯訝　厏厊

以初穿＝疑為聲的：

杈枒　叉牙

以崇牀＝疑為聲的，

崱嶷　丵嶽　鉏鎁　鉏鋙　岨峿　齟齬　齇齖　鉏牙　齰齖　厏厊

岝峉　岝峉　岝額　岝嶺　柞格　齹齸　齴齖　棧齴　岑巖　岑崟

岑嵒　嶃巖　嶄巖　嶃嵒　磛嵒　巉嵒　巉巖　儳巖　巉崄

它們的共同特點是：

一，聲母　第一音節都是齒音，——齒頭或正齒。

第二音節都是牙音疑母。

二，韻母　兩音節疊韻。

在詞義內容上，這群雙音節詞有如下的意象（不是"義項"）：

尖端向上，嵖岈並出，——

丵嶽　叢生艸也，象丵嶽並出也。

作噩　物芒枝起之貌。

嶄巖　峰嶺之貌。
岞崿　石林之岞崿
嵯峨　嶕嶢　刻削崢嶸。
巀嶭　即所謂嵳峩山也，（按：猶查牙山也，以勢取名。）
杈枒　枝掌杈枒，差參之貌。
岑巖　山陵參差。

勢如鋸齒，不齊不平，——

捷業　如鋸齒。
鉏鋙　錡。《詩·豳風》：「又缺我錡。」《韓詩》：「木屬曰錡。」王筠疑爲鋸，徐灝以爲鋸齒之類。說見後。
鉏牙　若鋸齒然不平正。
齟齖　齒不平正。
齇齖　齒不平。
巉嶮　山不平。
嶵嵬　山石崔嵬高而不平。
崔嵬　高不平也。
齹𪘏　齒不正也。
⿰齒戔⿰齒干　齒不正。
齱齵　齒不正也。
齟齬　不正之道也。
齇齬　齒不齊皃。
岝峉　山不齊也。
嶃巖　山參差，險峻不齊。

嶜嵒　不齊也。
崰嶷　不齊皃。
不平不齊，山勢石勢，——
嵽嶫　形勢也。
岨峿　山形，山皃。
磛礹　山皃。
嶃嵒　山皃。
岝峉　山皃。
嵯峨　山皃。
嶢巖　石勢。
岞崿　山石崖巘嶮峻之勢。
岝崿　石林之岝崿。
嵯峨　積石嵯峨。
不平不齊，山顛形勢——
崔嵬　山顛也。
厜㕒　山顛也。山顛之末也。
嶄巖　峰嶺之貌。
鋸齒峯嶽，鋒芒尖鋭——
巑岏　鋭山也。山鋭貌。鋭上也。
嶄巖　尖鋭貌。
鋒芒上出，高危險峻——
嶢嵒　高也。
岝頟　嶵隗　崔嵬　崔巍　高貌

岑崟　礁礏　山高。
嶄嵒　巉嵒　山高貌。
㟧嵑　高厓也。
崱嶷　山峻皃也。
嵯峨　巀嶭　峻蔽日也。
陬隅　嶵嵬　巀嶭　棧齴　巉嶮　高峻貌。
嶵巍　高峻崇積貌。
巖　山阜高峻。
嶄巖　險峻貌。
巉巖　岝崿　山石崖巘嶮峻之勢。
崰嶷　峻嶮之貌。
鋙齒嵯岈，枝撑抵拒，不合不安。——
杈枒　枝牚斜據。
叉牙　相抵而不合。
厏牙　不合。
鉏鋙　相距貌。
㟧嵎　山石相向。
齟齬　𪘏齬　齒不相值。
齟齬　不相當也。
鉏鋙　鉏𨧫　不相當也。
齰齖　不相得也。
齟齬　不相入。
鉏齬　難入。

岨峿　不安貌。

崱嶷　煩拏交橫，柯條糾錯。

儳巖　未整陣。

尖端向上，嵖岈並出，勢如鋸齒，是這一群詞的基本意象。不齊不平，山勢、石勢，山顛形勢，高危險峻，以及枝撐抵拒，不合不安都是在這個共同的基本意象的基礎上孳生出來的。

第二部分

它們是從古複輔音詞演變而來的

前面列舉的，以齒音和牙音疑母爲前後音節聲母的疊韻連語，推其語源，當是從古複輔音詞演變而來的。

所以這樣說，是因爲用『古漢語詞彙書寫形式學』研究古文字跟它所寫詞的音義關係，可以看到它的一些殘餘痕迹：

一、古文字中有一些具有齒音和牙音疑母兩種讀音的單音節詞

從形聲字看，有些形聲字，它所寫的詞，在語音上，是同它用以表音的聲符字本字的語音不一樣的。這種現象，情況比較複雜。這裡只說在讀音上有齒音和牙音疑母的差異的。

例如：吾和⿱吅吾、午和卸

吾和午古音都是魚部疑母字。可是⿱吅吾从吾得聲，卸从午得聲，却都讀若『寫』，變成了心母字。

《說文》：『⿱吅吾，獸名，从吅吾聲，讀若寫。』

卸，許慎沒有說它是形聲字。可是甲骨文寫作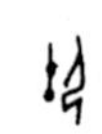、、。古金文寫作、。

李孝定說：「御字从彳（或从行）象道，从止（或省止）象道行者，从卩，則迓之者也。午聲」。〔一〕《說文》：「御，使馬也，从彳从卸。」段玉裁、邵瑛、朱駿聲、王筠、苗夔都認爲御从卸聲。御，牛倨切，古音疑母魚韻，與午同音。從甲骨金文看卸就是御的末着彳者，它从午得聲是沒有什麼問題的。卸，从午聲。《說文》說它是「舍車解馬也。讀若寫。」《說文》：「寫，置物也，从宀舄聲。」「舍車解馬」與「置物」詞義相近。

吾	五乎切	疑模合一
咢	悉姐切	心馬開四
午	疑古切	疑姥合四
卸	司夜切	心禡開四
御	牛倨切	疑御開三
寫	悉姐切	心馬開四

這六個字，吾、午、御都是疑母，咢、卸、寫都是心母。兩個同音詞，在異讀上出現同一現象，這一齒音和疑母的關係，應該不是偶然的。

也確實不偶然。請看：

《說文》「穌，从禾魚聲。」魚，語居切，是疑母字。而穌是素姑切，却讀爲心母字。

《說文》「獻，宗廟犬名羹獻。犬肥者以獻之。从犬鬳聲。」鬳，語堰切，疑母字。而《廣韻·歌韻》娑字紐：「獻，獻罇，見禮記，亦作犧。素何切。」則又讀爲心母字。

犧，《說文》：「宗廟之牲也。从牛羲聲。賈侍中說『此非古字』」。按《詛楚文》「圭玉犧牲」，直用羲字來寫。羲，《說文》「气也，从兮義聲。」義，許慎以爲字「从羊从我」，實際上它是一個从

注：〔一〕、《甲骨文字集釋》第二·〇五九一頁。

羊我聲之字。這一點宋保、孔廣居、朱駿聲、王筠各家都已經說到，而宋氏《諧聲補逸》論之尤詳，「羲和義都是疑母字。从牛羲聲的後起字，古音當然是以疑母為聲的。

《詩·閟宮》「犧尊將將」。《禮記·禮器》「犧尊疏布鼏，樿杓。」《釋文》並云「犧尊，鄭素何反。」

犧尊也就是獻尊。《周禮·司尊彝》「其朝踐用兩獻尊。」注：「鄭司農云：獻讀為犧。」《釋文》「兩獻，注作犧，同素何反。」又，《司尊儀》「鬱齊獻酌」，注：「鄭司農云，『獻，讀為儀』。玄謂『獻讀為摩莎之莎，齊語聲之誤也。』」《儀禮·大射》「兩壺獻酒」注「獻，讀為沙。沙酒濁，特泲之，必摩沙者也。」

摩莎、摩沙，《廣韻》作摩挱。歌韻娑字紐，「挱，摩挱。素何反。」

犧、獻都是疑母字，而又讀為莎，莎是心母字。這也是疑母字又讀為心母字的例子。

羲、義都是从我得聲之字，我字和兂們一樣也是疑母字。

「我」這個疑母字的主要器形部分，也被讀為心母字。

先從兂的字形說起。

甲骨文寫作 。周金文寫作 。

這個字的形象特點反映兂所寫詞原是古「鋸」的名字。[一]當時兂並不叫「鋸」。等形是這種工具的主要部分——鋸齒形象。

《說文》：「我，……从戈从𠂿。𠂿，或說古垂字，一曰古殺字。，古文我。」「手」和古文我字所从之「」都是以部分代整體的字形簡化。

殺，所拜切，古音月部生母。

我字以歌月對轉，而聲變為殺，這也是疑母字有齒音異讀的反映。

垂，《廣韻》是為切，禪母。

注：[一]關於兂和鋸的問題，見拙作ㄋㄉ爲——釋兂鋸。

《詩·小雅·十月之交》：「山冢崒崩。」《爾雅·釋山》：「山頂，冢；崒者，厜㕒。」《毛詩正義》引孫炎曰：「崒者：厜，子規反；」《釋文》：「厜，姊規反，郭：才規反，《字林》同，顧：視規反。本或作𡾊，又作嵯，皆才何反。」子、姊，精母；才，從母；視，禪母。從形聲字與其聲符的語音關係看，垂自是齒音字。

差也是齒音字。

垂、差兩字古音都在歌部。

差，小篆作䍿。《說文》：「貳也。差，不相值也。从左从𠂹。」𠂹、左基本同音。徐鍇曰：「左於事，是不當值也。」這個字所寫詞應是左的分化，爲了區別於左，遂又着𠂹聲於字上以別於左右之左。宋保、苗夔、朱駿聲諸家都認爲差是从𠂹得聲的。[一]看來有一定道理。

國差𦉜：「國差立事歲」，國差就是國佐。《左傳》昭公十六年：「子齹」，《釋文》「《說文》作⿱佐齒」。《說文》：「⿱佐齒，从齒佐聲。」《春秋傳》曰：「鄭有子⿱佐齒。」𠂹、左臧可切；佐，則箇切，都是精母字。差从𠂹聲，而又與左同音，是𠂹也曾是精母字。

總之，垂是齒音，則簡體我字——讀垂，也正反映一部分疑母字帶有齒音遺迹。

再如：

埶，種也，魚祭切，是疑母字。从𠒎得聲的槸，木相摩也，

精						嗟	瘥					差	⿰歹差
清			縒		⿱差車			皻	溠	傞			
從	嵳	齹		艖	⿱差車		瘥				⿱竹差	差	⿰歹差
心			縒							傞			
莊									溠		⿱竹差		
初	嵯	⿰齒差	縒	艖		⿰言差	瘥	皻					
崇		齹			⿱差車								
生													

注：[一]宋保《諧聲補逸》、苗夔《說文聲訂》、朱駿聲《說文通訓定聲》、林義光《文源》以爲左𠂹古同音，左𠂹皆聲也。

魚祭也，也是疑母的。

可是从它得聲的褻，私服也；暬，日狎習相慢也；⿱埶金，田器。它們則是私列切，心母字，[一]而从力埶聲的勢卻不見於《說文》，經典通以埶字來寫它。勢，舒制切，審祭開三。[二]

午是魚部疑母字。它所寫的詞原是杵臼之杵的名字。甲骨文作、。周金文作、、。正象杵形。可是把它借出去作干支字午未之午，由於使用頻率很高，在求別律的支配下，在寫本詞時，午旁加木以作區別，從而造成補償字——杵。在語音上也有區分：

干支	午	疑古切	疑姥合一
杵臼	杵	昌與切	穿語開三

穿昌是正齒音三等，也是齒音。

二、齒音和牙音疑母的關係在古分化造詞中的遺迹

古代漢語詞彙中，有一些詞，它原來的詞義比較渾淪。在使用中，隨着認識的深入和交際上的需要，在原詞的基礎上發生分化，分化成兩個或比兩個還多的新詞。這類分化詞，一般是在詞的詞義內容上，與其母體原詞詞義有一定的聯繫；在詞的語音形式上，或在聲母，或在韻母，保存着它和原詞的語音關係，在詞的書寫形式上，有的從字形結構中反映着它們之間的一些關係。

注：[一]、熱，如列切，爇，如劣切，日母字。它是由疑轉變的，有音理上的聯繫，與心和疑不同。

[二]、埶和執有別，一在祭部，一在緝部。兩字字形易混。如大徐本⿱執韋，小徐本作⿱埶韋。暬，大徐从執聲，依段桂朱說改。執，从羍，羍亦聲，在緝部。廣韻，暬，奴協切。誤埶聲為執聲。讀誤之音不列。

以殷周文字為例，

例如：大家熟悉的

俎　宜

《左傳》隱公五年，「鳥獸之肉不登於俎。」《史記·項羽本紀》：「如今人方為刀俎，我為魚肉。」《世說新語·方正》：「今猶俎上腐肉，任人膾截耳！」俎是用以切割魚、肉的砧板。

甲骨文寫作、、。古金文寫作、、。它寫詞方法是用兩夕（肉）重疊以象臠割切肉之事，用「且」表音，並把相疊的夕分寫在且的上下格裡。

在砧板上切肉，切肉的砧板以及用砧板切肉而祭為主要特點的祀典這些事物統謂之「」。這些詞義原是渾淪不分的。容庚據《儀禮·鄉飲酒禮》：「賓辭以俎」注，「俎者肴之貴者。」《詩·女曰雞鳴》：「與子宜之」傳，「宜，肴也。」又《爾雅·釋言》李注，「宜，飲酒之肴也。」他說「俎、宜同訓肴，可為一字之證。」〔一〕

這個字以後隨着詞的分化，相應地也分而為二：

一、利用原形的，逐漸簡化為，為，為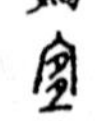，為隸定為宜。

二、移動相重的兩夕，把它們放在且字左側，以見它跟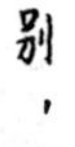的關係和區別，由到從而形成了俎字。

字一分為二，在聲母上：一個是齒音，一個是牙音疑母。

俎　莊母魚部

宜　疑母歌部〔二〕

從一個詞分化出來的兩個詞，而有齒音和牙音疑母的相應關係，是值得注意的。

注：〔一〕、《金文編》。　〔二〕、古音歌魚兩部相通。

再如：

月　夕

卜辭月夕同文，惟以文義別之。有月夕同見一片而同作若者。[一]沈兼士說：「蓋古者月夕同型互用，其義則一表月，二表月出之時（夕），三表朔望之朔。[二]」

殷虛卜辭，夕是日的反義詞。日指白天，而夕指夜晚。[三]夜晚之意無形象，其時有月，可作一般的特徵，因畫月以誌其時。因而「月」這一個字所寫的詞彙有兩個意思：一是月亮的月，一是夕。

月，古音在月部疑母。

夕，古與昔同音。《穀梁傳》莊公七年，「夏四月辛卯昔，恒星不見。恒星者，經星也。日入至於星出謂之昔。」它指的是日沒到昏影終這一段時間。《詩．綢繆》：「綢繆束薪，三星在天，今夕何夕，見此良人。」三星在天，這個夕，已經是後來所常說的夜了。《左傳》哀公四年，「為一昔之期，襲梁及霍。」「昔」借作「夕」。杜注「僞辭當備吳，夜結期，明日便襲梁、霍，使不知之。」這個夕也正指夜間而說。

夕、昔古同音，韻同在鐸部，聲同在心母。

月，疑母，古韻在月部。

古韻月，鐸兩部也有通轉。《禮記．曲禮下》：「素幭」，鄭氏注：「幭或為幕。」幭在月部而幕在鐸部。月夕分化，鐸月之間有它們韻變的因素；可是在聲母上，心和疑發音部位和方法都隔越較遠，音變比較困難。

契文，武丁時為前期，月作，夕作，帝乙以後則月作，夕作。月字前期作，夕字後期作，毫無區別；而則有別。為前期夕字，从內有點，為後期月字，从間有直上下至邊。此其異也。[四]無論它們的區別怎麼作，都是在月的書寫形式上斟酌的。

注：[一]、孫海波《文錄》八葉下。　[二]《段硯齋雜文．初期意符字之特性》頁三。

[三]、陳夢家：《殷虛卜辭綜述》。　[四]、董作賓說。

月是被分化的原詞，☽形是它據以分化的基本形式。

月，古音是疑母字。而分化出來的新詞夕是齒音——心母字。這個齒音和牙音疑母的相應關係也是值得注意的。

月　　朔

《春秋》文公六年，"閏月不告月，猶朝于朝。"《左傳》說"閏月不告朔，非禮也。……不告朔，棄時政也。"《公羊傳》說"不告月者何？不告朔也。"王引之說《論語·鄉黨》"吉月必朝服而朝"云："告月，月朔告廟也。"沈兼士說"月於古亦可作月朔字。""告月即告朔。"

朔，古音鐸部心母。朔从月屰聲，屰古音也是疑母字。

三、敔和鉏鋙名物關係帶來的問題和啓示

《說文》："敔，禁也。一曰樂器，椌楬也，形如木虎，从攴吾聲。"

這種樂器的形制，用法和作用，如鄭康成所說："敔，狀如伏虎，背有刻，以物櫟之，所以止樂。"[一]張揖補充說，它"背上有二十七刻"[二]郭璞又進一步明確它"背上有二十七鉏鋙刻。"[三]

鉏鋙刻是鋸齒狀的刻削物。——《說文》："業，大版也，所以飾懸鐘鼓，捷業如鋸齒，以白畫之，象其鉏鋙相承也。"從這可知鉏鋙的形象是"捷業如鋸齒"的。敔"背上有二十七鉏鋙刻"就是說它這種樂器在伏虎狀的背上有一組"捷業如鋸齒"的刻削物，——它是以二十七齒構成的鉏鋙刻。

鉏鋙也或寫作鉏䥏。《說文》："䥏，鉏䥏也，从金御聲。鋙，䥏或从吾聲。"[四]而鉏鋙和鉏䥏的鋙和䥏也正是這種止樂之器——敔的另外兩種書寫形式。《玉篇·金部》："䥏，樂器也。鋙，同上。"

敔

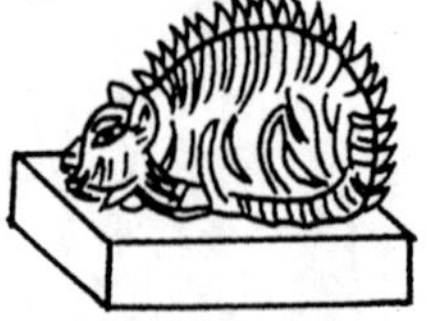

《三禮圖》卷五第八葉

注：[一]、《書益稷》"合止柷敔"鄭注。[二]、《廣雅·釋樂》。[三]、《爾雅·釋樂》。[四]、吾聲，從朱駿聲說。

所以這樣說，不僅是因爲敔也是从吾得聲之字，它與鉏鋙、鉏鋤之鋙、鋤同音，而且也從它據以得名的造詞方法，從語源上知道這種關係。我們知道這種止樂之器形制特點，也就是它起作用的主要部分，是以二十七刻構成「捷業如鋸齒」的鉏鋙；而它的器名，在語音上又恰好與鉏鋙發生關係。從這兩種關係說，可以說王筠的說法是有道理的，他說「鋤，以其有鉏鋤而名之也。」（《說文釋例》）

因爲它區別於其它樂器的主要特點是它背上的鉏鋙，所以就把它叫做鋙。

鉏鋙是一個雙音節詞，爲什麼這個樂器不叫鉏鋙，而單名之曰鋙？而是一個單音節詞？是兩詞合音？不是。因爲鋙是疑母，它不能概括前一音節的聲母。它不同於「之於」之爲「諸」。是一字重音？是鋙就念作鉏鋙？也不是。因爲一字重音，如悉蟀、葷獄之類，反映在書面語言上總是要借字寫出它另一音節的，可是這種樂器只能寫作敔、鋙、鋤，而不能寫作「且敔」，「且鋙」、「且鋤」。況且鉏鋙連用也從不寫這種止樂之器的名字。

這到底是怎麼回事呢？

我們回顧前面已經提過的詞彙中的部分語音現象，如：吾、午、我、獻、魚、埶、宜、月等等，都是疑母字而又同齒音字發生一定關係的。

（請見下頁　齒音和牙音疑母字表　）

這些疑母字，有的作爲形聲字聲符而出現齒音；有的作爲分化出來的一個新詞而出現齒音。這種現象不是個別的，因而不是偶然的。齒音的發音部位和方法與牙音疑母相去較遠，這種現象不象是疑母音變。

考慮到甲骨文我（我）字所寫之詞原是古鋸之名，而齒音與牙音疑母構成的——

sŋa —— sŋa ——
sga —— sga ——
tsŋa —— tsŋa ——
ts'ga —— ts'ga ——

又都是拉鋸的聲音。這個古鋸「我」字所寫的詞，當是用摹聲造詞法，用拉鋸之聲謊成的。它的古音可

齒音和牙音疑母字表

牙音疑母	齒					音			
	古文	形聲字	補償字	分化字	借字	讀若	讀爲	切語	聲母
吾		[illegible]				寫			心
午		卸				寫			心
			杵						穿
我	垂								禪
	殺								生
		羲犧						素何	心
獻							沙莎		心
魚		穌							心
埶		褻							心
宜				俎					莊
月				夕	昔				心
									邪

能是[*sŋa]，因而"我"字既是疑母又有讀"殺"、"垂"的可能。

同理，[illegible]（宜）字所寫的詞，如前面所說，原是以在砧板上剌（/à/）肉之事爲其詞義内容的，而上述sŋa——，tsŋa——tsŋa——，也正是剌肉之聲。[illegible]分化爲"俎"、爲"宜"，一齒音，一疑母。這反映它們分化的原詞語音形式當如[*sŋa]，也是以聲得名的一個摹聲造詞。

魚的背鰭其形如鋸。从"魚"得聲之"穌"聲在心母。疑母之字而出心母之音，從古代漢語造詞法來看，這種以鰭爲特點的動物，應是用比擬造詞法命名的。其形似"我"的"鋸齒"部分，因而名之爲[*sŋa]，語言的區别律，使它變音爲[*sŋɔ]。因而古"魚"字具有心母[s]，从"魚"得聲的"穌"保存了它的遺迹。

敔，這種止樂之器是以背有二十七鉏鋙而得名的。鉏鋙或寫作鉏[illegible]，它是鋸齒形的。而"吾"和"卸"都又有"寫"音，有心母之聲。它同"魚"一樣，也是以鋸齒形特點而得名的。它的古音也應當是

[*sŋɔ]。以後變為[*tsŋɔ]。鉏鋙或鉏鋤這個雙音節詞應該是一個以齒音和牙音疑母構成的複輔音單音節詞演化而來的。

四、𠚕和齒、牙的詞彙關係和解決問題的鑰匙

說古代漢語有用齒音和牙音疑母構成的複輔音。「我」字的鋸體部分——「𠂹」古文以為「垂」「殺」，「吾」「午」疑母而從它們得聲的「啎」「卸」都讀若「寫」，「魚」疑母而從它得聲的「穌」卻是心母。「獻」疑母而讀為「莎」，這些現象都是這種複輔音遺迹；「[illegible]」和「俎」「宜」，「[illegible]」和「夕」「月」這兩事都是這種複輔音詞的分化；止樂之器「敔」（鋙、鋤）與「鉏鋙」「鉏鋤」的關係不是雙音節詞的簡化而是反映從古複輔音詞到雙音節詞的演變。這個說法是不是合理呢？「𠚕」和「齒」「牙」問題可以作為一個驗證。

《詩經》時代已經「齒」「牙」並見了。《相鼠》「相鼠有齒」，《行露》「誰謂鼠無牙」便是其例。「齒」「牙」兩詞同類並舉，這事在《左傳》、《國語》中也已見到：《左傳》隱公五年，「皮革齒牙骨角毛羽不登於器。」《國語．晉語一》，「遇兆，挾以銜骨，齒牙為猾。」是其例。

先秦語言齒牙兩詞並用，一般是齒先於牙的。這一點和現代漢語「牙齒」一詞的序列相反。

殷虛卜辭𠚕，學者就其形象和《說文》[illegible]字相比把它認為「齒」字，在一定意義來說，無𨿅是對的。

從它所寫的詞義來看，誠如于省吾先生所說：卜辭𠚕字實有三種用法：一指齒牙，二指年齒，三為發生某種事故或禍祟之義。[一]從——

不吉，其㞢齒。　綴合二六八

吉，亡來齒。　乙三三八〇

注：[一]、于省吾《甲骨文字釋林》二二一——二二三頁

☐嬉，其㞢來齒。　　續四·三二·三

王固曰：有希，三日乙酉夕㞢，丙戌允㞢來入齒。　　庫一五九五，藏一八五·一

在氏齒則不吉，亡來齒則吉；有來齒則有嬉，允有來入齒即有希等語言依存關係上，于老之說是正確的。他認爲「甲骨文對於人事的舛牾和禍祟，往往以齒爲言，猶之現在方言所謂『出岔子』。話又說回來，其所以往往以齒爲言，乃是由齒牙相磨相錯之義引申而來。」〔一〕

「人事的舛牾和禍祟，往往以齒爲言，」這和以「掟嶪如鋸齒」的形勢及其關係爲基本詞義的鉏鋙、崋嶽、掟嶪等以齒音和牙音疑母分别構成的雙音節詞，有牴牾相錯、對峙難入，不安不平的意思是基本相通的。「齒」是還沒有分化成「齒」「牙」的原詞。它的讀音是［*sŋɔ］，它的詞義是泛指齒牙而説的。從它分化出「齒」「牙」來，它的收韻應在魚部，與「吾」「午」同音。卜辭齒，除指齒牙、年齒外，當用作「牾」字。牾逆不順，故亡來齒則吉，有來齒則有來嬉，允有來入齒即有希。

這樣説固然與它們韻部有關，更重要的還是它們聲母的共同形式。

這裡且從「齒」的語音形式説起：

《説文》：「齒，口齗骨也。象口齒之形，止聲。」

止，古韻在之部。从止得聲之字，除祉字外，〔二〕都是齒音字。止、齒都是正齒音，止是照三（章）、而齒是穿三（昌）。

之部字也或音轉入支。从辵止聲之徙，聲爲心母，而韻入支部〔三〕《書·湯誓》：「時日曷喪」，《史記·殷本紀》作「是日何時喪」。《無逸》「惟耽樂之從，」《漢書·鄭崇傳》引作「唯耽樂是從。」「時」在之部，而「是」在支部。

注：〔一〕《甲骨文字釋林》二二一—二二三頁。

〔二〕，祉，《廣韻》敕里切，徹止開三。《説文》企，从人止聲，古文企从足作𠈌。按：企，甲骨文作 、 ，象事，不是象聲字，不列入止聲字内。

〔三〕，徙，古韻學家或列入之部，或列支部，或之支兩部皆列止字。

此，从匕止聲，古雌字。〔一〕「此」以止聲而入支部，與「徙」之入支同理。

齒音					
齒頭音		正齒音			
		近於齒頭者		近於舌上者	
精	貲·	莊	批·	章	止 沚 阯
清	此· 雌	初		昌	齒
從	疵·	崇	柴·	船	
心	徙 杫	生	蓰	書	
邪				禪	

字下無點號的是之部字，有點號者是支部字。

齒，是齒音字。

牙，是牙音疑母字。

齒、牙兩詞一般說來是同義的。《左傳》襄公二十四年：「象有齒以焚其身，」這個齒是就象的牙而說的。

從實物來看，齒、牙兩詞所概括的東西是同類而有別的。《詩·鄘風·相鼠》：「相鼠有齒」。《召南·行露》：「誰謂雀無角！何以穿我屋？」「誰謂鼠無牙？何以穿我墉？」《毛傳》說：「不思物變而推其類，雀之穿屋似有角者，」「視墻之穿，推其類，可謂鼠有牙。」陳奐概括毛氏觀點，「雀無角，鼠無牙，物之常也。今視屋墻之穿，推其類，則雀似有角，鼠似有牙矣。」今以實物證之，請看下圖。從老鼠和貓的牙齒的比較中，可以明確這個事實：（圖在下頁）

鼠，它只有門齒和臼齒，犬齒退化，形成「犬齒虛位」。和它不同的，例如貓，它則是門齒、犬齒、臼齒俱全的。「鼠有齒」和「鼠無牙」都是從實際說的。可見「牙」就是犬齒。

從文獻證之：《史記·滑稽列傳》後附褚先生故事滑稽之

注：〔一〕「此」，古金文作[illegible]、[illegible]、[illegible]，甲骨文作[illegible]、[illegible]、[illegible]，其字从[illegible]。甲文祖妣之妣作[illegible]、[illegible]，牝牡之牝作[illegible]、[illegible]、[illegible]。匕，唇音。此，齒音。故知此字从匕止聲，雌之古字。

《說文》於「此」字不言形聲。王筠《釋例》謂止、匕聲皆近。

朱駿聲以為匕聲。馬叙倫《說文六書疏證》引「或說」以為从匕聲。

（承上頁『老鼠和貓的牙齒比較』圖）

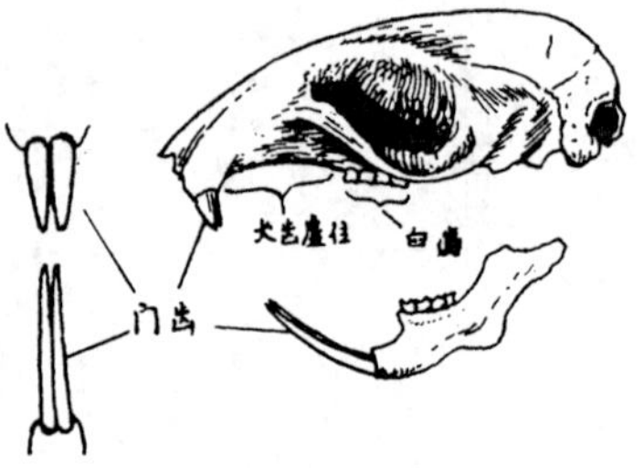

鼠的牙齿

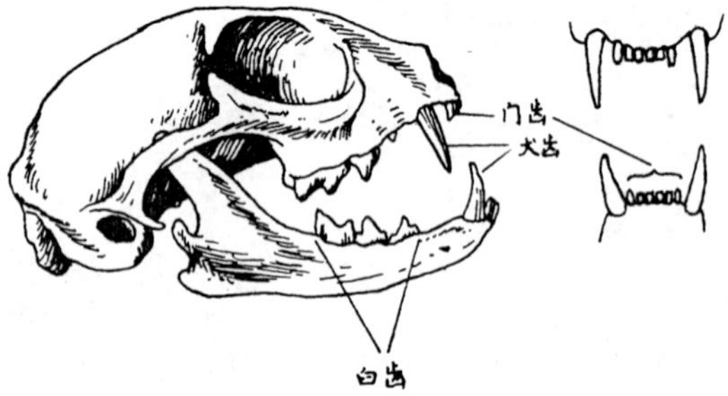

貓的牙齒

語六章·記東方朔説所謂『騶牙』是『其齒前後若一，齊等無牙，故謂之騶牙。』『齊等若一』齒列平齊，沒有象其它食肉獸類突出的犬齒。——這也是牙是犬齒的一證。

古漢語詞，用牙取名的東西，它的形狀多象犬齒。例如：

《禮記·玉藻》：『佩玉有衝牙。』鄭注云：『居中央以前後觸也。』孔疏云：『中央下端懸以衝牙，動則衝牙前後觸而爲聲，所觸之玉，其形似牙，故曰衝牙。』

《周禮·考工記·輪人》：『牙也者，以爲固抱也。』阮元云：『輞非一木，其曲須揉，其合抱之處，必有牡齒以相交固，爲其象牙，故謂之牙。』〔一〕

《詩·周頌·有瞽》：『設業設虡，崇牙樹羽。』《毛氏傳》：『業大版也，所以飾栒爲縣也。……植者爲虡，衡者爲栒，崇牙上飾，卷然可以縣也。』陳奐曰：『崇牙上飾者，謂業上飾也。《烈文傳》，「崇，立也。」業爲栒之上飾，崇牙又爲業之上飾，業爲平板作鋸齒形，以白畫之，崇牙爲業上曲然高聳處，以縣鍾磬，故云卷然可以縣也。《卷阿傳》，「卷，曲也。」是鍾磬縣於崇牙，不縣於業。牙大齒小，上下相承。業畫齒，崇牙非畫也。解之者，以牙與齒爲一，則崇牙爲畫文，失之。詩有業又有崇牙，《靈台》有業又有樅。傳亦必分釋之，其爲二物明矣。』

《釋名·釋兵》：『弩，怒也，有勢怒也。其柄曰臂，似人臂也。鉤弦者曰牙，似齒牙也。』

注：〔一〕《考工記車制圖解·輪解》

《說文》：「芽，萌芽也。从艸牙聲。」草木萌生，破土貫地而出，其形似牙，因以牙名之。《呂氏春秋．仲春紀》：「是月也，安萌牙，養幼少，存諸孤。」高注：「萌牙，諸當生者。」《淮南子．本經訓》：「而萬物不繁，兆萌牙，卵胎而不成者，處之太半矣。」《漢書．東方朔傳》：「非有先生論．『甘露既降，朱草牙。』」《孟子．告子上》：「吾如有萌焉，何哉？」趙氏注：「譬諸萬物，何由得有萌牙生也。」到後漢，萌芽的芽字也還常用「牙」來寫它。

《說文》：「牙，牡齒也。象上下相錯之形。」徐灝《說文解字注箋》云：「口斷骨齊平者謂之齒，左右銳者謂之牙，故曰牡齒，亦謂之虎牙。《易．大畜》『豶豕之牙』即其義。齒銳者為牙，故東方朔說騶牙曰：『其齒前後若一，齊等無牙』也。引申之，則凡物纖銳者曰牙，如草木萌芽是也；又左右分列者亦謂之牙，如佩玉之衝牙及牙旗、牙門之類是也。」輪牙、崇牙取其尖，而弩牙取左右分列，它們形狀都是和「牙」相似的。

通過這些象什麼就叫什麼的名物關係，也可知它所象之物的形狀。犬齒（虎牙）呈圓錐形，圓柱而上銳，有些象「戶牡」。《禮記．月令》孟冬之月，「脩鍵閉，慎管籥。」鄭氏曰：「鍵，牡；閉，牝也。管籥，搏鍵器也。」疏云：「凡鎖器入者謂之牡，受者謂之牝。」甲骨文牡隨獸的性別，「丄」寫作、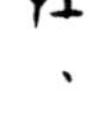、、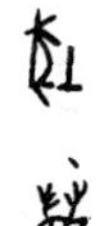。牝牡合文寫作。丄，象牡器之形。《說文》說「牙是牡齒」，正和犬齒（虎牙）的基本形狀，呈圓錐形，圓柱而上銳，有些相象；它與鍵也叫牡，都是就其形象特點而取名的。段玉裁把《說文》「牙，牡齒也。」改為「牙，壯齒也」，並用「齒小牙大」來解詩「誰謂鼠無牙」，說「鼠齒不大，故謂『無牙』」，[一]是不合乎名物實際的。

按：牙，小篆作，古金文作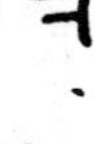、。它的寫法與犬馬等字相同，由於「簡」的條寬限制，都是橫物豎寫，不作而作的。未豎寫之形作。它的形與嵒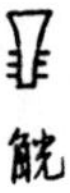觥[二]蓋獸頭的「牙」基本相同

注：[一]．段氏《說文解字注》。[二]．《美帝國主義劫掠的我國殷周青銅器集錄》A652·1

在寫詞法上，它是用它的依附物和鄰近物的形象關係以顯見其形的。

從上邊這些實例，可以説齒牙同類而有別。它們的區別不在大小，而在於形體：牙是位於門齒和前臼齒之間，呈圓錐形的尖牙。它適於撕裂肉類，在食肉獸的齒列中，一般是比較高的。

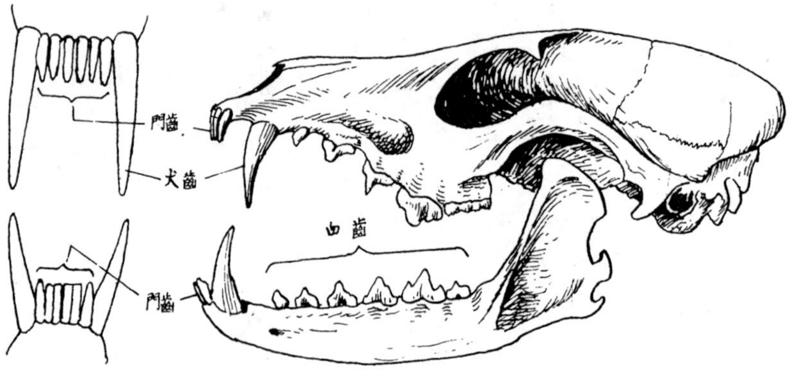

狗的牙齒

從我國兄弟民族語言證之，貢山獨龍語 sɡɑu 相當於漢語的牙齒。它給我們很大的啟發，給我們提供了一把鑰匙。它的兩個聲母 s 是齒音，而 ɡɑ 是舌根音，發音部位和 ŋ 相同，只是在發音方法上有塞聲和鼻聲的差異。這兩個聲母是比較容易轉變的。我們從北大語言學教研室編寫的《漢語方音字彙》和高本漢《中國音韻學研究》第四卷方言字彙裡都可以看到許多由 ŋ 變 ɡ 的字例。例如：

牙	ŋa	廣州 ŋa	厦門 ɡa
我	ŋa	廣州 ŋɔ	厦門 ɡua
吾	ŋuo	福州 ŋu	厦門 ɡɔ
午	ŋuo	福州 ŋu	日語漢音 ɡo
語	ŋjǐwo	福州 ŋy	厦門 ɡu
御	ŋjǐwo	福州 ŋy	汕頭 ɡɯ
義	ŋjiĕ	潮州 ŋi	日語漢音 ɡi
宜	ŋjiĕ	潮州 ŋi	厦門 ɡi
疑	ŋji	福州 ŋi	厦門 ɡi
愚	ŋjǐu	福州 ŋy	厦門 ɡu
嚴	ŋjǐɐm	厦門 ŋiam	日語漢音 ɡen

言	ŋjɪ̆en	潮州	ŋaŋ	廈門	gian
迎	ŋjɪ̆eŋ	福州	ŋiŋ	廈門	gɪŋ
業	ŋjɪ̆ɐp	潮州	ŋiap	廈門	giap
月	ŋjɪ̆wɐt	廈門	ŋuat	潮州	gue
嶽	ŋɔk	廣州	ŋɔk	廈門	gak

不但 ŋ 可說成 g，同理，g 也可以說成 ŋ。例如：

㬰（蕢）	求位切	群
䫌（聵）	五怪切	疑
堇（墐）	巨巾切	群
鄞	語巾切	疑
及	其立切	群
岌	魚及切	疑

麕从君聲，居筠切，字或作麏，囷聲。囷，去倫切。从囷得聲之字，菌渠殞切，齫魚吻切。囷字分諸見、溪、群、疑，諸聲，也正是因爲發聲部位相同而變的。

精組聲母是由舌尖與齒尖接觸以節制外出之氣息而成的。這組舌尖前音（舊稱齒頭音）是以構成塞擦關係的摩擦音爲其共同特點的。不僅心［s］邪［z］是摩擦音，而精［ts］清［ts‘］從［dz］也是以摩擦出之。由於發音部位相同，在方法上都有擦聲，因而組内各聲母常有變移。

從中古音來看，精、清、從、心，往往互有變易：

		精	清	從	心
精	曾 作滕切	增 作滕切	蹭 千鄧切	層 昨棱切	僧 蘇增切
清	侵 七林切	祲 子心切	寢 七稔切	埐 昨淫切	綅 息廉切
從	戔 昨干切	箋 則前切	淺 七演切	殘 昨干切	綫 私箭切
心	喿 蘇到切	藻 子晧切	操 七刀切	鐰 昨勞切	臊 蘇遭切

現代漢語方音，同一精組字，在不同地方裡，也或有用ts，用tsʻ，用dz，用s，用z的。

例如下表，［一］也反映同組聲母的語音變易。

昨	廈門 tsɔk	梅縣 tsʻɔk	溫州 dzo	福州 souʔ	蘇州 zoʔ
槽	廈門 tso	濟南 tsʻɔ	雙峯 dzə	福州 sɔ	蘇州 zæ
牀		梅縣 tsʻɔŋ	雙峯 dzaŋ	廈門 sŋ	蘇州 zɒŋ
寺	長沙 tsɿ	梅縣 tsʻɿ	雙峯 dzɿ	廈門 si	蘇州 zɿ

注：［一］，據北京大學中國語言文學系語言教研室《漢語方音字彙》

[sŋ ——]或[sg ——]複輔音詞．以摹仿拉鋸鋸木的象聲詞爲例，有時被說成．

tsŋa —— tsŋa ——
ts'ŋa —— ts'ŋa ——
dzŋa —— dzŋa ——
sŋa —— sŋa ——
zŋa —— zŋa ——

有時被說成．

tsga —— tsga ——
ts'ga —— ts'ga ——
dzga —— dzga ——
sga —— sga ——
zga —— zga ——

在叙述同一鋸木事情中，無論使用其中哪一個，它們的表達能力和作用都是一樣的。

在食肉獸的齒列中，牙不同於門齒和臼齒。這種利於撕裂被食肉體的呈圓錐形的尖牙，多是不與門齒臼齒齊平的。商周彝器造形也在反映當時人對這一事實的認識。如《美帝劫掠我國殷周銅器集錄》A651、652兩件殷觥，蓋上獸頭口齒，前件可見牙與門齒有別，後件則牙與臼齒不同。——後件即前面所引的亯韭觥。

人對客觀事物的認識總是由淺入深，由粗到精，由渾淪到分析的。齒牙同類而同列，起初是把它們看作一體而不加分別的。不僅遠古如此，就我們現實生活中，一般也是不分的。『誰謂鼠無牙』的『牙』的爭論，一

《美掠》651·4

般詞典說『齒』是『牙』，解『牙』爲『齒』，這類現象都是這種渾淪認識的反映。商代彝器獸頭造形有的如前圖所示，齒牙分明；有的是齒牙不分平齊如一的。《西清古鑑》冄□觥（原題『周舉匜一』）就是這樣的。

牙齒在口，歷歷並列於齒齗，其勢有如鋸齒。鋸齒之『齒』，這種象什麼便叫做什麼的比擬造詞，正說明在人的觀念中，齒列和鋸齒是十分相象的。商代彝器造型也正有這種形象。鳥獸紋四足觥便是其例。

『齒』『牙』之分是晚於籠統的『齒牙』之『㗊』的。『㗊』是一個複輔音詞，而『齒』『牙』則是它的分化。

用齒音和牙音疑母構成的複輔音，實際上，是以精組心母爲代表的齒音和牙音疑母相結合而成的。這個複輔音系統是

sŋ—　tsŋ—　tsʻŋ—

zŋ—　dzŋ—

至於莊組、章組，也有它的變化。前者和它很近，而後者則稍遠一些。它們都是它在齒音領域內的變化。

從詞彙史來說，這個複輔音詞是比較早的。它是我們遠祖在勞動中發明了『鋸』，並在使用『鋸的的勞動中，用摹聲造詞法創造出來的。它的詞義包括着『鋸』的本物和使用它的『拉鋸』行動。

『鋸』是在舊石器時代，用帶有許多缺口的打製石刀切割物體時發明的。（下頁）圖上，是羅漢堂所出『兩刃石鋸』（安德生以爲鳥翼形石刀，非是。）（下頁）

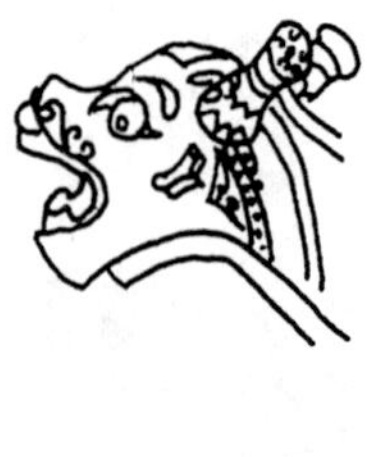

冄□觥蓋
獸頭略圖
原器全圖見
《西清古鑑》卷三十二葉十三

鳥獸紋四足觥　A側面　B正面

容庚《商周彝器通考》下册　下編附圖圖版六八四　甲・乙

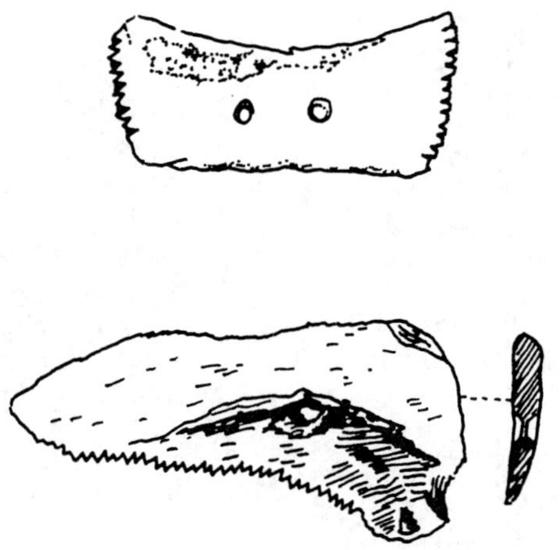

圖下，是我國黑陶文化的蚌鋸。

古『鋸』出現的時代比較早，那麽，以它爲基礎的古複輔音詞也是比較早的。

這個複輔音詞通行以後，象什麽就叫做什麽的比擬造詞法，又使它孳生了一些新詞。『[illegible]』是就其物形特點說的。『[illegible]』是就其使用中的主要動作說的。

隨着認識的深入和勞動、工作的需要，一些詞義比較渾淪的詞發生分化，使它在原詞語音形式基礎上，產生既有聯繫又有區別的新詞語音形式。從而出現了『[illegible]』分爲二，一『俎』一『宜』，把原來的複輔音分開，各得其一，變成兩個一聲一韻的單音節詞。

古代漢語複輔音詞，除少數結合很緊不能分拆（如ts、tsʻ等）外，在發展中，沿着兩條道路來變化：

一是突出重音，如『[illegible]』歸疑母，而其心母之聲，變爲少見的殘餘。

二是複輔音輔音並重，變成疊韻雙音節單詞——疊韻連語。如『[illegible]』變成『崒嶽』。

這兩者也都保留着複輔音的一些遺迹。

現象初步接觸，問題還沒有深入。上面這幾句話並不是結語，只是略攏一下，便於檢查、修改、補充和進一步思索。

一九五九年稿，一九八三年中國語言學會第二屆年會宣讀

涿鹿邑布考

（一九四一年稿）

昔則

記泉邑布

李竹朋古泉匯所收是布甚夥，幾於諸家各備王廉生選拓諸品、文學頗多奇异，近滬上丁福保所出之古泉大辭典、更無奇不有、余舊方足布一品文爲㫗𠂇二字、乃爲諸譜所未著録、且其文字精美、比較廉生拓本、實遠過之、㫗字以六書言之、上曰下水、實無此字、以意求之、當是泉字、古文白字旁作⊖、此則將白倒置下置水清則成泉字、水字、布水

旁多作氺則比爲水、似無疑義、戴醇士謂古金文字率在說文之前故余識古字、不專恃有所據李竹朋所釋古布亦多以意會、余釋㫗爲泉，即本斯意、惟泉邑爲列國時所無、按西漢置泉州縣、屬漁陽郡、故城在今京兆武清縣東南、列國時爲燕地、西漢去列國較近、或當時有泉邑而春秋以無事遂未經見之也、又據友人王君民章函謂、查廣輿記、泉爲周時七閩地、隋曰温陵唐曰泉州、因地在南方、而流於北方自然稀少、古今泉志不見者、或以此故、理解亦頗精到、附録以資考證、

上一品．王希哲之所藏也。

王氏曾本戴醇士、李竹朋之說，爲《記泉邑布》一文以張之。不主"恃據"，專以"意會"，釋其右文之"□"爲"泉"，且以之爲"燕地"。其說似僅訴諸想像與統覺，以□爲倒□，並單文孤證而無之；讀之，意不能安也！

古今文字流變，詭異萬端，奇字往往而有；然子細按之，各有徑路，固非截然特出，天外飛來者也。

泉：殷虛龜甲獸骨文字作□□□□□□。周金文原字所从作□□□□。漢金文作□□□□□□□□□□。先漢無从白川者；白川，即□之簡化，非泉字古即从白水也。

泉為『白水』之說，時在『新』『漢』之際。《後漢書·光武帝紀論》曰：『及王莽篡位，忌惡劉氏，以錢文有『金』『刀』，故改為『貨泉』。或以貨泉字文為「白水真人」』。目泉為『白水』，此其時矣。

漢碑『泉』猶『□』『泉』互見，是『白水』為『泉』，非先秦之制。

常敘意：此布□□二字以今文譯之，當是『涿·邑』二字，以古文譯之，當是『涿鹿·邑』，兩辭而三字。緣□是『涿』之奇字，乃涿鹿之初文，一文而兩音者也。

知者：

一、□是古□字之省文

古金文有『彔』字，其形作□宰峀毁，□大保毁，□芇伯毁，□散盤。殷虛龜甲獸骨文字『彔』字作□前六·一·八，□後下一三·四，□菁五·一。沈兼士曰：『□，干象桔槔之形，◇為汲水之具，川為外溢之水滴，當即『漉』之本字。《說文》：『漉，浚也；渌，漉或从彔』。从水後人所加』。[一]夷考此布之□，从囗从尒，以前揭之殷周文字斠之，則知為□之省去其干者，象水從器漉漉然滴瀝以下也。此□為『彔』之省，而『漉』若『渌』之古文而省者也。

二、□與□為同字

說文解字水部：『涿，流下滴也，从水豖聲。上谷有涿鹿縣。』又云：『□，奇字涿，从日乙。』段懋堂曰：『从日者，謂於日光中見之。乙蓋象「滴下之形」，非甲乙字。』按古水字或省作『乚』，信如段氏說，則□當不从日，直是『象水自器漉漉然滴瀝而下』之□字之省去四點者；而殷周□字

注：[一]、北京大學《國學季刊》卷一四號。

之再有者也。日，蓋⊙若日之譌。——且「流下滴」正是古漉字之形誼。「涿」tuk與「漉」luk古韻同在「屋」部，同誼同部，當是同一名字之分化者。

三、⿱日尒即「涿漉」以一形而兼有二音

自章先生揭古文「一字重音說」後，降至林語堂「古有複輔音說」，然後漢字古有以一名而具複輔音之事實，漸被確定；而古今語文流變之跡更可得說明之矣。以語源論：狀物體圓滾之音輒為 tulu，dulu；tululu，dululu。此等音誼，迄今猶在人口。

考說文解字水部云：「瀝，漉也。一曰：水下滴瀝也。」「滴瀝」疊韵謰語而適與「涿」「漉」為雙聲。「錫」「屋」兩部以同列旁轉，「涿」「漉」兩字以同誼而疊韵；是「涿漉」亦疊韵謰語也。漉曰「水下皃」，涿曰「流下滴」；瀝漉以雙聲旁轉而亦曰「水下滴瀝」：比類合誼，審音察形，知其初矣。

古者：文以寫語，謰語雙文，亦或一字——蓋在手則「一形表一誼」，在口則「一誼發二音」也。如「悉蟀」一蟲，但製「蟀」字，「蟀」即讀「悉蟀」也；「窟窿」一洞，但製「孔」字，「孔」即讀「窟窿」也。「蝗」曰「突郎」，「團」曰「突欒」；「涿漉」之名，聲屬此系，蓋以 tluk 記其「流下滴瀝」之音，而⿳宀日尒若⿱日尒則寫其「流下滴瀝」之形——⿱日尒固以一形而讀 tluk 者也。

及語文殊塗，音形漸離，一形但記一音。重後音者讀 tluk 為 luk，重前音者讀 tluk 為 tuk。此兩者，同出而異名，「涿漉」一文，從此歧矣！「漉」之古文為「彔」，本誼湮失，乃複从水作「淥」，別从水鹿聲作「漉」而以後音 luk 屬之；⿱日尒為彔之省文，而更以⿱日尒之省文⿰日乚屬其前音 tuk，日乙相从，不得其形，目為「奇字」，乃別為从水豕聲之「涿」字以足之。——自此之後，出而不返，肝膽胡越，微王氏此布，不能辨之矣！

四、「涿漉」即「涿鹿」

古地名之兩音一形者，若「越」稱「於越」，「邾」稱「邾婁」。在彼以一字讀二音，自魯史書之則自增注「於」字「婁」字于其上下也。⿱日小邑之名亦猶此也。今既就其形音誼以知⿱日小為「涿漉」，而古地名與之同音者，厥惟「涿鹿」。

「涿鹿」之名亦作「獨鹿」[一]。亦作「濁鹿」[二]。又《爾雅·釋地》云：「北至于祝栗，謂之四極」，錢坫曰：「『祝栗』即涿鹿也」。凡此異文，並是 tluk 之音轉。

《逸周書·嘗麥解》《史記解》；《莊子·盜跖》；《國策·秦策》；《淮南子·兵略》；《史記·五帝本紀》，並記「涿鹿」，雖「百家言黃帝，其文不雅訓，薦紳先生難言之」，然「涿鹿」自是古地名，當無可疑！太史公曰：「余嘗西至空峒，北過涿鹿」，是漢初猶知「涿鹿」之墟也。

五、「涿鹿」與「涿」古為一地

《漢書·地理志》：燕地：「東有漁陽、右北平、遼西、遼東；西有上谷、代郡、鴈門；南得涿郡之易，容城、范陽，北新城，故安，涿縣，良鄉，新昌及勃海之安次，皆燕分也。」上谷郡十五縣中有「涿鹿」，涿郡二十九縣中「涿」，且亦在燕。

《清一統志》云：「涿州，秦上谷郡，漢高帝置涿縣並置涿郡屬幽州。」涿縣與涿鹿縣，秦屬一郡，相去不遠。以音聲分化之例求之，「涿」與「涿鹿」雖在兩縣，要歸一名，蓋古「涿鹿」之野甚廣。及聚落漸多，遂各據一隅，各執一名，於是北記複音之名，南存一音之字，往而不返，莫知其初矣！

以故「涿鹿縣」有「涿鹿山」「獨鹿山」，更有「涿水」出焉。水經注漫水 而「涿縣」亦有「獨鹿

注：[一]、《逸周書》《史記解》、《漢書武帝紀》。

[二]、《史記索隱》。

山」〔一〕亦有「涿水」出焉。即此複合之事實，足徵兩名，爲一地之分化。意者，古「涿鹿」之野，當有「涿鹿」之水，然不可知矣！

六、「涿鹿」分化之時也

秦漢以「涿鹿」屬上谷，而漢高帝，更別置「涿縣」以主涿郡，——蓋以地立名矣；其地置縣之前自名「涿」也。

《漢書武帝紀》「遂北出蕭關，歷「獨鹿」鳴澤，自代而還。」服虔曰：「獨鹿山名也，鳴澤澤名也，皆在涿郡遒縣北界也。」是東漢之時，涿郡猶有「獨鹿」之山，因知，「涿」本「涿鹿」之野爲不虛矣！《漢志》涿郡縣二十九，户十九萬五千六百七，口七十八萬二千七百六四。上谷郡縣十五，户三萬六千八，口十一萬七千七百六十二。雖縣分多寡有差，抑亦人口疎密相殊，上谷僻處山陬，涿郡較近平野，通則易變，滯則難譌，「涿鹿」之存於上谷者，或以此耳，涿鹿之爲「涿」者，或以此耳！

唯音聲流變，其來以漸，漢已分離，則其源當在先秦戰代之間。之去「涿鹿」而入「涿」，省四點而爲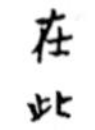，在此時矣！

七

古幣有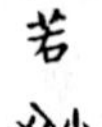若，與古鉩之當是同文。舊釋爲「涿」。又古鉩字，丁佛言釋「椓」，蓋均以爲豖之省也。

然與豖，無頭無尾，似是而非，雖幣文多略字，但此相去稍遠，似無朕跡可尋也。考古金文中與形近者，莫若「丮」。王孫鐘，乙毁，齊侯鎛，齊侯鎛鐘，，齊侯鐘

注：〔一〕《清一統志》「獨鹿山在涿州，西五十里十有鳴澤山」。《漢書武帝紀》服虔注。

□，諸所从之□，即古文孔之从女者，□即□也。

然則□爲从水孔聲矣！

右文一首乃一九四一年年初艸成。轉瞬四十四見樑燕歸來。今之治古泉文者仍多以□爲涿。然以古鉩文覈之，从□之□或以爲□之或文，而□或釋爲榆，遂以□爲榆之或體。且鉩文从□之字如□，也很難以定爲从豕之字。以□爲涿，迄今尚有可議。八五年驚蟄敘記

近見張頷先生以□□爲渝，定爲晉幣，最爲得之！見《古幣文編》。較商君之《先秦貨幣文編》爲勝。

敘又記

參攷書目

程恩澤
狄子奇《國策地名考》卷十八第三頁（粵雅堂本）

張琦《戰國策釋地》卷上第九頁（廣雅叢書本）

酈道元《水經注》聖水 卷十二前頁二
瀔水 卷十三前頁二十一 （萬有文庫本）

汪士鐸《水經注圖》 易滱聖馬四水圖頁二十二 瀔灅餘沽鮑邱濡五水圖頁二十七（原刻本）

《漢書·地理志》《史記》《逸周書》《莊子》《淮南子》

陳直《列國幣考》《史學雜志》第二卷第一期

章太炎《古重音說》《國故論衡》上卷

林語堂《古有複輔音說》《語言學論叢》至十七頁

潘尊行《原始中國語試探》《國學季刊》第一卷第三號

《甲骨文編》《金文編》《金文續編》《隸篇》《說文古籀補》

《說文古籀補補》

《大清一統志》《通志略》

釋

——兼及人鬲之鬲與儀、獻的語音關係

《禮記·曲禮下》："凡祭宗廟之禮，牛曰一元大武，豕曰剛鬣。"豕，甲骨文或寫作

鐵六二·一

粹一二〇

羅振玉說："豕與犬之形象，其或左或右，卜辭中，凡象形字第肖其形，使人一見可別，不拘拘於筆畫間也。有从彡者，象剛鬣。"[一]

《三代吉金文存》卷十五，葉四，豕爵

其形與《嘯堂集古錄》上卷，三十二葉商兕卣銘文幾乎完全相同。

盉

器

錄遺
558.1

此器《宣和博古圖》卷九，葉二十四著錄。《商周金文錄遺》第五五八·一號。

注：[一]《增訂殷虛書契考釋》卷中，葉二十八。

《歷代鐘鼎彝器款識法帖》卷三．葉一，商器款識兕卣摹作

蓋

器

薛書雖傳寫失真，然以《嘯堂》《三代》校之，尚能辨認出兕所以致誤的形迹。

其所象之獸，以《三代吉金文存》卷十四．葉二十一「亞彖」觚

卷十三．葉四彖父庚卣

字所从得聲之

——「豭」而有其「勢」。

只是豕形——豪之，其獸爲豕無疑。甲骨文豕字或有其剛鬣作

 燕六一〇  佚三八三背  乙二九〇

 京津七五二  乙一二三四

豚字，豭字以及从豭得聲之家字，如：

 前四．四二．六  乙九一〇三  甲二〇七  甲二三〇七

其豕形也還顯示着口鼻特點。

古金文  掘鼻剛鬣深目而豭喙，較甲文所表現的物形特點，更爲突出，自是豕的獸象。引人注意的是：兕與甲骨文同金文豕不同處是身上多了個圓形圖案。

豕身而著以圖案紋飾．從古文獻看，這個圖形乃是犧的最古形象。

所以這樣說，是因爲——

豕爲六牲之一，可以爲犧，而犧是衣以文繡以入太廟的。

《莊子．列禦寇》：『或聘於莊子。莊子應其使曰：「子見夫犧牛乎？衣以文繡，食以芻叔。及其牽而入於大廟，雖欲爲孤犢，其可得乎！」』《史記．老子韓非列傳》記這段故事是這樣說的：『楚威王聞莊周賢，使使厚幣迎之，許以爲相。莊周笑謂楚使者曰：「千金，重利；卿相，尊位也。子獨不見郊祭之犧牛乎？養食之數歲，衣以文繡，以入大廟。當是之時，雖欲爲孤豚，豈可得乎？」』成玄英疏解《莊子》郭象注云：『犧，養也。君王預前三月養牛祭宗廟曰犧也。』

《莊子》明言犧牛，而未言犧豕，那麽，豕與犧有什麽關係？

《周禮．地官》：『牧人，掌牧六牲，而阜蕃其物，以供祭祀之牲牷。……凡祭祀共其犧牲，以授充人繫之。』『六牲，謂牛馬羊豕犬雞。』鄭玄注 六牲和六畜的區别是『始養之日畜，將用之日牲。』[一]《地官》：『充人，掌繫祭祀之牲牷。祀五帝，則繫于牢，芻之三月。享先王亦如之。』——成玄英『君王預前三月養牛祭宗廟曰犧』就是根據這條說的。使用時，《充人》說『展牲，則告牷。』如《儀禮．特牲饋食禮》所説，『宗人視牲告充，雍正作豕，宗人舉獸尾告備，』牷，牲體全具充完無缺。

這是用牲前的一番檢驗。

牛與豕都屬六牲。《莊子》《史記》『孤犢』『孤豚』異文，表明牛豕獸雖不同，皆可爲犧。

《左傳．昭公二十二年》：『賓孟適郊。見雄雞自斷其尾。問之。侍者曰：「自憚其犧也！」遽歸告王。且曰：雞其憚爲人用乎？人異於是！」』杜預注云：『雞犧雖見寵飾，然卒當見殺。』這是以雞爲犧的。

《莊子．達生》：『祝宗人元端以臨牢筴，說彘曰：「汝奚惡死！吾將三月豢汝，十日戒，三日齊，藉白茅，加汝肩尻乎彫俎之上，則汝爲之乎？」』《釋文》，『彘，直例反，本亦作豕。』《說文》：『

注：[一]，《天官．庖人》鄭玄注。

彔，豕也。』這是利用以豕為犧的事實作譬喻的。

由此可見作為六牲之一的豕確實是可以作犧的。

豕可以為犧，並不是凡豕皆可為犧。

犧與一般牲畜的區別，就其獸身外觀來說，有無訢諸視覺的特殊標誌是其分界。從《莊子》看來，身上是否被『衣以文繡』，是否加以『寵飾』，是從外形上判斷其牲是否已定為犧的主要依據。

爵文，豕身而著。在豕身，非其生理，顯然是人工後加的紋飾。以『衣以文繡，以入大廟』之事視之，其文所象當是身加寵飾之『犧』。

這個犧的原始形象，在圖示寫意的圖畫文字中，它是和詞相結的新質要素；在真正文字，它可以與詞相結，在語法制約下，可以依語意選詞，按語序逐詞地寫下話來。這時，既是圖畫文字的殘餘，又是真正文字的濫觴。因而這爵文是可以說是我國最古的犧字。

從先秦詞彙書寫形式學看，它也應該是古犧字。

是圖畫文字在商代的殘餘。它有寫詞能力。質變為真文字之後，目前雖然還沒有看到它的字形，但是古文因襲發展歷史，文字趨簡求別規律和古文字古字書提供的史料，還是可以看到一些迹象的。

甲骨文豕林一·七·六乙一三八八粹一二〇粹四三〇

《說文》：『，讀若然。，古文肰；，亦古文肰。』

從甲骨文和《說文》古文看來，從圖畫文字所蘊蓄的寫詞因素，質變變成以綫條勾勒進行形象寫詞的文字時，它的書寫形式可能是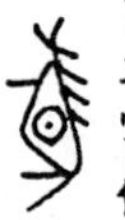而其腹壁之，變而為，為，為，為，為。

由此可見《說文》古文然之作者，當是在傳寫中的形誤，而另一古文然之作

者，其所从之當是的變形（由豕變而从犬，說見下），而則是从火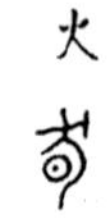聲——亦即从火肰聲的肰字。

古音，肰在元部，犧在歌部。歌元對轉，肰當是古犧字。

這個看法是從下面一系列問題中得出來的：

『肰』與『犧』音義都不相同。《說文》說『肰，犬肉也。』『犧，宗廟之牲也。』前者，古音在元部，泥母。後者，《說文》說它『从牛羲聲』，賈侍中說『此非古字』。秦《詛楚文》『祠之以圭玉羲牲』（絳帖本），犧不从牛，直以羲字為之，是其證。羲，《說文》『从兮義聲』，古音在歌部，疑母。『肰』與『羲』（犧）音義不同，怎能說古（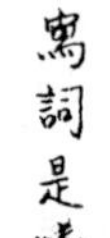）字所寓詞是犧牲之犧呢？何況从犬而从豕，物象不同，怎會有一定演變的淵源關係？

這些問題——

先就字形來說：古文字从豕从犬有時相混，例如：

篆文『逐』从『豕』，而『狄』从『犬』。

古金文逐鼎𢿚狄鐘 犬與豕同形。

篆文『家』从『豕』（豭省）而『獻』从『犬』。

古金文令簋召伯簋二 犬與豕同形。

篆文『彖』从『豕』而『器』从『犬』，

古金文毛公鼎䜌簋 豕與犬同形。

可見从豕之字變而从犬，先秦文字是自有其例的。不足為怪。

殷虛卜辭中，有關祭祀之辭，有些詞的書寫形式，往往因其用牲不同而異其獸象的。例如：

羅振玉云：「《周禮・大宗伯》『以貍沈山林川澤』，此字象掘地及泉實牛於中，當為貍之本字，貍為借字。或又从犬，卜辭云：『貞三犬寮五犬五豕卯四牛。』貍牛曰，貍犬曰，實一字也。」[一]

《殷虛書契續編》二・一八・八 

從這看來，既然六牲皆可為犧，就商代來說，从豕从犬都是可以寫「衣以文繡」之犧的。貍作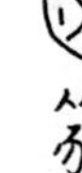从豕。

以上兩事表明，無論從早期的寫詞方法，或從後來的寫字慣例，都可以證明說兩形是同一詞不同寫法，都是「犧」的古詞古字，在寫詞方法上，並不是沒有根據的。

這樣說，並不是單純地「據形繫聯」的。在為犧的詞義基礎上，也可以看到——「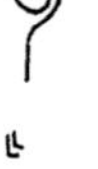」與「犧」的音變迹象：

《說文》：「肰，燒也。从火肰聲。𦾴，或从艸難。」嚴可均《說文校議》以為「𦾴，疑當作𤎅。《地理志・上郡》『高奴有洧水，可𤎅。』《汗簡》以『𤎅』為出《史書》。」以者減鐘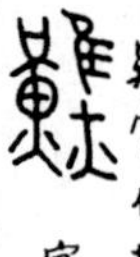字及《淮南子・說林訓》「槁竹有火，費鑽不𤎅」證之，《校議》之說是對的。「然」的或體應是从火難聲。同詞或體，賦形當時，所取聲符必與其所寫詞同音。「肰」與「難」古音都在元部。章炳麟說「肰，古音如難，在泥紐也。」[二]

但是，「从難得聲之」「儺」古音都在歌部。《詩・檜風・隰有萇楚》「隰有萇楚，猗儺其枝。」「隰有萇楚，猗儺其華。」「隰有萇楚，猗儺其實。」猗儺即阿難。《小雅・隰桑》「隰桑有阿，其葉有難。既見君子，其樂如何。」難與阿何相叶，古音在歌部。猗儺疊韵連語。歌元兩部之詞以音變對轉同音，在《詩經》時代是不少見的。《衛風・竹竿》第三章，左、瑳、儺相叶，《陳風》第二章，差、原、麻、娑相叶，《小雅・隰桑》，如前舉，一章，阿、難、何相叶，《周頌・般》以山與河相叶；《小雅・桑

注：[一]、《增訂殷虛書契考釋》卷中・葉十六。

[二]、《國故論衡・娘日二紐歸泥說》。

扈》第三章，翰、憲、難與那相叶。《商頌・那》「猗與那與」猗那即阿難，本即猗儺。然與難古音同，難可入歌，然从肰聲，那麼肰也自然入歌了。

《說文》：「魌，見鬼驚詞。从鬼，難省聲。讀若《詩》『受福不儺』。」這句詩見《小雅・桑扈》。毛《詩》作「受福不那」。「儺」與「那」同音，古音都在歌部，泥母。

《論語・鄉黨》「鄉人儺」。這個「儺」字，《釋文》說它「魯讀為獻」。由歌轉元。「儺」泥母而「獻」疑母。正如「計然」與「計研」〔一〕「然」泥母而「研」疑母一樣，是鼻聲音變。

「獻」歌元對轉不僅為「儺」，也常為「儀」。《書・大誥》「民獻有十夫」。《困學紀聞》「吳才老《書裨傳考異》」條云：「《大傳》曰：『民儀有十夫。』」孔宙碑「黎儀以康」，《隸釋》費鳳碑「黎儀瘁傷」，《隸續》斥彰長田君碑「安惠黎儀」的「黎儀」就是《書・皋陶謨》「萬邦黎獻」的「黎獻」。

「民獻」「民儀」在音變問題上哪一個是較古的，哪一個是後變的？它對「儺」「獻」的語音問題，可能有一定參考作用。

這事要從盂鼎「人鬲自馭至于庶人六百又五十九夫」說起。學者已知「人鬲」即「民獻」「民儀」。但是，這三個字「鬲」「獻」「儀」是什麼關係？並不清楚。

「鬲」古音學家把它列為錫部來母，是有根據的。《說文》「䰛，漢令鬲从瓦厤聲。」這便是證實這種觀點的許多證明中的一個證據。

可是從下面一些事實看，在古代，「鬲」的讀音是和「儀」接近的。

《說文》「鶂，从鳥兒聲。《春秋傳》曰：『六鶂退飛』。鷊，鶂或从鬲〔聲〕。」「六鶂退飛」《左傳》《公羊》「鶂」作「鷁」，《穀梁》作「鶃」。段玉裁云，「兒聲、鬲聲、益聲皆十六部也。」今按：兒在支部，而鬲、益都在錫部。支錫陰入對轉，可以「通韵」，《小雅・何人斯》知、祇與易相叶，《大雅・韓奕》解與易、辟相叶，是其證。在這種情況下，可以說「兒」與「鬲」同音。據此知《

注：〔一〕《史記・貨殖列傳》，集解引徐廣曰：「計然者，范蠡之師也，名研。」

說文·厂部》"⿸厂兒，石地惡也，从厂兒聲。"《石部》"⿰石鬲，石地惡也。从石鬲聲。"兩字當是同一詞的不同寫法。

古音支錫兩部與歌部音近。這在《詩經》時代，就是一個已經存在的事實。前面所舉《斯干》之九章，以裼和地、瓦、儀、議、罹相叶，便是其例。在書寫形式上，這種情況也不少見。以《說文》古文或體、讀若例之：

祡 从示此聲 ⿰示有 古文祡从隋省「聲」

芰 从艸支聲 茤 杜林說：芰从多「聲」

⿰弓虒 弛或从虒「聲」 弛 从弓也「聲」

輗 从車兒聲 ⿰車宜 輗或从宜聲

褫 从衣虒聲，讀若池

⿸厂次 从次厂聲，讀若移

⿰女巂 从女巂聲，讀陊

舓 从舌易聲 䑛 舓或从也「聲」

鬄 从髟易聲 髢 鬄或从也聲

這都是用支歌兩部之"聲"共寫一詞的。

這是用錫歌兩部之字作聲，共寫一詞的。

在前面字例之中，"輗"與"⿰車宜"同一詞而从支歌兩部之字為聲。這一事實，把它和"鶂"或从鬲聲作"鷊"，"⿸厂兒"从兒聲，"⿰石鬲"从鬲聲，異聲而同詞，放在一起來看：

兩對或體形聲字

鶂 ‖ 鷊

⿸厂兒 ‖ ⿰石鬲

在語音上 兒 ‖ 鬲

輗 从兒聲 ⿰車宜 从宜聲 兩字同詞而或體

輗 ‖ ⿰車宜

在語音上 兒 ‖ 宜

而 ‖ 兒

兒 ‖ 宜

則 宜 ‖ 而

「宜」與「儀」古同音，那麼盂鼎「人鬲」之為「民儀」，在古音變化上，是有迹象可尋的。「民獻」是從「民儀」轉成的。這事，《孟子·滕文公》給我們提供一個和「鬲」「儀」有關的「鶃」字所寫詞的語音情况：

（陳仲子）他日歸，則有饋其兄生鵝者，己頻顣曰：「惡用是鶃鶃者為哉！」他日，其母殺是鵝也，與之食之。其兄自外至，曰：「是鶃鶃之肉也！」出而哇之。

趙岐注：「鶃鶃，鵝鳴聲。」那麼，我們從鵝鳴之聲可以體會「鶃鶃」之音了。

《方言·八》「雁，自關而東謂之鴚鵝；南楚之外謂之鵝，或謂之倉鴚。」《說文》「鴈，鵝也。」這個「雁」用作「鴈」，是指家禽說的。《說文》「鵝，鴚鵝也！从鳥我聲。」「鴚，鴚鵝也。从鳥可聲。」「鴚鵝」或作「駕鵝」（《左傳》晉大夫榮駕鵝）。章炳麟《語言緣起》云：「何以言駕鵝？謂其音加我也。」加、我，古音並在歌部，而「鵝」與「鶃」古音都是疑母。可見《孟子》所記生鵝的「鶃鶃」之聲同歌部疑母之「鵝」是有些相近的。

這一事例，可以使我們認識到曾經與「鶃」有同音關係的「鬲」，在先秦時代的某一時期或某一地區，是與歌部疑母之詞同音的，

這就是說，「人鬲」之「鬲」和「民儀」之「儀」是在古同音或音近的情况下形成的同詞異文，而「民獻」之「獻」則是在「民儀」的基礎上，以歌元對轉形成的。

這一現象和《詩經》時代音在歌部之「儺」，後來在《論語》「鄉人儺」的讀音上，出現了如《釋文》所記，「儺」魯讀為「獻」的方言音變，是同性質的。

者減鐘「工獻王皮難之子者減」，用「儺」古音在歌部例之，「皮難」和「駊騀」「巔峩」同音，

疊韻連語。《說文》「駊，駊騀也，从馬皮聲。」「騀，馬搖頭也，从馬我聲。」《漢書・揚雄傳》《甘泉賦》「崇丘陵之駊騀兮，」師古曰：「駊騀，高大狀也。」「難」與「皮」疊韻，與「儺」同在歌部，「難」為「然」之同詞或體字，是「肰」的聲符「肰」也必與「然」同音而為歌部泥母之字。

「犧」非古字，賈逵之說，說明東漢學者已知其為後起之字。「犧」戰國時還是寫作「羲」的。如前所說秦的《詛楚文》是其明證。「羲」从「義」得聲，而「義」从「我」得聲。「犧」古音在歌部，《詩・魯頌・閟宮》：

享以騂犧，
是饗是宜，
降福既多。

犧、宜、多，三字相叶，證明這一事實。疑泥兩母鼻音音變，古有其例（說見前）。从「我」得聲之「義」——古「犧」字可與「肰」字同音。把「犧」和「肰」的古音情況，「肰」的古文「」字和古金文「」的形象，與《莊子》所說「衣以文繡，以入大廟」「犧」的特點合起來看，在詞的音義及其書寫形式的對立統一關係中，向我們說明是「犧」字的最初形象。

《淮南子・俶真訓》：「百圍之木，斬而為犧尊，」高誘注：「犧，讀曰希，」「犧」「儀」等字後漢時都已進入支部，「希」兩漢都在脂部，[一]脂支合韻，「犧」讀曰「希」，《古詩為焦仲卿妻作》「儀」與「催」和，「歸」「衣」「違」相叶是其徵也。

《禮記・禮器》「犧尊在西。」鄭氏注「犧，《周禮》作獻。」孔疏云「按：《周禮・司尊彝》兩犧尊字作兩獻尊，鄭云「獻讀為犧。」」《釋文》「兩獻：本作戲，」《荀子・成相》：「基必施，辨賢罷，文武之道同伏戲，由之者治，不由者亂，何疑為？」戲與施、罷、為相叶，而伏戲即伏羲、伏犧，

注：[一]，《漢魏晉南北朝韻部演變研究》

楊倞注「戲與羲同。」可見「獻」「戲」都是讀入歌部而與「羲」同音的。

「羲」與「獻」原是以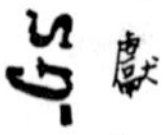為聲母的複輔音詞。〔一〕分化為單輔音詞後，雖以疑母為主，然有時也在個別詞上殘存着以心母為輔音的字。「魚」疑母，而从禾魚聲之「穌」卻是心母；「埶」疑母，而从埶得聲之「褻」卻在心母，是其例證。

《周禮．春官．司尊彝》「鬱齊獻酌」，鄭司農云「獻，讀為儀。」鄭玄謂「獻，讀為摩莎之莎，齊語，聲之轉也。」《釋文》「獻，素何反。」《禮記．郊特牲》「汁獻涚于醆酒」，鄭氏注「獻，讀當為莎，齊語，聲之誤也。」《儀禮．大射》「兩壺獻酒」鄭氏注，「獻，讀為沙。」沙、莎，古音歌部心母。獻讀儀儀而又讀為沙或莎者，乃儀古複輔音單輔音化後所生的方音與通語語音的差異。這也反映：不是儀、羲、犧由歌入元，而是獻由元入歌而與之同音通假。

我們以為中心，把和它有關的一些記載、字與詞的對立統一關係以及詞的語音變化等等，作了一番粗略探索，認為：

一．是商代還在使用的圖畫文字殘餘。它既是圖解示意整幅畫面中的事物形象單位，又是與具體事物名稱自然結合，可以獨立使用的表意單位。它是在圖畫文字中蘊毓着的新質要素。形象寫詞的自然基礎。

利用同音詞關係，在圖畫文字所蘊毓的形象寫詞因素，發明了象聲寫詞法（借用以形象寫詞法寫出之字，以寫無形可象之詞），從而創造了，合乎當時語言詞彙特點的，以寫詞為單位的，足以按照語序逐詞逐句地寫話記言的真正文字。

在這種情況下，蘊毓於圖畫文字之中而自然與詞相結的，它以豕的形象為代表，「衣以文繡」遂成為古「犧」字的胚胎。在形象寫詞原則下，在趨簡律和求別律的制約下，它發展成為用綫條勾勒出來的詞的書寫形式：「」和「」。前者，《說文》所錄古文誤作；後者，《說文》

注：〔一〕，說見拙作《以齒音和牙音疑母構成的複輔音初步探索》

誤以从火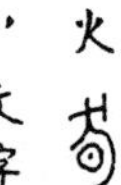聲的古「然」字爲肰的古文，實際上，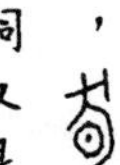才是肰的古字。

二，文字是詞的書寫形式，詞是文字所寫的內容。而詞又是以其語音、詞義爲其形式與內容的，詞的語音形式，共時有方音之別，歷時有古今之異。如果把它固定於一，而不問其變，在比較複雜的情況下，是不利於詞的書寫形式研究的。因爲同詞音變（不論方音的或歷史的）往往會引出不同的書寫形式別造或體，或使用假借。

犧「非古字」，古只用羲爲之。先秦之作，用犧者（依賈侍中說）當是後人求別而改寫。

「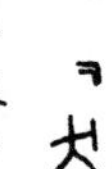」是「犧」的古詞的書寫形式，是原詞本字，古音在元部［-an］。由於鼻音韻尾［-n］的遺失，或把它併於韻腹，使它鼻化，由［-an］變［-ã］，从而對轉入歌，或音近於歌而與之合韻。這種現象是比較早的。《詩經》裡的元歌通叶［一］而「難」之在元在歌［二］正說明它音變轍迹。

往而不返，習以爲常，「犧牲」之「犧」遂成了歌部之詞，借用歌部之字來寫它，從而出現了由「羲」到「犧」的常用詞及其習用的書寫形式。和它相對的，原來的本詞本音本義本字，由於形變（失其原來形象）、音異（不同於當時的常用詞音歌部之「犧」）、失用（沒有人再用它來寫犧牲之「犧」），而被人淡忘。但是，變異蛻化之跡還是依稀可尋的。

先秦語音，《詩經》時期歌部字已與支之入——錫部字相叶［三］，從而使人得以就語音方面探測周金文「人鬲」之鬲與「民儀」、「民獻」之儀、獻關係。

在晚周的時候，歌部字已經有跟支部相通的例子。到兩漢時期歌支兩部相叶更爲普遍。從跟不跟魚部字押韻這一事實來看，兩部還有些區別。到了東漢，歌部的支韻一系的字併入到支部裡去。［四］而支部字和脂部字相押的實例，到了東漢，也比較多。兩部讀音比較接近。

在這些語音變化下，古「犧」字——原來是「肰」——从元入歌，由歌入支，由支入脂，變成與「希」同音之詞。

一九八六年九月山東長島古文字學術研究會宣讀

注：［一］，《東門之枌》二章、《桑扈》三章，是例。［二］，在元部者如《中谷有蓷》一章，在歌部者如《隰桑》一章。［三］，《斯干》末章「裼」與地、瓦、儀、議、罹相叶，而《君子偕老》二章「髢」與翟（狄）、揥、晳、帝相叶，而髢也《說文》以爲鬄之或體。［四］，《漢魏晉南北朝韻部演變研究》。

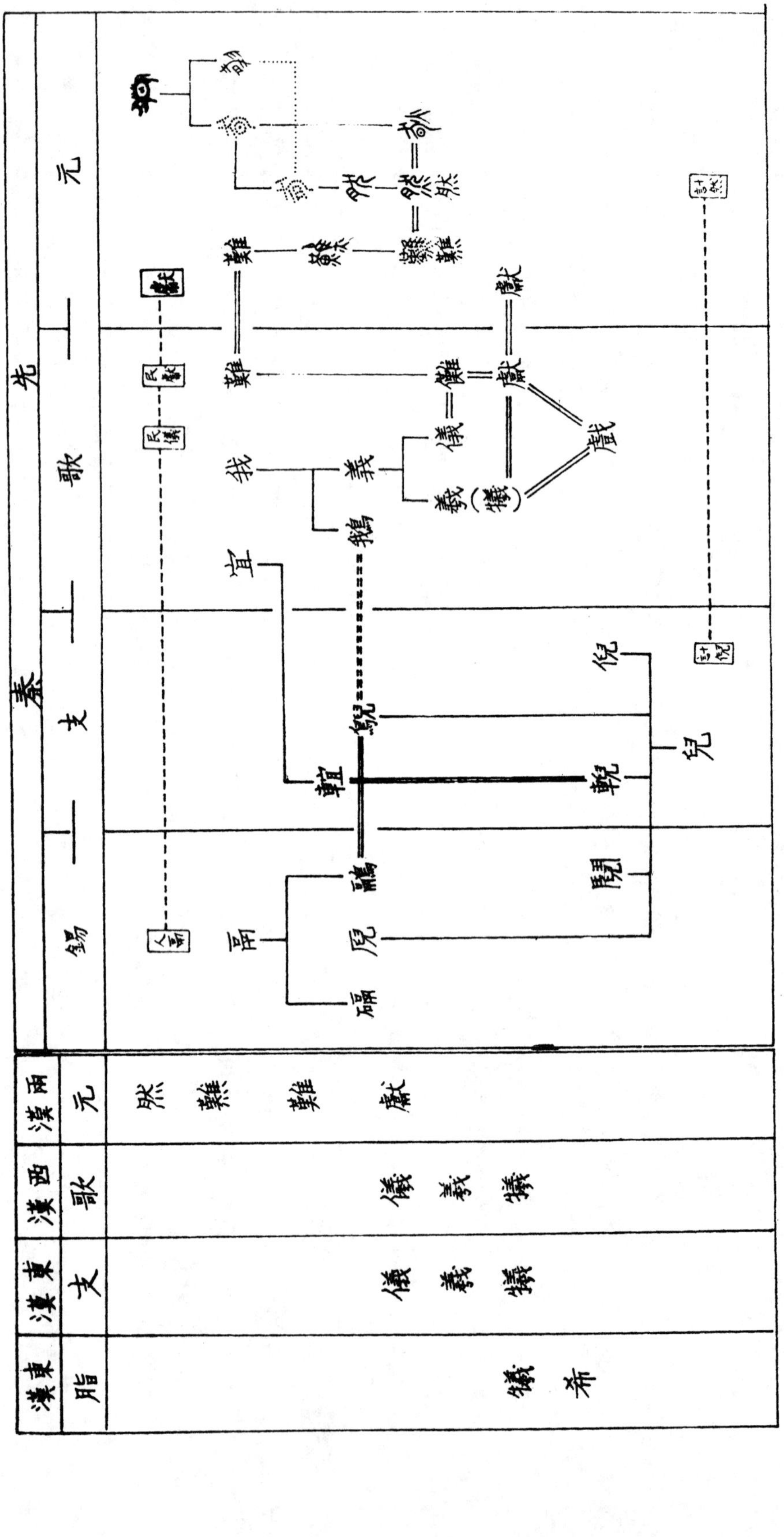
先秦
元
歌
支
錫
兩漢
元
西漢
歌
東漢
支
東漢
脂

從圖畫文字的性質和發展試論漢字體系的起源與建立

——兼評唐蘭、梁東漢、高本漢三先生的『圖畫文字』

漢字改革是一個既有現實意義又有理論依據的文化革命工作。

漢字改革的理論研究工作，實際上是『漢語書寫形式學』[一]——漢字科學的建設過程。在這個新科學的建立過程中，漢字性質研究是一個重要關鍵。只有認識漢字性質，才能發現它的主要矛盾，掌握它的發展規律，正確地估計它的歷史地位、現實作用和改革的歷史必然性；才能結合實現社會生活和需要指導具體的文字改革工作。

在漢字性質的研究工作中，『漢字體系是怎麼建立起來的？』是必須解決的問題之一。不從發生學上認識它的起源，就難以從根本上瞭解它的性質。

要想瞭解漢字體系是如何建成的，必須弄清它和它的母體——先期文字，也就是圖畫文字——的關係和區別。這是建立漢字科學，解決漢字改革理論問題的一個不可或缺的重要環節。

關於圖畫文字的性質及其與漢字的關係是有過爭論的。大體說來有兩種正相反對的意見：一種意見認爲在漢字體系建成之前（所謂『六書』之前）是有過圖畫文字階段的；一種認爲沒有這個階段，主張漢字是由一個個地先後零星出現的象形字積累而成的。前一說法，沈兼士實發其端；後一主張，唐蘭先

注：[一]，也可以叫做『漢語詞彙文字學』。

生為其代表。

我的初步意見認為漢字是從它的先期文字——圖畫文字中萌生，蘊毓，在一定社會條件下，經過質變而創成體系的。在漢字體系創成之前，是有過圖畫文字階段的。在這一點上，是和沈兼士看法相同的。但是在圖畫文字和漢字的發展關係上，又和他有很大差別。

這裡，我把自己的一點看法分作以下四點來說：

一．圖畫文字的性質和體系；

二，從商周青銅器銘文中的圖畫文字殘餘〔一〕說漢字之前確實有過圖畫文字；

三．漢字體系是如何從圖畫文字體系中發展出來的；

四，對唐蘭、梁東漢和高本漢三先生的『圖畫文字』的幾點意見。

壹．圖畫文字的性質和體系

一，從圖畫到圖畫文字

圖畫文字是一種輔助人們交流思想的交際工具，是一種先期的文字性質的東西。但它不是語言的派生物，而是以表達思想意志為紐帶，使圖畫服務於語言思想的產物。換句話說，圖畫文字是以圖畫方法表達人們的語言思惟，從而使圖畫和語言從概念關係上而不是從語序之上相結合而生的產物。

從圖畫到圖畫文字，不是一蹴而就的。最初，圖畫有時是被用作助憶符號來使用的。它和一些助憶的東西（例如：實物，繩結，結珠、刻木等等）作用相同，可以作為事情的標誌，回憶的聯想物。因為它能表現客觀事物的形象，有其它助憶物所沒有的優點，更便於人們的聯想和回憶。有的部落，有時把

注：〔一〕．本文只是概論性質的。關於商周青銅器銘文中圖畫文字殘餘的具體分析將另有論述。

它刻畫在助憶物上，例如通訊木上，所起的作用就更大一些。

思想是在語言材料上進行的。在頭腦中，活動着的思想，儘管他還沒有把它說出來，實際是已經同時在運用了體現那一思想的語言詞句的。

圖畫形象，無論它表現的是物體特點，或是物與物、人與物、人與人之間的關係，它們和人們借以思惟的語言材料一樣，都是從生產實踐中產生的對客觀存在的認識的反映。

圖畫不同於語言。它們和思想的關係是不一樣的。它們體現思想的目的、方法和程度也是各不相同的。但是在反映思想這一點上是相同。因此，在用圖畫來表達語言思惟的主要概念時，以思想為紐帶，使形成思想的語言材料和圖畫自然地結合起來，圖畫遂成為訴諸視覺的表達語意的書寫形式，成為按照語言內容畫成的語意圖解。而它的讀者——和作者有共同生活的人，也是通過畫面上的物體形象及其關係，以從實踐中認識到的客觀事物形象特征為綫索，引起相應的語言思惟，從而得到了作者的思想。

由於生產和生活的需要，特別是相隔一定時間和地點的交際需要，可以作助憶之用的圖畫，經過提煉和改造，從助憶符號逐漸質變，成為表達語言思惟，輔助語言的交際工具。

這個逐漸質變的過程，如果一定要把它放在圖畫文字範圍裡，可以說是圖畫文字的前期。

在這前一時期中，表現方法和技術都比較簡單。對形成思想的語言思惟，在主要的概念形象上，揭露得不夠，致使它的主要概念及其活動關係在畫面上表現得不夠明確，同一圖形往往是可以從多方面解釋的。任意性比較大。有些圖形是需要作者親自說明的。

進到圖畫文字時期，表現方法和圖解技術都有很大進步，構圖比較複雜一些。它把要表達的思想內容，按它構成思想的主要概念及其關係，儘可能地用形象的圖解方法體現出來。只要有同一社會生活的人，一般是可以看圖知意的。因為在畫面上不僅有構成那一思想的主要概念，也還有它們的彼此關係。

這樣，在一定的事物形象和它們的關係綫索上，範圍了讀者的語言思惟。雖不能保證詞句毫無出入，在大體上是可以從主要概念得到同一思想的。因此，它一般地能夠適合於當時社會，滿足人們在一定的遠距離中進行交際的要求。於是這種圖畫遂成爲輔助語言的交際工具，具有一定程度的文字性質。這種語意圖解的書寫形式叫做圖畫文字。

但是，在人們的語言思惟中，概念是現實在思惟中的間接的和概括的反映。雖然概念只有通過語言形式的表現才能存在，詞義和一定的概念互相聯繫着，可是詞和概念還不就是一個東西：詞是語言的單位，而概念則是思惟的單位。

一般說來，一個詞是一個概念的語音物化，可是一個概念不一定必用一個詞來說。詞義的基礎雖是某種概念，可是概念的内容和詞義也並不完全相同。

因此，在圖畫文字中，某些語言思惟單位的圖解，雖然由於概念和語言的關係有寫詞的朕跡，但是因爲書寫原則和與之相應的體系不同，它還不能就成爲表意文字的詞的書寫形式。

即或在圖畫文字交際中，某些概念的圖解比較穩固了些，由朕跡成爲詞的書寫萌芽，可是圖畫文字的書寫原則及其相應的體系，也不能使它們成爲真正的語言記錄形式。因爲語言並不是一些詞的偶然滙合，而是運用組詞成句的語法，組織所要的詞彙按照思想内容和形式這一思想的語序說成的。

語言思惟中的概念關係，在形象的圖解安排上，往往是和語言結構不相同的。這就使圖畫文字雖然在一定程度上，從思惟内容表達了語言活動，可是它和語言結構還沒有發生直接關係。這就使圖畫文字和語言有一定程度的結合而結合之處却不是依附語言本質的。——圖畫文字還不能從語言的詞彙、語法按它們的組織關係按語序寫詞從事記錄。

圖畫是一種形象藝術。可是它的畫面是直接和人對客觀事物的認識相結的。因而可以引起讀者的語言思惟，可以引起他的語言行爲，對它口講指畫，見牛呼牛，見馬呼馬。這個性質，使它在一定的條件下，起了規定某種語言思惟的綫索作用，被提煉爲助憶符號。作爲助憶符號的圖畫，比圖畫爲略，雖然表意作用大於藝術作用。但是它還不是按語言思惟内容來作有組織的思想圖解的。

以圖寫語意爲主的圖畫文字它所反映的客觀事物形象，雖然比作爲助憶符號的圖畫更趨於簡化和概括化，但是『畫成其物』，因事賦形，基本上是同於圖畫的助憶符號的。

圖畫文字的寫作目的，和隨着目的而決定的表現方法都不同於圖畫。它只為了表現形成思想的語言思惟，專門勾畫它的主要概念的形象特點及其關係，而不畫別的。

圖畫文字的性質和體系使它只能從思想內容作語意圖解，還不能象表意文字或表音文字那樣，把它按體現思想的具體語言詞句，隨詞句語序一一地逐次寫詞，作語言記錄。這就使圖畫文字上不同於圖畫，下不同於真正書寫語言的文字。

二、圖畫文字也是一種輔助語言的交際工具

說圖畫文字是一種具有文字性質的東西，是因為它能離開作者，靠畫面上的事物形象及其關係，通過視覺，在讀者的頭腦中喚起和作者相同的語言思惟，達到思想交流，起了輔助人們交流思想的交際工具的作用。

用我們比較熟悉的圖畫文字為例，〔一〕、〔二〕例如：

注：〔一〕，這些例子，互見於——林惠祥：《文化人類學》 蔣善國：《中國文字之原始及其構造》 葛勞德：《字母的故事》 林祝敔譯本《比較文字學》。各例說明，有原書在，不具引。

〔二〕，受外族真正文字影響的『圖畫文字』不用作例，在文字的發生學上，它們不是『自然』程序，不能證明先期文字如何發展為真正文字。譬如：南美玻利維亞安特高原印第安人的『象形文字』和我們兄弟民族中麼些的『象形文字』。

前者，是在西班牙天主教士的逼迫下，為記誦『祈禱文』而形成的。它的基礎是圖畫文，但它的書寫原則和體系，已經不是哥倫布發現美洲之前的基本體貌和面貌了。

後者，在圖畫文字的基礎上，滲入了漢、藏等兄弟民族文字因素。不但有『假借』，而且有『形聲』，不但有『形聲』而且采用了一些漢藏文字。例如：馬、說〔ʐuɑ〕寫作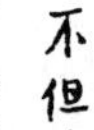。有時依同音詞關係，用它書寫（接下頁注）

印第安人探險隊寫在樺皮樹上的『留言』（圖一）
窮獵人缺食求援的『啟事』（圖二）
印女人掛在門上的外出『說帖』（圖三）
奧傑布哇女子寫在赤楊皮上的『情書』（圖四）
諸如此類的圖畫文字，在當時當地都是不須作者親自按圖解說，就可以使讀者看明白的。

很顯然，假如圖畫文字沒有憑借它在畫面上圖寫的事物形象及其關係，離開作者，可以引導並範圍讀者的語言思惟，從而達到思想了解；而是一種可以『仁者見仁，智者見智』，任人任意猜想的東西，那麼它就沒有傳言寄語的作用。果真如此，那些當事人是不會在迫切急難之際作這些不急之務的。

這些『留言』『啟事』『說帖』『書信』的寫出，正說明了圖畫文字確實是能夠起輔助語言的交際作用的。它的性質應該是屬於文字的。因為它確能在讀者心中喚起和作者相同的語言思惟的。

圖畫文字能輔助語言突破時間和空間的限制，起遠距離的交際作用。這是無可懷疑的。

語言單位和語言結構雖然跟圖畫文字所表現的思

注：（承上頁注〔二〕）『有權者』（ʐuɑ）。再如：殺，說（sy），寫作[illegible]。怕它不易被人看懂，給它加了個『聲符』——[illegible]（鉛塊，說（sy）），寫成[illegible]，變成一個形聲結構。至如：地，說（tṣl），寫作[illegible]。[illegible]，象地，而『止』則是漢字。這樣看來，麼些『象形文字』也並不純屬於先期文字階段。

圖一

圖二

圖三

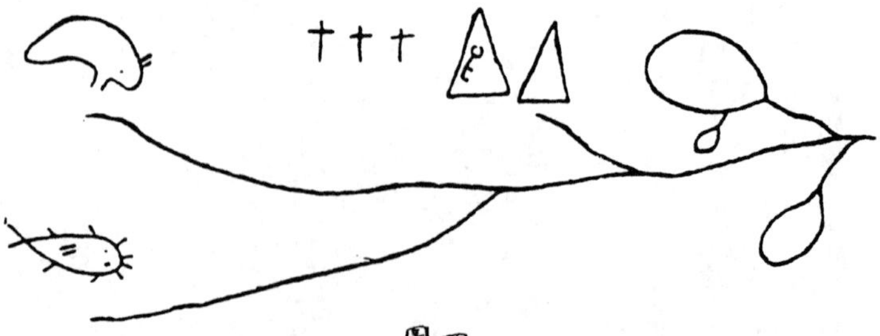
圖四

想單位（概念）及其關係並不相同，但是，思想是在語言材料的基礎上進行和形成的。沒有語言物質的赤裸裸的思想是不存在的。因此，往往有些圖畫文字在體現思想內容——概念形象及其關系時，有時是按語言思惟的主要概念程序（不是語言結構順序）依次排比而成的。

例如：

阿拉斯加埃斯基摩人的行獵記載（圖五）就是這樣的。

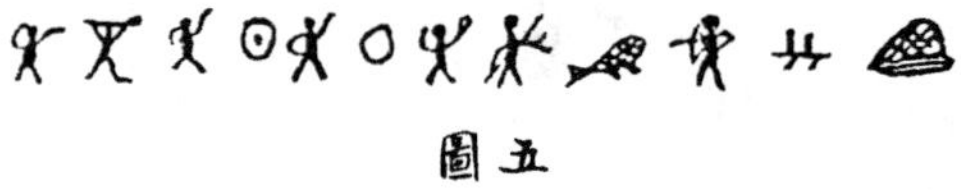

圖五

在歌辭和口訣的書寫上也是如此的。例如：圖六的戰歌和圖七的奧傑布哇的巫醫口訣。

圖六

圖七

而奧傑布娃的巫醫口訣它不但是按照語言思惟的主要概念程序，而且還畫出了節拍。

圖畫文字之是否按照語言思惟的邏輯程序來寫是被它圖解的內容和使用目的決定的。

按照語言思惟的邏輯程序圖解出來的圖畫文字，也只是表現它的主要概念。在這一點上，也還是跟依照語言詞彙和語法，隨句中語序一一寫詞的表意文字，或表音文字有本質上的區別的。

圖畫文字是訴之於視覺的，是以形象見意的東西。客觀事物反映在認識中的形象特點，對接觸過它的人們來說，一般是具有共通性的，——『所見略同。』這就使圖畫文字幅面上的圖形，有許多是任誰都可以看懂的，知道它是表現着一個什麼樣的事物。然而各個社會的生活習慣不一，各種語言的思惟情況不同，同一事物形象，在某種情況下可以有它自己的理解；致使圖畫文字的某些圖形在不同的部落有它特殊的作用。例如：烏龜、在岱拉惠酋長梵敢猛的傳記（圖八）上是一個種族的圖騰，

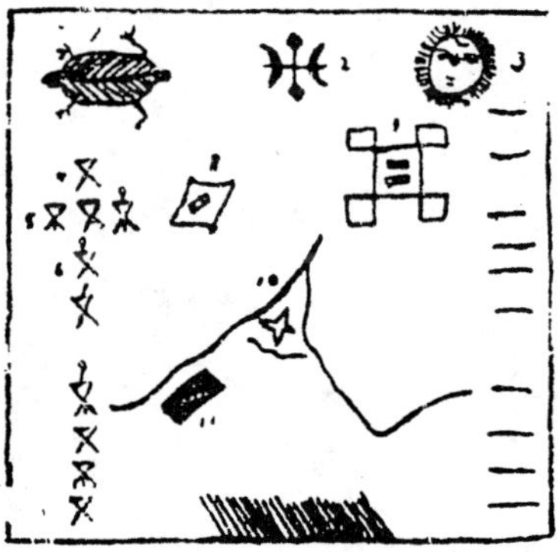

圖八

而印第安人探險隊的『留言』（圖一一）上卻是表示『作備用食品的動物』。兩臂橫張的手勢可以被看作『沒有』，也可以被看作『大』。

可見儘管『辨識圖畫文字的意義與揭示它的語言無關，』可是圖畫文字也並不是『說各種語言的人都可以懂。』的。〔一〕

例如：

V.A.科車爾基娜《文字史概要》〔二〕所舉印第安人部落描述進軍的情景（圖九）。

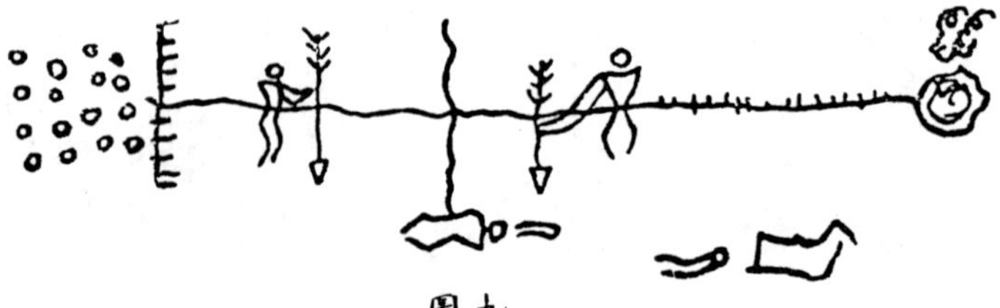

圖九

除作者說明『左邊用一條垂直綫帶些分枝表示大草原』外，我們能看懂些什麼呢？有些形象看不懂，譬如：草原後面的小圈圈；有些形象似乎能看懂，譬如：橫躺在地上的人，失掉了兩臂，想是戰死了，但他身上的一縷綫又是表示什麼呢？綫左右兩人相向而立，是各執一矢還是各植一樹呢？

毫無疑問，這幅圖畫文字對當時那一部落的人們說來是很好理解的，因爲他們有共同的生活經驗和圖畫文字體系與習慣。可是對別的人們說來，由於社會生活不同，對某些概念及其關係的圖解方法不熟悉，如果不經講解，一時是無從解索的。

例如：

在岱拉威酋長梵敢猛的傳記（見圖八）的說明中，沒有講出第三個物形——太陽——在這個圖畫文字中的意義，我們便對它無法安排。

光有同一社會生活，若是沒有共通使用圖畫文字的習慣，這種形象的語意圖解也是不能很好地完成它輔助語言的交際工具作用的。〔三〕

注：〔一〕、V.A.科車爾基娜：《文字史概要》《語言學論文選譯》第五輯，七十九頁。　〔二〕、同上。

〔三〕、恩·別林諾維奇等改寫的《波蘭民間故事》。沈芳譯，少年兒童出版社，一九五六年版，六十九—七十頁。

在波蘭民間故事中，有一篇《農民告狀》，說：一個貧苦農民在木版上用圖畫表示出（接下頁注）

三、圖畫文字的書寫原則、方法和體系

不論是表意文字或表音文字，都有它書寫原則、方法和依其原則、方法形成的書寫體系；同時，也依此原則和方法，傳言寄語，達到了寫讀共喻的交際目的。圖畫文字也並不例外。它不但有它的書寫原則，也有它的書寫方法。依靠這些原則和方法，達到了輔助語言的交際目的。因此，圖畫文字才能對作者提供可以按照形成思想的語言思惟，來圖解語意的條件；才能使讀者依其構成圖解的原則和方法，作語言思惟的線索，從而得到作者所寄予的思想。它的原則和方法形成了圖畫文字特有的體系。

如果圖畫文字沒有它自己的體系，它只能成為一些零散的繪畫。這樣，它必將在作者和讀者之間失去彼此可以達到共同了解的橋梁。沒有彼此公認的借以範圍語言思惟的線路，就不可能突破時、空起遠距離交流思想的作用，不能成為輔助語言的交際工具。

圖畫文字體系是建立在形象地圖解語意原則之上，以概念中心賦形法、整體關係布局法來實現的。這兩者並不是截然分開的。在概念賦形的圖解中，有其整體關係的布局；而整體關係的布局又是以概念形象的圖解來實現的。

注：(承上頁注[三七]) 他自己的小屋和地主的莊園，表示出自己的母牛是從什麼地方鑽到地主的三葉草草地上去，地主在什麼地方把牛給殺了，表示出自己為此被地主放在長櫈上痛打了十大鞭子。(圖十)

因為當時誰也不用這種圖畫文字來作輔助語言的交際工具，沒有人能看懂他的訴狀或呈子。國王還是從路上在農民本人的親自指點說明下，才得到了正解的，才能在回朝之後，假裝好腦袋勝過了他的十二個大臣。

故事雖非實例，可是它也在說明：圖畫文字並不能以其形象特點，超越它的社會，而到處皆通的。

圖十

（壹）在概念圖解中，有直接圖寫概念所反映的事物形象特點的，有用別的形象或符號來間接表示概念的。

一 直接寫意法

這種方法是按照概念所反映的事物形象特點寫畫的。人，就畫一個人，鹿，就畫一匹鹿；人在射箭，就畫一個人在張弓搭箭；一個人射鹿，就畫一個人對着一匹鹿在張弓搭箭。

在圖畫文字原則下，人們從實踐中，依據所圖寫的事物形象和關係，建立了兩種寫意方法：象物的和象事的。

象物法和象事法是體現圖畫文字原則，建成圖畫文字體係的重要柱石。同時，它們和另一個方法，象意法，都是經過萌生、蘊毓將來發展爲形象的表意文字的基礎，是在舊質中蘊毓着新質的胚胎。它們是圖畫文字體系的奠基人，同時也是葬送圖畫文字的掘墓人。

二、間接寫意法

一些抽象概念，沒有形象或沒有足以相互區別的視覺形象，往往選用以下幾種方法，使它形象化。

1、手勢描寫法

有許多部落，在口語之外，還有一種輔助語言的交際工具——手勢語。有些不大好圖解的抽象概念，往往在手勢語中有它的特定的手勢。有些部落把這類手勢畫下來，用它補苴圖畫文字象形寫意法的缺陷。例如：『獵人缺食求援啟事』用兩臂橫張的手勢表示什麼也沒有。奧傑布娃『情書』用一臂斜垂手指向下的招手手勢表示歡迎。

2、象徵寫意法

季節是無形可象的。沮尼族印第安人畫一個蝌蚪來表示夏天，因爲在他們那裡夏天蝌蚪極多，是可爲夏天的象徵。印第安人墓誌，如韋加巴華辛的功績，用煙管表示和平，用斧子表示戰爭。

(貳)、關係圖解中，有利用位置見意的，有使用綫條牽連的，它們都是在形象表意的基礎上完成的。

一、位置見意的

這種寫意方法是在形象寫意法的基礎上配成的。是從事物之間的相對位置及其相互關係表現出來的。例如：

新墨西哥的崖壁警告『説帖』，用一隻向上的山羊和一匹四腳朝天的馬表示山路的險阻（圖十一）

圖十一

二、綫索牽連的

有些抽象概念，不是用事物形象的位置關係所能表示出來的。一般的是先畫出有關的事物形象，然後再在它們之間加上適當的綫條，利用綫條的牽連，顯示出所要表現的意思。例如：（圖十二）

這是：一八四九年印第安人的即伯衛族人給美國總統的請願書。它用鶴圖騰爲代表，依次地畫了七個部落圖騰。之後，再從各個圖騰動物的眼睛和心臟各牽出一條綫，集中在鶴的眼睛和心上，表示他們是一條心，表示他們有共同的盼望。最後，又從鶴的眼睛分別地引出兩條綫：一條連在湖上，表示他們的目的物，——盼望要這

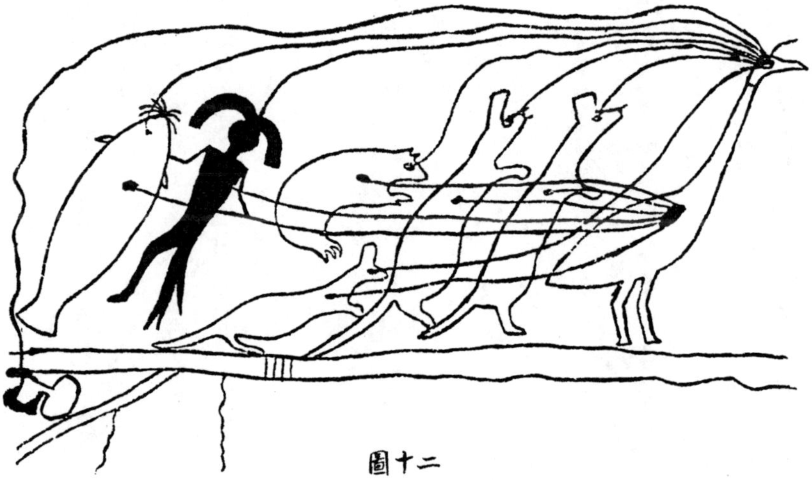

圖十二

個湖；一條伸向直前，表示向國會請求。如果不利用這些綫條來表示，他們的心思是不易圖解出來的。

從上面這些常被引用的圖例裡，我們可以看出：圖畫文字的書寫原則是以語意圖解爲主的。它是不受語言的詞彙和語法結構的約束的。它所能表記的只是語言思惟的主要概念及其關係。它是不能按照語言詞句，依其語法關係，就實際語序，一一寫詞，從詞寫話的。因而它不象表意文字或表音文字，是没有成套成系統的書寫語言詞彙及其語法形式的體系的。圖畫文字體系只是一些全民習用的概念圖象和一些使概念關係形象化的方法或符號而已。

語意圖解原則使圖畫爲語言服務，是圖畫向語言規範的第一步。

貳、漢字體系建成之前有没有圖畫文字階段？

——商周青銅器銘文中的圖畫文字殘餘——

五十八年以前，章太炎受到了澳洲、非洲以及墨西哥、埃及等地圖畫文字遺跡的啟示，在他的《訄書》《訂文篇》裡開始考慮到繪畫和文字起源的關係，爲漢字研究工作提出了一個新課題。[一]從此之後，有些文字學者注意並且着手研究了在漢字體系建成之前有没有圖畫文字的問題。

一九二三年，沈兼士在《國語問題之歷史的研究》[二]一文裡，提到了商周青銅器銘文中的《文字畫》（圖畫文字）問題。一九二八年他又發展了他的看法，寫了一篇《從古器款識上推尋六書以前的文字畫》。他認爲『不但說文中之獨體象形指事字非原始文字，即金文中之獨體象形字亦不得認爲即原始

注：[一]、章炳麟：訄書，一九〇七年日本版，七十五—七十六頁。

[二]、北京大學，國學季刊，第一卷，第一號，五十七—五十八頁。

字之真相。蓋於六書文字時期之前，應尚有一階段，為六書文字之導源，今姑定名為文字畫時期。文字畫者，即鐘鼎學家所謂殷商鐘鼎中之圖形是也。」〔一〕一九三〇年，蔣善國先生著《中國文字之原始及其構造》，同意「說者多以標識在先，繪畫在後；前者為有文字以前之助記時期，後者為繪畫時期」之說，認為「上古荒邈，標識繪畫之迹，在中國莫之能考矣。然在世界之野蠻民族中，則多可考見。由今日所存野蠻民族，以明中國原始人類之活動，其相去當不遠也。」〔二〕他從世界各地文化不發達部落的圖畫文字中選了些實例，論述《未有文字以前替代文字之工具》，作為漢字前身亦有圖畫文字的參證。

惟唐蘭先生不同意這種看法。他認為：

「主張文字畫（按，即圖畫文字）的人，不知道象形字就是圖畫文字（按唐先生的「圖畫文字」和文字發展階段中的圖畫文字不同，而是形象的音節表意文字〔三〕的原始形態）」〔四〕他說：「學者間更大的錯誤是把圖畫文字說做文字畫」。〔五〕

五十幾年來，關於漢字之前有沒有圖畫文字問題，如上所述，是有着兩種恰好相反的看法的。

圖畫文字體系的存在，這是事實。不用說國外，就是我們國內也有不少迹象。例如：西北，在天山北路的伊犁區和南路皮山縣桑株鎮崑崙山口等地都發現了岩刻畫；〔六〕西南，除麼些圖畫文字外，〔七〕在廣西寧明縣明江兩岸花山、珠山、龍硤、高山等處也有近似圖畫文字的崖壁繪畫。〔八〕其中，有很多

注：〔一〕，沈兼士：《從古器款識上推尋六書以前之文字畫》一九二七年、《輔仁學志》一卷一號；一九二八年，日本東亞考古學會《考古學論叢》第三篇。修訂本見《段硯齋雜文》第十篇。

〔二〕，蔣善國：《中國文字之原始及其構造》一九三〇年，商務版，第一篇，第八頁。

〔三〕，文中「形象的音節表意文字」一詞指着隸變以前的漢字。隸變以後的叫做「符號的音節表意文字。」

〔四〕，唐蘭：《中國文字學》一九四九年，開明版，八十六頁。　〔五〕，同上，八十二頁。　〔六〕，武伯綸：《新疆天山南路的文物調查》《文物參考資料》一九五四年第十期。　〔七〕，歷史語言研究所《人類學集刊》第二卷，第一、二期，一九四一年版：《麼些象形字之初步研究》。　〔八〕，陳漢流《廣西寧明花山崖壁上的僮族史迹》《文物參考資料》一九五六年十三期。

圖形在相當大的程度上是和商代青銅器銘文中某些象形字相近的。但是，他們的地區去殷商舊域較遠，而且在時代上，有的很晚，[一]都不能看作早於漢字並爲蘊毓漢字體系的母體。真正蘊毓漢字因素，在定條件下發生質變，從而創成形象的音節表意文字體系的圖畫文字史料，直到目前還沒有發現。問題不在於泛論我國是不是曾經有過圖畫文字，而在於漢字之前是否有過。它直接關係到漢字起源及其性質等根本問題。如果有，漢字體系是從另一種書寫體系中發展出來的。如果沒有，則漢字一開始就是以形象的音節表意文字體系出現的。

我初步意見認爲在漢字體系建成以前是有過圖畫文字體系的。

說在漢字體系創成之前有過圖畫文字階段，而漢字就是從它的體系中萌生、蘊毓，在一定社會條件下，經過質變而創成的。主要的史料根據就是在商周青銅器銘文中有相當數量的圖畫文字殘餘。

在商代和西周青銅器銘文中，有些銘文是富於形象而不成辭的。也有些和文辭並見於一器而特立於文句之外的。這些不能成辭的書寫形式到底是一種什麼性質的東西，說法是不一樣的。

郭沫若先生認爲——

> 凡圖形之作鳥獸蟲魚之形者，必係古代民族之圖騰或其孑遺，其非鳥獸蟲魚之形者，乃圖騰之轉變，蓋已有相當進展之文化，而已脫去原始畛域者之族徽也。[二]

但是，他並不認爲這就是圖畫文字（文字畫）。他說：

> 所謂『文字畫』者乃文字形成之前階段，即野蠻或原始民族在未有文字將有文字時所用以爲意思表現之符徵。此種未成形之畫語，在現在未開化民族，如北極附近之埃克西摩人，美洲之印迭安人於今均猶見使用。然殷彝中之圖形文字若作『文字畫』解時，有一根本困難：即殷代文化已遠遠超過此階段，而已有行將完整之文字系統。[三]

注：[一]、發現一個楷書『魁』字。

[二]、郭沫若：《殷彝中圖形文字之一解》，《殷周青銅器銘文研究》一九三一年，大東版，上冊，十二頁。一九五四年，人民出版社重印本，十頁。

[三]、同上，三頁。

郭先生的看法是正確的。把商周青銅器銘文中的圖畫文字（文字畫）殘餘就當做圖畫文字是不對的。無論它是圖騰、族徽或者是其它標識，都應該是在最初的漢字——形象的音節表意文字體系創成之後的圖畫文字殘餘，而不就是圖畫文字。它們不但不能否定『文字畫』的曾經存在，而且正好證明在漢字體系創成之前確實有過先期文字階段。

圖騰或族徽不是在創成真正文字體系時代才開始創作的。它們遠在沒有記言載記的時代就已存在。許多圖畫文字實例都在證明，圖騰或族徽的圖寫正是圖畫文字體系中借以表現人事關係的重要方法之一。印第安人請願書中的七個動物就是其例。何況商代和西周的這類書寫形式一般的不同於銅器銘文辭句的書寫體制，反而和各部落的圖畫文字體系相同！

在商代和西周的青銅器銘文中殘存着的圖畫文字殘餘，在圖畫文字階段中應是晚期的東西。它不僅在圖寫技術上受到長時期的提煉，就是在某些事物概念的表現方法上也有比較慣用的圖解形式。有的書寫形式甚至於和形象的音節表意形式沒有區別。因爲它們正是從圖畫文字質變爲真正文字的內部因素，而真正文字又在一定程度給它們以影響。

在商代和西周青銅器銘文中，哪些書寫形式是圖畫文字殘餘呢？

主要標誌在於是不是依語法關係按語序以詞寫話。

這個標誌可以說是劃分圖畫文字和真正文字的分水嶺。用它，可以從富於形象性的商周青銅器銘文中，測定哪些銘文應屬圖畫文字殘餘，哪些應屬真正文字。因爲：能不能夠按照詞在語句中的語法組織關係，就實際語序，依次寫詞，從詞寫話，這事本身就是一種書寫原則和與之相應的書寫體系的反映。

商周青銅器銘文，真正文字體系部分是已經肯定了的。沒有肯定下來的只有這些既富於形象又不成辭句的部分。它們的性質只有兩個可能：或者是真正文字，或者是圖畫文字。解決的辦法也有兩條：或者從個體解決整體，從認字入手；或者是從整體解決個體，從書寫原則入手。

圖畫文字和形象的音節表意文字是既有本質區別又有歷史聯繫的。如果只從認字入手，單個字形的歷史演變關係會使我們無視書寫原則的本質差別。若從書寫原則入手，則個個字的歷史關係也更清楚。

如果從書寫原則來研究這個問題，那麼上面所立的標準是可用的。

根據這個標準來看商代和西周青銅器銘文，不拘它是否可識，有以下幾種情況的，應該是在形象的音節表意文字已經創成之後的圖畫文字殘餘（至於它們的具體內容都是些什麼，另文論述）：

(壹)、圖寫事物形象而不成語句的應屬圖畫文字殘餘

一、只圖寫一個物體形象的。

例如：（圖十三、十四、十五、十六）

二、圖寫兩個或較多的物體形象的。

1、用幾個物形合起來表現一個概念的。

例如：（圖十七、十八、十九、二十）

2、用幾組物形關係表現幾個概念的。

例如：（圖廿一、廿二、廿三、廿四）（此圖見下頁）

三代6.1.11
圖十三

錄遺116
圖十四

三代14.12.7
圖十五

錄遺302
圖十六

錄遺304
圖十七

錄遺220
圖十八

三代14.15.1
圖十九

三代14.13.6
圖二十

（承上頁圖廿一至廿四）

錄遺433
圖二一

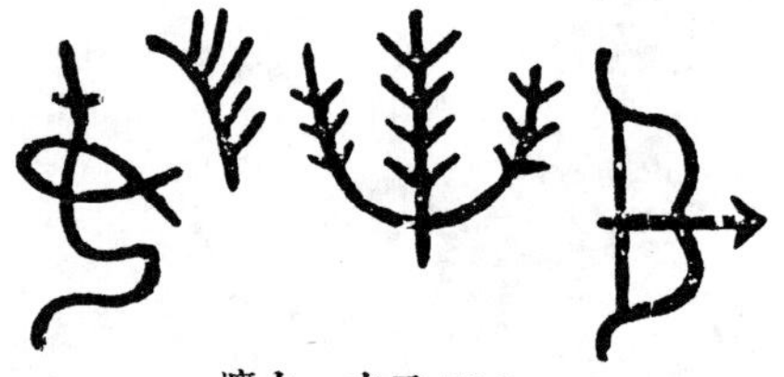

擽古一之二.79.3
圖二二

錄遺332
圖二三

三代 2.12.12
圖二四

（圖二一），，象人坐在■上，伸手舉丨，表現一個概念，是一組。，象人脚在間，是一組，表現一個概念。（圖二二），象一女子采桑，已折下一枝之形。女、樹枝、樹，三形為一組，表示一個概念。箭在弓上之形，自為一組。（圖二三），象一人張目操蛇（？）自為一組，表現一個概念。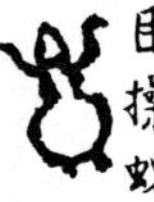，是一個有蓋的器皿，自為一組，表現一個概念。（圖二四），，象蛇纏在下下之形，表現一個概念。下面蛙黽之形，表現又一個概念。

（貳）、獨立的近似符號的書寫形式應屬圖畫文字殘餘

例如：

（圖二五之一、二、三、四）

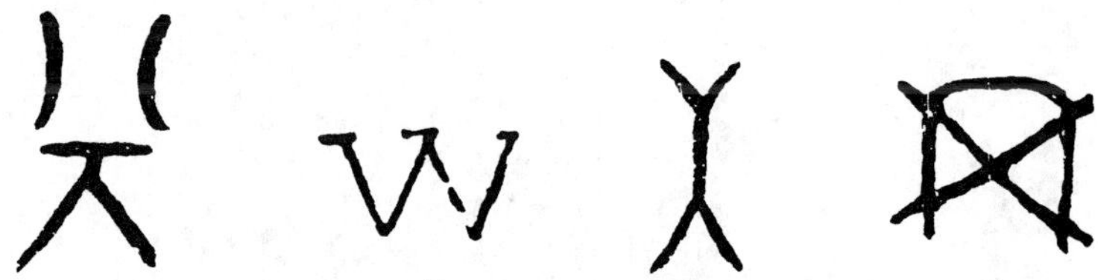

1 三代14.1.5　2 校.7.55　3 三代13.52.1　4 續殷下74

圖二五

（叁）與銘辭並見而獨立於詞句之外的應屬圖畫文字殘餘

例如：（圖二六、二七、二八、二九）

三代 11.41.7
圖二六

三代 6.41.1
圖二七

三代 6.52.2
圖二八

三代 6.46.3
圖二九

（圖二六）作父乙𧽡：

立於「作父乙寶尊𧽡」之外。

（圖二七）隹父己彝：

立於「隹作父己寶彝」之外。

（圖二八）隸彝：

立於「戊辰，弜師錫隸𠂤廿𠂤，𦎫貝。用作父乙寶彝。在十一月，唯王廿祀，𨚕日，遘于妣戊，武乙、奭。豕一」之外。

（圖二九）效父彝：

☒八八 立於「休王錫效父三，用作厥寶尊彝」之外。

（肆）．事物圖形和人名並見而彼此無語法關係的應屬圖畫文字殘餘

例如：（圖三十、三一、三二、三三）

錄遺 248
圖三十

三代 5.8.1
圖三一

擽古一之二 .51.1
圖三二

三代 11.18.8
圖三三

至於止於題名的，可以屬圖畫文字殘餘，也可以屬受圖畫文字殘餘影響的形象的音節表意文字。

在商周青銅器銘文中，有些銘文是止於題名的。這些題名，一般是由詞組構成的，它表現了語法關係，可以歸屬於形象的音節表意文字。但是從它們只能標舉概念而不能表現完整的語句來看，也可以說是一種圖畫文字殘餘，或圖畫文字殘餘勢力對形象的音節表意文字的影響

其中——

一・　有只題一個人名的，

例如：（圖三四）祖丁，（圖三五）父乙等等。

它們可以和另外一些圖畫文字殘餘圖形。例如：（圖三六、三七）

依圖畫文字原則合用。象：（圖三八、三九）。

也可以同時再和其它表現事物形象的圖畫文字殘餘依圖畫文字原則並用。例如：（圖四十、四一）

三代 14.35.11
圖三四

三代 14.19.8
圖三五

三代 14.12.9
圖三六

三代 12.40.8
圖三七

三代 11.6.7
圖三八

三代 7.3.2
圖三九

三代 14.28.8
圖四十

三代 11.14.3
圖四一

這類反映圖畫文字原則的書寫形式，例如『非子[illegible]父乙』，還可以作爲一個整體，來和那些以形象的音節表意文字體系寫成的銘文同時並用，而特立於銘文辭句之外。（圖四二）

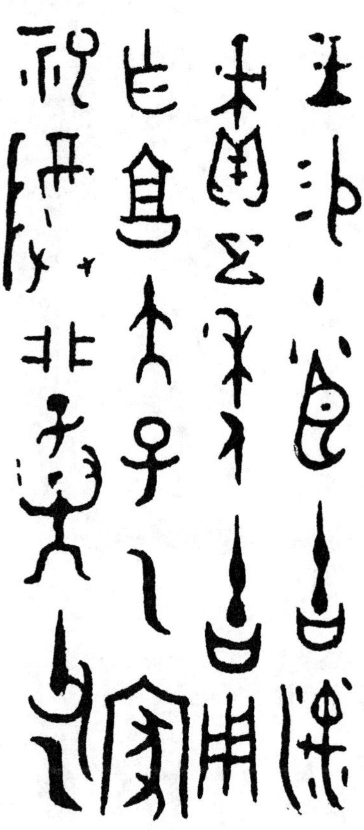

三代 3.53.2

圖四二

就前面提到的關係，可以看出這類人名，它不僅適應形象的音節表意文字體系，也適應於圖畫文字體系。

同一名字的同一書寫形式兼屬兩種書寫體系，這是不是說：圖畫文字和表意文字根本就沒有區別了呢？

這個現象不但不能否定兩個書寫原則的存在，不能抹殺先期文字和真正文字的區別，相反的，正說明了這有本質差別的兩個階段和它們的發展關係。

以形象的音節表意文字開始的漢字體系，是在一定的社會條件下，從擴大假借寫詞法的使用範圍而創通的（見後）。假借寫詞法也並不是在圖畫文字質變之際才突然發明的。它和形象寫詞法一樣，是遠在圖畫文字階段裡就已創造成功的。它是在形象寫詞因素及其作用的基礎上，以同音詞的關係，從有形入手，寫出來的無形可象的名字。

這種寫詞法，一般是從人名的書寫上開始創成的。圖畫文字原則只圖解語言思惟的主要概念及其關係，不需要語法成分的標記。許多氏族的圖畫文字也證明了這一點：儘管它們沒有書寫語法虛詞的辦法，人名，往往是可以寫出來的。大克達人以象形方法寫出酋長『跑鹿』的名字，商代青銅器上的圖畫文字殘餘却是用假借方法寫出了『祖丁』、『父乙』等名字。

爲什麽這些只寫人名或人名與圖形並見的書寫形式可屬於圖畫文字殘餘呢？因爲這種具體的書寫形式關係只能標舉主要概念，並不反映完整的語言結構，沒有記載語言辭句的能力。它體現的是圖畫文字原則，而不是形象的音節表意文字體系。

這種題名式或標記式的書寫方法並不是語言提鍊的結果。語言提鍊，無論如何精簡，有一條不能逾越的標準。那就是：必成辭句。否則，一定要失掉它書寫的語言性質。

我們現時爲了勞動、工作或學習上的方便，有時也在器物上標記名字，象學生在作業本上寫上自己的名字一樣，他們雖然都在應用真正文字，但是在使用性質上也還是原始的。因爲在器物上的名字並沒有語言結構。它可以是某某所作，某某所用，也可以是給與某某或某某所給。實際意義和作用完全依語言環境來定，只是漢字發展歷史階段使它們失去圖畫文字殘餘性質而已。

二，有合寫數名而名字之間無語法組織關係的

例如：（圖四三、四四、四五、四六、四七、四八、四九）是同一圖畫文字殘餘的不同寫法。

三代 6.40.2
圖四三

三代 3.10.7
圖四四

三代 11.26.5
圖四五

三代 11.26.7
圖四六

三代 3.11.1
圖四七

（接下頁）

（承上頁圖四八、四九）

上面各個圖形在排列上雖稍有不同，可是，內容是完全一樣的。我們可以用一件『句兵』（圖五十A.B）上的兩面刻文作鑰匙，把它們的圖形分作以下四個組：

若癸　　旂止乙

受丁　　㠯乙

這四組圖形之間沒有語法關係，不能成句，因此它們之間雖有和初期的形象的音節表音文字同形的『受』、『若』、『癸』、『止』、『㠯』、『乙』等等，但是，若以書寫原則和方法來看，也應屬圖畫文字殘餘。

其它的獨立題名，例如婦雚、子梟、車買、遽從、司工等等，也應屬圖畫文字殘餘或受圖畫文字殘餘影響的形象的音節表意文字。（圖五一、五二、五三、五四、五五）

三代 11.26.4
圖四八

三代 11.26.6
圖四九

錄遺 327
圖五一

三代 19.18.8
圖五十(B)

三代 19.18.4
圖五十(A)

三代 14.37.11
圖五二

錄遺 190
圖五三

三代 14.42.7
圖五四

三代 18.24.2
圖五五

在所有這些圖畫文字殘餘裡，不但有些書寫形式及其與詞的關係是和形象的音節表意文字沒有區別的。例如：『且丁』『父乙』『車買』『遽從』等等。而且也還有些書寫形式雖不同於當時的真正文字，但是，從文字演變綫索上還是可以推定它是後來哪一個形象的音節表意文字的原始形式（例如：『象』『馬』『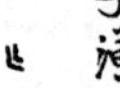』『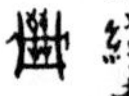』等等）。

這一事實，不但不能反掉在商代和西周青銅器銘文中存在着一定數量的圖畫文字殘餘，相反地它正好證實這些殘餘的存在。

有些書寫形式，它們雖然不全相同，但從形體演變關係上是可以推定它是某字之源的。這正是真正文字的新質要素在以舊質要素爲主的先期文字中萌生、蘊毓、滋長、壯大終至在一定條件下發生質變的證明。假如在圖畫文字體系中根本沒有這種因素，它是不可能發生質變，變成以形象的音節表意文字開始的真正文字體系的。

到了圖畫文字末期，在這以舊質要素爲主的先期文字體系中，新質要素已有相當的蘊蓄和發展。語意圖解，早已使人在實踐中從摹畫概念形象特徵裡，摸索出象物、象事、象意三種形象書寫方法。而且其中有許多書寫形式隨着它所表達的概念和跟它們相應的詞結合起來。致使看圖人可以就畫面中的部分事物形象，見牛呼牛，見馬呼馬，從而爲將來發展爲形象的音節表意文字提供了寫詞因素。

但是，這些新的因素還不能即時成爲真正文字。它們仍然是恪守圖畫文字原則，做爲語意圖解中的一個部分而已。它們中間雖然有的已能寫詞，可是就其整個體系來說，還是不能寫話的。這不僅僅是因爲有些無形可象的詞，一時無法着手；更主要的是當時生產方式和生產關係對此輔助語言的交際工具還沒有提出迫切的改革要求——沒有促使解決寫話問題的社會力量和打算着手解決它的文字改革思想。

蘊蓄在圖畫文字體系中的形象寫詞因素，在質變爲形象的音節表意文字當時，發展的基礎是不一樣的。有的形象是比較原始的。當它成爲真正文字之後，在使用中逐漸簡化，改變了它在圖畫文字體系中的面貌。有的形象在質變之前就已簡化。轉變爲真正文字時，照舊使用。致使同形之字因所屬體系不同而不同其文字性質。這就使某些只注意形式的人只據字形結構及其演變，把圖畫文字殘餘看作真正文字，或從字形溯源上否認圖畫文字的存在。

從書寫原則及據此原則而形成的文字體系看，圖畫文字的形象，一般是原始的。形象的音節表意文字的形象，一般是簡化了的。商代和西周青銅器銘文：體現圖畫文字原則的書寫形式幾乎全是富於形象的，而其形象又都是比較原始的。體現表意文字原則的書寫形式一般是比較簡化而弱於形象的。這個現象在圖畫文字殘餘和真正文字記載並用時，顯得格外分明。

在已經創成表意文字體系之後，有經過發展簡化的書寫形式，置之不用，反而使用演化之前的原始形象，這個返古現象，也正是圖畫文字殘餘的一種明徵。

總之，形象寫詞法在圖畫文字中就已經有所蘊毓和發展。一個文字形式先後互見於兩種文字體系，也只能說明新舊兩種體系的發展關係，不能作爲區別這兩種體系的標準。想單從漢字形體結構及其演變歷史來認識漢字的起源及性質是有困難的。這樣作，必然要把漢字的音節表意文字性質看做是最原始的，以爲漢字的性質從來就是如此的對於古文字，認爲沒有別的問題，有的只是認識不認識而已！在這種漢字歷史觀點之下，必然無視於圖畫文字（文字畫）的存在。

假若從書寫原則及與之相應的文字體系來看，不但商周青銅器銘文的書寫性質可以得到澄清，而且漢字體系的起源和性質問題也可以得到解決。

叁、漢字體系是怎麽創成的

一、創成漢字體系的原因

以商、周青銅器銘文和商代的甲骨刻辭爲代表的古漢字是用形象寫詞法，就詞義中足以和其他詞互相區別的形象特徵來構形的。這種文字體系是一種形象的音節表意文字。後來，由於它的結構、書法和應用的矛盾，在使用中逐漸簡化，終至質變，成爲一種不象形的，屬於符號性的音節表意文字，從而形成了現行漢字。

形象的音節表意文字體係，是從圖畫文字體系中萌生、蘊毓，經過新的質變發展而來的。這種文字體係的建成是有它社會原因、語言原因和文字的內在原因的。

一、社會原因

圖畫文字是氏族社會的產物。它的性質和體系，在當時，基本上是可以滿足生產和生活需要的，是一種較好的交流思想的交際工具。比起結繩、刻契等助憶方法是有很大進步的。但是它的體系和作用還不能使它成為跟有聲語言相應的書寫體系。

圖畫文字只能使讀者按它在畫面上圖解出來的事物形象和關係，喚起自己的語言思惟，以意度之，從而達到了解。雖然由於作者和讀者生活相同，可以理解得大致不差，但是，各個人想到的辭句就難免有些出入。若對外人或後人來說，由於生活的不同，在當時當地本來易解的圖形往往就變成了『畫謎』。這種輔助語言的交際工具，就變成比較不易解索甚或是無從解索的東西了。因此，圖畫文字只能在一定的社會範圍之內和一定的社會條件之下，它才能有比結繩刻契等助憶符號更進一步的作用。它的性質決定它還沒有突破時間、空間正確地書寫語言和傳達語言的作用。因此，它還不能夠成為真正文字，記錄語言的真正文字。

在我國商代青銅器銘文中殘存着的一些圖畫文字殘餘和國外其它部落、部族的圖畫文字都在說明了這一問題。

例如：（圖五六、五七）

三代 13.6.2

圖五六

圖五七

上圖（五六）是鑄在商代一個酒器——卣上的圖畫文字殘餘。下圖（五七）是印第安酋長華布其的墓碑。在這兩幅圖形裡，各個物形是可以看明白的，可是怎麽能夠從圖形和關係上，看懂它們究竟是在寫着什麽話，記着什麽事呢？

華布其墓碑可以根據彼時（一七三九年他死於大湖）人們的説明知道：馴鹿是他的圖騰，七條横綫表示他領導過的戰爭部屬，三條向上的綫條表示他在戰爭中受到的創傷，而有角的頭形物表示他和麋鹿的一個殊死戰。可是没有記下説明的部分——太陽、斧子、兩彎新月，一隻動物、兩條虚綫又是在表示什麽呢？因而我們就無法了解其餘部分究竟是在記載些什麽事情了。

商卣上的銘文：兩目、兩册、一頭犀牛似的動物，我們可以據先秦文字，依演變關係，定爲「朋」「兕」「册」「册」。這些不成辭句的「字」形，無論它們是圖騰、族徽乃至於什麽名號或事情，放在一起，它又在向我們説明些什麽呢？可見這種文字離開一定社會生活就會失掉作用。因爲它不能按照具體的詞彙和語法來書寫語言。

原始公社制度，由於逐漸成長起來的新的生産力同生産關係的矛盾，讓位給另一種生産關係——奴隸佔有制度。社會性質發生了根本質變。

我國社會，就《詩》、《書》等書面語言記載和一些地下史料來看，商代雖在一定程度上保有原始公社末期的殘餘，但是生産力和生産關係已經是奴隸佔有制。在氏族制度的廢墟上，經過改革和創制，建立起來的各種組織，已經喪失了人民性，變成統治人民的機關，變成掠奪和壓迫本部落和鄰近部落的機器。過去氏族部落酋長和軍事首領成爲「諸侯」、「國王」。他們利用自己的權力來維護有産者上層分子利益，壓制破産的氏族成員，鎮壓奴隸，軍隊、法庭、懲罰機關就是服從於這一目的建制，從而産生了國家權力。

奴隸佔有制度使奴隸主擺脱了一切體力勞動。「隨着奴隸制的發展，脱離了一切生産活動的自由民日益增多。只有少數奴隸主上層分子和其他自由民管理國家事務，從事科學和藝術活動。」這樣就造成了體力勞動和腦力勞動之間的對立。

氏族社會的巫，變成了史官。而從祭的陪食者又變成了另一種官吏——「卿」。

象『卿』『史』之類，在原始公社中是有較高的文化知識的。他們在進入奴隸社會，成爲統治階級之後，爲了發展和鞏固階級統治，以他們在原始社會中所熟悉的一切知識和能力作基礎，在各個方面，給與改造或發展，使它們成爲適應這個新的社會的工具。

由於國家的建立和商業的發展，統治階級如果再使用他們在原始公社中所熟悉的圖畫文字來作記錄或傳達事務是『無濟於事』了。從這個時代開始，人們要求有一套比圖畫文字更爲精確的記錄方法了。

在新的社會要求下，在先期文字中萌生，蘊毓的形象寫詞因素得到提煉和發展。史官和卿士等人遂在他們必須着筆記錄的工作中，以圖畫文字中假借題名的寫詞方法爲管鑰，利用當時漢語的同音詞彙先後地發展和發明了假借寫詞和形聲寫詞兩種方法，使前此蘊毓在圖畫文字中的形象寫詞因素都活起來，成爲形象的寫詞方法。虛詞實詞都可以迎刃而解，從而使書寫原則和體系發生質變，創立了形象的音節表意原則，創成了適合當時漢語的原始漢字體系。

原始漢字體系雖然是在奴隸社會初期創建的，但這並不意味着它是當時統治階級上層分子獨力創造的。因爲用形象寫詞法寫成音節表意文字的基本方法，遠在氏族社會的圖畫文字體系中就已經萌生、滋長有相當的蘊毓了。沒有這個基礎，他們是不可能創建這種原則和體系的。

二、語言原因

從圖畫文字發展爲真正記錄語言的文字，一般是從表意文字開始的。在表意文字的道路上，方法、形式和體系是種種樣樣的。文字雖然不是被語言派生的，但是，文字是第二性的而語言是第一性的，哪種語言採取哪種方法、形式和體系却都不是偶然的。它一方面憑藉在圖畫文字中蘊蓄着的形象寫詞因素，同時，另一方面受着所寫語言特點的約束。語言的詞彙和跟它統一起來的語法，對它的書寫形式來說，是一個不可違抗的力量。它要求它的書寫形式必須向它就範。否則，就不可能成爲它的書寫體系。

我們對古代漢語的研究，截至目前爲止，還很不够。可能有許多現象還沒有發現，而已經發現的現象，在認識上也還沒有取得一致。但是，這並不妨碍瞭解漢字體系創建時代的語言基本輪廓。

（一）、創造漢字體系的時代語言

漢字體系創成時代去商周不遠。

從圖畫文字質變，創成真正書寫語言的文字，事在奴隸社會。商代是一個有文字的初期奴隸制度的社會。它的青銅器銘文，有許多是真正文字和圖畫文字殘餘同時並見於一器的。其中，有些辭句在個別詞的書寫形式上還是承襲着圖畫文字形象的。甚至到周初，這類殘餘還未能消除淨盡。舊質殘餘的比重在一定程度上，反映了新事物去舊事物的遠近。商代和西周，特別是商代，是去圖畫文字消亡和表意文字建成時代不遠的。

漢字體系創成時代的漢語是跟商和西周的語言基本相同的。因爲語言發展是逐漸的，不是爆發突變的。在新質要素逐漸積累，舊質要素逐漸衰亡的過程中，語言的基本詞彙變化是相當緩慢的。一般說來，它是千百年長存的，而『語言的文法構造比語言的基本詞彙變化得更慢。』「一」語言不是基礎的上層建築，它是不與社會基礎變革相應俱變的。夏代語言，目前還沒有發現直接史料，具體情況還不能確說，商周兩代語言，有甲骨刻辭和青銅器銘文作證，可以說是相同的。按語言逐漸發展的規律，商代語言不僅是它的晚期下同於周，而且初期也必然上同於夏。夏商周三代語言應該是基本相同的。

真正文字創成在奴隸社會，商代是初期奴隸制度社會，而且已有真正文字，把它們和三代語言基本相同的實際結合起來，可以說：從圖畫文字質變爲表意文字的時代語言是和商周語言基本相同的。

（二）、古代漢語特點適合於從圖畫文字向形象的音節表意文字發展

以形象的音節表意文字開始的漢字體系是和當時的漢語詞彙特點和語法特點相應的。

從商周書面語言來看，當時的漢語詞彙是以單音節詞爲主的。雙音節詞是比較少的。除非主張漢字體系遠在商周以前幾千年就已形成，或者認爲在商周之際漢語曾經爆發過突變，是不可能否認這一事實

注：「一」、斯大林：馬克思主義與語言學問題，一九五三年，人民出版社版，二十三頁。

的。《詩經》的四言篇章，以每一個字當作一個音節來使用，便是很有力的證明。以甲骨、金文常見的「且」字爲例：《殷武》的「罙入其阻」，「壽考且寧」；《載芟》的「徂隰徂畛」「烝畀祖妣」，「匪且有且」等等，不僅以它的原形假借去寫單音節詞，就是以它爲「聲」的形聲寫詞也是單音節的。而《北風》的「既亟只且」和《易經》的「其行次且」（趄）一樣，又把它作爲雙音節的一個音節符號。《詩經》中的「皇祖」就是金文中的「皇且」，而金文中的「剌且」就是《詩經》中的「烈祖」。我們説商周之際的漢語基本上是以單音節詞爲主的。這並不是從一字一詞，一詞一音的傳統觀念出發。而是從假借、形聲，雙音節詞以及詩的音律等方面綜合所得的。

由此看來，如果商代或其前後，漢語沒有爆發過突變（實際上是不可能有的），那麽，説漢字體系創成時代的漢語詞彙已是單音多於雙音，不是沒有根據的。

但是，僅僅是一個詞彙的音節特點還不足以使漢語的書寫形式從形象的音節表意文字開始。因爲語言詞彙的具體運用是必須聽從組詞成句的語法組織的。

詞在句子裡所司的職位及其對同句中其它各詞的關係，各種語言都有它的表示辦法。格、數、體、態等等語法範疇和與之相應的語法形態遂成爲語言特點之一。

古代漢語的形態變化是以音節形式附於詞幹的。例如：「孔子於鄉黨，恂恂如也。……朝與下大夫言，侃侃如也；與上大夫言，誾誾如也。君在，踧踖如也，與與如也。君召使擯，色勃如也，足躩如也」（《論語·鄉黨》）。這些「如」顯然是副詞或形容詞語尾。再如：「年四十而見惡焉」（《論語·陽貨》）。「見」是一個表示被動的形態部分。它們和一般虛詞不同，都不能獨立成詞。

古漢語的格、數、體、態等等也往往是憑借實詞、虛詞的配搭關係來表現的。在這種情况下，詞在句中的組織關係起决定作用。例如：「王姿宰甫貝五朋」（宰甫毁）誰在主格，誰在給與格，誰在直接目的格，是不借詞的形式變化就可以明白無誤的。

古代漢語詞的音節特點和語法特點使圖畫文字蘊蓄的形象寫詞因素，一旦在質變爲形象的表意文字時，很容易就範。

語言是第一性的，文字是第二性的。如果形象寫詞法對當時漢語的某些特點有捍格不入之處，是不可能用它來建成書寫體系的。因為真正文字必須副合語言，而語言不能遷就文字。語言的書寫形式是被它的語言內容——語言的特點的本質決定的。

在商周時代的漢語裡，能產的造詞法是以詞生詞的。無論是變義造詞、比擬造詞或分化造詞都不是在詞根之上加音節的。在以這種造詞法為主的時代裡，單音詞的數量比雙音節詞（所謂雙聲、疊韻、重言三種聯綿字）增加的多。因而，適合於當時漢語詞彙特點和語法特點的形象的音節表意文字體系，在創成之後，它的六種寫詞法（見後）也適合於書寫新詞的需要，從而使它的文字體系更加鞏固下來。

三、內部因素

——圖畫文字體系中新質要素的發展

從圖畫文字質變為形象的音節表意文字，除有它的社會原因和語言原因外，圖畫文字自己也先後蘊蓄了積極因素。這個因素，按它和語言詞彙的關係來說，是形象寫詞的因素。我們從商代青銅器銘文中的圖畫文字殘餘裡還可以看到一些迹象。

例如：

錄遺 17

圖五八

三代 7.1.5

圖五九

三代 19.11.1

圖六十

是象物的。（圖五八、五九、六十）

三代 14.29.4
圖六一

三代 6.3.1
圖六二

三代 12.36.3
圖六三

是象事的。（圖六一、六二、六三）

三代 14.1.2
圖六四

三代 12.1.2
圖六五

三代 14.15.5
圖六六

是象意的。（圖六四、六五、六六）

這幾種寫詞方法，在別的部落的圖畫文字裡也有類似的蘊蓄。例如：

是象物的。

是象事的。

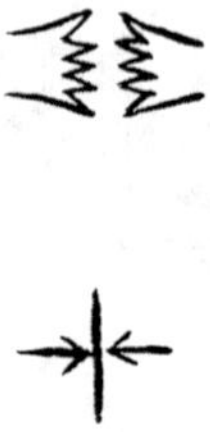
是象意的。

因爲語言條件和社會條件不同，它們並沒有走形象的音節表意文字道路。

商周兩代的書面語言，不論甲骨刻辭或青銅器銘文，都是用形象的音節表意文字書寫的。把它們和殘存的圖畫文字殘餘聯繫起來看，是可以看到很密切的發展關係的。

形象的音節表意文字是以形象寫詞法和以形象寫詞法爲依據的假借寫詞法爲基礎發展而形成的。在它的形象寫詞法中，可以按所表現的詞義性質和表現方法，分作兩類三種：

第一類是象形的。

象形寫詞法是從詞義中提煉出足以區別於其它詞的詞義的形象特徵，以"寫意"的畫法來寫詞的。

象形寫詞法又可以按它所寫的詞義內容，分作象物的和象事的兩種。

象物的象形字，劉歆、班固以來，都把它叫做"象形"。我們按原始漢字的結構和詞義的關係來看，"畫成其物，隨體詰詘"的"象形"，應該是和他們所提的"象事"相對待的，是單一的具體物形的圖寫，因此把它叫做"象物"的。

象事的象形字是指出構成事態的主要物體關係，從人與人、人與物或物與物之間的位置及其相互關係來顯示詞義主要特徵的。鄭衆把這種寫詞法叫做"處事"。他也是從事態關係安排來說明這種寫詞法的。

象物寫詞法和象事寫詞法共同之點是象形的。不同之點是：前者表現單一物體形象，後者是使用兩個或兩個以上的物體形象圖解事態關係的。

第二類是象意的。

這種寫詞法是兩個或兩個以上的物體形象，利用它們的配合關系以表現出一種無形可見的抽象詞義；或者把兩個詞的書寫形式配搭起來，借助兩個詞義的關連以誘起所要表現的詞義。前者，例如：；後者，例如：。

這兩類三種寫詞法，是遠在先期文字時代就已經在圖畫文字體系中逐漸萌生蘊毓而且基本成形了的。例如：在商代甲骨刻辭和商周青銅器銘文辭句中，有牛、萬、伐、得、戔、韋等等的寫詞形式。把

它們和圖畫文字殘餘來比看，可以看出，他們都是從圖畫文字體系中蘊毓出來的。（圖六七、六八、六九、七十、七一、七二）

圖六七

圖六八

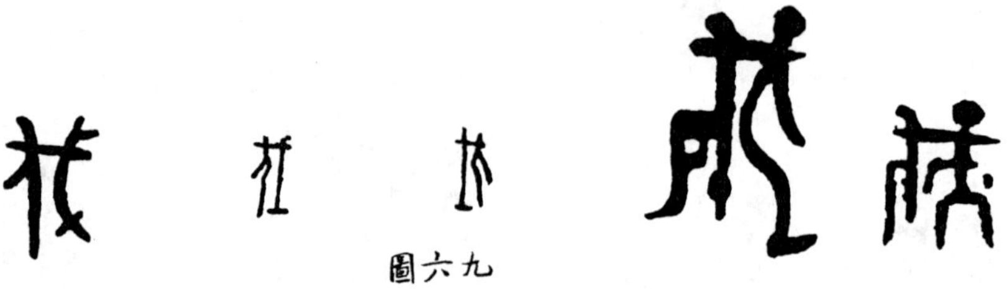
圖六九

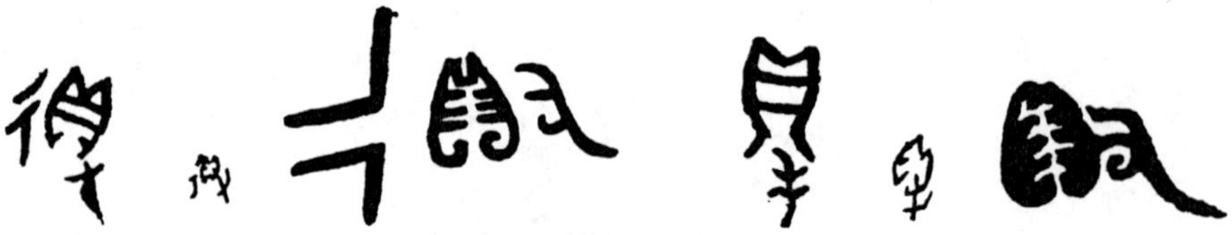
圖七十

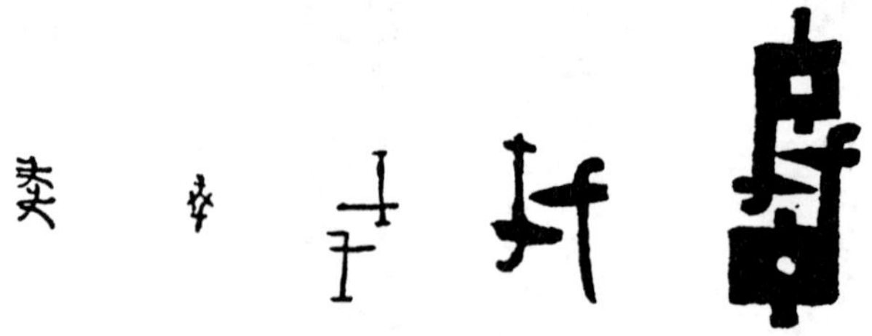
圖七一

圖七二

二、假借寫詞法在創成漢字體系中的關鍵作用

從圖畫文字質變爲形象的音節表意文字，是以形象寫詞因素爲停滯以假借寫詞方法爲關捩，以初期奴隸制度爲條件，爲新的政治、經濟、文化生活的要求所觸發而創通的。

從文字發展的内部因素來説，假借寫詞法是一個重要關鍵。在圖畫文字體系中蘊蓄的形象寫詞法，是有局限性的。它只能寫出一部分詞。這些詞：或者是在詞義中有足以區别於其其它詞義的形象特徵；或者是雖無突出的形象特徵，但是它的詞義特點却可以依事物的形象關係顯示出來。至於一些無形可象的實詞和表現語法組織關係的虚詞，形象寫詞法是無所用其巧的。因而，光有形象寫詞因素，是不可能突破圖畫文字樊籬，按語句結構從詞寫話的。

假借寫詞法的發明，爲解决這一困難找到了一把鑰匙。但是，在還没有合適的社會條件時，由於它所在的圖畫文字體系的整體力量和這種力量在交際中的因襲勢力，除記名之外，還不可能充分發揮作用，即時地突破先期文字體系，質變爲真正文字。它只做爲圖畫文字體系中的一個部分而存在。换句話説，假借寫詞法這把鑰匙是必須憑借一定的社會力量，才能扭開有史時代的大門的。

假借寫詞法在從圖畫文字到表意文字的質變過程上是一個關鍵。這不意味着它是孤立地發揮作用的。首先，假借是憑借形象寫詞而存在的。它可以根據被描畫事物的名稱，以同音詞關係，就其在所寫語句中的地位和關係，想出所寫的詞來。没有形象寫詞，就没有假借寫詞的可能。因此，假借寫詞它不能離形象寫詞而存在。其次，突破圖畫文字樊籬，是書寫形式擺脱語意圖解向有聲語言組織就範的過程。這時，假借寫詞是和它依以存在的形象寫詞同時活動，互相作用，組成一個整體力量而横决先期文字區字的。就這兩點説來：以假借寫詞法爲關鍵，從圖畫文字質變爲形象的音節表意文字，是假借寫詞與蘊蓄已久的形象寫詞同時迸發的。缺少哪一方面都是不能成功的。

在强烈的寫話要求下，假借寫詞法如何帶動它依以存在的已有寫詞法，成爲有聲語言的書寫形式？

時代遼遠，又無文獻可徵。很難確説。但是，它的主要特點，從現代的某些事例中，似乎還可以彷彿一二的。

譬如：一九四九年，高玉寶在蕭家巷學習寫作時的稿本，把

三四月時，農民在山上作春耕，正東走來一隊男女，好象逃難一般。大家忙走去問：『怎回事情？』逃難人説：『可不好了！日本子來了，殺人放火，無所不爲。』説完就走了。

寫作：（圖七三）

三四月時，能民在山上[圖]作寸[圖]，正東(足)来一[圖]南女，好向〇南一班。大家(亡)(足)去[圖]：『怎回四青？』〇南人説：『合不好了，日本之来了，[圖]人，方火，五所不為，説玩九(足)了。

其中：

有些詞的書寫形式他當時是用形象寫

注：［一］ People's China. August 1, 1952. P.36. 該期只發表一半，此全片乃該刊編輯所贈。

圖七三［一］

詞法自己創造的，例如：

 耕　 隊

 殺　 問

有些詞是借用同音詞（東北方音的）的書寫形式寫成的。例如：

能·民　農·民　寸·　春·耕·

南·女　男·女　好·向·　好·象·

○南·　逃·難·　合·不·好·了　可·不·好·了

日·本·之·　日·本·子·　方·火　放·火

五·所·不·為　無·所·不·為　說·玩·九·(足)了　說·完·就·走·了

這一實例，不僅使我們看到形象寫詞法的『自然』性，更主要的是：看到由於社會生活的需要，在强烈的寫話記事要求下，人們如何急中生智，利用同音詞關係，創造出假借寫詞方法，從而初步地達到了按有聲語言從詞寫話的目的。

假借寫詞法，在形象的音節表意文字創造史中的地位及其作用，雖然和這個例子在社會關係和文字基礎上並不相同：一個是剛剛從原始共產主義社會走上階級社會，一個是階級社會開始在走向消滅；一個是從先期文字走向真正文字，一個是已經有了系統的而且經過發展的真正文字。但是，在利用僅有的寫詞能力，創造假借寫詞法，並以假借寫詞法帶動已有的寫詞能力，達到從詞寫話的目的這一點上，是有其共通性的。這個共通性在證明：假借寫詞法在創通真正文字體系中的關鍵作用。

假借寫詞法在擺脫先期文字建立真正文字體系上，雖有『開山』作用；但是在寫詞的假定關係上，却不是一時就確定下來的。

一則，在社會條件成熟時，記載的需要，迫使當時的史官在圖畫文字的基礎上，抓到假借寫詞方法，

找出從詞寫話的道路，開始『記言』，從而創成形象的音節表意文字。這是當時所有當事史官盡人可能的事，是一個群衆性的創造。

二則，在記載中假借寫詞時，一方面繼承了某些在圖畫文字中已經基本上定型了的題名形式。一方面又隨記事者個人的書寫習慣，隨手寫出許多新的假借關係。這些假借寫詞，因爲作者不一，必然會有些詞的寫法，是因人而異的。同一詞的不同假借，在交際中受到群衆的審查和揀選，漸漸地趨向統一。經過一定時間，才能基本上固定下來。

三、漢字體系的完成

在形象寫詞法的基礎上，創通了假借寫詞法，從而建成了形象的音節表意文字體系。這是一個質變。它使漢語的書寫能力從圖解語意時代躍進到按語句從詞寫話的時代。

但是，這只是一個新時代的開始，偉大的績業還有待於完成。因爲古漢語詞彙單音節詞占絕對優勢同音詞比較多，這就使語言記載往往因爲句中假借寫詞稍多而發生誤解，從而引起語言記錄的混亂。複雜的社會生活，要求精確的語言記錄。精確的語言記錄要求精確的書寫形式。於是在實際記錄工作中，在已經建立起來的四種寫詞方法基礎上，又先後地創造了兩種寫詞方法：形聲寫詞法和轉注寫詞法。

這兩種寫詞方法創成之後，古漢字——形象的音節表意文字體系才完全建成了。

古漢語詞彙造詞法，比擬造詞和分化造詞，往往是詞根和新詞同音或音近的。在書寫形式上固然可以用假借寫詞法來寫，可是，這些造詞法在古代漢語中是能產的，新詞越來越多，在假借的基礎上考慮它們的區別遂成爲一個重要的問題。

問題還是在形象表意的體系内得到解决的。假借寫詞法是在詞義中沒有足以相互區別的形象特點，而又非寫它不可的情形下，逼出來的一條道路。

但是，一般無形可象的實詞，雖無突出的形象特點，共通的物類或事類還是有的。共通形象不能使各個詞互相區别，不能依之造字；而假借寫詞雖能從詞的語言方面打開寫詞難關，可是本字與借字之間一般面目，也容易發生混誤。把形象寫詞法和假借寫詞法結合起來：以假借寫詞記音，補苴了某些詞無從著筆的困難；以形象寫詞標注共通物類或事類，以之爲限定符號，把假借寫詞從同音詞彙中澄清出來。這樣，就又發明了一種寫詞方法——形聲寫詞法。這個寫詞法，雖有一定的標音性質，但是，它和假借寫詞一樣，都是以形象寫詞爲基礎，依形象寫詞而存在，還不是符號的音節文字或音素文字。因此，形聲文字的出現，並沒有從根本上改變古漢字——形象的音節表意文字的性質和體系。

形聲寫詞法，在商代就已出現。換句話説，它去漢字體系初步建成時代並不是很遠的。形聲寫詞法出現之後，原始漢字的數量大大增加，語言的記錄更加精確起來。從商代青銅器銘文和龜甲獸骨刻辭來看，形聲字的數量在商代就已經不少了。形聲寫詞法不僅澄清了同音假借的混淆和詞根造詞新詞與詞根的區别，也有時作用於形象寫詞法，解決同類形象的象形困難。『圓』『辟（璧）』它們的形象特點都是『○』。若單是畫圓就難以區别了。『圓』利用鼎口（一般是圓的）寫作，『辟（璧）』利用『』〔一〕作聲符寫作『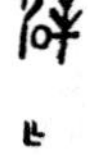』。這樣，不但把『○』的『圓』『璧』混淆分别清楚，同時也和『丁』（○）區别開。

形聲寫詞法對於某些已經通行而形象不甚顯著的象物、象事字，有時也使它添加聲符，改變爲形聲字。例如：『鷄』當初只是畫了一只鷄，寫作，是象形的，後來改爲『奚』聲的，變爲形聲字；『寶』象在室内貯藏玉貝等貴重品，字寫作，是象事的，後來改作形聲字，寫作，加了個『缶』聲。

隨着人們在社會實踐中對客觀事物認識的加深加密，由粗到精，由渾淪到分析，在語言上相應地出現某些詞的發展和變化。在各種變化之中，有一種是分化造詞。這種造詞方法，在古代漢語中是比較能產的方法之一。一般是在被分化詞的原有音節基礎上，改變部分音素或改變聲調，從而造成一個既和詞根的語音形式有某些相近相似，又和它有所區别的新詞。

注：〔一〕：和有别。

古代漢語分化造詞的書寫形式一般是不出象物、象事、象意、形聲四種方法的。但是，有些分化造詞是在被分化詞的原有書寫形式上，改變或增添部分筆畫以造成相應的新詞的書寫形式的。這種寫詞方法叫做「轉注」寫詞法。

這種寫詞法，由於它使用了人們已經熟悉的詞的書寫形式，便於聯想到和原詞有關而又有不同的分化詞，所謂「建類一首，文意相受」也是很富有群衆基礎的。

例如：⿸耂丂原是一般的父輩老人的通稱。後來隨着氏族的解體和家族觀念的確定，一般的父老和家中的父老是有區別的。於是從「考」[* K|O]一詞中分化出「考」和「老」。從「考」中分化出來的「老」，在書寫形式上，一方面保存「⿸耂丂」的基本形式，一方面又把「⿸耂丂」的「丂」聲位置轉動一下，由⿸耂丂變成了「⿸耂匕」，構成一個新詞的書寫形式。

轉注寫詞法是晚於以前幾種方法的。從商周青銅器銘文來看，大約在西周前後它出現得比較稍多一些。

轉注寫詞法出現之後，整套的用形象寫詞法寫成的漢字——音節表意文字體系才算完全建成了。前後時間是相當長的。

總的說來，漢字體系的建立是從圖畫文字體系發展經過質變而成的。它是在已經從先期文字體系中逐漸蘊毓成的形象寫詞因素的基礎上，隨着社會條件的成熟，以假借寫詞法的創通爲契機，開始建立起來的。

這種文字體系有六種寫詞方法。其中：象物、象事、象意三種是在圖畫文字體系裡蘊毓出來的新質基礎。假借一種是使它們由量變到質變的關鍵。而形聲、轉注則是漢字體系已經基本建成之後先後補充出來的。

把這六種寫詞法合起來叫做「六書」。「六書」不是別的，就是先秦時代應用形象的音節表意文字原則書寫漢語詞彙的六種方法。

肆，評唐蘭梁東漢和高本漢三先生的『圖畫文字』

沈兼士把 *Picture writing or Pictography* 譯作文字畫。他在《從古器款識上推尋六書以前之文字畫》一文中寫道：

> 就余之所研究，不但說文中之獨體象形指事字非原始文字，即金文中之獨體象形指事字，亦不得認爲即原始文字之真相。蓋於六書文字時期之前，應尚有一階級，爲六書文字之導源，今姑定名爲『文字畫時期』。『文字畫』之可考見於今者，即鐘鼎學家所謂殷商鐘鼎中之『圖形』是也。〔一〕竊意傳世殷商彝器中之文字畫，殆爲其遺形而已，恰如隸楷流行以後之偶用古篆者然。〔二〕

認爲『於六書文字之前，應尚有一階級（叙按：即階段）爲六書文字之導源』。『殷商彝器中之文字畫，殆爲其遺形而已。』這些看法都是對的。

但是，由於他還沒有從書寫原則及依其原則形成的書寫體系上認識到圖畫文字和真正文字的本質差別，致使他雖然從思想上接受了圖畫文字階段的文字發展觀點，卻不能從原則上和體系上掌握準繩，區別畛域。僅僅說：

> 文字畫與六書象形指事字之區別，前者爲繪畫的，複雜而流動不居，後者爲符號的，簡單而結構固定。〔三〕

這個標準是不夠明確的。在具體運用中，如人們所說，有些書寫形式是無法安排的。例如：

魚爵的『魚』（圖七四）

三代 15.5.4

圖七四

注：〔一〕，《段硯齋雜文》《從古器款識上推尋六書以前之文字畫》二頁。

〔二〕，同上，四頁。　〔三〕，同上，三頁。

按沈兼士尺度應當説它是圖畫文字（文字畫）。可是在《白魚毁》（圖七五）上，它已經作爲真正文字用來書寫語句了。

因此，唐蘭先生不同意他的看法。唐先生説：

文字畫的理論是不徹底的，繁複一些的不容易認識的圖畫文字（唐先生的『圖畫文字』不是文字畫，而是象形字），便被認爲文字畫，簡單而可認識的，就是文字。〔一〕

究竟要簡單到怎麽樣程度，是怎樣的一個定形，才是象形呢？……這個界根本就不好定。〔二〕

這個批評是對的。

但是，據此就否定了圖畫文字（文字畫）階段的存在，則是可商量的。

三代 7.12.3

圖七五

我們説漢字是做爲一種書寫體系出現的。它從一開始就是依照組詞成句的語法組織詞按語序來從詞寫話的。而圖畫文字則是先於漢字，以語意圖解原則來表達語言思惟的書寫體系。這兩者是既有歷史發展關係又有根本性質差别的。古漢字——形象的音節表意文字是從圖畫文字體系中逐漸萌生、滋長、經過相當時期的蘊毓，在一定社會條件下，經過質變而成的。

唐先生不承認漢字體系是從圖畫文字（文字畫）發展來的。他認爲『學者間更大的錯誤，是把圖畫文字説做文字畫。』〔三〕

不但如此，他還把文字畫的同義詞——圖畫文字拉到真正文字體系之中，看作象形文字和象意文字的共名。説『象形象意是上古期的圖畫文字』，〔四〕『象意文字是圖畫文字的主要部分。』〔五〕

注：〔一〕、唐蘭：《中國文字學》八十五頁，

〔二〕、同上。

〔三〕、同上，八十二頁。

〔四〕、同上，七十六頁。

〔五〕、同上，七十七頁。

於是唐先生說：『我們說圖畫文字，是用圖畫方式寫出來的文字。』〔一〕而『主張文字畫的人，不知道象形字就是圖畫文字。』〔二〕

唐先生的看法是『文字是由繪畫起的，所以愈早的象形和象意字，愈和繪畫相近。』〔三〕他認爲『假如文字不是從圖畫裡直接演變出來，那就得在這兩者間有一道明顯的溝畛，而事實上是絕對找不出來』〔四〕文字體系是直接從圖畫來的，這個觀點就使唐先生不能不得出這樣一個結論：有可以叫出名字來的物體圖畫時就是已經有了文字。於是他說：

『當我們的祖先，才會用肢體來描寫一種物形的時候，他們對於物的觀察，還不很正確，描寫的技術也很笨拙。經過長時期的訓練後，才能把各個物體畫得逼真。當一個巨象的圖畫完成後，瞧見畫的人，不約而同的喊了出來，象！於是『象』這個字，在中國語言裡，就成了『形象』、『想象』、『象效』、『象似』等語的語根。當其他物體也都描寫得肖似後，一見圖就能叫出牠們的名字，於是語言和圖形就結合起來而成爲文字了。』〔五〕

見象呼象，見牛呼牛，人們可以看圖知名，這是對的。但是，僅僅是『畫成其物』看圖識名，能不能就成爲文字——有聲語言的書寫體系呢？

不能，因爲文字不就是可以叫出名字的物體圖畫，而是『表達語言及其個別形式與結構的書寫手段』〔六〕它是要有全套的適合於它所寫的語言詞彙和語法特點的寫詞原則與方法才能達成的。

照唐先生主張，『當許多簡單圖形和語言結合而成爲文字的時候，所謂文字，只是些實物的形狀，所代表的語言，也只是實物的名字，』〔七〕這就是說，和語言詞彙相結合的圖形是相當少的，而且只是些『實物的名字』；那這種文字不但寫不出比較抽象的實詞，更主要的是寫不出語法虛詞！不能按語序依

注：〔一〕、唐蘭：《中國文字學》八十二頁。　〔二〕、同上，八十六頁。　〔三〕、唐蘭：《古文字學導論》上冊，三十五頁。　〔四〕、同上，下冊，三十五頁。　〔五〕、同上，上冊，二十四——二十五頁。

〔六〕、謝爾久琴柯：《關於中國文字的幾個問題》《中國語文》一九五五年十一月號二十頁。　〔七〕、同〔三〕上冊，三十二頁。

詞遂句寫話，不能記言。唐先生自己也說：

但僅僅幾個實名，當然是不够代表語言的。因爲實名在文字裡雖是最先發生，而在語言裡却是最遲，所以當象形文字發展的時候，實名以外的語言，早已豐富，而且完備。〔一〕

那麽問題就來了，在豐富的語言詞彙中，僅僅寫出這些物體實名能不能就成爲真正文字呢？就連唐先生自己也認爲不能。他説：

如果我們簡單地說，文字等於圖畫加上語言。那末，一部分象形文字在兩萬五千年前的舊石器時代，就可以算是發生了。因爲那些住在巖窟裡的原始藝術家，當然能使用少數語言，當他們畫出了一隻象，而又能把它叫做象，那末，這個象的圖畫，應當就是文字了。但是事實上還不能叫做文字，因爲這一類單純的實物圖畫，數目並不太多，不能代表一切的語言，他們根本不會想到使用這些圖畫來代表語言。〔二〕

這就奇怪了，既然明明知道它在“事實上還不能叫做文字”，那末，爲什麽，一定要把它硬叫做文字從而拉入表意文字體系之中呢？

可以推定，這些爲數不多的實物圖畫只能象物。沒有象事、象意的書寫方法，許多當時常用的實詞是寫不出來的。沒有從詞按語法組織寫話的基本條件，假借寫詞法是不會建立起來的。唐先生“文字史上的三條大路”對此將是無所用其巧的。因此，他不得不又從他整個的圖畫文字領域中把象形文字推出去，說：“真正的文字，要到象意文字發生才算成功的。”〔三〕

象形文字既不是繪畫，又不是文字畫（圖畫文字），又不能用來書寫語言，那麽，它是一種什麽性質的東西？是在什麽基礎上創造出來的，又在什麽基礎上存在下去的呢？

沒有社會需要是不會創造，沒有實用價值是不可能存在和發展的。

如果說它們是基於當時生產和生活需要而創造，依表達和傳達思想而存在，那末，必然要用這很少的實物圖形來表現比較複雜的思想和事情。這樣，不可避免地要用物體圖形及其關係來顯現所要表達的

注：〔一〕．唐蘭：《古文字學導論》上册，三十二頁。　〔二〕．唐蘭：《中國文字學》九十頁。　〔三〕．同上。

思想。這又和唐先生所說的『文字畫一個符號包括很多的意義，也沒有一定的讀法，並不是可以分析做一個字跟一個字的』。〔一〕有什麼區別呢？

不依從一定的書寫原則，沒有體現那一原則的書寫體系，想使個別實物圖畫成爲輔助語言的交際工具是不可能的。單字零出的漢字起源看法是不合實際的。

同樣，象意文字時期也是空想的。在圖畫文字（文字畫）體系中，象形和象事、象意是同時存在着的。唐先生說：『象意字還是圖畫，用以表達一切事物的動作和形態；』〔二〕以此爲準則唐先生在《中國文字學》中擇錄的西班牙阿彌拉洞穴壁畫的射箭人形，本身就是唐先生說的象意的圖畫。而圖畫文字中象物和象事、象意的圖形也是數見不甚尠的。怎麼能說，在純用象形之後才出現象意文字時期？

象意文字如果作爲一個劃時代的書寫時期來說。它的契機是什麼？它的文字性質是什麼？這些劃時代的文字是作爲一個體系出現的呢？還是零星積累？而假借一『技』又是在什麼時候建立起來的？

中心問題還是漢字寫漢語的問題。象形文字時期是不能的了，唐先生自己已經說它不是真正文字；那末，象意文字是從什麼時候開始寫詞句的？

在這關鍵性的問題上，唐先生『三書』、『六技』之說（可能我們沒有理解好），是不大好用的。在漢字體系的發生、發展上給人的印象是模糊的。

唐先生已經接觸到圖畫文字（文字畫）的邊緣，而且也看到了某些現象，爲什麼又忽地掉轉頭來把圖畫文字拉走，使它和文字畫分家成爲表意文字呢？

道理，可以從唐先生對沈兼士的批判中看到一些。唐先生說：

主張文字畫的人，不知道象形字就是圖畫文字。從繁到簡，從流動到比較固定，都是一種歷史的過程，不能分劃的。他們忽略了歷史的聯鎖，就把早期的文字誤認爲文字未發生以前的圖畫了。〔三〕

注：〔一〕、唐蘭：《中國文字學》八十四頁。　〔二〕、同上，九十三頁。　〔三〕、同上，八十六頁。

這段話反映了兩個問題：一．唐先生把圖畫文字（文字畫）看做爲文字未發生以前的圖畫；二．他只有一個字形演變的歷史觀念，沒有文字發展的質變思想。

圖畫是藝術形象，圖畫文字（文字畫）是語意圖解。而以形象寫詞法爲基礎的音節表意文字則是語言詞彙的書寫形式。文字未發生以前的圖畫並不是先期文字，本身沒有輔助語言的交際作用。三者是三種不同的東西。

字形演變的歷史聯鎖，在一定的文字體係之中，是一個比較好的研究線索。唐先生的《古文字學導論》也在這個基礎上建立了幾個得力的方法。但是，把它用在兩種不同性質的文字發展階段之中，反倒是一個不好的方法。因爲構成古漢字——形象的音節表意文字體系的新質要素，雖然是萌生、蘊蓄於以舊質要素爲主的圖畫文字體系之中，可是新文字體系的建立不就等於那些新質的形變和綜合。象形、象意的書寫方法和形式，在這兩個不同性質的文字體系裡，是以不同的原則形成所屬文字體系特點的。

唐先生只注意了字形演變的歷史聯鎖，忽略了兩種文字本質差異。只看到形體上的前後蟬聯，沒有看到它們在體系上的質變。這是唐先生『文字學研究的對象，只限於形體』，〔一〕『文字學本來就是字形學』〔二〕的必然結果。

唐先生爲了反對圖畫文字（文字畫），建立自己的『圖畫文字』（象形文字和象意文字），曾打了一個比方。他說：

> 那末，學者間所謂『文字畫』這個名稱，實在是不需要的。假如把近乎圖畫的文字，屏除在真正文字之外，那無異於把石器石代的人類，屏除在真正人類之外。因爲許多銅器的文字，大都是近於圖形的，一部分甲骨文字也是如此；在這裡面，要區別文字與文字畫的界限，實在只有已認識和未被認識而已。〔三〕

這個比方是不正確的。

注：〔一〕．唐蘭：《中國文字學》五頁。 〔二〕．唐蘭：《文字學要成爲一門獨立的科學》，一九五六年十月六日．人民日報。 〔三〕．唐蘭：《古文字學導論》上編，三十四——三十五頁。

第一，圖畫文字（文字畫）是在一定的書寫原則之下建成的書寫體係，並不僅僅是因為它近於圖畫。

第二，石器時代的人類和青銅時代乃至於現代人類；在做為人的本質特點上是沒有改變的。所不同的是它們的社會經濟、制度和文化。而做為先期文字的圖畫文字（文字畫）和古漢字——形象的音節表意文字，是兩種不同性質的東西。本質不同的問題，如何能用本質相同現象作比？

圖畫文字問題是關係到漢字體系的起源及其性質的一個根本問題。在這個問題上，唐先生的觀點在我國文字學界是有一定影響的。今年出版的一本新書《漢字的結構及其流變》，作者梁東漢先生在圖畫文字的看法上，基本上是和唐先生相同的。

梁先生說：

有兩個概念——『文字畫』和『圖畫文字』——必須搞清楚，不能混為一談。過去有些文字學家往往把它們等同起來，甚至有只承認『文字畫』，把早期的圖畫文字也當作『文字畫』的。其實，嚴格地說，『文字畫』這個術語本身就很有問題，因為是文字就不是圖畫，是圖畫就不是文字，圖畫和文字，二者是有排斥性的。即使退一萬步說，我們如果承認『文字畫』這個術語，它也只能代表『奧基布娃的情書』這一類東西，絕不是什麼文字。〔一〕

說圖畫不同於文字，這是對的。但是圖畫和圖畫文字，圖畫文字和文字也都不同，這一點是被梁先生忽略了的。圖畫是藝術形象，而圖畫文字和文字都是輔助語言的交際工具。後兩者的區別在於書寫原則和依其原則而形成的體系。如果不從原則和體系來研究，只憑單個書寫形式來說，那就不僅圖畫文字的個別部分與圖畫無別，就是初期的形象的音節表意文字的個別字形也和圖畫沒大差別。

很顯然，《奧傑布娃情書》絕不是圖畫。圖畫，除非是什麼野獸派之外，是沒有肢解人體把招手之勢畫成鑰匙形狀的。那份情書，無疑是用圖畫文字寫的，它起了輔助語言的交際工具作用。

沈兼士先生的《文字畫》譯名可能有缺點，但是他，自己已經註明這個詞是從Picture writing譯

注：〔一〕梁東漢：《漢字的結構及其流變》二十六——二十七頁。

來的。我們不應該膠着在漢語『文字』和『畫』的組合關係上，應該考慮它是不是從圖畫到文字中間的一個階段？如果沒有這個階段，圖畫能不能直接變成文字？應該研究漢字體系是如何建成的，在漢字體系建成之前有沒有這樣一個階段？

梁先生認爲在圖畫和文字之間沒有圖畫文字（文字畫）階段；文字是直接由圖畫漸漸變來的。梁先生說：

我們可以做出這樣一個結論：文字是從圖畫發展來的，它起源於圖畫，漸漸演變爲早期的圖畫文字。早期的圖畫文字和圖畫有本質的不同，前者『絕不是藝術形象，而只是假設圖樣的記號』，『在它發展的初期就不同於繪畫藝術，因爲繪畫藝術的特徵是以對世界的藝術象徵的認識來影響世界』（自注，這兩句話是引謝爾久琴柯：《關於中國文字的幾個問題》）。也就是說，我們不但要把早期的圖畫文字和圖畫區别清楚，而且不能把它和『文字畫』混爲一談。〔一〕

這樣，不但不能解決那些所謂『早期的象形字』如何存在和使用，反而誤解了謝爾久琴柯的意見。

我們知道，在謝爾久琴柯的文章裡，圖畫文字是作爲一個先於表意文字的一個階段來提出的。就在梁先生引用的譯文原句中，已經明白的寫着：『甚至，在圖畫文字階段，人們使用的圖畫文字也絕不是藝術形象，而只是假設圖樣的記號』。〔二〕下面一段又接着說：『代替圖畫文字的任何文字體系都是可以看得懂的、假定符號的體系。任何表意文字、任何音節文字以及任何拼音文字也都是表達口語的假定的體系。』〔三〕

漢字是一種表意文字，而梁先生的『圖畫文字』則是表意文字中『圖畫性很强的早期的象形文字』。〔四〕他認爲這種文字——『比象形更接近於圖畫的圖畫文字，也必須首先讀出音來才能表達概念。』〔五〕那末，梁先生的『圖畫文字』和唐先生一樣是落於謝爾久琴柯的圖畫文字階段之後了！

注：〔一〕、梁東漢：《漢字的結構及其流變》二十七——二十八頁。

〔二〕、〔三〕、謝爾久琴柯：《關於中國文字的幾個問題》《中國語文》一九五五年十一月號，二十頁。

〔四〕、梁東漢：《漢字的結構及其流變》三十六頁。　〔五〕、同上，八十七頁。

象唐先生這樣的看法，在國外也是存在着的，高本漢就是其例。

高本漢認爲：

中國文字最早的形式，成立於物體的圖畫。現今大多數通行的字，爲一般所應用的，其中還有許多是這種畫象，中國人叫做『象形』。……這種圖畫文字，自然大多數是關於自然界的現象（例略），關於人類及人體上的，又有許多字（例略）。……對於古代中國文化的發生，也有許多可以供側面的觀察。（例略）。……古代許多器具的圖象當中，有很多關於戰術的（例略）。……有許多字是畫各種飲食器具的樣式（例略）……還有許多字是表明高等文化的原質（例略）。……在別種文明的產物上，還可以看到音樂的器具。

……

他又說：

圖畫文字適用於代表具體的事物，是很值得讚美的。〔一〕

中國上古時代的字，皆爲最簡單的文字畫，象事物之形，這種文字畫是用來代表現實的世界的。所謂『仰則觀象於天，俯則觀法於地』。即至今日，這種文字畫的形態，仍是很顯明的，如：『田』『人』『木』『工』『川』等字，猶不難領會其形象。下列諸字，乃紀元前二百年時之形態（即所謂『小篆』者），尤爲顯而易見，如今寫爲『日』，（月），（子），（四，說文飯食之器也）。至如小篆的（鹿）和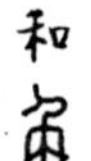（角），我們更得追溯它們較古的形體，在殷墟甲骨文字中，此二字爲和，又如小篆之『女』字爲，而甲骨文爲，其形體尤爲近似。文字畫之形式爲象實物之形，其由來已久，……〔二〕

高本漢也把象形字叫做『圖畫文字』。他也認爲這種『圖畫文字』和後來的非圖畫文字在本質上是一樣的，是一個字一個字存在着的。他也是用甲骨文和小篆的書寫原則和體系來看待圖畫文字的。這種

注：〔一〕、高本漢：《中國語與中國文》張世祿譯本，五十二—五十九頁。〔二〕、高本漢《中國語言學研究》賀昌群譯本，二十頁。

看法。實質上是一種形式主義的推測。根本沒有考慮到從圖畫文字到形象的音節表意文字的質變問題。

高本漢和唐蘭先生一樣，他們的共同認識是把先期文字的名號强加在表意文字身上。在漢字科學上，沒有書寫原則和文字體系觀念，只有單個的字形識辨和形體演變思想。

其次，在漢字發展程序上，高本漢也同樣是進化論的。他認為是從象形到會意，從會意到形聲的。他寫道：

> 現在我們回頭來研究中國文字最初發展的問題，這層我們不能不溯源於**第一個階段的象形字**。象形字是象一些具體的現象之形，如「日」字以及帶有象徵作用的「交」字。這類古字的造成，姑無論其立意如何巧妙，總是不能完全供表白之用，所以從紀元前二千年時，我們就可以尋得**第二階**段的演變之例，便是結合兩個以上舊有的象形字以代表一個新的意義。如「日」與「月」相合，而成「明」字，所以示「清楚光亮」之意。……這個方法一經創出之後，其用攸廣，《說文解字》中，這類會意字就不下一千一百六十七字之多。其精妙之處，在能表白一個簡單的象形字所不能表白的意思。然而卻有一個很大的困難，因為這種字的創造，是很不容易的，須要造字者絕大的心機才能構成。**其後**，人事的日繁，除應用於卜筮，語白的文字之外，尚有很多的意思，字形所不能表示的；於是便又去另尋創造的方法，……這種方法最後的成就，便是**形聲字**的發明。〔一〕

高本漢的漢字發展程序：第一階段是象形字，第二階段是會意字，第三階段是形聲字。這個看法和唐先生所說漢字發展的程序是基本相同的。唐先生說：「由原始文字演化成近代文字的過程裡，細密地分析起來，有三個時期。

> 由繪畫到象形文字的完成是原始時期。由象意文字的興起到完成，是上古期。由形聲文字的興起到完成，是近古期。」〔二〕

唐先生的「象意」包括着「會意」。除這一點在概念範圍上有些出入外，可以說在漢字體系的形成

注：〔一〕、高本漢：中國語言學研究，賀昌群譯本，二十六—二十七頁。（字下黑點是我加的——敘）。

〔二〕、唐蘭：《古文字學導論》上編，三十頁。

史上，他跟高本漢的看法好象是如出一轍的。

唐先生說：

我在《古文字學導論》裡建立了一個新的系統，三書說：

一．象形文字

二，象意文字

三，形聲文字

象形象意是上古期的圖畫文字，形聲文字是近古期的聲符文字，這三類可以包括盡一切中國文字。「一」

看來唐先生的『三書』說，無論在三個內容、三個關係和三個時期，都是和高本漢的說法有着極其相似之處的。

再次，唐蘭先生基於他的圖畫文字觀念，認為『象形象意是上古期的圖畫文字，形聲字是近古期的聲符文字。』在發展上是『由舊的圖畫文字轉變到新的形聲字。』「二」這個漢字發展觀點，直到最近幾年，唐先生寫『論馬克思主義理論與中國文字改革基本問題』時，還依然未變。他說：『（中國文字）也從圖畫文字到形聲文字，從篆到隸，從隸到楷，都是一個漸進的過程。』「三」

在這個問題的看法上，高本漢也是和唐蘭先生的主張不謀而合的。高本漢認為：

在足以證明遠古的中國哲人，深覺文字畫之不敷應用，所以才轉向於形聲的一方面，另辟蹊徑。「四」

在從圖畫文字到形聲文字的發展路線上是和唐先生一樣的。

高本漢也沒有說明在『轉向於形聲的一方面』之前，只有『象形字』『會意字』，尤其是在第二個階

注：「一」，唐蘭：《中國文字學》七十五—七十六頁。

「二」，同上，九十八頁。

「三」、《中國語文》一九五六年，第一期，三十頁。

「四」，高本漢：《中國語言學研究》賀昌群譯本，三十二頁。

段『會意字』還沒『尋得』之前，人們在僅有的『象形字』的第一個階段裡，是依什麼原則來書寫、記錄語言，各個圖畫形象是依靠什麼原則發揮作用，從而達到共同理解的交際目的的。

照高本漢的意見，那時候『象形字』還是不敷應用的。如果他認爲『象形字』出現之後『深覺不敷應用』，那麼，它就不可能作爲一個發展階段延續一個時期。階段的存在，說明它在一定長的時期內是可以基本上滿足需要的。

如果『象形字』在最初一個階段是基本敷用的。那麼，可以有兩個解釋：一個是它和當時的語言發展情況相應，用這種『字』就可以寫出話來；另一種情況是還沒有向語言形式就範，不與語言結構相應，它不是寫話而是語言內容的擇要標志或語意圖解。

高本漢的主張是前者。

人們從勞動中獲得圖畫能力，就時間來說，是遠遠地晚於語言的創造的。當人們由於生活的需要，從已經獲得的圖畫能力中提煉出利用圖畫的記錄方法，從而達到交際目的的時，語言早已有了一定發展。語言一直是以它的詞彙和語法組織爲其本質的特點的。作爲「劃階段的『象形字』」，假如存在的話，雖然可以寫出某些具體的詞來，但是，按其原始數量來說，是不可能適應當時的全部詞彙和語法形態的。用『象形字』向語言就范，從詞寫話是不可能的。

如果高本漢認爲『象形字』可以作爲寫話的工具，那就將得到這樣結論：當時語言或者是多爲一言成句的，適於單字獨立；或是沒有什麼語法組織，單詞散出就可以達到思想交流的目的。

很顯然，這是不合於語言發展情況的。沒有不依語法結構就可以組詞成句的語言。

如果當時語言並不象『象形字』那樣單字散見，而是有它就當時說來是比較豐富的詞彙和比較嚴整的語法的。從圖畫中提煉出來的圖形只是作爲標志這種語言的語意圖解，那麼，它就不是高本漢所說的和甲骨文、小篆屬於同一書寫原則的『象形字』，而是和這種文字有本質差別的先期文字。

只看到甲骨、金文乃至小篆在書寫形式上的一脈相聯，而忽視了它們的書寫原則；只看到，圖畫文字中的新質因素而忽視了新舊質的本質差別和發展關係，這是文字學上的形式主義。

高本漢的*Sound and Symbol in Chinese*是一九二三年出版的。*Philology and Ancient China*是一九二六年出版的。前書的漢譯本是在一九三一年出版的，後一書的漢譯本則出版於一九三四年。

唐蘭先生的《古文字學導論》是一九三五年出版的，《中國文字學》是一九四九年出版的。

這兩家的漢字觀點，在圖畫文字的理解上，在象形字、象意字（高本漢——會意字）、形聲字三階段發展路綫以及圖畫文字直接發展爲形聲文字的漢字發展思想上，都有很多相似的地方。這個不謀而合的現象，説明了他們兩位在漢字學的基本觀點上和方法上是有其相通之處的。

結語

文字是作爲一種語言的書寫體系而存在的。它是一種輔助語言的交際工具。沒有標記語言的書寫原則，沒有體現這一原則的書寫方法，和依此原則與方法而形成的體系，使人們借之以達到共通瞭解，是不能成爲文字的。

在書寫原則上，有兩種不同的標記語言方法：一種是只從語言內容——語意着筆的先期文字，一種是從有聲語言的組織形式落筆的真正文字。前者，雖然也可以寫出某些詞，但是它仍以語意圖解爲主，服從圖畫文字原則，是屬於先期文字體系的。先期文字只要求表現出語意中的主要概念及其相互關係，並不注意形成那一語句的詞彙及其在句中的語法關係。因而這種書寫體系，雖從語意方面在一定程度上標記了語言，在當時當地社會中，起了輔助語言的交際作用，可是還不能成爲真正文字。後者，既能寫出語言的詞彙，又能表現組詞成句的語法結構，是具體語言的記載。語言內容——形成思想的主要概念及其關係，在它，是以詞和語法關係，以具體的語言組織形式表達出來的。這種文字是真正文字。

真正文字和先期文字是既有本質區別又有發展關係的。

真正文字淵源於圖畫。但是圖畫不能直接發展為真正文字。從圖畫到真正文字是要經過一個階段的：首先是用圖畫作助憶符號，然後從作助憶符號的圖畫發展為圖畫文字，最後才從圖畫文字發展為真正文字，這個過程，實質上是語言和與其所反映的客觀事物相關的圖畫形式相結合的過程。從作助憶符號的圖形到圖畫文字的發展，是圖形從語意方面向語言軌範的過程。在這個過程中，完成了語意書寫原則和與之相應的書寫體系。形象的音節表意文字則是把在圖畫文字中受過提煉的圖畫，經過書寫原則的質變，從語言的詞彙和語法，向有聲語言的組織形式就範而形成的書寫體系。

在圖畫裡蘊毓着語意圖解的基本因素——概念的形象記錄。它只能標記語意中足資聯想的一點，不能列舉它的主要概念和關係。因而它只是一種助憶符號還不是圖畫文字。圖畫文字運用圖畫因素使之服務於語意圖解原則，它不僅列舉了語言思惟中的主要概念，而且還表現了它們之間的思惟關係。是語言的一種書寫形式。它們都不是形象的藝術創作。

在從助憶的圖畫到圖畫文字的發展過程中，先後地萌生和蘊毓了象物、象事、象意的寫詞因素。在這種因素的基礎上，在書寫人名族名等要求下，從圖畫文字體系裡，發明了假借寫詞方法。社會條件和圖畫文字體系的整體力量，約束了這種方法，使之僅僅是圖畫文字的一個部分。從形象的音節表意文字來說，它們都是在以舊質要素為主的先期文字體系裡蘊毓着的新質要素。

在舊質中的新質裡，假借寫詞法是一把『鑿開混沌』的『開山斧』。在原始公社解體之後，由於新的社會生活的需要，在寫話記言的迫切要求下，這柄『開山斧』被揮舞起來，從而帶動所有寫詞因素，使之突破圖畫文字原則，質變為既能寫詞又能表現組詞成句的語法關係的真正文字。

從兩種書寫體系的本質差別及其發展關係來看，商代和西周——主要是商代的青銅器銘文，可以看到一些在漢字體系創成之後的圖畫文字殘餘。從這些圖畫文字殘餘，可以推定在創成漢字體系之前確實有過圖畫文字階段。

把這種圖畫文字殘餘就看作圖畫文字，是不對的。它不但不是完整的圖畫文字體系，而且在一定程度上，和初期的形象的音節表意文字有相互影響和互相滲透的地方，已經有了某些改變。

不承認這種圖畫文字殘餘也是不對的。他們忽視了不同的書寫原則、方法，忽視了不同的書寫體系同器並見的現象。所以忽視這個現象，是和形式主義的文字學理論和進化論的文字學方法分不開的。

一九五九年九月第四期《吉林師大學報》發表

假借形聲和先秦文字的性質

壹

本篇是以詞彙書寫形式學的觀點和方法來探討先秦文字的性質的。

詞彙書寫形式學是從字和詞的形式和内容的對立統一關係研究先秦文字的。它本來就是文字學，只是爲了同以研究文字形體爲主的文字學相區别才取了這個名字。

先秦文字，從詞彙書寫形式學來考察，它不是表音文字。

首先從文字體系上説，文字是一種成體系的寫話記言工具。先秦文字是適應當時語言特點，在圖畫文字藴毓的寫詞因素基礎上，以發明象聲寫詞法使那些因素質變爲形象寫詞法而創成。它的體系是以象形、象事、象意三種寫詞法和借用它們而成的象聲寫詞法構成的。四者相依爲命，缺一不可。可見先秦文字不是表音文字。

其次，象聲寫詞法，在先秦文字體系發展中，又分爲假借和形聲。

假借，借同音詞書寫形式以寫無形可象之詞。借與貸是相須而立的。雙方同形，字形求别律使其一方按詞義類屬加寫義類形象，構成足以示差的形聲字。給貸方加形的是爲補償字。給借方加形的是給它製造本字。加形造字，它反映以形象寫詞法爲基礎的先秦文字體系並沒有因假借表音而改變它的性質。相反地，却由於它的存在加强了形象寫詞的作用和活力。可見假借象聲並沒有使先秦文字質變爲表音文字。

形聲，以形示意借字標音，它的聲符性質是表音的。這種寫詞法形、聲並舉，失其一方便不是形聲字。捨形取聲以論其文字性質，是不合實際的。

形聲字字彙量雖多，但這是表面現象，是只從形體結構論字的。實際上，有兩種性質不同的形聲字。寫詞造字時，確爲借字標音而進入字形結構的聲符是以表音爲其本職的，至於那些在詞根字上加詞義類屬形象以見派生詞和詞根關係的派生字，它的所謂聲符，在寫詞造字時，本只是據以成字的詞根原字，並不是爲了表音而從外借入的標音字。它的寫詞思想、方法和素材都與前者不同，不能從形式上把它們混而爲一，這種準形聲字不足以證實先秦文字爲表音文字。

由形象寫詞法和象聲寫詞法創成的先秦文字體系是一個有機整體。整體中的各個寫詞法相輔相成互相作用，不應偏就一方來論定它的文字性質。

貳

先秦文字，字是詞的書寫形式，而詞是字所寫的內容。所謂形、音、義不是三足鼎立，而是形式與內容的對立統一。詞是思想（概念）的語音物化，它的音和義也是形式與內容的對立統一。這兩個對立統一的重合反映了先秦文字的本質。

因此，我們的古文字學可以有形體學，專研究形式；也可以有詞彙書寫形式學，在內容和形式的關係上，從寫詞法來研究文字。

下面兩點不成熟意見，是個人在試探先秦詞彙書寫形式學時初步接觸到的古文字性質。荒謬之處請

各位師友指教！

人從實踐中得到的客觀事物表象是語言詞彙中詞的詞義基礎。人所勾畫的具體事物形象一般是頭腦中表象的反映。它一方面來自客觀事物，一方面又不同於客觀事物，而是它在詞義里蘊藏着的事物表象

特徵。

由於人的生理機構及其作用相同，所處的自然環境和所在的社會發展階段如果相同或相近，則用勾畫表象特徵作出的表示事情或意向的『圖畫文字』，方法、性質、作用，一般說來，也基本相同或相近。但是，由於語言的差異，生活習俗的差異，同一事物圖形引起的詞、語並不相同。例如：『祈求』，奧治巴畫作，埃及畫作，『男人』，印第安酋長傳記畫作，和我國科右前旗古蹟公社崖壁圖畫文字基本相同，而加州印第安人所畫的看來好象兩臂横張表示『大』（我國甲骨金文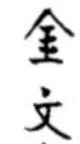正如此作），可是它却用以表示『否定』，沮尼族印第安人畫一個蝌蚪，却用以表示夏天，因爲在那邊夏天蝌蚪極多足以作夏天的象徵。這又是因生活習俗不同而產生的差異。不過見呼『牛』見呼『馬』，對各民族說來，則是共通的。——雖然語言不同，所呼『牛』『馬』各有其詞。

圖畫文字源於原始圖畫。看圖知意，在技術和作用上，兩者是一脈相承的。記錄事情，表達意向，兩者是共同的。不同之處，是作不作交際工具。

圖畫文字是用畫出來的事物形象、位置、關係以及一些相應的輔助綫條來表現所要表現的事情和意向的。它只能按意作圖，不能依言寫話。它的性質是『示意畫』而不是『留言板』，不是以詞爲單位隨着所記語言的自然語序逐詞逐句寫話記言的。因此所謂圖畫文字並不是文字。

我國雖然沒有發現更多的圖畫文字，但是也在許多地方先後發現了不少和它相近的原始圖畫。加之以商周青銅器銘文中的圖畫文字殘餘，先秦文字誕生以前的、畫圖示意的非文字階段——圖畫文字情況還是有據可說的。因爲圖畫文字的共性和傳承發展，可以給我們提供研究問題的依據。

大體說來，在圖畫文字中，有的事物圖形，用我們的先秦語言來理解，是可以說出它的名字的。例如，印第安樹皮公告、酋長傳記、墓誌，它們的形象特徵和甲骨文、古金文基本相同，一見而知其爲龜，從而與詞相結，作解圖說事的一個基點。

這類事物圖形雖能與詞相結，但不是用以記言的。例如大科達人紀年史，用一個遍身有黑、紅點的人形表示出痘，以它爲標誌，記的是患疫之年（一八〇〇年）。用一個口際有三條向外散

1800

1813

1840

1851

出的橫綫表示咳嗽，卻不是寫咳嗽，而是以之記患百日咳之年（一八一三年）。用兩手相何圖形表示講和，記的是兩族講和之年（一八四〇年）。畫一條氈毯，周圍畫一圈短綫表示向它環坐之人。氈毯圖形錐與其物之詞相連，可是在這裡的作用卻不在寫詞，而是以它爲基點記最初受政府送氈毯之年（一八五一年）。

重複這些大家早已熟悉的事實，旨在強調一個問題：圖畫文字中已有寫詞因素，可是並不能利用它寫話記言。

實際上，這種寫詞因素，並不始於圖畫文字，它是從原始圖畫傳承下來的。試比較西班牙阿猯拉洞穴壁畫、內蒙陰山山脈狼山地區巖畫、阿拉斯加人在海象牙上刻着的行獵生活：

西班牙阿猯拉洞穴壁畫 右上角部份

阿拉斯加人的行獵生活 上半段

行獵運載圖

行獵圖

內蒙陰山山脈狼山地區岩畫 兩幅

把它們中間的鹿、射圖形和甲骨文古金文相比較，不難看出圖畫文字中的寫詞因素是蘊毓已久的。

在寫詞因素中，有的是具體事物圖形，例如鹿、射。有的是利用事物圖形關係以顯示或象徵一個觀念，例如大科達以二矢相向中央一直的圖形→|←表示爭戰。

這種具有寫詞因素的圖形，在一定的相鄰關係中，用先秦語言來理解，有的似乎是可以動賓關係譯成短語的，例如狼山地區巖畫行獵圖的。但是，從同時其它組圖形看，例如行獵運載圖等等，它還是畫圖示意，而不是以詞寫話記言。它還是所謂圖畫文字，而不是文字。

它雖然不是文字，可是從發展來說，卻是舊質中的新質要素，蘊毓在圖畫文字中的原始文字胚胎。

圖畫文字離開它的解說人，作為交際工具，對一般"讀者"說來，是只以意會而不以言傳的。由於它不是語言記錄，在體會上，難免和作者原意出入。出入性和準確性的矛盾是圖畫文字難以克服的弱點。

社會在發展，到奴隸社會時，由於階級統治的需要，這種矛盾更為突出，人們需要的不是可游移的以圖示意，而要的是確定不移的語言記錄。如何解決這個問題，在不同的歷史條件下，由於語言不同，各民族有自己的道路。

從我國先秦語言說來，圖畫文字中的寫詞因素，一詞一形，與單音節無形態變化的語言特點相應，是用以寫話記言的有力基礎，可是它只能寫那些有形可象的詞，至於那些無形可象的實詞和虛詞，則是無從着筆的。不攻破這個難關，想用它寫話記言也是不可能的。

在寫話記言的迫切要求下，基於先秦語言有利特點，利用同音詞中的有形可象的圖形，在語言的對立統一規律的作用下，寫那些無形可象之詞，從而發明了象聲寫詞法，達到了以寫詞為單位的，按照自然語序，逐詞逐句寫話記言的目的。

象聲寫詞法猶如一把開山巨斧，它鑿破渾沌，使蘊毓在圖畫文字中的寫詞因素蛻化出來，質變成為詞的書寫形式——用以寫話記言的文字。

具體物體圖形變成寫詞的象形字，創成了象形寫詞法。

具體事態圖形變成寫詞的象事字，創成了象事寫詞法。

象徵性的事物圖形變成寫詞的象意字，創成了象意寫詞法。

這樣，遂以象形、象事、象意、象聲四種寫詞法創建了我國原始的先秦文字體系，可以用它按照語序逐詞逐句地寫話記言，從而進入有史時代。

還是以  圖形爲例，同樣的事物形象特徵，到這時，不再是用以示意的基點，而是詞的書寫形式。

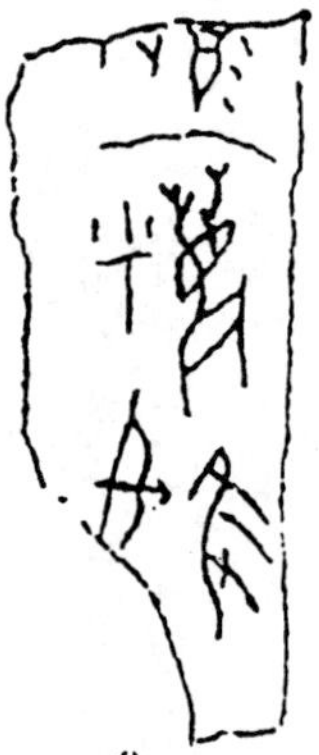

合集10276

合集10320正

合集10421

合集10265

作爲語言組織中能獨立運用的基本單位——詞的書寫符號，它可隨所記辭句的需要完成寫話記言的任務。

認識在深入，詞彙在豐富。隨着詞的孳乳發展，在原始的四種寫詞法的基礎上，又創造了轉注寫詞法和假藉「借」寫詞法，從而加强了先秦文字體系，確立了六種寫詞法——六書。

先秦文字體系創成之後，在應用中，受到『趨簡』『求別』兩個規律的控制。書寫上要求簡便，結體上力避混誤。在這兩條規律作用下，又使大部分出自分化造詞和比擬造詞的新詞以及許多因象聲寫詞而作的補償字，在書寫形式上，都寫出了所寫詞詞義所屬的義類形象，從而創造了標意寫詞法，產生了後來所謂的形聲字。(關於先秦文字寫詞法"六書"問題别有論述，這裡從略。)

能不能以詞爲書寫單位，按照它所寫語言的自然語序，逐詞逐的地寫話記言，這是區别文字和非文字的標誌。適應當時語言特點的先秦文字，它的性質是被它的寫詞素材及其寫詞方法決定的。

字是詞的書寫形式。先秦文字要從它所寫的詞彙來研究它的性質。

詞彙量和詞的使用頻率不是一回事，決定文字性質的是詞彙中各個詞的書寫形式，而不是它的使用頻率。在應用中，使用頻率高的多半是用象聲寫詞法寫出來的象聲字(後來叫作假借字，見後文。)由於它們出現的機會多，甚至全句都是。

合集13355

綜類卜辭 五五八

合集14225

我們不能只憑"貞昱丙子其有風"之類的卜辭便認爲甲骨文是表音文字。因爲這種全用象聲字寫成的卜辭是很少的。而常見的象聲字如：干支、貞、隹、其、不、勿、七等等貞卜習用詞語，它們出現次數雖多，可是詞彙量卻是很少的。如果沒有大量的象形字、象事字、象意字，如：犬、鹿、眔、卜、二、射、逐、隻、獲、史、罕等等與之相輔相成是不能成爲寫話記言的文字的。

我們必須肯定象聲寫詞法的表音性質。而且它也就以這種性質解決了用形象寫詞法寫那些無形可寫的詞的書寫問題，從而使蘊毓在圖畫文字中的寫詞因素爆發了革命，質變而成詞的書寫形式，確立了形象寫詞法，開始結束了圖畫文字，創建了原始的先秦文字。它的歷史地位和作用是不可忽視的。但是，沒有先秦語言的語言特點，沒有這種語言的對立統一規律，沒有蘊毓在圖畫文字中的形象寫詞因素，也不會由於它的發明而創成適應先秦語言的文字。

以象形、象事、象意、象聲四種寫詞法為基礎的先秦文字是一個完整的文字體系，是缺一不可的。文字體係的本質決定文字的性質。把成體係的東西割裂開來，以部份代全體，排除其餘幾種寫詞法，而單就象聲寫詞法來論先秦文字的性質，是不是不够合適？

總之，從先秦文字的蘊毓、創建和它的體係來看，它不是表音文字。不應該把它列到表音文字隊伍裡。

先秦文字體系是發展的，象聲寫詞法後來分化為假藉（不是假借）和形聲。假借字和形聲字都是與語音相關的。它們很容易使人把先秦文字看作表音文字。為了明確先秦文字性質，必須把假借、形聲的性質搞清楚，看看它們在先秦文字體係中是不是以表音為主的。

先看假借。

我們常用的假借一名，是鄭玄的，而不是許慎的。說文解字敘所說的「本無其字依聲託事，令、長是也」是以不變更詞根書寫原形，而直以其詞根字形為其書寫形式的，它是憑藉根詞形式的假藉，而不是「借它字之形以當此語之用」的假借。（別詳論六種寫詞法——六書）借用同音詞的書寫形式以寫詞義無形可寫之詞，這種借形寫詞的寫詞法，在《漢書藝文志》所記六書中，實為象聲，象所寫詞的語聲。在貸方和借方之間沒有詞根關係，與「令」「長」之例不同，不是假藉，借方本身沒有自己的本字，與通假不同。

字是詞的書寫形式，詞是音與義的對立統一體，因此，寫詞之道也不外三條路，從以形象寫詞法為基礎而建成的先秦文字體系來說：

等象形、象事、象意三種寫詞法是表意的。

等象聲寫詞法是表音的，等"具有部分表音的獨體象形字"（于省吾先生說，見《甲骨文字釋林》）則是融兩法於一鑪，音、意並表的。

象聲寫詞法是先秦文字體系的組成部分，沒有它，其它三種寫詞法只能是蘊藏在圖畫文字的寫詞因素，不能寫話記言；可是它也不能取代它賴以存在的三種寫詞法。因爲它並沒有從形象寫詞法的樊籬中蛻化出來，質變爲可以用以標音寫詞的一套完整的表音文字體系。

利用同音詞的語音關係，借字記音，這種象聲寫詞法之所以不能變先秦文字爲表音文字，主要是由於它的字形求別律常是以標形示差的辦法來實現的。一般是給借貸雙方的一方，在字形上，添加足以標注詞義所屬事物類別形象，改成另一形式，以便區別。例如：

象手持石斧之形，是斧的初文。（或以殷周間肥筆取姿之說來反對，其說非是。）自借出寫父親之父，乃別加斤形作。

象人執而舞之形，是舞的最初寫法。卜辭用它寫舞雩之事。金文作借出寫有無之無，乃別加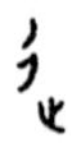形以寫本詞，作；小篆加上兩脚以突出它所寫詞意，來與借出之形相區別。

本來是用以寫箕的。借出之後，乃別加竹形以寫本詞，小篆作。

這類現象都是由於象聲寫詞法，因聲借字寫詞後，在字形求別律的作用下，對貸方本詞，在本字原形上，添加詞義事物類屬形象以區別借貸兩方之詞的。這些加形重造之字，對貸方說來，是一種補償，因此可把它們叫作補償字。

甲骨文、古金文都假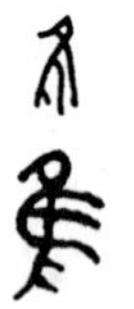來寫語詞。在書寫上，爲了突出它的語詞形象，又在所借字形上加寫詞義類屬，把它改造成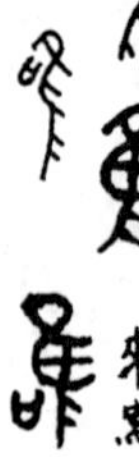，從而變成了與所寫詞音、義雙應的本詞本字。這種因聲借字，即字加形的寫詞方法，也是形象寫詞法字形求別律造成的。

這一現象在先秦文字中也是很多的。例如：

卜辭借寫卜問之貞，簡化為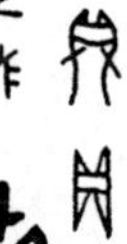。在此基礎上，依借主詞詞義加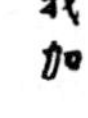，遂成貞的本詞本字，寫作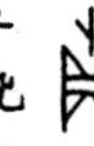。金文因之作，作。

金文借寫衣緣之純，為了與屯魯、屯佑之詞相別，加○形以象緣飾，作。

金文借以寫器名，加以示詞義類屬，作，遂成此器名之詞的本字。

字形求別律．在借貸字上，促成的加形字，古書面語言表明，它是能產的，富有生命力的。譬如，面毛也之，借寫須待之須，演為虛詞，成為須用之須。作虛詞者使用頻率較高，字形求別，遂使借寫須待者加形示意成為从之，而面毛之須又加"彡"示意變成"鬚"字。前者見於《說文》，說"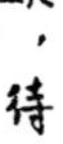，待也。"而後者為說文所無。可見在以先秦語言為主的書面語言中，以形表意的寫詞功能並沒有因假借表音而消失。它們不是互相排斥，而是相輔相成相須而立的。這種關係和作用是被適應先秦語言特點，以象聲寫詞法為開山，以形象寫詞法為基礎而創建的先秦文字體系及其規律所決定的。

其次，再看形聲。

許慎六書的形聲實際上是象聲寫詞法的一個分支。在先秦文字體系中，也確有用象聲寫詞法寫出來的形聲字。例如：

這類字都是在已經用形象寫詞法寫成的本詞本字之上又加注一個借自同音詞的字形來表示所寫詞的語音音節。

　○　象璧形。用它作璧的書寫形式容易混誤，（圓也是○形）為了求別，寫璧時，用○象其形，加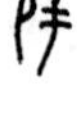表其音，遂成字，羅振玉說曰，"古文辟从辛

人。辟，法也。人有辛則加以法也。古金文作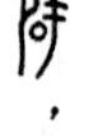，增○，乃璧之本字，从○聲而借為訓法之辟。許書從口，又由○而譌也。」

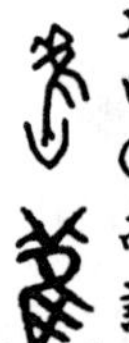雚舊．——舊留也．角鴟屬．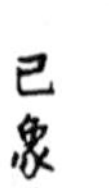已象其形，因其與雚（也是鴟屬之形）相同．遂借同音詞之形加於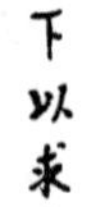下以求別。

形、音兼顧的形聲寫詞法．在先秦文字中．也是古已有之的。借字記音，聲符確是表音的。形聲字有表音的聲符，在先秦字彙的累積量中，它的數目也是最多的，能不能就此便定先秦文字為表音文字呢？

在這個問題上，至少有兩個事實在反對着我們接受這一結論。

第一，形聲字是由聲符和意符共同構成的。它的生命就在共同體中．失掉意符，聲符也必將枯死。違反字形求別律，失去了寫詞作用，羅星塔『朝朝朝朝朝朝朝夕』一聯（梁章鉅楹聯三話卷上）潮字不要意符，取聲不取形，雖是游戲筆墨，却反映了一個事實：形聲字不能片面地歸為表音文字。

第二，從詞彙書寫形式學來看先秦文字，則見所謂形聲字的聲符，在寫詞造字之時，並不都是作為表音符號來使用的。

這在同族詞的書寫形式上表現得最為明顯。

由分化造詞而成的書寫形式，例如：

羅振玉說『此字从从或从从，皆象饗食賓主相嚮之狀，即饗字也。古公卿之卿，鄉黨之鄉，饗食之饗皆為一字，後世析而為三。』

李玄伯據希臘、羅馬古代尚有一種公民代表，名曰『伴食』，專代表公民在邦火旁舉行公餐．先祭然後分食。後來這種人變作固定職務的官吏，說：『我國有三個字，在金文上皆相同。一個是饗，一個是鄉，一個是卿。《說文解字食部》饗：鄉人飲酒也。鄉人飲酒就是希羅的公餐。金文象二人共食之形。因為共祭共食的人必處一區，故亦名其區為鄉。伴食是次於邦君的官吏。他們共祭共食，或者與邦君共祭共食，因以名鄉．這就是後來高貴的卿士的由來。』（《中國古代社會新研初稿釋土》）為相向就食，其詞義也有

何意。古金文也正有以卿為嚮的。

周金文卿饗嚮猶然一詞，依語言對立統一關係以見意。以後隨着詞的分化，字形求別律使詞的書寫形式也與之相應地寫出了不同的字。它們都是以詞根詞的書寫形式為基礎加以改造而成的。用小篆來説：卿屬人事，承襲卿的原形；鄉以地區概念，變卿為鄉，並在這個基礎上，以"鄉人飲酒"之禮，加食寫成饗字，以寫饗食之詞。嚮，不見於《説文》（金文用卿，古書多用鄉寫之。）出現較晚，可它還通過鄉保持着它和它的詞根卿的關係。

從卿的分化可看出"從食從鄉，鄉亦聲"的饗的聲符——鄉，它並不是信手拈來的表音字，而是它依以成詞的詞根字；而它的詞根字鄉又是在卿的基礎上，改造並保持詞根卿的形式的。

比較簡單一些的，例如：

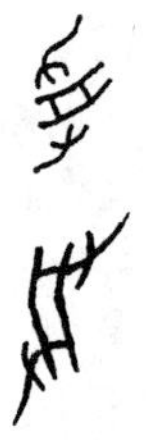

羅振玉説"象授受之形。"《免簠》"王受授乍作册尹者書，卑俾册令命免曰，"以受為授。

古金文表明，直至西周，受的詞義是把受授一事作為内容的，交付或接取，是依它所依存的語言對立統一關係來定的。詞義是渾淪的。後來分化，在書寫形式上，接受之事使用的詞根原字作受；授予之事，在詞的書寫形式上，於詞根字原形加手以示差，寫成授字。《説文》"授，予也。从手从受，受亦聲。"授的聲符受原是詞根字形，並不是借取一個同音詞的書寫形式來標音的。字的結構上雖然一形一聲，寫詞造字時，這個所謂聲符却不是為了表音而選用的，

説文"買，市也。从网貝，《孟子》曰，「登壟斷而网市利。」"《墨子·經説上》，"買鬻，易也。"以其所有易其所無，初無買賣觀念，故買與鬻同義。從以物易物進至以貝易物，買的詞義也還是未出交易之意的，在以貨貝易物的生活中，逐漸形成買與賣的概念，買這一詞遂分而為二："出曰賣，入曰買。"買，使用詞根詞原字；賣，在詞根字上加"出"以表示賣出物貨之意。《説文》"賣，出物貨也。从出，買聲。"

在從買分化出買、賣兩詞和與之相應的書寫關係中，可以看出：賣字所从之買原是它的詞根字形，而不是在寫詞造字時為了表音而借一個同音詞的字形來作聲符的。

以上三例說明一個事實：在用分化造詞法孳生出來的詞彙中，有些詞的書寫形式是用詞根字加事物類屬形象寫成的。它依以成字的詞根字，在寫詞造字時，並不是作為表音的聲符來使用的。

由比擬造詞而成的書寫形式也有這樣事實。譬如：

豆  殷周文字，豆象器形。

人體形象，肩以上，頭頸相承，其形如豆。在象什麼就叫什麼的比擬造詞裡，這一部分人體也叫作「豆」。在書寫形式上，字形求别律使它在「豆」旁加「頁」或加「肉」，寫成「頭」和「脰」字。

丁鼎

《說文》「頭，首也，从頁豆聲。」「脰，項也，从肉豆聲。」儼然兩詞兩字。《儀禮·士相見禮》「摯，冬用雉，夏用腒，左頭奉之。」鄭氏注，「今文頭為脰。」「上大夫相見以羔，……左頭如麛執之。」鄭氏同樣說「今文頭為脰。」又《士虞禮》「用專膚為折俎，取諸脰膉。」鄭注說「古文脰膉為頭嗌。」是「頭」「脰」兩字本寫一詞，是古今字，以後分化為兩個詞。

豆，是據以得名的詞根的書寫形式，它標誌着詞根，在「頭」「脰」兩字的構造上，寫詞造字時，並不是作為表音的聲符來使用的。

，《說文》「水艸交為湄。」《釋名·釋水》「水草交曰湄。湄，眉也，臨水如眉臨目也。」「水草交」，水如眼波，草如眉毛，「臨水如眉臨目」，這個用比擬造詞法造成的詞，它的書寫形式所用的眉顯然是它依以成詞的詞根字，而不是為了表音才加上去的。

這種造詞和寫詞法也都是比較能產的。再如：

 小篆作，《說文》「牡齒也，象上下相錯之形。」按：此是依附相鄰部位的象形字，橫視之，以上下相錯而突出犬齒之形。（別詳拙稿《釋齒牙》）犬齒位於門齒和臼齒之間，呈圓錐形。《釋名·釋兵》「弩……鉤弦者曰牙，似齒牙也。」草木萌蘖其形似牙，因而也謂之牙。這都是比擬造詞。字形求别，對草木句芒而出的萌牙之「牙」，字上加「艸」以顯示詞義所屬物類，遂成字。牙是芽的詞根書寫形式，並不是為了表音而選取的聲符。

由此可見，以比擬造詞法而產生的詞，它的書寫形式也是詞根字上加形，而不是立形之後再加以標

音的表音字。

一般的派生詞，它們的寫詞法也多半是如此的。例如：

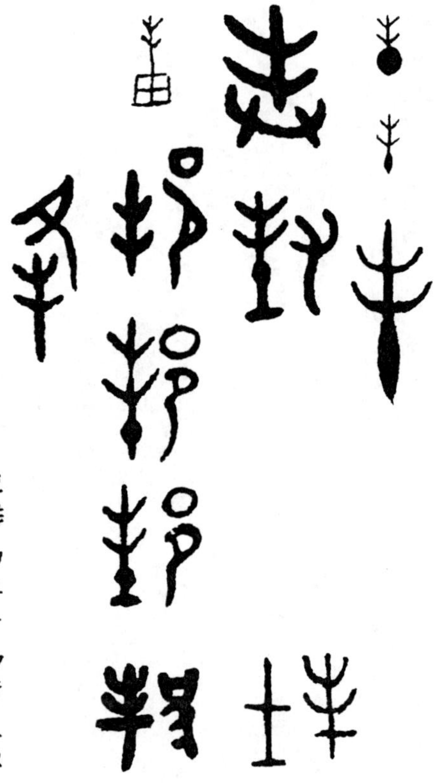

《說文》：「封，爵諸侯之土也。从之从土从寸。……𡉚，古文封省。𡉛，籀文从丰。」按封人爲識封而樹之，封其四疆。丰象封樹其根敷土之形。𡉚象以手培土之事。封樹圈出之領域爲邦。《說文》：「邦，國也。从邑丰聲。𡊫古文。」（𡊫是𡉚之誤。）《釋名釋州國》：「邦，封也，封有功於是也。」邦以丰得名，詞根字加邑，是丰的派生詞，並非爲表音而借之以標聲的。

雙手向根敷土，兩相碰合之事，二人行路相遇謂之逢。《說文》：「夆，牾也。从夂丰聲。」「逢，遇也。从辵夆省聲。」（《說文》無夆字，當作夆聲。——《校議》）羅振玉據古文从辵或从彳定𢓜爲逢字。𢓜即𢓜字。許慎把它看作甹夆字，使之與御相次，同訓爲使也，失其所寫詞義。夆，《說文》說它是牾也。王筠說：「牾，逆也；逆，迎也；《釋詁》：遘、逢、遻也。逢者，夆之絫增字。」夆 逢是一個詞的不同書寫形式，它們都是在詞根字的基礎上加派生詞義類屬之形而成的，它們的聲符並不是單爲表音而借字標聲的。

雙手向根有捧持之意，因而捧持亦謂之𠦂，奉，便是這個派生之詞，侯馬盟書𠦂楚帛書𠦂並以𠦂爲奉，正反映這個詞根與其派生詞的關係，字形求別，在詞根字下加手遂成奉字，小篆作奉。

左傳襄公二十八年「奉龜而泣」的奉，正是捧持之意。接過來，兩手捧持，與承同義。《說文》「奉，承也。」奉，不是為表音而加的。——《說文》以為「从手廾，丰聲。」非是。

又如：

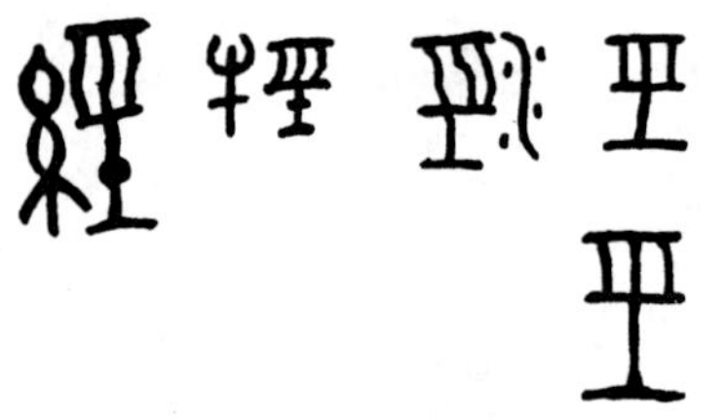

林義光說「巠，即經之古文，織縱絲也。巛象縷，壬持之。壬即滕字，機中持經者也，上从一，一亦滕之略形。」經綫徑直。巠的詞義有直意。《爾雅·釋水》泉「直波為徑。」《釋名·釋水》「水直波曰涇。涇，徑也，言如道徑也。」道徑之徑說文作徑，「步道也。」《周髀算經》「故折矩以為句，廣三；股，修四；徑，隅五。」趙君卿注「徑，直；隅，角也。亦謂之弦。」步道與行車馬之大路相別，所謂「抄道」。「走弓弦兒」的直路。因而「圓中之直者」亦謂之徑。桱，《說文》「牛厀下骨也。」脛，「胻也。」《釋名·釋形體》「脛，莖也，直而長似物莖也。」《說文》「頸，頭莖也。」「莖，枝柱也。」這些字所寫的詞都有徑直之義。它們都是「巠」的派生詞。它們所从之巠都是詞根字——是依以得名的詞的書寫形式，不是在寫詞時為了標注詞的語音而借字表音的。

又如：

程敦在《漢魏音後叙》中說：

句曲之句，本止作句。而天寒足跔，即加足作跔。曲竹捕魚，即加竹作笱。羽曲之翑，即加羽。鐮刀之劬，即加刀。他如：玽，石之似玉者，必其文有句曲者也。雊鳴為雊，乃鳴時而句其頸也。拘止之拘從句，謂拘物必兩手句曲也。鴝鵒之鴝從句，亦謂鳴聲善於句轉也。

跔、笱、翑、劬、拘，都是在詞根「句」的基礎上，按它的派生詞各自詞義類屬而分別依類賦形的。「句」在它們的書寫形式中是詞根原字，而不是為了表音才納入字的結構之中的。

與之相反，雊、鴝，都是以「句」表音的象聲詞。《詩·小弁》「雉之朝雊，尚求其雌。」《書序》「高宗祭成湯，有飛雉升鼎耳而雊。」是以其鳴聲為「打鳴兒」之詞的。並不象許慎所說，因「雉鳴而雊其頸」於是以句曲之勢得名的。鴝鵒兩字是一個雙音節詞。《說文》「鴝，鴝鵒也。」「鵒，鴝鵒也。」它不是由兩個單音節詞構成的詞組，而是兩個象聲詞，與句轉之意無關。句，在雊、鴝兩字結構中只是為了表音而寫進去的。

觀察以上述各種實例為代表的寫詞文字，不難看出：形聲字雖多，可是不能一概而論的。形聲字，從詞彙書寫形式學來看，有兩種：

一種形聲字的聲符，在寫詞造字時，確實是作為詞的書寫形式上的一個表音成分而進入字形結構的。這種形聲字的聲符，它的表音性質是不容懷疑的。

另一種形聲字包括兩部分：一部分是在本詞本字上加寫詞義所屬事物類屬形象的補償字和類化字（如『經』之與『巠』）。一部分是詞根字加上派生詞詞義類屬形象的派生字。這兩部分形聲字的所謂『聲符』不是本詞本字，便是派生詞依以成詞的詞根字。它們在這兩部分字的結構中都不是為了表音而進入的。從『亦聲』『右文說』『加旁字』等說，可知我國古文字學家早已認識到這一事實。這種形聲字的字彙量是很大的。

從詞彙書寫形式學來看，先秦時代，創建文字體系之後，寫詞造字，有意識地借字標音的形聲字也並不是那麼多的。根據這一部分形聲字——僅僅是一部分形聲字，——來定先秦文字的性質，說它是表音文字，是不是不大合適？

一部分是形，一部分是聲，是形聲字的表面現象。日月五星的運動是不同的。可是古人對它們卻是同一視之的。『天體的現象運動，只有認識其現實運動（不能由感官直接知覺到的運動）的人，方才是可以理解的。』（馬克思資本論）辯證法要求我們必須把本質的聯繫和關係和非本質的聯繫和關係分別清楚，不要把它們混淆起來。兩種來路不同的形聲字是本質不同的。不能只從字形表面現象來論定它們的性質。

從以上各節可以看出：

借字記音的象聲寫詞法在創建先秦文字體系上是有開山之功的。可是它是在從圖畫文字所蘊毓的寫詞因素質變而成的三種形象寫詞法的基礎上獲得成功的。沒有象形、象事、象意三種形象寫詞法，單是象聲寫詞，是不可能創造出這種適合當時語言特點的先秦文字體系的。形象寫詞法和象聲寫詞法相依為命，不能以偏概全說先秦文字是表音文字。

作爲這種文字體系的一個組成部分，象聲寫詞法以後演化爲二，分爲假借和形聲。

假借不但承襲了象聲寫詞法在先秦文字體係中的地位、關係和作用，而且在字形求别律的制約下，又促進和加强了形象寫詞法的活動，也促使貸方本詞本字加形成爲補償字，或使借方借字加形以構成自己的書寫形式，從而不再是借字。可見借字表音並没有改變先秦文字體係及其性質。

形聲，也不都是純然表音的。其中有相當大的部分是由於詞根字加形形成的。也是隨着分化造詞、比擬造詞、派生詞的寫詞需要，在字形求别律的制約下，以保持詞根書寫形式原形爲本，而按派生詞詞義類屬加形的。這種文字的所謂聲符，在寫詞造字時，並不是作爲表音文字的表音符號來使用的。

因此，即便就假借、形聲來説，也不能説先秦文字就是表音文字。

參考文獻

沈兼士：《右文説在訓詁學上之沿革及其推闡》（《蔡元培先生六十五歲慶祝論文集》）
楊樹達：《文字中的加旁字》（《積微居小學述林》卷五）
孫常叙：《從圖畫文字的性質和發展試論漢字體系的起源和建立》（《吉林師大學報》語文版，一九五九年第四期）
格勞德：《字母的故事》——林祝敔譯：《比較文字學》
林惠祥：《文化人類學》
鳥居龍藏：《人類及人種》（《萬有科學大系》第十二卷）
蓋山林：《内蒙陰山山脈狼山地區岩畫》（《文物》一九八〇年第四期）

一九八三年七月《古文字研究》發表

『吹參差』非『吹洞簫』說

——《洞簫賦》『吹參差而入道德兮』和《湘君》『望夫君兮歸來，吹參差兮誰思』解

前篇　『參差』不是洞簫

壹，『參差』是列管形象而不是洞簫的別名

貳，《洞簫賦》的『吹參差』並不是『吹洞簫』

叁，《洞簫賦》『吹參差』的『吹』是『籥』的借字

後篇　作品語言的對立統一關係和《湘君》『望夫君兮歸來，吹參差兮誰思』

壹，蕭選《九歌》別有所據不同於王逸之本

一，楚辭在漢代除劉向所集外尚有別本

二，洪氏《補注》早於尤刻《文選》，『歸來』自是蕭統所據傳本之文而不是尤氏誤刻

貳，『歸來』應是原文，『未來』當是後改

叁，『吹參差兮誰思』舊注的否定

一，『吹』是語首助詞『吹』的誤改

二，『參差』指願望與可能難以齊一

三，『誰思』的『思』楚語有相憐哀之義

肆，關於這兩句歌辭的結語

前　篇

『參差』不是洞簫

《湘君》『吹參差兮誰思？』王逸云：『參差，洞簫也。』諸家承之不疑。象劉良那樣，提出不同意見，以『吹聲』來說『參差』[一]是少見的。

王氏之說對不對呢？

不對。因爲——

壹、『參差』是列管形象而不是洞簫的别名

首先，我們承認：比竹參差，形如鳥翼，這是簫的編管形象。

《周禮·春官》『小師，掌教鼓鼗柷敔塤簫管弦歌。』鄭注云：『簫，編小竹管，如今賣飴餳所吹者。』賈公彥疏引《通卦驗》云：『「簫，長尺四寸。」注云，「簫，管形象鳥翼。」』

『管形象鳥翼』其形象特點在於參差不齊。

應劭《風俗通義·聲音》：『簫，謹按《尚書》，舜作。「簫韶九成，鳳凰來儀。」其形參差，象鳳之翼。十管，長一尺。』

《急就篇》『鐘磬鞀簫鼙鼓鳴。』顏師古注：『簫，一名籟，編管而列之，參差象鳳翼也。大者二十四管，長一尺四寸，謂之言；小者十六管，長十二寸謂之筊。』

『管形象鳥翼』——『其形參差，象鳳之翼，』『參差象鳳翼也。』『參差』是簫的編管形象，它

[一]《六臣注文選》四部叢刊本，卷第十七·二十一葉。

並不是簫的別名。

其次，也必須承認：比竹參差，形如鳥翼，這種形象並不是只有簫才有的。

《周禮．春官》『笙師，掌教龡竽笙塤籥簫篪遂管。』鄭司農云，『竽三十六簧。』賈公彥疏引《通卦驗》云，『「竽長四尺二寸，」注云「竽，管類，用竹爲之，形參差象鳥翼。」』長沙馬王堆漢墓出土的竽，用竹製成，前後兩排編管，也是參差如鳥翼之形的。

《呂氏春秋．仲夏紀》『調竽笙壎篪。』高誘注云『竽，笙之大者。』

《文選》潘安仁《笙賦》在『曲沃之懸匏』『汶陽之孤篠』的基礎上，說『觀其制器也

則審洪纖，面短長，

剞生幹，裁熟簧，……

管攢羅而表列，……

望鳳儀以擢形，

寫皇翼以插羽，……

如鳥斯企，翾翾歧歧，……

脩樀內辟，餘簫外逶。

駢田獵攦，鉀鍱參差。』

笙的管也是長短不齊，參差羅列，形如『寫皇翼以插羽』的。李善注說：『列管以象鳳翼也。』

隨縣曾侯乙墓出土了五個笙，有十二管的，有十四管的，有十八管的，都已殘毀。其笙斗上有兩排插管之孔，而笙管也長短不一。它的形制與馬王堆漢墓之竽相同。插管之孔和同出之管接插在一起，是可以見其列管參差形如鳥翼之形的。

出土實物和文獻記載都說明：列管參差，形如鳥翼，這種形象並不是簫所獨有的。因而『參差』一詞，在竽、笙、

十四簧笙（戰國）湖北隨縣曾侯乙墓出土

吳釗：《中國古代樂器》第十三頁

簫之間已經失去它區别樂器的作用，違反「制名之樞要」，不能成爲簫的别名。

實際上《説文》也並不以「參差」爲簫之别名。

慧琳《一切經音義》卷二十五（開元二十一年壬申歲終南太一山智炬寺集），葉四，雲公《大般涅槃經音義》卷上，「簫瑟」條下云：「（簫），《説文》『編管爲之，象鳳之翼。』」按雲公《音義序》説：他是「遂觀《説文》以定字」的。所引當是他所見的許書原文。同書卷六十，葉十二，慧琳《根本説一切有部毗奈耶大律音義》第十七卷「簫笛」條下，引《説文》云：「簫，象鳳翼，編小管爲之。——二十三管，長一尺四寸。」後兩句用《爾雅·釋樂》郭注之文而略有增減。慧琳引《説文》，顛倒句次以趁所附《爾雅》郭注。雖然不像雲公那樣嚴格，但是，他兩家却共同地反映了一個事實：他們所見的《説文》「簫」字解説，是沒有「參差」兩字的。

在雲公《音義》之後兩個半世紀，大小二徐的《説文》，在「簫」的解説上，出現了「參差」二字。説：「簫，參差管樂象鳳之翼。」——「管樂」，以同書「𪛉，管樂，有七孔」（小徐本。「有」，據《一切經音義》卷五十六，卷七十三補）例之，是用管製成的樂器。它既不是樂管，更不是用樂管吹奏的音樂。

「管樂，象鳳之翼，」句與「管樂，有七孔」同例，「管樂」作主語，語意自足，前面無須形容之詞。

《説文》是後漢和帝永元十二年（公元一〇〇年）成書的。王逸《楚辭章句》，如蔣天樞推測，「疑在（安帝）元初二年（公元一一五年）至建光元年（公元一二一年）七年之間」成書的。許慎作《説文》時，王逸《章句》還沒有出世；而兩漢學人之言名物訓詁者，除王逸外，迄至公元一九〇年前後（黄巾起義之後，靈帝、獻帝之間）應劭《風俗通義》，也只説「簫，……其形參差，象鳳之翼，」沒有以「參差」爲簫者。

從這些情况看，可見徐氏兄弟所據《説文解字》「簫」下「參差」兩字當非許氏原文，以雲公《音義》繩之，當是晚唐或五代時人據王逸《湘君》注增補的。《説文繫傳·九》在「簫，參差。管樂，象鳳之翼，从竹肅聲」之下云：「臣鍇按：……《楚辭》曰，『吹參差兮誰思，』——參差，簫也。」以晚於《說文》的王逸《章句》證許，這迹象正反映它是後補之詞。用二徐《說文》證『參差』爲『簫』是不可信的。

郭象《莊子．齊物論注》『籟，簫也。夫簫管參差，宮商異律，故有短長高下，萬殊之聲。』明『參差』乃列管之形並不是它的名字。

貳，《洞簫賦》的『吹參差』並不是『吹洞簫』

支持王逸《湘君》注主張『參差』是『洞簫』的。可以舉《文選》王子淵《洞簫賦》的『吹參差』作證。

可是這個證據也很難成立。

《洞簫賦》（「賦」《漢書》作『頌』）『吹參差而入道德兮，故永御而可貴。』李善注：『《楚辭》曰，「吹參差兮誰思，」王逸曰，「參差，洞簫。」』比李善注晚六十年的五臣注不同意王逸之說，因而也反對李氏此注。

五臣注《文選》，在《湘君》『吹參差兮誰思』句下，劉良以『吹聲參差』說之。因而他注《洞簫賦》『吹參差而入道德兮』時，屏棄了引『王逸曰』的李注。劉良說這句賦文的『參差』是『簫曲名』。——他們也可能是因爲以『參差』爲洞簫之說，除王逸《湘君》注外，於古無徵。

王褒《洞簫賦》早於王逸《楚辭章句》約一百八十年左右[一]如果王逸『參差，洞簫也』是據《洞簫賦》以注《湘君》，而李善又以王逸《湘君》注來注王褒的『吹參差』。以甲證乙，反過來又以乙證甲。

[一] 《漢書．元帝紀》『元帝多材藝，……吹洞簫，……窮極幼眇。』《王褒傳》『（宣帝）詔使褒等皆之太宮，虞侍太子。……太子喜褒所爲《甘泉》及《洞簫賦》』。《宣帝紀》地節三年（公元前六十七年）立劉奭爲皇太子（時年八歲）。《郊祀志》『（宣帝）改元爲神爵（前六十一年——時太子十六歲），或言益州有金馬碧雞之神，……於是遣諫大夫王褒，使持節而求之。』《王褒傳》『方士言益州有金馬碧雞之寶，可祭祀致也。宣帝使褒往祀焉。褒於道病死。』由此可知《洞簫賦》約作於元康、神爵元年之間，劉奭十二——十四歲，公元前六十三——六十一年間。

在沒有其它證據的情況下，循環論證是令人難以置信的。

《洞簫賦》"吹參差而入道德兮"的"參差"到底是不是就如王逸所説？在沒有早於王子淵的文獻材料和出土銘刻作證的情況下，最有力的證據就這篇《賦》的賦文。

王子淵這句賦文，在《賦》裡，原是"若乃徐聽其曲度兮，廉察其賦歌"一段的小結，"曲度"是"度曲之節奏"。這段賦文極力描寫和提示用洞簫吹奏出來的樂音旋律和它給人的音感及其在社會上的作用和效果。

它給人的音感是參差多變的——

其巨音……
　　若慈父之畜子也
其妙聲……
　　若孝子之事父也
澎濞慷慨
　　一何壯士
優柔溫潤
　　又似君子
其武聲……
　　佚豫以沸渭
其仁聲……
　　容與而施惠

它的社會作用，可以使——

貪饕者
　　聽之而廉隅
狼戾者

聞之而不慭

剛毅強暴

反仁恩

嘽唌逸豫

戒其失

嚚、頑，（丹）朱、（商）均

惕復惠

桀、跖、（夏）育、（申）博

儡以頓顇

這些簫聲效果，對涵養德性，陶冶情操都起了一定作用。可見吹奏洞簫足以進行道德教育。因此，說——

吹參差而入道德兮，

故永御而可貴。

賦文的語言形式和思想內容、辭句的部分與整體的相互依賴相互制約的對立統一關係，都在說明“吹參差而入道德兮”的“參差”，它絕不是被“吹”之物，而是吹奏出來的音樂旋律，——巨音、妙音，武聲、仁聲，高低、強弱、長短、疾徐，參差不一的變化。

假如“參差”在這句賦文中是名詞作賓語，是被“吹”之物——洞簫，那就要有人出來作它的主語——吹洞簫者。這個人是誰呢？是王子淵？賦中並沒有說他自己吹着洞簫而步入道德；是賦中人物？無論貪饕者，狼戾者，乃至丹朱、商均、桀、跖、夏育、申博等人在賦中都是“聽其曲度”而可能發生變化之人，是聽者而不是吹者。可見把《洞簫賦》“吹參差”的“參差”理解爲洞簫是有困難的。

由此可見，想用《洞簫賦》來證明王逸《湘君》注“參差，洞簫也”之說是有困難的。

叁、《洞簫賦》"吹參差"的"吹"是"籥"的借字

《爾雅·釋樂》："徒鼓瑟謂之步，徒吹謂之和，徒歌謂之謠，徒擊鼓謂之咢，徒鼓鐘謂之脩，徒鼓磬謂之蹇。""吹"和鼓瑟，鼓鐘、鼓磬，擊鼓一樣，都是以人力用樂器按樂曲而進行的演奏。《呂氏春秋·季冬紀》"命樂師，大合吹而罷。""大合吹"猶現代漢語之"大合奏"，所不同的只是它僅僅是管壎等吹奏樂器的合奏而已。同書《季秋紀》"上丁入學習吹。"這個"吹"也是指"吹奏"而說的。

《周禮·春官·籥章》"中春，晝擊土鼓，龡豳詩，以逆暑。……凡國祈年于田祖，龡豳雅，擊土鼓，以樂田畯。國祭蜡，則龡豳頌，擊土鼓，以息老物。""龡"即"吹奏"之"吹"。管樂而言"吹"不是只吹響它，而是用它按照樂曲吹出它的音律。它是有具體內容的。"豳詩"、"豳雅"、"豳頌"即其一例。

"龡"《說文》作"龡"，許慎說它所寫詞的詞義是"龡音律，管壎之樂也。从龠，炊聲。"它和"吹"同音，實際上是"吹"在書寫形式上表現出來的詞的分化。《廣韻》"龡"古文"吹"，"吹，鼓吹也。《月令》曰，'命樂正習吹。' 尺僞切。"習吹、鼓吹，這個"吹"是吹奏之義。"龡音律"，吹奏樂曲，是用管壎之類的樂器吹奏出樂曲音律。古籍多用"吹"來寫它，很少使用那個从龠炊聲的繁體字。

"吹音律"之"吹"是動詞，而"參差"是形容詞，是不可吹奏的。因此"吹參差"在理解上遂出現了分歧。

這三個字在《洞簫賦》中，洞簫不僅是賦文所敷陳的被吹之物，而且它"其形參差，象鳳之翼。"於是有人把"參差"當作洞簫的別名，使它成為可吹之物，變成"吹"的賓語，以解決它的矛盾。

但是，這種解釋於古無徵，在賦文中又意不能安，遇到困難。

"吹"除作動詞外，它在古書裡，有時也作名詞。《莊子·齊物論》"夫吹，萬不同。而使其已也，

咸其自取，怒者其誰耶？」這個「吹」是名詞，是就風作用於萬竅——「山林之畏佳，大木百圍之竅穴」而使之「怒呺」，以發出「激者、謞者、叱者，吸者，叫者，譹者，宎者，咬者，前者唱于而隨者唱喁」的聲響而說的。種種樣樣，所以說它是「萬不同」的。

「吹音律」的「吹」作爲名詞來用，則是用管壎之類的樂器吹音律——吹奏出來的樂曲聲音。就《洞簫賦》來說，就是用洞簫吹奏出來的樂曲聲音。

《洞簫賦》「吹參差」的「參差」是以形容詞作謂語，述說用洞簫吹奏出來的樂曲聲音悠揚起伏。因而它既不是洞簫，也不是樂曲之名，而是用它的本義說明吹奏出來的樂音悠揚動聽，有高有低，有強有弱，有長有短，有疾有徐。如果它的吹聲自始自終齊平如一，那就成了「吹聲響兒」而不是「吹音律」以奏曲了。

後篇

作品語言的對立統一關係和《湘君》「望夫君兮歸來，吹參差兮誰思」

壹，蕭選《九歌》别有所據不同於王逸之本

「望夫君兮未來，吹參差兮誰思？」這是王逸《楚辭章句》中《九歌·湘君》的兩句。其中「未來」兩字，在胡克家翻刻宋淳熙中尤延之本《文選李善注》的《湘君》中作「歸來」。可是《文選五臣注》却不是「歸來」，而是寫作「未來」。[一] 這是不是說尤刻《文選》把字刻錯了呢？不是。請看

王逸注：「言已供修祭祀，瞻望於君，而未肯來，則吹簫作樂，誠欲樂君，當復誰思念也。」

[一] 四部叢刊《六臣注文選》卷三十二，葉二十七，「歸」字下云「五臣作『未』」。

五臣注，良曰：『夫君，神也。謂神肯來斯，而我作樂，吹聲參差，當復思誰。言思神之甚。』

『神肯來斯』並不與『未來』相應。言『肯來』，意則必其欲來，無所疑慮，言『未來』，則難以意必其是否欲來——是欲來而未行？是已行而未至？還是根本上就不願意來？內容含胡。這種語意是不能被理解爲『肯來』的。言『歸來』，則其意必然『肯來』，不肯則不歸，是不言而喻的。從注文上看，五臣注《文選》原本也當是『望夫君兮歸來』，而不是『未來』。其『五臣作未』一語，說明在合李善注爲『六臣注』之前，五臣注本『歸』字已經有被改寫爲『未』的。王逸在蕭統之前，在《楚辭章句》的影響下，據《章句》以改動《文選》是可以理解的。

問題不止於五臣和李善的差別，更重要的是在王逸之前楚辭傳寫本早有異文。

一、楚辭在漢代除劉向所集外尚有別本

王逸《楚辭章句》直記『漢劉向編集』。可知《章句》是依據劉氏輯本作成的。

《史記·屈原列傳》，文引《懷沙之賦》。今以隆慶重雕宋本《章句》校之，王本《懷沙》有一些字詞句是不同於《史記》所錄的。這一點，王氏自己就已指出，例如：

一、鬱結紆軫兮

鬱，王云：《史》作冤。

二、易初本迪兮

迪，王云：《史》作由。

三、章畫志墨兮

志，王云：《史》作職。

四、前圖未改

圃，王云：《史》作度。

五，内厚質正

王云：《史》作『内直質重。』

六，巧倕不斲兮

倕，王云：《史》作匠。

七，雞鶩翔舞

鶩，王云：《史》作雉。

八，夫惟黨人鄙固

固，王云：《史》作妬。

九，誹駿疑傑兮

傑，王云：《史》作桀。

十，衆不知余之異采

余，王云：《史》作吾。

十一，重華不可遌兮

遌，王云：《史》作悟。

十二，舒憂娛哀兮

舒，王云：《史》作含；娛，王云：《史》作虞。

十三，陶陶孟夏兮

陶陶，王云；或云滔滔。

此外，它還有些異文不是從《史記》中校出來的。例如：

十四，孰察其撥正

撥，王云：一作揆。

『或云』、『一作』，在《史記》標《史》的條件下，明示王逸作《章句》時，除《史記》外，他還看到了一些不同於劉向所輯的傳本。

這些事實告訴我們：在漢代，迄王逸作《章句》時，《楚辭》已經有好幾個文字上互有出入的傳本。劉向本只是其中之一。

二，洪氏《補注》早於尤刻《文選》，「歸來」自是蕭統所據傳本之文而不是尤氏誤刻蕭晚於王。但是下列這些異文情況，反映《文選》所錄《九歌》它和王氏《章句》不是一個系統，下列現象說明它應是和劉向本並行而爲王逸作校本時未曾收到的另一傳本。

其中，同句同位而異詞的，不止是《湘君》《章句》本「望夫君兮未來」的「未來」《文選》作「歸來」，例如：《湘夫人》——

《章句》「麋何食兮庭中」

《文選》「何食」作「何爲」

《章句》「播芳椒兮盈堂」

《文選》「盈堂」作「成堂」

《章句》「疏石蘭兮爲芳」

《文選》「兮爲」作「以爲」

《少司命》——

《章句》「衝風至兮水揚波」

《文選》「風至」作「飆起」

此外，還有同句而字有增減，例如：《湘夫人》

《章句》「葺之兮荷蓋」

《文選》多「以」字，作「葺之兮以荷蓋」

《章句》『烏何萃兮蘋中』

《文選》少『何』字，作『烏萃兮蘋中』

同句而詞有移位，例如：《少司命》——

《章句》『夫人兮自有美子』

《文選》作『夫人自有兮美子』。『兮』字移位。

這幾類異文現象是比較多的。它們以不同情況存在着。這裡不能一一列舉。它們反映一個事實：蕭梁時代，楚辭《九歌》傳本，在王逸《章句》之外，還有別的。

或者有人說：胡克家翻刻宋淳熙中尤延之《文選李善注》，《湘君》『望夫君兮歸來』確實是『歸來』；可是它這句辭在《文選五臣注》本裡却不是『歸來』而是『未來』。能不能是尤本搞錯了呢？不能。因爲有洪興祖作證。王逸《章句》在『望夫君兮未來』句下只注『君，謂湘君。』以後洪興祖又在這句注文之下加以《補注》，說：『未，一作歸。』洪氏是紹興二十五年（公元一一五五年）去世的。他死後二十六年，淳熙辛丑（公元一一八一年），尤袤才在貴池刻出這部《文選》。可見『未』『歸』兩字是早在尤氏之前就已存在的。

洪興祖《補注》所舉異文多是與《文選》相同的。即以《湘君》爲例，異文十五，與《文選》同者七：

·望夫君兮未來

『未』一作『歸』，與《文選》同，

·薜荔柏兮蕙綢

『柏』一作『拍』，與《文選》同，

·蓀橈兮蘭旌

『蓀』一作『荃』，與《文選》同，

尤本『承荃』之『承』是『荃』的草書致誤。（說見拙作《楚辭九歌系解·辭解·娛神之辭·湘君系解》）

·桂櫂兮蘭枻

『枻』一作『栧』與《文選》同，

·鼂騁騖兮江皋

『鼂』一作『朝』，與《文選》同，

·遺余佩兮醴浦

『醴』一作『澧』，與《文選》同，

·旹不可兮再得

『旹』一作『時』，與《文選》同。

可見《文選》所錄《九歌》是別有所據的。它不同於王逸《章句》所用之本。

如果洪氏所說『一作歸』的『一』是指《文選》說的，那麼『歸來』兩字早在尤刻之前就已存在。尤本作『歸』並非誤字。

若是洪氏所據『一本』並不是《文選》，而是與之並存的，在王氏《章句》之外的別本《楚辭》。這就說明：《九歌·湘君》是不止一本寫作『望夫君兮歸來』的。

『歸來』與『未來』兩本並存。『歸』與『未』兩者音義俱別，——《楚辭》音，『歸』在微部見母，其音爲[*kiuəi]；『未』在物部明母，其音爲[*muət]。（王力：《楚辭韻讀》——除在不同的辭意理解上，以[-uəi]和[uət]的陰入對轉而改字外，它們是不會彼此通假的。音近而譌，必有其正。『歸來』和『未來』哪一個是《湘君》原文呢？這不能憑讀者的主觀好惡來取舍，而是要由作品語言的對立統一關係來定。

『望夫君兮未來』，是和『吹參差兮誰思』緊相依存的。爲了弄清《湘君》原文是『歸來』還是『未來』，語言的對立統一規律要求我們必須研究『吹參差』和『誰思』問題。

貳，『歸來』應是原文，『未來』當是後改

『歸』和『未』，用周祖謨的《詩經韻字表》和他與羅常培合著的《漢魏晉南北朝韻部演變研究》來看，從先秦到兩漢，這兩個字都是在同一韻部的。《詩經》時代，它們同在微部；兩漢時代，微部與脂部『平去聲完全同用』合爲脂部，它們又是同韻字，只是聲母有見、明之別，彼此不同聲罷了。『歸』『未』詞義不同。『歸來』『未來』異文之所以產生，當是讀《湘君》者基於個人對作品語言內容的理解，因兩字同韻，音近，而改字致誤的。

至於原作是『歸』是『未』，這個問題要放在楚辭《九歌》十一章和《湘君》本章的語言形式和內容，部分與整体的各種相互依賴相互制約的對立統一關係中來解決。

望夫君兮歸來（歸來或作未來）
吹參差兮誰思？

這兩句上下相承，依存很緊，是不可分折的。『歸來』和『未來』問題是必須與『吹參差』『誰思』同時解決。

《湘君》之辭是由靈巫兩人分別作湘君及其侍女出場歌舞的。[一]

這兩句，前有『君不行兮夷猶』，從侍女之口，說明湘君北上載「沛」舟[二]——啟航之前，他面臨難以克服的困難，對此行能否達到目的，中心夷猶，難於自信。

這兩句，後有『望涔陽兮極浦』，說明此行只爲夫人。『橫大江』，舟中告禱，『禓「揚」靈』以求神助。[三]難中求進，侍女爲之『嬋媛太息』；湘君亦自『流涕陫側』，明知其事之難於成功，有如以『桂櫂蘭枻』去『斲冰積雪』，有如『采薜荔於水中』，『搴芙蓉於木末』！[四]

《湘君》之辭不是孤立的。它在《九歌》十一章，特別是娛神之辭七章中，是以部分與整體的關係，和通篇語言及其內容相互依賴，相互制約的。因而『歸來』『未來』問題以及『吹參差』和『誰思』的理解等事，又都是與全篇內容、情節發展，在不同程度上，是相互依存的。

湘君，湘水之神。湘夫人，漢水之神。荊楚兩水，湘漢一家。春屬往還，橫江可通。年年歲歲，期

[一][二][三][四] 說見拙著《楚辭九歌系解·湘君》。

會無阻。張儀欺楚，熊相伐秦，丹陽戰敗，漢中淪陷。涔陽坐困，湘夫人不得東歸；楚秦對峙，湘君難於西上。——未奉命而入秦，事同投敵；期不信而輕絶，人咸負義。迎夫人以歸楚，欲進不可；望涔陽而興嘆，不進何堪！

湘夫人淪陷于秦，湘君急於救她歸楚。形勢險惡，急不暇待。在這種情況下，湘君不會是因爲他在湘中靜待夫人而不見其來，方始想起要北上相尋的。看起來，「望夫君兮未來」是不合内容情節的。此其一。

就《湘夫人》「登白薠兮騁望，與佳期兮夕張」來看，湘君與其夫人的期會是約定在湘夫人的「貝闕」「珠宫」中相會的。相會時是湘君北上西進直至涔陽，而不是湘君在湘水坐待，靜等夫人自己前來的。從《湘君》《湘夫人》兩章歌辭來看，也不應是「望夫君兮未來」。此其二。

如前所説，楚辭《九歌》十一章，特别是從《湘君》以迄《山鬼》的七章娱神之辭，在它們多層多樣、直接間接、語言形式與内容、歌辭部分與整體的相互制約、相互依賴的關係中，所反映出來的歌辭情節，説明湘君「北征」的目的就是爲了從淪陷於秦的漢中涔陽，把他妻子——湘夫人，接回楚國。因此，在「歸來」「未來」問題上，作品自己已經作了回答：原本字詞應該是前者，《湘君》這句歌辭本來寫的是「望夫君兮歸來」。

其改「歸來」爲「未來」者，由於楚亡之後，楚辭《九歌》之意失傳，而學者多拘於形式，按章後標目以求神，遂分神而並祀，化整爲零，不見全牛，失其脈絡，斷其呼應，不知環節與鏈條關係，忘其依存而改字。

叁、「吹參差兮誰思」舊注的否定

王子淵《洞簫賦》「吹參差而入道德兮」的「吹參差」不是吹洞簫。這就相連地否定了後漢王叔師《楚辭章句》「參差，洞簫也。」——他給《湘君》「吹參差兮誰思」所作的注釋。

《湘君》的「吹參差」既然不是吹洞簫，那麼是不是劉良所説的「吹聲參差」呢？

也不是。因為在這句歌辭前後都沒有與吹奏相關的辭句，特別它的前句『望夫君兮歸來』與吹奏之事沒有關係。

而且『望夫君兮歸來』既已明確所望之人和所思之事，『吹參差兮誰思』的『誰思』之問又和它發生了矛盾。前後句依存關係是理解『吹參差』的關鍵。

假如後句是湘君之外的另一人之辭，譬如說是他的侍女，那也有困難。如歌辭前後所說：她奉命載「沛」舟，傳令沅湘二水，使之『無波』，等待水程綫路指示和起錨發船命令，她正忙於啟航之事，那裡有暇去吹奏樂器？

假如是湘君及其侍女之外另有其人，則其人在本章歌辭前後都無着落。沒有依以存在的語言關係。舊注已被否定，如何解決這個新的問題？

語言的對立統一規律告訴我們：必須把它同它的上句聯繫起來，作為一體，放在作品整體裡，在形式和內容，部分和整體的相互依賴，相互制約的關係中，可能得到一定的啟示和相應的解決。

一，『吹』是語首助詞『吹』字的誤改

《湘君》『吹參差兮誰思』的『吹』不是吹噓之吹，不是吹音律之吹，而是與『曰』『聿』『遹』同音的『吹』字的誤寫，从『曰』从『口』兩字只有一筆之差。

《墨子·公孟》『二三子復於子墨子曰：「告子曰言義而行甚惡。」』把這句話和它的後文『告子謂子墨子曰，「我治國為政。」子墨子曰，「政者，口言之，身必行之。今子口言之而身不行，是子之身亂也」』相對照，可知『曰言義』當是『口言義』的形近而誤。[一]『口』誤為『曰』和『曰』誤為『口』是同一道理的。

《説文》『吹，詮詞也。从欠从曰，曰亦聲。《詩》曰「吹求厥寧。」』

[一] 參看《墨子閒詁·公孟》引蘇時學的或説。

「吷」作爲語首助詞不僅見於《說文》所引《詩·大雅·文王有聲》，而且也見於班固的作品。《漢書·敘傳》「（班固）作《幽通》之賦，」其辭有句云：「吷中龢爲庶幾兮，」正用「吷」字。從《詩經》到《漢書》都有用這個字的。可見這個从曰从欠的字，在楚辭《九歌》時代，還在被作者使用，是合乎歷史的。

《說文》爲證此字而引的《文王有聲》詩句，毛《詩》寫作「遹求厥寧」。同篇「遹追來孝」，《禮記·禮器》、《三國志·魏書·明帝紀》注引《獻帝傳》引《詩》都寫作「聿追來孝」。是「吷」「遹」「聿」三字相通。

許慎說：「吷」，是「詮詞」。陳喬樅《齊詩遺說攷》云：「詮詞者，承上文所發端，詮而繹之也。高誘注《淮南子·詮言訓》云，『詮，就也。』亦謂就其言而解之也。」

二、「參差」指願望與可能難以齊一

「參差」雙聲。古雙聲之詞有兩種：一是不可分割的單詞。兩個字拆下來都不成詞。如：侘傺、躊躇。一是由兩個單音節詞合成的，如：恬淡、遞代。參差屬於後者。

一、「參」有「雜」義。《儀禮·大射儀》「司馬命量人，量侯道與所設乏以貍步。大侯九十，參七十，干五十。」鄭氏注：「參，讀爲糝。糝，雜也。雜侯者，豹鵠而麋飾。下天子大夫也。」《商君書·徠民》「彼土狹而民衆，其宅參居而並處。」「參居」即「雜居」之意。高先生《商君書注譯》云：「因爲房屋少，所以雜居合住。」

「糝」，《說文》「糂，以米和羹也。古文糂从參，作糝。」《禮記·內則》「糝，取牛羊豕之肉，三如一，小切之，與稻米。稻米二，肉一，合以爲餌，煎之。」《爾雅·釋器》「肉謂之羹。」「以米和羹」，正是指這把稻米與小切之成爲小肉丁的牛羊豕肉摻和在一起的食品說的。米肉參在一起以爲食，其事爲「參」，其食爲「糝」。是「參」「糝」兩字所寫詞都有「雜」義。

二、「差」有「不相值」之義。與「相左」之「左」同意。《說文》「差，貳也。左，不相值也。

從左從㐄。」按：國差𦉜「國差立事歲」的「國差」即「國佐」，蔡侯尊「肇輕天子」即「肇佐天子」，蔡侯鐘「輕右楚王」即「左右楚王」。「差」與「左」同音相假，段玉裁說「差」是「左聲」，是符合實際的。

「相值」是戰國習語。《說文》「當，田相值也。」《儀禮·喪服》「大功八升若九升，小功十升若十一升。」鄭注，「不言七升者，主於受服，欲其文相值。」賈疏，「值者，當也。……皆與小功衰相當，故云『文相值』也。」

「相」是表示兩方對待關係之詞。「不相值」、「不相當」，則其事其物不與其所比之彼事彼物，或長度，或高度，或數量，或重量，或性質，或作用，不能相當，相形之下出現差等，從而有不齊之義。

「差」的不齊之義，作為單詞，也有反映。《荀子·君道》「天下之變，境內之事，有弛易齵差者矣。」王先謙云，「齒不正曰齵，齵差，參差不齊。」按：《說文》「齹，齒參差。从齒差聲。」以同書「縒，參縒也」來作對照，可知「齹」是一個單音詞；而它正是「齵差」之「差」的後起形聲字。《荀子·正名》「君子之言，涉然而精，俛然而類，差差然而齊。」楊注云，「差差，不齊貌。」以《詩·柏舟》「慢心悄悄」的「悄悄」毛傳「憂貌」，《月出》「勞心悄兮」的「悄」毛傳「憂也」例之，也可證「差」作為單詞，無論單用疊用都有不齊之義。

三，「參」與「差」合成詞組，有雜不相值，雜而不齊之義。在「不相值」「不相當」「不齊」方面，「參差」與「齟齬」同義。《說文》「齇，齬齒也。」「齬，齒不相值也。」《廣韻》「齇，齒不齊皃。」「齬齒不相值。」又，「鉏，鉏鋙，不相當也。」

《莊子·秋水》「無一而行，與道參差。」「參差」謂與道相左，不相值也。《史記·三王世家》，褚先生曰，「簡之參差長短，皆有意。」《漢書·楊雄傳》所錄《法言序目》第十，「仲尼以來，國君將相，卿士名臣，參差不齊。」師古曰，「言志業不同也。」《漢書·敘傳》，其所錄《幽通賦》云，「三欒同於一體兮，雖移盈然不忒。洞參差其紛錯兮，斯眾兆之所惑。」

雜而不相值，不齊，不同，紛然錯出，這是「參差」一詞的主要義象（不是「義項」）。

湘夫人是楚國漢水水神。她的「治所」在漢中涔陽。漢中淪陷，湘夫人遂困於秦[一]。湘君北上目的是營救湘夫人歸楚。營救湘夫人歸楚必須身入漢中淪陷之地。湘君身爲楚國水神，在秦楚兩軍對峙之際，更不能私自越境進入秦人攻佔之地。漢中難入，主觀願望與實際可能兩不相值，出入甚大，這種矛盾是爲『參差』。王勃《滕王閣序》『嗟乎，時運不齊，命途多舛』的『不齊』正是這個『參差』之意。

三、『誰思』的『思』楚語有相憐哀之義

『誰思』的『思』，在這句歌辭裡，與上句『望夫君兮歸來』和本句『吹（聿）參差』相互制約。它不是常用的『思念之詞』，它的詞義不是『想』，而是一個楚方言詞詞義——『相憐哀』。《方言·十》『沅澧之原，凡言相憐哀謂之嘳，或謂之無寫。江濱謂之思。』『江濱謂之思』，在『沅澧之原』的條件下，說楚國江濱之人把『相憐哀』叫作『思』。它正與『吹（聿）參差』取得對立統一。

王引之《春秋名字解詁》說『鄭國參字子思』云：『《爾雅》曰：「憂，思也。」又曰：「惄，思也。」《周南·汝墳篇》「惄如調飢」韓詩「惄」作「愵」，云「憂也。」是憂亦謂之思。《小雅·正月篇》「癙憂以痒」，《雨無正篇》「鼠思泣血」，鼠思即癙憂也。《樂記》曰：「七國之音哀以思」，猶云「哀以憂也。」又曰：「志微、噍殺之音作，而民思憂。」與下文之康樂、剛毅、肅敬、慈愛、淫亂，皆二字平列。思亦憂也。古人自有複語耳。』

思與憂同義，是『誰思』也就是『誰憂』。爲他人之事而擔憂，這個憂實有關心同情相憐哀之意。楚方言，楚地江濱一帶之人把『相憐哀』說爲『思』，正是『思』的古義。

肆、關於這兩句歌辭的結語

根據上述理據，我們可以說：這兩句《湘君》歌辭，它的原本當是：

〔一〕說見拙作《荀子莊蹻起楚分三四和楚辭九歌》，一九八〇年《吉林師大學報》第一、二期。

望夫君兮歸來，
　　吹參差兮誰思？

前一句，《文選》本是對的，王逸《章句》把『歸來』寫作『未來』是不對的。後一句的『吹參差』，它的原文應是『吹參差』。因受『參差，洞簫也』的影響，以形近而誤，改『吹』爲『吹』。

這兩句歌辭，它説的是湘君爲了營救湘夫人，使她從淪陷於秦的漢中涔陽歸回楚國，自述他這次『北征』的目的，和他在明知其不可能而鋭意爲之的困境之中，哀嘆望助的急切心情。

『吹』字在這兩句歌辭中起關連作用。它上承迎救夫人，使她得從漢中淪陷之地歸回楚國的急切願望，——『望夫君兮歸來』；下則就此語而自傷，傷嘆自己的主觀願望與實際可能出入太大，在這種事與願違的『參差』困境中，能有『誰』來『相憐哀』！

一九八二年六月　一九八八年一月齊魯書社《楚辭研究》發表

後記

過去我撰寫《兩周金文選讀》四冊，留備誦習。積見日久，稍有長篇。今彙集在一起，始于殷，終于秦，加以同性質之作，雖然并存，計二十篇，名之曰《古文字及古文字學論文集》。

我們知道，文字是記錄和傳達語言的書寫符號，是書面語言賴以存在的書寫形式。語言是第一性的，文字是第二性的。這就決定了『字形』是依存于語言的。在所謂『字音』『字義』不過是『詞』的音和義。可知形、音、義三者實爲兩類：音和義這個形式與内容的對立統一是詞，而詞和字又是一個對立統一，詞是字寫的内容，而字是詞的書寫形式。

以這兩點出發，就真正的文字體系（不包括圖畫文字）説，文字是以寫詞爲單位，遵循着語序，逐詞逐句，終至成篇的記錄語言的。

由此來看，處理文字，既要統覽全篇，又要剖析細節，是非常細緻的工作。面對如此繁難工作，自己深感不安，恐怕走向『求是』的反面，爲此隨時隨地虚心殷切求教！

文集編輯的全部過程，校、系領導非常重視。曾蒙趙誠先生、劉宗漢先生，關懷倍至，不一次地千里超迢到家問訊。又，東北師範大學中文系馬如森先生，精心鈔寫，細心校對，終觀厥成，令人感激！

孫常敘　己巳年十月八十又二歲

編後

《古文字及古文字學論集》即將由東北師範大學出版社以學術出版基金資助出版。該書的出版，適逢先父誕辰九十周年，作爲子女，對此謹向東北師範大學出版社及爲此書的出版而至爲關心的詹子慶先生、吴長安先生致以謝意！

先父孫常敘，又名曉野，祖籍河北省永平府樂亭縣，公元一九〇八年十二月二十六日生於吉林市，公元一九九四年一月二十三日因病故於長春市。我的祖父孫毓椿，又名先野，喜書畫，善金石文字。父親自幼聰慧、博學、强識，受其影響，亦喜金石書畫，小學時代即自習《説文解字》。

一九二六年至一九二九年於吉林省立第一師範學校後期師範文科學習。其間受教於高晉生（亨）先生，習古文字學及先秦諸子。一九二九年第一師範學校畢業後，因家境貧寒，無力去外埠就讀，考入吉林省立大學文法學院教育系國文組學習。「九・一八」事變後輟學。一九三二年，經老師和同學幫助，父親到吉林省立圖書館工作，爲該館書報組主任。因工作之便，得以出入書庫，爲自學創造了條件。一九三四年至一九三七年受人引薦，父親以所撰《釋監》、《周客鼎考》、《西清古鑑商周文字編》、《海寧王氏經學概論箋證》、《揚州焦氏讀詩地理考》等書稿，拜識著名古文字學家羅振玉先生，得其賞識。後數次往返吉長之間，問學於羅先生。一九四六年，父親於吉林長白師範學院中文系任教。一九四八年長白師範學院編入東北大學。東北大學又更名爲東北師範大學，遂於東北師範大學任教，直至一九八七年離休。

父親一生致力於古漢語語言文字、詞彙研究，曉甲骨、金文、音韻、訓詁，並長期從事教學工作。已發表的著作有《漢語詞彙》、《古-漢語文學語言詞彙概論》、《耒耜的起源及其發展》、《楚辭九歌整體系解考證》、《龜甲獸骨文字集聯》等。

本《文集》所收論文，爲父親歷年所撰。或曾發表於雜誌期刊，或曾宣讀於學術研討會，或以油印形式散發、流傳。《文集》的整理始於八十年代中期，父親應中華書局趙誠先生之約，準備把其歷年所撰有關古文字論文彙輯成集出版。一九八八年初，父親患腦血栓，愈後身體欠佳，時《詛楚文古義新説》一文未有寫完，其中《詛楚文》非僞作説二證，囑我完稿。一九八九年全部書稿整理完畢，未及校對，即送至中華書局，交劉宗漢先生。後因出版計劃有變，書稿一擱有年。

一九九三年十一月，父親正爲所著《楚辭九歌整體系解考證》二校時，收到胡厚宣先生爲《文集》所撰序言，深爲感動。父親一再囑我，《文集》一旦納入出版計劃，定要對全部書稿認真校對，力求無誤。一九九四年一月十四日，父親不慎爲感冒所染，引發肺炎，不治，一月二十三日辭世。終未得目睹該《文集》及《楚辭九歌整體系解考證》二書的出版。一九九六年末，東北師範大學出版社準備以學術出版基金資助出版該《文集》。而後，吴長安先生受東北師範大學總編輯詹子慶先生之託，同我面議此《文集》出版事宜。時因書稿尚在中華書局，因而未能定奪。一九九七年四月，我因公去北京，得以前往中華書局拜見劉宗漢先生，商談《文集》能否納入出版計劃，如出版無望，可否取回書稿，另謀出版。書稿取回，撫閲書稿，難免追憶昔日整理書稿之情景。父親時近八旬，日日伏案，孜孜整理幾十年來的文稿，希望把自己多年研究成果遺示學人。

父親曾説他平生祇有三件事：即讀書、教書、著書。父親的一生實踐了他的心願，他的專著《漢語詞彙》，開拓了漢語詞彙學的研究園地。他的「漢語詞彙書寫形式學」雖未及建立，但他把其有關論述彙輯成集而留給學者。父親以其淵博的學識，謙誠坦蕩的師表，永駐在他諸多的學生記憶之中，以其論著永存於祖國文化寶庫之列。

今《文集》出版在即，遵父親生前所囑，我對文稿重新整理、校對，同時增補《「㱾虎」考釋》一文。因父親故居拆遷，原稿零亂，難以找全參考，恐校對有所遺誤，特委託父親的學生張世超先生又逐一詳校。我等雖力求完美，但仍恐有負父親生前之所望，故希父親生前友好、學者同仁多加賜正！

最後，再次向關心此書，並曾力助此《文集》整理出版的孫中田、王鳳陽諸先生致謝！向曾爲此《文集》謄寫、查覈資料，往返奔波的馬如森先生致謝！向爲父親留下珍照的楊虹先生致謝！

又記，本《文集》出版在即，幾經斟酌定名爲《孫常敘古文字學論集》。

四子　孫　屏

一九九七年　冬至

圖書在版編目（CIP）數據

孫常敘古文字學論集 / 孫常敘著 . — 上海：上海古籍出版社，2016.1（2023.7 重印）
（孫常敘著作集）
ISBN 978 - 7 - 5325 - 7665 - 4

Ⅰ. ①孫… Ⅱ. ①孫… Ⅲ. ①漢字—古文字學—文集 Ⅳ. ① H121-53

中國版本圖書館 CIP 數據核字（2015）第 128259 號

孫常敘著作集
孫常敘古文字學論集
孫常敘 著
上海古籍出版社出版發行
（上海市閔行區號景路 159 弄 1-5 號 A 座 5F 郵政編碼 201101）
（1）網址：www.guji.com.cn
（2）E-mail：guji1@guji.com.cn
（3）易文網網址：www.ewen.co
上海世紀嘉晉數字信息技術有限公司印刷
開本 787 × 1092 1/16 印張 33.75 插頁 7
2016 年 1 月第 1 版 2023 年 7 月第 2 次印刷
ISBN 978 - 7 - 5325 - 7665 - 4
H · 132 定價：128.00 元
如有質量問題，請與承印公司聯繫